Abbruch und Aufbruch

Abbruch und Aufbruch

Sozialwissenschaften im Transformationsprozeß

Erfahrungen – Ansätze – Analysen

Herausgegeben von Michael Thomas

THEORIA CUM PRAXI

Akademie Verlag

ISBN 3-05-002127-6

Erschienen in der Akademie Verlag GmbH,
O-1086 Berlin, Leipziger Straße 3–4

Gedruckt auf chlorfreiem und alterungsbeständigem Papier.

Satz: Hagedorn, Berlin
Druck: GAM · MEDIA, Berlin
Bindung: Verlagsbuchbinderei Mikolai, Berlin
Einbandgestaltung: Ralf Michaelis, Berlin

Printed in the Federal Republic of Germany

Inhaltsverzeichnis

Einleitung

Assoziationen und Ambivalenzen des Themas

I.

Nicht nur um die „Unschuld“ soziologischer Begriffe oder Termini ist es bekanntlich schlecht bestellt; für die meisten steht es ebenso schlecht hinsichtlich ihrer Verschleiß- und Abnutzfestigkeit. Rasch aufzutauchen und treffend einen sozialen Sachverhalt zu bezeichnen ist geradezu eine „ideale“ Voraussetzung, um Mode zu werden, in aller Munde zu kommen – und konsequent *zerredet* zu werden. Vor erreichter begrifflicher Präzision, einem Konsens auf fachwissenschaftlich akzeptablem, identifizierbarem Niveau und also dem Begreifen der Sache wird sie schon wieder zugedeckt oder verstellt: Man tauscht nur noch untereinander die Etiketten aus – und bleibt konsequent in diesem Tauschgeschäft. Formal, oder abstrakt, leer; behauptet wird aber „die Sache selbst“.

„Transformation“ – „Transformationsprozeß“ – partizipiert bereits wenige Monate nach seinem signalsetzenden Einzug in die aktuelle sozialwissenschaftliche Diskussion an diesem Schicksal. Wurde Ende 1989/Anfang 1990, als vor dem Hintergrund der gravierenden Umbruchs- und Wendeprozesse im Osten (Deutschlands) erste konzeptionelle Überlegungen zum hier veröffentlichten Diskussionsprojekt gereift waren, noch kaum über die Prozesse im Osten als *Transformationsprozesse* nachgedacht und geforscht, so fällt es mit dem Blick auf das Ende des Jahres 1991 schon schwer, *noch* diesen begrifflichen Bezug für ein solches Nachdenken und Forschen zu wählen. Die Etikettierungen sind vorgenommen, der Austausch ist geläufig.

Mehr noch: Weder ist die praktische Gestaltung des Transformationsprozesses – selbst eingegrenzt auf die (gegenüber anderen osteuropäischen Staaten) recht besonderen und eher günstigen Bedingungen im Osten Deutschlands – so rasch vorangeschritten, wie die Politik es vielfach Glauben machen wollte (so erfolgreich und konfliktarm), noch ist die sozialwissenschaftliche Begleitforschung bisher ausreichend etabliert und analytisch ertragreich geworden. Beides soll damit nicht pauschal diskreditiert und unterschätzt werden, weder die Beiträge der Politik noch die der Sozialwissenschaften. Und gerade aus sozialwissenschaftlicher Perspektive will der vorliegende Band dann ja auch Eigenständiges hinzufügen, was also bedeutet, sich in den einzelnen Beiträgen zum Forschungsstand produktiv in Beziehung zu setzen.

Dennoch überwiegt bisher, wenn man eine solche Einschätzung einmal wagt, neben gehaltvollen Essays, Erinnerungen und Erlebnisberichten, eher die kurzatmige sozialwissenschaftliche, zeitgeschichtliche oder literarisch-feuilletonistische

„Verschleißproduktion", die zwar zumeist zweifelhaftes Insiderwissen, Klatsch „aus erster Hand" und die Peinlichkeiten der „ersten Riege" – manchmal auch journalistische Brillanz – für sich hat, kaum aber substantielle Beiträge zu liefern vermag über Ursachen, Verläufe, Tendenzen der Transformationsprozesse.

Die Sozialwissenschaften lassen sich – notgedrungen in mehrfacher Hinsicht, etwa aufgrund vielfältiger Problemstaus, Selbstirritationen oder der allgemeinen Ungewißheiten und Unsicherheiten über Lage und Entwicklung (Entwicklungschancen) der Sozialwissenschaften – Zeit mit ihren Diagnosen. Sind sie doch – und nicht nur die im Osten und nicht nur die marxistischer (oder marxistisch-leninistischer) Provenienz – wieder einmal für die heraufziehenden Wendeprozesse im Osten zu spät gekommen. Weshalb sie jetzt nicht nur nachträglich und mühsamer (so voll sind die Schubladen nicht!) begreifen müssen, was sie begreifen wollten (oder hätten begreifen sollen) – also retrospektiv und getreu dem Bilde von der Eule der Minerva, die ihren Flug erst in der Dunkelheit unternimmt. Sie müssen zudem auch zu begreifen versuchen, weshalb sie eben das nicht oder so wenig gekonnt haben: Begreifen *in der* Zeit. Und das heißt wohl notwendig, nicht nur über Ansprüche und Aufgaben nachzudenken, sondern auch die theoretischen Konzepte und empirischen Instrumente zu prüfen, zu schärfen, zu verändern, um an die aktuellen sozialen Umbruchsprozesse heranzukommen. *Insofern* befinden sich die Sozialwissenschaften selbst in zweifacher Hinsicht *im Transformationsprozeß*. Und deshalb wurde auch, trotz aller angebrachten Bedenken, diese thematisch-begriffliche Klammer gewählt.

II.

„Sozialwissenschaften im Transformationsprozeß" heißt einmal, *daß sie diesen Transformationsprozeß begleitend erforschen,* zu ihrem Gegenstand haben, partizipieren, also gerade nicht warten, bis die Dämmerung ihren Schleier besänftigend über all die Widerständigkeiten dieser Prozesse legt. Das verlangt analytische Kraft und Klarheit, aber auch den selbstbewußten Mut zu Unfertigem, Vorläufigem, mit dem neue Erscheinungen in den Blick genommen und Diskussionsprozesse vorangetrieben werden können.

Der größte Teil der hier versammelten Beiträge gilt dieser thematischen Perspektive, ob nun – wie der erste Abschnitt – der Retrospektive auf den „realen Sozialismus" (hier ausschließlich den der DDR) oder – wie der dritte Abschnitt – ersten empirischen Analysen zum aktuellen Transformationsgeschehen selbst (erweitert nun auch mit Analysebeispielen aus Ungarn und der ČSFR). Damit eben, und gerade so sind die Beiträge von **Andorka**, **Brokl** und **Hudeček/Mansfeldová** wichtig, bleibt der Transformationsprozeß nicht begrenzt auf den besonderen deutsch-deutschen Vereinigungsprozeß – was eben die Besonderheiten deutlicher macht wie mögliche allgemeine oder modellhafte Züge. Interessant ist deshalb nicht nur speziell der Vergleich der jeweils umfassenden sozialen Erhebungsergebnisse bei **Habich/Priller** mit denen von **Andorka** und **Hudeček/Mansfeldová** – also die

Relativierung der sonst hier dominierenden deutsch-deutschen Perspektive –, interessant ist auch wiederum der zwischen Ungarn und der ČSFR. Die Transformationsprozesse im Osten führen offenbar, das zeigen auch andere aktuelle Ereignisse, nicht zu einer Einebnung oder Bedeutungslosigkeit nationaler Spezifika und Komponenten. Der Weg nach Europa geht nicht nur über ein oder das „Modell Deutschland". Ja, dieses Modell selbst könnte mit den umfassenderen Transformationsprozessen seine Konturen erheblich verändern.

Die Ausweitung der Perspektive über die der deutschen Einigung hinaus stand von vornherein in der konzeptionellen Absicht des Diskussionsprojektes. Mit den genannten Beiträgen ist sie wenigstens partiell, eben für zwei Länder, eingelöst. Zweifellos muß in Zukunft der Blick noch stärker auf die ehemals „realsozialistischen" Länder Ost- und Mitteleuropas gehen. Das war hier ebensowenig möglich, wie es nicht möglich war, alle relevanten sozialen Problemfelder des Transformationsprozesses entsprechend gewichtig und gründlich in die Analysen und Konzeptualisierungen aufzunehmen. Hier sind mit der getroffenen Schwerpunktsetzung, das muß schon einschränkend festgehalten werden, zugleich empfindliche Lücken nicht zu vermeiden.

In der konzeptionellen Grundabsicht lag auch eine andere Ausweitung der thematischen Perspektive, die insbesondere den ersten Abschnitt betrifft: Dominiert im Band insgesamt die disziplinäre Orientierung an der Soziologie, so wurde für den ersten Abschnitt diese Eingrenzung bewußt aufgegeben. Das hängt nicht nur mit der Überzeugung zusammen, daß gerade enge disziplinäre Abgrenzungsbemühungen in den DDR-Sozialwissenschaften enorm erkenntnishemmend gewirkt haben. Darüber hinaus ist entscheidend, daß gerade die von Anfang an für das Projekt zentrale Frage nach den Entwicklungsdefiziten des „realen Sozialismus", speziell den Ursachen für nicht ausreichende Innovation und Kreativität, nicht ausreichende und zunehmend versackende soziale Aktivität, Handlungsfähigkeit oder eben wenig entfaltete – individuelle wie kollektive – Subjektivität verlangt, den disziplinären Horizont der Soziologie zu überwinden. Vielleicht gewinnt die Soziologie selbst wiederum aus sozialphilosophischen und gesellschaftstheoretischen Überlegungen neuerlich an analytischem Vermögen; die Antworten auf die aufgeworfene Frage sind jedenfalls von der Soziologie allein nicht zu erwarten.

Sicher bleiben auch hier noch, trotz einer „weiten" Diskussionsperspektive, viele Antworten in mancher Hinsicht unfertig. Zugleich ist aber noch eine weitere Schwierigkeit anzumerken: Insbesondere diese Retrospektive bedeutet für jene Sozialwissenschaftler, die im „realen Sozialismus" über längere Jahre gelebt und sozialwissenschaftlich gearbeitet haben, ohne ihn damals – bei aller graduellen Distanz vielleicht – abgelehnt oder in seinen zentralen, zum Scheitern führenden Konflikten begriffen zu haben, eine besonders herausfordernde und z. T. schmerzliche Annäherung. Aber erst über diese kann ihre Vertrautheit mit dem Untersuchungsfeld wissenschaftlich produktiv werden. (Inwieweit etwa diese Ausgangslage DDR-Soziologie von der anderer ehemals „realsozialistischer" Länder unterscheidet, beispielsweise der Ungarns, macht wiederum ein Vergleich der Analysen von **Lötsch / Lötsch** und **Thomas** mit denen von **Andorka** deutlich.)

Bei aller zu bestimmenden und sicher umstrittenen Qualität dieser Annäherung: Sie erfolgt hier nicht aus der Geste rascher Selbstgewißheit oder -gerechtigkeit, aber auch nicht in der nostalgischer Verklärung des Scheiterns bzw. euphorischer Inszenierung der Zukunft des Ostens, sondern in sachlicher, sachgemäßer Analyse – Erkenntnis, die auch Selbsterkenntnis sein will, Kritik, die auch immer Selbstkritik ist. Das liefert keine festen und klaren Bilder, vielleicht aber eben in der Tat eine *Annäherung* an ein sehr widersprüchliches Stück Geschichte. Oder, wie es **Schmidt** sagt, es geht darum, sich dem „Einebnen der Ambivalenzen dieser (DDR-)Gesellschaft zu widersetzen", die eben weder nur das eine noch nur das andere war, sondern „*sowohl* Rückbildung *wie auch* Entfaltung moderner Strukturen".

Genau dieses Wechsel- und Bedingungsverhältnis, dem **Schmidt** sozialphilosophisch an den Entwicklungsmöglichkeiten und Grenzen „subjektiver Freiheit" nachgeht, durchzieht als je spezifisches Grundprinzip auch die anderen Beiträge dieses Abschnitts. Vielleicht „Dialektik" doch als produktives Denkprinzip und nicht, wie häufig in der marxistisch-leninistischen Soziologie, als Ersatz für nicht geleistete Analyse?! Es geht um die Potentiale, die Schubkraft besessen und *zugleich* zur Erschöpfung des Systems geführt haben, um einen relativ langen evolutionären Krisenzyklus des Wechsels von systemkonformer Reformpolitik und Stagnations- wie Reformkrisen. Diese Langfristigkeit (auf die wiederum ebenso **Andorka** für Ungarn verweist), die oft in der Abruptheit der Ereignisse vom Sommer und Herbst 1989 in der DDR verschwindet, ist – so **Hanf** – andererseits gerade mit die entscheidende Ursache dafür, daß zum Ende des Jahres 1989 keine hinreichenden politischen und sozialen Handlungspotentiale mehr für eine grundlegende Reform vorhanden waren. Die konstitutiven Charakteristika der Sozialstruktur, die **Hanf** auflistet, sind es aber auch, die als „Altlasten" auf den Vereinigungsprozeß selbst niederschlagen und so gewisse soziale und sozialstrukturelle Defizite zunächst noch verstärken. Also gerade nicht soziale Identifikation oder Integration in kollektive Handlungszusammenhänge, nicht gewachsene Handlungschancen.

Defizite des „realexistierenden Sozialismus" (die man überwunden hat) und Evolutionsvorteile des moderneren Kapitalismus (die man vorfindet) potenzieren sich nicht einfach zu größeren Entfaltungschancen individueller oder kollektiver Subjektivität. Zumindest zunächst scheinen hier Konflikte eher größer und Spielräume knapper zu werden. Zu eindeutig überwiegen Übertragung und Anpassung. Selbst für Individuen und Gruppen, die oft zu Innovatoren wirtschaftlichen und sozialen Aufschwungs hochstilisiert werden – was auch, wie **Bögenhold** zeigt, für entwickelte Marktwirtschaften ein zu vereinfachtes Bild ist –, für die „neuen Selbständigen", die privaten Unternehmer in Klein- und Mittelbetrieben, sind die Handlungs- und Entfaltungschancen vielfach objektiv und subjektiv in den neuen Bundesländern begrenzt. Völlig zu recht setzen **Liebernickel/Schwarz** hinter ihre Überschrift ein Fragezeichen: Neue Gründerzeiten sind noch kaum in Sicht; aussagekräftig ist aber der Vergleich der jüngsten Entwicklungstendenzen in diesem Feld, wie er mit den Beiträgen der genannten drei Autoren möglich wird.

Ob aus der skizzierten komplizierten Situation längerfristig eher Handlungsvorteile und -innovationen sich ergeben, wie **Koch** es mit seiner überraschenden und scheinbar paradoxen Schlußfolgerung unterstellt (Untergang und Zusammenbruch labilisieren das Denken, Fühlen und Verhalten der Ostdeutschen; Labilität ist aber die entscheidende subjektive Voraussetzung kollektiver und individueller Lernfähigkeit, während im Westen des Landes eher Immobilismus zu erwarten sei . . .), das bleibt – bei aller Skepsis – abzuwarten. Zunächst jedenfalls könnte sich für längere Zeit – das sehen **Habich/Priller** – eher unter dem Gesichtspunkt gesellschaftlicher Vereinigung schlicht das Dilemma ergeben, daß die Ansprüche und Orientierungen der Bürger im Osten des Landes in andere Richtung gehen als die der Bürger im Westen, also auf der eher subjektiven Ebene sich der alte Nach-Wende-Witz verfestigt: Ossi: „Wir sind jetzt ein Volk." Wessi: „Wir auch." Das hat aber nicht nur mit dem Bestehenbleiben von Unterschieden zu tun, sondern auch mit Handlungschancen. Ossi wird nämlich dann auch begreifen müssen, daß in seinem Landesteil, den er massenhaft als Arbeitnehmer – wenn nicht als Arbeitsloser, Vorruheständler . . . – bevölkern wird, die Machtasymmetrie von Kapital und Arbeit (**Kreckel**) noch weit stärker sich zugunsten der Kapitalseite verschiebt, als im sozialstaatlich abgepufferten System der Alt-Bundesrepublik: Einordnung in neue Machtverhältnisse, die aufgesetzt werden, nicht-einbringen in und gestalten der Verhältnisse. Hier ist die Entwicklung weitgehend offen, sind Ambivalenzen und Konflikte nicht zu ignorieren (das zeigen auch die Beiträge aus Ungarn und der ČSFR für die ersten Etappen staatlicher und gesellschaftlicher Transformation).

Die Machtproblematik greift im Abschnitt zur Retrospektive des „realen Sozialismus" **Adler** noch einmal gesondert auf (die Zwischenverweise auf Beiträge aus den anderen Teilen hatten hier einmal den Zweck, zum parallelen Lesen zu motivieren, weil die Vorgeschichte der Wende auch die aktuellen Transformationsprozesse vielfach verstehbarer macht – und vice versa –, sie hatten dann den Zweck, wiederum auf die übergreifende Fragestellung für den Band hinzuweisen). **Adler** nimmt die Machtungleichheit zum Ausgangspunkt der Analyse sozialstruktureller Tendenzen und zeigt für die DDR, wie die „aufholende Entwicklung und die Reduzierung bestimmter Ungleichheiten um den doppelten Preis des Verlustes an Evolutionspotential und des Entstehens neuer Entfremdungen und Verselbständigungen", eben vor allem verbunden mit Machtungleichheiten, erfolgen.

Dem „Ambivalenz-Motiv" stellt sich auch **Woderich** wieder aus kultursoziologischer Perspektive, wenn er „in systemischer Stabilität zugleich die Signaturen von Stagnation und Zerfall eingeschrieben" sieht, also temporäre Stabilität und fragile (lebensweltliche, mentale) Matricen sich beschleunigender Erosion in ihrem Entwicklungszusammenhang untersucht.

Diese kultursoziologische Perspektive wird nicht nur in dem genannten Beitrag von **Koch**, der über unterschiedliche zeitliche Phasen des Transformationsprozesses gleichfalls Erosion wie Resistenz, ja Rekonstitution von „Identitätsankern" nachweisen will, also die unterschiedlichen Reaktions- und Verarbeitungsmuster der Bevölkerung im Osten, noch einmal aufgegriffen, sondern im Grunde auch in den Beiträgen von **Ritschel** und **Schweigel/Segert/Zierke**. Ihre Versuche, die

Milieukonzepte und -analysen (insbesondere des SINUS-Instituts) für die Transformationsprozesse im Osten Deutschlands fruchtbar zu machen – was sich vielleicht auch retrospektiv noch lohnen könnte –, führen nicht nur zu weiteren Informationen über Klassifizierung und Bestimmung von Milieus, ihre Veränderungen bzw. ihr Agieren im Transformationsprozeß: sie weisen auch auf den zweiten Gesichtspunkt hin, unter dem die thematische Klammer „Sozialwissenschaften im Transformationsprozeß" gewählt wurde.

III.

Notwendig befinden sich wohl *die Sozialwissenschaften selbst* – zumindest graduell und „in gewisser Hinsicht", das Bild soll hier nicht überzeichnet werden – *in einem Prozeß der Umwandlung oder Transformation*. Ja, dieser Prozeß ist wiederum Bedingung der analytischen Leistungsfähigkeit, der Bezugnahme auf den gesellschaftlichen Transformationsprozeß.

Das gilt natürlich einmal, insbesondere und ganz generell für die ostdeutschen Sozialwissenschaften. War die institutionalisierte Soziologie – um bei dieser Disziplin zu bleiben – etwa trotz partiell hinausgreifender Orientierungen und Einzelstudien, trotz einer gewissen „Modernisierung" über die Jahre – als *offizielle* Fachdisziplin recht einheitlich dem Vorgehen des Marxismus-Leninismus untergeordnet (was zu Abstraktionismus und Reduktionismus führte), so ist die Erschütterung dieses Marxismus-Leninismus die wichtigste Bedingung, um auch diese Soziologie der modernen Diskussion und Entwicklung zu öffnen. Ein Weg kann eben die Aufnahme und Integration vorliegender theoretisch-konzeptioneller und methodologischer Orientierungen sein, wie hier an zwei Beispielen für die Milieuanalysen gezeigt.

Der Wirklichkeitsverlust dieser marxistisch-leninistischen Soziologie, der nicht unwesentlich in ihrem „fatalen Praxisbezug" gründet (**Thomas**), ist schonungslos festzumachen, ohne vielleicht alle Orientierungen und Ansätze über Bord werfen zu müssen, aber eben als Weg, solche produktiven Orientierungen und Ansätze zu identifizieren und sich den vielfältigen, differenzierten Ausformungen dieser Soziologie anzunähern. Oder sind all diese unvermeidlich und stringent an den Marxismus-Leninismus gebunden? Wohl kaum. Auf jeden Fall ist das Spannungsfeld konkret auszuloten, wie **Lötsch/Lötsch** das für die Sozialstrukturanalyse tun. Sie zeigen das Beharrungsvermögen, die Legitimationskraft bestimmter einseitiger, „ideologischer" Konzepte (die nicht nur Ideologie waren) und die Ausarbeitung von alternativen Sozialstrukturmodellen. Ein solches differenziertes Herangehen sei auch deshalb erforderlich, so die Autoren, damit die Soziologie nicht sehr schnell von einem Rechtfertigungszwang nur in den anderen wechselt.

Es ist unabdingbar, dieses Wissen um ostdeutsche Soziologie und Soziologen in die aktuelle Diskussion einzubringen, entgegen den Tabuisierungen und Verdrängungen, die der Anpassungsdruck und -geist befördert. Ohne verarbeitete Vergangenheit keine Zukunft.

Wie aber sieht es mit der Soziologie im Westen des Landes aus? Gilt für sie auch (sofern sie sich einem vergleichbaren Gegenstand widmet) dieser zweite Bezug auf Transformation? Schließlich waren doch speziell größere Erklärungskraft, analytische Kompetenz und theoretische Aufgeschlossenheit – eine Modernität also, die offenbar im Zusammenhang steht mit der Modernität der Gesellschaft insgesamt – dieser Soziologie der Anlaß, hier einige Vertreter insbesondere der Sozialstruktur- und Ungleichheitsforschung, die speziell im letzten Jahrzehnt nachhaltige, stimulierende Entwicklungen durchgemacht hat, für die Diskussion zu gewinnen. Und Konzepte, die hier vorliegen (eben in unserem Fall Lebenswelt- und Milieuansätze, die kultursoziologischen Arbeiten von Bourdieu . . .) scheinen doch gerade für soziologische Transformationsanalysen brauchbare Modernisierungsimpulse zu vermitteln. Offenbar gilt aber dennoch auch hier der Transformationsprozeß als neue fachwissenschaftliche Herausforderung, gilt also der genannte Bezug. Zumindest für die in diesem Band veröffentlichten Beiträge bzw. Positionen, die gezielt bisherige und neue Überlegungen im Licht der aktuellen sozialen Wandlungen und Brüche spiegeln.

So zeigt z. B. **Berger** in seiner Analyse sozialstruktureller Umbruchs- und Vereinigungsprozesse, wie viele Hintergrundprämissen der Sozialstrukturforschung mit dem „diskontinuierlichen Strukturwandel von einer starren zu einer beweglichen Sozialstruktur“ fragwürdig werden, neue dynamische, verzeitlichte, individualisierte Konzepte erforderlich sind: Geht es doch nicht „nur“ um individuelle Bewegungen in vergleichsweise beharrlichen, stabilen Strukturen, sondern um „gesteigerte Beweglichkeit von Strukturen selbst . . .“

Wie aber kann man, und wie schnell, angesichts solcher Uneindeutigkeiten, totalen Unklarheiten und Brüchigkeiten zu selbstbestimmten Formen der Lebensführung kommen, also bewußt und kompetent agieren? Eine Frage, die im Grunde **Kreckel** und speziell **Hradil** dann aufnehmen.

Kreckel entwickelt ein Konfliktmodell, mit dem er die wichtigsten kollektiven Träger strukturierter sozialer Ungleichheit (Kapital, Arbeit, Staat u. a.) erfaßt und folgert aus deren Wirkungsweise auf die Relevanz für den Osten Deutschlands, eben – wie schon gesagt – die strategischen Handlungsvorteile der Kapitalseite, die auf längere Zeit deutlich schwächere Verhandlungsposition der Arbeitnehmerseite. Dann also eher (da die Kapitalseite primär West-Seite ist – **Bögenhold**; **Liebernickel/Schwarz**) nicht selbstbestimmtes Handeln, sondern Hoffnung auf „Fürsorge“ oder der Glaube an die „unsichtbare Hand“ des Kapitals.

Und **Hradil** sieht, aus den mehrfach skizzierten subjektiven Problemen (**Habich/Priller**) individueller Handlungsorientierung, den Umbruch geradezu als Herausforderung, das soziologische Konzept der Lebensführung zu rekonstruieren: Ein pluralisierter, subjektivierter, säkularisierter und formalisierter Begriff der Lebensführung, wie er bei Weber aufgefunden werden kann, liefert ihm eine zeitgemäße Ergänzung der vorliegenden soziologischen Konzepte (z. B. Lebensform, Milieu oder Lebensstil), die eben den individuellen Zielsetzungen, biographischen Planungen, alltäglichen Prinzipien etc. gerecht werden soll.

Von der Lebensführung, vom – weitgehend freiwilligen – Handeln der Individuen hängt auch zu einem großen Teil ab, wie Geschlechterungleichheiten in der Gesellschaft manifestiert und verfestigt werden. Mit dieser Perspektive zeigt sich, daß auch die generellen theoretisch-konzeptionellen Überlegungen von **Herkommer/Mühlhaus**, die feministische Auffassungen und Impulse aus marxistischer Sicht diskutieren (im Anschluß an die bekannte Forderung von **Kreckel** nach einer „geschlechtssensibilisierten Soziologie"), keinesfalls jenseits des Transformations- oder Vereinigungsprozesses angesiedelt sind. Die Gefahr eines neuen Patriarchats und der Einebnung bestimmter (wenn auch ambivalenter) Modernisierungsvorsprünge der DDR in diesem Feld (**Schmidt**) ist nicht aus der Luft gegriffen.

IV.

Warum aber „Abbruch und Aufbruch"? Bedeutet es mehr, als einen Titel zu suchen, der das Unternehmen griffig, provozierend und mit einer gewissen Signalwirkung faßt? Auch das natürlich.

Freilich gibt es hier wieder Ambivalenzen und vor allem drängen sich wohl Assoziationen auf, die nicht unproblematisch sind. Nicht gemeint ist jedenfalls eine Dichotomie, mit welcher realer Geschichte – in Gesellschaft wie Wissenschaft – ein unpassendes begriffliches Korsett übergestülpt würde: Hier und jetzt Abbruch, dort und dann Aufbruch.

Versteht man beide Begriffe nun nicht nur als solche Gegensätze, gar als sich ausschließend und einander zeitlich folgend, sondern als jeweils sich durchdringende Bezeichnungen für dominante Tendenzen der Entwicklung, dann fassen sie auch die Dimension des Transformationsprozesses. Ohne alle moralisierende Beimischung. Sowohl mit Blick auf den realen, gesellschaftlichen Transformationsprozeß wie den der Sozialwissenschaften. Ein bisheriger Zustand, eine bisherige Entwicklung ist und wird beendet, ist und wird *abgebrochen*. Eine neue Entwicklung aber muß begonnen, zu einem neuen Zustand muß *aufgebrochen* werden. Deshalb kann der Abbruch eben kein totaler und endgültiger sein und bedeutet der Aufbruch nicht nur Übernahme, sondern notwendig auch eigenständige Gestaltung. Ein solcher Aufbruch schließt aber nicht nur notwendig Aktivität und Eigenständigkeit ein; er beinhaltet auch das Wagnis völlig neuer Entwicklungspfade, und damit ein weiteres Aufgabenfeld sozialwissenschaftlicher Analyse: So keiner weiß genau, was dieser neue Zustand bringt und wie diese neue Entwicklung – nun nicht im Rahmen des hier begrenzten Transformationsprozesses gedacht, sondern im europäischen oder gar globalen – so inszeniert werden kann, daß nicht nur gilt und endgültig: Abbruch.

V.

Die Autoren haben sich zu diesem Projekt mehrfach verständigt und die Diskussion gesucht. Im Juni 1990 fand eine erste konzeptionelle Debatte im „Berliner Institut für Sozialwissenschaftliche Studien" (BISS) statt, im Dezember wurden Arbeitsergebnisse auf einer Autorenberatung diskutiert. Schließlich erwuchs auch die Arbeitsgruppe „Soziale Strukturen und Lebenswelten im Transformationsprozeß" auf dem Leipziger Soziologiekongreß im Mai 1991 wesentlich aus dem Projektzusammenhang. Dafür gebührt der Dank natürlich allen Autoren und beteiligten Kollegen, die ihre Zeit und Ideen in dieses Projekt gelegt haben.

Vor allem gebührt der Dank auch dem „Wissenschaftszentrum Berlin für Sozialforschung", insbesondere seinem Präsidenten, Prof. Wolfgang Zapf, und Dr. Georg Thurn. Ohne die Möglichkeit des Herausgebers, dort einige Monate zu arbeiten (und zu studieren), ohne die durch das „Wissenschaftszentrum Berlin für Sozialforschung" erwiesene finanzielle Unterstützung, hätte gerade heute ein solcher Diskussionszusammenhang, der beträchtlich über den Kreis der Autoren hinaus sich erstreckte und so vielleicht Zukunft hat, schwerlich auf den Weg gebracht werden können. Fruchtbar wurde auch ein zweieinhalbmonatiger Aufenthalt an der Universität Mannheim, bei Prof. Walter Müller.

Ich hoffe, daß die Erfahrungen, Ansätze und Analysen zum Transformationsprozeß, die hier versammelt sind, die Anstrengungen aller Kollegen rechtfertigen und der sozialwissenschaftlichen Diskussion und Forschung einige Impulse zu vermitteln vermögen.

Michael Thomas

Teil I

Rekonstruktion des „realen Sozialismus“

Zur Anatomie des Scheiterns

Hartwig Schmidt

Ein Kapitel „Dialektik der Aufklärung"

Zur Ambivalenz der DDR-Gesellschaft

Während es früher zumindest in der DDR geläufig war, die Ambivalenz der DDR-Gesellschaft zum Lichten hin einzuebnen, nivelliert man sie heute meist zum Düsteren hin. Heute wie damals ist es beliebt – das Einebnen von Ambivalenz, das Nivellieren der Doppelbewegungen von Progression und Regression, von Emanzipation und Repression, von Modernisierung und Demodernisierung. In politischen Statements geschieht das zum Teil ganz ordinär, zu ordinär jedenfalls, um wissenschaftliche Beachtung zu verdienen. Mit wissenschaftlicher Aufmerksamkeit können dafür bestimmte sozialwissenschaftliche Begriffsbildungen rechnen, unter denen der „real existierende Sozialismus" in der DDR theoretisch verhandelt werden soll. Er rangiert da als Ganzes unter Typisierungen wie „rohkommunistischer Rückfall", „Feudosozialismus" oder gar „orientalischer Staatssozialismus". Solche Typisierungen unterstellen, die ganze Geschichte der DDR-Gesellschaft ließe sich wesentlich als Entwicklungsrückschlag interpretieren. Unter den Begriff „Feudosozialismus" gebracht, erscheint jene Geschichte vorzugsweise oder gar ausschließlich als Rückfall hinter die Charakteristika modern bürgerlicher Gesellschaftsentwicklung. Ohne weiteres lassen sich Phänomene auflisten, die dafür sprechen. Das Gebaren in den parteipolitischen und regierungsamtlichen Zentralen der DDR-Gesellschaft beispielsweise liefert sehr wohl anschauliche Erläuterungen zu Norbert Elias' Buch „Die höfische Gesellschaft". Es bedeutete jedoch eine kolossale Fehlorientierung, gerieten diese höfischen Strukturen zum Paradigma der Analyse der DDR-Gesellschaft.

Um den Gedankengang von ausgewählten Phänomenen abzuheben und einen mehr theoretischen Interpretationsrahmen zu formulieren: Daß jeder Fortschritt seinen Preis hat und also Progressionen nicht ohne Regressionen zu haben sind, ist eine verbreitete Einsicht. Die Umkehrung indes ist auch gültig – Regressionen müssen daraufhin befragt werden, welche Progressionen sie zur „Vorderseite" haben. *In diesem Sinne will ich nachstehend zu einer möglichst dialektischen Analyse der DDR-Gesellschaft beitragen, indem ich diese Gesellschaft und die sozialen und politischen Bewegungen, die sie konstituierten, als ambivalent fasse, als Doppelbewegungen von Progression und Regression, von Emanzipation und Repression, von Modernisierung und Demodernisierung.* Daß auf diese Weise auch gegen die Einebnungen zum Lichten hin, die sich heute nostalgisch reproduzieren, angeschrieben wird, ist beabsichtigt.

Ich betrachte Gesellschaften aus einer radikalen Teilnehmerperspektive. In der *radikalen* Teilnehmerperspektive erscheinen sie als Freiräume oder/und Zustände der Unfreiheit. Dem entspricht mein passagenweise vordergründig axiologisches Vorgehen.

Atrophie und Entfaltung moderner Strukturen

Weder als bloßer Verlust an Modernität noch als eine schlichte Unter- oder Abart der Moderne läßt sich die Dynamik der DDR-Gesellschaft angemessen beschreiben. Sowohl Rückbildung als auch Entfaltung moderner Strukturen haben sich vollzogen. Mehr noch, diese Entfaltung funktionierte gar als notwendige Bedingung für jene Rückbildung. Diesem merkwürdigen Zusammenhang will ich als erstes nachgehen. Für mein Vorverständnis sind Begriffe wie „subjektive Freiheit", „Emanzipation" und „Repression" wichtig. Einige kursorische Aussagen zu diesen Begriffen muß ich vorausschicken.

(1) Vorverständnis: „subjektive Freiheit". *Subjektive Freiheit* ist gegeben, wenn und insoweit die Individuen in ihrem Handeln mit sich selbst vermittelt sind, ihr Selbst betätigen, gleichviel ob sie dieses Selbst als ihre allgemeine Anlage, ihre innere, menschliche Natur und Menschenvernunft oder als individuell eigentümliches Wollen, Fühlen, Meinen, Vermögen, Interesse usw. definieren. Kurz, *subjektive Freiheit ist Selbstsein.* Selbstverwirklichung, Selbstbestimmung, Selbstachtung, Selbstbestätigung, sind nur besondere Gestalten davon. – Im Gegensatz dazu alle Formen der Negation von Selbstsein: das Verbieten, Entmündigen, Niederhalten, Fesseln, Limitieren, Töten, Verletzen, Verelenden, Entwürdigen, Verweigern von Bedürfnissen . . . Dieses Ausschließen von Selbstsein kehrt der Begriff *„Repression"* hervor. Auch wenn es heute üblich ist, die subjektive Freiheit mit Freiheit überhaupt zu verwechseln, als subjektive unterstellt sie natürlich ein Korrelat: die objektive Freiheit.

Objektive Freiheit ist gegeben, wenn und insoweit Individuen innerhalb einer kosmischen, für sie objektiven Sinnordnung einen vorgeprägten Platz einnehmen und ausfüllen können. Eine Gestalt dieser Freiheit ist die antike *Eleutria.* Sie ist Freiheit als Möglichkeit, in einer gewohnten, tradierten, von den Göttern abgesegneten Lebensweise ungestört fortfahren zu können.

Der wichtigste Unterschied zwischen objektiver und subjektiver Freiheit besteht darin, daß sich letztere historisch steigern läßt und erstere nicht. Objektive Freiheit, etwa in Gestalt der Eleutria, ist grundsätzlich keiner *geschichtlichen* Steigerung fähig. Das Recht, in einer von der *Tradition* beglaubigten Weise leben zu können, kann nicht auf geschichtlich neue Niveaus gehoben werden – jegliche Neuerung frevelte ja gerade an der beglaubigenden *Tradition.* Steigerungsfähig ist objektive Freiheit allein auf der ontogenetischen Ebene; der Einzelne kann im Laufe seines Lebens das Vermögen steigern, den ihm innerhalb einer kosmischen Wertordnung vorgeprägten Platz auszufüllen. Eine geschichtliche, metaevolutionäre Steigerung kann nur die subjektive Freiheit erfahren. Damit korrespondiert übrigens der in neueren Evolutionstheorien vorgetragene Gedanke, daß Metaevolution als Entstehung immer neuer Niveaus der *Selbst*organisation und vor allem der *Selbst*erneuerung (Autopoiesis) von Systemen zu verstehen ist (vgl. Jantsch 1979: 303, 297). Metaevolution überhaupt steigert also lediglich Selbstsein. Aller geschichtlicher Freiheitsgewinn war der an subjektiver Freiheit. Ein Umstand, den der Begriff *„Emanzipation"* herauskehrt. Emanzipation ist Gewinn an subjektiver Freiheit und aller geschichtliche Freiheitsgewinn war Emanzipation.

Diese Begriffe erlauben eine *Unterscheidung zwischen traditionalen und modernen Gesellschaften.* In traditionalen Gesellschaften finden wir die objektive Freiheit privilegiert, paradigmatisiert, in modernen hingegen die subjektive. „Das moderne Zeitalter steht vor allem im Zeichen subjektiver Freiheit" (Habermas 1985: 104). Subjektive Freiheit ist das Prinzip der Moderne, ist der „Wende- und Mittelpunkt in dem Unterschiede des Altertums und der modernen Zeit" (Hegel 1981: 150). Die Privilegierung subjektiver Freiheit ist modernen Subjekten bereits dermaßen „in Fleisch und Blut" übergegangen, daß selbst die tiefsinnigsten Denker unter ihnen subjektive Freiheit mit Freiheit überhaupt verwechseln.[1] Aber dies nur nebenbei, für mein Anliegen wichtig ist folgende Konsequenz: *Soweit sich in der DDR-Gesellschaft Demodernisierungsprozesse vollzogen, müssen sie wesentlich in einer Demontage subjektiver Freiheit bestanden haben.* Dem will ich zunächst nachgehen.

(2) Kontramoderner Abbau subjektiver Freiheit. Weitestgehend verlustig ging dem Individuum die Möglichkeit, unter verschiedenen Personen und Personengruppen selbst die Vertreter seiner Interessen (Abgeordnete, Vertrauensleute usw.) auszuwählen und – zumindest durch die Teilhabe an einem Mehrheitsvotum – zu legitimieren. Damit verbunden war der Verlust der Möglichkeit, auf die Gesetzgebung, die politischen Strategien von Regierungen, Kommunen, Parteien, Gewerkschaften usw. über die Wahl von Entscheidungsträgern Einfluß zu nehmen. Abhanden kam ferner dem Individuum die Möglichkeit, mit anderen selbst Interessenverbände zu inaugurieren und kraft derselben jene politischen Strategien und Gesetzgebungen zugunsten eigener Interessen zu beeinflussen. Ebenso die Möglichkeit, Rechte auch dem Staat gegenüber einzuklagen, eigene Interessen in zwingenden Rechtsformen dem Staat gegenüber geltend zu machen. Demontiert wurde die Möglichkeit für die meisten Gesellschaftsteilnehmer, kontrovers zu den jeweils herrschenden gesellschaftlichen Ideen bestimmte öffentlich zirkulationsfähige Ideen zu *produzieren* und sie zugunsten der Bildung neuer Mehrheitsmeinungen geltend zu machen.

Die Auflistung ließe sich fortsetzen. In der Summe ergibt sich: *Die leitenden Ideen, Wertorientierungen und Normen der makrosoziologischen Handlungs-*

---

[1] Symptomatisch dafür ist, mit welcher Selbstverständlichkeit man den Begriff „Freiheit" einseitig von unterschiedlichen Gestalten der *subjektiven* Freiheit her definiert: etwa als *„Unabhängigkeit des Willens von den Naturgesetzen der Erscheinungen"* (Kant 1978: 344), als *„Aussichselbstvermögen"* (Heidegger 1971: 232), als *„Autonomie der Wahl"* (Sartre 1989: 613), als *„Überwindung des Äußeren"* (Jaspers 1988: 195).

koordination (der Gesetzgebung, des Regierens, der parteipolitischen, gewerkschaftlichen und anderweitigen Bewegungen usw.) *wurden von der Selbstartikulation der Interessen der meisten Gesellschaftsteilnehmer weithin abgekoppelt. Insoweit waren sie in dieser Handlungskoordinierung und mithin in den koordinierten Handlungen, ihren eigenen Handlungen, nicht mit sich selbst vermittelt, subjektiv unfrei.* Eine Lage, in der sich innerhalb modern bürgerlicher Gesellschaften die jeweiligen (aber eben nicht zwangsläufig stationären) Minderheiten befinden, geriet innerhalb des „real existierenden Sozialismus" für breite Mehrheiten zum Dauerzustand.

Nichtsdestotrotz wurde diese Mehrheit unentwegt zu hochintensiven Subjektivitätsformen aufgefordert, zur Initiative, zum selbständigen Handeln oder gar zum Kampfgeist. War es verkehrtes Bewußtsein? Meines Erachtens nicht. In der Tat hat das System gleichsam wie ein trockener Schwamm möglichst intensive Subjektivität aufgesogen. Mit der Demontage subjektiver Freiheiten vereinbar war diese Subjektivität durch ihren *Typus*. Initiative bedeutete beispielsweise Überbietung von *vorgegebenen* Planaufgaben. Selbständigkeit bedeutete, daß ein Subjekt ohne zusätzliche Hilfe und Bedingungen einen ihm *vorausgesetzten* Zweck verwirklicht. Und sein Kampfgeist bestand darin, diesen ihm vorausgesetzten Zweck auch gegen Widerstände durchzusetzen. Allgemeiner gesprochen, gemeint und in Gesellschaft bewegungsfähig war Subjektivität als angespannte Verwirklichung von Zwecken, die dem Subjekt vorgegeben, ihm vor allem in Gestalt der „Politik unserer Partei" *vorausgesetzt* sind. Gemeint und in Gesellschaft bewegungsfähig war Subjektivität vorzugsweise als *exekutive Subjektivität*. Und die stellt sogar die *notwendige* Ergänzung einer von der Selbstartikulation der Interessen der meisten Gesellschaftsteilnehmer abgekoppelten makrosoziologischen Handlungskoordination dar.

Als den meisten Gesellschaftsteilnehmern bloß vorausgesetzte, vorgegebene Inhalte können die leitenden Ideen, Wertorientierungen und Normen der makrosoziologischen Handlungskoordination nur fungieren, wenn sie als eine ideologische Einheit gelten, die von der Vielfalt der Individualitäten lediglich unterschiedlich ausgeprägt wird. Vielheit bloß als unterschiedliche Ausprägungen einer Einheit. Bestrebungen, die sich nicht darauf reduzieren, solche Ausprägungen zu sein, werden sodann repressiv behandelt. Der negative Vorgang des Verlustes an subjektiver Freiheit vollendete sich positiv in Repression.

Die Abkopplung der gesellschaftlichen Strategien und anderer Wertorientierungen der Sozialintegration von der Selbstartikulation der Interessen der Mehrheit der Gesellschaftsteilnehmer schloß keineswegs aus, daß eine solche Selbstartikulation stattfand und auch in wesentlichen Inhalten jener Strategien von deren erlauchten Autoren berücksichtigt wurde, etwa in Form eines Wohnungsbauprogramms; jedoch schloß sie das eben nicht notwendig ein.

Vor allem aber wirkte diese Sozialintegration nicht nachhaltig als Entwicklungsform der Produktivkräfte. Im Verein mit anderen, hier nicht weiter zu benennenden Faktoren hat sie vielmehr auch in der gegenständlichen Dimension Einschränkungen subjektiver Freiheit bewirkt: die der Wahlfreiheit von Konsumenten, die des Strebens, sich mit seinen wachsenden Bedürfnissen in einem möglichst rasch erneuerten gegenständlichen Lebensniveau befriedigt zu sehen . . . Gerade die moderne kallikleische Haltung, die Befürwortung einer Entfesselung des Bedürfniswachtums, kollidierte schließlich geräuschvoll mit dem innovationsunfreundlichen System.

Die eingetretenen Verluste an subjektiver Freiheit stellen spezifische Regressionen dar: *Atavismen*, Entwicklungsrückschläge. Im gegebenen Fall führten sie in der Tat hinter Errungenschaften der modernen Gesellschaftsentwicklung zurück.

Je deutlicher wir nun die atavistischen Regressionen nachzeichnen, desto schärfer heben sich von ihnen die gegenläufigen Tendenzen ab, die Tendenzen der Modernisierung. Und unter diesen finden wir sogar eine Entfaltung subjektiver Freiheit in ganz bestimmten, spezifischen Gestalten, etwa in Gestalt einer Selbstbestimmung der Frau über die Schwangerschaft und in Gestalt einer wirtschaftlich einkommensbezogenen Selbständigkeit der meisten Frauen in der DDR. Mitten in der Atrophie subjektiver Freiheit entstanden zugleich auch Formen dieser Freiheit, die in verschiedenen Gesellschaften, deren Modernität gemeinhin nicht bestritten wird, unterentwickelt sind. So sehr auch die sozialintegrativ leitenden Werte und politischen Strategien in der DDR-Gesellschaft der Selbstbestimmung der meisten Gesellschaftsteilnehmer entzogen waren, sie konnten zugleich die Praktizierung von Selbstbestimmung nachgerade gebieten.

Schärfer noch allerdings kontrastiert mit den Atavismen folgender Modernisierungsprozeß.

(3) Hypermoderner Ausbau der Panoptikon-Gesellschaft. Paradoxerweise ist die Demontage von Modernität ausgerechnet durch eine exzessive Wucherung bestimmter moderner Strukturen buchstäblich abgesichert worden. Unter den gemeinten modernen Strukturen sind jene hervorzuheben, die Michel Foucault unter dem Begriff *„Panoptismus"* zusammengefaßt hat (Foucault 1976: 251ff.).

Ich erinnere, der Begriff meint eine spezifische Konfiguration von Machttechniken. Deren Idee ist es, die Individuen in einen mehr oder minder kontinuierlichen Zustand der Sichtbarkeit zu versetzen, ihr Milieu eben als eine Art Panoptikon aufzuspannen. Das Individuum weiß, man kann fast alles von ihm wissen. Nicht daß es tatsächlich allenthalben gesehen und beobachtet wird, aber es ist allenthalben beobachtbar, sichtbar. Dies zwingt es, sich selbst auf Normeneinhaltung hin zu beobachten. Es wird sein eigener Aufseher. Es internalisiert die Macht.

Die DDR-Gesellschaft war eine entwickelte Panoptikon-Gesellschaft. Eine monströse geheimpolizeiliche Aktivität, die quasi lebenslänglich geführte Kaderakte, die an allen Knotenpunkten der beruflichen Entwicklung fälligen Persönlichkeitsbeurteilungen mit ihren chiffriert nuancierten Werturteilen, der in Parteien, Massenorganisationen, Arbeitskollektiven verbreitete Geständniszwang, der Zwang „offen und ehrlich zu sagen, welche Haltung man hat", die dem

Individuum in kurzen Intervallen am Arbeitsplatz und anderenorts aufgedrängten Wertungen seines Verhaltens – all dies bedeutete dem Individuum zwar nicht, tatsächlich ununterbrochen beobachtet und kontrolliert zu werden, aber doch beständig beobachtbar und kontrollierbar zu sein. Und gerade das legte ihm nahe, sich tunlichst selbst auf Konformität hin zu kontrollieren.

Die Ausbildung der Panoptikon-Machttechniken ist ein durch und durch *moderner* Vorgang, ein Element moderner Gesellschaftsentwicklung, ein Effekt der Aufklärung. Es muß hier nicht belegt werden, wie geläufig sie in allen modernen Gesellschaften ist. Alles andere jedenfalls als eine spezifische Erfindung von Stalinisten. Die *Modernität* der Panoptikon-Machttechniken besteht wesensmäßig darin, in der Regel *nicht eigentlich eine Unterdrückung der Selbstbestimmung der Individuen, sondern eher eine Verwandlung dieser Selbstbestimmung in einen Komplizen der Macht* zu bewirken. Für die Mehrheit der Gesellschaftsteilnehmer bedeutet sie weniger eine Repression eigenen Wollens und Meinens als vielmehr eine Selbstausrichtung ihres Wollens und Meinens an der Norm. Freilich bedarf der Vorgang repressiver Exempel als Initialzündungen. Sodann aber kommt eine Automatik in Gang. Um es in Kategorien aus George Herbert Meads „Geist, Identität und Gesellschaft" auszudrücken: das ICH des Individuums wird zum Aufseher, Zensor und Ankläger des Ich. Auch das ist zunächst noch als eine, wenngleich schon subtilere, Repression erlebbar, als ein Selbstzwang des Individuums – das Individuum spürt noch, wie es in sich selbst den Wunsch, gewisse Meinungen zu äußern, an gewissen Orten unterdrückt. Mit der Zeit jedoch werden gewisse Dinge, die auszusprechen sich das Ich unter den gestrengen und erfolgsorientierten Blicken des ICHs versagt, nicht mal mehr gedacht. Erfolgversprechende Gedanken, ganz normale, füllen die Leerstelle aus. Statt das Selbst des Individuums zu unterdrücken, hält die Macht es besetzt. Der Unterschied zwischen Selbstbestimmung und Fremdbestimmung wird unscharf und verschwimmt schließlich: *Selbst*unterwerfung, *Selbst*zensur, *Selbst*erniedrigung – „Unfreiheit" ist etwas anderes geworden. Dieser Punkt sei für weiterführende Untersuchungen festgehalten: „Unfreiheit" ist längst schon zu etwas ausgewachsen, das sich in Kategorien der Repression, der Negation von Selbstsein nicht mehr angemessen beschreiben läßt.

Dieses zutiefst moderne, weil mit einer Entfaltung der subjektiven Freiheit eigentlich vereinbare Phänomen, sollte in der DDR-Gesellschaft eine kontramoderne Demontage absichern und ist sicherlich gerade wegen dieser merkwürdigen Fusion typologisch unterschiedlicher Strukturen nicht zu seiner Totalisierung gelangt. Gleichviel was diese Fusion von Modernem und Prämodernem in der DDR-Gesellschaft bewirkt und verhindert hat, mit Typisierungen, die wie z. B. „Feudosozialismus" vorzugsweise prämoderne Strukturen assoziieren, kann sie auf alle Fälle nicht abgedeckt werden.

Noch schlechter kommen jene Typisierungen weg, wenn wir diese Gesellschaft als System und Lebenswelt untersuchen und ihre Dynamik als unterschieden in eine *Systemdynamik* und in eine *lebensweltlich verwurzelte Wertedynamik* analysieren.

Da die lebensweltlich verankerte Wertedynamik nicht ein bloßes Epiphänomen der Systemdynamik ist, kann es kaum verwundern, wenn sich in der DDR-Gesellschaft ein unbedingt *moderner Wertewandel* vollzogen hat (vgl. Gensicke 1991; Schmidt 1991).

Aber nicht nur, daß das Verlieren subjektiver Freiheit – als Demodernisierung – mit gegenläufigen Tendenzen, mit Modernisierungsprozessen einherging und kontrastierte, als regressive Tendenz ist jenes Verlieren auch regelrecht ein Effekt seines Gegenteils, ein Effekt von progressiven Vorstößen, von emanzipatorischen Anläufen. Das Verlieren subjektiver Freiheiten muß meines Erachtens nachgerade als Folge emanzipatorischer Unternehmungen begriffen werden.

Verkehrung von Emanzipation in Repression

Der „real existierende Sozialismus" in der DDR sowie die geistesgeschichtlichen und gesellschaftspolitischen Bewegungen, die in ihn einmündeten, waren Reaktionen auf die Ambivalenz der modern bürgerlichen Freiheit, waren Versuche der Befreiung von der Pathologie einer zum Prinzip der Gesellschaftsentwicklung hypertrophierten besonderen Freiheit. Vergewissern wir uns, worin die Pathologie besteht, auf die emanzipatorisch reagiert wurde?

(1) Ausgangslage: das Pathologische der modernen Privilegierung subjektiver Freiheit. Es ist ein geschichtlich allgemeiner Tatbestand und hat mit den Eigentümlichkeiten moderner Gesellschaften noch nichts zu tun, daß die Akte subjektiver Freiheit, die Vollzüge von Selbstsein, das ursprüngliche Anwendungsfeld von Wertorientierungen darstellen. Was der Wertorientierung bedarf, das sind stets und überall subjektiv freie Handlungen, etwa die freien Entscheidungen. Sie bedürfen der Wertorientierung nicht nur, aber doch vor allem insofern, wie subjektiv freie Akte als Akte vieler unterschiedlicher Individuen möglich und dazu miteinander vereinbar sein müssen. Es müssen jeweils solche Vollzüge subjektiver Freiheit und insbesondere solche sozialen Handlungen, intersubjektiven Beziehungen als wertvoll, als erstrebenswert oder bewahrenswert, als geboten oder normativ verbindlich, als rechtens, sittsam oder moralisch gut ausgezeichnet werden, die jene Vereinbarkeit in jeweils bestimmter Weise gewährleisten. Das sind *soziale Werte*, soziale Wertorientierungen, im Unterschied zu *gegenständlichen*. Der Unterschied dieser beiden Wertdimensionen entspricht dem zwischen sozialem und gegenständlichem Handeln. Ein *gegenständliches* ist Handeln insoweit, wie es als *Subjekt-Objekt-Bewegung* vollzogen wird. Dahingegen Handeln ein *soziales* ist, soweit es als *Intersubjektivität* vollzogen wird.

All dies gehört, wie gesagt, zu den geschichtlich allgemeinen Tatbeständen: gerade die Vollzüge subjektiver Freiheit bedürfen der Wertorientierung und speziell einer sozialen. Dieses allgemeine Faktum wird nun innerhalb einer spezifisch modernen Gesellschaftsentwicklung prekär; es wird in dem Maße prekär, wie subjektive Freiheit zum Prinzip der Gesellschaftsentwicklung, zum basalen Wert avanciert. Im selben Maße gerät nämlich subjektive Freiheit auch zum basalen Wert*maßstab*; gerade dadurch wird die Begründung sozialer Werte zum *modernen Wertezirkel* kurzgeschlossen. Denn subjektive Freiheit wird nun zu dem, was der Wertorientierung bedürftig ist und zugleich letzthinniger Wertmaßstab sein soll. Ursprünglicher Referent und höchstes Kriterium der Wertorientierung wachsen zusammen. Was aber bedeutet, über den Vollzug subjektiver Freiheit am Maßstab eben dieser subjektiven Freiheit urteilen zu wollen. Die Frage, die zur Entscheidung steht, lautet: welcher Vollzug subjektiver Freiheit ist sozial wertvoll? – und die Antwort, ja gerade die grundsätzlichste unter allen möglichen Antworten kann nur lauten: der subjektiv freie. Rechtens, sittlich, moralisch gut usw. sei also die subjektiv freie subjektive Freiheit. In dieser Tautologie kulminiert die dem modernen Zeitalter eigentümliche Privilegierung subjektiver Freiheit. Moderne Wertewelten sind im Grunde tautologisch.[2]

Daher auch die moderne Unsicherheit in der Bewertung von Frieden und Freiheit. „Frieden ist Freiheit!“, aber gerade deshalb beginnt modernerweise der Stellenwert von Frieden zu flottieren. Eben noch erschien „Frieden“ in der Position des höchsten Kriteriums, schon erscheint er auch als das, was noch der Bewertung bedarf und einem Wertmaßstab untergeordnet ist.

Der moderne Wertezirkel wirkt einer überkommenen Fähigkeit entgegen, dem tradierten Vermögen der Menschen, aus basalen Werten, die sie *selbst* bejahen,

---

[2] Zunächst wird der Kurzschluß zwischen dem Selbstsein, das als solches der Wertorientierung bedarf, einerseits und dem gleichen Selbstsein als Wertmaßstab letzter Instanz andererseits aufgeschoben. Und zwar dadurch, daß die modernen Bürger ihr *Selbst*, um dessen Sein es an beiden Enden der modernen Wertbeziehung geht, unterscheiden in ein Selbst der menschlichen Gattung und in ein Selbst des Individuums. Ersteres – das Gattungsvermögen, die menschliche Natur usw. – hat einen *allgemeinen* Inhalt und dient als Kriterium für die Bewertung jedes *individuellen* Selbstseins. In dieser Beziehung zwischen einem Kriterium allgemeinen Inhalts und einem jeweils singulären Referenten ist der Kurzschluß aufgeschoben. Er ist derart aber auch nur aufgeschoben, denn die Privilegierung subjektiver Freiheit treibt dazu, daß sich die Individuen schließlich weigern werden, ihr Selbst einer allgemeinen menschlichen Natur oder irgendeiner anderen Allgemeinheit zu unterwerfen. Den modernen Anspruch auf subjektive Freiheit legen sie zunehmend als Anspruch auf (individuelle) *Selbstverwirklichung* aus. Im selben Maße werden der ursprüngliche Referent und das letzthinnige Kriterium sozialer Wertorientierung unmittelbar identisch. Der moderne Wertezirkel ist perfekt.
Gegenwärtig durchläuft der Anspruch auf subjektive Freiheit erneut eine Metamorphose: die *Steigerung des Anspruchs auf Selbstverwirklichung zum Anspruch auf Selbstinszenierung*. Individuen artikulieren, ihr Selbst sei ja gar keine Substanz, kein ihrem Verhalten zugrundeliegender Inhalt und sei daher weniger wie eine vorgegebene Möglichkeit zu verwirklichen als vielmehr erst zu inszenieren. Je mehr sich dieser Übergang vollzieht, desto weniger hat innerhalb des Wertezirkels das Moment des Wertmaßstabs überhaupt noch einen abfragbaren Inhalt. Philosophisch repräsentieren u.a. bestimmte Axiome in den Theorien von Richard Rorty jenen Anspruch auf Selbstinszenierung. Das betrifft besonders die Verknüpfung des strikten Beharrens auf Selbstbestimmung als einzigem Kriterium privater Vervollkommnung mit der These, daß es kein substantielles Selbst gibt (Rorty 1989: 164, 288).

intersubjektiv teilen, ebenso intersubjektiv geteilte Auffassungen darüber zu entwickeln, wann subjektiv freie Handlungen als sozial wertvoll, als rechtens, sittlich gut usw. gelten können. Ein solches Entwickeln von intersubjektiv geteilten, „gemeinschaftlichen" sozialen Wertauffassungen stellt eigentlich eine erlesene Gestalt der Selbstbestimmung dar. Zusammen mit jener überkommenen Fähigkeit wird also Selbstbestimmung unterhöhlt. Aber dies gerade als Effekt der Privilegierung subjektiver Freiheit. Ausgerechnet die Entfaltung von Selbstsein hat die Erosion dieser Selbstbestimmung zur Kehrseite. Schon dadurch muß selbst die modern bürgerliche Emanzipation Anlaß zu erneuten emanzipatorischen Bestrebungen geben.

Der markierte Erosions- und Regressionsprozeß gehört zur Kehrseite aller bürgerlichen Freiheit. Er gehört zur Kehrseite einer politischen Wahlfreiheit, sofern sie als soziale Beziehung eben das bloße Addieren der einzelnen Stimmen zu Mehrheits- und Minderheitsvoten privilegiert. Er gehört zur Kehrseite des modern bürgerlichen Rechts insgesamt. Dieses Recht ist *legalistisch*, d.h., außer einem generellen Rechtsgehorsam unterstellt es keine moralische Wertorientierung, geschweige eine von allen Personen geteilte. Es ist ferner *formalistisch*, macht die subjektiv freien Akte unterschiedlicher Individuen quasi vereinbar, indem es privatrechtlich Räume der Willkür jedem Individuum eröffnet und rein negativ, durch Verbote begrenzt (vgl. Habermas 1981: 352). Nun widerspricht aber eine solche Begrenzung der Privilegierung subjektiver Freiheit genauso wie ihr jede Grenze, jede *exmanente* Schranke zuwider ist. Deshalb auch das auffällige Phänomen, daß für moderne Subjekte die Darstellung der Rebellion gegen jene Begrenzungen, d.h. die Darstellung des Verbrechens, so ungemein genießbar, lustvoll ist.

Die markierte Regression hat andererseits wieder Progressionen zur Vorderseite. Zusammen mit der Gewißheit sozialer Werte degenerieren natürlich auch die *limitierenden* Wirkungen, die von solchen Werten in traditionalen Gesellschaften auf das gegenständliche Handeln, auf die Entwicklung der produktiven und konsumtiven Bedürfnisse, der Arbeitsmittel, der Wissenschaften, der Zweckrationalität, Nützlichkeit usw. ausgingen. Der allmähliche Verlust des Vermögens, aus intersubjektiv geteilten Wertaxiomen nicht minder intersubjektiv geteilte soziale Werte herauszusetzen, ist zwangsläufig zugleich der Verfall sozialer *Grenz*werte für das gegenständliche Handeln, ist daher zugleich auch normative Entfesselung des Wachstums der produktiven und schließlich auch der konsumtiven Bedürfnisse, normative Entfesselung der von Colin Campbell (1987) entdeckten Imagination von Bedürfnissen, normative Entfesselung der Produktivkräfte. Er eröffnet einer eruptiven Steigerung subjektiver Freiheit in den Dimensionen gegenständlichen Handelns axiologische Räume.

Dieser spezifische Emanzipationsprozeß hat wiederum einen spezifischen Preis. Gerade die Emanzipation der gegenständlichen Kräfte und Genüsse verführt dazu, beim gegenständlichen Handeln, bei seinen sinnlichen Gewißheiten und berechenbaren Zusammenhängen jenen axiologischen Halt zu suchen, der modernen Subjekten bei der Begründung sozialer Werte aus immanenten Axiomen nach und nach verlorengeht. Der moderne Kurzschluß von subjektiver Freiheit als ursprünglicher Referent *und* letzthinniges Kriterium sozialer Werte läßt sich in dieser Suchrichtung immer wieder aufs neue aufschieben. Er kann dadurch aufgeschoben werden, daß man die subjektive Freiheit und ihre Steigerung, die Emanzipation, wesentlich an Dimensionen eines entfesselten gegenständlichen Handelns quasi dingfest macht, an Dimensionen wie Gebrauchswert, Effizienz, Steigerung des materiell-gegenständlichen wie des ideell-gegenständlichen Reichtums, Nützlichkeit, Zweckmäßigkeit, an Dimensionen also, deren positive Bedeutung für die wachsenden gegenständlichen Bedürfnisse fraglos ist, nicht einer reflexiven Begründung bedarf. Dingfest gemacht, stellt sich subjektive Freiheit als ein derart spezifisches Kriterium dar, daß sich basaler Maßstab und ursprünglicher Referent sozialer Wertorientierung wieder unterscheiden, statt zur Tautologie kurzgeschlossen zu sein. Der Preis dafür ist freilich eine Unterordnung der sozialen Werte unter Eigengesetzlichkeiten gegenständlichen Handelns. Von hierher wuchert die enorme *Gegenstandsverfallenheit* moderner Menschen.

Um einige Phänomene dieser Verfallenheit zu erinnern. Turgot und Adam Smith eröffnen die Tradition, in der Arbeitsproduktivität als das höchste Kriterium des Fortschritts gilt (vgl. Rohbeck 1987: 89f.). Die moralische Wertung „gut" wächst allmählich mit Prädikaten wie „befähigt", „leistungsstark" und „talentiert" zusammen, mit Prädikaten des gegenständlichen Handelns. Jean-Jacques Rousseau hat das bereits moniert (1989: 75f.). Nicht als würden keine genuin sozialen Werte mehr gesetzt; keine der uns bekannten Gesellschaftsordnungen bietet den schlichten Individuen soviel Raum für eigenständige Wertsetzungen wie die modern bürgerliche; auch kann für diese Wertsetzungen in der Öffentlichkeit Geltung beansprucht werden, und das nicht zuletzt gegenüber Wirtschaft, Wissenschaft und anderen Stützpunkten gegenständlichen Handelns. *Eine solche Geltung wirklich erlangen können sie allerdings lediglich insoweit, wie sie sich in gegenstandsbezogene Werte übersetzen lassen*, in Kategorien der Zweckmäßigkeit, Nützlichkeit und des Erfolgs, in Arbeits- und Geschäftstugenden, in Bedingungen einer rastlosen Verwohlfeilerung des gegenständlichen Daseins . . . Derart übersetzbar sind soziale Werte naturgemäß nur bedingt. So sinken sie zu *bedingtgültigen* Werten herab. Daß Solidarität, soziale Sicherheit für alle usw. unbedingten Wert besäßen, läßt sich modernerweise zwar deklarieren, jedoch nicht legitimieren. Das betreffende Bedürfnis verspüren mehr oder minder stark alle Individuen, aber diesem Bedürfnis untereinander und jenseits von Intimität *unbedingte* Geltung zuzuerkennen, bringen sie nicht über ihr modernes Herz. Darin wird der spezifische Mangel an Selbstsein, den ausgerechnet die Privilegierung subjektiver Freiheit zur Kehrseite hat, fühlbar. Die Gegenstandsverfallenheit (und das, was sie manifestiert) ist der axiologische und lebensweltlich fundierte Raum, in dem sich das Verhältnis von Lohnarbeit und Kapital zu entfalten vermag, wie umgekehrt dieses Verhältnis zur Inkarnation von Gegenstandsverfallenheit par exellence sich aufspreizt.

„Gegenstandsverfallenheit" assoziiert „Verdinglichung" – das Paradigma, dem Georg Lukács (1968) seine Kapitalismuskritik unterstellte. Noch in Assoziationsreichweite liegt „Naturverfallenheit", ein für Theodor W. Adornos und Max

Horkheimers „Dialektik der Aufklärung" zentraler Begriff. Zuvor war das Phänomen bereits von Karl Marx und Friedrich Engels in „Die deutsche Ideologie" unter dem Begriff „sachliche Verhältnisse" kritisch analysiert worden. Aus der Kritik ging die Antizipation einer alternativen Gesellschaftsform hervor.

(2) Kognitivistischer Befreiungsschlag. Marx (der natürlich für Stalin genausowenig verantwortlich ist wie Nietzsche für Hitler) definiert die alternative Gesellschaftsform als „Freie Individualität, gegründet auf die universelle Entwicklung der Individuen und die Unterordnung ihrer gemeinschaftlichen, gesellschaftlichen Produktivität als ihres gesellschaftlichen Vermögens" (Marx 1983: 91). Indem die Individuen ihre längst vergesellschaftete Produktivität sich als assoziierte Individuen *unterordneten*, würden sie ihre Interaktionen, ihre Verhältnisse zueinander *als ihr Selbstsein, statt gegenstandsverfallen*, ausleben. Während Marx einerseits selbst noch im Banne der Gegenstandsverfallenheit zu stehen scheint, weil er die freie Individualität vornehmlich als logische Konsequenz einer Evolution der Produktionsweisen entwirft, hat er andererseits doch gerade einen Ausgang aus jener Verfallenheit projektiert, nämlich als Unterordnung der Produktivität, der Subjekt-Objekt-Bewegungen unter die Assoziation der Individuen, also unter eine bestimmte Intersubjektivität.

So sehr letztendlich nur universell progressierende Individuen sich ihre vergesellschaftete Produktivität unterordnen können, so sehr ist die Unterordnung notwendige Bedingung dafür, daß sich die universelle Tendenz des Kapitals in einer universellen Entwicklung jedes Individuums aufheben läßt. Diese Unterordnung ist gewissermaßen die Kehrseite der Entwicklungsform.

Mit Ansätzen derselben mußte die Emanzipation vom Kapitalismus anheben: In den wichtigsten Regionen der Industrie wird das kapitalistische Eigentum als Inbegriff von Profitsucht und Gegenstandsverfallenheit überhaupt beseitigt. Willensbildungsprozesse wie die Volksentscheide über Enteignung und Verfassung setzen eine Art gesellschaftlichen Gesamtwillen, der realiter die Produktion übergreifender Zielfunktionen unterstellt. Soziale Bedürfnisse, etwa das nach sozialer Sicherheit, werden dabei als *unbedingte* Wertmaßstäbe zur Geltung gebracht. In diesem Lichte ist ebenfalls die Gewährung einer wirtschaftlichen und beruflichen Selbständigkeit der meisten Frauen in der DDR zu sehen; sie erklärt sich nicht hinreichend aus Arbeitskräftemangel und den dahinterstehenden Ineffizienzen . . .

Freilich könnte man schon nach dieser noch unvollständigen Auflistung von emanzipatorischen Tendenzen sogleich auf gegenläufige Trends verweisen. Um indes zu verstehen, wie sich von vornherein emanzipatorische Tendenzen in die gegenläufige Richtung wenden konnten, erheischt ein weiterer, weniger offensichtlicher emanzipatorischer Vorgang Aufmerksamkeit.

Der *Fokus* der Pathologien der Moderne, darin faßt sich die oben versuchte Diagnose zusammen, ist die Privilegierung subjektiver Freiheit, die in einem Wertezirkel kulminiert, der seinerseits wieder das überkommene Vermögen der Menschen, aus einem intersubjektiv geteilten Wertmaßstab ebenso intersubjektiv geteilte soziale Werte zu begründen, allmählich zermürbt. Eine emanzipatorische Prophylaxe mußte gerade aus diesem Zirkel herausführen. Auf diese Weise haben Marx und Engels das Problem zwar nicht formuliert – dafür sorgte schon die Beobachterperspektive, aus der sie ihre emanzipatorische Kritik vorzugsweise als Systemkritik entwickelten –, jedoch folgte ihre Kritik einer Wertauffassung, die sehr wohl einen praktisch geistigen Befreiungsschlag aus jenem Zirkel möglich machte (vgl. Schmidt 1990: 679ff.). Vor allem kraft zweier Theoreme.

Das eine Theorem lautet: „Die Welt ist erkennbar." Danach gibt es nur *eine* Welt, und diese eine Welt läßt sich nicht nur überhaupt zum Erkenntnisobjekt machen, gerade als Erkenntnisgegenstand offenbare sie sich. Ist die Welt erkennbar, so muß auch das, was in dieser Welt Wert hat für Menschen (bzw. was für eine Klasse Wert und für eine andere Unwert ist), wesentlich kognitiv bestimmbar sein. Das Werte-Auszeichnen ist damit nicht nur erkennbar, sondern selbst lediglich eine Art des Erkennens. Diese Wertauffassung kann man die *kognitivistische* nennen. Sie gehört bekanntlich nicht ausschließlich dem Marxismus an. Den Kognitivismus in sich aufnehmend, setzen Marx und Engels einen fundamentalen Emanzipationsprozeß fort, eine aufklärerische Emanzipation, die Entfesselung des Willens zum Wissen, den Kampf des Wissens mit dem Glauben. Und sie setzen diese Emanzipation kreativ fort, indem sie die kognitivistische Wertauffassung durch eine Lehre von den sozialökonomischen Widersprüchen erst konsequent ausführbar machen.

Das ist das angekündigte *zweite Theorem*: die Lehre von den sozialökonomischen Widersprüchen. Erst sie erlaubt es, schlüssig aufzuzeigen, wie und unter welchen Bedingungen rein kognitive Akte zugleich soziale Wertsetzungen sind. Die dafür wichtigen Prämissen brauche ich nur zu erinnern: In der gesellschaftlichen Produktion ihres Lebens gehen die Menschen Produktionsverhältnisse ein, die einer bestimmten Entwicklungsstufe ihrer materiellen Produktivkräfte entsprechen. Auf einer bestimmten Entwicklungsstufe geraten diese Produktivkräfte in Widerspruch mit den vorhandenen Produktionsverhältnissen. Es tritt eine Epoche sozialer Revolution ein, in der jener Widerspruch seine Lösung finden muß. Der Widerspruch ist objektiv, und objektiv ist auch die Stellung der unterschiedlichen Menschengruppen in dem ganzen Widerspruchsverhältnis. Die objektive Beschaffenheit des Widerspruchs diktiert die Beschaffenheit der Widerspruchslösung, die Beschaffenheit jener Produktionsverhältnisse und Gesellschaftsverhältnisse, mit denen der Widerspruch gelöst wäre. Nicht daß die Lösung sich von selbst durchsetzt – die Geschichte macht gar nichts, die Menschen machen Geschichte –, aber was zu machen die Menschen gezwungen sind, daß sie den Widerspruch zwischen ihren Produktivkräften und Produktionsverhältnissen lösen müssen, und in welchen gesellschaftlichen Veränderungen er seine Lösung findet, dies ergibt sich – in wesentlichen Parametern – als objektives Erfordernis aus der Beschaffenheit des zu lösenden Widerspruchs.

Diese Thesen implizieren schon, und darauf kommt es jetzt besonders an, ein bestimmtes Verhältnis von Erkenntnis und Wertsetzung: Als objektiv erforderliche, notwendige ist die Widerspruchslösung rein kognitiv bestimmbar. Als Lösung eines bestimmten Widerspruchs, als „Erlösung" von ihm, ist sie zugleich an sich schon ein Wert. Die Lösung ist gegenüber dem Widerspruch an sich das Bessere. Die rein kognitiv mögliche Ableitung zumindest der wesentlichen Parameter der Widerspruchslösung aus dem Widerspruch begründet zugleich und definitiv einen Wert. Erkenntnis und Wertsetzung fallen hier unmittelbar zusammen, und sie tun das auch erst hierin.

Das sind Folgerungen zweier Theoreme, die die Marxsche Antizipation einer Alternative zur modern bürgerlichen Gesellschaft tatsächlich zu einem Entwurf der Befreiung aus dem zermürbenden Wertezirkel der bürgerlichen Freiheiten geraten lassen. Der verheerende Kurzschluß zwischen dem ursprünglichen Referenten sozialer Wertsetzung, der die subjektive Freiheit ist, und dem letzthinnigen Wertmaßstab, der modernerweise die gleiche subjektive Freiheit ist, wird behoben. Er wird behoben, indem subjektive Freiheit als Wertmaßstab mit einem Inhalt angefüllt wird, der ein typischer Wertgehalt ist und zugleich schon auf dem Wege reiner Erkenntnis zu haben ist, d.h. nicht erst durch eine regelrechte Wert-*Setzung*. Dieser Wertgehalt ist die rein kognitiv bestimmbare, weil objektiv erforderliche, objektiv notwendige Lösung für den Grundwiderspruch der kapitalistischen Produktionsweise. Durch ein schon wesentlich kognitiv mögliches Anfüllen des Wertmaßstabs mit Inhalt, werden das Kriterium und der Referent der sozialen Wertorientierung wieder so signifikant unterschiedene Gegebenheiten, daß sie sich nicht mehr zum Zirkel kurzschließen.

Wie sehr gerade in dieser kognitivistischen Begründung sozialer Werte ein Ausweg aus den Pathologien der modern bürgerlichen Freiheit gesehen wurde, macht unter anderem das nachstehende Credo von Bertolt Brecht deutlich. Er hat es um 1954 notiert. „Einige Freiheiten hätte ich heute freilich nicht, wenn es mich nach ihnen verlangte. Ich kann zum Beispiel nicht in der Art wählen, wie es ‚in zivilisierten Ländern üblich ist'. Gerne würde ich sagen, warum es mich nicht danach verlangt. Die Art der Wahlen, wie wir sie in Deutschland hatten, kann nicht ganz gut gewesen sein. Zweimal während meines Lebens wählten die Deutschen in jener zivilisierten Weise, von der die Rede ist, den Krieg. Zweimal bestätigten sie durch ‚freie Wahlen' Regierungen, die verbrecherische Kriege anzettelten und sie außerdem verloren. Von eigentlicher Freiheit konnte wohl nicht gesprochen werden: Sie besaßen nicht die Möglichkeit, nach Einsicht in die Notwendigkeit zu handeln." (Brecht 1968: 227.) Man sieht, wie die Einsicht in die Notwendigkeit, die Bindung der Entscheidungsfreiheit an die Erkenntnis des objektiv Erforderlichen als Ausweg aus einer als existentiell bedrohlich erlebten, modern bürgerlichen Freiheit verstanden wird. Zeitgeschichtliche Befunde, wie das in Umfragen unter den Bevölkerungen durch und durch zivilisierter Länder erhobene „Mehrheitsvotum" für den sogenannten Golfkrieg, würde Brecht vermutlich als Bekräftigung seiner Bedenken verarbeiten.

Sein Bekenntnis deutet aber auch bereits an, worin der Versuch, sich aus der immanenten Beschränktheit einer zum Prinzip der Gesellschaftsdynamik hypertrophierten subjektiven Freiheit zu befreien, umschlägt: zusammen mit jener Beschränktheit wird auch das Beschränkte, eine Gestalt der subjektiven Freiheit, in Frage gestellt. Und das kommt nicht zufällig.

(3) Der Befreiungsschlag zugleich als Rückschlag. Damit Wertewelten aus einem sie zermürbenden Zirkel herausgeführt werden können, verortet man sie als Teile einer objektiven und insofern schlicht erkennbaren Welt. Aber gerade im Horizont einer kognitivistisch befriedeten Wertewelt kann sich eine Elementarform der Sozialintegration etablieren, die sich als höchst ambivalent erweist und zu dem *Wendepunkt* wird, um den Emanzipation in Repression, Progression in Regression umschlägt.

Betrachten wir diesen Wendepunkt genauer. Er besteht in der theoretischen wie vor allem praktischen *Gleichsetzung der Interessenartikulation mit einer Interessenerkenntnis.* Interessen*artikulation* wird wesentlich als Interessen*erkenntnis* vollzogen. Eine solche Gleichsetzung wurzelt in der bereits seit Jahrhunderten vorangetriebenen Emanzipation des Erkenntniswillens, und sie zeitigt befreiende Wirkungen. Vermögen wir nämlich unsere Interessen zu artikulieren, indem wir sie erkennen, so können wir sie mit Anspruch auf *Wahrheit* artikulieren. Und dies sowohl bei unseren unterschiedlichen als auch bei unseren gemeinschaftlichen Interessen. Ist die Artikulation unserer gemeinschaftlichen Interessen als *wahre* Interessenerkenntnis möglich, so können wir uns über diese Interessen genauso streiten und vor allem genauso argumentativ einigen wie über Wahrheit und Falschheit überhaupt. Die Chance zu wahrer Erkenntnis gemeinschaftlicher Interessen ist zugleich die Chance zu einer von den Interessen aller Beteiligten her, von ihnen selbst her bestimmten und in diesem Sinne selbstbestimmten Sozialintegration, die Chance zu einer selbstbestimmten Kooperation, Abstimmung, Distanzierung der Handlungen der Individuen.

Aber diese Chance wahrzunehmen, hat einen fatalen Preis. Zunächst: Wenn Interessenartikulation wesentlich ein kognitiver Akt ist, dann muß sie, genauso wie jede andere Erkenntnis, an Tiefe und Zuverlässigkeit gewinnen, indem sie wissenschaftlich betrieben wird, indem sie von Experten für „wissenschaftliche Weltanschauung" vollzogen wird. Diese Experten müssen dann zur Artikulation der Interessen von Individuen, die solche Experten nicht sind, kompetenter sein als diese Individuen selbst. Das heißt, auf Erkenntnis reduziert, scheint Interessenartikulation nicht unveräußerlich an die Interessenträger gebunden zu sein. Interessenartikulation muß dann nicht unbedingt auch Selbstartikulation sein. Gerade das aber läßt jene Trennung der makrosoziologischen Sozialintegration von der interessenbezogenen Selbstartikulation vieler, ja der meisten Gesellschaftsteilnehmer als legitim erscheinen, in der sich die herben Verluste an subjektiver Freiheit, die in der DDR-Gesellschaft zu beklagen waren, nach einer Seite hin zusammenfassen. Ferner: Wenn Interessenartikulation wesentlich ein Erkenntnisakt ist, dann muß es als überflüssig oder gar schädlich gelten, daß die Gesellschaftsteilnehmer ihre Interessenvertreter frei wählen. Vielmehr kommt es dann nur darauf an, Personen einzusetzen, die zu Interessenvertretern prädestiniert sind, weil ihre „wissenschaftliche Weltanschauung" eine möglichst wahre Artikulation der Interessen aller verbürgt. Und schließlich: Wenn Interessenartikulation wesentlich ein Erkenntnisakt ist und als solcher mit dem Anspruch auf Wahrheit vollzogen werden muß, dann können sich die Individuen hinsichtlich ihrer Interessen auch irren und ihren Interessen zuwiderhandeln. Davor muß man sie bewahren, und nicht erst, wenn sie das Leben und Wohl anderer bedrohen. Zunächst durch Aufklärung, notfalls aber auch dadurch, daß man sie in ihrem eigenen Interesse daran hindert, zu tun, was sie selbst wollen. Eine beglückende Unterdrückung bricht aus.

An zahlreichen weiteren Bezügen ließe sich ebenfalls zeigen, wie die praktische Auslegung der Interessenartikulation als Interessenerkenntnis im direkten oder indirekten Zusammenhang steht mit den herben Verlusten an moderner Freiheit. Und das obwohl diese Auslegung ein Geschöpf jener kognitivistischen Gesinnung ist, die tatsächlich einen Ausweg aus dem modernen Wertezirkel weist – einen Ausweg, der zugleich ein Abweg und eine Sackgasse ist. Der Befreiungsschlag aus diesem Zirkel erweist sich zugleich und letztendlich als ein Rückschlag.

Innerhalb dieses Wendekreises verkehren sich alle emanzipatorischen Anläufe ins Gegenteil: Eine Expropriation der Expropriateure fand statt, jedoch kognitivistisch motiviert und orientiert mußte sie ihre positive Vollendung in der Aneignung der herrenlos gewordenen Produktionsmittel durch einen Gralshüter der *wahren* Interessen der Arbeiterklasse und der arbeitenden Menschen insgesamt finden. Als dieser Gralshüter empfahl sich ein parteimäßig vereinnahmter und vermittels dieser Vereinnahmung von der wissenschaftlichen Weltanschauung beseelter Staat. Industrielles Produktionsmitteleigentum sollte Eigentum aller werden, jedoch aus Sorge um die wahren Interessen der Werktätigen konnte das Eigentum aller nur als Aneignung im Interesse aller durch den Staat ausgelegt werden. Kognitivistisch motiviert und orientiert mußte also jene Expropriation zur Verstaatlichung verlängert werden. Die gute Absicht verkehrte sich ins Gegenteil: die zarten Frühformen einer Unterordnung der Produktion unter die Produzenten entarteten zur Unterordnung der Produzenten unter den Staat. Von diesem gegen die beständig drohenden Interessenmißverständnisse der Massen abgesichert, entpuppte sich der Gesamtwille mehr und mehr als ein ordinärer Einheitswille, der individuelle Bestrebungen auf unterschiedliche Ausprägungen seiner selbst eingrenzt oder einfach wegschneidet. Die anheimelnde Unbedingtheit, mit der auf der sozialen Sicherheit als Wert beharrt wurde, rührte von der Verstaatlichung individuell bedeutsamer Risiken her, aber die Verstaatlichung individuell bedeutsamer Risiken zieht die Verstaatlichung individueller Entscheidungen nach sich. Die Selbstbestimmung, die die Hälfte der Bevölkerung als Frauen in einer Form gewann, hat sie als Bürgerinnen in anderer Form verloren.

Fragwürdiges

Woran ist das „sozialistische Experiment“ der DDR-Gesellschaft gescheitert? An sich selbst, gewiß. Dies aber nicht auch in dem Sinne, daß das Scheitern zugleich von der Tücke der Krankheit zeugt, die die moderne Freiheitsliebe befallen hat?

Der Wendepunkt, um den sich Emanzipation in Repression verkehrte, ist freilich ein historisch besonderer. Es ist die Theorie und Praxis eines Kognitivismus, der eine bereits Jahrhunderte währende Entfesselung des Willens zum Wissen auf die

Spitze treibt, sie durch fast alle ihre Konsequenzen hetzt, durch Konsequenzen, zu denen nicht zuletzt die Arroganz der mächtigsten Aufklärer gegenüber Wissenschaftlern gehört.

Also der Wendepunkt ist ein geschichtlich besonderer, alles andere jedenfalls als eine „Natur“ der Emanzipation schlechthin und überhaupt. Daher kann es naheliegen, sich eine andere Emanzipation zu denken, eine nicht kognitivistische. Nur, auch die ist bereits versucht worden. Ich meine das frühromantische Projekt der Remythisierung, den Versuch, in dionysischer Trance dem modernen Wertezirkel zu entkommen (vgl. dazu Frank 1982: 11f., 48, 81; Ders. 1988: 15ff.; Ders. 1989: 53f.). Ein Ausweg, der sich letztendlich ebenfalls als Abweg erwies. Müssen einem da nicht die immanenten Schranken einer paradigmatisierten subjektiven Freiheit gleichsam wie die Gummiwände eines „Irrenhauses“ vorkommen, von denen man um so weiter zurückprallt, je heftiger man anläuft? Anders gesagt, spricht das Scheitern unterschiedlicher Therapien nicht auch für die Tücke der Krankheit, die von der für die Moderne charakteristischen Privilegierung, Paradigmatisierung, Hypertrophierung der subjektiven Freiheit her wuchert. Und ist diese Privilegierung ihrerseits nicht wieder eine durchaus folgerichtige (wenngleich keineswegs zwangsläufig gezogene) Konsequenz von Emanzipation überhaupt. Gesetzt den Fall, so stellte sich die Frage, ob aus den Problemen der Moderne überhaupt ein emanzipatorischer Weg herausführt. Der Vergleich mit einem Dilemma des Straßenverkehrs drängt sich auf: entweder man läßt den freien Druck auf das Gaspedal zu, und dann sind jährlich mehr als zehntausend Verkehrstote allein in Deutschland der Preis, oder man nimmt solche Opfer nicht hin, schränkt im Namen der wahren Interessen der Menschen die subjektive Freiheit ein, begrenzt drastisch die Höchstgeschwindigkeit, und dann empört sich der moderne Mensch und fordert „Freie Fahrt für freie Bürger“. Steht die Geschichte der DDR-Gesellschaft vielleicht in einem allerletzten Kapitel der „Dialektik der Aufklärung“, an das nur noch eine „Dialektik der ganz anderen Freiheit“ anschließen könnte?

Literatur

Adorno, Th. W./Horkheimer, M., 1969: Dialektik der Aufklärung, Frankfurt/M.

Brecht, B., 1968: Schriften zur Politik und Gesellschaft, Bd. II, Berlin – Weimar

Campbell, C., 1987: The Romantic Ethic and the Spirit of Modern Consumerism, Oxford

Elias, N., 1981: Die höfische Gesellschaft, Frankfurt/M.

Engels, F./Marx, K., 1969: Die deutsche Ideologie, in: Werke, Bd. 3, Berlin

Foucault, M., 1976: Überwachen und Strafen, Frankfurt/M.

Frank, M., 1982: Der kommende Gott. Vorlesungen über die Neue Mythologie, I. Teil, Frankfurt/M.

Frank, M., 1988: Gott im Exil. Vorlesungen über die Neue Mythologie, II. Teil, Frankfurt/M.

Frank, M., 1989: Neue Mythologie, Frankfurt/M.

Gensicke, Th., 1991: Sind die Ostdeutschen konservativer als die Westdeutschen?, in: G.-J. Glaeßner/R. Reißig (Hrsg.), Das Ende eines Experiments, Berlin: 268–295

Habermas, J., 1985: Der philosophische Diskurs der Moderne, Frankfurt/M.

Habermas, J., 1981: Theorie des kommunikativen Handelns, Erster Band, Frankfurt/M.

Hegel, G. W. F., 1981: Grundlinien der Rechtsphilosophie, Berlin
Heidegger, M., 1971: Schellings Abhandlung über das Wesen der menschlichen Freiheit, Tübingen
Jantsch, E., 1979: Die Selbstorganisation des Universums, Wien – München
Jaspers, K., 1988: Vom Ursprung und Ziel der Geschichte, München – Zürich
Kant, I., 1978: Kritik der praktischen Vernunft, Leipzig
Lukács, G., 1968: Geschichte und Klassenbewußtsein, in: Werke, Bd. 2, Neuwied
Marx, K., 1983: Grundrisse der Kritik der politischen Ökonomie, in: Werke, Bd. 42, Berlin
Mead, G. H., 1968: Geist, Identität und Gesellschaft, Frankfurt/M.
Rohbeck, J., 1987: Die Fortschrittstheorie der Aufklärung, Frankfurt/M. – New York
Rorty, R., 1989: Kontingenz, Ironie und Solidarität, Frankfurt/M.
Rousseau, J.-J., 1989: Von der Akademie zu Dijon im Jahre 1750 preisgekrönte Abhandlung über die von dieser Akademie aufgeworfene Frage, ob die Wiederherstellung der Wissenschaften und Künste zur Läuterung der Sitten beigetragen habe, in: Ders., Kulturkritische und politische Schriften in zwei Bänden, Bd. 1, Berlin: 51–82
Sartre, J.-P., 1989: Das Sein und das Nichts, Reinbek
Schmidt, H., 1990: Zwischen moderner Identität und postmoderner Differenz, in: Initial, Heft 7, 1. Jg.: 675–686
Schmidt, H., 1991: Wertewandel in einheimischen und in westlichen Lebenswelten, in: G.-J. Glaeßner/R. Reißig (Hrsg.), Das Ende eines Experiments, Berlin: 243–267

Frank Adler

Zur Rekonstruktion des DDR-Realsozialismus

Strukturmerkmale – Erosion – Zusammenbruch

Welcher Typus von Gesellschaftsstruktur hat sich mit dem Realsozialismus deutscher Prägung aufgelöst (und beeinflußt zugleich durch seine Erbschaften auf vielfältige Weise, z. T. auf recht „verschlungenen Pfaden" den aktuellen und langwierigen Transformationsprozeß)?

Selbst wenn man sich auf eine Durchsicht einschlägiger Publikationen aus jüngster (Nach-Wende-)Zeit beschränkt, so ergibt sich eine stattliche Zahl von Versuchen, den (DDR-)Realsozialismus gesellschaftstheoretisch auf den „Punkt" zu bringen: (quasi-feudale) Ständegesellschaft (Meier 1990), Organisationsgesellschaft (Pollack 1990), Frühsozialismus (Th. Kuczynski), Patriarchensozialismus (Mocek 1990), roher Gleichheitskommunismus (Ruben 1990 – nach Marx), administrativ-zentralistischer oder Staatssozialismus (u. a. Brie 1990), semimoderne Gesellschaft (u. a. Pawlowsky / Schlese 1991) . . .

Jeder dieser Termini akzentuiert m. E. ein typisches Merkmal, Struktur- oder Funktionsprinzip des (DDR-)Realsozialismus; all diese Vorschläge würden aber sofort Einwände provozieren, beanspruchten sie, *das* „Konstruktionsprinzip", *die* Spezifik dieser Gesellschaft auf den Begriff zu bringen. Offenkundig ist der Realsozialismus ein (noch) zu sperriger Gegenstand, mehr als von manchem vermutet eine Gesellschaft sui generis, deren Eigenheit sich nicht nahtlos unter die Begrifflichkeit und Typisierungen der gängigen Theorien subsumieren läßt.

Wohl auch deshalb verzichten andere Autoren auf generalisierende Etikettierungen und bemühen sich vor allem, spezifische Merkmale herauszustellen: die Statusinkonsistenzen (Hanf 1991), Verohnmächtigung und Entsubjektivierung gesellschaftlicher Akteure (Thomas 1990), die (fach-)arbeiterzentrierte Sozialstruktur (Zapf 1991), Nivellierung und Hofierung der Arbeiterklasse (Lötsch 1990).

Auch ich möchte einige Charakteristika der Sozialstruktur dieses Gesellschaftstyps nachzeichnen, ohne die Liste der Etikett-Kreationen zu verlängern. Ich bleibe bei der Selbstbezeichnung ‚realer Sozialismus'. Dieser Terminus entstand zwar in legitimatorischer Absicht (Abschied von den emanzipatorischen Gehalten der Utopie als immunisierender Schutz gegen Kritik aus den „eigenen Reihen"; Vorwurf an die Sozialdemokratie, daß sie nicht einmal diesen – zwar unvollkommenen, aber wenigstens ‚real existierenden' – Sozialismus zustande gebracht hat). Aber völlig falsch ist diese Worthülse nicht, enthält sie doch zumindest den – nur mit ideologischen Verrenkungen abzuleugnenden – Hinweis, daß es sich doch um eine Variante von Sozialismus, um eine „Sackgassen"-Alternative zu den kapitalistisch modernen Gesellschaften handelte.

Wenn ich nunmehr versuche, einige qualitative Charakteristika des DDR-Realsozialismus, insbesondere seiner Sozialstruktur zu skizzieren, so geschieht dies vorrangig vor der Folie der moderneren (Alt-)BRD-Gesellschaft. Dieser Maßstab ist gewiß nicht der einzig mögliche (die Konfrontation mit den nicht eingelösten emanzipatorischen Idealen wäre ein anderer); aber er scheint mir so fremd, äußerlich, unangemessen nicht. Denn: Der Realsozialismus, vor allem seine DDR-Variante ist nicht schlechthin „in sich" zusammengebrochen, sondern hat sich im „Wettstreit der Gesellschaftssysteme" als die unterlegene, weniger attraktive Gesellschaft erwiesen; die westlichen Gesellschaften waren auf sehr unterschiedliche Art stets der Vergleichs- und Bezugspunkt der „Massen", der politisch herrschenden Gruppierung und derer, die (aus heutiger Sicht illusionär) im Realsozialismus Ansätze für eine evolutionsfähige Alternative sahen. Und schließlich verdeutlicht m. E. gerade dieser Maßstab, daß ein Nachdenken über Auswege aus/Alternativen zu den Irrationalitäten, Ungleichheiten, globalen Gefährdungspotentialen modern kapitalistischer Entwicklung, das *jenseits* der allgemeinen Modernitätsstrukturen und Evolutionspotentiale dieser Gesellschaft ansetzt (ohne sie andererseits „postmodern" in Frage zu stellen), offenkundig ein verhängnisvoller Irrweg, Rückschlag sein kann; zumindest sind wohl bislang die emanzipatorisch und funktionell überlegenen Total-Alternativen, Substitute für modern kapitalistische Basis-Institutionen nicht erdacht.

1. Genetischer Defekt

Der Realsozialismus hatte wohl doch einen Konstruktionsfehler, zumindest einen Geburtsfehler, der im Rahmen dieser Gesellschaft und ihrer Wettbewerbssituation mit kapitalistisch-modernen Gesellschaften höchstwahrscheinlich nicht reparabel bzw. „wegreformierbar" war. Diesen genetischen Defekt sehe ich (Brie 1990; Krüger 1990 und 1990a folgend) in einer geistigen – auch durch Ambivalenzen im Marxschen Denken ermöglichten (vgl. Bluhm 1991; Sandkühler 1991), im „Marxismus-Leninismus" systematisch entfalteten, in der revolutionären Programmatik kommunistischer Parteien ins Praktikable „übersetzten" – und praktisch-handgreiflichen *Fehlidentifikation*: In kapitalistisch modernen Gesellschaften entstandene Formen, Institutionen, Mechanismen moderner Gesellschaftlichkeit, insbesondere der Subjekt-Subjekt-Vermittlung, die tatsächlich auf diese oder jene Weise funktionell und genetisch mit dem Kapital-Verhältnis und seinen Gegentendenzen verknüpft (aber eben nicht darauf reduzierbar) sind, werden schlechthin als kapitalistisch identifiziert und denunziert. In dieser Perspektive einer unzureichenden Differenzierung zwischen spezifisch kapitalistischer Entfremdung und Verselbständigung und notwendigerweise versachlichten Gesellschaftsmächten (vgl. Land 1990) ist die Konsequenz angelegt: Die Aufhebung *kapitalistischer* Entfremdung, der Blindheit der Märkte, der sozialen Ungleichheiten, Irrationalitäten und Krisenhaftigkeit kapitalistischer

Entwicklung setzt die *Beseitigung* der modernen bürgerlichen Institutionen voraus. Während Karl Marx die Emanzipation der Reichtumsproduktion von ihren kapitalistischen Schranken dialektisch als „Aufhebung" denkt und sich vehement gegen die rohkommunistische Rückkehr zur prämodernen „Einfachheit" wendet, gibt es Indizien (z. B. die „Verdammnis" des Marktes) dafür, daß gerade die Figur der „undialektischen Negation" sein Denken über die Subjekt-Subjekt-Vermittlungen, vor allem die Formen des Austragens von Interessenunterschieden zwischen gesellschaftlichen Akteuren, beherrscht. Zumindest aber ist der Vorwurf schwer zu entkräften, daß er (im Unterschied zu Max Weber) naiv gegenüber den Gefahren war, daß eine als zeitweilig gedachte Substitution der bürgerlich-kapitalistischen Institutionen durch den Staat zu dessen Konsolidierung als Form bürokratischer Herrschaft führt.

Die realsozialistischen „Total-Substitute" für die kapitalistisch modernen Vermittlungsinstitutionen – die als Erkenntnis, Formierung und Durchsetzung eines „gesellschaftlichen Gesamtwillens" gedachten Instrumente und Institutionen, wie Partei, Planung, Staat etc. – schufen für die realen gesellschaftlichen Akteure weder ein historisch höheres Maß an Chancengleichheit („subtrahiert" man die Einbußen an formeller juristischer und politischer Gleichheit von den partiellen Gewinnen an sozialer Gerechtigkeit) und subjektiver Freiheit, noch waren sie den bürgerlich-modernen (z.T. gerade deswegen) funktionell, hinsichtlich ihrer Evolutionspotentiale und Steuerungskapazitäten für komplexe Gesellschaften, ebenbürtig. Dies hängt u. a. wiederum mit einer weiteren „Fehlidentifikation" zusammen, die vor allem den „Ansatz" politischer Institutionen (bzw. noch mehr die Versuche ihrer theoretischen Legitimierung) prägte: Die Vorstellung, die *Selbst*artikulation von Interessen individueller oder kollektiver Akteure (bzw. die freie Wahl von Repräsentanten) könne „ohne Rest" ersetzt werden durch wissenschaftliche *Erkenntnis* der „wahren", „objektiven" Interessen. Aus dieser Perspektive können dann die „Inhaber" der einzig wissenschaftlichen Grundlagen von Interessenerkenntnis und -realisierung zu kaum weiter legitimationsbedürftigen Stellvertretern der ihrer wahren Interessen nicht so recht bewußten Bevölkerungsmehrheit avancieren, womit diese tendenziell zum Objekt des „Befreit-Werdens", notfalls auch des „Zwangs zum Glück" degradiert wird (Schmidt 1990 und in diesem Band).

Solche Gleichsetzungen sind natürlich keine rein akademisch-theoretischen Irrtümer. Sie sind in ihren geistesgeschichtlichen Wurzeln wie in ihrer Verbreitung nur aus der inneren Widersprüchlichkeit der kapitalistischen Entwicklung selbst zu verstehen und zu erklären. Daß die Institutionen der bürgerlichen Gesellschaft („undialektisch-negativ") radikal-revolutionär in Frage gestellt wurden, daß es keine terroristisch agierenden Trupps, sondern kommunistische Parteien mit Masseneinfluß und herausragenden Intellektuellen als Sympathisanten oder Mitgliedern waren, die offen die (welt-)revolutionäre Option vertraten, ist wohl u. a. nur mit der Perspektivlosigkeit eines Bevölkerungsteils vor Herausbildung moderner Sozial- und Wohlfahrtsstaatlichkeit erklärbar. Und speziell in Deutschland konnte die Entstehung von Faschismus eben auch als prinzipielles Versagen der Institutionen bürgerlicher Demokratie, als „gesetzmäßige Frucht", latente Tendenz des deutschen Kapitalismus gedeutet werden.[1]

Was somit an die Stelle des Kapitalverhältnisses *und* der Institutionen moderner bürgerlicher Gesellschaften trat – und nachfolgend aus sozialstruktureller Sicht näher zu bestimmen ist – ermöglichte zwar „aufholende Entwicklung" und die Reduzierung bestimmter sozialer Ungleichheiten, aber um den doppelten Preis des Verlusts an Evolutionspotential, an Korrektur- und Lernkapazität, die in den Wettbewerbsstrukturen moderner Gesellschaften verankert sind, und des Entstehens neuer Entfremdungen und Verselbständigungen, sowie von Einbußen an subjektiver Freiheit.

2. *Zum Typus von Machtungleichheit*

Unmittelbare und fatale Konsequenz dieses genetischen Defektes („Fehlidentifikationen") und zugleich dessen Zementierung ist die Konstitution eines Typs von starr-polarer Machtungleichheit: die *grundsätzliche* Entscheidungs- und Verfügungsgewalt über die wesentlichen Ressourcen von Akteuren in *allen* gesellschaftlichen Bereichen, die Auswahl von Selektionsrichtungen etc. war *zentralisiert* und *unkontrollierbar monopolisiert* an der Spitze jener Organisation, die als „universeller Stellvertreter" jenes Machtvakuum ausgefüllt hat, das entstanden war durch die Beseitigung des Kapitalverhältnisses *und* der anderen Institutionen moderner bürgerlicher Gesellschaften. Zwangslogisches Pendant dieser Machtmonopolisierung ist der eklatante Mangel an institutionalisierten, legalen, strategischen Einflußchancen individueller und kollektiver Akteure, aber auch von Institutionen bzw. Organisationen (Betriebe, Kommunen etc.) in bezug auf die zentralisierten gesellschaftlichen Sachverhalte, was zugleich bedeutet, daß ihre Autonomie formell und faktisch stark begrenzt ist. Indem (a) einerseits auch nach der Liquidation des Kapitalverhältnisses die aus vielfältigen Quellen (nicht zuletzt

[1] Dies erklärt zumindest partiell die Bunker-Mentalität jenes Teils der SED-Führung, der biographisch mit dem kommunistischen antifaschistischen Widerstandskampf verbunden war. Sie waren wohl auch in dem Sinne Opfer des Faschismus, daß ihre (gelinde gesagt) unterentwickelte Sensibilität für demokratische Willensbildungsprozesse, für die wirklichen „Stimmungen und Meinungen" der Bevölkerung, ihr elitär starrköpfiges Sendungsbewußtsein usw. eben auch mit der Interpretation ihres existentiellen Grunderlebnisses „Faschismus" zusammenhing: die Krise des kapitalistischen Wirtschaftssystems hat den Nährboden für den Faschismus geschaffen, die Weimarer Demokratie konnte ihn nicht verhindern, große Teile des Volkes wurden mit Versprechungen „verführt", wichtige Voraussagen der Kommunisten („Hitler bedeutet Krieg") traten ein ... In Verbindung mit einer simplifizierend-falschen „Theorie", die Kapitalismus in Deutschland als – mehr oder weniger gut getarnten – potentiellen Faschismus versteht (worin sie sich u. a. durch die inkonsequente Entnazifizierung in Westdeutschland bestärkt sahen), fühlten sie sich nicht nur legitimiert, sondern geradezu historisch verpflichtet, mit „allen Mitteln" die DDR als „Bollwerk" zu „halten" – auch gegen die „naiven Experimente" eines Gorbatschow.

aus Arbeitsteilung, funktioneller Differenzierung etc.) gespeiste (offenkundig prinzipiell unaufhebbare) Unterschiedlichkeit, auch Gegensätzlichkeit von Interessen gesellschaftlicher Akteure blieb, (b) damit auch das („ewige“) Problem ihrer Vergesellschaftung, Vermittlung, horizontalen und vertikalen Koordination, der Selektion von Innovationsrichtungen etc., (c) andererseits aber die auf formeller Gleichheit und Offenheit basierenden (bürgerlichen) Formen, Institutionen, der Wettbewerbs- und Selektionsmechanismen dafür in Ökonomie, Politik, Kultur etc. namens der Überwindung von faktischer Ungleichheit, Entfremdung, Verselbständigung, „Blindheit“, „Interessen-Partikularismus“ etc. liquidiert wurden, wurde (d) Handlungskompetenz, Verfügungsgewalt, „Macht“ sowohl von den Basisakteuren als auch von ihren institutionalisierten (staatlichen, zivilgesellschaftlichen, intermediären) Vermittlungsinstanzen weg, in jenen Institutionen bzw. bei den an ihrer „Spitze“ agierenden, sie „beherrschenden“ Personengruppe *zentralisiert* und *monopolisiert*. Konstituiert hatte sich damit nicht die Fiktion eines neutralen, von Sonderinteressen bereinigten, die gemeinsamen Interessen aller besonderen Akteure zu einem „Gesamtwillen“ bündelnden und ihn nach einem ‚wissenschaftlich begründeten‘ Gesamtplan rational verwirklichenden Gesamtsubjekts, wohl aber ein Machtzentrum („Monosubjekt“ – Brie 1990a) – personifizier- und lokalisierbar an der absolutistischen Spitze der Partei-Politbürokratie – das seinem Eigeninteresse weitgehend *unkontrolliert* im gesamten Reproduktionsprozeß Geltung verschaffen konnte, zugleich aber sich selbst in seinem omnipotenten Anspruch als universeller ‚Regler‘ und ‚Stellvertreter‘ weit überforderte.

Nicht zuletzt deshalb erzeugte gerade die polar-starre Machtverteilung auf gesellschaftlicher bzw. politischer Ebene, der (absolute) Anspruch auf Dominanz, Planung und Kontrolle aller offiziellen Lebensbereiche – direkt oder über seine disfunktionalen Effekte – mit einer gewissen Zwangsläufigkeit *eine zweite „inoffizielle Struktur“*: Die gesamte Wirtschaft wäre wohl nicht funktionsfähig gewesen, hätten nicht die Defekte des offiziellen „Systems der Leitung und Planung“ (mit seinem administrativen Druck auf die „Steigerung der industriellen Warenproduktion“ und dem selbstinduzierten permanenten Mangel) zugleich ein Netz von informellen Beziehungen zwischen Betrieben, Leitern, Funktionären (Tauschhandel mit defizitären Gütern etc.) stimuliert, ohne die informellen „Planerfüllungspakte“ zwischen Leitern und Arbeitern (Kern/Land 1991), die die offizielle Hierarchie auf den unteren Ebenen auf den Kopf stellen. Das „zweite“ geistig-kulturelle Leben umfaßte gesellschaftskritische Kulturwerke ebenso wie subkulturelle Szenen oder den ausgeprägten (in manchen Bevölkerungskreisen ausschließlichen) westlichen Medienkonsum sowie die Dominanz westlicher Standards in der Alltagskultur. Weit schwächer waren die Ansätze zu einer zweiten politischen Kultur und Öffentlichkeit: private Diskutierzirkel, quasi-oppositionelle „sozialethische Gruppen“ unter dem Dach der evangelischen Kirche etc. Insofern aus der „zweiten Struktur“ keine unmißverständlichen politisch-kritischen Signale kamen, wurde sie toleriert, z.T. auch funktionalisiert bzw. intensiv „observiert“. In gewisser Weise trugen die informellen Strukturen auf sehr unterschiedliche Weise zur langen Stabilität des Systems bei – indem sie zumindest partiell disfunktionale

Effekte milderten oder Interessen-Kompromisse, das „Einrichten" und Kompensationen innerhalb der Verhältnisse ermöglichten etc. Gleichwohl waren diese informellen Strukturen nur schwächliche Surrogate im Vergleich zu den Institutionen der westlichen Gesellschaft – Markt, Öffentlichkeit, institutionalisierte Formen des Interessenkonflikts, politische Opposition; ebensowenig wie die „offiziellen" Strukuren konnten sie in annähernd gleichwertigem Maße Motivations-, Innovations- und Korrekturpotentiale bereitstellen.

Die notwendige Kehrseite dieser Machtmonopolisierung ist die Enteignung, Entmachtung, amputierte und gespaltene Subjektivität des großen „Rests" der Gesellschaft im Sinne des Fehlens institutionalisierter, legaler Einflußchancen in bezug auf die (zentral-)machtmonopolisierten Entscheidungsprozesse, von Möglichkeiten individueller und kollektiver Akteure, sich als soziale Subjekte zu konstituieren und als solche (autonom) zu handeln. Diese Tendenz umfaßt verschiedene Aspekte:

- „Kern"-Merkmale von sozialer Subjektivität, gesellschaftlicher Handlungskompetenz sind von den Akteuren „abgespalten": Interessen ausbilden und (öffentlich) artikulieren, Ziele, Konzepte, Handlungsstrategien entwickeln und in Willensbildungs-, Aushandlungsprozesse einzubringen.
- Institutionen (Organisationen, Verfügungsrechte über Ressourcen), die für die volle Konstitution kollektiver Subjekte, der autonomen Durchsetzung ihrer Interessen unabdingbar sind, können nicht ausgebildet werden.
- Gleiches gilt für Institutionen bzw. Funktionen der Vermittlung, wechselseitigen Anerkennung, horizontalen und vertikalen Rückkopplung (zwischen Staat und Bürger, zwischen Unternehmen etc.) und Vernetzung.
- Damit findet zugleich eine weitgehende Entkopplung, Desintegration statt zwischen Interessen der individuellen und kollektiven Akteure und der Fixierung von „Zielgrößen", Selektion von Entwicklungsrichtungen des Systems, also auch der Rahmenbedingungen ihres eigenen Handelns. Dies impliziert zugleich – unterstellt man nicht den Mythos eines die „wirklichen" Interessen aller anderen vertretenden, allwissenden Gesamtsubjekts –, daß die Lern- und Korrekturfähigkeit des Systems erheblich reduziert war.

Dieser Typus von Machtungleichheit blieb natürlich nicht folgenlos für die Sozialisation der Individuen, für die Ausprägung bestimmter Subjekteigenschaften. Begrenzt waren vor allem die Chancen, Impulse, Zwänge zum sozialen Erlernen von Fähigkeiten und Verhaltensweisen zur selbstbewußten Artikulation von Interessen, zum institutionalisierten, regelhaften Austragen von Interessenkonflikten, zur Selbstorganisation, damit zur Entwicklung einer demokratischen politischen Kultur (Segert 1991).

Gleichwohl existierte ein breites Spektrum von informellem Interessenhandeln auf kollektiver und individueller Ebene: Ausnutzen von Irrationalitäten des Wirtschaftssystems („Knappheit" von Arbeitskräften, Diskontinuitäten) und der Furcht des Apparates vor Konfrontationen mit der Industriearbeiterschaft, um z. B. die Lohn-Leistungs-Relation günstig zu beeinflussen, bestimmte Leistungszumutungen abzuweisen; arbeitsmarktähnliches Verhalten (z. B. Androhen von

Kündigungen, um Lohnverbesserungen zu erreichen etc.); bei den Leitungen waren „Bluffen“ und „Jonglieren“ (vor allem im Planungsprozeß, bei Leistungsbilanzen etc.) oder persönliche Beziehungen zu übergeordneten Instanzen wichtige Taktiken, um betriebliche Interessen durchzusetzen; im politischen und intellektuellen Bereich wäre die „Kunst der Andeutung“, der „Zwischen-Zeilen-Kritik“ zu nennen etc. Politische Einflußlosigkeit, die begrenzten Möglichkeiten durch Initiative im Arbeitsprozeß etwas zu bewirken, wurde durch emsige Aktivität in Wohnung, Datsche etc. kompensiert; vor der Tristesse des DDR-Alltags entfloh man in die fiktive Welt des Westfernsehens . . .

Die Überwindung des subjektiven Erbes des Realsozialismus in bezug auf politische Verhaltensweisen, das Erlernen einer modernen – nicht nur auf professionelle Eliten, Funktionäre, Aktivisten beschränkten – politischen Kultur ist vermutlich langwieriger und komplizierter als etwa die „Modernisierung“ von individuellem Leistungsverhalten oder Interessenhandeln. Das hängt u. a. mit zwei Faktoren zusammen: Die historischen Wurzeln subaltern-anpassenden politischen Verhaltens, von Obrigkeitsdenken, Staatsgläubigkeit, schwach entwickelter Zivilcourage reichen tiefer in die deutsche Geschichte – nicht nur in die Zeit des Faschismus – zurück; die für die nächsten Jahre absehbaren sozialen Konsequenzen des Transformationsprozesses, die „Nachteile der Vorteile“ seiner spezifisch deutschen Gestalt (Übernahme eines fertigen Systems, Regelwerkes), die z. T. schon verpaßten Chancen für Verhaltensänderung durch kritische Reflexion des eigenen, „massenhaften“ Verhaltens in der Vergangenheit . . . – all das spricht wohl eher dafür, daß zunächst Grundmuster des Anpassungsverhaltens (mit äußerlichen Modifikationen) „weiterlaufen“, die Chancen für tiefere Einschnitte (die in der Alt-BRD wohl auch erst in den 60er Jahren einsetzten) in Richtung auf eine modernere, zivilgesellschaftlich-demokratische Kultur, „selbstorganisiertes“ Verhalten zunächst recht gering sind. Demgegenüber ist offenkundig die realsozialistische Überformung arbeits- bzw. leistungsethischer Werte und Verhaltensmuster oberflächlicher, reichen die historisch-kulturellen Wurzeln, an denen kapitalistische Modernisierung anknüpft, tiefer. Zudem werden Motivations- und Verhaltensdefizite (z. B. Risikobereitschaft) in der Zangenbewegung von sozialem Existenzdruck und „lohnenswerten Anreizen“ wohl rasch ausgeglichen. Auch könnte eine (nicht-kopistische) Modernisierungsstrategie jenes Verhaltenspotential nutzen, das zwar als Ausgleich zu den Irrationalitäten des realsozialistischen Planungs- und Wirtschaftsmechanismus entstand (Improvisieren, informelle Kooperationsbeziehungen etc.), in seiner allgemeinen Substanz jedoch für nach-fordistische Organisationsweisen nutzbar ist. Weit komplizierter ist es, die wesentlich auf „Knappheit von Arbeitskraft“ beruhenden Formen von „Widerstandsverhalten“, informellem Interessenhandeln in effiziente Gegenmachtpositionen umzumünzen.

3. Machtmonopolisierung – Merkmal und Determinante der Sozialstruktur

Der umrissene Typ von Machtverteilung ist selbst ein konstitutives Merkmal der Sozialstruktur des DDR-Realsozialismus und zugleich „prägte" dieses Verhältnis auf vielfältige Weise das Gesamtgefüge sozialer Differenzierungen und ihre Funktionsweise: „Macht" im oben genannten Sinne markiert die Ungleichheitsdominante im Ganzen der Gesellschaft, die zwischen der herrschenden Gruppierung und allen anderen Gruppen verläuft. Vor allem in der Endphase war Macht zu einer derart zentralisierten Herrschaft geronnen, daß eine Person (in der Regel das „zuständige" Politbüromitglied) einem ganzen Bereich der Gesellschaft selbst in Detailfragen seinen Willen aufprägen und Gehorsam erzwingen konnte.

Die polar-starre Machtverteilung in der Gesellschaft spiegelte sich *innerhalb* der herrschenden Gruppierung als strikt bürokratisch-hierarchische (über Befehl/Gehorsam funktionierende) Gliederung. Daraus ergibt sich zunächst ein Paradoxon: Für die gesamte herrschende Gruppe gültige Merkmale treffen im strengen Sinne nur für die „absolutistische Spitze" zu. Aber diese kann für sich genommen kaum als *soziale* Gruppe bezeichnet werden. Sie umfaßte – zumindest in der Endphase ihrer Herrschaft – nicht einmal die gesamte Machtzentrale (Politbüro plus Sekretariat des ZK), sondern eher ein Triumvirat (Honecker, Mittag, Mielke). Ihr entscheidendes konstitutives Merkmal war die ungeteilte, unkontrollierte, nur z.T. nach allgemein verbindlichen, juristisch fixierten Regeln ausgeübte grundlegende Verfügungsgewalt über den gesamten Reproduktionsprozeß. Alle anderen Charakteristika sind demgegenüber sekundär. Die soziale Lage erreichte zwar absolute Spitzenwerte in einer weitgehend nivellierten Gesellschaft, was die Gemüter sehr bewegte. Die soziale „Privilegierung" der herrschenden Spitzengruppe bildete sich aber erst in einem späteren Stadium (in der Honecker-Ära) voll heraus. Und im Unterschied zur Dimension „Macht" hatten auch einige Einkommens- und Prestige-Spitzen anderer sozialer Gruppen die Chance, dieses Niveau sozialer Lebensbedingungen annähernd zu erreichen. Viel typischer ist, daß der Zugang zu den exklusiven Lebensbedingungen nicht nach klaren legalen Regeln fixiert und öffentlich kontrolliert war, sondern „verheimlicht" wurde.

Wenn an einem „Pol" die grundlegende Entscheidungsbefugnis über die Ressourcen jener Akteure konzentriert ist, die den gesellschaftlichen Reproduktionsprozeß unmittelbar (als „Basissubjekte") vollziehen, so bedeutet das u.a., daß sich soziale Gruppen nicht zu autonom (politisch) agierenden Subjekten konstituieren können. Arbeiter, „Intelligenzler", Angestellte, Bauern, Leiter etc. sind zwar arbeitende Subjekte des arbeitsteiligen Reproduktionsprozesses. Aber diese Subjektivität kann nicht „fortgesetzt" und „ergänzt" werden durch legale, institutionalisierte Chancen, um Interessen, Ideen, Konzepten, Zielen politisch öffentlich – gegebenenfalls konflikthaft – Geltung zu verschaffen. Vielfalt und Widerstreit von Interessen konnten somit kaum direkt als permanentes Korrektur-, Kontroll-, Innovationspotential im gesellschaftlichen Lebensprozeß wirksam werden. Es mangelte zwar nicht an Parteien, Gewerkschaften, Organisationen,

Verbänden, Vereinen ..., aber sie hatten einen gemeinsamen Geburtsfehler – mangelnde Autonomie.

Die Ausnahme-Institution ist die Kirche. Sie waren strukturell so eingebunden und personalpolitisch so gesteuert, daß sie primär (keineswegs total) der „Umsetzung" des politischen Willens der herrschenden Gruppe dienten.

Mit dem Fehlen von Institutionen, die Interessen autonom artikulieren und verteidigen können, war der Weg frei für direkte administrativ-politische Eingriffe der Machtzentrale in die soziale Struktur. Diese gingen von unterschiedlichen – sich nicht selten auch widersprechenden – Zielgrößen aus und erfolgten über verschiedene Instrumentarien und Mechanismen. Zu nennen wären hier u. a.:

- ein Sozialismus- bzw. *Gesellschaftsbild*, das u. a. stark geprägt war von nivellierend-homogenisierenden Gleichheitsvorstellungen, von Ideen eines „guten Lebens der Arbeiter", die den 20er und 30er Jahren entstammten. „Einheitlichkeit" (zwecks „Übersichtlichkeit" durch die Zentrale) geriet zum Selbstwert. Fortschreitende Vergesellschaftung und Komplexität, neuer Regulierungsbedarf wurde als zunehmende Zentralisation, Konzentration, vertikale Steuerung „übersetzt" ... Folglich erschienen eine Schicht von (wirklich) Selbständigen, tatsächliche genossenschaftliche Selbstverwaltung und Verfügung der LPG, kritische Intellektuelle etc. bestenfalls als (zeitweilig) geduldete Fremdkörper oder Rudimente. Konzepte von interessengeleiteter Selbstbewegung und -organisation blieben chancenlos etc.
- *Machtsicherung* durch präventive Vermeidung politisch brisanter sozialer Spannungen, durch statische soziale Gleichgewichtslagen. Das bedeutete zugleich, daß Gruppen, deren „Gefährdungspotential" für gering veranschlagt wurde (z. B. Rentner) zu „Stiefkindern" der Sozialpolitik wurden.
- Das Bedürfnis, sich als Akteur einer gerechteren Alternative zum Gesellschaftssystem der BRD zu *legitimieren*, erklärt zumindest teilweise die (starre) Konsequenz, mit der an bestimmten sozialen Zielen und Instrumenten festgehalten wurde (*keinen* Arbeitslosen in der DDR, Preissubventionen, sozialer Wohnungsbau), aber auch z.T. soziale und politische Rechte für Frauen und Ausländer.

Nicht minder folgenreich für soziale Strukturen (z. B. Beschäftigtenstruktur) und Lebenslagen waren die *indirekten* – vor allem über die Konsequenzen für Ökonomie und Wirtschaft vermittelten – Effekte der oben genannten Machtstruktur. Das betrifft vor allem die geradezu verzweifelten Anstrengungen, „moderne" ökonomisch-technologische Ziele (z. B. hochtechnologische Innovationen) ohne tiefgreifende gesellschaftliche Modernisierungen (z. B. in bezug auf sozio-ökonomische und politische Steuerung, auf Freiräume für moderne Subjektivitäts- und Interessenentfaltung, auf das sozio-kulturelle Umfeld etc.), letztlich ohne Preisgabe des Machtmonopols zu erreichen. Der Versuch wiederum, den deshalb nicht gelungenen Übergang zur Intensivierung, die zunehmende technologische und Produktivitätslücke durch extensive Steigerung des Beschäftigtengrades, Vernachlässigung von Dienstleistungen und Infrastruktur wettzumachen, verschärfte die systemimmanent induzierten Disproportionen und Rhythmus-Störungen etc.

Gleichfalls stehen die *Homogenisierungstendenzen* in einem unauflöslichen Zusammenhang zur Machtmonopolisierung.[2] Einerseits war die herrschende Gruppierung durchaus interessiert an ökonomischer Effizienz, an technologischen, wissenschaftlichen, sportlichen, künstlerischen „Spitzenleistungen". Zugleich aber standen die dafür unabdingbaren modernen Voraussetzungen in einem tiefen Gegensatz sowohl direkt zu ihren Herrschaftsansprüchen als auch zu „Lücken" im institutionell-strukturellen Gefüge (z. B. dem Fehlen marktförmiger Wettbewerbsstrukturen). So befand sich der absolute Macht- bzw. Wahrheitsanspruch des Apparates in einem unüberbrückbaren Widerspruch zu der für ein effizientes Wissenschaftssystem unabdingbaren Autonomie, zu bereichsspezifischen Rationalitätskriterien, zur kritisch in Frage stellenden Grundhaltung des Wissenschaftlers, zu wissenschaftsspezifischen Mobilitäts- und Ausleseprozessen etc. Ähnliche (entdifferenzierende) Effekte zeitigten die vielfältigen Mechanismen der politischen Überformung wirtschaftlicher Rationalität: gravierende ökonomische Entscheidungen wurden oftmals nach politischem Kalkül an der absolutistischen Spitze ohne Einbeziehung von Fachkompetenz getroffen; die „eigentlich zuständigen" ökonomisch-staatlichen Leitungen wurden zu ausführenden „Sündenbock"-Ebenen degradiert; der Leiter wurde tendenziell zum allverantwortlichen Funktionär, der Betrieb zur Stätte der „politisch-ideologischen" Erziehung, zur sozialen Versorgungseinrichtung etc.

4. Zur sozialen Differenzierung von Lebensbedingungen

War gesellschaftliche Macht in starr polarisierter Weise ungleich verteilt, so war das Ausmaß von Ungleichheit in der Verteilung wichtiger Lebensbedingungen (Einkommen, Wohnbedingungen) vergleichsweise gering.[3] Sie folgte unterschiedlichen Logiken, die sich z. T. aufhoben oder durch andere, informelle Verteilungsprozesse überlagert und durchkreuzt wurden. Dementsprechend waren die Abstände zwischen den Extremen bzw. der Gesamtlage sozialer Gruppen (im Vergleich zur BRD) zumeist kürzer und die Spitze war „plattgedrückt" (Geißler 1990).

Zusätzlich eingeebnet wurden Differenzierungen durch den Umstand, daß wesentliche soziale Bedingungen für (fast) alle nahezu gleich geregelt waren (soziale Sicherheit). Andererseits betrafen die am meisten Unzufriedenheit auslösenden Lebensbedingungen (Warenangebot, Dienstleistungen, Infrastruktur, Umwelt, Reisemöglichkeiten, medizinische Versorgung etc.) die Mehrzahl der Individuen weitgehend unabhängig von ihrem Sozialstatus.

---

[2] Zur Problematik der „Entdifferenzierung" im Realsozialismus vgl. u. a.: Pollack 1990.

[3] Ich beziehe mich hier vorrangig auf Resultate einer im Mai/Juni 1990 durchgeführten, für die Wahlbevölkerung der DDR repräsentativen (N = 1305), von einer Forschungsgruppe des BISS (Leitung A. Kretzschmar) konzipierten Erhebung zur sozialen Lage der DDR-Bevölkerung. Ergebnisse dieser Analyse wurden u. a. publiziert in: Adler/Kretzschmar 1990; Adler 1991.

Insgesamt war das Gefüge sozialer Unterschiede geprägt sowohl durch mehrheitlich als gerecht empfundene Reduzierung von Ungleichheiten (z. B. Aspekte der Gleichstellung der Frauen im Beruf, Ausschaltung extremer sozialer Randlagen), als auch durch Nivellierungen sowie durch Ungleichheiten, die zumeist als ungerecht bewertet wurden (vor allem die finanzielle Situation der Bezieher von Mindestrenten). Es basierte auf einem niedrigeren Produktivitäts- und Wohlstandsniveau, was zugleich die (horizontale) Ausdifferenzierung unterschiedlicher Lebensstile im Freizeit- und Konsumtionsbereich hemmte. Generiert und vermittelt war die Differenzierung bzw. Nivellierung sozialer Lebenslagen vor allem durch die politische „Zentralmacht", durch die horizontale und vertikale Arbeitsteilung sowie durch die vielfältigen volkswirtschaftlichen Disproportionen, weniger durch Markt, Geld, Verhandlungsmacht etc. Auch hatten die zum klassenbildenden Merkmal hochstilisierten Unterschiede in der Eigentumsform (staatlich – genossenschaftlich) faktisch keine sozial differenzierenden Effekte. Funktionalistisch betrachtet, gingen vom Gesamtgefüge sozialer Differenzierungen nur geringe Impulse aus für Leistung, Effizienz, Innovation. Das gilt sowohl für die Ebene individueller Leistungsmotivation als auch für die Formierung von „Leistungseliten" oder von Trägerschichten für Innovationen.

Charakteristisch für die realsozialistische Sozialstruktur sind *Nivellierungen und Statusinkonsistenzen:*

- Leistungsunterschiede zwischen individuellen und kollektiven Akteuren in *vergleichbarer* sozial-ökonomischer Position bzw. ähnlicher Tätigkeit wurden nicht in dem Maße und in solchen Formen gesellschaftlich (z. B. in Einkommensdifferenzen) anerkannt, daß die effektive Nutzung von Ressourcen im Arbeitsprozeß *der* attraktive Weg war, um Bedürfnisse und Interessen zu realisieren.
- Aufstieg war nicht sehr lohnenswert, weil die *„Abstände" zwischen vertikal benachbarten* (potentiellen „Karrierestufen") sozialen Positionen (z. B. Facharbeiter – Meister, Facharbeiter – Ingenieur etc.) zu gering (hinsichtlich Einkommen, Prestige, Tätigkeitsspezifik etc.) oder gar nicht vorhanden waren.
- Dennoch vorhandene, mit Leistung und Arbeitsteilung verknüpfte Differenzierungen (vor allem Einkommensvorsprünge) konnten kaum proportional, konsistent, „bedürfnisgerecht" in anderen Lebensbereichen (vor allem in der Konsumtions- und Freizeitsphäre) fortgesetzt werden bzw. dort wurden sie durch andere Verteilungsmechanismen *überlagert* bzw. aufgehoben. Unmittelbar hängt diese „Unübersichtlichkeit" (Hanf 1990) mit der zumindest doppelt begrenzten Äquivalenzfunktion von Geld als Mittel der Bedürfnisrealisierung zusammen. (a) So war ein solch wesentliches Bedürfnis wie Wohnen schon nach den offiziell gültigen Verteilungskriterien für Wohnraum weitgehend von Geld, Arbeitseinkommen entkoppelt. Dies implizierte zugleich, daß individuell und sozial variierende Bedürfnisstrukturen (z. B. der Wunsch eines Wissenschaftlers nach einem Arbeitszimmer in der Wohnung) kaum über „Leistung" realisiert werden konnten. (b) Vor allem aber wurde die „Zugkraft" „normal" erarbeiteten Geldes

(damit die Attraktivität des Zusammenhangs von Leistung bzw. Status im Arbeitsprozeß und Einkommen), nachhaltig geschwächt durch die bekannten Disproportionen zwischen zahlungsfähiger Nachfrage und Angebot bzw. die dadurch ausgelösten Umverteilungsprozesse („Schattenökonomie"). An die Stelle von (DDR-)Geld traten vielfältige Surrogate, insbesondere „Beziehungen" zu den ökonomischen und politisch-administrativen Verteilungsquellen defizitärer Güter sowie die DM bzw. Westverwandtschaft.

Die vielfältigen Nivellierungs- und Homogenisierungstendenzen, Statusinkonsistenzen sind auf diese oder jene Weise, aber unauflöslich, mit dem eingangs genannten Typus von Machtungleichheit, den damit korrespondierenden zentralistisch-paternalistischen Steuerungen von Verteilungsprozessen verknüpft. Ein markanter „Fall" ist die Statusnivellierung der wissenschaftlich-technischen Intelligenz. Es ist durchaus kein Zufall, daß hiervon (insbesondere von der Einkommensnivellierung, die in den 80er Jahren noch zugenommen hatte) die an den Berührungszonen zur Industriearbeiterschaft tätigen Gruppen der Intelligenz vorrangig betroffen waren: Gleichheitsvorstellungen im Sinne einer sozialen Annäherung an die Arbeiterklasse gehörten zum Kern des Sozialismuskonzepts des engeren Führungszirkels. Vor allem aber war die soziale Befriedung der Industriearbeiterschaft, das sozialpolitische und propagandistische Umwerben der Arbeiter nach dem Schock des 17. Juni 1953 eine zentrale Strategie der Machtsicherung. Zum taktischen Repertoire gehörte die relative soziale und politische Benachteiligung der wissenschaftlich-technischen Intelligenz.[4] Daß andererseits solche nivellierenden Einkommensrelationen von den betroffenen Forschern und Ingenieuren hingenommen wurden – obwohl als dem Leistungsprinzip (das gerade im Gesellschaftsbild und Gerechtigkeitsverständnis dieser Gruppe hoch veranschlagt wurde) widersprechend empfunden –, hängt wiederum mit ihrer beschnittenen Subjektivität als Gruppe zusammen, dem Fehlen von autonomen Organisationen der Interessenvertretung.

Derartige Nivellierungen, die generelle Armut der Sozialstruktur an attraktiven Positionen und transparenten Chancen, durch eigene Leistungen und Anstrengungen das Maß der Befriedigung persönlicher Bedürfnisse selbst zu beeinflussen, trugen maßgeblich zum Defizit an Motivations-, Innovations- und Integrationspotential, am Gefühl persönlicher Freiheit bei. Auf Gruppenebene behinderten die sozialen Nivellierungen im Zusammenwirken mit politischen und pädagogischen Mechanismen des Abschleifens kreativ-kritischer Grundhaltungen die Formierung und Wirkungschancen von Trägergruppen für Innovationen (Lötsch 1990).

---

[4] Offensichtlich sollte auch damit etwa folgende Bewußtseinslage bei Arbeitern genährt und gestützt werden: „Wenn wir schon nicht den Lebensstandard des Westens haben, so geht es uns doch vergleichsweise, im Verhältnis zu Ingenieuren, kleinen und mittleren Leitern nicht schlecht, haben wir mehr Gleichheit und Sicherheit."

Zaghafte Ansätze (die des Autors eingeschlossen) einer Modernisierung und „Effektivierung" („sozialistische Leistungsgesellschaft") des Realsozialismus blieben Illusion, so z. B.:

- gesellschaftliche Anerkennung, Vermittlung, Austragen von Interessenunterschieden in modernen Formen (Recht, Öffentlichkeit, demokratische Interessenorganisationen, marktförmige Regulative, Leistungsprinzip etc.) mit einem höheren Maß von Autonomie, Selbstregulation vs. vertikaler, administrativer Steuerung;
- gruppentypische Besonderheiten, Vielfalt von Lebensweisen und -stilen als gesellschaftlicher Reichtum und produktive Potenz vs. Homogenisierung, Uniformität;
- transparente leistungs- und kompetenzgerechte soziale Differenzierungen (nach objektivierbaren, demokratisch ausgehandelten Leistungskriterien und Differenzierungsspannen), Statuszuweisungen etc. auf der Grundlage eines für alle garantierten sozialen Sockelniveaus, gleicher Zugangschancen zu Bildung und Qualifikation vs. Nivellierung (und Privilegierung), unübersichtlicher Inkonsistenz mit ihren dominierenden und demoralisierenden Wirkungen, „Kaderarbeit" nach politischen Kriterien bzw. anderen Formen von Fremdbestimmung persönlicher sozialer Entwicklung.

5. *Erstarrungs- und Schließungstendenzen*

Die bisher skizzierten Charakteristika der DDR-Sozialstruktur hatten u. a. eine verhängnisvolle Konsequenz: die – im Vergleich zu den „offen(er)en Wettbewerbsstrukturen" kapitalistisch moderner Gesellschaften – defizitäre Kapazität, über *Mobilität und Mobilitätschancen* zugleich Innovation, Motivation, soziale Integration zu bewirken. Nach einer sehr flüssigen Konstituierungsphase[5] waren Sozialstruktur und Mobilitätsgeschehen in der DDR der letzten zwei Jahrzehnte zunehmend durch Tendenzen der Erstarrung sowie Schließungsprozesse – vor allem in der Machtelite – charakterisiert. Die Kanäle der „normalen" Aufstiegsmobilität waren (politisch) verengt und / oder sozial kaum attraktiv. Eine wachsende Zahl dynamischer, mobilitätsbereiter Personen empfand die DDR-Gesellschaft buchstäblich als Grenze für sozialen Aufstieg. „Exit" wurde für sie zum beschwerlichen, dennoch einzig attraktiven Mobilitätsweg.

Daß sich nach den großen politischen und sozio-ökonomischen Umwälzungen Ausmaß und Tempo der meisten Mobilitätsströme verringerten, ist für sich genommen noch kein Indiz für Erstarrung. Aber im Resultat dieses Wandels waren gesellschaftliche Strukturen entstanden, die unzureichend ausgestattet waren, um Mobilität (insbesondere soziale Aufstiegschancen) zu integrieren als Vehikel evolutionärer Innovation, von Effizienzsteigerung, als offene und attraktive Chance,

[5] Zu den Mobilitätsprozessen in der Konstituierungsphase der DDR-Gesellschaft vgl. u. a. Belwe 1989; Staritz 1989; Niethammer / v. Plato / Wierling 1991.

durch Leistung und Kompetenz Lebenspläne zu realisieren. Dieses strukturelle Defizit des Realsozialismus zu innovativer, motivierender, integrativer Mobilität resultiert aus einem Syndrom von Faktoren, die genetisch und funktionell sehr eng mit den erwähnten Konstruktionsdefekten bzw. Machtmonopolisierung und Nivellierung verflochten sind:

- Politische Bindung von Aufstiegsmobilität, graduell abgestuft nach Ebenen, Bereichen und Institutionen. Waren bestimmte politische Restriktionen im Zugang zu politischen Schlüsselfunktionen in der nachfaschistischen Ära durchaus legitim, so wurden bzw. blieben Parteimitgliedschaft, „sicherheitspolitische" Zuverlässigkeit, zustimmendes politisches Bekenntnis etc. Zugangskriterien zu Macht- und Leitungsfunktionen, tendenziell auch zu Experten-Positionen. Es gab zwar durchaus Modifikationen – die „fachliche Qualifikation" erfuhr seit Ende der 60er Jahre einen relativen Bedeutungszuwachs –, jedoch waren politische Chancengleichheit und das Primat von Befähigung und Leistung als Aufstiegskriterien nie uneingeschränkt gewährleistet.
- Dementsprechend existierten (sieht man von einzelnen Inseln etwa in der Kunst, z.T. in der Wissenschaft oder im Leistungssport ab) praktisch kaum transparente Verfahren des offenen Wettbewerbs um berufliche und soziale Positionen (Wahlen, Ausschreibungen, unabhängige Berufungskommissionen etc.). „Kaderpolitik und -arbeit" bestimmten nach den genannten Kriterien und bei Vorliegen der notwendigen Zertifikate Auf- und Abstiege.
- Aber selbst wenn ein politisch offener Wettbewerb existiert hätte, so wäre er um viele Positionen in der Leitungshierarchie ohnehin recht „flau" gewesen. Denn ihre Attraktivität war durch vielerlei Umstände geschwächt: „Über-Politisierung" von Leitungstätigkeit; Disproportionen im Reproduktionsprozeß führten zu hohen psychischen Belastungen und machten Erfolgserlebnisse rar; oftmals geringe Autorität gegenüber Belegschaften.
- Der nivellierte Sozialstatus (Einkommen, Prestige, Befugnisse) von Forschern, Ingenieuren, Technologen etc. schränkte die Zustrom- und Aufwärtsmobilität zur wissenschaftlich-technischen Intelligenz, damit auch die Möglichkeiten kompetenzgerechter Auswahl beträchtlich ein. Gerade für viele Kinder aus Arbeiterfamilien, für befähigte Lehrlinge oder junge Facharbeiter waren die langen Bildungswege oft nicht lohnenswert, da die Einkommens- und Prestigevorteile (wenn überhaupt vorhanden) im Verhältnis zu qualifizierter Facharbeit zu gering waren. Die mit der „Führungsrolle der Arbeiterklasse" legitimierte Statusnivellierung der wissenschaftlich-technischen Intelligenz schränkte also paradoxerweise den Arbeiteranteil unter den Studierenden ein.
- Waren somit die Aufstiegswege politisch verengt, ihre Sog-Kraft sozial begrenzt, so verringerten beschnittene Autonomie und individuelle Entscheidungsbefugnisse im Leitungssystem zusätzlich die Chancen, über „neue" Personen Innovationen zu bewirken. Ebenso fehlten in der Sozialstruktur attraktive „Fluchtchancen"; so blieb z.B. einem erfinderischen Ingenieur, der seine Idee im hartleibigen volkseigenen Wirtschaftsmechanismus nicht realisieren konnte, praktisch kaum der Ausweg in die Selbständigkeit.

Dominantes Merkmal der personellen Reproduktion der *herrschenden Gruppierung* wurde ein hohes Maß an Selbstrekrutierung. Die Aufstiegskriterien und -wege waren ausschließlich von ihr selbst fixiert; ein offener Wettbewerb ausgeschlossen. Der Weg zur Spitze erfolgte fast ausschließlich über den Machtapparat.

Funktion und Resultat dieser Eigenreproduktion war die weitgehende Garantie, daß „neue" Führungskräfte über die wichtigsten sozialen Qualifikationen verfügten: sie hatten die Normen des Apparates, seinen „Korpsgeist" und das elitäre Sendungsbewußtsein verinnerlicht, sie beherrschten die Hebel und Spielregeln der Machtausübung, waren fügsam nach oben und fähig, Beschlüsse nach unten „durchzustellen" und zu legitimieren. Zumeist verfügten sie auch über das erforderliche Minimum an Fachkompetenz im jeweiligen Ressort.

Der Inzest war jedoch nicht nur ein sozialer und politischer. Wer in eine bestimmte Position aufrücken wollte oder sollte, mußte in aller Regel das *persönliche* Vertrauen des Vorgesetzten (bzw. des Vorgängers) haben, der wiederum seine eigene Machtposition damit sicherte bzw. erweiterte.[6] Das führte u. a. dazu, daß „aufstiegswillige Kader" sich den Vorstellungen der Väter- und Großvätergeneration anpaßten – die „Neuen" waren somit oftmals bereits die „Alten".

Lange „Verweildauer" in den höchsten Ämtern, ein quasi lebenslängliches „Verschmelzen" von Funktion und Person auf den höchsten Ebenen (solange man die Spielregeln der Macht einhielt), Gerontokratie waren logische Folgen dieser Mechanismen. Diese auf Sicherung der Macht, „Reinhaltung der Nomenklatur" abzielende Rekrutierungspolitik verstärkte zugleich über ihre Effekte – Abschottung und Realitätsverlust der oberen Führungsschicht, Verhinderung einer politisch-intellektuellen Leistungselite, Verteufelung von Strömungen und Plattformen etc. – die strukturellen Innovationsschwächen dieses Systems und bewirkte somit langfristig Instabilität.

6. *Stabilitätsbedingungen*

Zweifellos wurde die realsozialistische Gesellschafts- und Machtstruktur mit interner und externer *Gewalt* installiert und gesichert. Politische Repression war und blieb auch ein permanent präsenter „Hintergrund-Faktor" ihrer Reproduktion, ebenso der Exit bzw. das Abschieben politisch-intellektueller Kritiker in den Westen Deutschlands. Dennoch scheint mir die lange Stabilität der DDR-Gesellschaft nur in Verbindung mit anderen Faktoren erklärlich: (a) Der *paternalistische Gebrauch von Macht* (vor allem Inhalt und Stil der Sozialpolitik in der Ära Honecker) sicherte die *Loyalität* (Meuschel 1990), zumindest passive Akzeptanz des Systems bei breiten Kreisen der Bevölkerung. Die selbsternannte

[6] Diese Mechanismen sind ausführlich beschrieben von Vosslensky 1980.

Stellvertreter-Rolle der herrschenden Gruppierung wurde insoweit und solange hingenommen, wie sie an tatsächlichen Interessen anknüpfte bzw. diese tolerierte und „sozialer Fortschritt" persönlich erfahrbar blieb. Aus der Sicht der Führungselite hatte der Paternalismus eine doppelte Zielfunktion: Verwirklichung von (ihren) Sozialismus-Vorstellungen und Machtsicherung per präventiver Stilllegung von sozialem Konfliktpotential, insbesondere durch die soziale Befriedung der Industriearbeiterschaft. Machtungleichheit wurde gewissermaßen sozial abgepuffert, die Einflußlosigkeit in bezug auf die Teilhabe an der Fixierung zentraler (sozial-)politischer Ziele wurde z.T. dadurch kompensiert, daß ihre Inhalte (Vermeidung von Arbeitslosigkeit, von sozialen Randlagen; sozialer Wohnungsbau etc.) weitgehend akzeptiert wurden. Hinzu kommt, daß auf den unteren Ebenen der Hierarchie, hauptsächlich an den Berührungszonen zwischen Arbeitern und Leitern in den Industriebetrieben, „Macht" durchaus nicht „autoritär" auftrat, passives Selbstbewußtsein (Arbeitsplatzsicherheit), informelles Interessenhandeln („Planerfüllungspakte" zwischen Leitern und Unterstellten) möglich waren (vgl. Kern/Land 1991).

Zugleich waren gerade „Paternalisierung", die Verstaatlichung individueller sozialer Risiken wirksame Mechanismen, um „Objekt-Haltungen" zu befestigen, politisch autonomes Interessenhandeln durch „Hoffen und Harren" zu ersetzen. („Welches ‚soziale Geschenk' bringt wohl der nächste Parteitag?" – R. Henrich (1989) hat das Verhältnis von staatlicher Vormundschaft und „Mündel-Mentalität" ausführlich beschrieben.) (b) *Soziale Spannungen* und Konfliktpotentiale, die dem sozialismus*internen*(!) Vergleich der eigenen Soziallage mit der von anderen Gruppen entstammen, waren durch Nivellierung, geringe soziale Differenzierung, die Abwesenheit unterer sozialer Extremlagen weitgehend ausgeschaltet bzw. *stillgelegt.* Von den am stärksten sozialen Frust auslösenden Problemen waren fast alle betroffen. Auf diesem Hintergrund wiederum konnten vielfältige *Kompensationsmechanismen* funktionieren, die für verschiedene Personengruppen eine je unterschiedliche „beschwichtigende" Wirkung hatten. Zieht man noch sozialpsychische Hypotheken der deutschen Geschichte (schwach entwickelte Zivilcourage, aber ausgeprägte Staats- und Autoritätsgläubigkeit) heran, wird auch erklärlich, warum die trotz allem gegebenen Freiräume für Kritik und Halböffentlichkeit nur von wenigen wirklich ausgeschritten wurden. (c) Bei einem geringen Teil der Bevölkerung (aber offenkundig stärker und länger ausgeprägt als in anderen mittel-osteuropäischen Ländern) wirkte der Glaube an die *historische Legitimität* der DDR-Gesellschaft als – zumindest potentiell – bessere Alternative zur deutschen Vergangenheit und bundesdeutschen Gegenwart. Dieser Legitimitätsglaube wurde aus unterschiedlichen historischen und aktuellen, nationalen und internationalen Quellen gespeist und reproduziert. Antifaschismus, der Aufstieg von zahlreichen Angehörigen traditioneller Unterschichten, die demokratischen Reformen der 40er Jahre, die Beseitigung bestimmter sozialer Ungleichheiten, „DDR als Friedensfaktor" seien hier nur als Stichpunkte genannt. Vor allem die feindliche Bipolarität der Welt mit ihren kalten und heißen Kriegen, dem Wettrüsten etc. trugen zur Legitimation des Ausbaus von Macht- bzw. Repressionsapparaten bei und nährten Feindbilder, ließen den Realsozialismus auch für kritische Geister als „kleineres, notwendiges Übel" erscheinen. (d) Und schließlich konnten bestimmte Subsysteme, Funktionsbereiche – insbesondere Wirtschaft, Wissenschaft, Kunst – u. a. auch nur deshalb „funktionieren", weil es einen historischen Vorrat an leistungs- oder berufsethischen Werten und Verhaltensmustern gab, mit denen systemspezifische Irrationalitäten, Motivationsdefizite zumindest partiell überbrückt und ausgeglichen wurden.

Dieses fragile, nicht auf das offene Austragen von Interessen- und Entwicklungswidersprüchen ausgelegte Stabilitätsgefüge konnte nur solange reproduziert werden und das notwendige Maß an Engagement, Akzeptanz, Anpassung, Kompensationen hervorbringen, wie durch individuell erfahrbare Verbesserungen – sei es sozialer Fortschritt oder Demokratisierung – die real existierende Gegenwart eine durch „Hoffnung" verlängerte, offene Zukunftsperspektive bekam. Dominanter Bezugspunkt war dabei stets das Gesamtniveau / Entwicklungstempo der Lebenschancen in der BRD. Genau diese dynamische Stabilitätsbedingung wurde zum Existenzproblem.

7. Der Umschlag von Entwicklung in Stagnation

... begann m. E. bereits in den 70er Jahren, somit zu einem Zeitpunkt, als die Loyalität der Bevölkerung gegenüber dem Realsozialismus wahrscheinlich ihren Höhepunkt erreichte.[7] Vermittels der Steuerung gesellschaftlicher Entwicklung von einem Machtzentrum aus, nach im wesentlichen fixen, geschlossenen Zielgrößen konnte zwar eine neue gesellschaftliche Struktur geschaffen werden, mit der sich die nicht geringe Zahl der unmittelbar daran Beteiligten, in diesem Prozeß „Aufgestiegenen" aktiv identifizieren konnte. Und durch zentralistische Ressourcenkonzentration konnten wirtschaftliche Folgen des Krieges und der Spaltung Deutschlands überwunden werden (gewissermaßen ein „Spezialfall" der historischen Möglichkeiten dieses Gesellschaftstyps bei der beschleunigten Überwindung von *Unter*-Entwicklung).

Als jedoch die großen Umwälzungen abgeschlossen und die Probleme „aufholender" Modernisierung im wesentlichen bewältigt waren, wurde das in den institutionellen Grundlagen des Realsozialismus verankerte Defizit an permanent reproduzierbaren Mechanismen und „Triebkräften" zu dezentraler, von den Interessen vielfältiger gesellschaftlicher Akteure getragener Eigen-Entwicklung, Selbstorganisation spürbar und deutlich. Die historischen Potenzen bisheriger Entwicklungsdynamik waren erschöpft. Ihre Grundlagen, Resultate und Instrumentarien, vor allem das als ihre „Rückseite" auskristallisierte (einst als vorübergehendes

---

[7] So erreichten Mitte der 70er Jahre eine Reihe von „sozialistischen Überzeugungen" („Sieg" des Sozialismus in der ganzen Welt, Identifikation mit der DDR) die höchsten Zustimmungsquoten unter Jugendlichen (vgl. Friedrich 1990).

Ferment beschleunigter Evolution gedachte) Machtmonopol und das Interesse seiner sozialen Träger an dessen Fortbestand gerieten zunehmend in Widerspruch zu veränderten objektiven und subjektiven, inneren und äußeren Bedingungen, insbesondere zur gewachsenen Komplexität und Interdependenz in bzw. von Wirtschaft und Gesellschaft, zu den mit dem Generationswechsel hervortretenden Ansprüchen an Selbstverwirklichung etc. Die gleichen Faktoren und Steuerungsinstrumente, die einst ein relativ hohes Entwicklungstempo ermöglichten, wurden allmählich zur Fessel von „Lernfähigkeit und moderner Entwicklung – sei es in bezug auf die Steuerungskapazität komplexer Prozesse, die Ermöglichung permanenter Innovation oder die Ausbildung sozio-kultureller Rahmenbedingungen moderner Subjektivität.

In dem Maße wie (etwa seit Ende der 60er Jahre) extensiv-quantitatives Wirtschaftswachstum international durch einen Typ intensiver Reproduktion abgelöst wurde, Innovation zum permanenten Normfall wurde und die Interdependenz der gesellschaftlichen Bereiche und Prozesse enorm anstieg, wurden zentralistisch-administrative, vertikale Regulationsformen etc. zum Hemmnis der Entwicklung moderner Produktivkräfte. Gerade die im Vergleich zu westlich-modernen Gesellschaften defizitären Fähigkeiten zu Selbst-Korrektur, Eigen-Entwicklung, Selbst-Organisation, (Eigen-)Interesse wurden nunmehr auf Grund dieser fundamentalen Modifikation im sozio-ökonomischen Reproduktionstyp zu unmittelbaren Voraussetzungen erfolgreicher ökonomisch-sozialer Evolution (vgl. Land 1990). Folgen und Symptome des Anachronismus waren sinkende Wachstumsraten, die sich vertiefende technologische Lücke zum Westen. Oder: Die sozialen Integrationskräfte, die der Aufstieg der Nachkriegsgeneration freisetzte (vgl. Niethammer 1991), wurden nicht substituiert durch institutionalisierte, permanent wirkende, reproduzierbare Chancen für soziale Mobilität. Im Gegenteil, Nivellierung, „Kaderarbeit“ etc. hemmten Aufstiegsstreben, Leistungsmotivation. Und das paternalistisch-vormundschaftliche „Wahrnehmen“ von Interessen *für* Individuen und Gruppen, das „Umwerben“ von Arbeitern und Jugendlichen konnte zwar soziale Spannungsfelder präventiv entschärfen, aber eine aktive, aus eigener Beteiligung erwachsende Identifikation und Integration nicht bewirken. Repressiver Umgang mit Andersdenkenden, „Anpassungs-Pädagogik“ disziplinierten zwar, reduzierten zugleich die Lernfähigkeit des Systems und ließen allmählich den Geist aus dem Gehäuse der Macht entweichen . . .

Die Symptome von Stagnation, zunehmender Rückstände zur BRD – vor allem auf technologisch-ökonomischem Gebiet – wurden durchaus registriert. Und es gab – wie bereits in früheren Etappen und Krisensituationen – wissenschaftliche und praktische Ansätze zu Modernisierungen und Reformen, besonders in der Wirtschaft. Sollten sie erfolgreich sein, weite Räume und Antriebe für Entwicklung erschließen, mußten sie auf eine radikale Veränderung der Machtverteilung, auf die Überwindung des Machtmonopols zielen – Demokratisierung, Dezentralisierung, Autonomisierung in allen Bereichen der Gesellschaft war ihr gemeinsamer Nenner. Da ein „funktionsfähiges“ theoretisches Konzept für eine solche radikale Reform, für einen alternativen Entwicklungspfad jenseits von modernem Kapitalismus und

Realsozialismus nicht existierte (im Sinne eines fertig vorgedachten Modells wohl auch gar nicht möglich war), sind m.E. drei Szenarien für die 70er Jahre (im Unterschied zur ökonomischen und moralischen „Bankrottsituation" '89) denkbar: (a) Es wird eine Entwicklungslogik eingeleitet, beginnend mit ökonomischen Reformen, aber allmählich „ergänzt" durch eine Demokratisierung anderer Bereiche, die eine solche Eigendynamik gewinnt, daß sie – mit mehr oder weniger eruptiven Phasen – in eine Entmachtung der Partei-Bürokratie mündet und zu einer modifizierten Variante der (Re-)Konstituierung von Basis-Innovationen modern kapitalistischer Gesellschaften führt – allerdings mit einem wesentlichen Unterschied zur Entwicklung seit 1990: die Wahrscheinlichkeit für eine eigenstaatliche bzw. -ständige Entwicklung, Modernisierungsstrategie wäre höher gewesen als im Jahre 1990. (b) Nach einer ähnlichen system-öffnenden Anfangsetappe wird in einem kollektiven Lernprozeß, im trial-and-error-Verfahren ein alternativer – jenseits vom Realsozialismus und modernem Kapitalismus gelegener – Entwicklungspfad gefunden und erprobt.

Beide Varianten (sieht man von internationalen Rahmenbedingungen ab) haben eine gemeinsame Prämisse in bezug auf ihr Anfangsstadium: Die Machtelite (bzw. ihr reformfähiger Teil) läßt sich auf erste Modernisierungsschritte ein (auch aus Machtsicherungsinteresse), die aber dann – über die dadurch ausgelösten Pluralisierungs-, Demokratisierungs- und Differenzierungsprozesse – eine solche Eigendynamik gewinnen, welche die monopolistische Machtstruktur auflöst und die künftige Entwicklung offen werden läßt. Aus dem gleichen Grunde aber setzte sich keines der beiden Szenarien durch, sondern (c) die Reform- und Modernisierungsansätze blieben auf halbem Wege stehen. So scheiterte die bis zum Schluß deklarierte Absicht, die Selbständigkeit und Eigenverantwortlichkeit der „Wirtschaftseinheiten" zu erhöhen, am Machtmonopol. Denn: Ohne einen wie auch immer „gebändigten" Markt und wirkliche Verfügung – eines privaten oder kollektiven Subjekts – über die Ressourcen eines Unternehmens sind ökonomische Selbständigkeit und Eigeninteresse wohl schwerlich möglich. Aber gerade dies würde den ganzen, die zentrale ökonomische Macht ausübenden Apparat von Partei und Staat schlichtweg überflüssig machen, also gerade jene Gruppe, welche diese Reformen von oben einführen sollte. Und die Verfügung über ökonomische Ressourcen ist wiederum – neben Kader- und Medienpolitik etc. – der entscheidende Machthebel für die gesamte herrschende Gruppe. Diese ist zwar einerseits an Produktivitätssteigerung interessiert, deshalb auch an „halber Modernisierung" (moderne Technologien ohne durchgreifende Modernisierung gesellschaftlicher Strukturen); u.a. weil nur so der soziale Legitimationsspielraum ihrer „Stellvertreter"-Macht zu sichern ist. Zugleich aber hatte sie wohl kein Interesse, sich die Grundfesten ihrer Macht „wegzureformieren".

Ähnlich dilemmatisch die Situation in anderen Bereichen: Die herrschende Gruppierung öffnet (oftmals aus taktischen Erwägungen internationalen Prestigegewinns) gewisse Freiräume für die Artikulation von Interessen und Meinungen, die tatsächlich genutzt werden, aus Furcht vor „unkontrollierbaren

Entwicklungen", vor Verlust von Machtmonopolen erfolgt der Gegen- und Rückschlag . . . Kurzum: Das „System" war immer weniger in der Lage, der BRD ein ebenbürtiges Entwicklungstempo entgegenzusetzen, frühere Tendenzen aufholender Entwicklung schlugen um in zunehmende Rückstände. Weniger wahrscheinlich wurde gleichfalls das Beschreiten alternativer Entwicklungspfade (vor allem hinsichtlich der Bedürfnis- und Wertestruktur), welche den Vergleichsmaßstab BRD (z. B. hinsichtlich Konsumtionsstandards) tendenziell außer Kraft gesetzt bzw. seine Attraktivität kompensiert hätten.

8. Erosion und Auflösung

Über die in wesentlichen Lebensbereichen persönlich erfahrbaren Phänomene von Stagnation, partiellem Rückschritt, zunehmendem Rückstand zur BRD erfolgte eine sehr allmähliche (erst ab Sommer '89 galoppierende), diskontinuierliche, gleichwohl irreversible Erosion von Loyalitäten, Bindungen, Hoffnungen, Legitimitätsglauben. Analytisch lassen sich hierbei zwei Erosionszonen mit sozial, wertmäßig, quantitativ unterschiedlich strukturierten Akteuren abheben.[8] Die erste möchte ich als die *soziale Frage* bezeichnen, womit im Kern das als sich vertiefend und uneinholbar empfundene Niveaugefälle zu den sozialen Lebenschancen in der BRD gemeint ist. Die übergreifenden strukturellen (spätestens ab Mitte der 70er Jahre wirkenden) Ursachen hierfür wurden bereits benannt. Es gelang zwar der herrschenden Gruppierung, das erfahrbare „Durchschlagen" von sinkenden Wachstumsraten auf das soziale Lebensniveau zu verzögern (u. a. durch Kreditaufnahme, Festhalten an Grundelementen der „Einheit von Wirtschafts- und Sozialpolitik"), gleichwohl vertiefte jeder Schritt das Dilemma, insbesondere ökonomische (Verschuldung, sinkende Akkumulation) und soziale Disproportionen (z. B. Wohnungsneubau – Verfall historischer und für die regionale kulturelle Identität der Bevölkerung bedeutsamer Bausubstanz, Einkommenssteigerungen – Warenangebot). Mit verringerter Effizienz verengte sich auch der Spielraum für die paternalistische soziale Befriedigungspolitik. Wesentliche Lebensbedingungen stagnierten, andere entwickelten sich rückläufig. „Fortschritt" schrumpfte im wesentlichen auf sozialen Wohnungsbau, bescheidene Einkommenssteigerungen zusammen. Die „Vorzüge" des Sozialismus reduzierten sich hauptsächlich auf Arbeitsplatzsicherheit. Neue Probleme wurden akut (Umweltzerstörung, Verfall von Städten, verschlissene Infrastruktur). Mit der wachsenden Diskrepanz zwischen Bedürfnissen, Versprechungen und Erfahrungen bröckelte allmählich die auf persönlich wahrnehmbare Verbesserungen gestützte Loyalität eines beachtlichen Bevölkerungsteils; es schwand das Vertrauen in die Zukunftsfähigkeit, Problembewältigungskapazität dieser Gesellschaft. Frust, Resignation, innerer Abschied von Politik und Gesell-

[8] Die nachfolgend knapp umrissene „Logik der Erosion" ist detaillierter behandelt in Adler 1991.

schaft nahmen zu.[9] Eine Minderheit von Akteuren entkoppelte ihre persönliche Lebensperspektive aktiv vom DDR-System – die „Antragsteller" bzw. „Ausreisenden". Ihr Exit vertiefte wiederum die Misere der „Dableiber" (in den Betrieben, im Gesundheitswesen) . . .

Die zweite Quelle der Erosion betraf den Glauben an die historische Legitimität der DDR-Gesellschaft als (zumindest potentiell) bessere Alternative zur deutschen Vergangenheit und bundesdeutschen Gegenwart. Sie resultierte wesentlich aus dem Widerspruch zwischen den sozialen bzw. politischen Strukturen und den durch vielfältige innere und äußere Impulse bekräftigten Bedürfnissen nach Selbstverwirklichung, gesellschaftlicher Respektierung von Individualität und ihren potentiell politischen Konsequenzen – Ansprüche auf demokratische Mitsprache, auf autonomes gesellschaftliches Engagement, kritische Öffentlichkeit, persönliche Grundrechte und Freiheiten. Diese Konfliktlinie – vereinfacht: *die demokratische Frage* – ist zwar von Anfang an gegeben, politisch bedeutsam wird sie aber erst seit Mitte der 70er Jahre, um dann im Laufe der 80er Jahre wellenförmig an Brisanz zu gewinnen. Dafür ist eine sehr komplexe Konstellation innerer (von Tendenzen des intern und extern generierten Wertewandels, Generationswechsel, verblassender antifaschistischer Legitimität bis hin zur repressiven Reaktion der Macht auf politisch Andersdenkende) und ermutigenden äußeren Bedingungen (Helsinki-Prozeß, später: Perestroika, Abbau der Feindbilder) ausschlaggebend. Die Akteure an dieser Konfliktzone sind eine Minderheit gesellschaftlich-politisch interessierter und mutig engagierter Bürger; Intellektuelle sind hier überrepräsentiert. Ihre Kritik richtet sich nicht nur gegen spezifisch realsozialistische, sondern auch gegen generelle industriegesellschaftlich-krisenhafte Strukturen, globale Gefährdungspotentiale (Neubert 1991). Aus ihr erwächst – vor allem unter dem Dach der evangelischen Kirche – die zahlenmäßig geringe politische Opposition. Mit dem offenen Ausbruch der universellen Krise des Systems im Sommer '89 (Ausreisewelle, Öffnung der ungarischen Grenze), dem Umschlag des allgemeinen Frusts in Massenprotest erweiterte sich zunächst ihr Einfluß. Herstellen von Öffentlichkeit, Reisefreiheit, Demokratisierung war der gemeinsame Nenner der Akteure *beider* Erosionszonen. Nachdem unter kurzzeitiger Hegemonie der politischen

[9] In einer empirischen Erhebung von Anfang '89 reflektierte sich der allmähliche Umschwung in der „Stimmungslage" vor allem in folgenden Befunden: eine mit früheren Untersuchungen vergleichsweise hohe Unzufriedenheit mit wichtigen Lebensbedingungen; erstmals wird massiv Verschlechterung konstatiert (auch auf Gebieten, die objektiv „nur" stagnierten – ein Indiz also für veränderte subjektive Wahrnehmungsmuster; Verbesserungen bis zum Jahre 2000 – so lautete die Erhebungsfrage – werden nicht (mehr) auf jenen Lebensgebieten erwartet, auf die sich die größte Unzufriedenheit konzentriert und deren Verbesserung am dringlichsten empfunden wird, sondern am ehesten noch dort, wo auch in den letzten Jahren Fortschritte spürbar waren (persönliche Wohnsituation, Arbeitseinkommen). Hier zeigt sich recht deutlich das Gewicht persönlich erfahrbarer Verbesserungen für die individuelle Reproduktion einer gesellschaftlichen Zukunftsperspektive. (Anlage und Teilergebnisse dieser Untersuchung sind publiziert in Adler u. a. 1989.)

Opposition die Öffnung des Systems erzwungen war, breitere Bevölkerungskreise aktiviert waren, trat die – die bislang weitgehend passive und schweigende Mehrheit eigentlich bewegende – „soziale Frage“, das möglichst rasche Erlangen des wirtschaftlich-sozialen Lebensniveaus der BRD, in den Vordergrund. Die Übernahme des „fertigen“, real existierenden Gesellschaftssystems der BRD und die staatliche Einheit erschien der Bevölkerungsmehrheit als der sichere, einzig realistische Weg.[10] Der mit den Wahlen besiegelte Wechsel der politischen Akteure wie das Tempo der Entwicklung überhaupt wurden zwar durch eine Reihe von aktuellen Ereignissen (plötzlicher Fall der Mauer, ökonomische Misere, Versprechungen westdeutscher Politiker etc.) begünstigt und beschleunigt, aber gründlich und langfristig „vorbereitet“ war der rasche Abschied der Mehrheit vom – konzeptionell vagen, mit Blick auf die Reformversuche in anderen realsozialistischen Ländern nicht ermutigenden – Experiment eines sich erneuernden DDR-Sozialismus durch die vorangegangene Erosion, insbesondere durch die im Namen des Sozialismus verkündeten, enttäuschten Verheißungen eines besseren Lebens.

Wesentliche Bedingungen des Entstehens, der Stabilität und des Untergangs realsozialistischer Gesellschaften lassen sich zu einem Punkt zusammenziehen: Diese Gesellschaften sind – hinsichtlich ihrer geistig-theoretischen Wurzeln und Legitimationen, ihrer politischen Vorläufer und Protagonisten, des sie stützenden Legitimitätsglaubens etc. – nur zu verstehen, wenn man sie *auch* begreift als Versuch einer Antwort und Alternative zu den Ungleichheiten, Polaritäten, Irrationalitäten, Krisen der kapitalistischen Gesellschaftsentwicklung der letzten 150 Jahre bzw. der äußeren, feindlichen Polarität der (Block-)Welt der jüngsten Vergangenheit. Diese eigentümliche Verwobenheit der realsozialistischen Gesellschaften in die Widersprüchlichkeit kapitalistischer bzw. moderner Gesellschaftsentwicklung überhaupt läßt sich zur These bündeln: Der Realsozialismus ist in seiner halbmodernen Alternativität und Gegensätzlichkeit, in seinen schwer wägbaren Einflüssen auf seinen „Widerpart“ ein Nebenpfad moderner Gesellschaftsentwicklung. Aus dieser übergreifenden Perspektive relativiert sich manch forsche Antwort auf die Frage nach Schuld und Verantwortung, nach gerechter Verteilung von Kosten und Lasten des Zusammenbruchs realsozialistischer Gesellschaften und ihrer Modernisierung ebenso wie die Identifizierung von „Siegern“ und „Besiegten“ angesichts des „verbleibenden Rests“ an existentiellen Gefährdungspotentialen, die im gegenwärtigen Zivilisationstyp eingelassen sind.

---

[10] Daß hierbei auch illusionäre Vorstellungen von einer „Vereinigung“ der „Vorzüge“ beider Gesellschaftssysteme mitwirkten, mag folgender Befund erhellen: 78 % der von uns in der o. g. Untersuchnung (Mai / Juni 1990) nach ihrer Haltung zu 40 Jahren DDR Befragten, stimmten dem Urteil zu: „In 40 Jahren DDR ist manches entstanden, das ich gut finde und das im künftigen Gesamtdeutschland erhalten bleiben sollte.“ Zu einem generellen Negativurteil („40 Jahre DDR – das waren 40 Jahre umsonst. Jetzt soll alles möglichst schnell so werden, wie es in der BRD ist.“) neigten dagegen nur 16 von 100 Befragten.

Literatur

Adler, F., u. a., 1989: Soziale Prozesse und Probleme der Durchsetzung des wissenschaftlich-technischen Fortschritts in der DDR, in: Wissenschaftlich-technischer Fortschritt – soziale Entwicklung. Soziologische Studien. Thematische Information und Dokumentation, Heft 78, Akademie für Gesellschaftswissenschaften, Berlin

Adler, F./Kretzschmar, A., 1990: Der gewendete Alltag, in: Blätter für deutsche und internationale Politik, Heft 8: 985–993

Adler, F., 1991: Soziale Umbrüche, in: Glaeßner, G.-J./Reißig, R. (Hrsg.), Das Ende eines Experiments, Berlin: 195ff.

Adler, F., 1991a: Einige Grundzüge der Sozialstruktur der DDR, in: Lebenslagen im Wandel – Basisdaten und -analysen zur Entwicklung in Ostdeutschland, Hrsg.: Das Sozio-ökonomische Panel, Nr. 4, Frankfurt/M. – New York

Belwe, K., 1989: Sozialstruktur und gesellschaftlicher Wandel in der DDR, in: Weidenfels, G./ Zimmermann, H. (Hrsg.), Deutschland-Handbuch. Eine doppelte Bilanz 1949-1989, Bonn: 125–143

Bluhm, H., 1991: Plädoyer für eine veränderte Sicht auf Marxens Werk, in: Brie, M./Klein, D. (Hrsg.), Umbruch zur Moderne?, Hamburg: 125–143

Brie, M., 1990: Die allgemeine Krise des administrativ-zentralistischen Systems. Eine reproduktionstheoretische Skizze, in: Initial, Heft 1, 1. Jg.: 17–26

Brie, M., 1990a: Die Erarbeitung einer Konzeption des modernen Sozialismus. Thesen in der Diskussion, in: Deutsche Zeitschrift für Philosophie, Heft 3, 38. Jg.: 218–229

Dahrendorf, R., 1990: Die offene Gesellschaft und ihre Ängste, Rede auf dem Deutschen Soziologentag in Frankfurt, in: Frankfurter Rundschau vom 13.12.: 7

Friedrich, W., 1990: Mentalitätswandlungen der Jugend in der DDR, in: Aus Politik und Zeitgeschichte. Beilage zur Wochenzeitung Das Parlament, B. 16–17, vom 13.04.: 25–37

Geißler, R., 1990: Transformationsprozesse in der Sozialstruktur der neuen Bundesländer, Manuskript eines Vortrages auf der Internationalen Sozialwissenschaftlichen Konferenz „Gesellschaftlicher Wandel in der DDR/Ostdeutschland im Transformationsprozeß ‚realsozialistischer‘ Systeme Osteuropas“ des Berliner Instituts für Sozialwissenschaftliche Studien am 06./07.12.

Hanf, Th., 1991: Modernisierung der Gesellschaft als sozialstrukturelles Problem, in: Berliner Journal für Soziologie, Sonderheft, 1. Jg.: 73–82

Henrich, R., 1989: Der vormundschaftliche Staat, Reinbek

Holtmann, D., 1990: Der „reale Sozialismus“ basiert auf einem Marx'schen Irrtum (unveröffentl. Manuskript, Duisburg)

Kern, H./Land, R., 1991: Der ‚Wasserkopf‘ oben und die ‚Taugenichtse‘ unten, in: Frankfurter Rundschau vom 13.02.: 16f.

Krüger, H.-P., 1990: Zur Differenz zwischen kapitalistischer und moderner Gesellschaft, in: Deutsche Zeitschrift für Philosophie, Heft 3, 38. Jg.: 202–217

Krüger, H.-P., 1990a: Moderne Gesellschaft und „Marxismus-Leninismus“ schließen einander aus, in: Initial, Heft 2, 1. Jg.: 149–154

Land, R., 1990: Revolution und Entfremdung. Wirtschaftliche Subsysteme und individuelle Lebenswelten in der gesellschaftlichen Entwicklung, in: Initial, Heft 6, 1. Jg.: 636–647

Lötsch, M., 1990: „Die Hofierung der Arbeiterklasse war nicht wirkungslos“. Ein Rück- und Ausblick auf die Sozialstrukturforschung in der ehemaligen DDR, in: Frankfurter Rundschau vom 14.01.: 28

Meier, A., 1990: Abschied von der sozialistischen Ständegesellschaft, in: Aus Politik und Zeitgeschichte. Beilage zur Wochenzeitung Das Parlament, B. 16–17, vom 13.04.: 8–14

Meuschel, S., 1991: Wandel durch Auflehnung. Thesen zum Verfall bürokratischer Herrschaft in der DDR, in: Berliner Journal für Soziologie, Sonderheft, 1. Jg.: 15–27

Mocek, R., 1990: Unterwegs ohne Theorie. Anmerkungen zur Sozialismus-Diskussion, in: Utopie konkret, Heft 1: 8–16

Neubert, E., 1991: „Revolutionen sind der Griff nach der Notbremse“. Aspekte der gesellschaftlichen Umgestaltung, in: Berliner Journal für Soziologie, Sonderheft, 1. Jg.: 29–36

Niethammer, L. / v. Plato, A. / Wierling, D., 1991: Die volkseigene Erfahrung. Eine Archäologie des Lebens in der Industrieprovinz der DDR, Berlin

Pawlowsky, P. / Schlese, M., 1991: Arbeitsbeziehungen im „realen Sozialismus“ – Bedingungen der Systemtransformation (unveröffentl. Manuskript)

Pollack, D., 1990: Das Ende einer Organisationsgesellschaft. Systemtheoretische Überlegungen zum gesellschaftlichen Umbruch in der DDR, in: Zeitschrift für Soziologie, Heft 4, 19. Jg.: 292–307

Ruben, P., 1990: Was ist Sozialismus? Zum Verhältnis von Gemein- und Personeneigentum an Produktionsmitteln, in: Initial, Heft 2, 1. Jg.: 115–126

Sandkühler, H. J., 1991: Kameh und das alte Neue – über epistemische Krise und Emanzipation, in: Deutsche Zeitschrift für Philosophie, Heft 2, 39. Jg.: 113–123

Schmidt, H., 1990: Zwischen moderner Identität und postmoderner Differenz, in: Initial, Heft 7, 1. Jg.: 675–686

Segert, D., 1991: Figuren der politischen Kultur der DDR und Schwierigkeiten ihres Umbaus, in: Brie, M. / Klein, D. (Hrsg.), Umbruch zur Moderne?, Hamburg: 58–82

Staritz, D., 1989: Geschichte der DDR, in: Weidenfels, G. / Zimmermann, H. (Hrsg.), Deutschland-Handbuch. Eine doppelte Bilanz 1949-1989, Bonn: 69–85

Thomas, M., 1990: Wenn es konkret wird: Hat marxistische Klassentheorie Chancen in der neuen Unübersichtlichkeit? Beitrag für das Plenum 4: „Klassengesellschaft, Patriarchat, Individualisierung“ auf dem 25. Deutschen Soziologentag in Frankfurt / M.

Vosslensky, V., 1980: Nomenklatura, Wien

Zapf, W., 1991: Der Zusammenbruch einer Sozialstruktur (unveröffentl. Manuskript), Vortrag auf der Tagung des Instituts für Soziologie der Freien Universität Berlin, „Der Zusammenbruch der DDR: Soziologische Analysen“ (01. / 02.02.)

Thomas Hanf

Konstitutionsprobleme einer neuen Sozialstruktur

Theoretische und methodische Ansätze der Sozialstrukturforschung sind nie nur reine Beobachtungsinstrumentarien eines Sozialsystems gegenüber einem anderen, sondern immer auch Elemente eines reflexiven gesellschaftlichen Selbstbeobachtungszusammenhanges und damit selbst in die Wandlungsprozesse involviert. Langfristige und evolutive Änderungen in den sozialen Differenzierungsprozessen, sich neu herausbildende Inhalte und Arten sozialer Mobilität führen zu Änderungen der Themen und der Instrumente der Sozialstrukturanalyse. Sind die basalen Tatbestände sozialer Ordnung nicht grundsätzlich in Frage gestellt, die Netzwerke kollektiven Handelns geknüpft und die Kompetenzen der Akteure ausgelotet, kann die Feineinstellung und Tiefenschärfe der Instrumente erhöht werden und in der Beobachtung der „feinen Unterschiede" künftiger Wandel in seinen Ansätzen studiert werden.

Diese selbstverständliche Feststellung trifft auch auf die gegenwärtige Situation im politisch vereinigten, aber wirtschaftlich und sozial noch strukturell deutlich getrennten Deutschland zu. Demnach wird sich auch die Sozialstrukturforschung mit zweierlei Perspektiven ausstatten müssen, die dennoch die Möglichkeit enthalten, die in Ost und West so unterschiedlichen Strukturierungs- und Mobilitätsprozesse auf Tendenzen zur Herausbildung einer Sozialstruktur in Deutschland hin zu untersuchen.

In meinem Beitrag orientiere ich mich dementsprechend an Problemen der Herausbildung einer völlig neuen Sozialstruktur im Osten Deutschlands, ohne dabei ordnungspolitische Schwierigkeiten, ja fast dilemmatische Situationen zu übersehen, die sich daraus für das Verhalten vieler Akteure vor allem auf überregionalen Ebenen ergeben. Derartige Schwierigkeiten haben ihren Grund in der Subsumtion von Konstitutionsproblemen moderner Gesellschaftsstrukturen im Osten unter die Problemlösungskapazitäten einer evolutiv relativ fortgeschrittenen gesellschaftlichen Modernität, die sich genötigt sieht, an ihr eigentlich fremden strukturellen Voraussetzungen anzuknüpfen und überdies hohe Erwartungen an zentrale Steuerungsfunktionen zu befriedigen.

Vor dem Hintergrund der gravierenden Destruktions- und Konstitutionsvorgänge in den neuen Ländern beziehe ich mich auf ein vergleichsweise grobes, aber vielleicht hinreichend trennscharfes Verständnis der Sozialstrukturanalyse in modernen Gesellschaften, das die Sozialstruktur in drei Ebenen zum Gegenstand macht (vgl. auch Zapf 1989).

Demnach ist erstens die Sozialstruktur eines Landes in ihren grundsätzlichen Konstitutions-, Reproduktions- und Wandlungseigenschaften durch die Charakteristik der basalen Mechanismen der Organisation gesellschaftlichen und gemeinschaftlichen Lebens („Basisinstitutionen") bestimmt. In diesem Sinne ist die ordnungspolitische Zuweisungsfunktion dieser „Institutionen" von Rahmenbedingungen und Handlungskompetenzen an die handelnden Akteure in als Nationalstaaten organisierten Gesellschaften hervorgehoben. Die universelle Gültigkeit dessen wie auch deren gesellschaftliche Kritik sind der Offenheit dieser Gesellschaften und der internationalen Verflechtung von (gemeinsamen) Problemsituationen geschuldet. Änderungen derartiger Zuweisungen sind nur von transnationalen Lösungen des Dilemmas zu erwarten, das darin besteht, das eine gesellschaftliche Kritik der Problemlösungskapazitäten der „Basisinstitutionen" nur innerhalb des Wirkens derselben formulierbar und legitimierbar ist. Grundsätzlich andere Perspektiven außerhalb dieses Dilemmas, wie der „reale Sozialismus", sind gerade eben historisch gescheitert.

Zweitens ist die Sozialstruktur Gegenstand von Beobachtungen (und Bewertungen) aber auch Voraussetzung und Ergebnis interessengeleiteten Handelns verschiedener gesellschaftlicher Akteure, wie Institutionen, Parteien, Verbänden, Organisationen, informeller Gruppen und einzelner Menschen als Angehörige der Sozialstruktur. Diese bewerten ihre eigene soziale Lage, ihre Position gegenüber anderen, artikulieren dementsprechend ihre Interessen und suchen – nach Maßgabe der ihnen zur Verfügung stehenden Mittel – nach Handlungsmöglichkeiten, diese Interessen durchzusetzen. Dadurch können Änderungen in den Verteilungen von Gütern, Dienstleistungen und Chancen erreicht werden, aber auch Änderungen der gültigen Kriterien der Definition und Zumutbarkeit von Ungleichheit.

Drittens ist die Sozialstruktur durch eine Zusammenfassung empirischer Verteilungen der Klassenlage, der Schichtzugehörigkeit, der Position und der sozialen Lage der Wohnbevölkerung auf einzelne Merkmale dieser Dimensionen charakterisiert. Die Menschen erfahren (erstreben und erkämpfen) in ihrer Biographie in unterschiedlichem Maße einen Wandel der eigenen Positionierung in den einzelnen Lebensbereichen. Diese Mobilität ist von der Verfaßtheit der Gesellschaft, den Handlungsspielräumen kollektiver Akteure und von ihrem eigenen Handlungsspielraum abhängig. Letzterer wiederum ist nicht gleichmäßig verteilt, sondern hängt reflexiv von der eigenen Position und Lage ab.

In diesem Sinne sind Konstitution und Wandel der Sozialstruktur eines Landes oder einer Region durch die drei bezeichneten, rekursiv miteinander verknüpften Aspekte gekennzeichnet.

Wenn die gegenwärtige Situation der sozialstrukturellen Befindlichkeit in der ehemaligen DDR als Zusammenbruch beschrieben wird – bei weiter anhaltenden Destruktionstendenzen gepaart mit neuen Konstitutionsmomenten – so ist damit nicht die Unmöglichkeit, wenngleich die Schwierigkeit gemeint, Personen auf empirischem Wege soziale Positionen und Lagen in einem neuen System sozialer Differenzierung und Ungleichheit zuweisen zu können. Das wird in den Großuntersuchungen und den Bemühungen um den Aufbau der amtlichen Statistik ja versucht (so z. B. im SOEP und im Wohlfahrtssurvey, zu letzterem vgl. Landua/

Spellerberg/Habich 1991). Vielmehr bezieht sich diese Feststellung auf den Zusammenbruch des Gesellschaftssystems mit allen – wenn auch mehrheitlich gewollten – Konsequenzen für die materiellen, symbolischen und normativen Voraussetzungen und Orientierungen für das kollektive und individuelle Handeln. Es ist die – in diesem Fall defizitäre – reflexive Verknüpfung der genannten Ebenen bei der Konstitution sozialer Strukturen, die die „Basisinstitutionen" noch nicht zur Geltung kommen läßt, eine Formulierung und Organisation rationaler Interessen erschwert und die Veränderung des Systems sozialer Differenzierung und Ungleichheit anhalten läßt, mit der Folge, daß Mobilitäts- und Verteilungserwartungen sich noch nicht an diesem Differenzierungs- und Ungleichheitssystem orientieren können.

Dieser Tatbestand der stetig schwindenden Aktualität sozialstruktureller Befunde hat jedoch Voraussetzungen, u. a. auch sozialstruktureller Art. Es ist nicht, wie Claus Offe (1991) in einem Vortrag überspitzt formulierte, ein historisches Zufallsprodukt, eine prinzipielle geschichtliche Überraschung, daß die ehemalige DDR zusammengebrochen ist, aber über den Zusammenbruch hinaus keinerlei eigene Geschichtlichkeit in das vereinte Deutschland einbringen kann (was durchaus ja ein Grund dafür ist, daß der Übergang in eine offene, rationalisierte, differenzierte und mobile Gesellschaft nahezu ausschließlich auf Transfers aller Art angewiesen zu sein scheint).

Ich werde im folgenden auf zwei verschiedene, aber zusammenhängende Gründe für diesen Befund eingehen. Erstens gehe ich nochmals auf diejenigen Grundkonstanten der gesellschaftlichen Ordnung in der ehemaligen DDR und deren sozialstrukturelle Folgen ein, die unabhängig von modernistischen Scheincharakteren und teilfunktionellen „Errungenschaften" einen Zusammenbruch des Wirtschaftssystems und damit aller anderen Teilsysteme spätestens mit der Öffnung des EG-Marktes notwendig gemacht hätten. Zweitens aber haben die Modalitäten und das Tempo der Herstellung der staatlichen Einheit Deutschlands – unabhängig davon, ob es eine andere politische Alternative gegeben hat oder nicht und wie man diesen Vorgang auch bewerten mag – Folgen gezeitigt, die für den gegenwärtigen desolaten Zustand ursächlich sind.

Es mag für die politische Pragmatik müßig sein, Ursachen für den kompletten Zusammenbruch zu suchen. Aber es scheint mir sowohl für die künftige Sozialstrukturforschung als auch für den politischen Diskurs hilfreich zu sein, zwischen den gesellschaftlichen „Altlasten" und den durch den Einigungsprozeß selbst erzeugten Defiziten zu differenzieren. Einmal deshalb, weil allzu leicht in der politischen Rechtfertigung auf die nicht weiter benannten „Altlasten" zurückgegriffen wird. Zum anderen, um dem möglichen Eindruck vorzubeugen, als wäre der „reale Sozialismus" nur am politischen und organisatorischen Unvermögen der Führungsclique gescheitert und hätte im Falle einer aufgeklärten Elite sogar Reformkapazitäten freisetzen können, die über die der modernen kapitalistischen Gesellschaft hinausgehen. Gegenwärtig jedenfalls ist keine entsprechende ökonomische Begründung und politische Perspektive für einen sozialistischen dritten Weg auszumachen.

Aspekte der Sozialstruktur und der Zusammenbruch der DDR

In den vorwiegend politischen Kontexten der Analyse des Zusammenbruchs der DDR entsteht gelegentlich der Eindruck, als wäre die Abruptheit des Kollapses nicht durch langfristige wirtschaftliche und soziale Destruktionsprozesse vorbereitet worden. Der Hinweis darauf, daß weder eine überdurchschnittliche Krisensituation noch akute soziale Not zu erkennen waren, als die Massenflucht aus der DDR im Sommer 1989 einsetzte, die Beobachtung, daß in den Protestaktionen breiter Teile der Bevökerung vor allem politische Forderungen und weniger wirtschaftliche oder soziale Ansprüche angemeldet wurden, legt den Gedanken nahe, daß der wirtschaftliche Einbruch und die Destruktion des sozialen Besitzstandes sowie der gesamten Sozialstruktur der DDR ausschließlich eine Folge des politischen Zusammenbruchs war. Das ist nicht richtig. Vielmehr gingen sowohl den Auswanderungsbewegungen als auch den politischen Reformbestrebungen erhebliche wirtschaftliche und sozialstrukturelle Deformationen voraus. Diese äußerten sich vor allem in – gemessen an eigenen wirtschaftlichen und sozialpolitischen Modernisierungsnotwendigkeiten – unfunktionalen Grundproportionen der Verteilung der Arbeitskräfte auf die Sektoren der Volkswirtschaft (verdeckte Arbeitslosigkeit), in Proportionen der Verteilung von Einkommen, die den selbst formulierten Ansprüchen der Durchsetzung des sogenannten Leistungsprinzips in keiner Weise gerecht wurden und zu Zurückhaltung von Arbeitsleistungen vor allem von Leistungsträgern führte, in einer Deformation der Bildungs- und Qualifikationsstruktur, in generationsbedingten und z.T. selbstauferlegten Karriereblockaden, in geschlechtsspezifischen Ungleichheiten, in nicht zu rechtfertigenden Ungleichheiten im Zugang zu Sozialleistungen. Wirtschaftliche Stagnation – ja, gemessen an den Anforderungen an die Wirtschaftskraft zur Sicherung der bestehenden Wohlfahrt, wirtschaftlicher Niedergang – und soziale Ungerechtigkeit wurden zwar nicht öffentlich ausgewiesen, waren aber allenthalben beobachtbar und von jedem erlebbar. Nicht einmal das die Eliten neutralisierende System von Privilegien konnte diese seine Funktion erfüllen und führte zu Unzufriedenheit selbst unter den Teilhabern.

Nicht erst mit der Währungsunion am 1. Juli 1990 brachen die Grundlagen des Wirtschaftssystems und der Sozialordnung der DDR zusammen. Kennzeichnend ist vielmehr, daß es am Ende der DDR keine hinreichenden politischen und sozialen Handlungspotentiale gegeben hat, die eine grundlegende Reform der Verfaßtheit der DDR-Gesellschaft auf der Basis der Eigenstaatlichkeit zu tragen bereit gewesen wären.

Diese Feststellungen waren bereits früher (vgl. Hanf 1990) von mir als Indiz für zwei Eigenschaften der Sozialstruktur der DDR interpretiert worden:

a) sie war sowohl in den empirischen Verteilungen sozialer Positionen und sozialer Lagen in hohem Maße inkonsistent als auch in den Reaktionen der Verteilungszentrale auf diese Verteilungen,

b) sie war durch eine Artikulations- und Organisationsunfähigkeit spezifischer individueller und kollektiver Interessen gekennzeichnet, die keine Identitätsbildung sozialer Subjekte außerhalb des organisatorischen Zugriffs der Zentrale ermöglichte.

Dabei ist natürlich klar, daß die Möglichkeit der Option für die schnelle Herstellung der staatlichen Einheit Deutschlands und der politische Druck aus der Bundesrepublik die inneren Destruktionen verschärften und gleichzeitig die Destruktion der Wirtschafts- und Sozialstruktur infolge der Wirtschafts-, Währungs- und Sozialunion herbeiführten. In diesem Sinne halte ich es sowohl sozialtheoretisch als auch gesellschaftspolitisch für eminent wichtig, analytisch zwischen denjenigen Destruktionstendenzen zu unterscheiden, die aus der vierzigjährigen Vergangenheit der DDR resultierten und in jeder denkbaren politischen Variante der Lösung des Machtvakuums hätten überwunden werden müssen und denjenigen, die durch den beschrittenen Weg in die deutsche Einheit selbst erzeugt worden sind. Heute sieht es so aus und wird von Vertretern aller Parteien, den Gewerkschaften und Verbänden gefordert, daß die politisch Verantwortlichen für die Folgen beider Faktoren des Zusammenbruchs Lösungen bereitzustellen haben.

Status- und Steuerungsinkonsistenz sowie mangelnde Subjektivität der Sozialstruktur der ehemaligen DDR sind der grundlegenden Verfaßtheit des politischen und Wirtschaftssystems geschuldet. Diese möchte ich im Sinne der kategorialen Unterscheidung von Gesellschaft und Gemeinschaft als primär gemeinschaftliche Form der Organisation politischen, wirtschaftlichen und sozialen Lebens bezeichnen (vgl. auch Hedtke 1990). Dabei muß – um Mißverständnisse zu vermeiden – darauf hingewiesen werden, daß Gemeinschaften nicht notwendig die Freiwilligkeit der Mitgliedschaft und auch nicht das Einverständnis in die normativen Voraussetzungen der Identität derselben und Legitimität der Ordnungen in ihr zur Bedingung haben müssen. Vielmehr war die innere politische Identität der DDR an die bekannten strengen ideologischen Normative gebunden und konnte nur als Zwangsregime bei völliger Kontrolle der territorialen, politischen und ideologischen Grenzen, die gleichzeitig wirtschaftliche und soziale Grenzen bedeuteten, aufrechterhalten werden.

Die Konstitution der gemeinschaftlichen Verfaßtheit des sozialen Organismus der DDR war zwar gemäß der Leninschen Lehre vom Primat der Politik und der Diktatur des Proletariats politischer Art und sie konnte in der DDR faktisch auch erst mit der Schließung der Grenzen 1961 manifestiert werden. Die Basis hatte sie jedoch in der Konstitution des Wirtschaftsmechanismus als Arbeits- und Verteilungsgemeinschaft mit zentraler politischer Kontrolle.

Der zentralistische Zugriff auf die individuellen und kollektiven Bedingungen und Ressourcen vor allem des wirtschaftlichen Handelns war strukturell erst nach dem Sieg der sozialistischen Produktionsverhältnisse (VI. Parteitag der SED, 1963) nach mehr als einem Jahrzehnt politischen und wirtschaftlichen Klassenkampfes gegeben. Er beruhte nach der Durchsetzung der Organisationsmonopole auf einem Arrangement zwischen politischer Führung, gesellschaftlichen Organisationen und Volk – vor allem nach dem Machtantritt E. Honeckers 1971 in Form der „Hofierung der Arbeiterklasse“ (Lötsch 1990) unter der Voraussetzung der Zerschlagung der

Reste mittelständischer Unternehmen und der Beschränkung der Rationalitätsansprüche der Intelligenz – das einerseits die Autonomie politischen, wirtschaftlichen und sozialen Handelns und der Organisation von Interessen ausschloß, andererseits aber die Monopolisierung der Versorgungs- und Verteilungskompetenzen in den Händen des durch die SED beherrschten Staates bedeutete. Mit der Monopolisierung der Verteilung von Gütern, Diensten und Lebenschancen waren aber auch Verpflichtungen sozialer Art gegenüber der Bevölkerung verbunden. Diese beinhalteten hauptsächlich ein allgemeines Arbeitsversprechen und die Sicherung einer bescheidenden Wohlfahrt auf der Grundlage von Kriterien, die den Traditionen der Arbeiterbewegung entnommen waren. Die Tatsache, das es sich zwar politisch um eine Zwangsgemeinschaft handelte, aber in vielen für das Alltagserleben wichtigen sozialen Kontexten auch um einen nicht nur autoritären Herrschaftszusammenhang, in dem auch die Führung mindestens sozialpolitisch unter latenten, nicht organisierbaren Druck geraten konnte und Zugeständnisse bis hin zur dauernden Überkonsumtion in den 80er Jahren machen mußte, ist ein wenigstens partieller Ausdruck auch des affirmativen Gemeinschaftserlebens, das viele Menschen in den gegenwärtigen Destruktionen der geschlossenen Gemeinschaftlichkeit als Verlust erleben.

Politische Legitimation klagte die Führung mit dem Bezug auf antifaschistisch-demokratische Grundhaltungen der Bevölkerung durch die Besetzung von Führungspositionen durch dezidierte Antifaschisten und Kämpfer gegen das Nazi-Regime ein (mit verhängnisvollen Einschränkungen, wie wir heute wissen), bezog sie in ihren Grundlagen aber immer auf die Lösung der sozialen Frage, die Arbeit und Brot für alle bedeuten sollte. Die politischen Geschehnisse des 20. Jahrhunderts wurden als Ausdruck des allgemeinen krisenhaften Niedergangs des kapitalistischen Wirtschaftssystems gedeutet und deren zukünftige Verhinderung mit der Beseitigung dieses Systems identifiziert. Die Lösung der sozialen Frage bedeutete daher nicht nur die Erfüllung der sozialen Ziele der Arbeiterbewegung, sondern auch die Garantie dafür, daß das Großkapital jeglichen Einfluß auf die Politik verlieren sollte. Im theoretischen Selbstverständnis geht die krisentheoretische Interpretation des politischen und kulturellen Niedergangs des Kapitalismus nicht nur auf Lenins Monopolismustheorie zurück, sondern auf die akkumulationstheoretischen Begründungen der Notwendigkeit der Aufhebung von Entfremdung und Ausbeutung im Sinne der Durchsetzung wirtschaftlicher Rationalität durch Marx. Unabhängig von der Interpretationsgeschichte dieser Begründung ist es in der Tat die Durchsetzung der wirtschaftlichen Vernunft in Form des gemeinschaftlich assoziierten Produzenten als „general intellect", der die Produktions- und Austauschbeziehungen plant und kontrolliert (Marx 1974: 594). Die kommunistische Assoziation der Produzenten garantiert die Identität von Produktion und Austausch, also die vorweggenommene Realisierung der Produktion in der Konsumtion und bedarf dazu weder des Marktes, noch eines „bornierten" Rechts- und politischen Systems. Der bei Marx noch emanzipatorisch gemeinte Sinn der auf der Mitgliedschaft universeller Individuen zur kommunistischen Assoziation (Gemeinschaft) beruhenden Aufhebung der Entfremdung ist in der

Geschichte der Arbeiterbewegung und vor allem in der Organisation kommunistischer Gesellschaften dahingehend umgebogen worden, daß die Abschaffung des ökonomisch relevanten Privateigentums, die Ignoranz des Marktes und die Beseitigung bürgerlichen Rechts und des bürgerlichen Staates den Inhalt der Lösung der sozialen Frage bedeuten (vgl. Hedtke 1991). Somit war der politischen, wirtschaftlichen und rechtlichen Willkür unter der Bedingung der geschlossenen Gemeinschaft und der Kontrolle aller relevanten Arten von Grenzen Tür und Tor geöffnet.

Durch die Merkmale der Reproduktion dieser Arbeits- und Verteilungsgemeinschaft war auch die Sozialstruktur der DDR bestimmt.

- Dem (staatlich okkupierten) Gemeineigentum an den objektiven Produktionsbedingungen unter Ausschluß ökonomisch bedeutsamen Sondereigentums (die LPG hatten keine ökonomische Selbständigkeit, wie auch alle anderen Betriebe);
- dem Fehlen innerer Gütermärkte, an dem sich wirtschaftende Einheiten in ihrem Handeln hätten orientieren können, insbesondere im Fehlen eines Produktionsmittelmarktes; dadurch war es möglich und notwendig, daß die hergestellten Produkte unmittelbar als Ergebnisse erfolgreicher Produktion ökonomische Anerkennung in Form realisierten Absatzes fanden bei zentral festgelegten Preisen;
- dem Fehlen von Finanzmärkten und einem entsprechendem Bankensystem, ersetzt durch staatlich bestimmte Investitionsverteilungen;
- der Abschottung von Weltmärkten durch eine nichtkonvertierbare Währung, dafür eines staatichen Devisen- und Außenhandelsmonopols und einer vertraglich regulierten Arbeitsteilung zwischen den RGW-Mitgliedsstaaten mit wechselseitigen Abnahmegarantien;
- dem Fehlen eines „Arbeitsmarktes" (wenn man überhaupt von Märkten in bezug auf die Abschlüsse von Arbeitskontrakten sprechen kann), ersetzt durch eine staatliche Steuerung des Arbeitskräfteeinsatzes und eine „Kaderpolitik";
- der Macht eines politisch instrumentalisierten Planungs- und Leitungsorgans, das alle wirtschaftlch relevanten Entscheidungen zu treffen und zu koordinieren beansprucht, jedoch die alltäglichen Wirtschaftsbeziehungen der Betriebe nicht erreichen kann und deren aus der Not geborene partielle Selbstregulierung nur noch administrativ stört.

Diese Verteilungsgemeinschaft beruhte wesentlich auf der Reproduktion des Mangels. Wenn dieser auch in den Anfängen kriegsbedingt war und in der Zeit des kalten Krieges bis hin zur „Cocom-Liste" durch Absaugen von Ressourcen bzw. Boykott immer wieder extern gesteigert wurde, so mußte er doch auch intern ständig reproduziert werden, um die Hoheit über das Verteilungsmonopol seitens des Staates zu sichern. In Fällen des Überangebotes durfte und konnte nicht der Wettbewerb über den wirtschaftlichen Fortgang der Dinge entscheiden. Die Reproduktion des Mangels in der Wirtschaft und – wenn auch nicht in allen, so doch den für die Zukunftserwartungen entscheidenden – Bereichen des alltäglichen

Lebens war kein organisatorisches Defizit des Systems, sondern eine strukturelle Bedingung der Aufrechterhaltung dieser wirtschaftlichen und politischen Ordnung. Die Versuche, unter sozialpolitischen Gesichtspunkten (nach Abzug der Privilegien) das Mangelhafte dennoch gleichmäßig zu verteilen, erhöhten nicht nur den Mangel und führten notwendig zur Bildung von privaten Versorgungsnetzwerken (ein Typ von „Gegengemeinschaften") und Schwarzmarkt, sondern auch zur Ignoranz gegenüber der Zerrüttung des volkseigenen Gemeinschaftsvermögens und der materiellen Grundlagen der gemeinschaftlichen Lebensbedingungen. Der Ausschluß privater Vermögensbildung und die zunehmende Entwertung der Substanzen des Volkseigentums waren einerseits Merkmale der sozialen Strukturierung im Sinne der These von deren prinzipieller Inkonsistenz, andererseits im Sinne derselben These strukturelle Grundlagen der Massenflucht aus der DDR, die ja nicht nur die vollzogenen Wanderungen beinhaltet, sondern in einem weiteren Sinne auch die Bereitschaft des kollektiven Beitritts zum Wirtschafts- und Sozialsystem der Bundesrepublik. Darüber hinaus aber sind die Menschen entgegen ihrem eigenen Willen in einem objektiven Sinne von „Altlasten" der ehemaligen Arbeits- und Versorgungsgemeinschaft betroffen, als sich das ihnen anteilig mitgehörende Volkseigentum in seiner Struktur und Beschaffenheit nach Eintritt in die Weltwirtschaft als ökonomisch minderwertig erweist und nicht nur den unmittelbaren Verlust des Arbeitsplatzes bedeutet, damit die Entwertung des subjektiven Reichtums als Qualifikation und Arbeitsvermögen, sondern in Form der strukturellen Investitionshindernisse auch noch die eigenen Zukunftserwartungen untergräbt. Die Flucht aus der als fremd empfundenen organisierten Gemeinschaft mit der heimlichen Erwartung, den krisenhaften Zusammenbruch und dessen Folgen auch für das eigene wirtschaftliche und soziale Leben umgehen zu können – eigentlich eine gegenüber anderen osteuropäischen Ländern vergleichsweise frohe und bequeme Erwartung – erweist sich als trügerisch.

Das für das historische Überleben des „real-existierenden Sozialismus" Entscheidende war jedoch die Unfähigkeit dieses Wirtschaftssystems zu selbstinduzierter ökonomischer Entwicklung. Dabei unterstelle ich den strikten theoretischen Sinn der Entwicklungsauffassung J. Schumpeters, der die ökonomische (und natürlich rechtliche) Anerkennung der Person und des freien Arbeitskontraktes ebenso voraussetzt wie die Existenz von Kredit- und Produktionsmittelmärkten in einem politisch unabhängigen Wirtschafts- und Bankensystem (Schumpeter 1926). In einem zentral geplanten und koordinierten Wirtschaftssystem kann es per definitionem keine wirklichen Innovationen im Sinne des faktischen Auftretens von Neuerungen geben. Diese sind – eben weil sie Neuerungen sind – in ihrem Erstauftreten prinzipiell ökonomisch riskant. Erst die Anerkennung auf dem Markt entscheidet über den ökonomischen Erfolg oder Mißerfolg und damit über die Durchsetzungsfähigkeit der Neuheit. Der Markt ist daher nicht nur ein – eventuell sozial zu verteufelnder – Allokationszusammenhang, sondern vor allem ein Instrument der ökonomischen Bewertung von Entwicklungen. In den sozialistischen Planungs- und Leitungsbüros (um Bürokratien im Sinne der Rationalisierung von Verwaltung handelte es sich ja nicht) ist dieser

Bewertungsvorgang permanent vorweggenommen worden, so daß weder Produzenten noch Verbraucher sich nach Maßgabe eigener Orientierung und Rationalität zu diesen Bewertungsvorgängen und deren Folgen reflexiv verhalten konnten. Das bedeutete einen expliziten Zugriff auf die Bedürfnisse von Produzenten und Verbrauchern. Es ist schon grotesk, daß das legitimatorische Flaggschiff der Honecker-Ära – die gesellschaftspolitisch zentrale Orientierung auf die Befriedigung der Bedürfnisse der Menschen – nicht nur politisch-moralisch und sozial dadurch ständig untergraben wurde, daß in den herrschenden gesellschaftlichen Kommunikationsbeziehungen die Bedürfnisse der Menschen nur höchst eingeschränkt artikulierbar waren und der Mangel dieses Ziel ständig außer Reichweite geraten ließ, sondern vor allem auch unter entwicklungstheoretischen Perspektiven strukturell das genaue Gegenteil zur Voraussetzung hat.

Dieser Zusammenhang von prinzipieller Unfähigkeit zu selbstinduzierten Entwicklungen und dem Versuch, den organisierten Zugriff auf den Menschen einschließlich der Komplexität seiner Verhaltenspotentiale und seiner Bedürfnisse zu realisieren – und zwar nicht nur im Rahmen politischer und moralischer Zwänge, sondern vor allem auch in den ökonomisch grundlegenden strukturellen Bedingungen der Reproduktion des Systems – ist für die Konstitutions- und Reproduktionszusammenhänge der Sozialstruktur der ehemaligen DDR von gravierender Bedeutung.

Er ist auch der Grund für die hier vorgeschlagene Verwendung der kategorialen Unterscheidung von Gemeinschaft und Gesellschaft zur Bestimmung des gemeinschaftlichen Charakters der Konstitution von Sozialstruktur und sozialer Mobilität in der DDR. Entwicklungen – und vor allem wirtschaftliche – resultieren aus primär gesellschaftlichen Assoziationen von Produzenten und sind stets immer auch gegen bestimmte, aber gegebenenfalls wechselnde Gemeinschaften gerichtet und seien es „nur“ gemeinschaftliche Assoziationen in bestimmten Marktbereichen. Entwicklungen destruieren also immer gemeinschaftliche Aspekte der Sozialität und stiften neue. Gemeinschaften andererseits haben immer die Tendenz, mehr als nur einzelne Seiten des personalen Handelns für die Integration in die Gemeinschaft und deren Bestandssicherung einzufordern. Sie beziehen die Voraussetzungen des Handelns von individuellen und kollektiven Akteuren auf die normativen Grundlagen der Gemeinschaftsintegration. Der Sozialismus forderte die „sozialistische Menschengemeinschaft“ und in ihr die allseitige Entwicklung der sozialistischen Persönlichkeit. Dabei war neben der kategorialen Bedeutung der gemeinschaftlichen Assoziation für die strukturierenden Lebensprozesse auch der Kollektivismus ein zusätzliches normatives Prinzip der Gemeinschaftsintegration überhaupt. Es ist also nicht nur die basale Gemeinschaftlichkeit für den Vollzug der Lebensprozesse charakteristisch gewesen, sondern auch die Orientierung auf und der Zwang zu Kollektivität, deren Normbildung und Organisation von den basalen Werten und Prinzien diktiert wurden.

Letzteres hatte für das alltägliche Erleben natürlich sehr vielfältige Wirkungen, die von der letztlich immer gegebenen Möglichkeit zu privatem Rückzug, der auch das kollektive Leiden an der Gemeinschaft in verschiedenen kulturellen und kommunikativen Äußerungen enthalten konnte, über die partielle Bestätigung der Macht kollektiver Geschlossenheit gegenüber einzelnen Repräsentanten des Herrschaftssystems auf unteren Ebenen, auch die affirmative Identifikation vieler Menschen (es gab 2,2 Mio SED-Mitglieder), die „im kleinen“ gegen gültige Verhaltensweisen in Kollektiven ihre Ideale des Verständnisses sozialistischen Lebens zur Geltung zu bringen suchten, bis hin zur Bildung von Oppositionsgruppen, die immerhin unter dem Dach der Kirchen auch einen kollektiven Schutz fanden. Über die Vielfalt individuellen und kollektiven Erlebens und der entsprechenden kulturellen und gegenkulturellen Wirkungen kann hier nicht weiter geschrieben werden. Festzuhalten für die strukturellen Grundkonstanten der DDR-Gesellschaft bleibt die Erfahrung, daß aus den Vergemeinschaftungsverhältnissen ein Ausstieg innerhalb der DDR nicht möglich war. Auch in der Opposition oder im privaten Winkel blieb man im System – und zwar nicht nur wegen der Überwachung durch die Staatssicherheit, sondern auch in den Horizonten einer vermeintlich anderen Lebenswelt.

Mit Bezug auf die Wirtschaft muß zwar festgestellt werden, daß es natürlich auch technischen Wandel und auch innerhalb des organisatorischen Grundprinzips strukturelle Veränderungen gab – in einigen Produktpaletten auch Weltmarktfähigkeit. Der im historischen Sinn neuartige organisatorische Aufbau des Wirtschaftssystems brachte natürlich auch „Innovationen“ in dem Sinne hervor, daß derartiges auf keine geschichtlichen Vorbilder zurückgreifen konnte. Er führte jedoch nicht zur innovativen Initialzündung. Die bemerkenswertesten Neuerungen brachte die sozialistische Industriegesellschaft nicht zufällig in der Aufbauphase hervor (bis zum Scheitern der Reformversuche in mehreren Ländern Mitte der 60er Jahre), als einerseits noch auf berufliche und organisatorische Teilerfahrungen aus der Vergangenheit angeknüpft werden konnte und andererseits extensive Erweiterung im Rahmen des tayloristischen Technologieprinzips auf der Tagesordnung stand. Die Intensivierung, also den technologischen und organisatorischen Übergang zur nachfordistischen Akkumulationsweise mit permanenter Innovationsbereitschaft haben die sozialistischen Volkswirtschaften nicht geschafft. In der DDR ist er sogar durch die Kombinatsbildung und deren permanenter Verewigung systematisch verhindert worden.

Zu den Folgen für die Konstitution der Sozialstruktur gehörten neben der bereits genannten Unmöglichkeit der privaten Vermögens- und Kapitalbildung, dem statusförmig – aber nur sehr bedingt korporativen – Sozialcharakter des Arbeitsvertrages, der Unmöglichkeit der individuellen und kollektiven Leistungsbewertung und der Aufzehrung des gemeineigentümlichen Reichtums auch die folgenden Beziehungen:

- Die Nichtanerkennung der Person als wirtschaftliches und soziales Elementarsubjekt gesellschaftlichen Handelns.
- Der normative Zugriff auf die ganze Individualität der Mitglieder seitens der Gemeinschaft, der von diesen zwar unterlaufen, aber nicht aufgehoben werden konnte.

– Das Fehlen von persönlicher Autonomie.
– Die Verhinderung der Artikulation und Organisation persönlicher und kollektiver Interessen und Bedürfnisse, sofern sie nicht an den Normen und Organisationen der Gemeinschaft orientiert bzw. in sie integriert waren.

Das zog eine Eigenart der Sozialstruktur der DDR nach sich, die Homogenisierungs- und Differenzierungsprozesse vor allem über zwei Wege der Sozialstrukturforschung zugänglich macht: erstens im Rahmen der Mobilitätsanalyse und zweitens in der Analyse spezifischer Lebensmilieus.

Die Analyse spezifischer Mobilitätspfade und -arten ist deshalb für die Beschreibung der Sozialstruktur von entscheidender Bedeutung, weil mittels verschiedener Machtinstrumente zur Kontrolle der sozialen Mobilität das entscheidende Moment sozialer Kontrolle gegeben war. Die Gemeinschaft konnte mit einem (gemessen an den Organisationsprinzipien) hoch spezialisierten und differenzierten System von Bildungspolitik, selektiver Leistungförderung, Arbeitskräfte- und Kaderpolitik berufliche Karrieren selektieren und zuweisen. Sie hielt für Zugänge zu spezifischen politischen und beruflichen Positionen stark differenzierte und normierte Karrieremuster bereit. Die entsprechenden Selektionen und biographischen Weichenstellungen erfolgten überaus früh und konnten in der Regel nicht nachträglich ohne Schaden revidiert werden. So gab es spezifische und streng getrennte Bildungseinrichtungen und verpflichtende Karrierewege, die Zugänge zu politischem, militärischem, wirtschaftlichem, kulturellem, sportlichem oder wissenschaftlichem Einfluß brachten. Dabei hat das Element der sachlichen Differenzierung zu funktionaler Spezialisierung und das Element der Zuweisung und nach Loyalitätsgesichtspunkten streng normierten Selektion zu sozialer Kontrolle geführt. Es war unmöglich, einen positionalen Aufstieg zu erreichen ohne kaderpolitisches Einverständnis. Die Differenzierungen in den empirischen Verteilungen der sozialen Schichtung, Position und Lage, die für die ehemalige DDR nicht mehr an Hand gesicherter Daten rekonstruierbar sind, könnten – selbst wenn es sie gegeben hätte – nur im Zusammenhang mit den normierten Karriere- und Mobilitätsmustern interpretiert werden. Gleichzeitig ist die Rekonstruktion dieser Muster und der mit ihnen fest verbundenen Bestrafungs- und Belohnungsverhältnisse eine Möglichkeit für die Rekonstruktion der empirisch wahrscheinlichen Differenzierungen.

Diese minutiös geebneten und kontrollierten Mobilitätspfade führten direkt in die Hierarchie der Privilegiengewährung, die ebenfalls nicht nur nach deren Umfang, sondern auch nach den genehmigten Inhalten sorglichst strukturiert waren. Es könnte in diesem Zusammenhang Zweifel an der These von der strukturellen Inkonsistenz angemeldet werden. Das trifft auf die Zugänge zur Nähe zur Macht auch zu. In dem mobilen Teil der Sozialstruktur, der individualisierte, aber eben normierte und kontrollierte Aufstiege im Status, im Einkommen und in den Zugängen zu Gütern und Dienstleistungen ermöglichte, galt eine strenge vertikale Ordnung. Für die großen Teile der Bevölkerung, die keine Zugänge zu den verheißungsvollen Mobilitätspfaden erlangten oder erstrebten, galten diese Regelungen nicht. Und genau für diesen übergroßen Teil der Bevölkerung ist die Inkonsistenzthese behauptet – abgesehen davon, daß in repräsentativen Befragungen diese

Teilung der Sozialstruktur in einen konsistenten und einen inkonsistenten Teil nicht signifikant nachweisbar wäre.

Bleibt noch hinzuzufügen, daß es einen weiteren, kleinen Bevölkerungsteil gab, für den wiederum eine konsistente Abweichung vom wenig strukturierten Mittelteil festzustellen wahrscheinlich ist. Es handelt sich hierbei um Menschen, die sich durch eine Bündelung extrem schlechter Positionen von anderen unterschied. Es handelt sich dabei vor allem um einige Rentnergruppen und um sogenannte kriminell und sozial „Gefährdete".

Der andere für die Sozialstruktur der DDR charakteristische Zugang zu deren Analyse, die Identifikation von interpersonellen Beziehungs- und Beschaffungsgemeinschaften und mehr oder weniger geschlossenen sozialen Milieus beginnt leider erst jetzt und ist retrospektiv wahrscheinlich nur noch hypothetisch möglich. Es ist aber aus alltäglichen Erfahrungen klar, daß in diesen „Gegengemeinschaften" spezifische Sozialcharaktere ausgebildet, Anteile von ansonsten nicht übertragbaren oder vererbbaren positionalen Privilegien in Form von Umverteilungen und Karrierebeihilfen weitergegeben, Versorgungsdefizite ausgeglichen oder solidarisch materielle, psychische oder moralische Hilfen geleistet wurden. Es wurden auch spezifische Lebensorientierungen ausgebildet, von denen nur vermutet werden kann, daß sie mit Bildungsunterschieden korrelierten. Diese Netzwerke beruhten auf persönlichen Beziehungen, wobei zwischen denjenigen, die horizontale berufliche Mobilität ermöglichten und den Versorgungs- und Beschaffungsgemeinschaften eine strikte Trennung herrschte. Die ersteren zeichneten sich durch hohe Bildungshomogenität aus, die letzteren durch große Inhomogenität. Sie hatten häufig stark verpflichtenden Charakter, da sie oft am Rande der Legalität operierten.

Mit dem Ende der DDR sind auch alle beschriebenen Komponenten der Konstitution und Reproduktion der ehemaligen Sozialstruktur zusammengebrochen. Zwischen den drei Teilen der Sozialstruktur findet eine Vermischung statt, die sich aus dem (teilweisen) Abstieg der Eliten erklärt und aus anderen Absicherungsmechanismen sozialer Not. Allerdings ist aus verschiedenen Gründen die Gefahr einer neuen Armut gegeben.

Jede grundlegende Reform auch unter den Bedingungen der politischen Fortexistenz der DDR hätte auf die eine oder andere Art und Weise diese – und weitere, hier nicht genannte – Momente der Sozialstruktur einer radikalen Veränderung unterziehen müssen. Allerdings haben wir registrieren müssen, daß eben aus den genannten Defiziten in der Ausbildung sozialstrukturell begründeter kollektiver Willensbildungen und Handlungskompetenzen eine solche Perspektive nicht möglich war. Der in den Bürgerbewegungen ausgebildete Wunsch nach einer derartigen Reform hat keine soziale Basis und entsprechende politische Unterstützung gefunden.

Einige sozialstrukturelle Folgen des Einigungsprozesses [1]

Der Prozeß der Herstellung der staatlichen Einheit Deutschlands war – wie sollte es anders sein – ein politischer Vorgang. Er zeichnete sich aber darüber hinaus durch eine ins Extreme gesteigerte Selbstreferenzialität politischen Handelns und Entscheidens und überdies durch einen hohen Grad an zentraler Steuerung aus. Vor allem die Bundesregierung fühlte sich einem historischen Gesetz des Handels in nationaler Verantwortung verpflichtet, das sie durch eine stetige Temposteigerung gegenüber anderen Partnern durchsetzte. Dieser hohen Selbstreferenzialität und dem hohen Tempo sind jedoch Folgen zuzurechnen, die die Konstitution einer neuen Sozialstruktur im Osten und damit in ganz Deutschland betreffen – auch wenn es, wie versichert wird, eine andere politische Alternative nicht gegeben haben mag.

Voraussetzung dafür war zunächst der frei und legitim artikulierte Wille der Mehrheit der DDR-Bevölkerung nach einer politischen Vereinigung Deutschlands. Dies legitimierte die außen- und innenpolitische Initiative der Bundesregierung bis zum Beitritt nach Artikel 23 des Grundgesetzes der Bundesrepublik Deutschland. Unter dieser Bedingung war von seiten der Bundesrepublik jedoch zu sichern, daß in der Perspektive eines Vereinigungsszenarios die „freiheitlich-demokratische Grundordnung" nicht in Gefahr geriet und zugleich ein politischer Vorteil der Regierungsparteien gegenüber der Opposition sichergestellt werden konnte. Das erste wurde durch die überraschend schnelle Angleichung der Parteienstruktur in der ehemaligen DDR an die der Bundesrepublik (mit Ausnahme der PDS) erreicht, das zweite durch die erfolgreiche Demonstration von Steuerungskompetenz und die programmatische Befriedigung von Erwartungen der Bürger beider Teile Deutschlands. Diese sahen jedoch sehr verschieden aus. Während im Osten auch nach dem vollzogenen Sturz des SED-Regimes an die zentralen staatlichen Steuerungskompetenzen und Umverteilungsressourcen sehr hohe Erwartungen gerichtet wurden, galt im Westen die Erwartung, daß sich an der Rolle staatlichen Eingriffs und staatlicher Steuerung nicht viel ändert. Schon darin äußert sich das ordnungspolitische Dilemma der nächsten Jahre, das für die Konstitution einer neuen Sozialstruktur im Osten und die Herausbildung einer Sozialstruktur in ganz Deutschland folgenreich sein wird.

Dieses Dilemma sehe ich darin, daß ganz offensichtlich staatliches Handeln durch zwei verschiedene ordnungspolitische Maximen geleitet werden muß. Auf der einen Seite muß mit Blick auf die europäischen Integrationsperspektiven eine Orientierung auf die Reduzierung nationalstaatlicher Kompetenzen vor allem auf wirtschaftspolitischem Gebiet erfolgen, auf der anderen Seite muß für die Konsolidierung der neuen Bundesländer eine hohe wirtschafts- und sozialpolitische Verantwortung seitens des Bundes wahrgenommen werden, die nicht nur Transferleistungen über lange Zeit beinhaltet, sondern auch strukturpolitisches Engagement.

[1] Eine Übersicht über verschiedene Brüche in einer neuen deutschen Sozialstruktur gibt Berger 1991.

Damit haben wir eine Situation zu verzeichnen, in der die Bundesregierung und die Länder nicht nur der Erwartungen der Bürger in den neuen Ländern wegen, auch nicht des noch nicht stabilisierten Legitimationsvorrates der neuen Gesellschaftsordnung wegen (immer noch verbunden mit der Gefahr einer dramatisch steigenden Ost-West-Wanderung), sondern wegen der Folgen des Einigungsprozesses Maßnahmen ergreifen müssen, die dem objektiven Bedarf an zentraler staatlicher Verantwortung entsprechen. Es muß damit in gewisser Weise an den beschriebenen gemeinschaftlichen Momenten der Organisation des Lebens angeknüpft werden, die durch den Sturz des alten politischen Systems bereits zerstört geglaubt wurden. Trotz und gerade wegen der so plötzlichen und radikalen Zerstörung der politischen, wirtschaftlichen und sozialen Ordnung in der ehemaligen DDR muß der Übergang in eine moderne Gesellschaft im Osten Deutschlands mit funktionierenden „Basisinstitutionen" durch Mittel gestützt werden, die dem Funktionszusammenhang dieser Institutionen im westlichen Teil desselben Landes nicht entsprechen. Nicht von ungefähr stimmt deshalb auch die politische Rhetorik und Werbung für ungewohntes staatliches Handeln die Themen der Gemeinschaftlichkeit und der Gemeinschaftswerke an.

Die unmittelbaren Folgen des Einigungsprozesses für die Konstitution einer neuen Sozialstruktur auf der Herstellung von Ordnung überhaupt sind den aus den oben beschriebenen Defiziten resultierenden Niedergangserscheinungen in weiten Teilen entgegengesetzt. Dazu können die folgenden Aspekte gerechnet werden:

1. Mit dem schnellen Einigungsprozeß sollten neben den historischen politischen Zielen auch krisenhafte Zusammenbrüche in der ehemaligen DDR vermieden werden. Die Wirtschafts-, Währungs- und Sozialunion sollte sowohl einen Kollaps der Wirtschaft, ein Zusammenbrechen der öffentlichen Haushalte, einen rapiden Sozialabbau und Verarmungsprozeß verhindern und eine Stabilität in den währungspolitischen Rahmenbedingungen sichern.

Faktisch jedoch hat die Einführung der D-Mark eine für die Bürger zunächst erfreuliche Aufwertung der Binnenwährung auf das über 4,4fache (abzüglich der nicht ganz Halbierung der Sparguthaben) bedeutet, für die Betriebe und Unternehmen aber den weitgehenden Verlust der Handlungsfähigkeit. Sowohl große Teile des Binnenmarktes, wie auch große Teile der Außenmärkte sind damit zusammengebrochen. Die übergroße Mehrzahl der Betriebe kommt zur Aufrechterhaltung der Produktion nicht ohne externe finanzielle Unterstützung aus. Die Konstitution eines an Märkten orientierten Wirtschaftssystems ist ohne marktfremde Unterstützungen offenbar nicht möglich.

Entgegen den Intensionen sind sowohl infolge des wirtschaftlichen Niedergangs, als auch infolge des radikalen Überstülpens eines völlig unbekannten Verwaltungssystems die öffentlichen Verwaltungen hinsichtlich ihrer finanziellen Ausstattung und hinsichtlich der Befähigung zur Abarbeitung elementarer, aber in ihrer Fülle unübersichtlicher Verwaltungsalgorithmen überfordert und befanden sich Anfang 1991 kurz vor dem Zusammenbruch.

Die Übernahme der sozialstaatlichen Ordnung führt im Sinne der Sicherung der Sozialleistungen zu Neuinterpretationen der gesetzlichen Regelungen und des funktionalen Sinns der Instrumente. Vor allem arbeitsmarktpolitische Instrumente erhalten mehr und mehr den Sinn reiner sozialer Transferleistungen.

Letztlich gerät auch der wichtigste ordnungspolitische Garant, nämlich eine stabile und feste Währung, verursacht durch eine hohe Kreditaufnahme der öffentlichen Hände, durch steuerpolitische Maßnahmen und durch extern bedingte Wechselkursverluste mehr und mehr unter Druck.

2. Die politische Integration, die durch die übergroße Mehrheit der DDR-Bevölkerung gewollt war, ist im wesentlichen ohne eine tatsächliche Partizipation der politischen Kräfte in der ehemaligen DDR auch nach der Volkskammerwahl 1990 erfolgt. Die Parteien in der Volkskammer haben auch nach den freien Wahlen große Teile des Wählervertrauens und Motive für politisches Engagement durch z. T. skandalöses Verhalten vor allem in der Auseinandersetzung um die Beitrittsmodalitäten verspielt. So ist die gewonnene politische Freiheit für viele noch kein Grund, sich an ihr zu beteiligen.

3. Für die Einschränkung der Handlungs- und Orientierungsfähigkeit der Menschen von großer Bedeutung ist das hohe Maß an Lernanforderungen, dem sich jeder einzelne ausgesetzt sieht. Die Übernahme des bundesdeutschen Verwaltungs- und Rechtssystems erfordert die Anstrengungen des Erlernens von Verhaltensweisen gegenüber Bürokratien bisher ungekannten Ausmaßes. Das verhindert in großem Maße auch die Identifikation eigener Interessen, ganz zu schweigen von deren kollektiver Organisation. Das kann nur stellvertretend von den Organisationen und Verbänden der Alt-Bundesrepublik vorgenommen werden, die jedoch Mühe haben, sich in die Situationen der neuen Länder hineinzuversetzen.

Der Einigungsprozeß hat die sozialstrukturellen Defizite der früheren DDR nicht nur nicht beseitigt, sondern auf eine nicht intendierte Weise sogar noch verstärkt. Das bezieht sich auf alle drei eingangs genannten Ebenen der Sozialstrukturanalyse. Die Differenzierung der Sozialsysteme und die Funktionsfähigkeit der basalen Institutionen der Gesellschaft werden noch für einen längeren Zeitraum von politischen Steuerungsprozessen überlagert werden müssen, die an den Erbschaften der sozialstrukturellen Befindlichkeit der DDR deshalb anschließen müssen, weil sie deren Restfunktionalitäten im Einigungsvorgang liquidiert hat. Die Netzwerke kollektiven Handelns müssen ebenfalls wegen des destruktiven Vorgehens der altbundesrepublikanischen Organisationen und Verbände gegenüber kollektiven Akteuren in der DDR nach der Wende stellvertretend vom Westen aus geknüpft werden. Das verhindert soziale Identifikation eigener Interessen und Integration in kollektive Handlungszusammenhänge.

Auch auf der empirischen Ebene der Verteilung von Merkmalen der sozialen Position und Lage werden die wirklichen Verhältnisse noch lange im Fluß bleiben, weil sie von temporären Transferleistungen und künstlichen Statuserhaltungen überlagert werden.[2]

---

[2] Dazu zählen: sozialpolitische Transfers, Finanzierung der öffentlichen Haushalte, Verzögerung von Arbeitsplatzschließungen in völlig neuen Verfahren und Ausmaßen, Eingriffe in das Rechts-

Literatur

Berger, P. A., 1991: Von Bewegungen in zur Beweglichkeit von Strukturen. Provisorische Überlegungen zur Sozialstrukturforschung im vereinten Deutschland, in: Soziale Welt, 42. Jg., Heft 1: 68–92

Hanf, Th., 1990: Modernisierung der Gesellschaft als sozialstrukturelles Problem, in: Berliner Journal für Soziologie, 1. Jg.(1991), Sonderheft: 73–82

Hedtke, U., 1990: Stalin oder Kondratjev, Berlin

Hedtke, U., 1991: Marx als Thema der Sozialphilosophie, Berlin

Landua, D./Spellerberg, R./Habich, R., 1991: Der lange Weg zur Einheit – unterschiedliche Lebensqualität in den „alten" und „neuen" Bundesländern, WZB-paper P91-101, Berlin

Lötsch, M., 1990: Die Hofierung der Arbeiterklasse war nicht wirkungslos. Ein Rückblick auf die Sozialstrukturforschung in der ehemaligen DDR, in: Frankfurter Rundschau vom 14.11.: 28

Marx, K., 1974: Grundrisse der Kritik der politischen Ökonomie, Berlin

Offe, C., 1991: Vortrag auf der Tagung „Der Zusammenbruch der DDR" am 01./02.02. im MPI für Bildungsforschung, Berlin

Schumpeter, J., 1926: Theorie der wirtschaftlichen Entwicklung, München – Leipzig

Zapf, W., 1989: Die Sozialstruktur der Bundesrepublik in den 1980er Jahren, WZB-paper P91–101, Berlin

system, Umbewertung von Teilen des Einigungsvertrages (Eigentumsfragen), Veränderung der Zielstellungen und Verfahrensweisen der Treuhandanstalt, der Transfer von Beamten und Angestellten (mit skandalösen „Motivationshilfen"), Wirtschaftssubventionierung, Investitionsanreize mit Übernahme von ökologischen Altlasten und möglichem Schuldenerlaß, Steuererhöhungen und Steuersenkungen, Kreditvergabe gegenüber Handelspartnern der ehemaligen DDR-Betriebe im Osten, Kündigung von staatlich garantierten Wirtschaftsverträgen.

Rudolf Woderich

Mentalitäten im Land der kleinen Leute

Sich einfügen. Das hat die Welt noch
niemals vorangebracht, aber vielen
kleinen Leuten das Überdauern ermöglicht.
Günter Gaus

Fragen nach der Mentalität sozialer Gruppen, regionaler und nationaler Gemeinschaften werden an Wendepunkten, Einschnitten und Brüchen sozialer Entwicklung virulent. Disparitäten zwischen den Alltagsroutinen, vorbewußten Gewißheiten, selbstverständlichen Verbindlichkeiten *und* neuartigen Anforderungen an das Verhalten bzw. Handeln werden als Verunsicherung, Irritation, als Lebenskrise erfahren. Mentalitäten verlieren, wie Michael Thomas formuliert hat, ihren strukturellen Hintergrund (Thomas 1991). Erst diese *Differenz* in einer mit Konflikten aufgeladenen Sozialsituation führt dazu, daß Mentalitäten – die verborgenen Muster soziokultureller Gewißheit – „sichtbar“ werden, in den Formen öffentlicher Kommunikation fokussieren.

In der Medienöffentlichkeit hat der Begriff der Mentalitäten eine bemerkenswerte Konjunktur erfahren. Zusammengesetzte und Bindestrich-Mentalitäten werden sozialen Akteuren en masse zugeschrieben: Sicherheitsmentalität, Anspruchsmentalität, Abwartementalität; Besatzermentalitäten, Manchester-Mentalität. Zunächst fällt auf, daß derartige alltagssprachliche Fügungen im mainstream der Medien zumeist pejorativ belegt sind. In sozialwissenschaftlichen Texten und Kontexten wurde der Begriff bislang sparsamer gebraucht. W. Friedrich (1990) spricht in einem Text über den „Mentalitätswandel“ der Jugend in der DDR davon, daß Mitte der 80er Jahre ein „Mentalitätsbruch“ stattgefunden habe. Und gelegentlich wird die empirische Erkundung des im Osten Deutschlands nach der Wende und dem Zusammenbruch der DDR einsetzenden Mentalitätswandels gefordert. Erste spärliche Hinweise zielen darauf, die nationalgeschichtlichen und regionalspezifischen Sedimente, die dem Leben in der DDR-Gesellschaft zeitlich vorgelagert sind, als eine Dimension ins Kalkül zu ziehen, wenn es um die Erforschung DDR-geprägter Mentalitätsformen geht (Gensicke 1990; Koch 1990). Gemeinhin wird ein Bild ostdeutscher Mentalitäten gezeichnet, das, ungeachtet zugelassener und zugestandener Unterschiede, in der alltäglichen Kommunikation bereits weitgehend stereotypisiert ist und weitreichende Urteile enthält: das staatssozialistische System habe mehrheitlich Denk- und Verhaltensweisen hervorgebracht, die mit Unmündigkeit und Passivität, Unvermögen zur Innovation, allgemeiner Verschwendung und Vergeudung von Zeit, mangelnder Konfliktfähigkeit, Rückzug in eine bornierte Privatsphäre, politischer Apathie umschrieben und mit einer Vielzahl pejorativer Haltungen belegt werden: Durchwursteln und Abwarten, Zögerlichkeit bei Entscheidungen, Üben in Mimikry u. a. (Thomas 1991).

Von den Nuancierungen abgesehen, scheint zunächst deutlich zu werden, daß im alltagssprachlichen Gebrauch Mentalitäten als verbreitete Befindlichkeiten und Betroffenheiten, als Dispositionen verstanden werden, die für größere soziale Gruppen Geltung haben; zugleich haftet dem Begriff eine sonderbare Diffusität, Unschärfe an.

Im modernen sozialwissenschaftlichen Diskurs hat der Begriff der Mentalität bislang keinen konstitutiven Platz gefunden. Auf Sachverhalte und Umstände, die als Anzeichen gewertet werden können, daß die in Rede stehende Begrifflichkeit geeignet wäre, über ihre medienvermittelte Konjunktur / Inflation hinaus Dimensionen sozialen Daseins zu erfassen, die von „verwandten" Kategorien (Wertewelten, Habitus, Identität) nicht abgedeckt werden, darauf soll im folgenden verwiesen werden.

Im Kontext der konzeptionellen Profilierung eines Projekts zur Untersuchung neuer sozialmoralischer Milieus beziehen sich M. Vester, B. Clemens u. a. (1989) auf die Affinität der Bedeutungsgehalte, die den Begriff des Habitus bei Bourdieu und den der sozialen Mentalität bei Th. Geiger (1932) verbindet. Geiger faßt Mentalität als geistig-seelische Disposition, die bestimmt und geprägt ist von der sozialen Lebenswelt und den in ihr gemachten Erfahrungen. Die „tausend Einzelheiten" des Alltagshandelns werden im Typ des „Lebensduktus" zusammengebunden, der als ein Ausdruck von Mentalität zu verstehen sei. Kontrastierend verwendet Geiger den Begriff der Ideologie. Demzufolge sind Mentalitäten eine Lebensrichtung, Ideologie ein Überzeugungsinhalt. „Mentalität ist eine Haut – Ideologie ist ein Gewand."

Auf der Ebene des Mentalitätsbegriffs, wie ihn Geiger verwendet, ist auch der Habitus-Begriff bei N. Elias (1989) anzusiedeln. Für Elias' Konzept ist die Nähe zum Begriff des Nationalcharakters kennzeichnend. Ihn interessierte in besonderer Weise der Einfluß institutionalisierter Kulturmuster von Oberschichten auf das Bürgertum und andere soziale Gruppen (das Duell als Symbol einer bestimmten sozialen Kultur). Nach Elias kristallisieren sich die Schicksale eines Volkes in objektiven, habitusprägenden Gebilden (Institutionen), denen zu verdanken sei, „daß die verschiedenen Menschen einer Gesellschaft das gleiche Gepräge gewinnen, den gleichen nationalen Habitus besitzen".

Konstitutiv, als forschungsleitende Kategorie, wird der Begriff der Mentalität in der französischen Alltagsgeschichte verwendet. Diese Geschichte „von unten" setzt sich die Rekonstruierung der „Verhaltensweisen, Ausdrucksformen und Arten des Schweigens zum Ziel, in denen sich die Weltanschauungen und kollektiven Sensibilitäten niederschlagen" (Mandrou 1971). Und J. Tellenbach definiert Mentalitäten als „ein ungezwungenes, das Bewußtsein wenig bewegendes Denken und Meinen, als Haltung oder Zustand des Geistes von relativer Konstanz, eine Disposition zur Wiederholung gewohnter Denkweisen" (Tellenbach 1974).

Mentalitätsgeschichte funktioniere, so U. Raulffs, nach Art eines „joint ventures", an dem Psychologie, Kultur- und Ethnoanthropologie, Sozialgeschichte und andere

Bindestrich-Geschichten partizipieren. „Sie gehört zu jenen schräg laufenden Wissenschaften, die den Sockel des jeweils kulturell Selbstverständlichen, den Bestand dessen, womit eine jeweilige Gesellschaft stillschweigend ‚rechnet', freizulegen suchen." (Raulffs 1987: 8f.)

Mentalitäten seien nicht auf allgemeinverbindliche Vorstellungen, Einstellungen und Regeln zu reduzieren, sondern immer auch „gefühlsmäßig getönte Orientierungen"; sie sind die *Matrices*, die das Gefühl erst in seine Bahnen lenken. Demzufolge umschreiben Mentalitäten sowohl kognitive als auch ethische und affektive Dispositionen. – Ungeachtet einer Vielzahl konkretisierender Bestimmungen bleibt der Begriff vage und offen. Doch gerade diese Vagheit und Offenheit wird in der heterogenen Diskurslage der Alltagsgeschichte nicht als Unzulänglichkeit empfunden, sondern als Vorteil herausgestellt, dem die positive Resonanz wesentlich zu verdanken sei. Mentalitäten als solche entziehen sich dem empirischen Zugriff, da es sich um latente Dispositionen handelt. Erst wenn sie auf den „Schirm symbolischer Praktiken" projiziert und in den unterschiedlichen Formen des Alltagshandelns manifest geworden sind, lassen sie sich analytisch erfassen. Es entspricht dem essentiellen Gehalt des Begriffs, wenn die französische Alltagsgeschichte – in kritischer Distanz zur traditionellen und ereignisbezogenen Geschichte – sich den Strukturen der „longue dureé" zugewandt hat und auf langfristige „träge" Mentalitäten orientierte, wie sie eher in *vormodernen* Gesellschaften anzutreffen sind.

Mentalitätsgeschichte untersuchte bisher paradigmatisch das Hervorgehen der modernen nachchristlichen Welt aus dem christlichen Kosmos des Mittelalters (Raulffs 1987: 14). Die „mentalité histoire", aber auch andere sozialgeschichtliche Richtungen, artikulierten und bedienten ein im 20. Jahrhundert eher gewachsenes, wenn auch nicht ungeteiltes Interesse an *präreflexiv-affektiven* Orientierungen im alltäglichen Werten, Deuten und Handeln. Die französische Mentalitätsgeschichte hat dabei speziell den Geistes- und Sinneswandel bei der *Transformation* mittelalterlicher Weltbilder in die moderne Welt (modernes Wissen, moderne Politik) untersucht. Diese habe jedoch nur vermeintlich, wie Raulffs hervorhebt, den Glauben durch wissenschaftlich-rationale Wissensformen ersetzt, tatsächlich aber eine Vielzahl neuer Konnexionen von Denken, Fühlen und Verhalten geschaffen.

Resümierend sollen drei Aspekte festgehalten werden, die wir aus der Vielschichtigkeit und Vieldeutigkeit der Begriffsinhalte besonders hervorheben wollen:

- Mentalitäten verweisen auf die sozialpsychologische *Matrix* des Handelns, deren Stabilität auf einer relativ flexiblen, offenen Struktur beruht, welche Einflüsse der Umwelt in Normallagen so verarbeitet, daß lebensweltliche Grundannahmen konstant bleiben.
- Mentalitäten sind überindividuelle Erscheinungen; es handelt sich um *geteilte Muster* des Denkens, Meinens, Empfindens, die für soziale Gruppen und regionale Gemeinschaften gelten und Wertunterschiede ebenso wie Lebensstile und politische Präferenzen übergreifen.

– Im Unterschied zum Habitus-Begriff (nach Bourdieu 1987: das inkorporierte Erzeugungsprinzip sozialen Handelns in einem Raum miteinander konkurrierender Akteure) haftet dem Begriff der Mentalität eine eigentümliche *Fatalität* an: Insofern Mentalitäten das Handeln leiten, dominieren reaktive Praxisformen, die stärker äußerer Impulse bedürfen.

Sozialgeschichtliche Verortung von Mentalitätsformen

Von einer „Gemengelage verschiedener Mentalitäten" in der DDR spricht R. Rytlewski (1989) in einem Aufsatz über politische Kultur und Sozialisation, der kurz vor dem Systemwechsel geschrieben und veröffentlicht wurde. Mentalitäten, die fließender und beweglicher seien als Ideologien, hätten jedoch feste Anker im Strom der deutschen Geistes- und Sozialgeschichte gefunden. Rytlewski unterscheidet vier Grunddispositionen, allgemeine „Matricen" DDR-bestimmter Mentalitätsformen:

Eine *industriegesellschaftliche* Disposition, verbunden mit einer grundsätzlich positiven Einstellung zur Arbeit und Leistung, zu einer Professionalisierung „mittleren Grades"; zum Zeitregiment im beruflich-öffentlichen und im privaten Leben; *bürgerliche Kulturmuster* und Geschmackspräferenzen, orientiert an der epigonal rezipierten deutschen Klassik und dem bürgerlichen Realismus in Literatur, Theater und Musik; eine *protestantische* Haltung insbesondere zu den Fragen des Staatsverständnisses und der innergesellschaftlichen Friedfertigkeit; eine politische Kultur, die den einzelnen in ein *Treue- und Schutzverhältnis* zur politisch-staatlichen Obrigkeit zieht, in der eine wohlfahrtsstaatliche Versorgungsmentalität mit der Bereitschaft einhergeht, die Belange der öffentlichen Ordnung mit der politischen Machtrepräsentation zu akzeptieren und mitzutragen.

Sozialstruktur- und Werteforschung in der DDR hatten, wie Rytlewski bemerkt, wenig dazu beigetragen, „eine historische Systematik" der verschiedenen Mentalitäten bzw. Figuren des Sozialbewußtseins zu entwickeln. Auch fehlten empirische Analysen darüber, wo die sozialen Grenzen „zwischen beobachtbaren mentalen Konfigurationen" verlaufen. Allerdings ließen sich die mentalen Grunddispositionen nicht nach einem tradierten Modell von Klassen, Schichten und Gruppen einfach zuordnen. Denn zum einen handelt es sich um geteilte Muster, Schemata, Gewißheiten, die an statistisch quantifizierbaren Grenzen nicht haltmachen; zum anderen sprechen Persistenz, Vagheit und strukturelle Offenheit dagegen, Mentalitäten zu „splitten", sie in den (auch in der DDR einsetzenden) Prozessen der Differenzierung, Pluralisierung und Neukonstituierung sozialer Gruppen und individueller Lebensstile typologisch auf mikrosoziale Gebilde zu verteilen. Bevor also soziale Grenzen zwischen mentalen Konfigurationen markiert werden, müßte nach der sozialstrukturellen, respektive sozialgeschichtlichen Verortung gefragt werden, innerhalb derer DDR-spezifische Mentalitätsformen *paradigmatisch* vermutet werden können.

Den Ausgangspunkt nachfolgender Überlegungen bildet jener evidente Sachverhalt, daß die Teilung Deutschlands im Ergebnis von Krieg und Nachkrieg nicht nur wirtschaftliche und politische, sondern auch gravierende sozialstrukturelle und -kulturelle Konsequenzen hatte. Die nationale Teilung war, wie Günter Gaus (1987) formulierte, zugleich eine soziale. Die alte Oberschicht wurde nicht nur entmachtet, sondern schied faktisch aus dem sozialen Gefüge der Gesellschaft aus. Auch große Teile der alten bürgerlichen Intelligenz sowie die besitzenden Mittelschichten wanderten früher oder später ins westliche Deutschland aus. Auf Grund einer für die Geschichte der Neuzeit in Mitteleuropa bis dahin einmaligen Wanderungsbewegung (einschließlich der Zuwanderung von Umsiedlern aus den ehemaligen östlichen Gebieten) bis zum Mauerbau 1961 bildete sich – anders und radikaler als in den osteuropäischen Ländern – ein soziales Gefüge, das ausschließlich aus Unterschicht-Fraktionen und einer sich von Beginn an separierenden Führungselite bestand, die die Praktiken von Illegalität / Emigration weiterführte. Da auch die Klasse der Industriearbeiter im Laufe des ersten Jahrzehnts, ähnlich wie in westlichen Ländern, wenn auch zeitversetzt und mit geringeren sozialen Effekten, zu kleinbürgerlichem Wohlstand und entsprechenden Lebensformen (private Organisation der Lebenswelt) gelangte; traditionsbewußte Arbeitermilieus in industriellen Zentren dezimiert, deren Institutionen zerstört und Traditionen verschüttet waren, kann davon ausgegangen werden, daß „als soziale Schicht, als Klasse nur die sogenannten kleinen Leute zurückblieben“ (Gaus 1987). Die nachfolgenden Differenzierungen, besonders die Entstehung einer neuen Intelligenz sowie die sich zunehmend kastenförmig rekrutierende Schicht der Partei- und Staatsbürokratie gründeten auf dieser *sozialen Einschichtigkeit*. Wohl fehlte den neuen sozialen Aufsteigern ein erhebliches Maß an fachlicher und kultureller Kompetenz, dennoch begünstigten deren bisherige Stellung im arbeitsteiligen Gefüge sowie lebensgeschichtliche Erfahrungen und Brüche (Krieg / Nachkrieg) obrigkeitsstaatliche Denk- und Verhaltensmuster, die in der deutschen Mentalität verwurzelt sind. So konnte die Anpassung an die Modi der systemeigenen Bürokratie bruchlos erfolgen. Rolf Henrich (1990) schreibt: „Die Trennung ihrer Arbeitskraft von der eigenen Persönlichkeit, die notwendige Unterordnung unter ein zweckgerichtetes Regime reiner Sachbeziehungen bereitete den in das bürokratische Korps übernommenen Arbeiter- und Bauernkadern kaum Schwierigkeiten.“ Derartige Sozialisationsmuster an der Matrix der sozialen Konstitutionsprozesse der DDR-Gesellschaft erfahren wohl in der Folgezeit zahlreiche Modifikationen und partielle Abweichungen, sie bewahren aber in allen Phasen des Systems, im Aufstieg wie im Verfall, ihre relative Konsistenz; bilden das Unterfutter temporärer Systemstabilität.

Aus dieser Sicht können m. E. Sachverhalte expliziert werden, die sich aus äußerem Druck, Repression, diversen Formen der Disziplinierung allein nicht schlüssig herleiten lassen. In nachfolgenden Forschungen wären sowohl die Elemente der systembezogenen *Affinität* in den Mentalitätsmustern als auch die Momente der *Persistenz* aufzudecken, welche zugleich erlaubten, Zumutungen zu überstehen oder zurückzuweisen.

Exemplarisch sei im Zusammenhang von Rekonstruktion und Rekonstitution auf das „anti-westliche Syndrom" (Meuschel 1991) in der DDR-Geschichte verwiesen, das in der Nachkriegszeit in Deutschland virulent war, aber auf Wesenszüge deutscher Kultur zurückgeht, die dem Nationalsozialismus lange vorgelagert waren. Der stalinistische Führungskern der SED (aber auch andere politische Kräfte) konnte es nur deshalb ideologisch erfolgreich instrumentalisieren (mit dem Topos des „Westdralls"), weil ihm dispositionelle *Ressentiments* kleinbürgerlich-lebensweltlicher „Gewißheiten" entgegengearbeitet haben. Dieses Syndrom ist deshalb bezeichnend, weil es kulturelle Provinzialität und Autarkie festschrieb und sichern half; sich in späteren Phasen erhöhten Modernisierungsbedarfs aber gegen das System verkehrte und zu immer unwirksameren Legitimationsversuchen veranlaßte. So behinderte die weitgehende Ausgrenzung der westlichen Moderne aus dem kulturellen Leben der Gesellschaft (z. B. der lange nachwirkende Formalismus-Vorwurf gegen das Bauhaus) die eigenständige Profilierung der Intelligenz enorm. Im Vergleich dazu hat J. Hermand (1984) dargestellt, wie die entgegengesetzte Tendenz in der Bundesrepublik – die politische Akzentuierung und partielle Umdeutung der einst avantgardistischen Topoi der Moderne – die symbolischen Distinktions- und Reproduktionsbedürfnisse der aufsteigenden Eliten entscheidend beförderte.

Die Wahrnehmung der DDR-Welt mit dem „fremden" Blick des westlichen Beobachters als „unverfälschtes Zeugnis kleinbürgerlichen Lebensgefühls" (Gaus 1987) zeichnet m. E. ein zutreffendes Bild der empirischen Realität, da *Kleinbürgerlichkeit* in ganz spezifischen, näher zu bestimmenden sozialkulturellen Konfigurationen den „allgemeinen Lebenszuschnitt der Gesellschaft" bestimmt. Das bezieht sich auf die soziale Vorherrschaft der Welt des „Man-Sagt", auf die Gang-und-Gäbe-Denkformen des Alltagsbewußtseins, den Ton, den Stil und den Geschmack.

Die ambivalente Verfaßtheit einer Gesellschaft,

- in der höherer Lebensstandard angestrebt wird, der Aufstieg in eine höhere Klasse aber kein relevantes Lebensziel darstellt;
- eine Vielzahl habitueller Muster und Handlungsstrategien kleinbürgerlicher und Arbeitermilieus westlichen Gesellschaften vergleichbar sind;
- aber die soziale Dynamik initiierende, maßstab- und stilbildende Orientierung an legitimen Oberschichten (Bourdieu 1987) ausbleibt, da sie in der sozialen Struktur nicht vorhanden sind; kennzeichnet Eckpunkte bzw. Rahmenbedingungen einer sozialen Situation, aus der Konfigurationen kleinbürgerlicher Mentalitätsmuster erwachsen sind, deren retrospektive Untersuchung eine Zieldimension unserer künftigen Forschungen bilden soll.

Die Favorisierung von Kleinbürgerlichkeit als Orientierungsrahmen bei der Bestimmung DDR-geprägter Mentalitätsformen leiten wir nicht nur aus der sozialkulturellen und historischen Verortung lebensweltlicher Zusammenhänge in der ehemaligen DDR ab. Wir beziehen sie wesentlich auch aus den Perspektiven sozialkultureller Wandlungsprozesse im Zuge der System-Transformation. Auf die Konstituierung neuer Mittelschichten als einer Säule beim Übergang zur Marktwirtschaft ist in der Öffentlichkeit hinreichend verwiesen worden. Dabei geht es sowohl um die Überwindung von Defiziten in der Infrastruktur (Handel und Handwerk) als auch um die Herausbildung *neuer* selbständiger Gruppen, Dienstleistungsberufe und Kulturvermittler (Berater, Sozialpädagogen, Werbefachleute), die für zeitgenössische Modernisierungen charakteristisch sind. Die Blickrichtung auf künftige Entwicklungen bestärkt uns darin, in kleinbürgerlichen Milieus und Lebenswelten DDR-spezifische Mentalitätsformen aufzufinden.

Deshalb beziehen wir uns auf neuere Ansätze, wie sie von Klaus Eder (1989) in seinen Überlegungen zur Revision der Klassentheorie entwickelt worden sind. In seinem Entwurf zur Revision der Klassentheorie überwindet Eder herkömmliche Bewertungsschemata, die an der Dichotomie von Bourgeoisie und Proletariat gebildet sind. Gerade die strukturelle Unbestimmtheit mentaler Muster kleinbürgerlicher Lebenswelten erweise sich als evolutionärer Vorteil in einer Gesellschaft, in der Wandel endemisch geworden sei. Die Varietät ermögliche die *Anpassung* an Veränderungen ohne die Identität zu verlieren. Diese „experimentelle Klasse par excellence" entwickle gerade jene kulturellen Ressourcen, die unverzichtbar sind, um die moderne Reproduktion aufrechtzuerhalten. Zwar unterscheiden sich alte und neue Berufsgruppen in den Vorstellungswelten voneinander, sie können jedoch auf Grund der gemeinsamen mentalen Disposition als komplementär gelten. Alternative Kulturen, deren Aktionen kreative Wege weisen, bauen sich zwar als Alternativen zum traditionellen Kleinbürgertum auf, verlassen jedoch dessen Referenzrahmen nicht. So kann die Selbsthilfe in der überschaubaren arbeitsteilig nicht gegliederten Selbsthilfegruppe auch als Variation gelesen werden, die Not zu wenden, indem man sich selbst hilft (hilf dir selbst, dann hilft dir Gott).

Wohl unterscheiden sich die Wertorientierungen (materialistisch-postmaterialistisch), doch seien sie letztlich „austauschbare Ausdrucksformen eines Klassenethos, das Mittelschichten auszeichnet". Die hedonistische Werthaltung (to have fun) der neuen Gruppen um die modernen Dienstleistungsberufe sei demzufolge die Umkehrung der alten Askesehaltung, die den Lebenssinn auf die Arbeit projiziert hatte. Risikobehaftet sind auch die neuen Berufe (petty technocrats), daraus speise sich die Reproduktion tradierter Muster der Mentalität: auch die neuen Gruppen übernehmen in Krisenzeiten (rasante Dynamik von Firmengründungen und -schließungen) das Erproben möglicher Entwicklungen; sie fungieren ebenfalls als „Manövriermasse" für Strategien der Modernisierung. Nach Eder ist „Kleinbürgerlichkeit ein Mentalitätssyndrom, das es erlaubt, die Ausdrucksformen dieser Klassenlage in Richtung auf ‚Individualisierung' zu verschieben. Individuelles Streben nach individuellem Glück gehört zu den Grundelementen des kleinbürgerlichen Habitus. Ihre soziale Welt heißt ‚Lebenswelt'; die inhaltliche Bestimmung dieser Lebenswelt heißt ‚gutes Leben'."

Fragen nach der Organisation, der Beschaffenheit und den sozial bzw. individuell je differenzierten Konstruktionen der privaten Sphäre der DDR-Gesellschaft, wie sie im Schwerpunktprogramm der Deutschen Forschungsgemeinschaft in verschiedenen Zusammenhängen akzentuiert aufgelegt wurden, sind generell bedeutsam für die Rekonstruktion der Funktionsweise und Reproduktion der DDR-Gesellschaft. Sie vermitteln Aufschlüsse über tatsächlich vorhandene Spiel- und Handlungsräume zwischen der Anpassung an systematische Strukturen bzw. Zumutungen und den Maßen / Möglichkeiten eigenständiger Verarbeitungen bei der Gestaltung und Realisierung gelingenden Lebens. Von ihrer Rekonstruktion sind Rückschlüsse zu erwarten über das eingetretene Maß der Entwertung tradierter soziokultureller Gewißheiten, über deren voraussichtliche Resistenz als ein „mentales Gepäck", das lange zu tragen ist; aber auch über Potentiale, die im Transformationsprozeß konstruktiv gewendet werden können. Auskünfte über die Beschaffenheit lebensweltlicher Zusammenhänge müssen ferner Schlüsse zulassen über das Verhältnis von temporärer Stabilität und jener verborgenen Fragilität, die den scheinbar so abrupten Zusammenbruch latent prädisponierte.

In diesem Kontext erscheinen uns vor allem zwei Phänomene gewichtig zu sein, die temporäre Stabilität ermöglichten und bewirkten, zugleich aber fragile Matricen konstituierten, in denen die Erosion bereits vorgezeichnet war. Zum einen handelt es sich um die Legitimierung und Legalisierung weitgehend autonomer lebensweltlicher Refugien, die mit der Politik der Honecker-Ära offiziell sanktioniert wurden. Zum anderen ist der „stillschweigende" oder kollusive Konsens aufzudecken, die Affinität zwischen systemischen Normen / Wertsetzungen und den Grunddispositionen bzw. -mustern dominierender Mentalitätsformen.

Autonome Refugien. Mit der forcierten Orientierung auf erweiterte Sozialleistungen des Staates und individuellen Konsum wurde zu Beginn der 70er Jahre die Privatheit der Lebensführung weitgehend legitimiert. Der utopische Gehalt der Ideologeme (Menschengemeinschaft) wurde von Optionen für Wohlstand und praktische Lebensverbesserungen (Wohnungsbau) abgelöst. Sozialpolitische Leistungen in der Form des vorgestreckten Präsents boten zwar keine wirklichen Wahlmöglichkeiten für individuelle Lebensmodelle, wohl aber Rückzugsmöglichkeiten und Spielräume lebensweltlichen Handelns. Die weitgehende „Entlassung" der Menschen in die Sphäre der Privatheit, die sich zweifellos entfaltete (Garten, Auto, Wohnausstattung, Medien), war aber nicht verbunden mit der Möglichkeit freier Selbstorganisation in politischen Parteien und kulturellen Vereinigungen. „Das Dilemma seit den 70er Jahren besteht nun darin, daß . . . soziale und kulturelle Pluralität nicht in politische Pluralität übergehen kann." (Rytlewski 1989: 210.) Damit fehlte die entscheidende Vermittlung zu den systemischen Strukturen als Äquivalent der privaten Freiräume. Folglich unterlagen zentralistisch betriebene Apparaturen, Prozeduren und Rituale zusehens der Sinnentleerung. Das Auseinanderfallen von Systemstrukturen, stringent gehandhabter Öffentlichkeiten und den weitgehend unbehelligten Refugien des Privaten konnte nur eine begrenzte Stabilität gewähren. Das (scheinbare) Paradoxon besteht darin, daß die zugestandenen Refugien die Akteure entpflichten und zugleich deren Eigensinn ermächtigen, der schließlich auch dazu führte, daß systemische Bereiche von lebensweltlichen Elementen (parasitärer Hedonismus) überformt wurden (private Versorgung, geselliger Verkehr, Feste und Feiern in der Arbeitszeit). Systemische Regulative und Ordnungsmuster waren längst ausgehöhlt, als der Schein deren Desolation noch verbarg.

Kollusiver Konsens. Bei der Darstellung der sozialgeschichtlichen Dimension DDR-deutscher Mentalitäten war bereits auf affines „Zusammenspiel" zwischen systemischen Maximen / Normativen und lebensweltlichen Ressentiments verwiesen worden, die in bestimmten (kleinbürgerlichen) Konfigurationen von Mentalität begründet sind. Derartige Affinitäten lassen sich in diversen Sphären und lebensweltlichen Bereichen ausfindig machen. Sie gelten für geschmackliche und ästhetische Präferenzen; autoritäre Muster der Erziehung, Auffassungen zur Adoleszenz der Jugend; Ordnung und Sicherheit; die Sexualmoral und deren öffentliche Darstellung ebenso wie für die paternalistische Frauenpolitik (sie stehen ihren Mann) u. a. Als sensibler Beobachter der DDR-Wirklichkeit hat Günter Gaus (1987) vor knapp einem Jahrzehnt auf die „merkwürdigen Bündnisse" verwiesen: „Unausgesprochen, wohl auch unbewußt, hat es nach meinem Empfinden ohnehin schon immer einen spürbaren Einklang zwischen konservativen Auffassungen, altmodischem Geschmack in den Nischen der mitteldeutschen Mehrheit und den Richtlinien der SED für die Behandlung gewisser Themen gegeben." Gestützt auf seine tradierten Maßstäbe stimme der mitteldeutsche Vater mit mancher Hausbackenheit seiner Herrschaft sehr wohl überein. Mit Blick auf die Bundesrepublik folgert der Autor: „Manche Mentalitäten, Gewohnheiten, Ordnungen der DDR und ihrer Bewohner könnten den herrschenden Kräften hierzulande gut gefallen, wenn nur die Frage von Macht und Eigentum drüben anders beantwortet wären."

Gaus' Beobachtungen decken sich mit Feststellungen von Rytlewski, der von zwei politischen Kulturen spricht: jene staatsoffizielle, die die Wertordnung des Systems als Leitbild für die Bevölkerung zusammenfaßt und sich „als machtgestützte inszenierte Öffentlichkeit" präsentiert; daneben eine traditionelle politische Kultur, die ihre Orientierungsmuster „von unten" erhält und stärker typische Einstellungen aus dem Kaiserreich und der nationalsozialistischen Ära reflektiere. „Für die langjährige Akzeptanz der Bürokratie mit ihrer politisch-gesellschaftlichen Allzuständigkeit durch die überwiegende Mehrheit der Bevölkerung liegen hier wichtige sozial- und mentalitätsgeschichtliche Quellen, die bei der Untersuchung und Beurteilung des Sozialklimas der DDR immer wieder unterschätzt werden." (Rytlewski 1989: 213.)

Beide politische Kulturen, jene systemoffizielle und die in den allgemeinen Mustern tradierte, stehen allerdings in wechselseitiger Korrespondenz. Inszenierung und Ritualisierung sind als Medien der Macht unverzichtbar, nicht nur weil sie verbreiteten Erwartungsmustern entsprechen, sondern weil unablässige Distanzierung geboten ist, damit das „Geheimnis" der Wesensgleichheit von Mentalitätsstrukturen zwischen Obrigkeit und Staatsvolk im dunkeln bleibt. Fallen jedoch die ideologischen Gewänder (um mit Geiger zu sprechen), lassen sich die Maskeraden der Macht eines Tages nicht mehr aufrechterhalten, da sie durchschaut wurden, nimmt die Ent-Täuschung dramatisch-explosive Formen an: die banalen Personifikationen der Macht (Frisöre, Dachdecker, Maurer) offenbaren die gleichen Grundmuster, „die gleiche Haut", die den „kleinen Leuten" wesenseigen ist: bieder und intolerant; normal und konventionell; gegen Korruption nicht gefeit. – Ohne seine Kleider erschreckt mich der Kaiser zu Tode: Nackt ist er ein Spiegelbild meiner selbst, gerade das ruft meine Bestürzung hervor. Selbst die penetrant strapazierte Formel von der „politisch-moralischen Einheit des Volkes" erfährt schließlich eine überraschende Wendung, erweist sich nicht bloß als propagandistische Fiktion: Ihre rationalen Gehalte finden sich im kollusiven Konsens, der auf affinen mentalen Matricen beruht.

Autonomisierung lebensweltlicher Refugien; kollusiver Konsens konservierter Mentalitäten gewähren nur ein Stück weit systemische Stabilität. Eingeschrieben sind die Signaturen der Stagnation und des Zerfalls. Da die anfangs mobilisierten Antriebsquellen erschöpft sind, werden die Amplituden dynamischer Schwingungen immer geringer. Entwicklungslos in sich zurück laufen alle Bewegungen. Arbeit degeneriert zu vorgetäuschter Geschäftigkeit, Lebensweltliches überwuchert kreatives Bemühen: Selbst-Tätigkeit gerinnt zur Karikatur ihrer selbst, da sie im Laufrad des täglichen Einerlei keinen Boden gewinnen kann. Rien ne va plus. Am Ende ging nichts mehr.

Konturen lebensweltlicher Zusammenhänge. Hypothesen zu ihrer Rekonstruktion

(1) Die *Autarkie* (Abschottung, Isolation, reduzierte Dynamik) des Systems, dessen Geschlossenheit, schlug letztlich durch auf die Beschaffenheit lebensweltlicher Gefüge. In dem Maße, wie soziale Aufstiegsmöglichkeiten begrenzt oder im Selbstausschluß abgewiesen wurden, weil sie an Attraktivität verloren, wurden die im Lebensalltag ausgeschrittenen sozialen Räume verengt. Die nischenförmige Konstitution lebensweltlicher Zusammenhänge nahm in den 70/80er Jahren deutlich zu.

Sowohl außerhalb offiziell bereitgestellter bzw. verordneter institutionaler Formen, aber auch in unmittelbarer Anbindung an diese wird die Ebene des offizialen Diskurses zunehmend unterlaufen, ereignet sich der kommunikative Verkehr unterhalb oder außerhalb der systemischen Strukturen (nicht in der Versammlung, sondern danach wird offen diskutiert und gestritten; nicht in der Sitzung, sondern vorher oder nachher werden die Weichen gestellt). Nicht die Nischenförmigkeit schlechthin, sondern deren Gewicht und die zunehmende Tendenz zur Abschottung, zum Ausbau und zur Verfestigung separater Gehäuse erweisen sich als ein Grundzug lebensweltlicher Gefüge: Zwischen Auto, Haus / Wohnung und Garten, in diesem „Bermuda-Dreieck" (Hunger 1990), versanken soziale Energien, Kraft, Zeit und Geld.

(2) Als bestimmende Faktoren im soziokulturellen Raum der Lebensformen bildeten sich *Konventionalität* und Konformität heraus. In einer vom Weltwind kaum gestreiften Gesellschaft mit reduzierter Sozialdynamik, gebrochener Subjektivität der Akteure und umfassender Nivellierung sind Habitusformen der *Distinktion*, der Selbstinszenierung und -stilisierung kaum zu erwarten und nur schwer auszubilden. Es fehlte allenthalben das Bunte, das Freche, das Extravagante (Schmidt 1990), wie in der Publizistik häufig festgestellt wurde. Weder in den Praxisformen des Handelns noch in den Formen symbolischer Reproduktion des sozialen Status setzten sich Muster durch, die auf das *Heraustreten* (Claessens 1989), auf das Hervorragen, Einander-Übertreffen angelegt waren. In vereinzelten Verhaltensweisen (Jugendkulturen der 80er Jahre) sind expressive Habitusformen wohl zu beobachten, nicht aber in einer für den sozialen Verkehr des Gemeinwesens relevanten Häufung und Bestimmtheit. Wohl durchziehen spätestens seit Beginn der 70er Jahre Moden, Techniken und Methoden (mit Bildungs-, Einkommens- und Freizeitgewinnen) in diversen kulturellen Formen und ästhetischen Gestalten (Sammeln, Kochen, Backen, Trinken, Spielen und Feiern) wellenförmig das Land; in der sozial relevanten Interaktion standen sie von Beginn an immer viel mehr für *Angleichung* und Nachholen, Mit-dem-Nachbarn-Gleichziehen als für die extravagante Übertretung des normativen Rahmens.

Nicht-auffallen-Wollen, die Suche nach dem Schutz der *anonymen Mitte*, der Verzicht auf das Extreme lassen sich aus repressiven Handlungen des Staates, dem direkten Zugriff auf die Lebenswelt der Individuen nicht hinreichend erklären. Ebenso einseitig bliebe aber auch die entgegengesetzte Deutung: die Bilder relativer Homogenität und *Kohärenz* soziokultureller Existenzformen als eine solidarische Qualität sozialen Handelns ausschließlich positiv zu bewerten. Der genauere Blick läßt erkennen, daß die Fürsorglichkeit auf die engen Räume der Nächsten beschränkt blieb und kein Resultat freier, selbstbestimmter Entscheidung war, die Toleranz und Akzeptanz des Anderslebens einschließt. Die Differenz zwischen ideologisch aufgeladener „Ferne" und lebensweltlicher „Nähe" wird exemplarisch sichtbar, wenn nach der Ausländer-Akzeptanz gefragt wird. (Hinsichtlich allgemeiner Werturteile sind in entsprechenden Untersuchungen zwischen Ostdeutschen und Westdeutschen kaum Unterschiede festzustellen, geht es jedoch um die konkrete *Bereitschaft* etwa mit einem Ausländer das Zimmer zu teilen, dann liegen die Akzeptanz-Werte bei westdeutschen Studenten wesentlich höher als bei ihren Kommilitonen in den neuen Bundesländern.)

Konventionalität als handlungsleitendes sozialkulturelles Prinzip resultiert aus der Begrenztheit individueller Erfahrungs- und Entfaltungschancen sowie den Grenzen, die die verfügbaren sozialen und kulturellen Ressourcen setzen, um aus der Konvention herauszutreten. Nicht der offene Druck, sondern die allgemein geltenden Muster der Sozialisation reduzieren die Fähigkeit zur exponierten Artikulation individueller Interessen, Neigungen und Bedürfnisse: Die vorherrschenden Normative in den Gang-und-Gäbe-Denkformen des Alltagsbewußtseins lassen derartige Bestrebungen und Regungen als unangemessen erscheinen.

(3) Als Resultante von Konventionalität tritt übergreifend das *Normalitäts*-Syndrom in Erscheinung, das als verbindliche Rationalisierungsstrategie lebensweltlicher Befindlichkeiten fungierte. Mehr oder weniger rigide verfochten, innerhalb unterschiedlicher Toleranzbreiten, bildete dieses Schema den zentralen Maßstab beim Taxieren anderer und fremder Lebensformen, diente es als Muster von Identifikation und Distanz, als Leitbild für Orientierung und Handlung.

Wenngleich dieses tradierte Deutungsmuster kleinbürgerlicher Mentalitäten, das in der deutschen Sozialgeschichte fest verankert ist, weniger stringent gehandhabt wurde als in den Verhaltensmustern von Sozialcharakteren des 19. Jahrhunderts, so boten doch provinzielle Enge, Defizite in den Wahlmöglichkeiten und Erlebnishorizonten hinreichend Nährboden für die Reproduktion dieses Axioms zur Gewährleistung von Verhaltenssicherheit im öffentlichen und privaten Leben. Die DDR-zentrierte Sicht der Systemideologie – auch wenn ihre Postulate im einzelnen mit Skepsis aufgenommen wurden – förderte jene Befindlichkeit, sich selbst als Nabel des Weltgeschehens zu denken, das eigene Schema als allgemeinverbindliche Normalität zu setzen (was z. B. in jenem Graffity eines Jugendlichen aus der Zeit des Umbruchs gipfelt: „Die Deutschen sind die normalsten Menschen auf der Welt“; wobei die Unangemessenheit des Superlativs paradigmatisch das Muster verrät).

In seiner Textsammlung zu Kulturfiguren und Sozialcharakteren des 19. Jahrhunderts hat Stein (1985) darauf verwiesen, daß die Normalität jenes Mittel ist, „durch das Selbstwertgefühl und soziale Anerkennung gleichsam gepachtet werden können“.

Andererseits können „die Gestehungskosten der zu erwirkenden Normalität über die Kräfte gehen und statt Selbstsicherheit den Zusammenbruch herbeiführen. Ebenso bitter ist es, wenn in den verschiedensten Formierungs- und Erziehungsprozessen ein hochgradiges Anpassungsverhalten als Tribut gezollt wird, diese Investition sich später aber nicht auszahlt, sondern sich als Fehlkalkulation herausstellt“ (Stein 1985). Die Erscheinungsformen des Normalitäts-Paradigmas und dessen Genesis wären differenziert aufzuzeigen: schließlich handelt es sich um ein *mentales* Gepäck, das in den psychischen Strukturen verankert ist und durch das Bekenntnis zu modernen Wertwelten allein nicht abgelegt werden kann.

(4) Wenn die Frage nach Spiel- und Handlungsräumen im lebensweltlichen Zusammenhang gestellt wird, die es zu analysieren und auszumessen gilt, dann erscheint die Figur von *Anpassung* und *Eigensinn* geeignet zu sein, die *Ambivalenz* in den Werte- und Verhaltensmustern herauszustellen und zugleich die Differenz zu neuen Lebensformen und Wertgefügen in westlichen Gesellschaften zu erfassen.

Auf Modi der Anpassung wurde skizzenhaft verwiesen. Diese waren unter gegebenen Bedingungen unausweichlich, um gelungenes Leben zu ermöglichen. Zugleich konnten *Refugien* konstituiert werden, die Freiräume für die Lebbarkeit individuellen Daseins gewährten. Im Rahmen der geltenden Konventionen, den relativ abgeschirmten lebensweltlichen Gehäusen und relativ rigider Bewertungsschemata (anderen Lebens) wurde *Eigensinn* ausgebildet, Formen von Produktivität erzeugt, deren Gehalte zu untersuchen sind.

„Know how" und gegenständliche Konkretionen derartigen Tuns und Treibens (ganzheitliches Gestalten und handwerkliches Machen; Handel und Wandel mit gebrauchten Waren; Tauschgeschäfte in der Schattenwirtschaft) sind derzeit stark entwertet, doch könnte die dahinter verborgene Grundfigur der *Improvisation* als lebensweltliche Erfahrungs- und Wissensform im Transformationsprozeß konstruktiv gewendet werden (Woderich 1990).

Zu untersuchen wären die *„listigen Affirmationen"* (de Certeau 1988) als Verhaltensmuster, in denen der praktische Verstand handlungsleitende Angebote und Botschaften als *Material* behandelt, *umarbeitet* und *umdeutet*, also mit anderem als dem intendierten *Sinn* ausstattet und für individuelle Lebensformen nutzbar macht.

Zu fragen wäre, wie die systemischen Vorgaben und Oktroi (kulturelle Bewegungen der 60/70er Jahre; Rituale wie Jugendweihe, Schulbeginn, Staatsfeiertage) mit neuartigem Sinn aufgeladen wurden, der so nicht vorgesehen war. *Eigensinn* schließlich, der behauptet wird, erwies sich letztlich als *subversiv*, in dem er zur Erosion systemischer Strukturen beitrug. Freiräume wurden gesetzt am falschen (Arbeitswelt), da der rechte Ort der Freiheit nicht zu haben war.

Eingangs war die Rede davon, daß Mentalitäten ihren strukturellen Hintergrund verlieren und erst ins Blickfeld treten, wenn ihre Unangemessenheit gegenüber neuartigen Kontexten, Zumutungen und Handlungsanforderungen „sichtbar" wird. Diese Feststellung umschreibt nur auf andere Weise jene Forschungserfahrung der französischen Mentalitätsgeschichte, daß Brüche, Wendepunkte und Krisen als *Indikatoren* von Mentalitäten gelten (Tanz 1990), die dem Forscher „Einblick" gewähren in diese Dimension sozialen Daseins.

Die Konjunktur des Begriffs ist mit den gegenwärtigen Brüchen und Wendepunkten aufs engste verbunden. Die Analogie zu jenen sozialen Transformationen am Übergang zur Moderne, die die französische Mentalitätsgeschichte untersucht, ist unübersehbar und bedarf eigenständiger Betrachtungen – ohne dabei vorschnell Positionen zu favorisieren, die die versinkende DDR-Welt als eine im wesentlichen prämoderne beschreiben (Schmidt 1990: 682).

Abschließend soll auf zwei Aspekte verwiesen werden, die dafür stehen, daß die aktuelle Medienkonjunktur nur ein Vorschein sein könnte für ein rasch wachsendes Interesse an der sozialwissenschaftlichen Erforschung zeitgenössischer Mentalitäten.

Zum *ersten* ist das drastische Hervortreten stigmatischer DDR-Mentalitäten, das dramatische Versinken ihrer strukturellen Hintergründe, nur ein besonderes Symptom für Transformationsprozesse, die sich in Südost- und Osteuropa vollziehen. In diesen komplexen und langfristigen Umbrüchen kann das Phänomen der Mentalitäten sowohl in seiner Spezifik als ein Amalgam aus prämodernen und modernen Herkunftslinien (einschließlich der regionalgeschichtlichen Besonderheiten) als auch in seinen Hysteresis-Effekten gegenüber veränderten Handlungsanforderungen zu einem wichtigen Forschungsgegenstand werden.

Zum *zweiten* deuten die mit dem (west-)europäischen Integrationsprozeß verbundenen „Gewichtsverluste" der nationalstaatlichen Ebene darauf, daß Regionen (Europa der Regionen) eine neue Bedeutung und kulturelle Blüte erfahren. Die „sanfte" Modernisierung hat gezeigt, daß regionale Besonderheiten nicht mehr zwangsläufig Nivellierungen zum Opfer fallen, sondern als Standortvorteile und Firmenprofile auf segmentierten Märkten mit individualisierten Bedürfnissen offensiv eingesetzt werden. Gerade in diesem Kontext ist häufig von Mentalitäten die Rede, denen man im vereinten Europa unvermittelt und „ungeschützt" gegenübersteht. Zweifellos haben die Modernisierungsschübe vergangener Jahre / Jahrzehnte dazu geführt, daß regional gestützte Konnexionen und geteilte Muster der Wahrnehmung und Wertung ihren strukturellen Hintergrund verloren und als identitätsbildende Faktoren in der lebensweltlichen Interaktion ihre Bedeutung eingebüßt haben. Allgemein, wenn auch nicht generell, dominieren Tendenzen, in denen „fatale" Mentalitäten zu stringenteren habituellen Inkorporationen sozialen Handelns transformiert werden und ausdifferenzierte Lebensformen entstehen, die von Selbstinszenierung und -stilisierung erfüllt sind. Das muß jedoch nicht heißen, daß Mentalitäten unwiederbringlich am Horizont des sozialen Geschehens versinken. Der Verlust struktureller Hintergründe, die Entbindung von tradierten Seinsgewißheiten führte vielmehr dazu, daß Mentalitäten selbst Gegenstand reflexiven Bewußtseins (ein Grund für ihre Konjunktur) werden. Sie werden involviert als Kolorit, als Facette in den unablässigen Prozeß der Selbstinszenierung und -stilisierung; sie werden Teile eines pluralen marktförmigen Angebots von Moden, Stilen, Kulturen, die nun „spielerisch-wandernd" (Höhler 1989) durchstreift werden. In ihrer regional bestimmten Dimension können sie aber auch neue Identitätsangebote enthalten, die gegenwärtige Moden und Stile transzendieren auf der Suche nach neuem, noch unbekannten Lebenssinn, nach alternativen Formen des Daseins.

Literatur

Bourdieu, P., 1987: Die feinen Unterschiede, Frankfurt / M.

de Certeau, M., 1988: Die Kunst des Handelns, Berlin

Claessens, D., 1989: Heraustreten aus der Masse, in: Ästhetik und Kommunikation, Heft 70/71, Lebensstile

Eder, K., 1989: Jenseits der nivellierten Mittelstandsgesellschaft. Das Kleinbürgertum als Schlüssel einer Klassenanalyse in fortgeschrittenen Industriegesellschaften, in: Ders. (Hrsg.), Klassenlage, Lebensstil und kulturelle Praxis, Frankfurt / M.

Elias, N., 1989: Studien über die Deutschen. Machtkämpfe und Habitusentwicklung im 19. und 20. Jahrhundert, Frankfurt / M.

Franke, B., 1988: Die Kleinbürger. Begriff, Ideologie, Politik, Frankfurt / M. – New York

Friedrich, W., 1990: Mentalitätswandlung der Jugend in der DDR, in: Das Parlament, B 16–17

Gaus, G., 1987: Wo Deutschland liegt. Eine Ortsbestimmung, München

Geiger, Th., 1932: Die Schichtung des deutschen Volkes. Soziographischer Versuch auf statistischer Grundlage, Stuttgart

Gensicke, Th., 1990: Anmerkungen zum Problem des Ostdeutschen. Manuskript, Berliner Institut für Sozialwissenschaftliche Studien (BISS)
Henrich, R., 1990: Der vormundschaftliche Staat, Leipzig – Weimar
Hermand, J., 1984: Die restaurierte „Moderne". Zum Problem des Stilwandels in der bildenden Kunst der Bundesrepublik Deutschland um 1950, in: Stil und Gesellschaft, Dresden
Höhler, G., 1989: Offene Horizonte. Junge Strategien verändern die Welt, Düsseldorf – Wien – New York
Hunger, B., 1990: Für die Innenstadterneuerung – Zum Neuansatz der Städtebaupolitik aus soziologischer Sicht, in: Gestalterische Beziehungen von Historischem im städtebaulichen Raum. Architektur und bildende Kunst (11), Hrsg. VBK-DDR, Zentralvorstand, Berlin
Koch, Th., 1990: Die „deutscheren" Deutschen – historisch-kulturelles Selbstverständnis, Mentalitäten, Identitäten im intrakulturellen Vergleich, Manuskript, Berliner Institut für Sozialwissenschaftliche Studien (BISS)
Mandrou, R., 1971: Art. „Histoire/L'histoire des mentalites", in: Encyclopaedia Universalis, Bd. 9, S. 436–438 (S. 436), zit. nach Schöttler, P., 1989: Mentalitäten, Ideologien, Diskurse. Zur sozialgeschichtlichen Thematisierung der „dritten" Ebene, in: Lüdtke, A. (Hrsg.), Alltagsgeschichte. Zur Rekonstruktion historischer Erfahrungen und Lebensweisen, Frankfurt/M. – New York
Meuschel, S., 1991: Wandel durch Auflehnung – Thesen zum Verfall bürokratischer Herrschaft in der DDR, in: Berliner Journal für Soziologie, 1. Jg., Sonderheft: 15–28
Raulffs, U., (Hrsg.) 1987: Mentalitäten-Geschichte. Zur historischen Rekonstruktion geistiger Prozesse, Berlin: 7–15
Rytlewski, R., 1989: Politische Kultur und Generationswechsel in der DDR: Tendenzen zu einer alternativen politischen Kultur, in: Claußen, B. (Hrsg.), Politische Sozialisation Jugendlicher in Ost und West, Bonn: 209–224
Schmid, Th., 1990: Staatsbegräbnis. Von ziviler Gesellschaft, Berlin
Schmidt, H., 1990: Zwischen moderner Identität und postmoderner Differenz. Sozialphilosophische Recherchen zum Wertewandel, in: Initial, 1. Jg., Heft 7: 675–686
Stein, G., (Hrsg.) 1985: Philister – Kleinbürger – Spießer. Normalität und Selbstbehauptung, Bd. 4, Frankfurt/M.: 17f.
Tanz, S., 1990: Mentalitätsgeschichte – eine Herausforderung an die Geschichtswissenschaft, in: Zeitschrift für Geschichtswissenschaft, 38. Jg., Heft 10: 873
Tellenbach, J., 1974: Mentalität, in: Geschichte, Wirtschaft, Gesellschaft. Festschrift für Clemens Bauer, Berlin
Thomas, M., 1991: Neue Selbständige im Transformationsprozeß. Herkunftswege, soziale Charakteristika und Potentiale, Manuskript, Berliner Institut für Sozialwissenschaftliche Studien (BISS)
Vester, M./Clemens, B., u.a. 1989: Sozialstrukturwandel und neue soziale Milieus, Arbeitshefte Nr. 1, Universität Hannover, Institut für Politische Wissenschaft
Woderich, R., 1990: Lebenswelten zwischen Anpassung und Eigensinn, in: Initial, 1. Jg., Heft 7

Teil II

Soziologische Theorien im Transformationsprozeß

Ingrid Lötsch / Manfred Lötsch

Gesellschaftsentwicklung zwischen Nivellierung und Elitebildung

Gesellschaftliche Umbrüche in den für dieses Land charakteristischen Dimensionen zwingen zu neuen Fragestellungen. Wie Robert Havemann, weit zurück in den 60er Jahren, treffend bemerkt hatte, ist hierzulande eine Aufgabe zu erledigen, die er als eine Jahrzehnte umfassende Ideologiezertrümmerung charakterisierte – wobei „Ideologie" im originär Marxschen Sinne als falsches Bewußtsein zu verstehen wäre: „Die Gedanken der herrschenden Klasse sind in jeder Epoche die herrschenden Gedanken, d. h. die Klasse, welche die herrschende *materielle* Macht in der Gesellschaft ist, ist zugleich ihre herrschende *geistige* Macht ... Die herrschenden Gedanken sind weiter nichts als der ideelle Ausdruck der herrschenden materiellen Verhältnisse, die als Gedanken gefaßten herrschenden materiellen Verhältnisse; also der Verhältnisse, die eben die eine Klasse zur herrschenden machen, also die Gedanken ihrer Herrschaft." (Marx / Engels 1958: 46.) Dabei meint „herrschende Klasse" in unserem Kontext nicht die als solche apostrophierte Arbeiterklasse, sondern eine Machtelite, deren genauere sozialökonomische, soziologische und sozialpsychologische Analyse erst noch geleistet werden müßte. Eine systematische Ideologiekritik würde hier zeigen, wie sich die Weltbilder einer herrschenden Gruppe von der Realität entfernten und sich zu einer Vorstellungswelt formten, die man mit Schopenhauer „die Welt als Wille und Vorstellung" nennen könnte.

Vor diesem Hintergrund stellt sich Ideologiekritik, auf unser Thema bezogen, zunächst als Frage dar: Wo sind in der Vergangenheit entwickelte theoretische Konzepte und ihnen entsprechende Forschungsansätze auch heute noch produktiv – und wo schließt der „Abschied von den 80ern" auch die Überprüfung und Revidierung eigener Standpunkte ein? Daß sich diese Frage leichter stellt als beantwortet, versteht sich von selbst; wie für jeden politisch denkenden Menschen dieses Landes liegt auch das Problem für Soziologen zwischen Scylla und Charybdis, zwischen wissenschaftlich und ethisch anfechtbarer Wendigkeit auf der einen Seite und in Starrheit umschlagender Konsequenz auf der anderen. Immerhin bleibt, daß sich eine Retrospektive dem Problem in seiner Ambivalenz stellen muß – wobei es jedenfalls tröstlich ist zu wissen, daß das Dilemma in seiner Grundstruktur so neu nicht ist: immerhin sah sich schon Kant genötigt, seinem Landesherrn das Versprechen abzugeben, sich „fernerhin aller öffentlichen Vorträge die Religion betreffend, es sei die natürliche oder geoffenbarte, sowohl in Vorlesungen als in Schriften, gänzlich (zu) enthalten" (Kant 1984: 12).

I.

Wie andere gesellschaftswissenschaftliche Disziplinen auch, war die in der DDR betriebene Soziologie konzeptionell nicht autonom. Ideologie, verstanden als erstarrtes und auf spezifische Weise institutionalisiertes Bewußtsein (und insofern als „falsches Bewußtsein") ging auch an der Soziologie im allgemeinen und an der soziologischen Beschäftigung mit dem Thema „Sozialstruktur" im besonderen nicht spurlos vorüber. Das ist leicht näher zu beschreiben.

In der offiziellen Lesart konstituierte sich das soziale Strukturmodell der sozialistischen Gesellschaft in Form der Triade: Arbeiterklasse + Klasse der Genossenschaftsbauern + soziale Schicht der Intelligenz (+ Sonstige). (Weidig u. a. 1988.) Die Unstimmigkeiten dieses Modells lassen sich aus einer statistischen Kontroverse ersehen, die seinerzeit mit einiger Heftigkeit geführt wurde. So stellte sich Weidig zufolge die Struktur quantitativ in den Proportionen Arbeiterklasse : Klasse der Genossenschaftsbauern : soziale Schicht der Intelligenz : Sonstige = 75 : 6,5 : 15 : 3,5 dar, während I. Lötsch den Anteil der sozialen Schicht der Intelligenz auf ca. 10 % bezifferte. Dabei ist Weidigs Berechnung schwer nachzuvollziehen: Wenn unter „sozialer Schicht der Intelligenz", wie bis dahin allgemein üblich, die Gesamtheit der Personen mit Hoch- oder Fachschulabschluß verstanden würde, hätte der Gesamtumfang mit 20,9 % ausgewiesen werden müssen; wären dagegen nur die Personen mit Hochschulabschluß gemeint gewesen, hätte der Anteil nur 7,5 % betragen können. Offenbar hat Weidig nur einen *Teil* der Personen mit Fachschulabschluß zur Intelligenz gezählt – leider ohne die Kriterien einer solchen Eingrenzung zu benennen. Indessen ist, wie I. Lötsch weiter argumentierte, eine pauschale Zuordnung oder Abgrenzung der Fachschulabschlüsse insgesamt nicht vertretbar: während medizinische, pädagogische und finanzwirtschaftliche Fachschulabschlüsse keine intelligenzspezifische Qualifikation konstituieren, kann man an Fachschulen ausgebildete Ingenieure durchaus als Teil der technischen Intelligenz ansehen; unter anderem, weil das bestimmende Kriterium nicht nur der Bildungsabschluß ist, sondern die mit diesem Abschluß mehr oder weniger eng zusammenhängende Funktion im System der gesellschaftlichen Arbeitsteilung. Entsprechende Umrechnungsversuche, auf deren Ungenauigkeit I. Lötsch (1987: 31f.) ausdrücklich hingewiesen hatte, ergaben für die Intelligenz nach den Kriterien Hochschulabschlüsse + technik- und argrarwissenschaftliche Fachschulabschlüsse etwa 12 %. Konzeptionell reduzierte sich der Disput auf die alte Frage, ob die Intelligenz als soziale Schicht nach einem statistisch exakt definierbaren „Abschluß" zu bestimmen sei oder nach ihrer Rolle im Gefüge der gesellschaftlichen Arbeitsteilung, für die der Bildungsabschluß nur einen ungefähren Anhaltspunkt, aber kein ausreichendes Kriterium darstellt. „Der verbreitetste methodische Fehler", bemerkte schon Gramsci (1980: 225), „scheint mir zu sein, daß dieses Unterscheidungsmerkmal in der Spezifik der intellektuellen Tätigkeit gesucht wurde und nicht im ganzen System der Beziehungen, in dem sie und damit die Gruppen, die sie repräsentieren, als Teil des Gesamtkomplexes der gesellschaftlichen Beziehungen ihren Platz finden." Es kommt hinzu, daß in jenem Strukturmodell drei Viertel letztlich als strukturell homogen angesehen werden und die eigentliche Struktur als Differenzierung des letzten Viertels erscheint, was ebenfalls als nicht ganz schlüssig bezeichnet werden kann. Allerdings läßt die „Volks-, Berufs-, Wohnraum- und Gebäudezählung“ von 1981 differenziertere Aussagen zu:

90,5 % der Berufstätigen der DDR waren Arbeiter und Angestellte
9,5 % waren LPG-Mitglieder, Mitglieder anderer Genossenschaften, freiberuflich Tätige oder Selbständige,

dabei waren von den wirtschaftlich Tätigen

54,4 %	Arbeiter, davon	31,7 %	Arbeiter in Produktionsberufen
	und	22,7 %	in anderen Arbeiterberufen
36,1 %	Angestellte, davon	25,9 %	Leitungs- und Verwaltungspersonal
		10,2 %	„Geistesschaffende“
	plus		
9,5 %	Genossenschaftsmitglieder und andere Berufsgruppen (I. Lötsch 1986: 9).		

Interessant ist ein Vergleich DDR–BRD:

	DDR	BRD
Arbeiter	39	35
einfache Arbeiter	8	18
Facharbeiter	27	14
Vorarbeiter/Meister	3	3
Angestellte	47	44
einfache Angestellte	9	9
qualifizierte Angestellte	21	24

Quelle: Das Sozio-ökonomische Panel, Wochenbericht 37/90: 520

Nimmt man das Ausbildungssystem der ehemaligen DDR in seiner Gesamtheit, dann läßt sich zweifellos sagen, daß sich hinter solchen statistischen Vergleichen qualitativ Wesentliches verbirgt: so ist der fast doppelt so hohe Facharbeiteranteil durchaus ein in deutsch-deutsche Entwicklungen einzubringender Vorteil, vor allem im Hinblick auf Aufgaben wie Reindustrialisierung, Stadtsanierung, Rekonstruktion der Verkehrssysteme etc. Was indessen das Modell „Arbeiterklasse – Genossenschaftsbauern – Intelligenz" betrifft, so lief es in seiner Bewegungsform, vermittelt durch das Paradigma der „sozialen Annäherung", auf das gesellschaftliche Entwicklungsziel „Unterschiedslosigkeit" hinaus: So erschienen soziale Unterschiede ziemlich summarisch als „Relikte" früherer Gesellschaftsformationen, die im Maße der Herausbildung der „entwickelten sozialistischen Gesellschaft" Zug um Zug überwunden werden sollten. Versuche, das Phänomen „soziale Unterschiede" differenzierter anzugehen und sauber zu trennen zwischen „sozialer Gleichheit" und „Unterschiedslosigkeit" sowie zwischen „funktionalen und disfunktionalen sozialen Unterschieden" (Lötsch / Lötsch 1985) blieben auch in der Fachwelt recht eigentlich ohne Resonanz, nicht zu reden von einer umfassenderen wissenschaftlichen Öffentlichkeit oder gar von der politischen Praxis. Das galt vor allem für die Idee, funktional wirkende soziale Unterschiede als Momente innovativer Gesellschaftsstrukturen zu begreifen und sie zu reproduzieren oder, wo erforderlich, neu auszuprägen; hinzu kommt, daß der mitdenkende Leser recht gut wußte, was mit dem in der Klassifikation enthaltenen Strukturaspekt „disfunktionale Ungleichheit" gemeint sein könnte.

Aufschlußreich ist in diesem Zusammenhang auch das Schicksal einer internationalen Gemeinschaftsuntersuchung zur Sozialstruktur, an der Soziologen aus sechs damals sozialistischen Ländern beteiligt waren: DDR, UdSSR, ČSSR, Ungarn, Polen und Bulgarien. Das Resultat, auf einen Generalnenner gebracht, war, daß sich diese sechs Länder hinsichtlich der Untersuchungsbefunde auf einer Art Skala anordnen lassen. Alles in allem waren die Unterschiede (im Inhalt und in den Bedingungen der Arbeit, in Bildung und Qualifikation, im Einkommen und in den darauf beruhenden materiellen Lebensbedingungen sowie in charakteristischen Mobilitätswegen) am größten in Ungarn und in der (damaligen) DDR, am geringsten in der Sowjetunion und in Bulgarien. Das war dann der Hintergrund und Auslöser für eine aufschlußreiche Kontroverse: während die einen (vor allem die sowjetischen und bulgarischen Teilnehmer) meinten, daß demzufolge die DDR und Ungarn „die größten Rückstände im Prozeß der sozialen Annäherung und der Aufhebung sozialer Unterschiede" aufzuholen hätten, sahen andere (die Teilnehmer aus der DDR und aus Ungarn) den eigentlichen Strukturdefekt im Fehlen funktionaler Differenzierungen oder, im umgekehrten Blickwinkel, in der Dominanz nichteffizienter Nivellierungen. Insgesamt ist es durchaus zulässig, die in jener Zeit geführten Sozialstrukturdiskussionen (so innerhalb der DDR im Rahmen des „Problemrates Sozialstruktur", einer Subinstitution des „Wissenschaftlichen Rates für die soziologische Forschung") auf den Generalnenner: „Ausdifferenzierung oder Nivellierung sozialer Strukturen" zu bringen: Je nachdem, ob das Zielkriterium als „Überwindung sozialer Unterschiede" oder als „Herausbildung innovationsfördernder Strukturen" bestimmt wurde, ergaben sich grundsätzlich verschiedene Antworten auf die gleiche Frage. Während so Einkommensunterschiede aus der Sicht abstrakter Gleichheitsvorstellungen allenfalls als „noch nicht völlig aufhebbar" erschienen (all das immer mit Ausnahme der herrschenden Oberschicht!), mußte ein Ansatz, dem es um das Leistungsprinzip in seiner Doppelwirkung von Belohnung und Sanktion geht, den eigentlichen Strukturdefekt in nivellierten Einkommensverteilungen sehen: beispielsweise darin, daß die Wahrscheinlichkeit, bei „akademischen Karrieren“ den Einkommensausfall durch längere Bildungswege gegenüber anderen Lebenswegen wie etwa der Facharbeiterausbildung zumindest auf Null aufzuholen, etwa in der Mitte des fünften Lebensjahrzehnts lag – was logischerweise bedeutet, daß solche Bildungswege ihre finanzielle Attraktivität längst eingebüßt hatten und daß vor allem im Hinblick auf die Entwicklung und Reproduktion der Intelligenz als Schicht und einer kreativen Spitze in ihr von einem „Leistungsprinzip“ nur im Sinne einer Wunschvorstellung gesprochen werden konnte. Der zentrierende Punkt dieser Debatten war logischerweise der Streit um die soziale Schicht der Intelligenz, d. h. darüber, ob deren soziale Eigentümlichkeiten auf dem Wege der „Annäherung der Klassen und Schichten“ und der „Annäherung der Intelligenz an die Arbeiterklasse“ baldmöglichst überwunden oder ob sie als Momente innovativer Sozialstrukturen und Schichtcharakteristiken reproduziert oder, wenn schon ganz oder weitgehend verschwunden, wieder hergestellt werden sollten. Das Ergebnis dieser Debatten verdient es, eigenartig genannt zu werden: Während sich in der theoretischen Diskussion (zumindest innerhalb der DDR) ein nahezu vollständiger Konsens darüber herausgebildet hatte, daß es um die Herstellung effizienter Strukturen und in diesem Kontext um die Reproduktion entsprechender sozialer Unterschiede gehe, verlief die reale Entwicklung genau umgekehrt, bestimmten disfunktionale Nivellierungen (zusammen mit disfunktionaler Ungleichheit) Zustand und Entwicklungsrichtung der Sozialstruktur. Theoretische Einsichten und machtpolitische Entscheidungen waren auch hier (wie nahezu immer und überall) zwei sehr verschiedene Dinge.

Was schließlich das ideologische Modell „Arbeiterklasse“ + „Klasse der Genossenschaftsbauern“ + „soziale Schicht der Intelligenz“ angeht, so war es, wie jede wirksame Ideologie, natürlich nicht einfach falsch. Arbeiter gibt es ebenso wie Bauern (wobei wir offenlassen wollen, ob deren Bezeichnung als „Grundklasse“ im Unterschied zur Intelligenz als „Schicht“ theoretisch gerechtfertigt ist oder nicht) und es gibt ebenso jene eigenartige soziale Gruppe der Intelligenz, mit der sowohl die Theorie als auch die politische Praxis manche Ungelegenheiten hatte. Insofern läßt sich dem Konzept eine gewisse alltagssoziologische Relevanz nicht absprechen.

Indessen fungierte die strukturelle Konzeption nicht nur als statistisches Zähl- und Deskriptionsmodell, und genau hier stoßen wir auf den eigentlichen neuralgischen Punkt. Das Beharrungsvermögen sozialstruktureller Konzepte, deren theoretische Unstimmigkeiten auf der Hand liegen, erklärt sich neben anderem aus einem eigenartigen Umstand. Auf einen Generalnenner gebracht, könnte man sagen, daß hier Faktoren mit beachtlicher Legitimierungskraft wirkten – vor allem im Hinblick auf die Idee der „sozialen Annäherung der Klassen und Schichten“. So lange die Menschheit über sich selbst nachdenkt, waren es, was beispielsweise Bloch (1987) schlüssig gezeigt hatte, großartige Denker, denen „soziale Gleichheit“ als Menschheitsziel galt, so daß sich „sozialistische Ideologie“, mit welchen dialektischen Argumentationsmustern auch immer, suggestiver Legitimationsmodelle bedienen konnte.

Allerdings verbirgt sich hinter der Vision „soziale Gleichheit" ein Problem von Rang. Wie Marx und Engels mit beachtlicher Weitsicht bemerkten, ist „die Entwicklung der Produktivkräfte deswegen die absolut notwendige und unerläßliche Voraussetzung" (im Kontext von Marx und Engels für die Aufhebung der Entfremdung, was aber auf das gleiche hinausläuft) für „soziale Gleichheit" – „weil ohne sie nur der Mangel verallgemeinert und mit der Notdurft der Streit um das Notwendige wieder beginnen müßte" (1958: 34f.). Während nun aber Marx und Engels entwickelte Produktivkräfte qua Postulat voraussetzten (und das Postulat für so selbstverständlich hielten, daß sie sich um eine explizite Begründung nicht kümmerten) waren eben diese Voraussetzungen aus Gründen, die mit der geschichtlichen Herkunft des Sozialismus zusammenhängen (über Rußland, den Balkan und Ostelbien), nicht gegeben; nicht entfaltet und im Grunde noch nicht einmal rudimentär. Das historische Grunddilemma des Sozialismus läßt sich nicht über „subjektive Fehler der politischen Führung" erklären (diese kommen allerdings das Grunddilemma verstärkend hinzu); es bestand darin, daß er aus einer Art Laune der Weltgeschichte heraus dort entstand, wo so gut wie alle Voraussetzungen fehlten: neben dem Entwicklungsstand der Produktivkräfte weitere unerläßliche Bedingungen wie politische Kultur, Fähigkeit des zivilisierten Umgangs mit sozialen Konflikten und politischen Meinungsverschiedenheiten (vgl. Leonhard 1990; Henrich 1989; Bahro 1990; Havemann 1990 u. a.) – kurzum all das, was sich mit dem Oberbegriff der „civil society" erfassen läßt.

Ein solcher (hier nur anzudeutender) Blick auf die Geschichte dieses fehlgeschlagenen sozialen Experiments ist unerläßlich, um die soziologische Beschäftigung mit dem Thema „Sozialstruktur" richtig einzuordnen, vor allem im Hinblick auf konzeptionelle Konflikte, denen sie sich dabei zwangsläufig ausgesetzt sehen mußte. So wurde (wenn auch über einen Ansatz, den ein Kritiker nicht zu Unrecht „Gespensterdialektik" genannt hatte) der Versuch unternommen, der produktiven Wirkungsweise eines bestimmten Typs sozialer Unterschiede Geltung zu verschaffen, ohne zugleich den Grundwert „soziale Gleichheit" aufzugeben. Soziale Unterschiede, so etwa der Grundgedanke (Lötsch/Lötsch 1985), sind eine mehrdimensionale und ambivalente Erscheinung, deren theoretische Bewertung und praktische Behandlung nur im Kontext übergreifender Bezugssysteme erfolgen kann. Dabei ist zunächst grundsätzlich zwischen funktionalen und disfunktionalen sozialen Unterschieden zu differenzieren, wobei die Beurteilung von Funktionalität und Disfunktionalität von Kriterien abhängt, die außerhalb des soziologischen Strukturmodells selbst liegen.

So ist also die soziale Ungleichheit, die als „elementare Beschädigung von Lebenschancen" definiert werden kann (wie Armut, fehlende oder defizitäre Bildungschancen, Mobilitätsbarrieren etc.) vom Zielkriterium „soziale Gleichheit" her

(a) kritisch zu bewerten,

(b) entsprechend soziologisch in ihren Ausmaßen und Determinanten zu orten und natürlich

(c) sofern praktisch möglich, über kurz oder lang aufzuheben. Das Bestimmungskriterium dieses Typs ist das *Maß* der Niveauunterschiede, verbunden mit dem

Grad der strukturellen Konsistenz. So ist, um ein Beispiel zu geben, schwere körperliche Arbeit nicht per se ein „soziales Problem"; sie wird jedoch dann zu einem konstituierenden Faktor sozialer Ungleichheit, wenn sie mit einem komplexen Gefüge weiterer negativer Aspekte zusammenfällt: mit physisch schädigender Arbeit, mit niedriger Bildung und Qualifikation, mit niedrigerem Einkommen, geringeren Mobilitätschancen sowohl in inter- als auch in intragenerationeller Hinsicht etc. (Daß „Macht" in diesem Modell nicht vorkam, hatte Gründe, die mit dem politischen Kontext soziologischen Denkens in diesem Lande zusammenhängen und die hier nicht ausführlich erörtert zu werden brauchen.)

Dagegen erfordern soziale Unterschiede, die wegen geringerer Ausmaße und größerer struktureller Inkonsistenz (geringer ausgeprägtem „Bündelungseffekt") eine solche sozial problematische Qualität nicht annehmen, einen anderen theoretischen Zugang und eine andere praktische Behandlungsweise. Wir definierten das Konzept als „Transformation disfunktionaler Unterschiede und Nivellierungen in funktionale Unterschiede" und meinten damit, daß im Kontext einer „sozialistischen Gesellschaft" (der als selbstverständlich gesetzt war) sowohl ein bestimmter Typ von Ungleichheit als auch ein bestimmter Typ von Nivellierung als „Strukturdefekt" zu klassifizieren sei.

Die praktischen Intentionen und sozialpolitischen Konsequenzen des Ansatzes sind offensichtlich. Aus den Prämissen, daß

(a) wissenschaftliche und technologische Innovationsfähigkeit für die Zukunft der „sozialistischen Gesellschaft" von entscheidender Bedeutung sind (wofür nunmehr, wenn auch auf eine etwas verquere Weise, der hinlängliche Beweis erbracht wurde), und daß

(b) strukturelle Nivellierungen („Gleichmacherei") diesem Erfordernis prinzipiell widersprechen, ergaben sich zumindest zwei grundsätzliche Folgerungen.

Erstens: Soziale Unterschiede, die mit der effektiven Nutzung von Qualifikationspotentialen, der Durchsetzung des Leistungsprinzips etc. zusammenhängen, müssen reproduziert und, wo durch Nivellierung verschüttet, neu ausgeformt werden. Analoges gilt für die Reproduktion und Erneuerung spezifischer privater Eigentumsformen unterhalb der Ebene der „sozialistischen Großindustrie".

Zweitens: Nivellierungen, die diesem Erfordernis widersprechen und mit „Gleichheit" im eigentlichen (Marxschen) Sinne nichts zu tun haben, bedürfen der theoretischen Kritik und der praktischen Aufhebung. Dieser „Transformationsvorschlag", können wir heute sagen, rührte an den Kern der sozialismusspezifischen Systemdefekte: an seine auch durch soziale Strukturen gebremste Innovationsfähigkeit. „Mit dem Sozialismus", schreibt Hacks ebenso sarkastisch wie treffend, „verhielt es sich, auch in seiner Akkumulationsperiode ... wie mit der neuen Sekretärin aus dem alten Witz, die, beim Diktat vom Chef gefragt, ob sie stenographieren könne, antwortet: Ja, aber es geht natürlich etwas langsamer." (Hacks 1984: 201.)

Vor diesem Hintergrund zielte die Idee, Sozialstrukturtheorie um das Konzept der Funktionsgruppen herum aufzubauen, auf zweierlei: *erstens* darauf, das soziologisch untaugliche Modell „zwei Klassen + eine Schicht + Sonstige" durch einen ideologiefreien und erklärungskräftigen Ansatz zu ersetzen, und *zweitens* darauf, jene sozialen Gruppen zu orten, die

(a) durch ein Gefüge wesentlicher Eigenschaften charakterisiert sind,

(b) in diesen Eigenschaften auf eine aus der Funktion im System der gesellschaftlichen Arbeitsteilung hervorgehende Determinante zurückgeführt werden können und die sich

(c) auf Grund ihrer Funktion im übergreifenden Systemganzen, *verhalten* – und zwar nicht nur, was Schichten auch tun, jede für sich, sondern zueinander und im Hinblick auf objektiv zugewiesene Systemfunktionen. So ist, um ein Beispiel zu geben, nicht „die Intelligenz" summarisch eine solche Funktionsgruppe, sondern selbst ein mehr oder minder heterogenes Gefüge aus solchen Gruppen: im Hinblick auf theoretische Äußerungen, technologische Funktionen, politische Positionen etc. Ihr Unterscheidungsmerkmal liegt nicht, wie schon Gramsci erkannte, in der Spezifik ihrer intellektuellen Tätigkeit, weil letztlich jeder menschlichen Tätigkeit eine – wenn auch graduell verschiedene – intellektuelle Komponente zukommt, sondern „im ganzen System der Beziehungen, in dem sie und damit die Gruppen, die sie repräsentieren, als Teil des Gesamtkomplexes der gesellschaftlichen Beziehungen ihren Platz finden" (Gramsci 1980: 225).

Insgesamt war das Funktionsgruppenmodell ein dem klassentheoretischen Reduktionismus entgegengesetzter mehrdimensionaler Ansatz. Mit „Funktionen", auf die bezogen sich die sie tragenden Gruppen formieren, war mehr gemeint als die technologische Seite der gesellschaftlichen Arbeitsteilung. Das Modell bezog sich zugleich, wenn auch eher implizit, auf die Funktion der Ausübung von *Macht*, womit wir beim Kern des Problems und bei den Ursachen für die strikte Zurückweisung des Modells angelangt wären; nicht zufällig ist die Auseinandersetzung um diesen Ansatz auch eine Art Verlängerung vorangegangener Kontroversen gewesen – so um ein von H.-G. Meyer und M. Lötsch (1970) verfaßtes Buch zur „Organisationssoziologie", das im Akademie-Verlag ausgedruckt und danach in der gesamten Auflage eingezogen wurde und in dem, wenn auch über den Umweg des betrieblichen Organisationsgeschehens, ebenfalls versucht worden war, Struktur und Funktionsweise „gesellschaftlicher Entscheidungsprozesse" (was etwa der zentrale Begriff dieser Arbeit gewesen ist) transparent zu machen. Wenn nämlich „Machtausübung" als Angelegenheit von „Funktionsgruppen" bestimmt wird, dann folgt daraus zumindest zweierlei: erstens würde ersichtlich, daß die ideologische Behauptung, Macht würde „von der Arbeiterklasse im Bündnis mit der Klasse der Genossenschaftsbauern" ausgeübt, einer soziologischen Verifikation nicht standhält, und zweitens hätte die dann zwangsläufig auftauchende Frage, wer denn dann Träger (oder „Subjekt") der Macht sei, zur Benennung der wirklichen Strukturen und Funktionsmechanismen und zur Enthüllung des rein legitimistischen „Zwei Klassen – eine Schicht"-Modells führen müssen. Wahrscheinlich ist dann nur aus der Teilnehmerperspektive heraus wirklich zu begreifen, weshalb sich Soziologen auf dieses Unternehmen besser von vornherein nicht einließen – oder es bei einem Versuch, der mit verweigerter Veröffentlichung noch glimpflich abging, bewenden ließen.

II.

Geschichtsaufarbeitungen dieser Art sind in der Soziologie dieses Landes bei weitem noch nicht hinreichend geleistet worden – aber vorderhand scheint eine andere Fragestellung wichtiger zu sein: Welche Probleme der Gegenwart und der absehbaren Zukunft sind für eine soziologische Beschäftigung mit dem Thema „Sozialstruktur“ relevant, worauf kommt es in der empirischen Arbeit und in der Theoriebildung an?

Erstens: Wie u. a. Hradil (1987) gezeigt hat, läßt sich „soziale Ungleichheit“ als Sozialstrukturthema par excellence definieren. Genaugenommen verbirgt sich hinter dem alten Streit zwischen klassen- und schichtungstheoretischen Ansätzen (vgl. Hradil 1987) zumindest eine verwandte Fragestellung: beiden Konzepten geht es am Ende um das Problem der sozialen Ungleichheit, um deren Dimensionen und Determinanten. Klassentheoretische Ansätze laufen, mehr oder weniger modifiziert, auf die Annahme einer „Stratifikationsdominante letzten Endes“ hinaus, d. h. auf das Postulat, daß sich hinter mehrdimensionalen Schichtungen (wie nach Einkommen, Bildung, Herkunft, nationaler und ethnischer Zugehörigkeit etc.) am Ende doch eine Determinante verbirgt, die sich um die Dimension „Eigentum oder Nichteigentum an Produktionsmitteln“ gruppiert und auf die Schichtungen, wie auch immer vermittelt, letztlich doch zurückgeführt werden können. Schichtungstheoretische Erklärungen suchen eine solche Determinante in der Regel auch, finden sie aber anderswo und nicht einheitlich: in Macht, Status, Prestige etc., und sie betonen zugleich die relative Eigenständigkeit unterschiedlicher Schichtungsdimensionen – etwa mit dem Hinweis darauf, daß der Zugang zur „upper class“ ebenso über „Eigentum“ wie über spezifische Bildungswege (die durch Eigentum nicht direkt bestimmt werden) erfolgen kann.

Selbstverständlich führt ein vereinfachter klassentheoretischer Reduktionismus zu Fehlschlüssen – aber zugleich ist „vereinfacht“ etwas anderes als „falsch“. Die soziologische Frage lautet nicht, ob es Klassen (im Sinne von Eigentümern oder Nichteigentümern von Produktionsmitteln) gibt oder nicht gibt, sie lautet (ganz im Sinne des bekannten Bonmots von E. O. Wright: „Wenn Klasse die Antwort ist – was ist dann die Frage?“), was es mit dieser strukturellen Dimension auf sich hat, was der Verweis auf sie erklärt und was nicht. Vor diesem Hintergrund lassen sich die in der ehemaligen DDR vor sich gehenden Restrukturierungen ohne die Dimensionen „Eigentum“, „Macht“, „Verteilungsmuster“, „Verfügung“ und „Kontrolle“ (was samt und sonders zentrale klassentheoretische Kategorien sind) nicht erklären, jedenfalls nicht hinreichend.

Gewiß haben wir es im Gefüge „Klassen“ – „Schichtungen“ nicht mit streng deterministischen, sondern probabilistischen Zusammenhängen zu tun (wie etwa zwischen Klassenlagen, sozialer Schichtzugehörigkeit und sozialer Position), und es macht keinen Sinn, in probabilistisch determinierten Systemen nach streng determinierten Zusammenhängen zu suchen und, wenn sich diese nicht auffinden lassen, die Existenz von Determinationsmechanismen generell zu bestreiten. Der US-amerikanische Selfmademan widerlegt klassentheoretische Erklärungen nicht;

er zeigt nur, daß sich über sie nicht jede individuelle Karriere theoretisch und empirisch erfassen läßt.

Um jedoch auf den Funktionsgruppenansatz zurückzukommen: Sein Erklärungsziel war einfach ein anderes als das des schichtungstheoretischen Modells, und so scheint es, daß (alles in allem) zumindest drei sozialstrukturelle Ansätze zur Verfügung stehen, von denen jeder seine spezifische Leistungsfähigkeit und seine spezifischen Grenzen aufweist.

Alle drei Ansätze sind auf bestimmte Art und Weise leistungsfähig; nicht nur in bezug auf die Beschreibung gegebener Strukturen, sondern ebensosehr im Hinblick auf die Analyse strukturellen Wandels; so wäre der Wandel von Lebenslagen der schichtspezifische Aspekt, der Wandel von Macht- und Entscheidungsstrukturen der funktionsgruppenspezifische Aspekt und die Restrukturierung von Eigentumsverhältnissen der bürgerlichen Gesellschaft der klassentheoretische Aspekt, wobei die Analyse im Kontext dieser Ansätze erst dann so recht fruchtbar zu werden verspricht, wo die gegenseitigen Bezüge und Wechselwirkungen herausgearbeitet werden: wie etwa zwischen Klassenlagen und Mobilitätschancen, zwischen Klassenlagen und Einkommensschichtungen etc.

Alles in allem läßt sich (was Erklärungselemente aller drei diskutierten Konzepte einschließt) das auf dem Gebiet der ehemaligen DDR wirkende „Gesetz des strukturellen Wandels“ so formulieren: An die Stelle einer tendenziell nivellierten Gesellschaft (außerhalb der Nomenklatura im strengen und engeren Sinne) tritt nunmehr eine Gesellschaft, die durch völlig neue Dimensionen sozialer Ungleichheit und durch völlig andere sozialstrukturelle Wertemuster charakterisiert ist. Das gilt unterhalb von „Macht und Herrschaft“ im Grunde für alle alltagssoziologisch relevanten Strukturaspekte.

So erschien die Einkommensstruktur der DDR (zweifellos die im Alltagsbewußtsein eindeutig im Vordergrund stehende Seite des Gesamtkomplexes sozialer Strukturen überhaupt) als auf eine „niedrige Mitte hin zusammendrängt“, während die der Bundesrepublik („alt“), verglichen mit der der DDR, deutlich nach oben hin ausdifferenziert ist – wobei die eigentlichen Differenzierungen innerhalb der oberen 85 % liegen und wesentliche Dimensionen von „Armut“ innerhalb der Kategorie „Arbeitnehmerhaushalte“ konzeptionell von vornherein ausgeblendet werden.

Schichtung der Arbeitnehmerhaushalte 1985 (Winkler 1990: 127)

Einkommensgruppe (Anteil in %)	BRD	DDR
unter 1000 DM/M	0,9	13,3
1000 – 1400 DM/M	2,1	15,4
1400 – 1800 DM/M	4,1	28,6
1800 – 2200 DM/M	7,9	22,7
über 2200 DM/M	85,0	20,0

Vor diesem Hintergrund sind langfristig wirkende soziale Konflikte und Spannungen leicht erklärlich. Ganz im Gegensatz zu dominierenden Erwartungen läuft die „Systemtransformation" auf dem Gebiet der Einkommensverteilung und damit zusammenhängender Lebenslagen keineswegs, jedenfalls weder kurz- noch mittelfristig, auf die erwartete Übernahme alt-bundesdeutscher Verteilungsverhältnisse hinaus. Insgesamt ist dieses Problem jedoch derart vielschichtig (unter anderem, weil Einkommensvergleiche nur im Zusammenhang mit dem Vergleich von Ausgabenstrukturen einen rechten Sinn ergeben), so daß wir uns hier mit der allgemeinen These begnügen wollen, daß der soziale Konflikt aus dem Widerspruch zwischen Erwartung einerseits und eingetretener Realität andererseits gegenwärtig (März 1991) seinen Höhepunkt bei weitem noch nicht erreicht hat. Ob und wie sich ähnliche Strukturbrüche nach den Dimensionen Bildung, Mobilität etc. vollziehen werden, läßt sich gegenwärtig noch nicht verläßlich sagen; „Armut" jedenfalls wird aus zwei Gründen zu einem zentralen soziologischen Thema: erstens, weil das Problem selbst in der alten DDR natürlich auch existierte, dort aber verdrängt und tabuisiert wurde, und zweitens, weil im Kontext sich ausdifferenzierender Sozialstrukturen mit entsprechenden sozialen Problemen und Konflikten zu rechnen ist.

Zweitens: Aus Gründen, die mit dem allgemeinen Konfliktfeld „Macht – Wissenschaft" (und seiner DDR-spezifischen Ausprägung) zusammenhängen, wurde das Thema „Macht" im gesamten institutionalisierten öffentlichen Bewußtsein und damit auch in der soziologischen Forschung mehr oder weniger konsequent tabuisiert. Die so eingetretene Lücke betraf in erster Linie die empirische Forschung und darauf bezogene theoretisch-konzeptionelle Arbeiten: weil an eine empirische Analyse von Machtstrukturen von vornherein nicht zu denken war, wurden entsprechende konzeptionelle Ansätze entweder von vornherein nicht entwickelt oder qua „Zensur" unterbunden – auch bei versuchten „Umwegen" wie dem über die Kategorie des Entscheidungsprozesses (Lötsch / Meyer 1970). Diese Defizite sind heute nicht ohne Nachwirkungen.

Hinsichtlich der Dimension „Machtstrukturen" besteht das Wesen der hiesigen Systemtransformation eindeutig in der bloßen Übernahme altbundesdeutscher Strukturen und Funktionsprinzipien: von der einfachen Übernahme des Grundgesetzes bis hin zur Parteienlandschaft – mit dem Intermezzo eines basisdemokratischen und schon deswegen chancenlosen eigenständigen Verfassungsentwurfes des „Runden Tisches". Diese Abläufe sind unter anderem deswegen interessant, weil sie die Frage nahelegen, wie es wohl kommen mag, daß ein Volk, welches unerträglich gewordene Verhältnisse auf geradezu kulturvolle Weise beseitigte, nun neue Strukturen und Funktionsprinzien vormundschaftlicher Staatsformen nahezu widerspruchslos hinnimmt. Die systematische Bearbeitung eines Forschungsthemas, das man „Zur Anatomie und Pathologie einer eigenartigen Revolution" nennen könnte, fände interessante Fragestellungen vor; so z. B., ob sich im Wandel des intellektuellen Einflusses (von Wortführern und Initiatoren zur faktischen Marginalität) nicht am Ende allgemeine Gesetze revolutionärer Umbrüche erkennen lassen: von den jakobinischen Clubs zu Napoleon Bonaparte und vom Neuen Forum zu Helmut

Kohl: man ist an Marx' Anmerkung erinnert: „Hegel bemerkt irgendwo, daß alle großen weltgeschichtlichen Tatsachen sich sozusagen zweimal ereignen. Er hat vergessen hinzuzufügen: das eine Mal als Tragödie, das andere Mal als Farce."(Marx 1960: 115.)

Freilich handelt es sich sehr wohl um mehr: nämlich um Vorgänge mit beachtlicher alltäglicher, lebensweltlicher Bedeutung. Was vor diesem Hintergrund die Soziologie angeht, so besteht das Problem darin, nicht aus einem Rechtfertigungszwang in einen anderen zu geraten. Wenn es aus der Geschichte dieses Staates und der in ihm betriebenen Soziologie eine Lehre gibt, dann ist es die Rückbesinnung auf das Prinzip der Werturteilsfreiheit.

Zur geistigen Autonomie von Gesellschaftswissenschaften gehört ein distanziert-kritisches Verhältnis zur Macht und zu ihren Trägern – wer dies auch im Augenblick gerade sein mag. Dabei heißt Werturteilsfreiheit nicht soziale Gleichgültigkeit – nur soll soziales Engagement aus eigenen Einsichten und Entschlüssen hervorgehen und nicht aus institutionalisierten Zuweisungen.

Was man vor diesem Hintergrund von den vor sich gehenden deutsch-deutschen Entwicklungen auch immer halten mag: Gegenstände soziologischen Denkens sind sie allemal. Dabei befindet sich Sozialstrukturforschung nicht nur in konzeptionellen Orientierungsschwierigkeiten, sondern auch in der herausfordernden Lage, einen nahezu unerschöpflichen Gegenstandsbereich vorzufinden. Einige hier nur anzudeutende Stichwörter sollen dies zumindest umreißen:

So könnte der alte Streit zwischen klassen- und schichtungstheoretischen Ansätzen (vgl. Kriesberg 1979) möglicherweise zu einem Konsens finden – nämlich über die Einsicht, daß sich diese beiden Ansätze zueinander nicht verhalten wie „wahr" oder „falsch", sondern daß sie unterschiedliche Erklärungsziele verfolgen, in unterschiedlichen Erklärungszusammenhängen stehen und folgerichtig auch nur in ihrem jeweiligen Kontext beurteilt werden können – anstatt der Klassentheorie vorzuwerfen, sie übersähe differenziertere und mehrdimensionale Schichtungen, oder der Schichtungstheorie, sie übersähe sozialökonomisch determinierte Strukturdimensionen, vor allem entlang der „Ungleichheitsachse Eigentum an den Produktionsmitteln". Eine Synthese beider Ansätze könnte sich dann daraus ergeben, daß in Klassenstrukturen (sei es nach „Eigentum" oder im Sinne Dahrendorfs nach „Besitz oder Ausschluß von Macht") eine Art Determinante letzter Ordnung gesehen wird, d. h. ein Strukturprinzip, auf das man irgendwann stößt, wenn man im Sinne einer probabilistischen Determination hinter Schichtungen verborgene differenzierende (und Klassenindividuen integrierende) Strukturen ausfindig machen will, und daß im Stratifikationsprinzip die unerläßliche Vermittlung im Prozeß des „Aufsteigens vom Abstrakten zum Konkreten" liegt: beispielsweise, wenn nicht ein abstraktes „Verhalten einer Klasse zu einer anderen" erklärt werden soll, sondern gruppentypisches Sozialverhalten unterhalb dieser Abstraktionsebene. „Mithin heißt es jetzt wieder zusammenzufügen, was aufgelöst worden war; im Hinblick auf Verifikationen zunächst, dann aber auch, um die Wahrheit dessen herauszufinden, was für das alltägliche Erkennen charakteristisch ist . . . Dazu muß auf das einheitsstiftende Erzeugungsprinzip der Praxis, auf den Klassenhabitus folglich als Inkorporation der Klassenlage und der von ihr aufgezwungenen Anpassungsprozesse zurückgegriffen werden; gefordert ist mithin die Konstruktion der *objektiven* Klasse, jenes Ensembles von Akteuren, die homogenen Lebensbedingungen unterworfen sind ... und wiederum ähnliche praktische Handlungsmuster hervorbringende Dispositionen erzeugen, und denen eine jeweilige Gruppe von Merkmalen gemeinsam ist ..." (Bourdieu 1988: 175). Schichtungstheoretische Ansätze dagegen zielen eher darauf ab, aufzulösen – entweder, indem sie eine nach bestimmten Kriterien homogene Klassenlage generell nicht als haltbares Postulat ansehen, oder (was die Regel ist) indem sie auf den begrenzten Erklärungswert klassentheoretischer Modelle verweisen. Beide Modelle, kann man summarisch sagen, verhalten sich zueinander nicht alternativ, sondern komplementär.

Vor diesem Hintergrund wird für soziale Entwicklungen im Osten Deutschlands noch auf absehbare Zeit ein Widerspruch bestimmend sein, der in den Tiefen der „DDR-Geschichte" angelegt ist und von dem angenommen werden kann, daß er für eine Weile in bestimmten Bewegungsformen fortwirken wird.

So spurlos, wie gelegentlich (von Stefan Heym etwa) behauptet wurde, ist die „DDR-Erfahrung" nicht vorübergegangen. Gleichheitsziele wurden nicht nur im abgehobenen Himmel der Ideologie produziert, sondern, wenn auch vielschichtig vermittelt, auch vom Massenbewußtsein aufgenommen. Die Idee, es gäbe neben mit sozialen Grundwerten kollidierender sozialer Ungleichheit auch einen Typus sozialer Unterschiede, die (a) mit dem Leistungsprinzip einhergehen, (b) im Hinblick auf die Innovationsfähigkeit der Gesellschaft funktional wirken und die demzufolge (c) reproduziert werden müssen (Lötsch / Lötsch 1985), kollidierte, weil vor allem auf die Ausprägung der sozialen Besonderheiten der Intelligenz abzielend, nicht nur mit offiziellen politisch-konzeptionellen Vorstellungen (wie etwa der Idee einer „sozial homogenen Menschengemeinschaft"), sondern auch mit elementaren Gleichheitsvorstellungen des Alltagsbewußtseins. Hierbei wirkten, was durchaus keine Ausnahmeerscheinung darstellt, offizielles und Alltagsbewußtsein nicht nur gegeneinander, sondern unter Umständen auch zusammen in die gleiche Richtung.

So blieb, um ein Beispiel außerhalb der soziologischen Diskussion zu geben, die politökonomische Theorie der produktiven und unproduktiven Arbeit im Grunde in der Vorstellungswelt des 19. Jahrhunderts (in Gestalt der Gleichsetzung von „produktiver" mit „direkt gebrauchswertschaffender Arbeit") stecken, was sie völlig unfähig machte, die mit der wissenschaftlich-technischen Revolution der Gegenwart einhergehenden neuen Dimensionen des Problems zu begreifen. Zugleich war hier ein Umstand im Spiele, den man mit Georg Klaus „die Macht des Wortes" nennen könnte: In der betrieblichen Praxis wurde das wissenschaftlich-technische Personal, zusammen mit Verwaltungsangestellten etc., unter den Oberbegriff „übrige Beschäftigte" gefaßt, was zumindest einen doppelten Effekt mit sich brachte: den der sozialpolitischen Unterschätzung durch Diffamierung.

Auf diese Weise geriet ein wesentlicher Teil der Intelligenz, vor allem das betriebliche Forschungs- und Entwicklungspersonal, mit Büroangestellten unter einen gemeinsamen Oberbegriff. Was nun aber die Angestellten angeht, so war sich nicht nur das „proletarische Alltagsbewußtsein" darin einig, hier eine tendenziell eher überflüssige soziale Kategorie zu sehen. „Beamte“, schreibt Peter Hacks, „auch wenn man deren benötigt, sind niemals fortschrittlich. Was sie sein können, ist: gegenrückschrittlich ... Die eigentümliche Begabung des Beamten ist, zu verhindern, daß etwas geschieht ... Was die Beamtenschaft unterdrückt, ist das Zufällige. Selbst wenn sie den Mangel verwaltet und ihn, indem sie ihn verwaltet, erhöht, sorgt sie doch für eine gewisse Gleichheit des Mangels und hemmt seine Aufspaltung in allgemeines Elend und allgemeinen Reichtum. Die historische Aufgabe, die eine Schreiberwirtschaft zu erfüllen vermag, ist der Kampf gegen die Begierden von Teilen der Gesellschaft, welche sich dem Gesamt der Gesellschaft entgegensetzen, und die ganze Frage ist nur, ob die Teile Unrecht oder Recht haben.

Die Glanzzeit der Bureaukratie war die asiatische Produktionsweise ... Der Überbau dieser Lage war die Vergöttlichung des Königs. Die Staatsvernunft ist die einzige und letzte große Haltung, welche die Beamtenschaft dem neuzeitlichen Denken hinzufügte ...

Solange die sozialistische Gesellschaft nicht Einrichtungen geschaffen hat, die einem arbeitsamen und erfinderischen Menschen erlauben, sich in Tätigkeit und mit öffentlichem Dank zu verwirklichen, wird diese unbefreite Produktivkraft nicht aufhören, ärgerlich aufzufallen. Die Gegenwirkung durch Beamte ist zwar nicht eben eine anmutige Lösung der Schwierigkeiten, aber eine, beim Stand der Dinge, nicht zu ersetzende.“ (Hacks 1984: 149f.) Die Berechtigung dieses etwas umfangreichen Zitats hängt, neben der Brillanz der Formulierung, auch damit zusammen, daß sich in der sozialwissenschaftlichen Literatur der DDR keine systematische Beschäftigung mit dem soziologischen Typus des Beamten ausfindig machen läßt – wie überhaupt die hiesige Belletristik der gesellschaftswissenschaftlichen Literatur eine (wie auch immer zu erklärende) geringere Scheu vor Tabuisierungen voraus hat. Aber gerade auf Tabuisierungen hätte eine soziologische Beschäftigung mit diesem sozialen Typus stoßen müssen, weil sie auf geradem Wege zum Zusammenhang zwischen dem *Typus* des Beamten und seiner *Funktion* im politischen Überbau und damit im Gefüge von Macht hätte führen müssen. Dies freilich wäre dann ein neues Thema; etwa unter der Überschrift „Beamtenmacht und Ohnmacht der Soziologie“ ...

Literatur

Bahro, R., 1990: Die Alternative, Berlin

Bourdieu, P., 1988: Die feinen Unterschiede, Frankfurt/M.

Bloch, E., 1987: Freiheit und Ordnung. Abriß der Sozialutopien, Leipzig

Datenreport 1989, Schriftenreihe hrsg. vom Statistischen Bundesamt in Zusammenarbeit mit dem Sonderforschungsbereich 3 der Universitäten Frankfurt/M. und Mannheim, Bd. 280

Forschung und Entwicklung in der Wirtschaft der ehemaligen DDR. Situationsanalyse im Juli/August 1990 und Beschreibung möglicher Veränderungen. Bericht im Auftrag des Bundesministeriums Forschung und Technologie Bonn sowie des Ministeriums für Forschung und Technologie, Berlin, erarbeitet von: Fraunhofer-Institut für Systemtechnik und Innovations-

forschung, Karlsruhe; Hochschule für Ökonomie, Berlin; Institut für Theorie, Geschichte und Organisation der Wissenschaft der Akademie der Wissenschaften der DDR, Berlin; Prognos AG, Basel, Karlsruhe – Berlin – Basel, Dezember 1990
Gramsci, A., 1980: Zu Politik, Geschichte und Kultur, Leipzig
Hacks, P., 1984: Essais, Leipzig
Havemann, R., 1990: Dialektik ohne Dogma, Berlin
Henrich, R., 1989: Der vormundschaftliche Staat, Reinbek
Hradil, S., 1987: Sozialstrukturanalyse in einer fortgeschrittenen Gesellschaft, Opladen
Kant, I., 1984: Der Streit der Fakultäten, Leipzig
Kriesberg, L., 1979: Social Inequality, New York
Leonhard, W., 1990: Die Revolution entläßt ihre Kinder, Köln
Lötsch, I., 1986: Zur sozialen Zugehörigkeit der wirtschaftlich Tätigen. Ergebnisse der Volks-, Berufs-, Wohnraum- und Gebäudezählung 1981, Teil 4, Berlin
Lötsch, I., 1987: Zu einigen Problemen der Entwicklung der Sozialstruktur, in: Informationen zur soziologischen Forschung in der DDR, Heft 4
Lötsch, I. / Lötsch, M., 1985: Soziale Strukturen und Triebkräfte. Versuch einer Zwischenbilanz und Weiterführung der Diskussion, in: Jahrbuch für Soziologie und Sozialpolitik, Berlin
Lötsch, M. / Meyer, H.-G., 1970: Organisation, Berlin
Marx, K., 1960: Der achtzehnte Brumaire des Louis Bonaparte, in: Werke, Bd. 8, Berlin
Marx, K. / Engels, F., 1958: Die deutsche Ideologie, Berlin
Weidig, R., (Hrsg.) 1988: Sozialstruktur der DDR, Berlin
Winkler, G., (Hrsg.) 1990: Sozialreport 1990. Daten und Fakten zur sozialen Lage in der DDR, Berlin

Michael Thomas

Vernachlässigte Dimensionen soziologischer Analyse

Transformationsprozeß als soziologische Herausforderung

Es ist sicher unbestritten, daß die Soziologie im sich vereinigenden Deutschland vor neuen, unbekannten Fragen und Problemen steht. Beileibe nicht zynisch gemeint ist ja die Feststellung, mit dem Zusammenbruch des realsozialistischen Systems in der DDR und der deutsch-deutschen Vereinigung einem einmaligen „sozialen Experiment", einem „sozialen Großversuch", beizuwohnen (Giesen / Leggewie 1991).

Der Akzent liegt auf Einmaligkeit, dem Charakter der Herausforderung und der relativen Offenheit des Prozesses.

Relativ offen sind die konkreten Verlaufsformen des Prozesses, die zeitlichen Dimensionen, eventuell neu hervorbrechenden Diskontinuitäten, Schwierigkeiten, Konflikte etc. Grundlegend klar sind die Ausrichtung auf Marktwirtschaft und die Dominanz aller BRD-Institutionen, Strukturen, Verhältnisse und z.T. Akteure, die die Vereinigung als „Verwestlichung" (Hartmann 1991) charakterisieren lassen.

Dennoch ist die Dominanz nicht absolut und nicht unbedingt konstant. Die relativen Offenheiten und Unwägbarkeiten der aktuellen gesellschaftlichen Vereinigungsprozesse könnten partiell den Westen erschüttern und verändern (Berger 1991; Zapf 1990). Unterschätzt man, wie bisher häufig, in Politik und Wissenschaft diese Unwägbarkeiten im Detail, so könnte das den gesamten Transformationsprozeß mit schwer kalkulierbaren „Folgen" verbinden. Das zeigen die sozialen Eruptionen des Frühjahrs 1991, die eventuell nur ein „Vorgeplänkel" sind für Sommer und Herbst.

Das „Experiment" heißt auch: Geschichte im Zeitraffer. Für den Soziologen bedeutet das (für den Sozialforscher generell) wiederum zweierlei. Bescheidenheit zu üben mit Blick auf Theorien und Konzepte, auf große Ansprüche und Versprechungen, auf behauptete Absolutheit. Neuheit, Offenheit, Komplexität und die Tatsache, daß auch diese Prozesse nicht sozialwissenschaftlich vorausgesehen wurden (Beck 1991), sollten dazu anhalten.

Nur scheinbar im Widerspruch zur geforderten Bescheidenheit steht die Forderung, Mut zu haben, um Konzepte, theoretische Ansätze zu entwickeln und zu testen, die tauglich sein könnten angesichts der dramatischen Veränderungen. Nicht also, um nach Endgültigem, Abgeschlossenem und Fertigem zu suchen, wohl aber mit dem Anspruch, erneut und wieder theoretische Arbeit zu leisten, sich dem Unwägbaren zu stellen.

Beidem versucht der vorliegende Text gerecht zu werden. Dabei geht es um ein eingegrenztes Themenfeld, um Fragen, die mit sozialem Handeln, sozialer Aktivität oder sozialer Subjektivität zusammenhängen.

Argumentiert wird in folgenden Schritten. Einmal soll eine zentrale Problemlage „marxistischer Soziologie" in der ehemaligen DDR herausgearbeitet werden. Das ist die, aus der sich dann auch das Versagen dieser Art Soziologie gegenüber der jüngsten gesellschaftlichen Entwicklung ergab: Ein Wirklichkeitsverlust, ein Ausgrenzen gerade der Handlungsdimension aus der Sozialanalyse, welche in der Teilnahmslosigkeit in und an den Wendeprozessen kulminierte. Insofern, sowohl mit Blick auf diese Verfangenheiten wie konzeptionelle Überlegungen, leistet dieser Punkt ein Stück *Theorie-Rekonstruktion.*

Mit einem zweiten Schritt soll verdeutlicht werden, daß und inwieweit aus dieser Situation heraus sich ein Anregungspotential unterschiedlicher soziologischer Theorietraditionen bestimmen ließ, mit dem konzeptionelle Überlegungen zusammengeführt und theoretische Modelle ausgearbeitet werden konnten, die geeignet schienen, diese Verfangenheiten, Einseitigkeiten oder Blockierungen zu überwinden. Hier geht es also um ein Stück *Theorierezeption und -arbeit.*

Entscheidend wird schließlich der dritte Punkt, mit dem an die eingangs skizzierte Fragestellung („soziales Experiment“) angeknüpft werden soll. Es geht jetzt um die Frage, ob und inwieweit die mit den ersten Schritten verdeutlichten konzeptionellen Überlegungen auch eine Relevanz besitzen im aktuellen Transformationsprozeß. Der Hauptakzent liegt also nicht auf geschichtlicher Erinnerung und Bewältigung (ob individuell oder generell für die Soziologie der ehemaligen DDR), sondern auf dem notwendigen theoretisch-methodologischen Engagement im „sozialen Experiment“. Insofern leistet dieser Schritt also ein Stück aktueller *Theoriediskussion.*

Die scheinbare Paradoxie liegt hier darin – um die allgemeine Antwort schon vorwegzunehmen –, daß sich mit dem aktuellen, einmaligen Transformationsprozeß eine klassische soziologische Problematik neuerlich stellt und neuerlich Antworten ausprobiert werden sollen, die ebenso zum klassischen Bestand der Soziologie gehören. Es geht um den Zusammenhang, das Zusammenspiel von ökonomischen, politischen, sozialen und kulturellen Faktoren bei der Bestimmung und Analyse sozialer Subjektivität.

Leitend für die Argumentation und die Verklammerung der drei Diskussionsschritte bleibt das konkrete Beispiel. Nur in dessen Grenzen kann hinreichend argumentiert werden, während erforderliche Bezugnahmen und Verweisungen darüber hinaus notwendig unvollkommen bleiben, ausschnitthaft sind oder nur auf einzelne Aspekte *zugespitzt* werden. So können sie dann auch gelegentlich *überspitzt* sein. Für die DDR-Soziologie waren sie es mit diesem Vorgehen sicherlich, da nur die entscheidende Problemlage „idealtypisch“ herausgefiltert wurde. Das ist grob und notwendig verkürzt, die „Wahrheit“ liegt erst im Reichtum konkreterer Bestimmungen (Relativierungen, Differenzierungen). Sind diese aber der erste Schritt, so ergibt sich ein verklärendes Bild, welches ebenso wenig trifft wie eine pauschale Verurteilung oder gar Denunzierung, die jetzt en vogue ist. Der Weg vom grundlegenden und übergreifenden „Konstruktionsdefekt“ *zum* Gestaltenreichtum scheint mir die einzig adäquate Annäherung.

Das Versagen der (offiziellen) Soziologie der ehemaligen DDR, d. h. das Defizit bei der Behandlung, ja geradezu der Verlust ihres ureigenen Gegenstandes, ist kein Punkt mehr theoretischer Kritik oder intellektueller Debatte: Mit dem Zusammenbruch des „realen Sozialismus“ in der DDR ist die Kritik praktisch und überzeugend erfolgt (Peter 1990). Wenn von „Wirklichkeitsverlust“ angesichts des Zusammenbruchs die Rede war, dann eben vor allem von dem der Soziologie der ehemaligen DDR.

Wie auch immer die Akzente für den Zusammenbruch, die Wende oder die (eigenartige) Revolution des Jahres 1989 noch genauer bestimmt und gesetzt werden, mit der Relation von „exit“ und „voice“, von „sozialer Explosion“ oder „sozialer Implosion“; wie genauer die Rolle der Akteure (und welcher eben) dieser Prozesse noch bestimmt wird, also die Rolle sozialer Aktivität, das Ausmaß, die Art und Weise sozialen Handelns etc.[1]: Ganz offensichtlich ist, daß soziologische Analyse und fachsoziologisches Engagement gerade vor diesen Fragen und Problemen versagt haben.

Haben also sehr unterschiedliche soziale Akteure durch ihr (sehr verschiedenartiges) soziales Handeln – und in einem hohen Maße eben durch Weglaufen und Nicht-Handeln – den „realen Sozialismus“ in der DDR und damit dieses selbständige Staatengebilde zum Einsturz gebracht, so vollzogen sich die Herausbildung dieser Akteure, die Potenzierung ihrer sozialen Aktivität und die Entfaltung ihres sozialen Handelns weitgehend unbegriffen durch (und freilich unbeeinflußt von) Soziologie (Engler 1991; Meier 1991).

Offenbar stimmt die Diagnose, die zunehmend „marxistischer Soziologie“ – und dem Wissenschaftssystem des Marxismus-Leninismus generell – gestellt wurde und wird, daß diesem in toto die Handlungsdimension abhanden gekommen sei, gerade auch für die marxistisch-leninistische Soziologie der ehemaligen DDR. Zumindest diesbezüglich ist der praktische Beweis erbracht.[2]

Das Versagen, gerade in der Frage nach sozialem Handeln oder sozialer Subjektivität scheint nicht zufällig. Mehr noch: Die Soziologie – und einzelne Ausnahmen, die es immer gab, sind demgegenüber irrelevant – mußte gerade zu dieser Zeit und gerade an diesen Fragen scheitern. Ein internalisiertes Modell war auf Starrheit und Einfachheit der Strukturen aufgebaut; mit deren Dynamisierung und Aufbrechen – oder „Verlebendigung“ – verlor es notwendig jede Bodenhaftung.

---

[1] Die hier aufgeworfenen Fragen sind durchaus noch im (produktiven) Streit. Auch die sozialwissenschaftliche „Deutung“ dieser Ereignisse erweist sich als sehr kompliziert. Vgl. z. B. Reißig/Glaeßner 1991; Meuschel 1991a und b; Zapf 1990; Pollack 1990; Offe 1991; Thomas 1990c).

[2] Ich erspare mir es auch deshalb, auf die unterschiedlichen Diagnosen oder verschiedenen Vorbehalte näher einzugehen.

Die Soziologie der ehemaligen DDR, das wird eine ausstehende detaillierte Aufarbeitung und historische Analyse noch zeigen, war durchaus mit vielen realen sozialen Prozessen vertraut. Gerade die Soziologie konnte z. B. nicht einfach einen Bogen machen um die vielgestaltigen Modernisierungsprozesse innerhalb der DDR, die sich den vereinfachenden Schematismen marxistisch-leninistischer Ideologie und auch den „realsozialistischen" Macht- und Herrschaftsformen entzogen. Ihr Problembewußtsein war durchaus beachtlich, der Anspruch, offensichtliche gesellschaftliche Defekte zu beseitigen, wohl gerade in diesem Fach (und das in den letzten Jahren zunehmend) sehr prägend. Die Soziologie bewegte sich so in Konflikten, die z.T. durchaus in produktiven Ansätzen ausgetragen werden konnten, die aber immer wieder auch auf das Fach selbst in verhängnisvoller Form zurückschlugen.

Auf einzelne interessante, moderne Theorieansätze und tragfähige empirische Untersuchungen wäre hinzuweisen. Auch subtile Beobachter aus dem Westen haben das immer wieder konstatiert für die verschiedenen Phasen der Geschichte der DDR-Soziologie. Etwa die alternativen Theorieansätze der frühen 60er Jahre (Bütow u. a.), die partielle „Annäherung an Subjektivität" in den späten 70er (Klinger u. a.) oder differenzierte Sozialstrukturanalysen der 80er Jahre (Belwe, Glaeßner u. a.). Und die Orientierung der Soziologie auf die Analyse „sozialer Triebkräfte" (Weidig 1985) hat zweifellos nicht nur ideologischer Legitimation und Selbstsicherung gedient (das Bild einer „sozialistischen Leistungsgesellschaft" bedient); sie hat auch zur Aufdeckung von mangelnden Entfaltungsmöglichkeiten sozialer Aktivität, von mangelnden Voraussetzungen sozialer Kreativität oder Defiziten sozialen Handelns etc. geführt. Gerade hier wurde immer wieder über bestehende konzeptionelle Defizite und theoretisch-methodologische Einseitigkeiten geklagt. Insbesondere über „Ökonomismus" oder zu große (dies war der vorsichtigere Ausdruck) „Arbeitszentriertheit". Ein beständiges Reiben sozusagen an Grenzen, die spürbar waren.

Und doch bleibt die oben getroffene Kritik bestehen, wurden die Einseitigkeiten nicht behoben, die Defizite nicht ausgemerzt, wurden theoretische Ansätze, die über ein bestimmtes Schema hinausgingen, nicht fruchtbar, empirische Untersuchungen, die diesem Schema zuwiderliefen, kaum praktikabel.[3] Das hat tiefere Gründe, auf die einzugehen ist: Die vielen einzelnen gegenläufigen Beispiele dürfen den Kern der Problematik, mit dem sie selbst ja immer wieder ihren Selbst- oder Fremdabbruch erfahren haben, nicht verdecken, eben die Frage nach dem leitenden Modell und dessen Grundlagen.

Für die DDR-Soziologie gehörte es unter den historisch-konkreten Voraussetzungen der frühen 60er Jahre quasi zur „Bedingung ihrer Möglichkeit", sich als marxistisch-leninistische Soziologie zu institutionalisieren (Peter 1990). Sicher in

[3] Nach meinem Eindruck war es zum großen Teil „vorauseilende Selbstzensur", seltener direkte Reglementierung. Was nicht hieß, daß erhebliche Zweifel an den Basisannahmen blieben und sich sogar noch zuspitzen konnten.

einem gesellschaftlichen „Reformwind" und auch mit neuen Gestaltungsaufgaben. Dennoch war, gerade gegenüber schon vorliegenden ersten Ansätzen und Institutionalisierungsbemühungen, dies nicht schlicht die Frage eines Etiketts. Mit „marxistisch-leninistisch" gelangten vielmehr ein recht rigider Ökonomismus und philosophischer Reduktionismus zu nicht mehr hinterfragbaren Basisannahmen und wurde der bekannte ideologische Klassen- und Schicht-Schematismus (vgl. Kolosi 1990: 254) internalisiert, der bis zuletzt die Forschungslogik bestimmte.[4]

Diese Basisannahmen waren der wissenschaftsimmanente Grund, weshalb jede konkrete Frage nach sozialem Handeln, sozialer Aktivität oder sozialer Subjektivität scheitern mußte. Es dominierte die Ableitung aus den ökonomischen Verhältnissen („Ökonomismus"), es war stets das Individuelle aus dem Gesellschaftlichen „herzuleiten" (philosophischer Reduktionismus), die entscheidenden sozialen Subjekte waren „gegeben": die führende Arbeiterklasse, die befreundete Klasse der Genossenschaftsbauern, die soziale Schicht der Intelligenz (Schematismus). Für die Analyse des Kapitalismus waren das etwa die „wachsende Rolle der Arbeiterklasse", die umfassende Proletarisierungstendenz u. a. Weder wurden Gegenläufigkeiten noch differenziertere sozialstrukturelle Entwicklungstrends („Zwischenschichten", „Intelligenz") konzeptionell ausreichend und wirksam in den Blick genommen.

Warum aber blieben diese Basisannahmen als quasi unerschütterliches Fundament erhalten – trotz verbaler Klagen darüber –, warum blieben sie es im Grunde – im Unterschied etwa zu Polen oder Ungarn – so alternativlos?

Mit diesen Basisannahmen war die Soziologie das getreue Spiegelbild einer sozialen Praxis, die ja wiederum die Richtschnur (manchmal das schwebende Fallbeil) ihres wissenschaftlichen Handelns war: Das Geheimnis dieser Soziologie liegt in der Tat in der Anatomie der gesellschaftlichen Verhältnisse![5] (Der Praxisbezug als Fatum.)

Ersetzt man nämlich „Ableitung" durch „Anleitung" (was problemlos geht, da dies eben bedeutet, die Maximen, Richtlinien etc. aus den Weisheiten einer kleinen Parteibürokratie abzuleiten), so zeigt sich das Konstruktionsmodell des „realen Sozialismus" – und eben die behauptete Kongruenz. (Näher dazu: Mocek 1990; Brie 1990; Adler 1991; Meuschel 1991a und b.)

Mit dem patriarchalischen oder administrativ-bürokratischen Charakter dieses Gesellschaftssystems, das hier nicht umfassend charakterisiert werden kann,

---

[4] Auch hier wird auf notwendige Relativierungen und Konkretisierungen verzichtet. Entscheidend ist – bei allen Diskussionen, Auseinandersetzungen um historischen Materialismus, Ökonomismus und Arbeitszentriertheit etc., einem Unterlaufen dieser Orientierungen im empirischen Forschungsprozeß häufig: gebrochen werden konnte die Dominanz dieser Modelle nicht. (Für Ansätze und Überlegungen siehe z. B. Lötsch / Lötsch in diesem Band.)

[5] Diese Anatomie kann hier nur mit knappen Strichen angedeutet werden. Wiederum nur zugespitzt auf die dominierenden Konstruktionslinien. (Detailliertere und differenziertere Analysen, die stärker den Ambivalenzen der „realsozialistischen" Gesellschaft der DDR folgen, liefern die Beiträge im ersten Teil dieses Bandes.)

basierte es eben der Hauptsache nach auf Unterordnung und Subalternität; auf Ausführung und Stillhalten; auf Vertrauen und Liebe, nicht aber auf Handlungsautonomie, auf Entfaltung individueller und kollektiver Subjektivität und Kreativität. Auf Vorgaben einer „objektiven Instanz", nicht aber auf eigenständigen Sinnkonstitutionsleistungen freier Subjekte. Und das eben wurde vielfach institutionalisiert, abgesichert, überdeckt und politisch-ideologisch legitimiert.

Wie aber die Organisation einer solchen sozialen Praxis offenbar ein direktes, unmittelbares Herrschaftserfordernis war und über Jahrzehnte stabilisierend wirkte, so war sie zugleich ein ganz wesentlicher Grund für den Sturz dieser Herrschaft, für den Zusammenbruch des „realen Sozialismus". Denn diese Art von praktiziertem Monismus (Brie 1990), mit dem jede – individuelle oder kollektive – freie Subjektivität beargwöhnt oder gar als Störfaktor angesehen (und behandelt) wurde, führte notwendig zugleich zur tödlichen Innovationsschwäche des „realen Sozialismus", machte diesen Sozialismus zu einer „kontrakreativen Gesellschaft" (Mocek 1990: 7; Adler 1991; Thomas 1990b). Es war schließlich eine so konsequente Fiktionalisierung, ein so vollkommenes Mimikry, eine so durchgängige Normierung und Ritualisierung des Lebens, mit dem notwendig ein Grenzwert erreicht werden mußte, von dem aus das System unfähig wird, „sich auf neue Herausforderungen einzustellen" (Waldenfels 1987: 95). Wo Modernisierung zum unbedingten Erfordernis wurde mit der neuen Etappe der wissenschaftlich-technischen Revolution, und entwickelte kapitalistische Industriestaaten sie überzeugend vollzogen, entpuppte sich der „reale Sozialismus" seiner grundlegenden Konstruktion nach (nicht also allen Äußerungs- und Erscheinungsformen) endgültig als vormodern.

Das Weltbild eines strikten Ökonomismus, der eben „auf völlig inaktive Weise (seine Akteure) aktiv werden läßt" (Ritsert 1988: 71) – sie müssen und werden schon, wenn sie nur einsehen und begreifen . . . – bedeutet eben in der Tat, und zwar in der sozialen Praxis wie in der (soziologischen) Theorie, eine totale Entsubjektivierung: Die „Ausführenden" können ihre Subjektivität nur im Rahmen und in den Grenzen von Vorgaben und Plänen einbringen (oder eben subversiv, zurückgezogen in private Nischen etc., abgesaugt in einem sehr begrenzt wirksamen verzehrenden Aktivismus); die Herrschenden selbst aber werden zunehmend unfähig, in ihren Netzen von Kontrolle, privilegierter Sattheit, fiktivem Fortschrittsoptimismus und leerer Bevormundung noch rational zu handeln. *Das System implodiert.*

Die Soziologie der DDR hatte also dieses Modell sozialer Praxis mit Ökonomismus, Reduktionismus und Schematismus, mit denen sich auch die vollständige Ausgrenzung oder Tabuisierung von politischer Macht oder Entscheidungsprozessen aus der Analyse legitimieren ließen, internalisiert – und sie hatte es zu bedienen. Nur in diesen Grenzen war sie als Soziologie möglich.[6]

---

[6] Dies durchaus im Doppelsinn: Wer die theoretisch-konzeptionellen Grenzen nicht akzeptierte, war gezwungen – wollte er wissenschaftlich arbeiten – die Grenzen des Landes zu überschreiten. Der Exodus von Personen war so immer auch der von wissenschaftlichen Alternativen.

Andererseits mußte sie nach „sozialen Triebkräften" suchen, nach dringend notwendigen Innovationspotentialen, deren Fehlen ja durchaus nicht völlig verborgen blieb. Soziologie sollte so etwa nach Möglichkeit aufdecken, ob und wie sich soziale Aktivität tatsächlich entfaltet, wie sie gestärkt und koordiniert werden könnte, welche umsetzbaren sozialen Profile sich abzeichnen, welche spezifischen Potenzen vorhanden sind – ohne gegen die Schematismen zu verstoßen. Mit diesen Aufgabenstellungen und Grenzziehungen war Soziologie als Wissenschaft nicht mehr möglich oder der circulus vitiosus perfekt: Entweder stellte sie Fragen, die sich nicht mehr beantworten ließen, an „Grundwahrheiten" rührten; oder sie hatte die Antworten (Klassen, Schichten im Sozialismus etc.), zu denen sich keine Fragen mehr formulieren (sprich: keine Profile, Potentiale . . . bestimmen) ließen.[7]

Die „Versteinerungen" (Altvater 1991) betrafen die Theorie, die ja „vorgegeben" und nur „anzueignen" bzw. adäquat zu reproduzieren war; sie betrafen gleichfalls die empirische Analyse, die höchstens noch Illustration oder Nachweis für Defekte sein konnte, nicht aber Überprüfungs- und Anregungsfeld für Theorie. So blieb ein ganzes Forschungsprogramm auf der Strecke.

Freilich, interessant für eine Geschichte der DDR-Soziologie und wirklich umfassendere Einschätzung wäre nun, ihr Changieren zwischen den Polen und das Vorantreiben des Zirkels zu verfolgen. Es gab immer verschiedene Versuche, diesem „Problemstau" zu begegnen und ihn abzubauen. Das wird eine noch zu leistende geschichtliche Analyse zeigen können. Diesbezügliche Hinweise finden sich auch in einzelnen anderen Beiträgen dieses Bandes. Hier ging es nur um Ausgangspunkte für die Relevanz der nachfolgenden konzeptionellen Überlegungen.

Für ein konkreteres Soziologiemodell

Soziologie hat keinen größeren Beitrag geleistet zur Kritik („realsozialistischer") gesellschaftlicher Verhältnisse. Sie hat keine Funktion gehabt als „machtkritische Subkultur" und war so – konsequent – nicht an der Seite der Akteure zu finden, die durch ihr Handeln die Verhältnisse umgewälzt haben. Deren Kritik an der affirmativen Rolle der Gesellschaftswissenschaft in der DDR traf so auch die Soziologie, wenngleich gerade Soziologen häufig Gratwanderungen praktiziert und mit vielen Analysen Diskussions- und Auseinandersetzungsprozesse stimuliert hatten. Im handlungstheoretischen Defizit eben der Soziologie findet diese Kritik ihre übergreifende Berechtigung.

---

[7] Erst spät hatte ich selbst mich z. B. an einen Satz erinnert, den der Physiker Treder vor reichlich eineinhalb Jahrzehnten, damals bezogen auf die moderne Physik, formuliert hatte: Es gibt Antworten, für die wir noch nicht einmal in der Lage sind, die entsprechenden Fragen zu formulieren. Der Marxismus-Leninismus behauptete, alle Antworten zu haben, so daß die Fragen eigentlich sekundär, überflüssig wären. (Darauf bin ich in meinem Beitrag auf dem letzten Soziologiekongreß der DDR im Februar 1990 eingegangen.)

Aber das handlungstheoretische Defizit machte sich immer stärker selbst in jeder system*immanenten* Frage nach sozialen Potentialen oder Triebkräften, nach der Rolle und den Entfaltungsmöglichkeiten bestimmter sozialer Gruppen und Schichten, nach Formen und Vollzügen der Lebensweise etc. bemerkbar. Immer spürbarer wurde, daß mit „führender Rolle der Arbeiterklasse", „sozialistischem Charakter der Klassen und Schichten" und „eigener Qualität der entwickelten sozialistischen Gesellschaft", den gesellschaftstheoretischen Basisannahmen der Soziologie, der Weg verbaut war zu einer Theorie und Methodologie der Erkenntnis und Analyse handelnder Subjekte. Damit aber auch – praktisch gewendet – progressiver Entwicklung, zur Modernisierung der „sozialistischen Gesellschaft". Diesen Erfordernissen gegenüber stand die monolithische Geschlossenheit und Struktur dieser Gesellschaft. Oder der Zirkel eben von erstarrter, blockierter Gesellschaft und erstarrter, blockierter Theorie.

Impulse zu sehr grundsätzlichen Neuansätzen theoretischer Orientierungen waren so auch insbesondere eher „von außen" zu gewinnen, nicht aus einem Modell, das über Jahrzehnte reproduziert, so zusätzlich verfestigt und immer wieder praktisch sanktioniert bzw. reglementiert wurde. Gerade die Tatsache, daß auch in der DDR-Soziologie die Themenbereiche behandelt wurden, die insbesondere eher die Domäne von eigenständigen Milieu-, Lebenswelt- oder Lebensstilansätzen sind, ohne wirklich zu eigenständigen und „eigensinnigen" Analysen konsequent zu kommen, also nicht letztlich doch wieder ableitungstheoretisch zu argumentieren, zeigt, daß es nicht um einfache Erweiterung oder Ergänzung eines Modells ging.

Dennoch wurden gerade in den letzten Jahren der DDR solche Impulse spürbar, begannen recht grundlegende wissenschaftliche Diskussionen und Orientierungsversuche. Sie waren mit der Erkenntnis verbunden, daß es gerade bestimmte neue Entwicklungen im „Kapitalismus" sind, die diesen als moderne Gesellschaft – im Unterschied eben zum „Sozialismus" – charakterisieren und so auch – wieder im Unterschied zum „Sozialismus" – als innovative, dynamische Gesellschaft.

Während die eine Gesellschaft z. B. sich als sozialstrukturell und sozial sehr differenziert zeigte und offensichtlich gerade in der Differenzierung – von Öffentlichkeit, Kultur, Bewegungen; von gruppenspezifischen und individuellen Lebenspraktiken etc. – wichtige Handlungsimpulse fand, zeigte sich kontrastierend immer mehr die mangelnde Ausdifferenzierung der sozialistischen Gesellschaft, der Ableitungsmonismus politischer Macht, mit denen eben Handlungsautonomie zunehmend unmöglich gemacht, in Nischen abgedrängt oder aber kanalisiert wurde.

Während die eine Gesellschaft, trotz aller ihr immanenten Widersprüche und grundlegenden Defekte, wirtschaftliche, politische, kulturelle und soziale Potentiale in bisher nicht bekanntem Maße freizusetzen und damit einen enormen Modernisierungsschub zu initiieren vermochte (das gilt freilich nur für die entwickelten „kapitalistischen" Länder), versackten gerade mit der Politik der Hauptaufgabe, die eher „diktatorisch" (Meuschel) und auf „Sättigung" (Krüger) abgelegt war, diese Potentiale zunehmend: Keine funktionierende demokratische Öffentlichkeit oder „civil society", keine überzeugenden Zukunftsimpulse und Sinnangebote, keine kreativen, vielfältigen, eigensinnigen Lebenspraktiken . . .

Zwangsläufig wurde immer deutlicher, daß marxistisch-leninistische Soziologie (Sozialwissenschaft generell) kein Instrumentarium entwickelt hatte, um diese Defizite oder Felder zu thematisieren, daß sie aber auch zu wenig in der Lage war, Impulse aufzunehmen. Die Geschlossenheit, Autarkie des Marxismus-Leninismus, die immer wieder behauptete prinzipielle Überlegenheit, waren zugleich die entscheidende Rezeptionsblockade einer erforderlichen soziologischen Modernisierung (Krüger 1990: 149; Thomas 1990c).[8] Es war nicht die Frage einer bestimmten Lesart des Marxismus (oder von Marx): Es waren nachweisbare und immer empfindlichere Entwicklungsrückstände. Und zwar nicht in einer marginalen Frage sozialwissenschaftlicher Theorie und Analyse.

Mit dem immer offensichtlicheren Zusammenhang von moderner Gesellschaftsentwicklung und moderner Soziologiediskussion war diese Modernisierung vor allem auch auf das Anregungspotential westlicher, zum großen Teil eben nichtmarxistischer Soziologie angewiesen (Thomas 1987; Bergner/Mocek 1986; Krüger 1986).[9]

Wie eben die „Versteinerung" des Marxismus-Leninismus und das Dogma, dieser brauche keine separate Handlungstheorie, bestimmte Konzeptualisierungen unmöglich machten, fanden sich diese Konzeptualisierungen gerade im internationalen soziologischen Diskurs (generell Habermas 1981; Bourdieu 1982; Giddens 1988).

Was hier als Kritik nicht nur an Ökonomismus und Produktionszentriertheit des Marxismus, sondern an Positivismus und Strukturfunktionalismus formuliert wurde, deckte sich weitgehend mit den sichtbaren Einseitigkeiten „marxistischer Soziologie"; was hier mit der „Wende zur Kultur", zur „Handlungsdimension", zur „Subjektivität" oder „menschlichen Aktivität" aufgegriffen wurde, betraf unmittelbar empfindliche Leerstellen dieser Soziologie: den Verlust der Handlungsdimension.

Diese Diskussion oder Kritik war aber weder unbedingt mit einer Reproduktion von traditionellen soziologietheoretischen Dichotomien (Struktur versus Handeln, System versus Subjekt...) noch mit Verzicht auf Gesellschaftskritik verbunden: Konflikte, neue Risikolagen, soziale Ungleichheiten oder soziale Bewegungen wurden zu gewichtigen Ausgangspunkten für neue theoretische Überlegungen. Nur schien eben der Marxismus gerade dafür – das war ein weiter Konsens – nicht tauglich.

Die Soziologie hatte sich offenbar im letzten Jahrzehnt, mit welchen Kontroversen auch immer, eine in der Tat lange „vernachlässigte Wirklichkeits-(und Wirkungs-)dimension" (Wehler 1985: 13) erschlosssen: Milieuanalysen (Lepsius

[8] Insofern stimmt schon die Einschätzung eines „Theoriedefizits" und mangelnder „Internationalität" in der soziologischen Diskussion. Sie stimmt aber nicht total, und sie stimmt nicht für einen Teil der jüngeren Sozialwissenschaftler.

[9] Das schließt die Wiederaufnahme bestimmter marxistischer Ansätze und Diskussionen ein, die mit der Durchsetzung eines verfestigten Modells des Marxismus-Leninismus ausgegrenzt wurden und weitgehend verschüttet blieben. Das schließt auch eine kritische Neulektüre der Werke von Marx, Engels oder Lenin ein. Beides kann hier nicht geleistet werden.

1979; Becker/Nowak 1982; Mooser 1984; Hradil 1987 u. a.), die Hervorhebung und Thematisierung von Individualisierungsprozessen (Beck 1986; Zapf u. a. 1987) oder die Verwendung von Lebensstilkonzepten für subtilere Analysen (Bourdieu 1982; H. P. Müller 1989) bedeuteten zweifellos gegenüber klassentheoretischen Vereinfachungen und Behauptungen – und erst Recht gegenüber den eingangs skizzierten „ökonomistischen" und „objektivistischen" Ableitungsschematismen – einen Gewinn an Aussagekraft. Das trifft insbesondere auch auf Ansätze zu, die den aktiven Anteil handelnder Akteure für die Strukturbildung erfassen und konzeptionell einbeziehen wollten, ohne damit einem neuen Dualismus das Wort zu reden: über den Habitus als „strukturierte und strukturierende Struktur" bei Bourdieu (1982) oder als Begreifen der „duality of structure" bei Giddens (1988).

Im Grunde haben diese unterschiedlichen Theorieansätze mit der klassischen soziologischen Problematik, die sich insbesondere (eben: nicht ausschließlich) mit dem Namen Max Weber verbindet, zu tun, daß moderne Gesellschaften nicht nur ökonomisch bestimmt und charakterisiert sind, sondern durch eine erhebliche Differenzierung von politischen, sozialen oder kulturellen Prozessen und Handlungsdimensionen gegenüber den ökonomischen. Oder für die letztgenannten Theorien speziell „des doppelten Charakters von Strukturen als Ermöglichung *und* als Restriktion des Handelns, als Medium *und* als Resultat der Praxis" (Joas 1988: 14).

Bei Weber ergibt sich aus der Einsicht, daß die Wirkung der Interessen aufs Handeln nicht direkt erfolgt, sondern erheblich durch Ideen gebrochen werden kann, daß ideell geformte Weltbilder als „Weichensteller" funktionieren, die bekannte Zurechnungsproblematik von (verkürzt) materiellen, ökonomischen und kulturell-ideologischen Dimensionen, von Interessen und Ideen (Lepsius 1986). Heute stellt sich eben die Frage der Zurechnung dieser genannten einzelnen Prozeß- und Handlungsdimensionen mit den Modernisierungsschüben der letzten Jahrzehnte, so für den entwickelten Kapitalismus, neuerlich mit großer Schärfe.

Sicher waren zunächst eher Zweifel dahingehend angebracht, inwiefern Milieu-, Lebensstil- oder Habitusanalysen tauglich sein könnten für die tiefere Analyse der DDR-Realität. Eben wegen der praktischen Modernisierungsrückstände, der mangelnden sozialen Differenziertheit und damit auch defizitär bleibenden, wenig ausgeprägten Subjektivität. Durchaus mit dem Anspruch auf Gleichheit und Gemeinschaftlichkeit, immer aber auch mit dem politischem Mißtrauen gegenüber Neuem und Ungewohntem: Spezifische Milieuausprägungen hielten sich in Grenzen und waren eher instabil und durchlässig; dem Lebensstil fehlte das aktive, expressive und kreative Element; der dominierende Habitustypus war der der angepaßten „kleinen Leute".

Das stimmt zweifellos. Aber dennoch sind auch das zugespitzte Einschätzungen (vgl. die diesbezüglichen Beiträge in diesem Band), treffen sie also nur bedingt zu. Und zweitens, das greift tiefer, wären eben gerade mit den genannten Konzeptualisierungen die „Defekte" der „realsozialistischen" Praxis in den Blick zu bekommen.

Nur war der Zugriff auf diese genannten Konzepte mit dem weitgehend internalisierten und selbst-(wie fremd-)legitimierten Modell der marxistisch-leninistischen Soziologie nicht möglich. Auch das erklärt wieder die mangelnde Rezeption.

Der theoretische Zugriff auf diese „vernachlässigte Wirklichkeitsdimension" (damit auch die Rezeption bestimmter Konzepte und Fragestellungen) ist verbunden mit der Aufdeckung und Ausmerzung einer Fehlidentifikation im historischen Materialismus: der „ökonomistischen Fehlidentifikation von logischem Primat und historischer Priorität" (Krüger 1990: 150).

Wurde mit dieser behaupteten Identität notwendig aus dem logischen Primat ökonomischer Bestimmungen ein – sicher mehr oder weniger deutlicher – Ökonomismus und Klassenreduktionismus, der reale Primat des Ökonomischen jeweils, der reale Primat des Klassenverhältnisses jeweils – was immer auch hieß, eine Reduzierung auf diese Ebene oder Verhältnisse vorzunehmen –; so ist mit der Beseitigung dieser Fehlidentifikation konzeptionell der Weg geebnet, um die unterschiedlichen Ebenen als eigenständige auch in ihrem historisch-konkreten „Zusammenspiel" zu untersuchen. Der Bruch mit dem „Ökonomismus" ist die erste Voraussetzung, um in die moderne Soziologiediskussion einzusteigen, die fatale Ableitungsprozedur aufzugeben und so die Kette „Ableitung – Abstraktion – Fiktion" durchzuschlagen.

Die Wirkung der ökonomischen Verhältnisse bis in die entferntesten Poren der sozialen Situation und sozialen Beziehungen ist nicht zu unterschätzen, auch mit dem „Fahrstuhleffekt" in entwickelten industriellen Gesellschaften nicht. Man braucht gar nicht nur an die krassen sozialen Unterschiede und offensichtlichen Marginalisierungen zu erinnern. Der mögliche Massenkonsum verhindert nicht die „feinen Unterschiede": welches Auto man fährt; die erweiterten Freizeitmöglichkeiten überdecken nicht die in der Art und eventuell dem Ort dieser Tätigkeiten; die gewachsenen Bildungschancen haben keinesfalls herkunftsbedingte Privilegien in diesem Bereich umfassend ausgemerzt (Mayer 1990; W. Müller o. J.; Ritsert 1988). Dennoch bleibt selbst für diese Beispiele jede Unilinearität in der Erklärung eine Verkürzung. Sie bedeutet eben, mechanisch die ökonomischen Merkmale auf alle anderen gesellschaftlichen Erscheinungen zu übertragen; aus Strukturen auf Verhalten zu schließen, aus objektiven Interessen das subjektive schlicht zu übersetzen (Teschner 1989), die „Dualität" oder eben die Eigensinnigkeit des Handelns zu übersehen. Die möglichen Diskrepanzen im „realen Sozialismus" wurden dann immer nur verstanden als Probleme von Ideologie, Überzeugung oder von Lernprozessen, nicht aber – weil etwa an eigenständige Wirkungsdimensionen und Einflußfaktoren gebunden – von spezieller sozialwissenschaftlicher Analyse. In dem Sinn kommt in dem hier dargestellten Typ von Wissenschaft die Zurechnungsproblematik nicht vor.

Hier sind die Defizite speziell für das soziale und kulturelle Feld gravierend: für die Analyse gruppenspezifischer Verhaltensweisen, Interaktionsbeziehungen, Lebensweiseformen, kollektiver Denk- und Wahrnehmungsmuster . . . (Peter 1988), die von erheblicher Relevanz für Handeln und Verhalten sind. Ansätze, die es in der DDR-Soziologie sehr vereinzelt gab, blieben völlig wirkungslos. Das also meint „Verlust oder Austreiben der Handlungsdimension, Versteinerung".

Insofern ist Konkretion oder „Säkularisierung" dringendes Gebot, um nicht endgültig in Abstraktion oder Fiktion zu erstarren (Thomas 1989). Jede konsequente

Einbeziehung selbst der engeren „Arbeitswelt" von Industriearbeitern der DDR, ihrer betrieblichen Lebenswelten oder Sozialbeziehungen in der Arbeit, wie das weitgehend nur in Teilanalysen oder -studien geschah, die dann den leitenden Schematismen eingegliedert wurden, hätte ebenso die fest verankerte Kluft dieser Welt zur Politik und Ideologie der „Arbeiterpartei" gezeigt wie sie plausibel macht, weshalb gerade viele Arbeiter der „sozialistischen Großbetriebe" das System abgewählt haben: Aus ihren konkreten Erfahrungen erschien ihnen schlicht das „kapitalistische Marktwirtschaftssystem" als rationeller, effektiver (Kern / Land 1991).

Jede Analyse der Lebensbedingungen von Arbeiterinnen im sächsischen Textilbereich, ihrer Sorgen und Mühen, die nahezu vollständig das tagtägliche Handeln bestimmten, hätte die Behauptungen von „führender Rolle", ja selbst die von erreichter sozialer Gleichheit und Gleichberechtigung, widerlegt. Und auch für die Arbeiterjugend blieben die klassenspezifischen Klischees und Stereotype, die sie annehmen und weitertragen sollte, zunehmend äußerlich. Sie hatte überwiegend Weltbilder und Orientierungsmuster, die so fremd denen der Jugendlichen aus dem anderen Teil Deutschlands nicht waren.

Nur das war anzudeuten: Die wirklichen sozialen Qualitäten und Profile standen quer zu den Aussagen der Wissenschaft und den Wunschträumen der Politik. Aber gerade die Qualität der Lebensbedingungen und sozialen Beziehungen, der Profile der Gruppen und Individuen, die kontextspezifischen Lebensbedingungen und Äußerungsformen des Lebens, sind eben entscheidend für Handlungskompetenz und die Einbringung von Subjektivität. Wenn Schütz darauf das Eigengewicht der „subjektiven Perspektive" aufbaut und gerade gegen Parsons Normativismus geltend macht (Schütz / Parsons 1977), so ist dem insofern zuzustimmen: Es geht um handlungsrelevante Faktoren und Zusammenhänge.

Völlig zutreffend wird insbesondere die „lebensweltliche Relevanz" bzw.: die „abnehmende lebensweltliche Relevanz" gegen Klassen- und Schichtkonzepte ins Feld geführt (Beck 1986). Wo die Relevanz nicht gegeben ist, wird die Analyse abstrakt, analytisch-formal oder gar völlig fiktional.

„Konkretion" kann nun bedeuten, das Konkrete gegen die gesellschaftlichen Kernverhältnisse geltend zu machen, weitgehend – auch analytisch – voneinander zu trennen. Das ist die Haupttendenz der Individualisierungs- oder Differenzierungstheoretiker. Oder der soziologischen Postmodernediskussion.[10] Sie kann aber auch bedeuten, die „Vermittlung" zu suchen, vom Abstrakten zum Konkreten aufzusteigen. Das ist die Tendenz, der sich verschiedene Klassen-(und Schichtungs-) theoretiker verbunden fühlen. Dabei wiederum kann die Vorstellung leitend sein, „letzten Endes" (ohne deshalb crud vereinfachend und ableitungstheoretisch zu argumentieren) ließen sich doch die konkreten sozialen Beziehungen oder kulturellen Praktiken aus den ökonomischen Kernverhältnissen gewinnen.[11] Oder es kann die

[10] Einen Überblick über Positionen und Kontroversen, über den aktuellen Stand der Diskussion geben z. B. Kreckel 1983; Strasser / Goldthorpe 1985; Berger / Hradil 1990.

[11] Sehr ausführlich hierzu z.B. Ritsert 1988.

Vorstellung vertreten werden, auf Grund der hohen Eigenständigkeit sozialer und kultureller Handlungskontexte müßten die auch durchaus eigenständig bestimmt und analysiert werden – ohne sie deshalb aus einem gesamtgesellschaftlichen – und so auch ökonomisch bestimmten – Wirkungszusammenhang zu lösen. Es gibt dann für die unterschiedlichen Bereiche oder Ebenen auch unterschiedliche Theoriestrategien und methodische Verfahrensweisen. Letztere Position wird hier vertreten.

Es ist ganz offensichtlich, daß das analytische Kernverhältnis von Kapital und Arbeit nicht nur gebrochen wird durch politische, staatliche Interventionen, sondern auch durch sehr vielfältige soziale Beziehungen und soziokulturelle Praktiken oder Deutungsmuster, daß sich Handlungskontexte bilden, die nicht auf das abstrakte Klassenverhältnis zurückzuführen sind. Das drücken Milieus, eigensinnige Lebenswelten, Lebensstile oder Subkulturen berechtigt aus. Und zwar Kontexte nicht nur privaten oder marginalen Charakters, sondern der Verarbeitung von und der Reaktion auf gesellschaftliche Problemlagen: Risiken, Gefährdungen, Ungleichheiten, Politikangebote . . . Das Bild einer einheitlichen und identifizierbaren sozialen Klasse, eben etwa der Lohnarbeiter, läßt sich über diese Kontexte nicht auffinden. Die zweifellos vorhandene Kongruenz etwa von ökonomischer Lage und sozialen bzw. kulturellen Faktoren (siehe oben) wird in modernen Gesellschaften erheblich und zunehmend von Inkongruenzen und Verselbständigungen begleitet. Es gibt, so könnte man sagen, keine völlig neue Fragestellung, aber doch eine erhebliche Zuspitzung der Fragestellung.

Und das ist doch wohl ein zentraler Punkt der Diskussion. Entweder Kontexte, die eine hohe soziale Dichte und kulturelle Einheitlichkeit erkennen lassen und so die Voraussetzung wären für die Formierung kollektiver Akteure, *oder* Klassenverhältnisse, die notwendig analytisch, abstrakt bleiben. Das heißt dann auch: Der Klassenbegriff wird aus der konkreten Sozialanalyse „verabschiedet".

Auch diese Argumentation ist durchaus in sich differenziert (Beck 1986; Eder 1989; Kreckel 1990). Sie läßt sich hier nicht nachvollziehen, sie läßt sich auch nicht in ihrem tatsächlichen oder eben nur vermeintlichen historischen Neuigkeitswert beurteilen. Die Fragestellung ist aber von herausfordernder Relevanz.

Das ist eben die genannte klassische Frage. Marx und Engels fragen nach der Art und Weise, wie die ideologischen Vorstellungen zustande kommen; Weber nach der konkreten Zurechnung der ökonomischen und kulturellen Einflußfaktoren; Geiger liefert eine entsprechend differenzierte Sozialanalyse . . . Für die Analyse von Klassen und Schichten geht es darum, wie die unterschiedlichen Faktoren zusammenspielen, ob und inwieweit dann davon zu reden ist, daß sich solche Klassen und Schichten bilden oder konstituieren. Das ist auch die heute umstrittene und zu entschlüsselnde Problematik (Lepsius 1979; Kreckel 1990). Zumindest ist das ein gewichtiger Punkt der allgemeinen Frage: Wie lassen sich Inkongruenzen, Ausdifferenzierungen und Ungleichzeitigkeiten begreifen und konzeptualisieren?

Soziale Dimensionen im Transformationsprozeß

Die bisherigen Überlegungen laufen also darauf hinaus, ein soziologisches Modell einzubringen, welches es erlaubt, sehr unterschiedliche Wirkungskomponenten zu berücksichtigen. Dabei wurde konstatiert, daß eher traditionelle – und zumal marxistische – klassentheoretische Ansätze empfindliche Leerstellen oder Defizite aufweisen. Insbesondere bezogen auf soziale und kulturelle Faktoren oder Felder, die oft einem Ökonomismus oder Produktions- und Arbeitszentrismus zum Opfer fielen.

Auch die Soziologie der DDR hatte zwar, wie bereits gesagt, im Grunde all die Probleme und Felder „entdeckt", auf denen eigenständige soziale und kulturelle Einflüsse besonders relevant sind (Formen des Alltags, des Familienlebens, generell der Lebensweise, von Gruppenkulturen . . .), diese aber eben zumeist ableitungstheoretisch „umgebogen" oder „eingeebnet", und so um ihre Eigenständigkeiten gebracht. Damit blieb gerade das ein blinder Fleck, was die lebensweltliche Spezifik ausmacht, wie die Menschen jeweils konkret ihre Welt sich verfügbar machen oder „konstituieren" und so in ihr handeln (Schütz/Gurwitsch 1985; Grathoff 1989).

Mangelnde Ausdifferenzierung und Modernisierung im „Land der kleinen Leute" bedeuten nicht die Irrelevanz solcher lebensweltlichen Unterschiede, ob nach Regionen, Stadtteilen, sozialen Gruppen, Generationen, Geschlechtern (Thomas 1990c; Ritschel, Schweigert u. a. sowie Woderich in diesem Band).

Zum großen Teil werden die vorhandenen lebensweltlichen Differenzen erst jetzt mit dem völligen Umbruch der Verhältnisse sichtbar: Sie werden z.T. entschleiert durch ihr Öffentlichmachen, sie treten hervor in unterschiedlichen Anpassungsleistungen und -strategien, in signifikanten Verhaltensmodifikationen etc. Plötzlich gibt es mehr und reichere „Welten der Ostdeutschen", als man vermutet hatte. „SED" und „Stasi", „Anpassung" und „Unterordnung" decken nicht annähernd ab, was an kollektiven und individuellen Verhaltensstrategien deutlich wird. Und daß es selbst in der SED oder gar der Stasi unterschiedliche „Welten" gab, erschließt sich dem (fremden) Westbeobachter kaum. Wissenschaftliche, soziologische Analyse sollte es sich jedenfalls auch in der Retrospektive nicht zu leicht machen und nur den großen Kategorien vertrauen, die konkreten Lebensverhältnisse mit Klischees zudecken („vormodern", „feudalsozialistisch", „Mangelgesellschaft". . .), die dann zu einfache Politikmodelle bedienen. Sie können nur wieder – auf ihre, andere Art jetzt – theoretisch und praktisch (jedenfalls für die Masse der Ostdeutschen) die Handlungsdimension ausgrenzen.

Vielleicht konnten die wenigen Andeutungen schon illustrieren, weshalb in der stärkeren Einbeziehung von Konzepten, die Soziales und Kulturelles zu ihrem Gegenstand haben, ein dringend notwendiger Erkenntnisgewinn gesehen wird. Für soziologische Theorie und (nunmehr retrospektive) Sozialismusanalyse.

Mit dem Transformationsprozeß und der deutsch-deutschen Vereinigung ist aber die Frage der Relevanz der hier diskutierten theoretischen Perspektive oder Fragestellung neuerlich zu prüfen.

Zweifellos bedeutet dieser Transformationsprozeß, der ja vor allem in seinen internationalen Dimensionen noch nicht zu überschauen ist, für den Osten Deutschlands, die ehemalige „realsozialistische" DDR, eine tiefe, beträchtliche Eruption: Alle Verhältnisse werden umgestülpt, Strukturen und Institutionen werden ausgetauscht, zerbrochen, umgewandelt; Lebensweiseformen werden ausgewaschen, unterwandert, angereichert; Akteure werden „umgepolt", importiert oder ausgegrenzt . . . Damit treten – ebenso zweifellos – ganz klassische soziale Probleme und Konflikte in den Vordergrund, die in hohem Maße ökonomisch und politisch bedingt sind: Es bilden sich Konturen einer kapitalistischen Klassengesellschaft; es bilden sich neue und stärker differenzierte soziale Ungleichheiten; die traditionelle soziale Frage wird mit Arbeitslosigkeit, Verarmung und Marginalisierung bestimmter sozialer Gruppen „aufgewertet", weit beträchtlicher, als in den alten Bundesländern.

Der Transformationsprozeß stellt einen rapiden Umbruch, eine Erschütterung und Umwälzung dar, mit der notwendig – so Weber (1976: 539) – die Klassenlage (gegenüber der ständischen) wieder in den Vordergrund tritt. Also die „harte" Ökonomie, die Wirtschaftsordnung. Elementare Fragen, die elementare Antworten verlangen. Die erste Frage, alltäglich wahrnehmbar: Hast du noch Arbeit? Wozu dann aber differenzierte soziale Beziehungen oder kulturelle Formen analysieren, wozu Lebenswelten, Milieus oder Lebenstile?

Oder läßt sich vielleicht die, so Offe (1991: 82f.), „in der Tat aufregende ‚Webersche' Frage . . . , ob ein plötzlicher struktureller Modernisierungsschock eo ipso von entsprechenden sozial-moralischen Umorientierungen und ‚inneren' wirtschaftsethischen Modernisierungsprozessen begleitet sein wird, oder ob sich im Gegenteil zwischen beiden Variablen eine Schere öffnet, welche die ohnehin prekäre Dynamik eines sich selbst tragenden wirtschaftlichen Modernisierungsprozesses schließlich stillstellen könnte", so leicht und so alternativlos doch nicht beantworten?

Soziologisches Denken ist durch die unbegriffene Vorgeschichte des Transformationsprozesses in der Substanz getroffen (Beck 1991); der Transformationsprozeß stellt schon substantielle Fragen an dieses Denken. Dazu gehören auch nachfolgende Argumente, die weder ein vollständiges noch ein absolutes Plädoyer darstellen sollen.

Mit dem Verklingen der ersten Einigungseuphorie zeigte sich schon bald die innerdeutsche Ost-West-Dimension als Distinktionskriterium (Giesen/Leggewie 1991: 10) eigener Art und Relevanz. Nicht so sehr nur mit Blick auf materielle oder sonstige Oberflächenunterschiede, sondern als je spezifische soziale und kulturelle Konstrukte, die tiefer greifen – wie sie auch erst später hervorgetreten sind: Mit der tatsächlichen Nähe trat die wirkliche Ferne erst zutage. Es waren nicht alte Bekannte und Vertraute der Hauptsache nach, die jetzt wieder „ein Volk" wurden/werden sollen, es waren vor allem auch und schon Fremde. Nach sozialer und kultureller Ausstattung. „Gräber und Erinnerungen", sagt Schütz in seiner sozialpsychologischen Studie über den ‚Fremden', „können weder übertragen noch erobert werden." (Schütz 1972: 59.) Sie lassen sich aber auch nicht einfach vergessen und streichen, sie sind das „Gepäck“ (Koch 1991), das der jeweils Andere nur selten tragen (heißt: verstehen) kann. Ost-West bleibt für längere Zeit eine kulturelle und soziale Scheidelinie.

Diese Inkongruenzen werden noch deutlicher und noch mehr verschärft, wenn man die Ungleichheit im strukturellen und institutionellen Wandel, der oft einfach über Austausch, Import oder Umbenennung läuft, mit den Trägheiten in Lebenswelten, Mentalitäten oder auch Lebensstilen kontrastiert (Lepsius 1991). Gerade die eindeutige Dominanz oder „Verwestlichung“ in der Art und Weise der Vereinigung kann diese Inkongruenz noch konflikthaft verschärfen, gar „auf soziokulturelle Unverträglichkeitserscheinungen, ja Abstoßungsreaktionen“ (Offe 1991: 80f.) führen: Was bisher wenigstens lebensweltlich funktionierte und Entlastung brachte, was also erlaubte, sich im „realen Sozialismus“ seine Welt zu konstituieren und zu behaupten, hängt jetzt in der Luft oder ist real (Eigentum) bedroht. Für viele der Menschen, die aus der Enge des „Realsozialismus“ heraus wollten, ist so die Gesellschaft längst nicht „offener“ oder „transparenter“ geworden. Die „neue“ Macht ist nur zudem jetzt noch „unbekannte“ Macht. Das führt dann gelegentlich zu einer verklärenden DDR-Nostalgie, die ebenso selbstbestimmtes Handeln behindert wie eben lebensweltfremde westliche Politik.

Es gibt eine erhebliche soziale und kulturelle Kluft zwischen Ost- und Westdeutschland, und es gibt – darüber hinaus – wiederum beachtliche soziale und kulturelle Vielfalt im Osten (trotz der eingangs getroffenen generellen Einschätzung), als eigenständige Wirklichkeits- und Wirkungsdimensionen, die dann auch sozialwissenschaftliche Aufmerksamkeit erfordern. Es wäre insofern fatal, wenn die zweifellos an Schärfe gewinnende ökonomische (oder „harte“ Klassen-) Problematik wieder Kurzschlüsse in Theorie und Analyse legitimieren würde.

Für Sozialstrukturforschung oder Klassenanalyse, um dieses Argument noch einmal aufzugreifen, ist also größere Übersichtlichkeit nicht in Sicht. Die Deduktion oder Ableitung einer „sozialen Klasse“ bleibt auch mit den hervortretenden Konturen einer kapitalistischen Gesellschaft im Osten Deutschlands „intellektuelle Kurzschrift“ (Schütz 1972), ob nun als „führende“ oder als „ausgebeutete“ Arbeiterklasse. Eine enorme Beschleunigung und Beweglichkeit auch der Strukturen selbst, ja die Einpassung in „schnellere Sozialverhältnisse“ (Berger 1991), verstärkt offensichtlich die Unübersichtlichkeit noch.

Ist damit jeder Versuch, soziale Strukturen auf das Kernverhältnis zurückzuführen und nach klassenstrukturellen Zusammenhängen zu fragen, vergebens? Bedeuten also Milieus, Lebenswelten oder Lebensstile nur die Ausdifferenzierung gegenüber solchen Zusammenhängen? Sind die Berücksichtigung von Kultur oder von Handlungsaktivität eo ipso damit verbunden, Prozessen der Bildung von Klassen, Schichten (oder anderen Großgruppen) eine Absage zu erteilen?

Vielleicht sollte man anders fragen: Nämlich danach, wie sich in den differenzierten und eigenständigen sozialen und kulturellen Kontexten das „ökonomische Kernverhältnis“ oder „primäre Machtgefälle“ (Kreckel 1990) bemerkbar macht.

In soziale Beziehungen und kulturelle Muster gehen sicher viel mehr und andere Einflüsse ein, als durch ökonomische Lage oder das Klassenverhältnis bestimmt:

konkrete und relativ unmittelbare Lebensbedingungen „vor Ort", geschichtliche und generationsspezifisch gebrochene Erfahrungen, gruppenspezifische Lebensweiseformen, Beziehungen der Geschlechter, Freizeitstile ...

Jede Ableitung würde diese Spezifik wieder einebnen; ohne diese Spezifik ist aber jede Aussage über Klassen, Schichten ... abstrakt. Dennoch läßt sich nach Zusammenhängen fragen und danach, ob und inwieweit sich Kongruenzen herausbilden zwischen ökonomischer Lage, Interaktionsdichte, kulturellen und politischen Gemeinsamkeiten. Es läßt sich nach dem fragen, was die Historiographie – wohl begründet über längere historische Zeiträume – als „Analyse von Konstitutionsprozessen" begreift (Zwahr 1978 und 1980; Kocka 1983). Akzeptiert man, daß damit weder nur die eine Tendenz des Prozesses unterstellt ist (daß Klassen sich bilden, nicht auch wieder entbilden – dazu Kocka 1983; Alheit 1988) noch nur eine bestimmte Wirkungskonstellation der Faktoren oder Dimensionen (Lepsius 1979); akzeptiert man weiterhin, daß nicht ein bestimmtes Endstadium vorschweben muß, dem sich der Prozeß nähert („das Proletariat als reale soziale Klasse"), so sollte dieses Konzept gerade mit der „Beschleunigung aller Verhältnisse" (Berger 1991) und der „Verdichtung von Geschichte" (Offe 1991), die der Transformationsprozeß mit sich bringt, auch für die aktuelle soziologische Analyse tauglich sein. Zumindest spricht es nicht gegen die betonte Inkongruenz verschiedener Faktoren, ohne nur die eine dieser „Wirkungsdimensionen" zu berücksichtigen.

Literatur

Adler, F., 1991: Soziale Umbrüche, in: Reißig, R. / Glaesner, G.-J., (Hrsg.): Das Ende eines Experiments, Berlin: 174–218

Alheit, P., 1988: Lebensweise und Kultur. Zur Veränderung der sozialen Reproduktionsbedingungen der Arbeiterklasse, in: Arbeit und Kultur. Beiträge, Informationen und Kommentare, Nr.7, Recklinghausen: 22–52

Altvater, E., 1991: Karl Marx aus der Verformung retten und vor der Verbannung bewahren, in: Frankfurter Rundschau vom 27. Februar: 31

Beck, U., 1986: Risikogesellschaft. Auf dem Weg in eine andere Moderne, Frankfurt / M.

Beck, U., 1991: Marktwirtschaft und keine Widerworte, in: Die Zeit, Nr.12, vom 15. März: 60

Becker, U. / Nowak, H., 1982: Lebensweltanalyse als neue Perspektive der Meinungs- und Marktforschung, in: E.S.O.M.A.R. Kongreß 1982, Bd.2: 247–267

Berger, P. A., 1991: Von Bewegungen in zur Beweglichkeit von Strukturen. Provisorische Überlegungen zur Sozialstrukturanalyse im vereinten Deutschland, Soziale Welt, 42. Jg., Heft 1

Berger, P. A. / Hradil, S., 1990: Lebenslagen, Lebensläufe, Lebensstile, in: Soziale Welt, Sonderband 7, Göttingen

Bergner, D. / Mocek, R., 1986: Gesellschaftstheorien, Berlin

Bourdieu, P., 1982: Die feinen Unterschiede. Kritik der gesellschaftlichen Urteilskraft, Frankfurt / M.

Brie, M., 1990: Die allgemeine Krise des administrativzentralistischen Systems. Eine reproduktionstheoretische Skizze, in: Initial, 1. Jg., Heft 1: 17–26

Eder, K., (Hrsg.) 1989: Klassenlage, Lebensstil und kulturelle Praxis. Beiträge zur Auseinandersetzung mit Pierre Bourdieus Klassentheorie, Frankfurt / M.

Engler, W., 1991: Stellungen, Stellungnahmen, Legenden. Ein ostdeutscher Erinnerungsversuch, in: Deppe, R. / Dubiel, H. / Rödel, U. (Hrsg.), Demokratischer Umbruch in Osteuropa, Frankfurt / M.: 48–79

Giesen, B. / Leggewie, C., (Hrsg.) 1991: Experiment Vereinigung. Ein sozialer Großversuch, Berlin

Giddens, A., 1988: Die Konstitution der Gesellschaft, Frankfurt / M. – New York

Grathoff, R., 1989: Milieu und Lebenswelt. Einführung in die phänomenologische Soziologie und die sozialphänomenologische Forschung, Frankfurt / M.

Habermas, J., 1981: Theorie des kommunikativen Handelns, 2 Bde., Frankfurt / M.

Hanf, Th., 1991: Modernisierung der Gesellschaft als strukturelles Problem, in: Berliner Journal für Soziologie, 1. Jg., Sonderheft: 73–82

Hartmann, H., 1991: Für alles gerüstet? Die deutsche Vereinigung als Herausforderung für die Soziologie, in: Giesen, B. / Leggewie, C. (Hrsg.), Experiment Vereinigung. Ein sozialer Großversuch, Berlin: 100–110

Hradil, S., 1987: Sozialstrukturanalyse in einer fortgeschrittenen Gesellschaft, Opladen

Joas, H., 1988: Eine soziologische Transformation der Praxisphilosophie – Giddens' Theorie der Strukturierung, Einführung zu: Giddens, A., Die Konstitution der Gesellschaft, Frankfurt / M.: 9–23

Kern, H. / Land, R., 1991: Der „Wasserkopf“ oben und die „Taugenichtse“ unten. Zur Mentalität von Arbeitern und Arbeiterinnen in der ehemaligen DDR, in: Frankfurter Rundschau vom 13. Februar: 16f.

Koch, Th., 1991: Deutsch-deutsche Vereinigung als Kulturproblem: Wird die Bundesrepublik in Deutschland aufgehen?, in: Reißig, R. / Glaeßner, H.-J. (Hrsg.), Ende eines Experiments, Berlin

Kocka, J., 1983: Lohnarbeit und Klassenbildung. Arbeiter und Arbeiterbewegung in Deutschland 1800-1875, Berlin

Kolosi, Th., 1990: Stratifikation und Lebensbedingungen in Ungarn, in: Berger, P. A. / Hradil, S. (Hrsg.), Lebenslagen, Lebensläufe, Lebensstile, Soziale Welt, Sonderband 7, Göttingen: 253–270

Kreckel, R., 1990: Klassenbegriff und Ungleichheitsforschung, in: Berger, P. A. / Hradil, S. (Hrsg.), Lebenslagen, Lebensläufe, Lebensstile, Soziale Welt, Sonderband 7, Göttingen: 51–80

Krüger, H.-P., 1986: Kritik der kommunikativen Vernunft. Eine marxistische Auseinandersetzung mit Toulmin und Habermas zur kommunikationsorientierten Wissenschaftsforschung, Diss. B, Berlin

Krüger, H.-P., 1990: Moderne Gesellschaft und „Marxismus-Leninismus“ schließen einander aus, in: Initial, 1. Jg., Heft 2: 149–154

Lepsius, M. R., 1979: Soziale Ungleichheit und Klassenstrukturen in der Bundesrepublik Deutschland, in: Wehler, H.-U. (Hrsg.), Klassen in der europäischen Sozialgeschichte, Göttingen: 166–209

Lepsius, M. R., 1986: Interessen und Ideen. Die Zurechnungsproblematik bei Max Weber, in: Neidhardt, F. / Lepsius, M. R. / Weiß, J. (Hrsg.), Kultur und Gesellschaft, in: Kölner Zeitschrift für Soziologie und Sozialpsychologie, Sonderheft 27: 20–31

Lepsius, M. R., 1991: Ein unbekanntes Land. Plädoyer für soziologische Neugierde, in: Giesen, B. / Leggewie, C. (Hrsg.), Experiment Vereinigung. Ein sozialer Großversuch, Berlin: 71–76

Mayer, K. U. / Blossfeld, H.-P., 1990: Die gesellschaftliche Konstruktion sozialer Ungleichheit im Lebensverlauf, in: Berger, P. A. / Hradil, S. (Hrsg.), Lebenslagen, Lebensläufe, Lebensstile, Soziale Welt, Sonderband 7, Göttingen: 297–318

Meier, A., 1991: Die Revolution entläßt ihre Theoretiker, in: Giesen, B./Leggewie, C. (Hrsg.), Experiment Vereinigung. Ein sozialer Großversuch, Berlin: 28–37
Meuschel, S., 1991a: Wandel durch Auflehnung. Thesen zum Verfall der bürokratischen Herrschaft in der DDR, in: Berliner Journal für Soziologie, 1. Jg., Sonderheft: 15–28
Meuschel, S., 1991b: Wandel durch Auflehnung. Thesen zum Verfall der bürokratischen Herrschaft in der DDR, in: Giesen, B./Leggewie, C. (Hrsg.), Experiment Vereinigung. Ein sozialer Großversuch, Berlin: 26–47
Mocek, R., 1990: Vom Patriarchensozialismus zur sozialistischen Demokratie. Überlegungen zu einer neuen Theorie der Gesellschaft, in: Initial, 1. Jg., Heft 1: 5–15
Mooser, J., 1984: Arbeiterleben in Deutschland 1900-1970, Frankfurt/M.
Müller, H.-P., 1989: Lebensstile, in: Kölner Zeitschrift für Soziologie und Sozialpsychologie, 41. Jg., Heft 1: 53–71
Müller, W., (o.J.): Was bleibt von den Klassenstrukturen? (unveröff. Manuskript), Mannheim
Offe, C., 1991: Die deutsche Vereinigung als „natürliches Experiment", in: Giesen, B./Leggewie, C. (Hrsg.), Experiment Vereinigung. Ein sozialer Großversuch, Berlin: 77–86
Peter, L., 1988: Die Welt dreht sich ganz anders, in: Forum Wissenschaft, Heft 4: 67–68
Peter, L., 1990: Legitimitätsbeschaffung oder „machtkritische Subkultur"? Marxistisch-leninistische Soziologie und Systemzerfall in der DDR, in: Kölner Zeitschrift für Soziologie und Sozialpsychologie, 42. Jg., Heft 4: 611–641
Pollack, D., 1990: Das Ende einer Organisationsgesellschaft. Systemtheoretische Überlegungen zum gesellschaftlichen Umbruch in der DDR, in: Zeitschrift für Soziologie, 19. Jg., Heft 4: 292–307
Reißig, R./Glaeßner, H.-J., 1991: Das Ende eines Experiments, Berlin
Ritsert, J., 1988: Der Kampf um das Surplusprodukt. Einführung in den klassischen Klassenbegriff, Frankfurt/M. – New York
Schütz, A., 1972: Der Fremde. Ein sozialspychologischer Versuch, in: Ders., Gesammelte Aufsätze, Bd.2, Den Haag
Schütz, A./Gurwitsch, G., 1985: Briefwechsel 1939–1959, hrsg. von R. Grathoff, München
Schütz, A./Parsons, T., 1977: Zur Theorie sozialen Handelns. Ein Briefwechsel, Frankfurt/M.
Strasser, H./Goldthorpe, J. H., (Hrsg.) 1985: Die Analyse sozialer Ungleichheit, Opladen
Teschner, M., 1989: Was ist Klassenanalyse? Über Klassenverhältnis, Ausbeutung und Macht, in: Leviathan, 17. Jg., Heft 1: 1–14
Thomas, M., 1987: Phänomenologische Soziologie – eine Herausforderung?, in: I. Internationales Kolloquium zur Theorie und Geschichte der Soziologie, Institut für Soziologie und Sozialpolitik der AdW, Berlin: 450–463
Thomas, M., 1990a: Marxistische Sozialstrukturtheorie in der aktuellen Soziologiediskussion: eine contradictio in adjecto?, in: Berger, P. A./Hradil, S. (Hrsg.), Lebenslagen, Lebensläufe, Lebensstile, Soziale Welt, Sonderband 7, Göttingen: 103–124
Thomas, M., 1990b: Wenn es konkret wird: Hat marxistische Klassentheorie Chancen in der modernen Unübersichtlichkeit? (Beitrag auf dem 25. Deutschen Soziologentag in Frankfurt/M.), im Erscheinen
Thomas, M., 1990c: Husserl und Schütz in der aktuellen Sozialstrukturdiskussion (Vortrag auf dem Husserl-Schütz-Kolloquium „Gelehrtenrepublik und Lebenswelt" an der Nationalbibliothek Wien), im Erscheinen
Waldenfels, B., 1987: Ordnung im Zwielicht, Frankfurt/M.
Weber, M., 1976: Wirtschaft und Gesellschaft. Grundriß der verstehenden Soziologie, 5. Aufl., Tübingen
Wehler, H.-U., 1985: Alltagsgeschichte, in: Wehler, H.-U. (Hrsg.), Geschichte und Ökonomie, Köln
Weidig, R., 1985: Soziale Triebkräfte ökonomischen Wachstums, Hauptreferat auf dem 4. Soziologiekongreß der DDR, Berlin
Zapf, W., 1990: Modernisierung und Modernisierungstheorien, WZB-Papers, P 90-104

Zapf, W. / Breuer, S. / Hampel, J. / Krause, P. / Mohr, H.-M. / Wiegand, E., 1987: Individualisierung und Sicherheit. Untersuchungen zur Lebensqualität der Bundesrepublik Deutschland, München
Zwahr, H., 1978: Zur Konstituierung des Proletariats als Klasse, Berlin
Zwahr, H., 1980: Proletariat und Bourgeoisie in Deutschland. Studien zur Klassendialektik, Köln

Peter A. Berger

„Was früher starr war, ist nun in Bewegung" – oder: Von der eindeutigen zur unbestimmten Gesellschaft[1]

Gegenüber einem immens beschleunigten sozialen Wandel, wie ihn die *„Einverleibung"* (Mayer 1991) der einstigen DDR in die BRD und die rapide *„Verwestlichung"* der neuen Bundesländer unter der Hegemonie der alten (Hartmann 1991) darstellt, gerät der sozialwissenschaftliche Beobachter leicht ins Hintertreffen: Was heute noch zu gelten scheint, ist morgen schon der Schnee von gestern; anfangs sehr zweckoptimistische Aufschwungprognosen wurden von immer düstereren Krisenszenarios so rasch überholt, daß Versuche, den Umbruch sozialwissenschaftlich „auf den Begriff" zu bringen oder gar zu „messen", schnell veralten.

Dieses gewiß nicht exklusive Schicksal ereilte auch einige Überlegungen zu neuen Herausforderungen an die Sozialstrukturanalyse im sich vereinigenden Deutschland, die ich im September 1990 für den Frankfurter Soziologentag vorbereitete (Berger 1991): Noch ganz unter dem Bann des öffentlichen Diskurses und der Rasanz der Ereignisse schien es mir damals z. B. ratsam, gegenüber allzu optimistischen Zukunftsprognosen ausdrücklich darauf hinzuweisen, daß mit einem massiven Anstieg von Arbeitslosigkeit in den „fünf neuen Bundesländern" zu rechnen sei und das Wohlstandsgefälle zwischen Deutschland-West und Deutschland-Ost wohl doch nicht so schnell abgebaut werden kann, wie sich dies nicht nur manche Politiker, sondern sicherlich auch ein Großteil der ehemaligen DDR-Bevölkerung wünschten.

Ein halbes Jahr später – im März 1991 – ist es weitgehend müßig geworden, die vielfältigen Krisenerscheinungen, Unwägbarkeiten und Unberechenbarkeiten, die mit dem „Großversuch" der deutschen Vereinigung (Giesen/Leggewie 1991) verknüpft sind, erneut zu beschreiben und ausführlicher zu belegen: Angesichts der fortschreitenden *„Normalisierung" der Krise* in den fünf neuen Bundesländern ist mittlerweile die Diagnose eines großen, sich u. U. noch verschärfenden Wohlstandsgefälles zwischen Ost und West ebenso zum Gemeinplatz geworden wie die Prognose massiver Probleme auf dem Arbeitsmarkt (vgl. z. B. Autorengemeinschaft 1990). Und eine interessante Fragestellung wäre nun nicht mehr nur, ob und in welcher Größenordnung z. B. Arbeitsmarktfluktuationen, Arbeitslosigkeit und

[1] Dieser Text ist im Rahmen des von der DFG geförderten Projekts „Die Verzeitlichung sozialer Ungleichheit" unter der Leitung von Ulrich Beck entstanden und verdankt viele Anregungen und Ideen den Diskussionen mit meinen Projektkollegen Peter Sopp und Peter Steinmüller, die mich auch bei Berechungen und bei der Material- und Literatursammlung unterstützten.

regionale Mobilität zu erwarten sind, sondern auch, warum renommierte Forschungsinstitute sich zu vorschnell-optimistischen Fehlprognosen hinreißen ließen – und warum zukunftsfrohe Parolen zunächst auch wider besseres Wissen so großen Anklang fanden.

I.

Das rasante Veralten vieler Diagnosen und Prognosen weist nachdrücklich auf das *Besondere und Außergewöhnliche* an diesem Umbruch hin, der in diesem Tempo und in dieser Radikalität weder im Kategoriensystem gängiger soziologischer Großtheorien vorgesehen war noch durch die „Frühwarn-Empirie" (Beck 1991) der (bundes-)deutschen Soziologie vorausgesehen werden konnte[2]: Denn mit der Vereinigung der beiden Deutschland unterliegen nicht nur einzelne, eindeutig benennbare und gut voneinander isolierbare Dimensionen und Kategorien der deutschen Sozialstruktur einer lediglich allmählichen, oft nur nach Dekaden zu bemessenden Veränderung. Vielmehr wurde ja, wenigstens was das Gebiet der einstigen DDR betrifft, eine *ganze Gesellschafts- und Sozialstruktur*, einschließlich ihres rechtlich-institutionellen Grundgerüstes und ihrer kulturell-normativen Orientierungsmuster, *von heute auf morgen* zur Disposition gestellt. Dieser in Teilen ja durchaus revolutionäre, *diskontinuierliche* Strukturwandel transformiert das entstehende „neue" Deutschland zugleich in eine europäische Region, in der die Vermischung verschiedener „Modernitätsniveaus" (vgl. Marz 1991; Zapf 1991), die Ungleichzeitigkeit von „einfacher" und „reflexiver" Modernisierung (Beck 1990) den häufig beklagten „neuen Unübersichtlichkeiten" moderner Industriegesellschaften (Habermas 1985) weitere hinzufügen und das Geschäft der Sozialstrukturanalyse schwieriger, aber auch spannender machen wird.

Man kann diese „Destruktion", Re- und Neu-Konstruktion sozialer Strukturen (Hanf 1990), die für die ehemaligen DDR-Bürger besonders folgenreich ist, in erster Näherung vielleicht mit der Metapher eines *Brettspiels* umschreiben: Die „Felder" des Brettes symbolisieren die klar umrissenen strukturellen Positionen, und die Bewegungen zwischen den Feldern vollzogen sich in der einstigen DDR nach ziemlich präzis vorgegebenen Regeln. Der schnelle Übergang von einer

---

[2] Wie weit dies den Sozialforschern in der ehemaligen DDR möglich gewesen ist, ist offen: Zwar scheint es z. B. in Umfragen des Leipziger Zentralinstituts für Jugendforschung schon seit Beginn der 80er Jahre Hinweise auf wachsende Unzufriedenheiten insbesondere in der jüngeren DDR-Bevölkerung gegeben zu haben. Ob sich allerdings darüber hinaus in den real vorhandenen „Panzerschränken" und in den oft als „Vertraulich" oder sogar als „Geheime Verschlußsachen" deklarierten empirischen Materialien noch weitere, für die Rekonstruktion des Wandlungsprozesses verwertbare sozialwissenschaftliche Einsichten finden lassen, bleibt abzuwarten.

staatssozialistischen Planwirtschaft, die in ihrer Starrheit, weitgehenden Regulierung und „Eindeutigkeit" viele Züge einer „bürokratischen Ständegesellschaft" trug (Meier 1990 und 1991; vgl. Teckenberg 1989), in eine „beweglichere" Marktgesellschaft, von eher „geschlossenen" zu „offeneren" Positionssystemen (vgl. Sorensen 1983 und 1986), hat aber die Strukturen und institutionellen Festlegungen grundlegend verwandelt. Der umfassende und tiefgreifende *Strukturbruch* hat neue „Felder" erzeugt und alte verschwinden lassen, die Relationen der Felder zueinander und die „Wertigkeit" der Figuren – also z. B. den Wert der im bisherigen Lebenslauf erworbenen Qualifikationen – verändert, neue Regeln für die Bewegungen zwischen übriggebliebenen und neu hinzugekommenen, aber auch von alten zu neuen Feldern eingeführt, andere Gewinn- und Verlustvermeidungsstrategien wirksam werden lassen. In den neuen Bundesländern wurden nicht lediglich die Spielregeln geringfügig modifiziert, die Einsätze und Limits etwas verschoben, die Risiken und Gewinnchancen leicht verändert, einige Spielsteine auf andere Felder verschoben und eventuell ein paar neue Felder und Figuren hinzugefügt. Vielmehr wird – um noch für einen Moment im Rahmen der vielleicht angesichts der großen Probleme etwas unpassenden Spiel-Metapher zu verbleiben – nun plötzlich und ohne genügend lange „Vorwarnzeiten" ein *anderes*, in vielerlei Hinsicht für die Bewohner der einstigen DDR *unbekanntes und riskantes „Spiel"* gespielt.

Die Sozialstruktur- und Ungleichheitsforschung im vereinten Deutschland sieht sich daher nicht nur mit einer rein quantitativen „Vergrößerung" ihres Gegenstandes konfrontiert, der durch eine simple Ausdehnung des „Erhebungsgebietes" einfach wieder eingemeindet werden könnte. Vielmehr muß sie sich darauf einstellen, daß die ostdeutsche, aber auch Teile der westdeutschen Sozialstruktur in fast allen ihren Aspekten, also sowohl als *Verteilungsmuster* von Kapital, Handlungsressourcen, Lebenschancen und Personen, als *Bewegungsmuster* von Individuen und Familien in Strukturen sowie als *Muster von strukturellen Positionen*, einen nachhaltigen *Bruch ihrer Nachkriegskontinuität* erfahren werden – und dies eben ungewöhnlich schnell geschieht (vgl. Lepsius 1991: 71). Die folgenden Beobachtungen und Überlegungen sollen einige Züge dieses diskontinuierlichen Strukturwandels von einer *starren* zu einer *beweglichen*, von einer *eindeutigen* zu einer *unbestimmten* Sozialstruktur beschreiben und zugleich auf damit verbundene, methodische wie theoretische Schwierigkeiten und Herausforderungen für die Sozialstrukturanalyse hinweisen.

II.

Mit dem Beitritt der DDR zur Bundesrepublik etablierte sich zunächst ein in diesem Ausmaß in den beiden Teil-Deutschlands bis dato unbekanntes *Wohlstandsgefälle* zwischen Ost und West, das für einige Jahre materielle Knappheiten und „traditionelle", z. T. schon überwunden geglaubte Verteilungs- und Umverteilungsfragen gegenüber „Risikodiskursen" wieder in den Vordergrund rücken wird. Die überwiegende Mehrheit der Ex-DDR-Bürger fühlt sich mittlerweile als „Bürger zweiter Klasse"[3], und das anfänglich freundlich-harmlose Begriffspaar „Wessi / Ossi" nimmt teilweise schon Züge eines mit wechselseitigen Vorurteilen und Ressentiments aufgeladenen sozialen Distinktionskriteriums an. Massive „horizontale Disparitäten" zeichnen sich ab, und es kommt im gesamtdeutschen Maßstab zu einem Bedeutungsgewinn quasiaskriptiver Merkmale wie Geburts- und Wohnort, der eine neue „*Territorialisierung*" im Sinne einer „Aufwertung der sozialräumlichen Verortung einer Person" einzuleiten scheint (Hartmann 1991: 103). Dabei hat sich in den letzten Monaten das West-Ost-Gefälle eher noch verschärft, denn einem in dieser Größenordnung beispiellosen Produktionsrückgang im Osten steht eine weiterhin „boomende" Westwirtschaft gegenüber, die durch private und öffentliche Konsumausgaben aus dem Osten noch zusätzlich Wachstumsimpulse erhält. Der dadurch induzierte Wohlstandszuwachs im Westen dürfte allerdings durch *Rückwirkungen* des Vereinigungsprozesses auf die Lebenslagen der Bürger in den alten Bundesländern überlagert werden, wo Steuererhöhungen und steigende Sozialversicherungsbeiträge, das Umlenken öffentlicher Mittel für Infrastrukturinvestitionen in die neuen Bundesländer und „Einsparungsversuche" die Ströme monetärer und realer Transfers deutlich verschieben werden – wobei damit zu rechnen ist, daß davon jene Alt-Bundesbürger besonders getroffen werden, die als Marginalisierte der „bezahlten Arbeitsgesellschaft" (Kreckel 1983 und 1990) sowieso schon verstärkt auf wohlfahrtsstaatliche Transferleistungen angewiesen sind.

Auch wenn die Gewerkschaften erste Erfolge im Hinblick auf eine allmähliche Angleichung der Lohn- und Einkommensniveaus von Ost und West erzielen konnten, ist sicherlich noch für einige Jahre damit zu rechnen, daß in den fünf neuen Bundesländern eine *doppelte Lohn- und Einkommensstruktur* existiert, in der gleiche – oder zumindest vergleichbare – Arbeitstätigkeiten und Qualifikationen ungleich bewertet werden, je nachdem, ob aktuelle Positionsinhaber bzw. ihre Qualifikationen der Ex-DDR oder der Alt-BRD entstammen, und beispielsweise Beamte und „leitende Mitarbeiter" aus Westfirmen für ihre Tätigkeit im Osten mit Gehaltszuschlägen und Karrierevorteilen „belohnt" werden. Spiegelbildlich dazu fanden sich in den alten Bundesländern schon neuartige Fälle von Leiharbeit, bei denen Ex-DDR-Betriebe „ihre" Arbeitnehmer an West-Betriebe „ausleihen", wobei dann die Ex-DDR-Arbeitnehmer „hier" nach den östlichen, niedrigeren Tarifen entlohnt werden, während die Ost-Betriebe den westlichen Entleih-Firmen höhere Lohnsätze als im Osten z. Z. noch üblich in Rechnung stellen (vgl. DER SPIEGEL, Jg. 44, Nr. 40 vom 1.10.1990: 156; DIE ZEIT, Nr. 43 vom 19.10.1990: 32).

---

[3] Gegenüber Meinungsumfragen im September / Oktober 1990 erhöhte sich der Prozentsatz von Bewohnern der ehemaligen DDR, die sich als „Bürger zweiter Klasse" sehen, von 75 % auf 85 % im Februar / März 1991 (DER SPIEGEL, Jg. 45, Nr. 12, vom 12. 3. 1991: 51).

Trotz der „Territorialisierung" werden sich also „alte" (und „neue") Ungleichheitsfragen in Ost und West mit dem West-Ost-Gefälle so vermischen, daß die neu entstehenden Muster ungleicher Lebenslagen im vergrößerten Deutschland nicht ohne weiteres nach dem Schema einer einfachen Differenz, festgemacht an Wohn-, Geburts- oder Arbeitsort, abgebildet werden können. Überlagert werden solche *Verdoppelungen und Brechungen von Ungleichheitsmustern* nämlich noch durch umfangreiche und anscheinend nur vorübergehend gebremste Ströme regionaler *Ost-West-Mobilität*, die hauptsächlich jüngere und besser qualifizierte Menschen erfassen, sowie durch große *Pendlerströme* nicht nur im ehemals „grenznahen" Raum, sondern z. T. auch über größere Entfernungen hinweg, bei denen Bewohner der fünf neuen Länder zwar bessere Arbeits- und Einkommenschancen im Westen finden, jedoch dafür teilweise sehr große Belastungen durch lange An- und Abreisezeiten auf sich nehmen müssen.[4] Die bisher nur schwach ausprägte Mobilität privaten Kapitals in Richtung der neuen Bundesländer bewirkt also eine gegenläufige Mobilität vieler Menschen, die nun zu den Arbeitsplätzen im Westen wandern, dadurch zeitweise oder endgültig aus ihren bisherigen Lebensbahnen und -umständen herausgelöst werden und sich den Gefahren von Vereinzelung und Individualisierung in besonderem Maße ausgesetzt sehen (vgl. Beck 1983).

Trägt diese Ost-West-Mobilität bei fortbestehendem Wohlstandsgefälle und unterschiedlichen Arbeitsplatz- und Einkommenschancen im Westen zu *„Unterschichtungsphänomenen"* bei, die z. B. die Konkurrenz um Arbeitsplätze mit geringen Qualifikationsanforderungen verstärken kann, so kann der „Import" westlicher Wirtschaftsexperten und Verwaltungsspezialisten im Osten ebenso zu *„Überschichtungsphänomenen"* führen, wie die von vielen Westbürgern eifrig betriebene Reaktivierung alter Besitzansprüche und die – manchmal hart an den Grenzen der Legalität verlaufende (vgl. z. B. Humann 1990) – Ausnutzung „besonderer Gewinnchancen" im Osten, die dem Entstehen einer *neuen „Besitzbourgeoisie"* Vorschub leisten kann.[5] Von besonderem Interesse wird hier sein, ob und wieweit es dabei auch den alten Parteieliten und neuen „Seilschaften" gelingt, sich z. B. über den Immobilienmarkt oder die Aneignung von Pro-

[4] Nach Umfrageergebnissen des Leipziger Zentralinstituts für Jugendforschung stieg die Quote der 15- bis 25jährigen, die „wahrscheinlich" oder „auf jeden Fall" aus den neuen Bundesländern in die Alt-BRD übersiedeln wollen zwischen Juli und September/Oktober 1990 von 4 % auf 12 % (DER SPIEGEL, Jg. 44, Nr. 44, vom 29.10.1990: 47); im Februar/März wollen 6 % aller Befragten wahrscheinlich oder bestimmt übersiedeln (im Alter von 20–29 Jahren: 11 %), und nur mehr 48 % der jüngeren Befragten geben an, „auf jeden Fall" in der Ex-DDR bleiben zu wollen (DER SPIEGEL, Jg. 45, Nr. 12, vom 12. März 1991: 53). Die Bundesanstalt für Arbeit schätzt z.Z., daß ca. 20 000 Personen monatlich von Ost nach West übersiedeln und geht von rund 300 000 Ost-West-Pendlern aus (SZ, Nr. 72, vom 26.3.1991: 1).

[5] Vorstellbar ist hier zudem eine eher „interne" Überschichtung in grenznahen Räumen der Ex-DDR, wo manche Pendler z. B. von hohen Löhnen im Westen und (noch) niedrigen Mieten im Osten profitieren können.

duktivvermögen in ein neues „Besitzbürgertum" zu verwandeln (vgl. Mayer 1991: 94f.)[6].

Denkbare „Unterschichtung" im Westen, drohende „Überschichtung" im Osten, ein längere Zeit fortbestehendes Wohlstandsgefälle, sich nur langsam annähernde Arbeitsmarkt- und Einkommenschancen und fortwirkende Modernitätsdifferenzen[7] werden also insgesamt nicht nur zu einer *Zunahme von Ungleichheiten* im „neuen" Deutschland führen, sondern gleichzeitig auch zu vielen und im Rahmen der gängigen Sozialstrukturkategorien nicht leicht unterzubringenden *Mischungs- und Überlagerungsphänomen* beitragen, bei denen offen ist, ob es sich um „Übergangserscheinungen" handelt oder ob einige dieser *Ungleichheitsphasen* (Berger 1990a) sich zu stabilen, bevorzugten oder benachteiligten Lebenslagen auskristallisieren werden. Für die Sozialstrukturforschung bedeutet dies, daß sie sich mittelfristig auf die Existenz zweier in ihrer bisherigen Geschichte deutlich verschiedener Sozialstrukturen innerhalb eines nationalstaatlichen Rahmens, auf *„verdoppelte"*, in sich mehrfach gebrochene und in diesem Sinne *„unbestimmte" Muster sozialer Ungleichheiten* einstellen muß. In diesen Mustern werden nicht nur einfache Ost-West-Differenzen noch für längere Zeit prägend sein, sondern die jeweiligen Differenzen werden sich auch im jeweils anderen Teil nochmals verdoppeln und spiegeln – mit allen damit verbundenen Konsequenzen für die *Selbst- und Fremdverortung* der betroffenen Menschen im Rahmen von Klassen- oder Schichtmodellen, aber auch innerhalb anderer Klassifikationsschemata und Differenzsemantiken (Berger 1987, 1988, 1989 und 1990b).

Einige Unterfragen im Hinblick auf *Gesellschaftsbilder, Ungleichheitssemantiken und Legitimationskriterien* lassen sich schon hier anschließen: Wie wirken sich die

---

[6] Beim Übergang von „Marx zu Markt" kommt es dabei vielen Presseberichten zufolge (z. B. DIE ZEIT, Nr. 45, vom 2.11.1990: 24; SZ, Nr. 266, vom 19.11.1990: 3) zu *paradoxen Lerneffekten*, etwa derart, daß das lange hochgehaltene, ideologische Zerrbild „(früh)kapitalistischer" westlicher Verhältnisse nun als Vorbild, als neue „Norm" für „marktgerechtes" Verhalten genommen wird: Viele ehemalige Kombinats- und LPG-Direktoren scheinen nun nach ihrer Verwandlung in „Geschäftsführer" von GmbHs und Genossenschaften – als Konvertiten besonders eifrig – solchen simplifizierenden Deutungsmustern und Weltbildern anzuhängen, in denen etwa „Mitbestimmung", „soziale Rechte des Arbeitnehmers", „Fürsorgepflicht des Arbeitgebers" Fremdwörter sind. Und auch die Versuche sog. „Seilschaften" aus ehemaligen „Führungskadern" in der DDR, ihre Macht durch die Nutzung informeller Beziehungsnetze – die häufig auch westliche Führungskräfte mit einschließen – zu erhalten, zu stabilisieren und ihren Netzwerkmitgliedern ein Überleben in privilegierten Positionen auch unter veränderten Bedingungen zu sichern, scheinen z. T. durchaus „erfolgreich" zu sein: Jedenfalls äußern sich noch im Herbst 1990 rund vier Fünftel der damals Noch-DDR-Bürger „besorgt" bis „sehr besorgt" darüber, daß zu viele (ehemalige) SED-Funktionäre noch Macht hätten (DER SPIEGEL, Jg. 44, Nr. 46, vom 12.11.1990: 126).

[7] Die sich jedoch, denkt man etwa an die hohe Erwerbsbeteiligung der Frauen, an hohe Scheidungsquoten in der Ex-DDR oder an bestimmte, sozial- und familienpolitische Regelungen, ebenfalls einer Einordnung in die zu einfache Vorstellung eines nur in eine Richtung verlaufenden „Modernitätsgefälles" zwischen West und Ost sperren (vgl. Hanf 1990; zu Differenzen und Ähnlichkeiten in der demographischen Entwicklung auch: Mayer 1991: 95f.).

bisher zwischen Ost und West radikal unterschiedlichen Deutungsmuster zur „(Groß-)Gruppenstruktur“ sozialer Ungleichheiten auf die Gesellschaftsbilder der betroffenen Menschen unter den neuen Umständen aus? Was geschieht also mit dem, was „in den Köpfen“ ist, mit den alten Mentalitäten und Gesellschaftsvorstellungen (vgl. Kern / Land 1991; Marz 1991; Mayer 1991: 98)? Zunächst sah es ja, zumindest gemessen am Wahlverhalten der (Ex-)DDR-Bürger, so aus, als würde es in einer Art vorweggenommener „Überanpassung“ an westliche Deutungsmuster zu einer vollständigen Abkehr von einer Klassen(kampf)semantik kommen[8] – der Boden für die Übernahme des westlichen „Leistungsprinzips“ als Legitimationsgrundlage sozialer Ungleichheit war ja ironischerweise durch die in der DDR seit den 70er Jahren diskutierte, mehr leistungsorientiert-funktionalistische „Funktionsgruppen“-Semantik schon vorbereitet (Belwe 1989; Laatz 1990; Thomas 1990a). Wird vor diesem Hintergrund z. B. die westdeutsche „Politik der Lebensstile“ (vgl. Neckel / Berking 1990) und der Diskurs der „Post-Moderne“ den lebensweltlichen Relevanzverlust von „traditionalen“ Großgruppenbegriffen auch in der ehemaligen DDR beschleunigen, wo er, da ja dort der Abstand zwischen einer verordneten „Staatswirklichkeit“ und den alltäglichen Lebensverhältnissen besonders groß war (Thomas 1990b), möglicherweise auf ein Fehlen von eigenständigen „Gesellschaftsbildern“, die über den unmittelbaren Nahraum individueller „Nischenrealitäten“ hinausreichen, trifft? Hierher gehören auch Fragen nach der Wirksamkeit bundesdeutscher Medien – „Kann man ein Land über den Bildschirm erobern?“ (Hartmann 1991: 102) –, deren (Werbe-)Bilder von westlichen Konsum- und Lebensstilen ja schon vor der Wende in die Köpfe vieler DDR-Bürger einsickern konnten.

Was passiert aber mit dieser – u. U. nur oberflächlichen, „irrealen“ und kurzfristigen – „Verwestlichung“ kognitiver Raster der Ungleichheitswahrnehmung, -deutung und -legitimation, wenn das Wohlstandsgefälle sich als hartnäckiger erweist, als zuerst erhofft, und sich der Eindruck, als „Bürger zweiter Klasse“ behandelt zu werden, verhärtet? Wenn also der Diskreditierung „sozialistischer“ Gleichheits- und Gerechtigkeitsversprechungen die *Enttäuschung über uneingelöste marktwirtschaftliche Wohlstandsverheißungen* auf den Fuß folgt,[9] jedoch zu einer kapitalistischen „Lösung“ keine „Systemalternativen“ mehr vorhanden scheinen,

---

[8] Wobei kurzfristig bemerkenswert „realistische“ *Verkehrungen* auftreten können, so z. B. bei einem Ostberliner Arbeiter, der berichtet, bei der Volkskammerwahl im März 1990 mit seinem Votum für die CDU bewußt „dem Kapital“ seine Stimme gegeben zu haben (DIE ZEIT, Nr. 13, vom 22.3.1991: 28).

[9] Gemessen an der subjektiven Bewertung ihrer Lebensverhältnisse (*„Allgemeine Lebenszufriedenheit“*) weist die „Gesamtbevölkerung im Osten Deutschlands ein Niveau auf, das im Westen Deutschlands dem von Arbeitslosen, von alleinlebenden, einsamen Älteren, von in engen Verhältnissen lebenden Kinderreichen oder dauerhaft gesundheitlich Beeinträchtigten“, also von sog. „Problemgruppen“, entspricht; und immerhin ein Drittel der Ost-Bürger nimmt schon im Oktober 1990 eine Verschlechterung ihrer Lebenssituation im Vergleich zu fünf Jahren vorher wahr (Arbeitsgruppe Sozialberichterstattung 1991: 33f.).

mithin auch „Auseinandersetzungen um die soziale Frage, notwendige Reformen und Reorganisationen des Sozialstaates ... in Zukunft ohne das Schlüsselwort ‚Sozialismus‘ auskommen müssen“ (Beck 1991: 26)?[10] Auf alle Fälle werden politisch normative Vorgaben, eingelebte Wertorientierungen und Erfahrungen mit dem bisherigen Herrschafts- und Gesellschaftssystem, die z. T. tief in der Mentalität und den Deutungsmustern ehemaliger DDR-Bürger verankert sind[11], sich ebensowenig von heute auf morgen „in Luft auflösen“ wie eine für eine stabile Demokratie als notwendig erachtete *„Bürgerkultur“* (civic culture) einfach aus dem Boden gestampft werden kann. In welche Richtung sich das entstehende, durchaus brisante Mischungsverhältnis von Revolutionserfahrungen im Herbst 1989, von massenhafter Enttäuschung über das – vorläufige? – Ausbleiben des herbeigesehnten, allgemeinen Wohlstandsschubes bei gleichzeitig zunehmender Ungleichheit,[12] von Restbeständen „sozialistisch“-egalitärer Ideologeme und Erwartungshaltungen,

[10] Eher marxistisch orientierte Theoretiker, aber auch „linke“ Gruppierungen und Parteien, sehen sich vor diesem Hintergrund nicht nur mit der Frage konfrontiert, ob die Überlebenschancen einer marxistischen Klassentheorie durch den Miteinbezug mehrdimensional und komplex vorgestellter Prozesse der „Klassenkonstituierung“ (z. B. Zwahr 1981) und Klassen(ent)bildung (Kocka 1983; vgl. Berger 1986 und 1987) oder durch lebensweltliche „Konkretisierung“ (Thomas 1990b) verbessert werden können. Darüber hinaus scheinen nun, nach dem – durchaus tragischen – „Scheitern“ des „realsozialistischen Experiments“, auch die normativ-utopischen Gehalte des Marxschen Gesellschafts- und Geschichtsbegriffs und die daraus „ableitbaren“ Klassenmodelle bzw. politischen Strategien, die ja auf die „Aufhebung“ zumindest des „Klassengegensatzes“ zielten und dazu auch „Klassenbündnisse“ suchten, endgültig(?) „haltlos“, wenn nicht gar unhaltbar geworden zu sein. Offensichtlich besteht auch in dieser Hinsicht „Nachholbedarf“, um von den (Haber)Marxschen Zweifeln, „ob sich eine Zivilisation als Ganze in den Strudel eines ihrer Subsysteme überhaupt hineinziehen lassen darf – nämlich in den Sog eines dynamisierten ..., rekursiv geschlossenen Wirtschaftssystems“ (Habermas 1990: 187), noch zu retten, was rettenswert erscheint (vgl. dazu auch: Weiss 1991).

[11] Hierher gehören z. B. das „Recht auf Arbeit“, eine mehr auf die staatliche, häufig repressive Züge zeigende „Fürsorge“ ausgerichtete, aber auch auf private „Nischen“ und „Solidaritäten“ sowie die Einbettung in die „Betriebsgemeinschaft“, das „Kollektiv“, angewiesene Lebensführung (zur Zentralität von Arbeits- und Betriebserfahrungen für die Herausbildung der Arbeiter/innen-Mentalität in der Ex-DDR vgl. bes. Kern/Land 1991), eine deutlich distanziertere Haltung zu Religion und Kirche, andere Verteilungsnormen und Gerechtigkeitsvorstellungen bis hin zur alltagspraktischen Legitimität „informeller“ Tauschprozesse, betrieblicher Kompromißbildungen und Erwerbsaktivitäten jenseits staatlicher politischer Vorgaben. Ein Indiz dafür ist etwa die weite Verbreitung „nebenberuflicher Tätigkeiten“ in der einstigen DDR: Von den über 16jährigen gab im Rahmen des noch vor der Währungsunion auf die DDR ausgedehnten „Sozioökonomischen Panels“ (SOEP-Ost) fast ein Fünftel an, mehr oder weniger regelmäßig einem Nebenerwerb nachzugehen (BRD 1989: 7 %); für Männer gilt dies zu 28 % (Frauen: 11 %), und insbesondere in der älteren DDR-Bevölkerung scheint eine zumindest gelegentliche Nebenerwerbstätigkeit mit 38 % weit verbreitet (DIW-Wochenbericht, Jg. 57, Nr. 37/1990, vom 13.9.1990: 523).

[12] Nach Offe (1991a: 291) besteht ja eine der zentralen und schwer legitimierbaren Paradoxien der (Un-)Gleichzeitigkeit beim Übergang von staatssozialistischen zu marktwirtschaftlichen Gesellschaften gerade darin, daß „es *manchen* rasch sehr viel besser gehen muß, damit es *allen langfristig etwas* besser geht“.

die beispielsweise auch eine bewußte Aufhebung der Grenzen zwischen Politik und Ökonomie umfaßten (vgl. Bender 1991: 301), und von für totalitäre Gesellschaftsformen typischen Überbleibseln einer „Untertanenkultur“, die von vielen Beobachtern in der Ex-DDR ausgemacht werden,[13] auflösen wird, scheint zur Zeit kaum prognostizierbar – in Leipzig fanden jedenfalls im März 1991 wieder „Montagsdemos“ statt.

III.

Der Strukturbruch zwischen einer staatssozialistischen Wirtschaftsform und einer marktwirtschaftlich verfaßten Gesellschaftsform sowie die massiven und allem Anschein nach noch länger anhaltenden ökonomischen Schwierigkeiten in den neuen Bundesländern führen insbesondere im Osten zu sehr nachhaltigen *Verschiebungen der Berufs- und Erwerbsstruktur*, verbunden mit ungewöhnlich umfangreichen *Fluktuationen auf dem Arbeitsmarkt* und extrem hoher *Arbeitslosigkeit*. Da es sich allerdings bei den zunehmend pessimistischer werdenden Prognosen[14] meist um Schätzungen von Durchschnitts- oder Bestandszahlen handelt und bekanntlich die Zahl der tatsächlichen Arbeitslosigkeitsfälle und -phasen, die die individuelle Betroffenheit von Arbeitslosigkeit widerspiegeln, davon erheblich nach oben abweichen kann, wird die überwiegende Mehrheit der Erwerbstätigen in den neuen Bundesländern, wo es ja zu „alten“ DDR-Zeiten offiziell (fast) keine Arbeitslosigkeit gab, nach dem Auslaufen noch stabilisierend wirkender – und eben wieder verlängerter – Schutz- und Übergangsregelungen (z. B. Kurzarbeiterregelung, Kündigungsschutzabkommen) ihren Einstieg in die Marktwirtschaft in Form eines „Nicht-Einstiegs“, nämlich als *Arbeitslosigkeit* erleben.

Hier gewinnt nun vor allem die *Perspektive einer „dynamischen“, „verzeitlichten“ Sozialstruktur- und Arbeitsmarktforschung*, die sich von Querschnitts- und Aggregatanalysen löst und diese um „mikroanalytische“

[13] Aus psychotherapeutischer Sicht rekonstruiert z. B. Maaz (1990) die vielfältigen psychischen Beschädigungen durch den repressiven Herrschafts-, Macht- und Versorgungsapparat der einstigen DDR. Und ein Vergleich zwischen Ost- und West-Berliner Befragten erbringt zwar Indizien für eine bei den Ost-Berlinern z. T. höhere Bereitschaft, sich an legalen politischen Handlungsformen und Protestaktionen zu beteiligen, weist jedoch zugleich darauf hin, daß im Osten der Stadt (und in der gesamten Ex-DDR) tieferliegende, für die politische Kultur und Psychologie folgenreiche Persönlichkeitsmerkmale wie „Entfremdung“, „Autoritarismus“ und „Ethnozentrismus“ weiter verbreitet sind als im Westen (vgl. Forschungsschwerpunkt sozialer Wandel 1991: 25ff.). Darüber hinaus beginnen sich als Konsequenz der vielen Verwicklungen und Verstrickungen in und um den staatlichen Überwachungs- und Unterdrückungsapparat neue, politisch-moralische Differenzierungslinien abzuzeichnen, die sowohl West und Ost trennen als auch die ehemalige DDR-Gesellschaft selbst spalten können.

[14] Manche Schätzungen halten mittlerweile in den neuen Bundesländern einen Anstieg der Arbeitslosenquote auf 30–50 % für möglich – eine historisch bisher unbekannte Größenordnung.

Längsschnitt-, Bewegungs- und (Lebens-)Verlaufsanalysen ergänzen will (vgl. Berger 1990a; Berger / Sopp 1991; Blossfeld 1989 und 1990; Mayer / Blossfeld 1990; Mayer 1990), an Gewicht: Denn das Hervorstechende dieses diskontinuierlichen Strukturwandels ist ja gerade, daß die ansonsten in kurzfristiger Perspektive ziemlich stabile Zuordnung von Personen und Ressourcen zu sozialstrukturell ausdifferenzierten Positionen *massenhaft aufgehoben* wird und es nicht mehr allein um Fluktuationen und Mobilitätsvorgänge innerhalb sich nur langsam verschiebender Berufsstrukturen oder zwischen Klassen- und Schichtkategorien, die längerfristig konstant gesetzt werden können, geht. Vielmehr handelt es sich um eine heterogene Vielzahl individueller Bewegungen, die von „alten", DDR-typischen Positionen bzw. sozialstrukturellen Kategorien zu grundsätzlich anderen, bundesrepublikanischen Verhältnissen führen (sollen). Die historisch vorbildlose, extrem beschleunigte Neu-Installation eines sozialstrukturellen Kategorienrasters von teilweise gänzlich andersartigem Zuschnitt wirft auch für die gängigen Vorgehensweisen der Mobilitätsforschung neuartige Fragen auf: Denn wie können nun Mobilitätsströme angemessen abgebildet werden, wenn sich nicht nur die Größenverhältnisse in den „Randverteilungen" verschieben, sondern die Randverteilungen vor und nach der Einverleibung der DDR-Strukturen ins Institutionengerüst der BRD durch eine *qualitative Differenz* voneinander geschieden sind und in vielen Fällen unklar bleiben wird, ob es sich bei den mit Hilfe des üblichen Instrumentariums registrierten Fluktuationen um *tatsächliche* individuelle Positionsveränderungen handelt oder ob lediglich die *Etiketten* bzw. Positionsbezeichnungen verändert wurden? Und auch die Prognose einer „massenhaften ökonomischen und statusbezogenen Deklassierung" (Mayer 1991: 92), also von kollektiver Abwärtsmobilität, setzt ja ein erst noch zu entwickelndes, vergleichendes Kategorienraster und für Ost und West gleichermaßen anwendbare, halbwegs konsistente Statusskalen voraus, an denen Aufwärts- und Abwärtsbewegungen „gemessen" werden können. Aus einer (Lebens-)Verlaufsperspektive ist schließlich besonders zu beachten, daß für die Mehrheit der Erwerbstätigen in den neuen Bundesländern *Zwischenstationen* und – längere oder kürzere – *Zwischenphasen* bzw. „Transitorien" (Michels 1922/1968) in Form von Arbeitslosigkeit und Kurzarbeit, von Umschulung und Re-Qualifikationen, von „Warteschleifen" mit ungewissem Ausgang und unbekannter Dauer zur Regel werden.

Als eine Folge des Vereinigungsprozesses zeichnet sich dabei beispielsweise schon jetzt ab, daß *Frauen* wieder vermehrt aus dem Erwerbsleben in die „Alternativrolle" (Offe / Hinrichs 1984) als Hausfrauen abgedrängt werden und dort dann vor dem Hintergrund hoher Scheidungsquoten in der DDR als häufig alleinerziehende Mütter oft auf den Status von Sozialhilfebezieherinnen zurückfallen werden (vgl. z. B. DER SPIEGEL, Jg. 45, Nr. 12 vom 18. März 1991: 68ff.). Dies bedeutet eine erneute *Zementierung geschlechtsspezifischer Chancenungleichheiten* in den neuen – und wahrscheinlich auch in den alten – Bundesländern und eine neuerlich verstärkte, *geschlechtsspezifische Arbeitsmarktsegregation*, die sich vor allem bei der Neu-Rekrutierung bemerkbar machen wird.[15] Für die betroffenen Frauen in den neuen Bundesländern ist dabei auch bei einer eventuell nur vorübergehenden Verdrängung vom Arbeitsmarkt eine besonders drastische *Qualifikationsentwertung* verbunden, denn die beruflichen Qualifikationsanforderungen werden sich in vielen Fällen so rapide wandeln, daß für viele schon nach kurzer Zeit keine mit den alten Qualifikationen (wieder) erreichbaren Einstiegspositionen vorhanden sein werden. Aber auch die Mehrzahl der anderen Arbeitnehmer – und darunter insbesondere die Älteren – muß mit z.T. massiven Ent-, Um- und Neubewertungen von personengebundenem Human- oder Bildungskapital (vgl. Mayer 1991: 92) und damit einhergehenden *(berufs-) biographischen Brüchen* rechnen.

Der Arbeitsmarktzusammenbruch und die berufsstrukturellen Umbrüche werden also nicht nur regionale Mobilität befördern, sondern zu einem ungewöhnlich großen *Schub an intragenerationeller beruflicher Mobilität* führen.[16] Er wird die Menschen in der ehemaligen DDR „durcheinanderwirbeln" und aus ihren gewohnten Biographien und vertrauten Lebensvollzügen herauslösen. Für die Sozialstrukturforschung bedeutet der zu erwartende Mobilitätsschub, daß sie sich noch stärker als bisher auf eine *Erfassung und Beschreibung von Bewegungen und Verläufen* konzentrieren muß. Im Vordergrund werden dabei u.a. Fragen danach stehen müssen, welche neuen – nur vorübergehenden und kurzfristigen oder längeren und dauerhaften – Kombinationen von Instabilität und Stabilität, von Unstetigkeiten und Kontinuitäten sich herausbilden, in welchen Bereichen Unsicherheiten und Arbeitsmarktrisiken kumulieren, sich also gewissermaßen „Instabilität stabilisiert", welche (neuen) Aufstiegs- und Abstiegswege sich herauskristallisieren

---

[15] Nach einer Umfrage des Leipziger Zentralinstituts für Jugendforschung stimmten schon im April 1990 24 % der männlichen (und immerhin noch 19 % der weiblichen) Befragten der Aussage zu: „Wenn die (Ehe-)Männer mehr verdienen, sollten die Frauen nach und nach ihre Berufstätigkeit aufgeben." (Zentralinstitut für Jugendforschung 1990, Tabelle 18). Und obwohl beispielsweise der Begriff des „Haushaltsvorstandes" für die Ex-DDR-Bewohner noch Verständnisprobleme aufwirft – und deshalb z.B. aus dem Befragungsprogramm des „Sozioökonomischen Panels-Ost" gestrichen wurde (Priller/Schupp 1990) –, wird die Zustimmung zu diesen und ähnlichen Meinungen angesichts knapper Arbeitsplätze vermutlich noch deutlich steigen. Ein weiteres Indiz dafür, daß im Hinblick auf ihre Arbeitsmarktbeteiligung vor allem Frauen in der ehemaligen DDR zu den „Verlierern" der Vereinigung gehören werden, kann auch darin gesehen werden, daß die Zahl der arbeitslos gemeldeten Frauen seit Juni 1990 deutlich schneller wächst als die der arbeitslosen Männer (vgl. z.B. MittAB, Jg. 23/1990, Heft 4: 450; DER SPIEGEL, Jg. 44, Nr. 47, vom 19.11.1990: 121f.; vgl. auch: Nickel 1990). Im übrigen besteht die Gefahr, daß die Übernahme des bundesdeutschen Rentensystems, das im Unterschied zur Ex-DDR weder einen eigenständigen Rentenanspruch der Frau noch eine Mindestsicherung im Alter kennt und zudem Zeiten der Kindererziehung viel geringer gewichtet, für die Rentnerinnen in den neuen Bundesländern zu massiven Rentenkürzungen führt (vgl. SZ, Nr. 71, vom 25.3.1991: 21).

[16] Dies wird u.a. auch dazu beitragen, daß die bisher im internationalen Vergleich als „niedrig" geltende berufliche (Karriere-)Mobilität in der BRD (Allmendinger 1989; Haller 1989; Kappelhoff/Teckenberg 1987; König/Müller 1986; König 1990) im vereinten Deutschland kräftig ansteigt.

(vgl. Mayer 1991), welche „alten“ Ungleichheitsmuster und Statuszuweisungsmechanismen sich unter einem neuen Namen durchsetzen – und zwar nicht nur für die Ex-DDR-Bürger, sondern auch für die Alt-Bundesbürger.[17]

IV.

Die gesteigerte „Beweglichkeit“ der Individuen in allen Dimensionen sozialer Mobilität findet zudem unter Bedingungen statt, in denen sich gesellschaftliche Basisinstitutionen, grundlegende Strukturvorgaben und allgemeine gesellschaftliche Wertorientierungen selbst bis zur Unkenntlichkeit verändern und verschwinden, bisher stabil erscheinende Fixpunkte für Lebensverläufe und Karrieren sich plötzlich auflösen und durch andere, neuartige und den Betroffenen unbekannte ersetzt werden. In der Sozialstrukturforschung, die häufig dazu neigt, die Konstanz ihrer Begrifflichkeit mit der Konstanz ihres Gegenstandes gleichzusetzen (vgl. Beck 1990; Hartmann 1991: 106), muß dies zu einer gesteigerten Sensibilität für die *„Beweglichkeit“ und „Brüchigkeit“ sozialer Strukturen* führen, aber auch für den *Konstruktcharakter sozialer wie sozialwissenschaftlicher Klassifikationen* (vgl. Berger 1987, 1988 und 1989; Bourdieu 1985; Giesen / Leggewie 1991: 14), der uns nun u. a. durch den plötzlichen Übergang von politisch verordneten, allzu simplen Sozialstrukturmodellen (orthodox)marxistischer Prägung zu „westlichen“ Strukturbeschreibungsschemata von beruflicher Stellung und Lebenslagen, von Schichten oder Klassen (im Weberschen Sinne) besonders deutlich vor Augen geführt wird.

Dies beginnt – auf methodisch-statistischer Ebene – schon damit, daß ja unklar und durchaus strittig ist, woran man nun eigentlich den sozialstrukturellen Wandel von der Alt-DDR zu einer neuen BRD-Teilmenge „messen“ kann: Soll man die bisherigen, z. T. viel zu groben Kategorien der DDR-amtlichen Statistik zugrunde legen, die zum einen lange Zeit vom ideologischen Modell einer „Zwei Klassen – Eine Schicht“-Gesellschaft (= Arbeiter und Bauern + Intelligenz; vgl. z. B. Belwe 1989: 125; Kolosi 1990) beherrscht wurde, zum anderen natürlich auch in ihren differenzierteren, „funktionsgruppenspezifischen“ Ausprägungen die Eigenarten DDR-spezifischer (Aus-)Bildungsgänge und Betriebsstrukturen widerspiegelten? Soll man versuchen, für eine differenziertere Sozialstrukturbeschreibung der Ex-DDR in bisher der Öffentlichkeit vorenthaltenen Ergebnissen der „empirischen Sozialforschung“ fündig zu werden – mit allen Problemen, die dann daraus entstehen, daß es sich bei den dort vorkommenden Begrifflichkeiten und „Daten“

---

[17] Zur empirischen Erforschung dieser Prozesse sind beispielsweise mit der Ausdehnung der in der BRD seit 1984 laufenden und bislang größten Panelbefragung, dem „Sozio-ökononomischen Panel“ (SOEP), auf die DDR, die noch vor der Währungsunion beginnen konnte, schon gute Voraussetzungen geschaffen worden (Priller / Schupp 1990; Schupp / Wagner 1990; Wagner / Schupp 1990).

häufig um Produkte informell-politischer Aushandlungsprozesse und Kompromißbildungen gehandelt haben dürfte (manchmal möglicherweise bis hin zu „geschönten“ Zahlen)? Soll und kann man sich bei dem Versuch, die Geschichte der DDR-Sozialstruktur seit ihren Anfängen zu rekonstruieren, auf die Ergebnisse der bisherigen, oft ebenfalls nicht ganz „wertneutralen“ Ost-Deutschland und DDR-Forschung stützen (vgl. Weymann 1991: 53)? Oder soll man *„Vergleichbarkeit“* mit westdeutschen Kategorisierungen – sei es nach „beruflicher Stellung“ oder sei es im Rahmen diverser Klassen-, Schicht-, Berufsgruppen oder Lebenslagenmodelle – dadurch herstellen, daß man die Klassifikationsarbeit einfach den Befragten selber überläßt, denen man – ggf. leicht modifizierte – Fragebögen in die Hand drückt mit der Maßgabe, sich nun selbst in die „im Westen“ gebräuchlichen und dort die gesellschaftliche Selbstbeschreibung dominierenden Kategorien ein zuordnen?[18] Soll man dabei dann auch völlig vergessen, daß es zumindest in der offiziellen Rhetorik etwas anderes war, in einem „Arbeiter-und-Bauernstaat“ Arbeiter gewesen zu sein als in einer kapitalistischen Wohlstandsgesellschaft, oder daß es in der Bundesrepublik keine irgendwie abgrenzbare „Intelligenz-Schicht“ gab und gibt, über deren Verortung im staatssozialistischen Gesellschaftsbild mittels der Differenzsemantik von körperlicher und geistiger Arbeit beinahe unaufhörlich – und mit teilweise mißtrauischem Blick – gestritten wurde, wie lange Literaturlisten und umfangreiche Bücher zu diesem Thema belegen (z. B. Autorenkollektiv 1980a, b).

An einem kleinen *empirischen Beispiel*[19] will ich hier – in der gebotenen Kürze – demonstrieren, welche Konsequenzen sich aus der Zugehörigkeit zu deutlich verschiedenen Gesellschaftssystemen für die *Selbstzuschreibung* von Befragten zu – oft nur scheinbar eindeutigen – sozialstrukturellen Basiskategorien ergeben können. Analysiert man auf der Basis weitgehend vergleichbarer Frageschemata im SOEP-West (1989) und im SOEP-Ost (1990) den Erwerbsstatus von Frauen und Männern, so bestätigt diese Datenbasis zunächst den schon häufig betonten Befund einer in der einstigen DDR besonders bei Frauen *ungewöhnlich hohen Erwerbsquote* (vgl. z. B. Belwe 1989; DIW-Wochenbericht, Jg. 57, Nr. 37/1990: 519; Winkler 1990a, b; Voigt u. a. 1987): Während in der BRD Mitte 1989 rund 82 % der befragten Männer im Alter von 20 bis 60 sich als „vollerwerbstätig“ bezeichnen und von den

[18] Aus der Perspektive der Sozialindikatoren-Forschung liest sich die hier angedeutete Problematik folgendermaßen: „Können beispielsweise Konzepte und Instrumente der westlichen Wohlfahrtsforschung ohne weiteres auf die – zwischenmoderne – Gesellschaft der ehemaligen DDR übertragen werden? Gegen einige Dimensionen sprechen erhebliche theoretische Einwände (z. B. Parteipräferenzen, postmaterialistische Wertorientierungen), bei anderen sind etwa semantische Unterschiede beachtenswert.“ (Arbeitsgruppe Sozialberichterstattung 1991: 33.)

[19] Die Zahlen im folgenden Abschnitt beruhen auf eigenen Berechnungen aus der 6. Welle des SOEP (West) und der 1. Welle des SOEP (Ost) (vgl. zu Fragestellung und Vorgehensweise des SOEP in Ost und West: Hanefeld 1987; Projektgruppe 1990; Priller/Schupp 1990; Schupp/Wagner 1990; Wagner/Schupp 1990).

Frauen lediglich gut 34 % eine Voll- und knapp 20 % eine Teilzeitbeschäftigung angeben, berichteten in der ehemaligen DDR noch kurz vor der Währungsunion (im Juni 1990) über 93 % der Männer der gleichen Altersgruppe, daß sie vollerwerbstätig sind. Besonders hoch ist die Differenz allerdings bei den Frauen, bei denen sich in der damals Noch-DDR 64 % als „vollerwerbstätig" und über 20 % als „teilzeitbeschäftigt" einordneten. Wie tief diese hohe Erwerbsbeteiligung der DDR-Frauen aber auch in ihrem Selbstverständnis verankert ist (war?), verdeutlicht ein Vergleich der Antworten auf eine sehr ähnliche Frage, bei der die Befragten retrospektiv über ihren Erwerbsstatus im letzten Jahr berichten sollten, jedoch im Unterschied zur anderen Frage, wo eine eindeutige Selbstzuschreibung gefordert war, *Mehrfachantworten* für die im Monatsrhythmus abgefragten „Zustände" zugelassen waren: Bei den DDR-Frauen finden sich nämlich für den Zeitraum vom Juli 1989 bis zum Juni 1990 nur höchst selten Kombinationen wie „vollerwerbstätig und Hausfrau" oder „vollerwerbstätig, teilzeitbeschäftigt oder arbeitslos und Hausfrau" (0,1–0,2 % bzw. 0,5–0,6 %). In der BRD sind dagegen solche *Mehrfachnennungen*, in denen sich typische Status- und Rollenkonflikte insbesondere erwerbstätiger Frauen ausdrücken, wesentlich häufiger: Immerhin 2,5–2,7 % bezeichnen sich Monat für Monat zugleich als Hausfrau und vollerwerbstätig, und diese Quote erhöht sich auf 8,7–9,7 %, wenn man alle erwerbsbezogenen Zustände (vollerwerbstätig, teilzeitbeschäftigt oder arbeitslos) mit dem Hausfrauenstatus kombiniert.[20]

Bei diesem Beispiel geht es nun nicht so sehr um die exakte Größenordnung der Unterschiede zwischen Ost und West. Vielmehr soll es darauf aufmerksam machen, daß sich schon bei einer so scheinbar einfachen und eindeutigen Fragestellung wie der nach der Stellung im und zum Erwerbssystem *gesellschaftliche Deutungsmuster und soziale Klassifikationsschemata* in einem hohen Ausmaß einmischen: So scheint in der ehemaligen DDR sowohl die de facto hohe und ziemlich stabile Erwerbsbeteiligung von Frauen als auch deren ideologische Auszeichnung als „sozialistische Errungenschaft" dazu beigetragen zu haben, daß sich erwerbstätige Frauen fast ausschließlich auch als solche definieren, ungeachtet der Tatsache, daß sie zweifellos weiterhin in den meisten Fällen die Doppelbelastung von Erwerbs- und Hausarbeit zu tragen hatten (vgl. z. B. Nickel 1990: 16f.). Der öffentliche Diskurs um Doppelbelastung und Frauenerwerbstätigkeit in der BRD scheint andererseits eher dazu zu führen, daß Unsicherheiten darüber, was nun „eigentlich"

[20] Dabei ist zu berücksichtigen, daß es sich bei den Befragten in der BRD um ausgesprochen „fragebogenerfahrene" Personen handelt (6. Welle der Panelerhebung!), und solche Mehrfachnennungen, wie entsprechende Auswertungen nicht nur der 6. Welle, sondern auch von Längsschnittdatensätzen über mehrere Wellen hinweg gezeigt haben, nur zu einem kleinen Teil als Indikatoren für Veränderungen – also etwa Statuswechsel innerhalb eines bestimmten Monats – betrachtet werden können, sondern eben vor allem typische Probleme der Selbstbeschreibung erwerbstätiger Frauen, die im übrigen bei den jüngeren Geburtskohorten zuzunehmen scheinen (vgl. Berger / Sopp / Steinmüller 1991), widerspiegeln.

den Status einer erwerbstätigen Frau „in letzter Instanz“ ausmacht, verbreiteter sind. Einer beinahe *eineindeutigen Selbstzuschreibung* in der ehemaligen DDR stehen Selbstdefinitionen in den alten Bundesländern gegenüber, für die zumindest z. T. gerade *Unbestimmtheit* und *Uneindeutigkeit* charakteristisch sind.

V.

Diese Beobachtung einer *größeren Eindeutigkeit in der sozialen Definition von Statuskriterien* in der einstigen DDR läßt sich nun einreihen in Versuche, die Sozialstruktur der DDR als „engmaschige“, bürokratisierte, „sozialistische Ständegesellschaft“ mit vergleichsweise starren Regelungen von Bildungs-, Berufs- und Karriereverläufen, als „unterkomplexe“, „geschlossene“ Gesellschaft zu begreifen, in der sozialstrukturelle Differenzierungsprozesse durch monolithische Parteiherrschaft und Planungsbürokratie z. T. gewaltsam abgeblockt wurden und sich bestenfalls in „Nischen“ und sorgfältig überwachten „Freiräumen“ ausdrücken konnten (vgl. Dahrendorf 1990; Giesen/Leggewie 1991; Meier 1990 und 1991; Teckenberg 1989; Pollack 1990; Zapf 1991: 42). Die Vereinigung kann dann aber auch verstanden werden als ein Prozeß, in dem einer nur *teilweise modernisierten*, in Teilen fast noch traditional-ständischen Gesellschaft mit fest umrissenen Statusdefinitionen der plötzliche „*Sprung*“ in die „andere Moderne“ der individualisierten, von Statusunsicherheiten geprägten und von ökologischen Krisen bedrohten Risikogesellschaft (Beck 1986 und 1988), in eine Epoche der „*reflexiven Modernisierung*“ mit all ihren Ungleichzeitigkeiten und Unbestimmtheiten (vgl. Beck 1990; Lash 1990), in eine Zeit der Diskussion um die „Grenzen des Wohlfahrtsstaates“ und das Ende der „immerwährenden Prosperität“ (Lutz 1984), der Diskurse um die „Pluralisierung der Lebensstile“, um Moderne und „Post-Moderne“ (vgl. J. Berger 1986 und 1988; Hradil 1990; Welsch 1987; Zapf 1991) zugemutet wird – unter *Umgehung* des „Zwischenstadiums“ einer „modernen“, bürgerlich wohlfahrtsstaatlichen Gesellschaft (vgl. Offe 1991a).

Dabei wird jedoch zunehmend deutlich, daß mit dem schlichten Import bundesdeutschen Rechts, der Ausdehnung von Organisationsmitgliedschaften auf die neuen Bundesländer oder der einfachen Überstülpung des wohlfahrtsstaatlichen Institutionengeflechts keineswegs schon alles erledigt ist und man nun – in den Sozialwissenschaften wie in der Politik – getrost zur höchstens um ein oder zwei Punkte erweiterten Tagesordnung übergehen könnte. Vielmehr müssen ja diese für die Ex-DDR-Bürger in vielerlei Hinsicht neuen bundesrepublikanischen Institutionen trotz all ihrer im Vereinigungsprozeß zutage getretenen „ungebrochenen Selbstsicherheit“ (Mayer 1991: 89) auf „Traditionen, Routinen, Erwartungen, Erfahrungen und Qualifikationen, die mit der Einrichtung von Institutionen selbst nicht automatisch miterzeugt werden“ (Offe 1991b: 79), zurückgreifen können, um überhaupt funktionsfähig zu werden. *Lernprozesse* – sei es im Umgang mit den neuen Institutionen, sei es beim Erwerb neuer funktionaler wie extrafunktionaler

Qualifikationen[21] – *erfordern Zeit*, die „nichtinstitutionellen Voraussetzungen von Institutionen" (Offe 1991b: 81) können nicht einfach nach der Logik der systemischen Zweckrationalität „installiert" werden, sondern sind auf eine dauerhafte Verankerung in kulturelllebensweltlichen Sphären angewiesen (vgl. Habermas 1981).

Eine soziologische Analyse des Vereinigungsprozesses wird es daher mit ganz *unterschiedlichen zeitlichen Rhythmen und Horizonten* zu tun bekommen, die jedoch wegen der Plötzlichkeit des Strukturbruches zugleich *in eins fallen* (vgl. Offe 1991a): Während Institutionen als Rechtsgebilde mit einem Federstrich zu einem präzis terminierten „Stichtag" abgeschafft oder eingeführt werden können, ist schon die Rekrutierung neuer und die Nach- und Umqualifikation „alter" Mitglieder zweckrational verfaßter Organisationen ein zeitintensiver, mithin langsamer Prozeß – wie man leicht an den Problemen der Schaffung einer arbeitsfähigen Verwaltung und einer funktionierenden Rechtssprechung in den neuen Bundesländern studieren kann. Und die Anpassungsgeschwindigkeit an die neuen Verhältnisse dürfte in dem Maße sinken, in dem man sich von der „systemischen" Sphäre zweckrational konstruierter Sozialgebilde und Medien entfernt und sich den tiefer verankerten, lebensweltlichen Handlungsorientierungen, kulturellen Schemata und Normen nähert.

Mit dem extrem beschleunigten, diskontinuierlichen Strukturwandel geht deshalb in gewissem Sinne auch eine *Umkehrung der zeitlichen Verhältnisse* einher, da sich (überpersönliche) institutionelle Verhältnisse und soziale Strukturen nun in vielen Bereichen erheblich schneller verändern als diejenigen (personengebundenen) „Merkmale", die den Individuen in Form von „Kompetenz-Inkompetenz-Bündelungen", aber auch als Wertorientierungen, Einstellungen und Mentalitäten zugeschrieben werden können (vgl. Giesen/Leggewie 1990 und 1991; Lepsius 1991). Folgt man Baier (1990) handelt es sich bei der Vereinigung zudem um die *Konfrontation von zwei „Zeitzonen"*, nämlich einer extrem „beschleunigten", westlichen, und einer „langsameren", östlichen, die nun miteinander verschmolzen werden sollen. Es geht also nicht nur um eine Anpassung an andere, sondern zudem um das zügige Einordnen in „schnellere" Lebensverhältnisse, mithin um eine *doppelte Beschleunigung*, will man den Anschluß nicht verpassen – auch in dieser Hinsicht also eine „nachholende Revolution" (Habermas 1990).[22]

---

[21] Für die anfänglich und z.T. noch immer zögerliche Beteiligung an Umschulungsmaßnahmen in den neuen Bundesländern scheinen nicht nur „großzügige" Kurzarbeit-Regelungen verantwortlich zu sein, sondern z.B. auch Unterschiede der mit Qualifizierungsmaßnahmen typischerweise verbundenen Erwartungshaltungen: Während im Westen auch für Teilnehmer an Weiterbildungs- und Umschulungsmaßnahmen in der Regel klar ist, daß sie damit – im Sinne einer *notwendigen* Bedingung – bestenfalls ihre Arbeitsmarktchancen verbessern können, vermissen potentielle Interessenten für solche Maßnahmen im Osten häufig eine Arbeitsplatz- oder Aufstiegsgarantie, die anscheinend in der Ex-DDR mit dem Erwerb zusätzlicher Qualifikationen – die dann *hinreichende* Bedingungen darstellten – meist verknüpft war.

[22] Im historischen Verlauf läßt sich eine gewisse *„Beschleunigung" der Lebensverhältnisse* in der Bundesrepublik etwa an den im Kohortenvergleich zunehmenden Raten der „Job-Mobilität"

Damit werden aber neben der Vorstellung einer weitgehenden „Eindeutigkeit" von Statuszuschreibungen auch weitere, oft implizit bleibende Hintergrundprämissen der Sozialstrukturforschung, die auch in ihrer „dynamisierten" und auf Verläufe zielenden Variante meist noch auf die Stabilität und Konstanz von Strukturen und institutionellen Randbedingungen vertraut, fragwürdig. Denn nun geht es nicht mehr „nur" um individuelle Bewegungen in vergleichsweise beharrlichen oder stabilen Strukturen, um langsame und im Ausmaß überschaubare Gewichtsverlagerungen innerhalb konstant gesetzter Randbedingungen, sondern eben auch um die *gesteigerte Beweglichkeit von Strukturen* selbst.

Nur so lange sich struktureller Wandel in vergleichsweise langen Zeiträumen und eher gemächlich vollzieht, können die Bewegungen der „vielen Einer" (Geiger 1962: 159) gewissermaßen „intern" gedacht werden, also als individuelle, aber doch massenhaft gleichartige – und insoweit dann auch der repräsentativen Umfrageforschung, amtlichen Statistik und den entsprechenden Erhebungs- und Auswertungstechniken zugängliche – (Lebens-)Verläufe, für die in der Regel gilt: Sie vollziehen sich zwischen fest institutionalisierten sozialstrukturellen Positionen oder Zuständen, weisen meist eine zeitlich klar geordnete Sequentialität des Vorher/Nachher, von Voraussetzungen und Folgen, sowie gut definierte Phasenübergänge und standardisierte Dauern bzw. Zeitpunkte auf, die sich nur langsam und allmählich verändern oder verschieben. Bei dem sich nun in Deutschland vollziehenden, diskontinuierlichen und sehr schnellen Wandel von Strukturen gilt aber demgegenüber, daß nicht nur die Zielzustände, was z. B. ihre Zugänglichkeit und ihre Ausstattung mit „sozial erwünschten Gütern" betrifft, einer gesellschaftlichen Neu-Definition unterliegen. Vielmehr werden sich auch die *Startpositionen* im Nachhinein und *rückwirkend* gravierend verändern, wie etwa die Entwertung und Neu-Bewertung von im Rahmen des alten DDR-Bildungssystems und in den bisherigen Berufslaufbahnen erworbenen Qualifikationen oder auch der Prestige-, Privilegien- und Machtverlust vieler bisheriger „Leitungskader" und natürlich der politischen Macht„elite" zeigt.

Das hat auch *Folgen für eine sozialstrukturelle (Lebens-)Verlaufsforschung*, die ihre elaborierten statistischen Methoden im wesentlichen auf die Grundprämisse eines zeitlich wohlgeordneten Verlaufs stützt, in dem im Sinne eines „endogenen Kausalzusammenhangs" frühere Zustände und Lebensphasen zugleich

(vgl. Carroll/Mayer 1986) oder an der mit den jüngeren Kohorten zunehmenden Differenziertheit und Heterogenität von Erwerbsverläufen ablesen (vgl. Berger/Sopp/Steinmüller 1991). Neben den vielfältigen anderen Differenzierungslinien zwischen Ost und West kann sich bei diesem Versuch, eine „unbeweglichere" in eine „beweglichere" Gesellschaft einzuverleiben, u. U. auch eine Differenz zwischen „Langsamen" und „Schnellen" als (neue?) Ungleichheitsdimension etablieren (vgl. Nowotny 1989; Berger/Hradil 1990; Michailow 1989) – und zwar nicht nur im Straßenverkehr, wo sich die Differenz der Geschwindigkeiten zwischen Ost und West an steigenden Unfallzahlen schon handgreiflich abzeichnet.

als „Ursachen“ für spätere Zustände, spätere Lebenslagen und -phasen als „Folgen“ früherer Zustände erscheinen (z. B. Mayer 1990: 11), und Statusübergänge die ziemlich präzisen Zeitpunkte für individuelle, rational kühl kalkulierte Karriereentscheidungen markieren – so daß dann solche Entscheidungen mit Hilfe ökonomischer Theorieansätze „modellierbar“ scheinen. Denn die Annahme eines sich „hinter dem Rücken“ der Individuen vollziehenden „Kausalzusammenhangs“, der hier regelmäßig nach dem klassischen Modus des „post hoc – propter hoc“ unterstellt wird, wird ja genau dann problematisch, wenn sich solch eindeutige, meist gut institutionalisierte und zudem kulturell-normativ abgesicherte Entsprechungen zwischen Vorher und Nachher sowie das gesamte Muster von „socially expected durations“ (Merton 1984) und sozial definierten Übertrittszeitpunkten bzw. „Zäsuren“ (vgl. Meulemann / Wiese 1989) nicht nur in auf Randerscheinungen eingrenzbaren Einzelfällen, sondern *für eine ganze Population plötzlich auflösen.* Denn dabei ist ja zumindest aus der Perspektive der unmittelbar Betroffenen zunächst unklar – und wird es vorläufig auch bleiben –, wieweit nun die „alten“, abgeschafften Strukturen doch noch weiter wirken und etwa bislang kumuliertes Human- und Bildungskapital seinen Wert behält, oder wieweit sich die neuen Optionen und Risiken, Chancen und Herausforderungen als prägender erweisen werden. Und nicht nur die „alten“ Strukturen werden im privaten und öffentlichen Diskurs einer massiven *„Umwertung“ und Re-Klassifikation* unterliegen, sondern auch die individuellen Karriere- und Lebenslaufentscheidungen können sich aktuell – aber vermutlich auch für längere Zeitspannen – nicht mehr an gesichert erwartbaren „Kosten-Nutzen-Relationen“, an klar geschnittenen, „objektiven“ Opportunitäts- und Chancenstrukturen und an sozial normierten, typischen Dauern, Wartezeiten und Übertrittszeitpunkten orientieren. Was bisher den Bewohnern der Ex-DDR durch eine ständisch-bürokratisierte Gesellschaftsform als *hinreichende* Bedingungen für Statuserhalt und -verbesserung vorgegeben war, transformiert sich in Voraussetzungen, die zwar für den Erhalt oder das Erreichen einer gesicherten Position unter den neuen Verhältnissen *notwendig* sind, jedoch dies ebensowenig garantieren wie sie gegen individuellen oder kollektiven Abstieg schützen können.

Die darin erneut sichtbar werdende *„strukturelle Unbestimmtheit“ und Unsicherheit der Situation* nach dem Strukturbruch – die allerdings dadurch massiv begrenzt wird, daß viele altbundesrepublikanische Vorgaben übernommen werden (müssen) –, wird deshalb auch in den neuen Bundesländern zur Ausprägung jener gleichsam *„selbstbezüglichen“ Karriereformen* führen, die z. B. Luhmann (1989: 232f.) als Charakteristikum „hochgradig individualisierter“ moderner Gesellschaften begreift, wenn er schreibt, daß Karrieren „aus Ereignissen [bestehen], die nur dadurch, daß sie die Karriere positiv oder negativ fördern und weitere Ereignisse dieser Art ermöglichen, zur Karriere gehören“. Unter den skizzierten Voraussetzungen einer mehrfachen und begrifflich schwer fixierbaren „Brechung“, Verdoppelung und „Uneindeutigkeit“ der Sozialstruktur, einer heterogenen Vielfalt individueller Bewegungen und eines Verlustes an strukturellen Fixpunkten in prospektiver und in retrospektiver Hinsicht werden daher die „Gesamtkarriere“, der meist in objektivierenden Begriffen von einer Beobachterperspektive aus beschriebene

Lebensverlauf und die eher aus der subjektiven Innen- oder (fiktiven) Teilnehmerperspektive heraus verstehbaren Biographien, erst recht als durch und durch *zufällig schicksalhafte, (zwangs-)individualisierte Muster* erfahren werden.[23]

VII.

Die „Zerstörung" der DDR-Vergangenheit, das „Kontigent-Werden" einer 40jährigen Geschichte wird als Abschaffung der über Jahrzehnte hinweg institutionalisierten Positions- und Chancenstrukturen sowie als Ab- und Umwertung der daran orientierten, kulturell-normativen Sinnstrukturen einerseits wohlgeordnete, nach dem Muster einer „endogenen Kausalität" behandelbare – und daher „objektivierbare" – Positions- und Statussequenzen unterbrechen, seltener werden lassen und durcheinanderbringen. Andererseits wird der radikale Strukturbruch die in „Krisenzeiten" besonders notwendigen Anstrengungen, die je eigene Biographie „subjektiv stimmig" zu machen und dabei vergangene und zukünftige Erwartungsmuster und Identitätsentwürfe zur Deckung zu bringen, für viele erheblich erschweren.

Für die Sozialstruktur- und Ungleichheitsforschung bedeutet dies nicht nur, daß sie sich von einer allzu objektivistisch-verdinglichenden Vorstellung von gesellschaftlichen Positionen lösen, den *sozialen Konstruktcharakter ihrer Basiskategorien* ernster nehmen und das *„subjektive" Wahrnehmen und Erleben* dieser Umbrüche mehr in den Vordergrund stellen muß. Vielmehr weist der diskontinuierlich plötzliche Wandel von einer „alten" zu einer – zumindest für die Bewohner der neuen Bundesländer – „neuen" Sozialstruktur Eigenschaften auf, die ihn auch im Rahmen einer mehr an institutionalisierten Mustern der Verteilung von Personen und Ressourcen auf Positionen interessierten Sichtweise als methodisch und theoretisch spannende Herausforderung erscheinen läßt: Denn „alt" und „neu" treten sich hier *unmittelbar*, gleichsam ohne einen zeitlichen Puffer bzw. ohne „Sequentialisierungen" von Entwicklungsschritten, die Anpassungsprozesse erleichtern würden, gegenüber (vgl. Offe 1991a), Voraussetzungen und Folgen unterliegen

---

[23] Vergessen werden darf dabei jedoch keinesfalls, daß die Vorstellung einer „Karriere" als (fast) voraussetzungslosem, selbstreferentiellem Prozeß selbst ungemein voraussetzungsvoll ist, wie etwa Boltanski (1990: 248) nachdrücklich klar macht (vgl. auch Bourdieu 1982): „Wenn man Karrierewege durch den ganzen Raum der Berufe hindurch legt, tut man so, als ob sich die Existenz von ‚Karrieren' von selbst verstünde und als ob alle Individuen von vornherein Etappen einer Karriere zu durchlaufen hätten. Eine besondere Form der Organisation des Berufslebens, die doch das Produkt von Sozialtechnologien ist, die ihrerseits in bestimmten historischen Verhältnissen entwickelt worden sind, erhält bei dieser Art der Analyse den Charakter einer quasi natürlichen Organisation. Die methodische Vorentscheidung, die darin besteht, Akteure und Positionen zu unterscheiden, ist offenkundig dann besonders stichhaltig, wenn sie auf homogene, bürokratisch organisierte oder gar explizit gesetzlichen Regulierungen unterworfene Räume angewandt wird, in denen die verschiedenen Positionen . . . als autonom im Verhältnis zu den Personen behandelt werden und als reifizierte Positionen dauerhafte Gestalt annehmen können."

umfangreichen und tiefgreifenden *sozialen (Re-)Definitionsprozessen*, strukturelle Determinanten und alltagspraktische *Kausalitäten* werden aufgeweicht und das *Verhältnis von notwendigen zu hinreichenden Bedingungen* kehrt sich um. Offen bleibt allerdings, ob und wann es den Ex-DDR-Bürgern gelingen wird, sich in diesem gerade erst begonnenen Prozeß der „Verschmelzung" zweier Gesellschaften, in dem eine eher starre und eindeutige Sozialstruktur mit mehr „Beweglichkeit" und größeren „Unbestimmtheiten" konfrontiert wird, *eigene soziale Räume* für selbstbestimmte Formen der Lebensführung und eigenständige biographische Lebensentwürfe zu erobern, und ob die mannigfaltigen individuellen Kontingenz-Erfahrungen, die sie in ihrer jüngsten Geschichte gesammelt haben, ausreichen, um vielleicht auch im vereinten Deutschland das institutionelle Grundgerüst in Teilen gestaltbar(er) zu machen.

Literatur

Allmendinger, J., 1989: Career mobility dynamics. A comparative analysis of the United States, Norway, and West Germany, Berlin

Arbeitsgruppe Sozialberichterstattung, 1991: Soziale Lage in der Ex-DDR, WZB-Mitteilungen, Heft 51: 32–35

Autorengemeinschaft, 1990: Zur Arbeitsmarktentwicklung 1990/1991 im vereinten Deutschland, MittAB, 23. Jg., Heft 4: 455–473

Autorenkollektiv, 1980a: Die Intelligenz in der sozialistischen Gesellschaft, hrsg. vom Wissenschaftlichen Rat für soziologische Forschung der DDR, Berlin

Autorenkollektiv (unter Leitung von R. Winzer), 1980b: Körperliche und geistige Arbeit im Sozialismus. Eine soziologische Analyse, Berlin

Baier, L., 1990: Volk ohne Zeit. Essay über das eilige Vaterland, Berlin

Beck, U., 1983: Jenseits von Stand und Klasse? Soziale Ungleichheit, gesellschaftliche Individualisierungstendenzen und die Entstehung neuer sozialer Formationen und Identitäten, in: Kreckel, R. (Hrsg.), Soziale Ungleichheiten, Soziale Welt, Sonderband 2, Göttingen: 35–74

Beck, U., 1986: Risikogesellschaft. Auf dem Weg in eine andere Moderne, Frankfurt/M.

Beck, U., 1988: Gegengifte. Die organisierte Unverantwortlichkeit, Frankfurt/M.

Beck, U., 1990: Die Industriegesellschaft schafft sich selber ab. Wovon noch kaum ein Soziologe geträumt hat: Die Moderne wird sich selber historisch und hat doch gerade erst begonnen, in: Frankfurter Allgemeine Zeitung, Nr. 244, vom 19. Oktober: 35

Beck, U., 1991: Opposition in Deutschland, in: Giesen, B./Leggewie, C. (Hrsg.), Experiment Vereinigung. Ein sozialer Großversuch, Berlin: 21–27

Belwe, K., 1989: Sozialstruktur und gesellschaftlicher Wandel in der DDR, in: Weidenfeld, W./ Zimmermann, H. (Hrg.), Deutschland-Handbuch. Eine doppelte Bilanz 1949-1989, München: 125–143

Bender, P., 1991: Die sieben Gesichter der DDR, in: Merkur, 45. Jg., Heft 4: 292–304

Berger, J., (Hrsg.) 1986: Die Moderne – Kontinuitäten und Zäsuren, Soziale Welt, Sonderband 4, Göttingen

Berger, J., 1988: Modernitätsbegriffe und Modernitätskritik in der Soziologie, in: Soziale Welt, 39. Jg., Heft 2: 224–236

Berger, P. A., 1986: Entstrukturierte Klassengesellschaft? Klassenbildung und Strukturen sozialer Ungleichheit im historischen Wandel, Opladen

Berger, P. A., 1987: Klassen und Klassifikationen. Zur ‚neuen Unübersichtlichkeit' in der soziologischen Ungleichheitsdiskussion, in: Kölner Zeitschrift für Soziologie und Sozialpsychologie, 39. Jg., Heft 1: 59–85

Berger, P. A., 1988: Die Herstellung sozialer Klassifikationen: Methodische Probleme der Ungleichheitsforschung, in: Leviathan, 16. Jg., Heft 4: 501–520

Berger, P. A., 1989: Ungleichheitssemantiken. Graduelle Unterschiede und kategoriale Exklusivitäten, in: Archives Européenes de Sociologie, XXX. Jg., Heft 1: 48–60

Berger, P. A., 1990a: Ungleichheitsphasen. Stabilität und Instabilität als Aspekte ungleicher Lebenslagen, in: Berger, P. A. / Hradil, S. (Hrsg.), Lebenslagen, Lebensläufe, Lebensstile, Soziale Welt, Sonderband 7, Göttingen: 319–350

Berger, P. A., 1990b: Sozialer Wandel und soziale Topologien, in: Bornschier, V. / Eisner, M. / Imhof, K. / Romano, G. / Suter, C. (Hrsg.), Diskontinuität des sozialen Wandels. Entwicklung als Abfolge von Gesellschaftsmodellen und kulturellen Deutungsmustern, Frankfurt / M. – New York: 115–137

Berger, P. A., 1991: Von Bewegungen in zur Beweglichkeit von Strukturen. Provisorische Überlegungen zur Sozialstrukturanalyse im vereinten Deutschland, in: Soziale Welt, 42. Jg., Heft 1

Berger, P. A. / Hradil, S., (Hrsg.) 1990: Lebenslagen, Lebensläufe, Lebensstile, Soziale Welt, Sonderband 7, Göttingen

Berger, P. A. / Sopp, P., 1991: Stabilität und Fluktuationen. Theoretische und empirische Argumente für eine ‚verzeitlichte' Sozialstrukturanalyse, in: Glatzer, W. (Hrsg.), Entwicklungstendenzen der Sozialstruktur, Frankfurt / M. – New York

Berger, P. A. / Sopp, P. / Steinmüller, P., 1991: Bewegte Zeiten? Zum Wandel von Erwerbsbeteiligungs- und Erwerbsverlaufsmustern, Bamberg, Manuskript

Berking, H. / Neckel, S., 1990: Die Politik der Lebensstile in einem Berliner Bezirk. Zu einigen Formen nachtraditionaler Vergemeinschaftung, in: Berger, P. A. / Hradil, S. (Hrsg.), Lebenslagen, Lebensläufe, Lebensstile, Soziale Welt, Sonderband 7, Göttingen: 481–500

Blossfeld, H.-P., 1989: Kohortendifferenzierung und Karriereprozeß. Eine Längsschnittstudie über die Veränderung der Bildungs- und Berufschancen im Lebenslauf, Frankfurt / M. – New York

Blossfeld, H.-P., 1990: Berufsverläufe und Arbeitsmarktprozesse. Ergebnisse sozialstruktureller Längsschnittuntersuchungen, in: Mayer, K. U. (Hrsg.), Lebensverläufe und sozialer Wandel, in: Kölner Zeitschrift für Soziologie und Sozialpsychologie, Sonderheft 31, Opladen: 118–145

Boltanski, L., 1990: Die Führungskräfte. Die Entstehung einer sozialen Gruppe, Frankfurt / M. – New York

Bourdieu, P., 1982: Die feinen Unterschiede. Kritik der gesellschaftlichen Urteilskraft, Frankfurt / M.

Bourdieu, P., 1985: Sozialer Raum und ‚Klassen', in: Ders., Sozialer Raum und Klassen. Leçon sur la leçon. Zwei Vorlesungen, Frankfurt / M.: 7–46

Carroll, G. R. / Mayer, K. U., 1986: Jobshift patterns in the Federal Republic of Germany: The effects of social class, industrial sector, and organizational size, in: American Sociological Review, Vol. 51, No. 3: 323–341

Dahrendorf, R., 1990: Die offene Gesellschaft und ihre Ängste. Vortrag auf dem 25. Deutschen Soziologentag, Frankfurt/M., 9.–12.10.1990, Manuskript

Forschungsschwerpunkt Sozialer Wandel, 1991: Demokratische Bürgerkultur in der ehemaligen DDR?, WZB-Mitteilungen, Heft 51: 25–27

Geiger, Th., 1962: Typologie und Mechanik der gesellschaftlichen Fluktuation, in: Trappe, P. (Hrsg.), Theodor Geiger: Arbeiten zur Soziologie, Neuwied – Berlin

Geißler, R., 1990: Soziale Ungleichheiten zwischen Frauen und Männern – Erfolge und Hindernisse auf dem Weg zur Gleichstellung in den beiden deutschen Gesellschaften, in: Sozialwissenschaftliche Information, 19. Jg., Heft 3: 181–196

Giesen, B./Leggewie, C., 1990: Die deutsche Vereinigung als sozialer Großversuch. Über die empirische Erforschung hinaus steht in den Sozialwissenschaften ein Paradigmenwechsel an, in: Frankfurter Rundschau, Nr. 235, vom 9. Oktober: 13

Giesen, B./Leggewie, C. (Hrsg.), 1991: Experiment Vereinigung. Ein sozialer Großversuch, Berlin

Habermas, J., 1981: Theorie des kommunikativen Handelns, 2 Bde., Frankfurt/M.

Habermas, J., 1985: Die Neue Unübersichtlichkeit. Die Krise des Wohlfahrtsstaates und die Erschöpfung utopischer Energien, in: Merkur, 39. Jg.: 1–14.

Habermas, J., 1990: Die nachholende Revolution, Frankfurt/M.

Haller, M., 1989: Klassenstrukturen und Mobilität in fortgeschrittenen Gesellschaften. Eine vergleichende Analyse der Bundesrepublik Deutschland, Österreichs, Frankreichs und der Vereinigten Staaten von Amerika, Frankfurt/M. – New York

Hanefeld, U., 1987: Das Sozio-ökonomische Panel. Grundlagen und Konzeption, Frankfurt/M. – New York

Hanf, Th., 1990: Sozialstruktur im Umbruch – Die ehemalige DDR. Vortrag für die Sektion „Soziale Indikatoren" auf dem 25. Deutschen Soziologentag, Frankfurt/M., 9.–12.10.1990, Manuskript

Hartmann, H., 1991: Für alles gerüstet. Die deutsche Vereinigung als Herausforderung für die Soziologie, in: Giesen, B./Leggewie, C. (Hrsg.), Experiment Vereinigung. Ein sozialer Großversuch, Berlin: 100–110

Hradil, S., 1990: Postmoderne Sozialstruktur? Zur empirischen Relevanz einer ‚modernen' Theorie sozialen Wandels, in: Berger, P. A./Hradil, S. (Hrsg.), Lebenslagen, Lebensläufe, Lebensstile, Soziale Welt, Sonderband 7, Göttingen: 125–150

Humann, K., (Hrsg.) 1990: Wir sind das Geld. Wie die Westdeutschen die DDR aufkaufen, Reinbek

Kappelhoff, P./Teckenberg, W., 1987: Career mobility in Germany and the U.S., in: Teckenberg, W. (ed.), Comparative studies of social structure. Recent German research on France, the United States, and the Federal Republic, London

Kern, H./Land, R., 1991: Der ‚Wasserkopf' oben und die ‚Taugenichtse' unten. Zur Mentalität von Arbeiter und Arbeiterinnen in der ehemaligen DDR. Im Mittelpunkt des Alltagslebens: Der Betrieb, in: Frankfurter Rundschau, Nr. 37, vom 13. Februar: 16f.

Kocka, J., 1983: Lohnarbeit und Klassenbildung. Arbeiter und Arbeiterbewegung in Deutschland 1800–1875, Berlin – Bonn

Kolosi, T., 1990: Stratifikation und Lebensbedingungen in Ungarn, in: Berger, P. A./Hradil, S. (Hrsg.), Lebenslagen, Lebensläufe, Lebensstile, Soziale Welt, Sonderband 7, Göttingen: 253–269

König, W., 1990: Berufliche Mobilität in Deutschland und Frankreich. Konsequenzen von Bildungs- und Beschäftigungssystemen für Frauen und Männer 1965 bis 1970, Frankfurt/M. – New York

König, W./Müller, W., 1986: Educational systems and labour markets as determinants of worklife mobility in France and West Germany: A comparison of men's career mobility, 1965–1970, in: European Sociological Review, vol. 2: 73–96

Kreckel, R., 1983: Soziale Ungleichheit und Arbeitsmarktsegmentierung, in: Ders. (Hrsg.), Soziale Ungleichheiten, Soziale Welt, Sonderband 2, Göttingen: 137–162

Kreckel, R., 1990: Klassenbegriff und Ungleichheitsforschung, in: Berger, P. A./Hradil, S. (Hrsg.), Lebenslagen, Lebensläufe, Lebensstile, Soziale Welt, Sonderband 7, Göttingen: 51–79

Laatz, H., 1990: Klassenstruktur und soziales Verhalten. Zur Entstehung der empirischen Sozialstrukturforschung in der DDR, Köln

Lash, S., 1990: Reflexive modernization, Lancaster, Manuskript

Lepsius, R., 1991: Ein unbekanntes Land. Plädoyer für soziologische Neugierde, in: Giesen, B./Leggewie, C. (Hrsg.), Experiment Vereinigung. Ein sozialer Großversuch, Berlin: 71–76

Luhmann, N., 1989: Individuum, Individualität, Individualismus. in: Ders., Gesellschaftsstruktur und Semantik. Studien zur Wissenssoziologie der Gesellschaft, Bd. 3, Frankfurt / M.: 149–258

Maaz, H.-J., 1990: Der Gefühlsstau. Ein Psychogramm der DDR, Berlin

Marz, L., 1991: Eine deutsche Mesalliance ohne ein Recht auf Scheidung. Die neue(n) Bundesrepublik(aner) im Spannungsfeld zwischen Modernisierungssog und Demokratisierungsdruck, in: Frankfurter Rundschau, Nr. 18, vom 22. Januar: 14

Mayer, K. U. (Hrsg.), 1990: Lebensläufe und sozialer Wandel, in: Kölner Zeitschrift für Soziologie und Sozialpsychologie, Sonderheft 31, Opladen

Mayer, K. U., 1991: Soziale Ungleichheit und Lebensverläufe. Notizen zur Inkorporation der DDR in die Bundesrepublik und ihren Folgen, in: Giesen, B. / Leggewie, C. (Hrsg.), Experiment Vereinigung. Ein sozialer Großversuch, Berlin: 87–99

Mayer, K. U. / Blossfeld, H.-P., 1990: Die gesellschaftliche Konstruktion sozialer Ungleichheit im Lebensverlauf, in: Berger, P. A. / Hradil, S. (Hrsg.), Lebenslagen, Lebensläufe, Lebensstile, Soziale Welt, Sonderband 7, Göttingen: 297–318

Meier, A., 1990: Abschied von der sozialistischen Ständegesellschaft, in: Aus Politik und Zeitgeschichte. Beilage zu Das Parlament, Nr. B 16–17

Meier, A., 1991: Die Revolution entläßt ihre Theoretiker, in: Giesen, B. / Leggewie, C. (Hrsg.), Experiment Vereinigung. Ein sozialer Großversuch, Berlin: 28–37

Merton, R. K., 1984: Socially expected durations: A case study of concept formation in sociology, in: Powell, W. W. / Robbins, R. (eds.), Festschrift for L. A. Coser, New York: 262–283

Meulemann, H. / Wiese, W., 1989: Zäsuren und Passagen. Die zeitliche Verteilung von Statusübergängen in einer Kohorte von 16jährigen Gymnasiasten bis zum 30. Lebensjahr, in: Herlth, A. / Strohmeier, K. P. (Hrsg.), Lebenslauf und Familienentwicklung. Mikroanalyse des Wandels familialer Lebensformen, Opladen: 39–65

Michailow, M., 1989: Umbrüche und Neuarrangements sozialer Zeitverhältnisse: Die neue Zeitsemantik im Lebensstil der Zeitpioniere, in: Schweizerische Zeitschrift für Soziologie, Heft 2: 393–411

Michels, R., 1968: Beitrag zur Lehre von der Klassenbildung (1922), in: Seidel, B. / Jenkner (Hrsg.), Klassenbildung und soziale Schichtung, Darmstadt: 146–180

Nickel, H. M., 1990: Geschlechtertrennung durch Arbeitsteilung. Berufs- und Familienarbeit in der DDR, in: Feministische Studien, 8. Jg., Heft 1: 10–21

Nowotny, H., 1989: Eigenzeit, Frankfurt / M.

Offe, C., 1991a: Das Dilemma der Gleichzeitigkeit. Demokratisierung und Marktwirtschaft in Osteuropa, in: Merkur, 45. Jg., Heft 4: 279–292

Offe, C., 1991b: Die deutsche Vereinigung als ‚natürliches Experiment', in: Giesen, B. / Leggewie, C. (Hrsg.), Experiment Vereinigung. Ein sozialer Großversuch, Berlin: 77–86

Offe, C. / Hinrichs, K., 1984: Sozialökonomie des Arbeitsmarktes: primäres und sekundäres Machtgefälle, in: Offe, C., „Arbeitsgesellschaft": Strukturprobleme und Zukunftsperspektiven, Frankfurt / M. – New York: 44–86

Pollack, D., 1990: Das Ende einer Organisationsgesellschaft: Systemtheoretische Überlegungen zum gesellschaftlichen Umbruch in der DDR, in: Zeitschrift für Soziologie, 19. Jg., Heft 4: 292–307

Priller, E. / Schupp, J., 1990: Bericht über eine Vorerhebung für die ‚Basiserhebung '90' des Sozio-ökonomischen Panels in der DDR (= DIW Diskussionspapiere Nr. 9), Berlin

Schupp, J. / Wagner, G., 1990: Die DDR-Stichprobe des Sozio-ökonomischen Panels – Konzept und Durchführung der ‚Basiserhebung 1990' in der DDR, in: Vierteljahreshefte zur Wirtschaftsforschung, Heft 2 / 3: 152–159

Sorensen, A. B., 1983: Processes of allocation to open and closed positions, in: Zeitschrift für Soziologie, 12. Jg., Heft 3: 203–224

Sorensen, A. B., 1986: Social structure and mechanisms of lifecourse processes, in: Sorensen, A. B. / Weinert, F. / Sherrod, F. (eds.), Human development: Multidisciplinary perspectives, Hillsdale, N. J.: 177–197

Teckenberg, W., 1989: Die relative Stabilität von Berufs- und Mobilitätsstrukturen. Die UdSSR als Ständegesellschaft im Vergleich, in: Kölner Zeitschrift für Soziologie und Sozialpsychologie, 41. Jg., Heft 2: 298–326

Thomas, M., 1990a: Marxistische Sozialstrukturtheorie in der aktuellen Soziologiediskussion: eine contradictio in adjecto?, in: Berger, P. A. / Hradil, S. (Hrsg.), Lebenslagen, Lebensläufe, Lebensstile, Soziale Welt, Sonderband 7, Göttingen: 103–124

Thomas, M., 1990b: Wenn es konkret wird: Hat die marxistische Klassentheorie Chancen in der modernen Unübersichtlickeit? Vortrag für die Plenarveranstaltung „Klassengesellschaft, Patriarchat, Individualisierung" auf dem 25. Deutschen Soziologentag, Frankfurt / M., 9.–12.10.1990, Manuskript

Voigt, D. / Voß, W. / Meck, S., 1987: Sozialstruktur der DDR, Darmstadt

Wagner, G. / Schupp, J., 1990: Das Sozio-ökonomische Panel im sich einenden Deutschland. Diskussion der Stichprobe und Design der ‚DDR-Basiserhebung' 1990 (=Arbeitspapier Nr. 326 des SFB 3), Frankfurt / M. – Mannheim

Weiss, J., 1991: Kompetenz, Kontrolle, Korruption. Erfahrungen mit der Soziologie in der DDR und was daraus folgt, in: Giesen, B. / Leggewie, C. (Hrsg.), Experiment Vereinigung. Ein sozialer Großversuch, Berlin: 59–68

Welsch, W., 1987: Unsere postmoderne Moderne, Weinheim

Weymann, A., 1991: Eine deutsche Ideologie? Die wiedervereinigten Sozialwissenschaften und die bewältigte Vergangenheit, in: Giesen, B. / Leggewie, C. (Hrsg.), Experiment Vereinigung. Ein sozialer Großversuch, Berlin: 52–58

Winkler, G., (Hrsg.) 1990a: Frauenreport '90, Berlin

Winkler, G., (Hrsg.) 1990b: Sozialreport 1990, Berlin

Zapf, W., 1991: Der Untergang der DDR und die soziologische Theorie der Modernisierung, in: Giesen, B. / Leggewie, C. (Hrsg.), Experiment Vereinigung. Ein sozialer Großversuch, Berlin: 38–51

Zwahr, H., 1981: Zur Konstitution des Proletariats als Klasse. Strukturuntersuchungen über das Leipziger Proletariat während der industriellen Revolution, München

Reinhard Kreckel

Markt, Macht und Klasse[1]

Die soziologische Ungleichheitsforschung hat heute vieles über die Erscheinungsformen von sozialer Ungleichheit zu sagen, jedoch nur noch wenig über ihre Ursachen. Oder, vereinfacht ausgedrückt: Die moderne Sozialstrukturanalyse kann soziale Ungleichheiten beschreiben und ihre Auswirkungen auf andere soziale Phänomene – etwa auf Wahlverhalten, Konsumentenverhalten, Sexualverhalten, Erziehungsstil u. ä. – identifizieren. Sie kann aber Ungleichheit nicht mehr selbst erklären. Wie ist es dazu gekommen?

Um das verständlich zu machen, ist es zunächst zweckmäßig, zwei Typen von Ungleichheitsforschung zu unterscheiden – eine „nominalistische" und eine „realistische": Für *nominalistisch* verfahrende Soziologen kommt den Begriffen „Klasse" oder „Schicht" keinerlei Realitätscharakter mehr zu, es sind reine Klassifikationsbegriffe. Für sie stellt sich soziale Ungleichheit als eine graduelle Statushierarchie dar, die es beschreibend zu erfassen gilt, nicht theoretisch zu erklären. Die andere, *realistische* Tradition dagegen hat weiterreichende Ambitionen, und sie ist deshalb für mich hier von größerem Interesse. Ich rechne der realistischen Tradition der soziologischen Ungleichheitsforschung sowohl die verschiedenen Versionen marxistischer Klassenanalyse als auch die Klassen- bzw. Schichtstrukturanalysen in der Tradition Max Webers zu. Beide teilen die Auffassung, daß es sich bei den sozialen Klassen nicht einfach nur um statistische Klassifikationsprodukte handelt, sondern um reale soziale Großgruppen, um relativ stabile soziale „Milieus", die die personale und soziale Identität ihrer Angehörigen dauerhaft prägen und entscheidenden Einfluß auf das praktische Denken und Handeln und die Lebenschancen der Menschen ausüben.[2]

Meine These ist es nun, daß über lange Zeit hinweg trotz aller polemischer Kontroversen ein stillschweigender, metatheoretischer Konsensus unter marxistischen und nicht-marxistischen Vertretern des Klassen- bzw. Schichtenrealismus vorgelegen hat – ein Konsensus hinsichtlich der Ursachen von sozialer Ungleichheit. Ich nenne ihn den Konsensus über den *„Teufelskreis der Ungleichheit"*. Vereinfacht ausgedrückt besagt er folgendes: Die sozialen Folgen von strukturierter

---

[1] Eine frühere Fassung dieses Beitrages wurde beim Treffen der Arbeitsgruppe „Sozialstrukturanalyse" im Rahmen des 25. Deutschen Soziologentages in Frankfurt/M. am 12. Oktober 1990 vorgetragen.

[2] Eine geradezu klassische Darstellung des herkömmlichen klassenrealistischen Paradigmas, der „conventional view of class analysis", findet sich in dem vielzitierten Aufsatz von John H. Goldthorpe, „Women and Class Analysis" (1983) – vgl. kritisch dazu: Kreckel 1989.

sozialer Ungleichheit sind gleichzeitig auch die Ursachen von strukturierter sozialer Ungleichheit. Oder, noch kürzer: Ungleichheit reproduziert sich selbst. Das klingt paradox – und dennoch ist es die stillschweigend mitgeführte Prämisse aller „klassenrealistischen“ Konzeptionen von sozialer Ungleichheit. Das möchte ich nun kurz erläutern:

Die *erste* Grundannahme aller „realistischen“, marxistischen oder weberianischen, Klassentheorien ist es, daß die dauerhaft ungleiche Verteilung von materiellen und symbolischen Ressourcen in einer Gesellschaft zur makrosozialen Gruppenbildung – also: zur Entstehung von Klassen bzw. Schichten als sozial integrierten Kollektiven – führt. Auf dieser klassenrealistischen Prämisse baut sich dann die *zweite* Grundannahme auf, daß zwischen den „real existierenden“ sozialen Klassen bzw. Schichten typische Interessenkonflikte aufträten, bei denen es um deren jeweiligen Anteil an den gesellschaftlich verfügbaren Ressourcen gehe. Weil aber, *drittens*, die in diesen Verteilungskonflikt verwickelten sozialen Klassen bzw. Schichten aufgrund ihrer ungleichen Ressourcenausstattung über ein unterschiedliches Durchsetzungspotential verfügen, kann der Konflikt zwischen ihnen normalerweise nur zu einem einzigen Ergebnis führen – zu erneuter sozialer Ungleichheit.

Damit ist der „klassentheoretische Teufelskreis der Ungleichheit“ vollendet: Ungleichheit gebiert Ungleichheit. Das heißt, an der gesellschaftlichen Ungleichheitsordnung kann sich nach dieser Auffassung nur dann etwas ändern, wenn sich auch das Kräfteverhältnis zwischen den konfligierenden sozialen Klassen bzw. Schichten verändert.

Dieses Denkmodell ist nun keineswegs so tautologisch, wie man annehmen könnte. Es ist vielmehr durchaus schlüssig – freilich nur solange, wie nicht am Klassenrealismus gerüttelt wird. Sobald dies aber geschieht, hängt das ganze Denkmodell buchstäblich in der Luft.

Genau das ist aber, so meine ich, in heutigen fortgeschrittenen Staatsgesellschaften zunehmend der Fall. Soziologische Ungleichheitstheorien, die von der „realen“ Existenz sozial integrierter Klassen bzw. Schichten als Trägern des gesamtgesellschaftlichen Klassen- oder Verteilungskonfliktes ausgehen, haben den empirischen Boden unter den Füßen verloren. Strukturelle soziale Ungleichheiten gibt es zwar weiterhin in hohem Maße. Aber sie übersetzen sich keineswegs bruchlos in integrierte soziale Großgruppen, also: in soziale Klassen bzw. Schichten, die sich als kollektive Akteure im Klassenkampf gegenüberstehen: Die Vorstellung von „den“ sozialen Klassen (bzw. Schichten) als kollektiven Akteuren ist heute – zumindest in Deutschland – ein Mythos.

Schon in der alten Bundesrepublik waren Begriffe wie „Proletariat“ und „Bourgeoisie“ für die lebensweltliche Beschreibung strukturierter sozialer Ungleichheit weitgehend unbrauchbar. Auch neuere Konzepte – wie etwa „untere und obere Mittelschicht“, „ethnische Unterklasse“, „Dienstklasse“, „politische Klasse“ – lassen zwar die starken Verwerfungen und Ungleichheiten innerhalb der Sozialstruktur Westdeutschlands erkennen. Es handelt sich dabei aber lediglich um Merkmalsgruppen mit relativ geringem sozialem Kohäsionsgrad, keineswegs um sozial integrierte Großgruppen „an sich und für sich“, die als kollektive Akteure gelten könnten. Ähnliches gilt für das Gebiet der ehemaligen DDR. So abwegig und dogmatisch das offiziell vorgegebene „Zwei-Klassen-und-eine-Schicht“-Modell auch gewesen sein mag, das von der „nichtantagonistischen“ Koexistenz der befreundeten Klassen der Arbeiter und Genossenschaftsbauern und der Intelligenzschicht ausging, es war zumindest insoweit zutreffend, als von „realen“ sozialen Klassen im Marxschen oder Weberschen Sinne in der DDR sicherlich nicht die Rede sein kann. Nun vollends, nach der Zusammenkoppelung der beiden unterschiedlichen Ungleichheitssysteme in Deutschland sind neue territoriale Asymmetrien hinzugekommen, die es erst recht verbieten, von einer „realen“ sozialen Klassenstruktur Gesamtdeutschlands zu sprechen.

Es führt somit kein Weg daran vorbei, die klassenrealistische Erklärung der Reproduktion von sozialer Ungleichheit muß aufgegeben werden, weil sich die Vorstellung von den „realen“ sozialen Klassen (bzw. Schichten) als kollektiven Akteuren des Verteilungskampfes zunehmend als unrealistisch erweist.

Wer oder was ist aber statt dessen für die Aufrechterhaltung der gesellschaftlichen Ungleichheitsstruktur verantwortlich? Die Versuchung ist groß, sich nun gleich ganz von der handlungstheoretischen Vorstellung zu verabschieden, daß für die Erklärung sozialer Ungleichheit auf das Handeln kollektiver Akteure Bezug zu nehmen sei. Statt dessen könnte man beispielsweise auf die anonymen Wirkungskräfte des kapitalistisch-bürokratischen Systems hinweisen, oder auf den „stummen Zwang der Verhältnisse“. Ich selber meine aber, daß dies doch eine unberechtigte Ausflucht ins Abstrakte wäre. Denn auch wenn man davon ausgeht, daß die sozialen Klassen als strukturbestimmende kollektive Akteure nicht mehr in Frage kommen, so ist der handlungstheoretische Zugang als solcher damit noch nicht diskreditiert. Vielmehr empfiehlt es sich zunächst einmal, nach anderen, dogmengeschichtlich weniger vorbelasteten kollektiven Akteuren Ausschau zu halten, die den gesellschaftlichen Dauerkonflikt um die ungleiche Verteilung von Ressourcen tragen.

Diesen Versuch habe ich kürzlich an anderer Stelle (vgl. Kreckel 1990) unternommen. Dort habe ich, ausgehend von der historischen Erfahrung der „alten“ Bundesrepublik Deutschland, ein in vier konzentrischen Kreisen angeordnetes Konfliktmodell gesellschaftlicher Kräfte skizziert, das die wichtigsten kollektiven Träger von strukturierter sozialer Ungleichheit erfaßt: Ich gehe davon aus, daß wir im Zentrum des ungleichheitsbegründenden Kräftefeldes innerhalb fortgeschrittener kapitalistischer Staatsgesellschaften auf das Kräftedreieck von Kapital, Arbeit und Staat stoßen, auf das „korporatistische Dreieck“, wie ich es auch genannt habe. Dort treffen Großunternehmen und Arbeitgeberverbände auf die Gewerkschaften und die Vertreter der öffentlichen Hand. Dieses zentrale Kräftedreieck von Kapital, Arbeit und Staat ist eingebettet in einen ganzen Kranz von weiteren ungleichheitsrelevanten gesellschaftlichen Kräften: Interessenverbände und pressure groups, soziale Bewegungen, politische Parteien. Darauf möchte ich hier nicht näher eingehen, sondern nur von zwei Typen von kollektiven Akteuren im Zentrum des von mir gerade knapp umrissenen ungleichheitsrelevanten Kräftefelds sprechen: den *Repräsentanten von Kapital und Arbeit.*

Mir geht es, mit anderen Worten, darum, genauer herauszuarbeiten, wie sich die primäre Machtasymmetrie[3] von Kapital und Arbeit heute in einer kapitalistischen Staatsgesellschaft darstellt. „Heute“, das ist eine Zeit, in der nicht mehr von den sozialen Klassen als kollektiven Akteuren die Rede sein kann und in der das gesamte marxistisch-klassentheoretische Instrumentarium gründlich in Mißkredit geraten ist. Gleichzeitig ist „heute“ aber auch die Zeit, in der das institutionalisierte System des staatlich regulierten Dauerkonfliktes zwischen Kapital und Arbeit von West- nach Ostdeutschland übertragen worden ist. Noch können wir nicht wissen, welche Langzeitwirkungen von diesem historisch einmaligen Transplantationsvorgang ausgehen werden. Was wir aber heute schon kennen können, ist die Wirkungsweise des *zentralen Generators von strukturierter sozialer Ungleichheit* in kapitalistischen Staatsgesellschaften, des Spannungsverhältnisses von Kapital und Arbeit. Im folgenden werde ich mich deshalb darauf konzentrieren, in möglichst reiner Form eine Reihe von typischen Machtasymmetrien zwischen den Vertretern von Kapital und Arbeit herauszuarbeiten.

Die empirische Grundlage bildet dabei die Gesellschaft der Bundesrepublik Deutschland der 80er Jahre. Meine These ist es, daß das dort praktizierte System der Arbeitsbeziehungen im Zuge der staatlichen Vereinigung nahezu unverändert in die ehemalige DDR „transplantiert“ worden ist. Das heißt nun gewiß nicht, daß das im Westen entstandene System im Osten die gleichen Auswirkungen haben muß wie in der alten BRD. Zu unterschiedlich sind dafür die Ausgangsbedingungen. Dennoch möchte ich behaupten, daß die im folgenden skizzierten acht strukturellen Asymmetrien von Kapital und Arbeit auch in den neuen Bundesländern zum Tragen kommen, möglicherweise sogar als verstärkte Asymmetrien.

Um die strukturellen Asymmetrien zwischen Kapital und Arbeit in möglichst reiner Form herausarbeiten zu können, konzentriere ich mich auf den Hauptschauplatz ihres Aufeinandertreffens, auf die *kapitalistischen Großunternehmen*. Mein Beispiel ist die Bundesrepublik Deutschland der 80er Jahre, in der rund ein Viertel aller abhängig Beschäftigten in industriellen Großunternehmen beschäftigt waren, wo auch der überwiegende Teil des Produktivkapitals zum Einsatz kam. Trotz der deutschen Einigung ist dieses Beispiel m. E. auch heute nicht obsolet geworden, eher im Gegenteil. Ich möchte vielmehr durchaus die Prognose wagen, daß der von mir hier beschriebene kapitalistische Ungleichheitsgenerator sich auch im neu hinzugekommenen Ostdeutschland bald kräftig auswirken wird.

Nun also zu den acht grundlegenden Asymmetrien, die das Verhandlungs- und Konfliktverhältnis zwischen Arbeitgebern und Arbeitnehmervertretern in fortgeschrittenen kapitalistischen Staatsgesellschaften kennzeichnen:[4]

---

[3] Zur Unterscheidung zwischen „primären“ und „sekundären“ Asymmetrien des kapitalistischen Arbeitsmarktes, vgl. Kreckel 1983.

[4] Bei der Formulierung meiner Typologie habe ich mich vor allem anregen lassen von: Olson 1965; Offe / Wiesenthal 1980; Coleman 1982; Hechter 1987.

(1) Die erste und offensichtlichste Asymmetrie zwischen Kapital und Arbeit ist die *Asymmetrie der Zahl*: Die Anzahl der Arbeitnehmer ist stets um ein Vielfaches größer als die der Unternehmen, die als ihre Arbeitgeber fungieren. Schon allein dieser Sachverhalt läßt die These vom „Gleichgewicht" zwischen Kapital und Arbeit in einem fragwürdigen Licht erscheinen. Seit Mancur Olsons bahnbrechender Studie über die „Logik des kollektiven Handelns" (1965) ist darüber hinaus die Einsicht nicht mehr zu umgehen, daß für Gruppen mit geringerer Mitgliederzahl – wie hier die Kapitalseite – der Aufwand für Organisation und interne Kommunikation kleiner ist und die Bestimmung gemeinsamer Ziele leichter fällt als für so umfangreiche Gruppen wie die Arbeitnehmerschaft.

(2) Die zweite Asymmetrie ist die *Asymmetrie der Zusammensetzung*. Der unmittelbare Schauplatz der Begegnung von Kapital und Arbeit ist der Betrieb. Die Rechtsform dieser Begegnung ist der freie Arbeitsvertrag, der zwischen gleichberechtigten Rechtspersonen eingegangen wird. Entscheidend ist nun, daß dabei der eine Vertragspartner, der Arbeitnehmer, stets eine natürliche Person ist, also: ein *Individuum*. Beim Arbeitgeber als dem anderen Vertragspartner handelt es sich dagegen immer um ein organisiertes Unternehmen, also: um einen *kollektiven Akteur*, der als „juristische Person" auftritt. Bereits aus dem schieren Gegenüber von Individuum und Organisation ergibt sich eine grundsätzliche Asymmetrie der Macht. Der amerikanische Soziologe James S. Coleman (1982) vertritt sogar die Auffassung, daß die Machtasymmetrie zwischen Individuen und Organisationen (bzw. zwischen natürlichen und juristischen Personen) *das* grundlegende Strukturmerkmal der modernen Gesellschaft sei, die er deshalb als die „asymmetrische Gesellschaft" bezeichnet.

(3) Die erste Zwischenbilanz lautet somit: auf dem Arbeitsmarkt steht ein „Heer" von individuellen Anbietern von Arbeitskraft einer sehr viel kleineren Zahl von organisierten Firmen als Arbeitgebern gegenüber. Das ist die Grundkonstellation des kapitalistischen Wirtschaftslebens. Das heißt, die Kapitalseite tritt immer schon in organisierter Form auf den Plan, die Arbeitnehmerschaft aber muß sich erst organisieren, um überhaupt nennenswerte Gegenmacht entfalten zu können. Erst daraufhin, als erneute Gegenreaktion gegen die gewerkschaftliche (und/oder berufsständische) Organisation auf Arbeitnehmerseite kommt es dann typischerweise auch auf der Kapitalseite zu einer „Organisationsbildung zweiter Stufe", zum Zusammenschluß organisierter Unternehmen in Verbänden. Die unterschiedlichen Formen der Organisation und Desorganisation von Kapital und Arbeit begründen somit eine weitere Asymmetrie, die *Asymmetrie der Organisation*. Ihr kommt eine besondere Schlüsselstellung zu, wie in den folgenden Punkten noch deutlicher werden wird.

(4) Zunächst möchte ich auf eine weitere Asymmetrie hinweisen, auf die *Asymmetrie der materiellen Ressourcen bzw. des „Reichtums"*: Die Arbeitgeberseite verfügt über die materiellen Produktionsmittel, darüber hinaus in der Regel auch über Finanzreserven, und sie hat Zugang zu den Kreditmärkten. Der typische Arbeitnehmer verfügt dagegen bestenfalls über ein gewisses Konsumvermögen, jedoch nicht über Produktionsmittel. Der Arbeitsplatzverlust bedeutet

deshalb für materiell ungesicherte Arbeitnehmer ein erhebliches existentielles Risiko – zumal dann, wenn sie aufgrund ihrer Wohnsituation und Familienbindungen und/oder wegen ihrer festgelegten beruflichen Qualifikation und der jeweiligen Arbeitsmarktlage nicht ohne weiteres auf eine alternative Arbeitsstelle überwechseln können. Die vielfach als gleichgewichtig eingeschätzten Kampfmittel „Streik" und „Aussperrung" sind von dieser materiellen Asymmetrie betroffen: Streikende Arbeitnehmer verlieren ihr Einkommen und damit ihre Existenzgrundlage, Kapital „kann warten" und hat damit den längeren Atem. Die Gegenstrategie, auch auf Gewerkschaftsseite materielle Mittel anzusammeln und diese gegebenenfalls als Streikfonds zu nutzen, hat immer nur eine begrenzte Reichweite. Die materielle Überlegenheit der Kapitalseite bleibt davon unberührt.

(5) Als nächste möchte ich die *Asymmetrie der symbolischen Ressourcen bzw. des „Wissens"* ansprechen. Kennzeichen kapitalistischer Industrieunternehmen ist es, daß sie nicht nur über die materiellen Produktionsmittel verfügen, sondern auch über das „know how", also: über fortgeschrittene wissenschaftlich-technische Verfahren, über eine rationale Betriebsorganisation sowie über ein zentralisiertes Informations- und Dokumentationssystem. Die einzelnen Arbeitnehmer mögen zwar aufgrund ihrer persönlichen Qualifikationen Träger von Teilen dieses Produktionswissens sein. Erst auf Unternehmensebene wird das verfügbare Produktionswissen jedoch gebündelt und gezielt zum Einsatz gebracht. Nur in zweiter Linie berücksichtigt es auch die Interessen der Arbeitnehmer: Zum einen liegt der wirtschaftliche Erfolg des sie beschäftigenden Unternehmens immer auch im Interesse der Arbeitnehmer, und dieser Erfolg hängt nicht zuletzt vom technologischen Niveau der Produktion und von der Qualität der Arbeitsorganisation ab. Zum anderen besteht für Arbeitnehmer stets die Chance, ihre fachliche Qualifikation und Betriebserfahrung in einen individuellen Karrierevorteil innerhalb der hierarchischen Organisation des Unternehmens umzumünzen. Durch keinen dieser Sachverhalte wird aber die Verhandlungsposition der Arbeitnehmerorganisationen gestärkt. Im Gegenteil, langfristig gesehen führt die wissenschaftlich-technische Entwicklung in Verbindungen mit allgemeinen Marktmechanismen typischerweise zur „Wegrationalisierung" von Arbeitsplätzen. Werden aber von der Kapitalseite weniger Arbeitskräfte benötigt, so schwächt das die Position der Arbeitnehmer.

(6) Des weiteren will ich auch noch auf mögliche *Asymmetrien in der Dimension der „selektiven Assoziation"* hinweisen. Die Frage, inwieweit die „oberen Zehntausend" und die ihnen direkt zuzuordnenden Führungskräfte nach wie vor sozial „unter einer Decke stecken" und informelle Drähte und persönliche Verbindungen nutzen, muß hier offen bleiben. Zweifellos gibt es ähnliches auch auf Arbeitnehmerseite und in den Gewerkschaften. In Verbindung mit der „Asymmetrie der Zahl" ergibt sich aber doch: Handelt es sich – wie im Falle der kapitalistischen Großunternehmen und ihrer Vertreter – nur um einen relativ kleinen (und weitgehend homogenen) Kreis von potentiell Betroffenen, so lassen sich informelle Beziehungen sehr viel wirksamer zur gegenseitigen Abstimmung und Koordination einsetzen, und es gibt mehr gemeinsam akzeptierte Selbstverständlichkeiten als im Falle großer und heterogen zusammengesetzter Mitgliederverbände wie der Ge-

werkschaften. Erweitert man die Perspektive und bezieht auch den dritten Akteur im korporatistischen Dreieck, den Staat, mit in die Betrachtung ein, so wird die Bedeutung informeller und unauffälliger Beziehungen nochmals deutlich: Hinter verschlossenen Türen und „unter Brüdern“ läßt sich vieles geräuschlos und effektvoll regeln.

Die bisher angeführten sechs Gesichtspunkte scheinen auf den ersten Blick zu genügen, um die These von der grundlegenden Machtasymmetrie zwischen Kapital und Arbeit ausreichend zu belegen: Sie laufen auf die Einsicht hinaus, daß *die Kapitalseite in der Lage ist, die ungleichheitsrelevanten Ressourcen Reichtum, Wissen, Organisation und Assoziation*[5] *so zu bündeln und für sich einzusetzen, daß ihr eindeutige strategische Vorteile gegenüber der Arbeitnehmerseite* entstehen.

Gegen diese Schlußfolgerung könnte nun freilich der alte sozialistische Kampfslogan ins Feld geführt werden: „Alle Räder stehen still, wenn dein starker Arm es will!“ Das heißt, es ließe sich argumentieren, daß die Arbeitnehmer nur solange strategisch im Nachteil seien, wie sie als unverbundene und miteinander konkurrierende Individuen in einer „atomistischen Situation“ verharrten. Sobald sie sich aber in gewerkschaftlicher Solidarität organisierten, könnten sie ein Kräftegleichgewicht mit der Kapitalseite erreichen.

(7) Dagegen spricht nun freilich eine weitere Asymmetrie zwischen Kapital und Arbeit, die sich ausdrücklich auf deren Konfliktfähigkeit als kollektive Akteure bezieht – die *Asymmetrie der Interessenlagen.* Meine These ist, daß die Mitglieder von Unternehmerverbänden zwar direkte Marktkonkurrenten sein können, daß ihr leitendes Interesse – das Profitprinzip – aber eindeutig feststeht und für alle kapitalistischen Unternehmen gilt. Der arbeitsmarktpolitische Zielrahmen der Unternehmerverbände ist deshalb unkontrovers: Ihre primäre Aufgabe ist die Erhaltung bzw. Schaffung von möglichst vorteilhaften Kapitalverwertungsbedingungen. Die Voraussetzungen sind daher günstig, daß es den Verbandsvertretern der Arbeitgeberseite gelingt, die internen Konkurrenzprobleme auszuklammern und „mit nur einer Zunge“ zu reden (vgl. Offe/Wiesenthal 1980: 83ff.). Die Interessenlage der Gewerkschaftsmitglieder stellt sich demgegenüber als sehr viel unübersichtlicher und widersprüchlicher dar: Die Arbeitnehmer sind Individuen, deren „lebendige Arbeit“ nicht ohne weiteres auf eine arbeitsmarktadäquate „Charaktermaske“ zu reduzieren ist. Denn zum einen stehen sie in einem Dauerkonflikt zwischen privaten und beruflichen Interessen. An der geschlechtsspezifischen Trennlinie wird dieser Zielkonflikt zwischen Familien- und Berufsorientierung, der die Solidarisierungsbereitschaft hemmt, besonders deutlich sichtbar. Zum anderen ist die Arbeitnehmerschaft von erheblichen internen Einkommens- und Qualifikationsunterschieden, innerbetrieblichen Hierarchien und askriptiven Diskriminierungen gekennzeichnet: Sie ist eine äußerst heterogene Gruppe mit höchst unterschiedlichen Problemen und Interessenlagen. Einzelne Arbeitnehmer stehen deshalb immer vor

[5] Die theoretische Grundlegung dieser Ausführungen zum Problem der ungleichheitsrelevanten Ressourcen findet sich bei Kreckel 1982.

dem Dilemma, ob sie sich für eine *partikularistische* – etwa eine „berufsständische", eine geschlechtsspezifische oder eine ethnische – Interessenvertretung entscheiden sollen. Daneben gibt es – nach dem Motto: „If you can't beat them, join them" – immer auch die Option für eine *individualistisch-opportunistische* Strategie: Man sucht den individuellen Erfolg im beruflichen Konkurrenzkampf und bemüht sich, die eigenen Karrierechancen durch Wohlverhalten gegenüber dem Arbeitgeber zu fördern. Hinzu kommt das *„Trittbrettfahrer-Problem"*, das in allen Verbänden mit großer tatsächlicher oder potentieller Mitgliederzahl auftritt: Für den individuellen Arbeitnehmer ist es lohnender, sich *nicht* an gewerkschaftlichen Aktivitäten und Arbeitskämpfen zu beteiligen oder nicht einmal Mitglied der Gewerkschaft zu werden, da er auch ohne eigenes Zutun an den von ihr erzielten Erfolgen teilhaben kann.[6] Kurz gesagt, die Zahl der Arbeitnehmer ist groß, ihre Interessen sind vielfältig und teilweise widersprüchlich. Der Aufwand für die Formulierung gehaltvoller gemeinsamer Ziele und die Organisation wirksamen solidarischen Handelns ist dementsprechend hoch. Stets besteht das Risiko, das die „Basis" die von der professionellen Gewerkschaftsspitze formulierte Politik nicht mehr mitträgt. Mäßigung und Kompromißbereitschaft sind daher häufig die naheliegendsten arbeitsmarktpolitischen Strategien der Gewerkschaften, auch wenn die Rhetorik sich vielfach radikaler ausnimmt: Nur selten „will" die starke Hand der Arbeitnehmerschaft, daß alle Räder stillstehen... Diese Sachlage ist der Gegenseite nicht verborgen geblieben. Sie kann es sich erlauben, leiser und weniger aufwendig, aber dennoch oftmals wirksamer zu agieren.

(8) Schließlich möchte ich noch die *Asymmetrie der Optionen* ansprechen: Wie mittlerweile deutlich geworden sein dürfte, kann die Arbeitnehmerseite überhaupt *nur* dann zu einem ernstzunehmenden Gegengewicht für die Kapitalseite werden, wenn sie sich kollektiv organisiert, so schwierig und aufwendig dies auch ist. Individuell können Arbeitnehmer nur wenig ausrichten. Ganz anders die Kapitalseite: Für sie sind Verbandsaktivitäten nur eine von mehreren Möglichkeiten der Reaktion auf Arbeitsmarktprobleme. Eine weitere Möglichkeit ist die Kartell- oder sogar Monopolbildung. Dabei wird entweder durch informelle Absprachen oder durch formelle Unternehmenszusammenschlüsse und Kapitalverflechtungen der Wettbewerbseffekt auf dem Markt außer Kraft gesetzt. Im übrigen sind, wie schon mehrfach betont, die arbeitsmarktpolitischen Wirkungsmöglichkeiten individueller Firmen beträchtlich, zumal wenn es sich um Großkonzerne und transnationale Unternehmen handelt: So fungieren etwa Kapitaltransfers in andere Branchen oder andere Länder, Investitionsstopps, die Verlagerung von Produktionsstätten oder der Einsatz von arbeitsplatzsparenden Investitionen immer auch als

[6] Unter diesen Umständen ist es nicht allzu verwunderlich, daß in der BRD der 80er Jahre nur weniger als die Hälfte aller abhängig Erwerbstätigen (und nur ein Viertel der abhängig beschäftigten Frauen) gewerkschaftlich organisiert waren, während rund 80 % der Unternehmen mit insgesamt ca. 90 % der Beschäftigten einem Arbeitgeberverband angehörten. Vgl. Claessens u. a. 1989: 230; Wiesenthal 1987: 87.

Mittel zur Beeinflussung der arbeitsmarktstrategischen Lage. Das heißt, auch ganz „normale“ alltägliche Unternehmensentscheidungen können die Verhandlungsposition der Kapitalseite vorteilhaft beeinflussen, während die Arbeitnehmerschaft allein auf das Instrument der gewerkschaftlichen Interessenvertretung angewiesen ist.

Insgesamt zeigt sich somit: Aufgrund ihrer überlegenen Organisationsfähigkeit, ihrer besseren Ressourcenausstattung, ihrer homogenen Interessenlage, ihrer höheren Flexibilität und ihrer größeren Konfliktfähigkeit verfügt die Arbeitgeberseite über deutliche strategische Vorteile. Allerdings, diese Vorteile werden in vielfältiger Weise gezügelt durch die Intervention des Dritten im korporatistischen Bund, durch den *Staat*. Er hat sich in fortgeschrittenen kapitalistischen Nationalgesellschaften zum „Wohlfahrts- bzw. Sozialstaat“ entwickelt, der in den Dauerkonflikt zwischen Lohnarbeit und Kapital regulierend und korrigierend eingreift. Ein wichtiges Resultat dieses sozialstaatlichen Eingriffes ist bekanntlich das sogenannte „soziale Netz“, ein staatlich garantiertes Transfersystem, das allen denen, die über kein eigenes Erwerbs- oder Renteneinkommen und auch über keine private Versorgung verfügen, zumindest ein Existenzminimum gewährleistet.

Sicherlich wäre es abwegig, dem Staat bei seinen sozialpolitischen Aktivitäten einfach „Neutralität“ zu unterstellen; aber auch eine allzu einseitige Parteinahme für Arbeitgeber- oder Arbeitnehmerinteressen kann er sich nicht gestatten. Ich erinnere nur an das doppelte Interesse aller gewählter Regierungen, ein blühendes Wirtschaftsleben in Gang zu halten *und* ihre Wählerschaft zufriedenzustellen.

Im übrigen ist aber unverkennbar, daß nicht nur Staat und Unternehmer, sondern auch der Großteil der abhängig Beschäftigten nicht am Niedergang, sondern am Florieren der kapitalistischen Ökonomie interessiert ist, obwohl sie in ihr systematisch benachteiligt werden. Davon erhoffen sie sich einen stabilen Arbeitsplatz und die Erhaltung des Wohlfahrtsstaates. Gerät die Ökonomie jedoch in die Krise – was unter kapitalistischen Verhältnissen bekanntlich mit zyklischer Regelmäßigkeit der Fall ist –, so bedeutet dies eine Verschlechterung der verhandlungsstrategischen Lage der Arbeitnehmer.

Meine in diesem Beitrag hier zusammengestellten Überlegungen mögen wie „unzeitgemäße Betrachtungen“ vorkommen: Jeder kennt sie, aber keiner spricht gern davon. Gerade deshalb scheint mir mein kleines Systematisierungsangebot vonnöten zu sein. Wir alle, die bisher mehr oder weniger selbstverständlich von der territorialen Identität und der Konstanz von Nationalstaat und Gesellschaft ausgegangen sind, stehen plötzlich vor dem für Soziologen in der Tat „unerhörten“ Ereignis, daß dies in Deutschland nicht der Fall ist. Uns fehlt das theoretische Instrumentarium dafür.

Versucht man vor diesem Hintergrund nun, mit Hilfe der acht von mir skizzierten Machtasymmetrien zwischen Kapital und Arbeit über die Entwicklungsmöglichkeiten im ehemaligen DDR-Gebiet zu spekulieren, so ist zunächst sicherlich davon auszugehen, daß dort die gleichen verhandlungsstrategischen Ungleichgewichte zum Tragen kommen werden wie im Westen. Außerdem ist aber damit zu rechnen, daß in den östlichen Bundesländern die Verhandlungsposition der Arbeitnehmerseite noch für beträchtliche Zeit deutlich ungünstiger sein dürfte als in der „alten“ Bundesrepublik Deutschland. So gesehen ist es dann gar nicht so überraschend, daß die arbeitenden Menschen in der ehemaligen DDR zu einem großen Teil ihre Hoffnung auf die „Fürsorge“ der öffentlichen Hand setzen und im übrigen auf die heilende Kraft der „unsichtbaren Hand“ des Kapitals warten, sofern sie es nicht vorziehen, ihr Glück im Westen zu versuchen. Denn zumindest mittelfristig ist im Osten von einer deutlich schwächeren Verhandlungsposition der organisierten Arbeiterschaft auszugehen. Überdies ist die Möglichkeit von internen Interessen- und Abgrenzungskonflikten zwischen dem „östlichen“ und dem „westlichen“ Flügel der Gewerkschaftsbewegung klar vorgegeben.

Dennoch könnte die Rechnung im Hinblick auf eine erfolgreiche Durchsetzung des Leistungsprinzips und eine allgemeine Anhebung des Lebensstandards aufgehen. Für den Fortbestand der sozialen Ungleichheit ist aber selbst in diesem günstigeren Fall bereits gesorgt: An die Stelle des Nomenklatura-Systems tritt – als neuer Ungleichheitsgenerator – die Machtasymmetrie von Kapital und Arbeit. Denn auch wenn die sozialen Klassen in fortgeschrittenen kapitalistischen Staatsgesellschaften weitgehend der Vergangenheit angehören, der ungleichheitsgenerierende Konflikt zwischen Kapital und Arbeit bleibt – trotz aller staatlicher Regulierung – weiterhin wirksam.

Literatur

Claessens, D. / Klönne, A. / Tschoeppe, A., 1989: Sozialkunde der Bundesrepublik Deutschland, 5. Aufl., Reinbek

Coleman, J. S., 1982: The asymmetric society, Syracuse

Goldthorpe, J. H., 1983: Women and class analysis: In defense of the conventional view, in: Sociology 17: 465–488

Hechter, M., 1987: Principles of group solidarity, Berkeley

Kreckel, R., 1982: Class, Status and Power? Begriffliche Grundlagen für eine politische Soziologie der sozialen Ungleichheit, in: Kölner Zeitschrift für Soziologie und Sozialpsychologie 34: 617–648

Kreckel, R., 1983: Soziale Ungleichheit und Arbeitsmarktsegmentierung, in: Ders. (Hrsg.), Soziale Ungleichheiten, Göttingen: 137–162

Kreckel, R., 1989: Klasse und Geschlecht. Die Geschlechtsindifferenz der soziologischen Ungleichheitsforschung und ihre theoretischen Implikationen, in: Leviathan 17: 305–321

Kreckel, R., 1990: Klassenbegriff und soziale Ungleichheitsforschung, in: Berger, P. A. / Hradil, S. (Hrsg.), Lebenslagen, Lebensläufe, Lebensstile, Soziale Welt, Sonderband 7, Göttingen: 51–79

Offe, C. / Wiesenthal, H., 1980: Two logics of collective action: Theoretical notes on social class and organizational form, in: Social Power and Social Theory 1: 67–115

Olson, M., 1965: The logic of collective action, Cambridge, Mass.

Wiesenthal, H., 1987: Strategie und Illusion. Rationalitätsgrenzen kollektiver Akteure am Beispiel der Arbeitszeitpolitik 1980–1985, Frankfurt / M. – New York

Sebastian Herkommer / Michael Mühlhaus

Klasse, Geschlecht, Individualität

Sozialstrukturforschung als Untersuchung sozialer Ungleichheiten greift über die traditionellen Gegenstände des Klassenverhältnisses und der sozialen Schichtung immer mehr hinaus. Die Stellung der einzelnen zu den Mitteln der Produktion und der politischen Macht, ihr verschiedenes Verfügungsmaß über knappe Ressourcen, seien sie gefaßt als Kapital, als Erwerbseinkommen, Bildung oder Sozialprestige (zusammenfassend Bader / Benschop 1989), erscheinen unter Bedingungen einer ausdifferenzierten modernen Gesellschaft nur noch faßbar auf dem Wege der Bilanzierung von Vor- und Nachteilen, ihrer Kumulierung oder teilweisen Kompensation (vgl. Hradil 1987: 49f.). Entstrukturierung der Klassengesellschaft sowie Individualisierung der sozialen Lage und der sozialen Chancen gelten weithin als nicht mehr hinterfragbare Kennzeichnungen für die markantesten Wandlungsprozesse auf dem Wege zu einem „Kapitalismus ohne Klassen“ (Beck 1986; Berger 1987. – Zur Kritik vgl. Bischoff / Herkommer 1990).

Ganz abgesehen von der zunehmenden Bedeutung, die sowohl den subjektiven Momenten sozialer Strukturierung – die Selbst- und Fremdwahrnehmung betreffend sowie das soziale Handeln innerhalb objektiver Strukturen (Hradil 1987) –, als auch der kulturellen und symbolischen Dimensionen sozialer Ungleichheit und ihrer Legitimation zugemessen wird (Bourdieu 1982; Eder 1989; Müller 1989), treten verstärkt die sogenannten askriptiven Merkmale ins Blickfeld, die den einzelnen neben ihren „erworbenen“ Attributen eine spezifische Stellung in der Gesellschaft zuweisen. Das Bild der neuen Unübersichtlichkeit der Sozialstruktur (Berger 1987) komplettiert sich, weil die Individuen neben einer gewissen Einkommensart und -höhe, neben einer bestimmten Qualifikation und beruflichen Stellung, neben der Verfügung über ein bestimmtes kulturelles und soziales Kapital (Bourdieu 1983) auch noch ein spezifisches Alter aufweisen, eine helle oder dunkle Hautfarbe haben, evangelisch oder katholisch sind, zur einheimischen Bevölkerung gehören oder zugewandert sind, männlich oder weiblich sind.

Sieht man einmal davon ab, daß empirische Untersuchungen von sozialer Strukturierung ganzer Nationen wie auch irgendwelcher Regionen oder Gemeinden immer schon versucht haben, möglichst alle relevanten Faktoren für die Beschreibung der Wirklichkeit zu berücksichtigen, so scheint uns doch zweierlei an der neueren Diskussion bemerkenswert: erstens der kritische Anspruch gegenüber einer für obsolet erklärten Klassentheorie, verbunden mit der Forderung nach einer neuen Konzeptualisierung der Sozialstrukturanalyse – programmatisch etwa der Untertitel bei Hradil (1987): „Von Klassen und Schichten zu Lagen und Milieus“ – und zweitens, daß keineswegs beliebige oder im Sinne der Vollständigkeit aufgelistete

Merkmale und Faktoren benannt werden, sondern Phänomene, an denen sich offenkundige Veränderungen nachweisen lassen. Dabei ist nicht zu übersehen, daß sie dem verbreiteten theoretischen Fehler auch stets neue Nahrung geben, die Kategorie Klasse als einem abkürzenden Ausdruck für das zentrale und bestimmende soziale Verhältnis der Ausbeutung und des „Kampfes um das Surplusprodukt" (Ritsert 1988) ineinszusetzen mit dem beschreibenden Begriff von „sozialen Klassen", der sich bezieht auf reale Großgruppen mit homogenen Erfahrungsgrundlagen ihrer Mitglieder und „lebensweltlich" ausgebildeten Übereinstimmungen des Denkens, Fühlens und Handelns. Es kann kein Zweifel darüber bestehen, daß so etwas wie eine Herauslösung „aus traditionellen Klassenbindungen und Versorgungsbezügen der Familie" (Beck 1986: 116) bzw. eine Auflösung traditioneller „sozial-moralischer Milieus" (Lepsius 1979; Mooser 1984) stattgefunden hat, und daß dies sowohl struktur- als auch handlungsrelevant ist. Es kann auch kaum bestritten werden, daß die Zugehörigkeit zu einer bestimmten Alterskohorte oder die Tatsache, Jugendlicher oder älterer Mensch zu sein, in einer Gesellschaft (wieder) wichtig geworden ist, die aufgrund sozialstaatlicher Versorgungsmaßnahmen auch den Altersgruppen außerhalb der aktiven Erwerbsbevölkerung ein eigenständiges, individuell gestaltbares Leben ermöglicht (zusammenfassend Berger / Hradil 1990). Der unterliegende Charakter der Klassengesellschaft ist durch die sogenannten neuen sozialen Ungleichheiten nicht unmittelbar tangiert. Davon unabhängig kann wohl auch gesagt werden, daß es sich durchgängig um Veränderungen handelt, die gesellschaftlich thematisiert werden, ehe sich die Sozialwissenschaften systematisch mit ihnen beschäftigen. Das gilt auch für die erst allmählich wachsende Aufmerksamkeit für die „askriptive Kategorie Geschlecht". Was die Beschäftigung mit sozialen Ungleichheiten zwischen Männern und Frauen angeht, so ist der Eindruck einer nicht mehr zu rechtfertigenden Ignoranz der Soziologie nicht ganz von der Hand zu weisen. Kreckel (1989: 305) spricht zu Recht von der „Geschlechtsindifferenz der soziologischen Ungleichheitsforschung".

Bevor sich die soziologische Ungleichheitsforschung mit der Dimensionierung sozialer Strukturen entlang des Geschlechtsunterschieds systematisch zu beschäftigen begann, haben die wirklichen gesellschaftlichen Thematisierungen und Konflikte längst als Anlaß und Gegenstand einer neuen Frauenbewegung ihren Ausdruck gefunden. Und ihren Einzug in die akademischen Disziplinen hat die Frauenforschung nur mit Verspätung vollziehen können. Sie ist noch immer eher randständig und bis heute außerhalb des mainstreams geblieben. Es bleibt abzuwarten, ob die Umwälzungen in der Sozialstruktur der ehemaligen DDR daran etwas ändern werden. Immerhin ist in den neuen Ländern der Bundesrepublik von einer besonderen gesellschaftlichen Thematisierung dieses Problemfeldes auszugehen, zumal – angesichts der überproportionalen Betroffenheit durch Arbeitsplatzverlust und den Abbau von Kinderkrippen – der Eindruck schon jetzt vorherrscht, daß die Frauen zu den ganz großen Verlierern des schnellen staatlichen Vereinigungsprozesses gehören könnten. Andererseits ist nicht auszuschließen, daß die Errungenschaften auch für die Frauen im (Nominal-)Sozialismus nicht so erheblich waren, daß also vielmehr auch hinsichtlich der im Westen konstatierten zivilisatorischen Fortschritte, Zwischenerfolge auf den Etappen einer Emanzipation vom überlieferten patriarchalen Muster, in den östlichen Ländern ein Nachholbedarf besteht.

Wie dem auch sei, die Debatte, die sich seit Anfang der 70er Jahre zwischen feministischer und marxistischer Gesellschaftstheorie entwickelt hat, wird für die Sozialstrukturforschung im gesamten Bundesgebiet fruchtbar zu machen sein und damit insgesamt einen Beitrag leisten können zu einer *„geschlechtssensibilisierten Soziologie“* (Kreckel 1989: 309). Das Verhältnis von Klasse und Geschlecht, von Kapitalismus und Patriarchat zu diskutieren, wird ohne Bezug auf die Beiträge aus dem marxistisch-feministischen Forschungsbereich wenig ergiebig sein. Aufzunehmen sind aber auch die Untersuchungen zur Individualisierung, die sich in den Sozialwissenschaften einer ungebrochenen Konjunktur erfreuen: Schon Beck (1986) hat bekanntlich seine Thesen bezogen auf die Erosion von Klassen- *und* Geschlechtslagen. Unsere Absicht ist nun, die soziologische Ungleichheitsforschung aufmerksam zu machen auf Fragestellungen und Ergebnisse solcher Untersuchungen, die von einer an Marx' Kritik der politischen Ökonomie orientierten Gesellschaftstheorie ausgehen. Das bedeutet zugleich, Voraussetzungen dafür zu schaffen, die eigenen Versuche zur Analyse der sozialen Ungleichheit im Sozialstaatskapitalismus (Herkommer 1983; Herkommer u. a. 1984; Herkommer 1990; Bischoff/Herkommer 1990) fortführen und präzisieren zu können und über die bisher im wesentlichen noch eingehaltene Ebene der „Geschlechtsneutralität“ hinauszukommen. Wir beschränken uns für einen ersten Zugang auf drei Positionen, die uns für markante Unterschiede in der Debatte bezeichnend erscheinen.

I.

Die Arbeiten von *Ursula Beer* konzentrieren sich auf die theoretische Bestimmung des „Zusammenwirkens von Ungleichheit im Geschlechter- und Klassenverhältnis“ (Beer 1989a: 20) einerseits, die gesellschaftspolitischen Konsequenzen aus der Analyse dieser Beziehung andererseits. Sie behandelt die soziale Konstituierung des Geschlechterverhältnisses und dessen Ungleichheit von vornherein als einen „Sachverhalt, der strukturell in die Ökonomie warenproduzierender Gesellschaften eingelassen ist“ (ebenda: 15). Den Strukturbegriff legt sie zugrunde, weil damit das Verhältnis von Struktur und Handlung, bzw. von Gesellschaft und Individuum angesprochen und zugleich der geschichtliche Vermittlungszusammenhang aufzudecken sei, der sich daraus ergibt, daß Strukturen den Individuen nicht nur vorgegeben sind, sondern von ihnen auch stets hervorgebracht werden. Für ihre Orientierung am Marxismus gibt sie vier Gründe an (ebenda: 19): daß er die einzige Theorietradition mit dem Anspruch sei, die gesellschaftlichen Strukturen und Prozesse in ihrem *inneren Zusammenhang* zu erfassen, daß er auf die Ermittlung gesellschaftlicher *Ungleichheit* ausgerichtet sei, daß mit ihm auch besonders gut *demographischer Wandel* einzubeziehen sein müsse, und daß insbesondere gesellschaftliche Sachverhalte in ihrem *historischen Gewordensein* betrachtet würden.

Im explizierten politischen Zusammenhang soll die These vom sogenannten Nebenwiderspruch diskutiert werden, wonach gegenüber dem „Hauptwiderspruch" in einer kapitalistischen Klassengesellschaft, also dem antagonistischen Gegensatz von Kapital und Arbeit, der Gegensatz von männlichem und weiblichem Geschlecht eine nachgeordnete Rolle spielt und mit der befreienden Tat des Proletariats quasi automatisch auch die Befreiung der Frau vollzogen werden kann. Gegenüber einer allzu engen Tuchfühlung von Marxismus und Feminismus möchte sie das Argument vertreten, „daß die theoretisch ‚richtige' Beweisführung einer Vorgängigkeit des Klassenverhältnisses vor dem Geschlechterverhältnis in einer verkürzten Weise zu dem politisch ‚falschen' Schluß führt, aus diesem Grund besitze auch der Kampf gegen Klassenausbeutung und -unterdrückung den Vorrang gegenüber dem Kampf gegen Geschlechterausbeutung und -unterdrückung" (Beer 1989b: 67).

Beer zielt damit unmittelbar auf die traditionelle Annahme, „die Arbeiterklasse sei das kollektiv handelnde oder zumindest führende Subjekt, gesellschaftliche Verhältnisse unter kapitalistischen Bedingungen gestaltend zu verändern" (ebenda: 68), und in der Arbeiterklasse seien Männer und Frauen gleich in ihrer Ungleichheit gegenüber dem Kapital. Diese Annahme einer Gemeinsamkeit sei nur richtig, wenn die einzelnen, vom Lohn abhängigen „*ausschließlich* in ihrer Eigenschaft als Lohnarbeitskraft, als Ware Arbeitskraft" betrachtet würden (ebenda). Unter dem Aspekt politischen Handelns akzeptiert Beer diese Abstraktion nicht. Die Individuen könnten nicht lediglich als Träger sozialer und ökonomischer Verhältnisse aufgefaßt werden, denn politisch handeln könne „keine Personifikation ökonomischer Verhältnisse, das können nur lebendige Individuen" – also Männer und Frauen. Dennoch bestreitet sie nicht die „theoretische" Richtigkeit, „von einer Dominanz des Klassenverhältnisses vor dem Geschlechterverhältnis zu sprechen, wenn damit gemeint ist, daß Individuen als Besitzlose ganz einfach ihre Arbeitskraft vermarkten müssen, um sich überhaupt am Leben erhalten zu können" (ebenda). Diese Notwendigkeit der Vermarktung der Ware Arbeitskraft sei selbst gegenüber der Tatsache vorgängig, daß Individuen in den wirklichen Verhältnissen als Männer und Frauen zusammenleben und zusammenarbeiten, sich lieben oder hassen (oder beides nicht), Kinder miteinander bekommen und aufziehen, usw. Das Vorgängige eines Klassenverhältnisses gegenüber dem Geschlechterverhältnis wird insoweit als das Resultat einer Verkehrung und Versachlichung begriffen, wie sie kennzeichnend für die kapitalistische Produktionsweise ist. Das Klassenverhältnis sei „in einem sozioökonomischen Sinne vorgängig". Aber es handele sich bei beiden, dem Geschlechter- und dem Klassenverhältnis, „um soziale Verhältnisse, in denen wir uns ganz empirisch gleichzeitig und parallel bewegen und befinden; sie sind nicht miteinander identisch, sie bezeichnen jeweils eine eigenständige Dimension individuellen und gesellschaftlichen Zusammenhangs" (ebenda: 69).

Die Behauptung der Parallelität von Strukturen, von denen durchaus die eine gegenüber der anderen dominant sein kann, schließt ein, daß sie nicht auseinander ableitbar sind. Während die Perspektive der mehrwertproduzierenden Lohnarbeit, bzw. der über den Markt vermittelten Ware Arbeitskraft sich bezieht auf eine geschlechtsneutrale Kategorie, das Individuum als Träger oder Verkörperung einer Beziehung von Sachen, eröffnet die Perspektive des realen Subjekts in seiner Leiblichkeit den Blick auf „das menschliche Subjekt als Ensemble gesellschaftlicher Verhältnisse", die sich in den ökonomischen Verhältnissen nicht erschöpfen. Nur insofern, als die Marxsche Theorie verleugne, daß ein solches Subjekt immer *Geschlechtssubjekt* ist, könne sie zu einer *„geschlechtsneutralen Klassentheorie"* werden (Beer 1989a: 303). Zu solcher Einseitigkeit sei es nun in der Tat durch den „Produktionszentrismus" mit seiner „Fixierung auf die marktvermittelte, mehrwertproduzierende Ökonomie" gekommen. Andererseits jedoch: „Das gesellschaftspolitische Erkenntnisinteresse der Frauenforschung zielt ab auf den Nachweis der *Eigenständigkeit*, damit aber auch der *Unterschiedenheit* der Geschlechterungleichheit von Klassenungleichheit. Anders als Marxismus und Arbeiterbewegung postulieren, sind politische Strategien gefragt, die sich ganz unmittelbar auf Beseitigung der Geschlechterherrschaft richten." (Ebenda: 97.)

Die gesuchte und in Karl Marx' Hauptwerk von Ursula Beer vermißte Begriffsbestimmung des Geschlechterverhältnisses stützt sich auf Einsichten, die im Frühwerk noch enthalten seien, etwa in der „Deutschen Ideologie" von Marx und Engels (MEW 3) und durchgängig bei Engels („Der Ursprung der Familie, des Privateigentums und des Staates", in: MEW 21): daß es immer und zu allen Zeiten eine doppelte Produktion in Gesellschaft gebe, nämlich die Produktion der Lebensmittel (Nahrung, Kleidung, Wohnung und die zu ihrer Herstellung nötigen Werkzeuge) und die Produktion des Lebens selbst, die Erzeugung des Menschen selbst, die Fortpflanzung der Gattung. Demgegenüber sei nachrangig, daß diese Produktion und Reproduktion des gesellschaftlichen und menschlichen Lebens nicht in durchgängig gleicher Form sich vollzieht. Beer kommt es also darauf an, die zwei Dimensionen auseinanderzuhalten und zu zeigen, daß sie nicht aufeinander reduzierbare Strukturen darstellen. Nicht nur die produktive Arbeit, auch die „generative Reproduktion" und die mit ihr verbundenen Arbeitsleistungen in der Familie gehörten zur gesellschaftlichen „Basis", seien als deren materialer Bestandteil anzusehen (vgl. ebenda: 76f.).

In der für unsere „kapitalistisch-patriarchale" Gesellschaft etwa „spezifischen Ausprägung des Geschlechterverhältnisses – Hausfrauenehe und Kleinfamilie – (werden) in doppeltem Sinne reproduktive Leistungen erbracht, ohne die das Verhältnis von Lohnarbeit und Kapital sehr schnell zusammenbräche – nämlich dann, wenn keine Kinder mehr geboren würden, wenn Lohnarbeitskraft nicht mehr versorgt würde ... Diese offensichtlich nach- und untergeordnete Reproduktion kann also so unwichtig nicht sein; sie sichert ganz einfach, neben der Produktion von Gütern und Waren, den gesellschaftlichen Bestandserhalt" (Beer 1989b: 70). Dem ist natürlich nicht zu widersprechen. Im wesentlichen wird dabei auf die verständige Voraussetzung aller menschlichen Gesellschaft – unabhängig von ihrer historisch bestimmten Form – verwiesen, daß es außer der Produktion der Lebensmittel immer auch darum geht, daß die Produktion des Lebens selbst garantiert ist.

Mit der doppelten Struktur von Produktion und Reproduktion selbst ist jedoch die Ungleichheit im Sinne von Herrschaft bzw. Unterdrückung oder Privilegierung und Benachteiligung noch nicht erklärt. Es kommt also darauf an, erklären zu können, warum – jenseits der biologischen Funktionen – in typischer Weise den Frauen die Arbeit im Bereich der generativen Reproduktion zukommt, zweitens warum diese Arbeitsleistung „von altersher als minderbedeutend im Vergleich mit der Arbeit von Männern" galt (Beer 1989a: 247), und drittens, warum Frauen, wenn sie – in einer kapitalistischen Gesellschaft – beteiligt werden an der Produktion von Gütern und Waren, auch hier benachteiligt sind gegenüber den Männern.

Den Zugang zur Beantwortung dieser zentralen Fragen sucht Beer in der historischen Tatsache des *Patriarchats*, das sich im Zusammenhang mit der Entwicklung des Eigentums zum Stammes-, Familien- und Privateigentum in den vorbürgerlichen Gesellschaftsformationen entwickelt und festgesetzt habe und für die Strukturen der kapitalistischen Gesellschaft strukturierende Bedeutung habe behalten können. „Der mit der ständischen Wirtschafts- und Familienverfassung verknüpfte Patriarchalismus, der auf familial-verwandtschaftlicher und familial-erwerbswirtschaftlicher Nutzung von Arbeitskraft auf der Grundlage einer agrarischen Produktionsweise beruhte, differenzierte sich aus (in den Schüben der Industrialisierung, S.H. / M.M.). Unter dem Schutz derselben Rechtsordnung fand er ungebrochen Eingang in die vom Erwerb abgelöste Familie und deren Ökonomie, auf vielfältig gebrochene Weise aber auch in die von der Familie getrennte Erwerbswirtschaft." (Ebenda: 235.) Der von Beer im Familien- und Arbeitsrecht (Gesinde- und Dienstvertragsrecht) nachgewiesene Patriarchalismus, wie er aus den Verhältnissen und Strukturen der Standesgesellschaft hervorgewachsen ist, wird demnach mit der für die bürgerliche Gesellschaft typisch sich vollziehenden Trennung von Familie und Erwerb *übergeleitet* in die neuen Strukturen sozialer Ungleichheit.

Die Verschränkung von historisch vorgebenen Strukturen und dem Machen von Strukturen durch das Handeln der Individuen wird für Beer an diesem Übergangsprozeß der Etablierung bürgerlicher Verhältnisse besonders deutlich. Sie sieht durchaus gute Gründe dafür, daß auch das Handeln und Bewußtsein der Frauen dazu beitragen konnte, das feudalständische Familienmodell unter den veränderten Bedingungen aufrechtzuerhalten. „Auch für sie wird die Familiengründung erstrebenswerter gewesen sein im Vergleich mit einem Dasein als Dienstmädchen und noch immer unter hausrechtlichen Kontrollen oder als ledige Fabrikarbeiterin mit einer Schlafstätte in einer anderen Familie. Viel wichtiger noch scheint in diesem Zusammenhang, daß die Übernahme des patriarchalischen Familienmodells durch besitzlose Frauen und Männer von einem analogen Patriarchalismus im Erwerbsleben begleitet war. Auch dort wußten die ehemals dienstabhängigen Männer ihre Chance wahrzunehmen, kulturell tradierte Patriarchalismen kamen ihnen selbst hier zustatten. Die Schließungsprozesse gegenüber weiblicher Arbeitskraft, wie differenziert auch immer in ihren unterschiedlichen Ausprägungen, kamen eindeutig männlicher Arbeitskraft zugute und gingen von ihr aus." (Ebenda: 248.)

Aus dieser „Vorteilslage“ folgert Beer nun auch ein sehr unterschiedliches Interesse von lohnabhängigen Männern gegenüber lohnabhängigen Frauen (einschließlich Ehe- und Hausfrauen) hinsichtlich der Beibehaltung oder Veränderung der bestehenden sozialen Verhältnisse im ganzen. „Weder als Lohnarbeitskraft, die unter Konkurrenzbedingungen die eigenen Markt- und Verwertungschancen vermutlich zu sichern trachtet, noch als Männer dürften diese Individuen, von Ausnahmen gewiß abgesehen, sich an der Veränderung eines Zustandes beteiligen wollen, der ihnen schlicht und einfach Privilegien sichert. Demgegenüber besitzen Frauen als Lohnarbeitskraft und als Hausfrauen, Ehefrauen und Mütter sehr wohl ein Interesse an der Veränderung der schlechten Realität, und was sie bisher erreicht haben, verdanken sie massivem politischem Druck – und der galt keineswegs ‚dem Kapital‘, sondern den eigenen Reihen.“ (Beer 1989b: 71.)

Diese These geht weiter als die bloße – von uns geteilte – Vermutung, daß „das Geschlechterverhältnis ... zutiefst in das Klassenverhältnis eingelassen zu sein (scheint)“ (ebenda). Die Beobachtung eines in bürgerlich-kapitalistischen Verhältnissen *fortwirkenden* Patriarchalismus, als „Sekundärpatriarchalismus“ wirksam sowohl im Familienleben als auch in den Diskriminierungs- und Schließungspraktiken in der Sphäre des Erwerbslebens, leitet einen Purzelbaum ein, mit dem die zunächst eingeräumte Strukturdominanz der gesellschaftlichen Produktion und ihrer historischen Spezifik wieder negiert wird.

Es kann nicht darum gehen, die Männerdominanz in den politischen und gewerkschaftlichen Organisationen der Arbeiterbewegung zu leugnen oder den teilweise massiven Widerstand gegen die Berücksichtigung spezifischer Interessen von Frauen. Wir behaupten jedoch, daß es „vorgängig“ dem Kampf und Druck der – aus Männern und Frauen sich zusammensetzenden – Arbeiterbewegung zu verdanken ist, daß die dem Kapital innewohnende Möglichkeit einer zivilisatorischen Entwicklung überhaupt real geworden ist, worunter auch fällt, daß die Unterdrückung der Frauen zu einem gesellschaftlichen Thema werden konnte, das im Sozialstaat auch der verändernden Gestaltung zugänglich ist. Die von Beer vorgenommene Volte hat aber nicht nur ihren praktischpolitischen Aspekt, unter dem Arbeiter- und Frauenbewegung gegeneinander ausgespielt werden, sondern selbstverständlich auch theoretische Bedeutung für das Verhältnis von Marxismus und Feminismus.

Ursula Beers Überlegungen landen bei einer feministischen Revision der marxistischen Gesellschaftstheorie, die von deren Kern nicht mehr viel übrigläßt. Sie stößt sich an dem sogenannten *Ökonomismus* von Untersuchungen, die versuchten, alle wesentlichen Strukturen, eben auch die der gesellschaftlichen Regeneration und die entsprechenden generativen Arbeitsleistungen samt der Geschlechterungleichheit, „abzuleiten“ aus den ökonomischen Verhältnissen. In der Tat spricht alles dafür, Abschied zu nehmen von falschen Vorstellungen über die deterministisch-kausalistische Beziehung zwischen „Basis“ und „Überbau“. Die Autorin hat gute Gründe angeführt, die ein Fortwirken historisch gewordener *geschlechtsspezifischer* Ungleichheit erklären. Damit ist mindestens die Bedeutung der *Rückwirkung* von ideologischen Formen hervorgehoben, auch wenn sie überlebten Produktionsweisen entstammen. Sie hat auch zweifellos damit ein zentrales

Problem aufgeworfen, daß die geschlechtsneutrale ökonomische Kategorie der Lohnarbeit, wo das Individuum lediglich als Verkörperung oder Personifikation ökonomischer Verhältnisse gefaßt ist, tragfähig sein mag für die Analyse eines *Klassenverhältnisses* und der damit gesetzten sozialen Ungleichheit, die auf Ausbeutung oder Mehrwertabpressung beruht, aber die gesellschaftlichen Ungleichheiten im Geschlechterverhältnis und die Diskriminierung von Frauen nicht unmittelbar erklären kann. Indem die Individuen als „Agenten" oder „Träger" der versachlichten Verhältnisse gesellschaftlicher Arbeit sich innerhalb der Ökonomie strikt geschlechtsneutral zueinander verhalten – sie können bei Strafe des Untergangs oder des Mißerfolgs nicht anders als die ökonomischen Gesetze exekutieren – reproduzieren sie nicht nur die Klassenverhältnisse, sondern zugleich auch Ungleichheitsstrukturen, die auf dem Unterschied der Geschlechter beruhen. Solche „beiherspielende" und unintendierte Folge ökonomischen Handelns läßt sich handfest ausmachen am geschlechtsspezifischen Arbeitsmarkt, an der durchschnittlichen Schlechterstellung der Frauen in den betrieblichen Hierarchien usw. Ein *Herrschaftsverhältnis* (der Männer über die Frauen) läßt sich damit aber nicht begründen.

Wird kein Unterschied gemacht zwischen der Formanalyse und der Untersuchung konkreter Handlungsabläufe, dann scheint auch der Einwand einleuchtend, daß nicht die „Personifikationen eines ökonomischen Verhältnisses" handeln – es bellt ja auch nicht der Begriff des Hundes – es handeln nur reale Subjekte, und das sind Männer und Frauen. Dann allerdings wäre es überzeugender gewesen, zugleich auf andere, unter bestimmten Umständen vielleicht wichtigere askriptive Merkmale hinzuweisen. Weiße und Farbige, Kinder, Jugendliche, Alte, Einheimische und Zugewanderte, Angehörige ethnischer Minderheiten und der herrschenden „Rasse" usw. – das alles sind „reale Subjekte" mit bestimmten sozialen Zuschreibungen ihrer Stellung in der Gesellschaft, die zwar auch entweder männlich oder weiblich sind, aber Diskriminierung bzw. Privilegierung nicht primär aus *diesem* Grunde erfahren.

Bleiben wir aber beim Geschlechterverhältnis, von der Frauenforschung in eine unmittelbare Beziehung zum Klassenverhältnis gebracht. Danach hätten wir abzugehen von der Reduktion des Subjekts auf seine versachlichten Beziehungen und das „Realsubjekt" (Beer) zu betrachten in seiner Leiblichkeit, womit es erst zu erfassen sei als das „Ensemble gesellschaftlicher Verhältnisse", wovon Marx in den Thesen zu Feuerbach (MEW 3) spricht. Während nach unserem Verständnis dieser Übergang erst geleistet werden kann, wenn das *strukturbestimmende und übergreifende* abstrakte Verhältnis entwickelt und dechiffriert ist, postuliert die feministische Interpretation von vornherein den geschlechtlich bestimmten Dualismus der sozialen Verhältnisse als universelle Gegebenheit für die *konkreten* Individuen. Die Revision führt zur Verkehrung: Denkbar wird, „ob ‚die kapitalistische Produktionsweise' nicht als historisch-besondere Ausprägung von Geschlechterherrschaft gesehen werden muß", als ein „*universelles* Vergesellschaftungsmuster". „Dann aber, und darauf(!) laufen meine Überlegungen hinaus, wäre der Kapitalismus eine hochentwickelte Form von (patriarchaler) Geschlechterherrschaft . . ." (Beer 1989a: 274f.)

II.

Hildegard Heise (1986, 1988 und 1989) entwickelt ihren Ansatz in einer doppelten Frontstellung, einerseits gegenüber feministischen Autorinnen (z. B. Beer 1984 und 1989c), andererseits gegenüber der Position eines orthodoxen Marxismus, wie sie von den „Sozialistischen Studiengruppen" (SOST 1984) vertreten wird. Am Feminismus kritisiert sie, daß er das Geschlechterverhältnis als ein unmittelbares Machtverhältnis auffasse. Damit aber sei das Besondere der patriarchalen Formen im modernen Kapitalismus nicht adäquat zu erfassen. Auch die in der feministischen Debatte beliebte These, die Frauenunterdrückung sei für den Kapitalismus funktional und für die Reproduktion der kapitalistischen Produktionsweise notwendig, wird von Heise kritisiert: „Zwar beutet das Kapital . . . vorfindbare Lebens- und Arbeitsformen zu seinem Nutzen aus, und insofern geschieht dies auch mit den jeweils gegebenen Formen des Geschlechterverhältnisses . . . Jedoch ist dieser Zusammenhang nicht umkehrbar in eine Kausalität dergestalt, das Kapital schaffe und erhalte sich eine optimale . . . familiale Sphäre" (Heise 1988: 9).

Gegenüber dem Marxismus betont Heise, daß es nicht ausreiche, die empirisch vorfindbaren Arten von Frauenunterdrückung als dem Kapitalismus im Prinzip *äußerliches* Moment, als *Relikt* vorbürgerlicher Gesellschaftsformationen zu erklären. „Ohne noch weitergehende theoretische Erwägungen anzustellen, kann das marxistische Modell schon durch die einfache Überlegung ausgeschlossen werden, daß nach ca. 150 Jahren realer Existenz einer bürgerlichen Gesellschaftsformation . . . tatsächlich entwickelte und somit dem reifen Kapitalismus adäquate Formen existieren müssen, die ihrerseits das vorfindbare Geschlechterungleichgewicht essentiell abstützen." (Heise 1989: 269.) Heise konstatiert einen Prozeß des „Ausreifens" der familialen Sphäre in der Nachkriegszeit, der für sie einen „entscheidenden Wandel" in der bürgerlichen Epoche abschließt. Resultat dieses Wandels sei die Auflösung der familialen Produktionsgemeinschaften und – als seine Kehrseite – das „prinzipielle Verwiesensein beider Geschlechter auf das kapitalistische System der gesellschaftlichen Arbeit" (ebenda: 271).

Uns will nicht recht einleuchten, warum dieser säkulare Wandlungsprozeß der bürgerlichen Familie plötzlich abgeschlossen sein soll. Die Argumentation erscheint nicht sehr stichhaltig, wenn damit die These widerlegt werden soll, daß mit der konstatierten Wandlung auch das Aufbrechen starrer Geschlechtszuordnungen und die historisch erstmalige Möglichkeit einer relativ selbstbestimmten Lebensgestaltung auch für Frauen verbunden ist.

Das Charakteristische an Heises Gedankengang – gerade auch im Vergleich mit dem von Ursula Beer – ist, daß sie von aller geschichtlichen Gewordenheit abstrahiert und kapitalistische Verhältnisse „in ihrer reinen Form" unterstellt. Als die „eigentümliche Zellenform" (Heise 1988: 8) der beiden Sozialstrukturen Klasse und Geschlecht bestimmt sie das „vereinzelte, gesellschaftliche Subjekt". Diese Kategorie wird eingeführt als zusätzlicher, bisher fehlender „Baustein" für eine marxistische Subjekttheorie (vgl. Heise 1986: 38). Sie soll zum Ausdruck bringen, daß die Individuen aus eigenem Antrieb heraus zum „Träger der gesellschaftlichen

Verhältnisse" werden, daß sie selbst sich in eine Beziehung zu den gesellschaftlichen Verhältnissen setzen *wollen*, wenn sie als Agenten der kapitalistischen Warenproduktion und -zirkulation auftreten.

Das widersprüchliche gesellschaftliche Verhältnis, in welches das Subjekt involviert ist, also vor allem die Tatsache, daß laut Marx der Zusammenhang, den die Subjekte durch ihr Handeln konstituieren, ihnen gegenüber sich verselbständigt, strukturiert nun seinerseits das Heisesche gesellschaftliche Subjekt. (So wird bei ihr z.B. aus der Zirkulationsform „Freiheit" der innersubjektive Widerspruch als „das sich verbindende, da vereinzelte Subjekt" bestimmt. Analog verfährt sie mit den Formen „Gleichheit" und „Utilitarismus".) Das kapitalistisch formbestimmte Subjekt ist in sich widersprüchlich, gekennzeichnet durch eine innere Zerrissenheit und Desorientiertheit. Weil dieser Widerspruch zwischen der Subjektivität und der Gesellschaftlichkeit des Individuums nur schwer auszuhalten sei, ergriffen die Subjekte die „Flucht vor der Widersprüchlichkeit", stürzten sie sich in „Scheinlösungen". Die Gesellschaftlichkeit werde quasi ausgeblendet, als ein „Außenverhältnis" konstruiert gegenüber dem „Innen" als dem Umkreis der eigenen Existenzsicherung. Für das Verhältnis der kapitalistischen Ökonomie zur familialen Sphäre bedeute dies, daß letztere von den Subjekten als Ort des Rückzugs gegenüber der entfremdeten und bedrohlichen Welt der Erwerbsarbeit betrachtet wird.

Die insoweit geschlechtsunspezifisch entwickelte Formbestimmtheit des Subjekts führe nun aber zu *geschlechtsspezifischen* Reaktionen der Subjekte selbst. Denn: „Gleichstellung und Ungleichstellung von Frauen und Männern sind (im entwickelten Kapitalismus) Vor- und Rückseite ‚Desselben'." (Heise 1989: 261.) Wie ist das zu verstehen? Heise präzisiert: „Frauen und Männer sind nicht gleich, sie sind anders. Und als diese andersartigen Geschöpfe stehen sie . . . derselben Produktionsweise gegenüber . . . Frauen tragen und gebären Kinder, Männer nicht; jene stillen Kinder, diese nicht . . . Hieraus resultiert, allgemein gesehen, eine unterschiedlich geprägte Verantwortlichkeit der Geschlechter gegenüber dem heranwachsenden Leben." (Heise 1986: 153.) Aus dem Zusammentreffen des biologisch-sozialen Unterschieds der Geschlechter mit der spezifisch kapitalistischen Vereinzelung und Existenzunsicherheit wird nun die besondere weibliche Reaktionsweise auf die Widersprüchlichkeit des Kapitalismus erklärt (vgl. ebenda: 149ff.). Aufgrund ihrer biologischen Eigenart seien Frauen stärker als Männer in die Existenzsicherung involviert, was wiederum eine größere Abwendung von der Erwerbsarbeit und eine größere Zuwendung zur Familie impliziere. In der familialen Partnerbeziehung mache sich das geltend in stärkerer Sozialbezogenheit und ausgeprägterem Bindungswunsch der Frauen. Tendenziell gerieten sie damit aber in eine subalterne Position gegenüber den Männern.

Letztlich ist es für Hildegard Heise das geschlechtsneutrale Moment, welches die kapitalistische Produktionsweise „patriarchalisch" macht: „Die weibliche Geschlechtsspezifik braucht Raum. Eine Produktionsweise, die diesen Raum nicht ausdrücklich (spezifiziert) bietet, ist per se – ob sich das zeigt oder nicht – durch die Dominanz der männlichen Geschlechtsspezifik gekennzeichnet. Geschlechtsneutralität gibt es in dieser Hinsicht nicht." (Ebenda: 228.)

Wir meinen nun, daß spätestens an dieser Stelle der dem Anspruch nach strikt formspezifische und von allen Momenten der Tradition absehende Ansatz an seine Grenzen stößt. Gerade an dem Punkt, der den Unterschied der Reaktion der Geschlechter auf die Widersprüche der kapitalistischen Produktionsweise markieren soll, kommt die Autorin nicht mehr mit der Formbestimmtheit des „reinen" Kapitalismus aus und muß zurückgreifen auf biologische („geschichtsübergreifende", ebenda: 153) und empirisch-soziale Bestimmungen. Denn, will sie nicht ganz hinter eine der zentralen Errungenschaften der feministischen Theorie zurückfallen, die Unterscheidung von biologischem und sozialem Geschlecht nämlich, so kommt sie nicht daran vorbei, daß in die Bestimmung dessen, was den Unterschied zwischen Männern und Frauen ausmacht, immer auch Momente der Tradition und der in der Gesellschaft vorherrschenden, mehr oder weniger kodifizierten Anschauungen mit eingehen.

Wenn mit Heise unterstellt wird, daß der biologische Unterschied auf kapitalistischer Grundlage auch zu verschiedenen Reaktionen führt, dann ist auch die Unterscheidung zwischen Maßnahmen, die noch zur notwendigen Gleichstellung führen (etwa die Minderung der Unsicherheit bei der Existenzvorsorge), und solchen, die schon Gleichmacherei sind, weil sie den Unterschied zwischen den Geschlechtern negieren, nicht mehr eindeutig zu treffen. Es sind gesellschaftliche Prozesse, letztlich dem „civilizing influence of capital" zuzuschreibende, die sowohl die Norm (das gewünschte Ausmaß an Gleichstellung), als auch die Abweichungen von der Norm sanktionieren.

Heise muß auch feststellen, daß die von ihr entwickelte „spezifisch weibliche Reaktion" eigentlich nur im Frühkapitalismus so abläuft, also zu einem Zeitpunkt, zu dem die Familie noch gar nicht jene „formbestimmte" Ausprägung gewonnen hat, die sie analysiert. Hier zeige der Kapitalismus hinsichtlich seiner Geschlechtsspezifik sein „wahres Gesicht" (ebenda: 159). Mit dem Entstehen der „spezifisch kapitalistischen Familie" verschwindet aber die „spezifisch weibliche Reaktion" zunehmend. Es bleiben dann „nur" mehr empirisch festzustellende Ungleichheiten. Das notwendig Patriarchalische am Kapitalismus läßt sich dann nur noch an einem diffusen „eigentlich Weiblichem" messen.

Diese Schwierigkeit, die die tatsächliche geschichtliche Entwicklung auf Grundlage der kapitalistischen Produktionsweise für Heises Ansatz bedeutet, verweist auf ein grundsätzliches theoretisches Problem: Ist es überhaupt richtig, das abstrakte Individuum als von Anfang an gegeben zu unterstellen? Wäre nicht vielmehr zu unterscheiden zwischen dem Individuum, wie es die kapitalistische Epoche historisch vorfindet, und der Art, wie es in dieser Epoche sich erst entfalten kann? So gesehen, wäre der „vereinzelte Einzelne" erst das Resultat einer langen Entwicklung innerhalb der bürgerlichen Gesellschaft. Statt die Dynamik zu erfassen, die den Bogen spannt zwischen einer mit der Durchsetzung kapitalistischer Verhältnisse gegebenen Möglichkeit und ihrem praktischen Wahrwerden, bleibt die Konstruktion von Heise merkwürdig statisch. Zum andern verweist dieselbe Schwierigkeit auf das Verhältnis der beiden Sphären: Ökonomie und Familie zueinander. Gerade wenn Heise zu Recht die Familie in ihrer Besonderheit bestimmen will, erscheint es uns unzureichend, diese Besonderheit nur darin zu sehen, daß die familialen Beziehungen im Unterschied zu den Verhältnissen in der Ökonomie personal und „unmittelbar" sind. Während nämlich das Absehen von allen besonderen Merkmalen in der Erwerbsarbeit eine Realabstraktion ist, die mit der Verallgemeinerung der kapitalistischen Warenproduktion praktisch wahr wird, ist die Heisesche Familie mit der „Formbestimmung des Subjekts" inhaltlich unterdeterminiert. Momente der Tradition, die gerade nicht kapitalistisch formbestimmt sind, aber auch kapitalistische Klassenverhältnisse finden bei Heise ebensowenig Eingang in das Geschlechterverhältnis wie die Aufgaben, die in der Familie neben der Partnerbeziehung zu erledigen sind. Gerade in der Familie sind diese Momente aber nicht nur beiherspielende und also großzügig zu vernachlässigende Abweichungen von der „reinen Form", von denen einfach abstrahiert werden könnte.

Zusammengefaßt: Der Ansatz von Hildegard Heise erscheint uns insofern als fruchtbar, als er sowohl den einfachen Funktionalismen als auch der These einer universellen Männerherrschaft eine Absage erteilt. Bestehende Ungleichheiten werden als vermittelt über die Handlungen der Individuen nachgewiesen. Damit ist theoretisch auch Raum gegeben für die Möglichkeit, daß die Benachteiligten die Verhältnisse ihrer Ungleichstellung bzw. ihrer „Unterstellung" (Barrett 1983) hinnehmen. Das Subjekt in der bürgerlichen Gesellschaft ist allgemein als geformt und formend, „als handelnde Instanz innerhalb formbestimmter Strukturen" (Heise 1986: 8) gefaßt. Das Individuum ist „involviert, nicht einfach subsumiert" (ebenda: 52). Wichtig ist uns darüber hinaus, daß die „familiale Sphäre" in ihrer Beziehung zum System der gesellschaftlichen Arbeit genauer bestimmt wird und nicht pauschal als „Überbau". Hier muß auch der Ansatzpunkt liegen für die Analyse der Geschlechterdifferenz und des Geschlechterverhältnisses. Wenn auch nicht in Abrede gestellt werden kann, daß die Kategorien des Sozialen selbstverständlich die Beziehung zur Natur einschließen müssen, und deshalb auch die Prozesse der sozialen Differenzierung und der Individualisierung in der bürgerlichen Gesellschaft nicht ohne die geschlechtliche Andersartigkeit der Individuen vollständig zu erfassen sind, so bleiben doch auch einige Fragen und Probleme:

1. Welche historischen Formen der Verschränkung von gesellschaftlicher Arbeit und familialer Sphäre hat der Kapitalismus „vorgefunden" und welche seiner eigenen „Natur" nach erst noch ummodeln müssen? Das ist Gegenstand der Beerschen Untersuchungen (Beer 1989a).

2. Wie ist zu erklären, daß die bürgerliche Gesellschaft selbst – innerhalb ihrer eigenen Epoche und auf ihren eigenen Grundlagen – eine wachsende Infragestellung der überkommenen und der reproduzierten patriarchalen Strukturen in der Geschlechterbeziehung hervorbringt? Das versuchen die Sozialistischen Studiengruppen zu beantworten (SOST 1984; vgl. Herkommer u. a. 1984). Darauf ist zurückzukommen.

3. Die Art, wie die Handlungs- und Willensstrukturen der Subjekte als von der kapitalistischen Ökonomie strukturiert bestimmt werden, überzeugt aus verschie-

denen Gründen nicht. So halten wir gerade den originären Beitrag, mit dem „gesellschaftlichen Subjekt“ eine das „Klassenindividuum“ und das „persönliche Individuum“ (MEW 3: 75f.) übergreifende Kategorie einzuführen, für überflüssig. In der Dialektik des bewußt-unbewußten Handelns, in dem Sachverhalt also, daß die Individuen, *indem* sie jeweils ihren eignen Interessen nachgehen, ihren gesellschaftlichen Zusammenhang reproduzieren, ist der eigene Wille des Subjekts schon enthalten. Auch die widersprüchliche Handlungsstruktur, die den Subjekten zugeschrieben wird, ist nicht ohne Problem: Wenn auch der allgemeine Gedanke einleuchtet, daß gesellschaftliche Widersprüche im Handeln der Beteiligten zum Ausdruck kommen müssen, so drängt sich doch der Verdacht auf, Heise habe eher die Implikationen der Wörter Freiheit, Gleichheit und Utilitarismus assoziativ (wenn auch streng in der Konstruktion) weiterentwickelt, denn solche der realen Verhältnisse, die diese Wörter bezeichnen und sie erst zu Begriffen machen.

4. Die derart entwickelten (konstruierten) Widersprüchlichkeiten werden zudem verabsolutiert. Das Ausmaß etwa, in dem die Arbeitenden sich in der Erwerbssphäre gleichgültig oder von ihr abgestoßen fühlen, ist selbstverständlich in einem hohen Grade abhängig von den Spielräumen der Entscheidung und Gestaltung, die den einzelnen in ihrer Arbeit verbleiben, oder die ihnen aufgrund der Intellektualisierung und neuer Konzepte der Produktion (Kern/Schumann 1984; Lappe 1991; Herkommer 1991) zuwachsen können. Auch für die weiblichen Lohnarbeiter verändern sich diese Bedingungen fremdbestimmter Tätigkeit, und vieles spricht dafür, daß neben den Tendenzen weiterer Segmentierung im säkularen Trend die Einfluß- oder Kontrollmöglichkeiten und das vorausgesetzte Qualifikationsniveau weiter ansteigen – womit ein zentrales Motiv für die Flucht vor der Widersprüchlichkeit wegfiele oder doch relativiert wäre.

5. In den politischen Folgerungen kommt eine entsprechende Ambivalenz zum Ausdruck – neben einer Vielzahl von sinnvollen Forderungen zugunsten der Rechte der Frauen scheint der springende Punkt, um den es der Autorin geht, das „Zulassen der Widersprüche“ zu sein. Sie kommt damit gefährlich nahe an die These John Lennons aus der mittleren Phase seines Schaffens: „You tell me it's the institution, you better free your mind instead.“

III.

Um unsererseits Thesen zur Frage eines notwendigen inneren Zusammenhangs zwischen bürgerlicher Gesellschaft und Patriarchat entwickeln zu können, wollen wir zunächst die Aussagebereiche der beiden Kategorien Klasse und Geschlecht gegeneinander abgrenzen: „Klasse bzw. Klassengegensatz in der bürgerlichen Gesellschaft bedeutet nichts anderes als der Gegensatz von Lohnarbeit und Kapital. Mit dem Kürzel ‚Klasse‘ werden die ökonomischen Formbestimmungen, die sozialen Verhältnisse dieser Gesellschaft umrissen, wird zum Ausdruck gebracht, daß der Gegensatz von Lohnarbeit und Kapital ein antagonistischer und damit treibender Widerspruch dieser Gesellschaft ist . . . Geschlecht bzw. Geschlechterdifferenz dagegen faßt keine ökonomische Formbestimmung zusammen, d. h. ist auch kein Spezifikum der bürgerlichen Gesellschaft ... Die Kategorie Klasse beinhaltet immer – quasi per definitionem – soziale Ungleichheit und Unterordnung; das gilt für die Kategorie Geschlecht nicht. In dem Kürzel ‚Geschlechtergegensatz' faßt sich heute zusammen, daß aus sozialen Unterschieden, aus sozialer Verschiedenartigkeit soziale Ungleichheit und Unterdrückung geworden sind." (Pust 1989: 74f.)

Aus den von *Carola Pust* – in Übereinstimmung mit Arbeiten der „Sozialistischen Studiengruppen" (insbesondere SOST 1984) – vorgeschlagenen Definitionen ergibt sich zunächst eine eindeutige Antwort auf die gestellte Frage: Frauenunterdrückung ist kein notwendiges Erfordernis für die Lebensfähigkeit des Kapitalismus. Klasse und Geschlecht bezeichnen zwei verschiedene Sozialstrukturen, und die kapitalistische Produktionsweise zeichnet sich gerade dadurch aus, daß diese Sozialstrukturen nicht systematisch miteinander verknüpft sind. Die kapitalistische Vergesellschaftung über den Markt setzt vielmehr voraus, „daß alle blutsverwandtschaftlichen, familiären, politischen, religiösen etc. Beziehungen, in denen die Individuen stehen mögen, aus dem Umkreis des Systems der gesellschaftlichen Arbeit herausgelöst sind" (SOST 1984: 34).

In vorbürgerlichen Verhältnissen ist die Familie das Zentrum von Produktion und Reproduktion. Die Verausgabung der Arbeit wird durch die Autorität des Familienoberhaupts organisiert. Die Vergesellschaftung der Arbeit geschieht durch personale Abhängigkeitsverhältnisse, die der Produktion sowie der Aneignung der Produkte vorausgesetzt sind. Demgegenüber wird der gesellschaftliche Zusammenhang im Kapitalismus komplett umstrukturiert. Die Familie verliert ihre ökonomische Bedeutung, Produktion und Reproduktion werden zu zwei gegeneinander verselbständigten Sphären. Die kapitalistische Erwerbsarbeit ist – ein historisches Novum – Arbeit in reiner Form. Charakteristisch für die Vergesellschaftung über den Markt ist, daß sich die Subjekte als freie und gleiche Warenbesitzer zueinander verhalten. Wenn es jedoch in vorbürgerlichen Gesellschaften nur persönliche Abhängigkeitsverhältnisse waren, die den gesellschaftlichen Zusammenhang konstituierten, so kommt es jetzt zu einem Nebeneinander von versachlichten Verhältnissen – in der Ökonomie – und persönlichen Verhältnissen, die die Beziehungen in der Familie bestimmen. Patriarchalische Formen bestehen zunächst also weiter, aber entscheidend ist, daß das Geschlechterverhältnis nur außerhalb des organisierenden Zentrums der bürgerlichen Gesellschaft, der Ökonomie bzw. dem System der gesellschaftlichen Arbeit, von Bedeutung ist.

Von feministischer Seite wird nun häufig eingewandt, daß a) die kapitalistische Produktionsweise abhängig sei von der „generativen Reproduktion" (Beer), d. h. von der Arbeit, die in der Regel die Frauen in der Familie leisten, um das nachwachsende Arbeitskräftepotential heranzuziehen; und b) daß „der Kapitalismus" von der unbezahlten Hausarbeit profitiere, die wiederum in der Regel von den Frauen verrichtet wird.

Zu a) ist zu sagen, daß es ganz offensichtlich eine faktische Abhängigkeit des Gesamtkapitals davon gibt, daß ein Angebot an Arbeitskräften vorhanden ist. Zwar kann sich das nationale Kapital in begrenztem Umfang von der „natürlichen Zufuhr“ an Arbeitskräften durch Rationalisierung und die Beschäftigung ausländischer Arbeitskräfte emanzipieren, es muß aber letztlich die Bevölkerungsentwicklung als ein Datum hinnehmen. Es gibt im Kapitalismus keine Instanz, die einen unmittelbaren Zugriff auf die „generative Reproduktion“ hätte, weil es kein allgemeines Interesse an der Reproduktion der Gesellschaft gibt. Im Gegensatz zum vorbürgerlichen Gemeinwesen ist der bürgerliche Staat nur fiktives Gemeinwesen, insofern das allgemeine Interesse nur in der „Allgemeinheit der selbstsüchtigen Interessen“ (Marx 1953: 156) besteht. In seiner liberaldemokratischen Form kann der Staat allenfalls Anreize zum Aufziehen von Kindern setzen, er kann die Produktion einer nachwachsenden Arbeitergeneration aber nicht unmittelbar sicherstellen (der faschistische Staat kombinierte materielle und symbolische Anreize bekanntlich mit Zwangsarbeit). Entscheidend ist, daß es vom Standpunkt des kapitalistischen Reproduktionsprozesses aus *gleichgültig* ist, *wie* die individuelle und die gesellschaftliche Regeneration bzw. Reproduktion organisiert sind. Kapitalismus ist durchaus vereinbar mit patriarchalischen Familienformen, aber er ist nicht auf sie angewiesen.

Zu b), zu der Frage, wie die Abhängigkeit des Kapitals von der „Hausfrauenarbeit“ einzuschätzen ist: Wenn die Marxsche Theorie von der Ware Arbeitskraft und ihrer Wertbestimmung richtig ist (wir gehen davon aus), dann ist die in der Regel von der „Hausfrau“ geleistete „notwendige Arbeit“ über den Lohn des Mannes mitbezahlt. Das bedeutet, das Kapital bezahlt notwendige Arbeit, ohne gleichzeitig Mehrarbeit abpressen zu können. Wenn das Gesamtkapital denken könnte, würde es erkennen, daß dieser Zustand nicht in seinem Interesse liegen kann. „Werden z. B. Mitglieder der Arbeiterfamilie, wie Frauen und Kinder, unter den Dienst des Kapitals gepreßt, und waren sie es früher nicht, so hat sich die Anzahl der Lohnarbeiter vermehrt, ohne daß sich die absolute Zahl der arbeitenden Bevölkerung vermehrt hat. Diese Vermehrung kann stattfinden, ohne daß sich der variable Teil des Kapitals . . . vermehrt hätte. Die Familie könnte nach wie vor denselben Lohn . . . erhalten. Nur müßte sie mehr Arbeit für denselben Lohn liefern.“ (MEW 43: 177f.)

Wenn Klasse und Geschlecht zwei voneinander getrennte Sozialstrukturen bezeichnen, und wenn kein notwendiger Zusammenhang zwischen Kapitalismus und Frauendiskriminierung nachweisbar scheint, dann drängt sich die Frage auf, wie es möglich ist, daß patriarchale Formen, Produkt und Wesensmerkmal vorbürgerlicher Gesellschaften, in der kapitalistischen Gesellschaft so lange fortbestehen können. Der geschlechtsneutralen Herstellung des gesellschaftlichen Zusammenhangs über den Markt scheint dieser Sachverhalt entgegenzustehen. Wir wollen dazu zwei Thesen formulieren:

1. Es gibt keine für die bürgerliche Gesellschaft notwendige Form der Familie. Die aus vorbürgerlichen Gesellschaftsformationen überkommenen Familienformen, die in der Klassengesellschaft zwar gemeinsame Merkmale der Rechtsförmigkeit aufweisen, aber hinsichtlich der Verteilung von Lebenschancen auf ihre Mitglieder und hinsichtlich der Belastung mit Hausarbeit (und doppelter Belastung der Frauen

durch Erwerbstätigkeit) erhebliche *klassen- und schichtspezifische* Unterschiede aufweisen, verändern sich innerhalb der Epoche der bürgerlich-kapitalistischen Gesellschaftsformation. Langfristig vollzieht sich in allen Klassen eine Veränderung der Familienstrukturen hin zu entwickelteren Formen der Individualität für beide Geschlechter. Bei diesen Veränderungen geht es nicht ohne Brüche und Widersprüche ab. Aufgrund der Widersprüchlichkeit der kapitalistischen Produktionsweise bleibt die Individualitätsentwicklung für beide Geschlechter eine „kupierte" (Herkommer 1990).

Der Versuch, die Familienverhältnisse und die Frauendiskriminierung „abzuleiten" aus den ökonomischen Kategorien der modernen Produktionsweise, beruht auf dem „theoretischen Fehler, das abstrakte Individuum der Produktionsverhältnisse als immer schon gegeben zu unterstellen" (SOST 1984: 35). Dadurch, daß beim Übergang zur bürgerlichen Epoche alle tradierten Verhältnisse aus dem kapitalistischen Produktionsverhältnis „ausgelagert" werden und die Subjekte als Freie und Gleiche gesetzt sind, werden auch die Familienverhältnisse prinzipiell gestaltbar. Das ist aber nicht zu verwechseln mit dem Verschwinden dieser Formen. Die Verwandlung der Produzenten in Lohnarbeiter des Kapitals bedeutet nicht, daß die einzelnen auch in allen anderen sozialen Beziehungen aus persönlicher Abhängigkeit freigesetzt wären.

Mit der steigenden Arbeitsproduktivität und vermittelt über den gewerkschaftlichen Kampf können auch die Lohnarbeiter und ihre Familien am Reichtum der Gesellschaft teilhaben. Und zwar in Form von Geldeinkommen und verfügbarer Zeit. Durch den Ausbau sozialstaatlicher Leistungen werden auch die Familien von Lohnarbeitern, die im Unterschied zur Bourgeoisie kein Dienstpersonal beschäftigen können, von einem Teil der reproduktiven Funktionen entlastet. In dem Maße, wie sich zugleich das Qualifikationsniveau der Masse der Bevölkerung erhöht, vervielfältigen sich die Bedürfnisse der Subjekte und wachsen die Chancen des zivilisierten Umgangs miteinander. Der Möglichkeit nach wird die familiale Sphäre zu mehr als nur dem Ort der Regeneration und Reproduktion von Arbeitskraft. Partnerschaftliche Beziehungen lösen sich mehr und mehr vom Prinzip ökonomischer Zweckmäßigkeit. Die Spannbreite der in der Gesellschaft praktizierten Formen des Zusammenlebens und der Organisierung des Haushalts erweitert sich erheblich. Die Familie verliert ihren Charakter einer quasi natürlich gegebenen oder durch Tradition geheiligten Institution, sie wird zum frei gewählten und individuell gestalteten Raum des Lebens für die einzelnen, in der Regel unterschiedlichen Geschlechts, mit oder ohne Kinder; sie wird aber auch zum Austragungsort von Kämpfen um Arrangements, in denen die Interessen der Beteiligten berücksichtigt werden.

Die aufscheinenden Möglichkeiten der Individualitätsentwicklung und der Gleichstellung der Geschlechter in der familialen Sphäre stehen nun oft genug in hartem Kontrast zu den Realitäten des Alltags. Nicht nur die fundamentale Unsicherheit der Lebensgrundlagen für die Lohnabhängigen, auch die rigiden Strukturen ihrer Arbeit, die engen Grenzen ihres Einkommens, die noch immer unzureichende Ausstattung mit Wohnraum und mit öffentlichen Einrichtungen zur

Betreuung der Kinder stehen freier Entwicklung der Individualität im Wege. Das gilt für beide Geschlechter, aber es gilt für die männlichen und die weiblichen (direkt oder indirekt vom Lohn) Abhängigen in ungleicher Weise. Der Bruch zwischen dem „nicht mehr" ganz so rigiden Patriarchalismus und einer „noch nicht" erfolgten tatsächlichen Gleichstellung (Beck-Gernsheim 1983) ist von den Männern leichter zu ertragen als von den Frauen, weil sie in den meisten Lebensbereichen von Annehmlichkeiten der Geschlechterungleichheit profitieren können.

2. Neben spezifisch kapitalistischen „Mythen" (jeder ist seines Glückes Schmied, trägt den Marschallstab im Tornister, kann vom Tellerwäscher zum Top-Manager aufsteigen usw.) werden in der Kontinuität der bürgerlichen Gesellschaftsentwicklung auch immer idyllisierende Vorstellungen von goldenen Zeiten in den vorbürgerlichen Gesellschaften oder: „Gemeinschaften" reproduziert. Diese Vorstellungen gewinnen besonders in Phasen krisenhafter Zuspitzung der Entwicklung und entsprechender Verunsicherung der individuellen Lebensentwürfe an Attraktivität.

Die kapitalistische Entwicklung kann als krisenhafter Prozeß der gesellschaftlichen Modernisierung gekennzeichnet werden. Die dauernde Veränderung der Produkte, der Produktionsverfahren, der Werkstoffe, der Arbeitsorganisation usw. wirkt sich auf die Subjekte der gesellschaftlichen Produktion dahingehend aus, daß sie ihr Arbeitsvermögen und ihre Leistungsqualifikation kontinuierlich an die veränderten Anforderungen anpassen müssen. Die von den einzelnen abgeforderte Mobilität und Flexibilität ist jedoch nur Voraussetzung, nicht schon die Garantie eines gesicherten Einkommens. Auch in Phasen der Prosperität und ungestörten Kapitalakkumulation werden Arbeitsplätze „wegrationalisiert".

Der bürgerliche Gesellschaftszusammenhang wird von den handelnden Subjekten nicht bewußt gesteuert. Es sind immer schon ihnen vorausgesetzte Marktdaten, an denen sie ihr Handeln orientieren müssen, auch wenn diese Daten selbst das Resultat ihres Handelns sind. Die gesellschaftlichen Entwicklungen, seien es solche der Krise oder des Aufschwungs, werden daher als anonym und undurchschaubar wahrgenommen. Bedrohlichen Charakter aber nehmen die „verselbständigten gesellschaftlichen Mächte" immer dann an, wenn die persönlichen Lebensentwürfe im krisenhaften Verlauf zu zerbrechen beginnen. In solchen Situationen werden Momente eines romantisch-reaktionären Antikapitalismus virulent, die im Alltagsbewußtsein der in die bürgerlichen Verhältnisse involvierten Subjekte immer schon latent vorhanden sind. Sie haben ihren Grund in dem eigenartigen Zusammenhang von Arbeit und Eigentum, den Marx (1953: 148; MEW 23: 609f.) als kontinuierlichen „Umschlag im Aneignungsgesetz" aufgedeckt hat. Es handelt sich dabei um den Sachverhalt, daß im Kapitalismus zwei sich scheinbar ausschließende Aneignungsformen beständig ineinander verzahnt sind und im doppelten Austauschverhältnis von Kapital und Arbeit in die andere Form „umschlagen": Einerseits werden auf dem Markt Äquivalente getauscht, und es erscheint vom Standpunkt des Marktakteurs so, als sei jeder Warenbesitzer aufgrund von eigener Arbeit in den Besitz seiner Ware gelangt. Weil die vereinzelten Einzelnen scheinbar nur über den Markt in ein gesellschaftliches Verhältnis zueinander treten, so der Schluß, müssen die Warenbesitzer in einem quasi außergesellschaftlichen Produktionsakt sich ihre Produkte selbst erstellt, „angeeignet" haben. Andererseits eignen sich die Kapitalbesitzer im Produktionsprozeß regelmäßig unbezahlte Mehrarbeit an. Die in der Warenzirkulation angenommene Identität von Arbeit und Eigentum wird also im Prozeß der Warenproduktion negiert. Wird das Ganze der kapitalistischen Produktion als Reproduktion über mehrere Perioden betrachtet, so stellt sich heraus, daß nur zum Schein Äquivalente getauscht werden, in Wahrheit aber die Arbeiter das Eigentum des Kapitalisten schaffen (und vermehren) und selbst nur ihre eigene Eigentumslosigkeit reproduzieren. Die Verschlingung der beiden Aneignungs-„gesetze" durch das beständige Ineinander der Austauschakte zwischen Kapital und Arbeit – auf dem Arbeitsmarkt und in der unmittelbaren Produktion – wird nun Marx' These zufolge im Alltagsbewußtsein aufgelöst in ein historisches Nacheinander. „So daß sich das sonderbare Resultat ergäbe, daß die Wahrheit des Aneignungsgesetzes der bürgerlichen Gesellschaft in eine Zeit verlegt werden müßte, worin diese Gesellschaft noch nicht existierte."(Marx 1953: 904.) So würden also im Alltagsbewußtsein gerade die vorbürgerlichen Verhältnisse als „paradise lost des Bürgertums" (MEW 13: 44) idyllisiert, die durch besonders rigide patriarchale Strukturen und Rollenzuweisungen und durch die Unentwickeltheit von Individualität gekennzeichnet sind. Die Sehnsucht nach dem Mythos (SOST 1985) beruht letztlich – alle geschichtliche Erfahrung bestätigt es – auf den Widersprüchen und der krisenhaften Verlaufsform der kapitalistischen Produktionsweise im Prozeß ihrer Modernisierung.

Wenn nun unsere Unterscheidung der Aussagebereiche von „Klasse" und „Geschlecht" zutreffend war, dann mußte auch erklärt werden können, warum Frauenbenachteiligung bzw. -unterdrückung im Kapitalismus so lange hat überleben können, *obwohl* dieser aus endogenen Gründen nicht auf sie angewiesen ist, warum es also keine funktionale oder logische Notwendigkeit für sie gibt und sie deshalb auch nicht aus den kapitalistischen Gesetzmäßigkeiten *abgeleitet* werden kann. Ursula Beer hat – ganz ähnlich wie Michèle Barrett – auf das *geschichtliche* Moment des vorgängigen, d. h. vorbürgerlichen Patriarchats verwiesen. In der Form von *Ideologie* werde die männliche Überlegenheit und ein entsprechendes Bild von weiblichen Eigenschaften, Fähigkeiten und „Eignung" in bezug auf die verschiedenen gesellschaftlichen Funktionen auch innerhalb der sich durchsetzenden bürgerlichen Gesellschaftsformation befestigt. Das geschehe im wesentlichen über die Instanzen des Rechts und des Staates und dessen „ideologische Apparate" (Althusser 1977), insbesondere die Kirche, die Schule und die Familie, aber auch die literarische Produktion usw. Allerdings wird dabei von beiden Autorinnen weder das „Ideologische" im allgemeinen, noch die Geschlechterideologie im besonderen wirklich erklärt aus den materiellen Bedingungen der kapitalistischen Produktionsweise, sondern nur festgestellt, daß es diese „ideologische Unterstellung" des weiblichen Geschlechts via ideologische Staatsapparate gibt, und daß sie für den gesellschaftlichen „Bestandserhalt" (und für die Herrschaft der Männer) „funktional" ist. Die reine Funktionalität erklärt allerdings nichts. Ihr Nachweis ist etwas anderes als der Nachweis von *Notwendigkeit*. Wir haben demgegenüber den Versuch unternommen, *sowohl* die grundsätzliche Nichtangewiesenheit kapitalistischer Reproduktion auf Frauenunterdrückung *als auch* die Langlebigkeit patriarchaler Ideologie und patriarchal strukturierter Institutionen bzw. ideologischer Staatsapparate in der kapitalistischen Epoche aus den Strukturprinzipien der kapitalistischen Ökonomie zu begründen.

Soweit kann es sich allerdings nur um einige Grundzüge des Verhältnisses von kapitalistischer Produktionsweise und Patriarchat handeln. Für weitere Schritte der Konkretisierung hat uns Hildegard Heise mit der Feststellung die Richtung gewiesen, daß die vorhandenen Geschlechterungleichheiten als Resultat der Handlungen der Subjekte nachzuweisen sind, von Handlungen, die im entwickelten Kapitalismus grundsätzlich freiwillig sind. Mit dieser mutigen Feststellung wird immerhin die Frage aufgeworfen, inwiefern die Verhältnisse, so borniert sie auch sein mögen, von den Beteiligten hingenommen, wenn nicht gar gewollt werden.

Der Versuch einer „Mikro"-Fundierung des Geschlechterverhältnisses kann deshalb auch Bedeutung gewinnen für die gesellschaftspolitischen Streitfragen. Soll etwas über Konzeptionen zur „Gleichstellung" der Frauen mit den Männern ausgesagt werden, dann muß geklärt sein, ob und wie ihrer „Andersartigkeit" im Heiseschen Sinne Rechnung zu tragen ist. Im Sinne unserer These von den Möglichkeiten und Grenzen der Individualitätsentwicklung wird es dabei vor allem auf die Bedingungen ankommen, unter denen die wachsenden Bedürfnisse nach kollektiver Besserstellung der Frauen in ihrem Alltag von Erwerbsarbeit und Familienarbeit und ihren individuellen Entfaltungsmöglichkeiten tatsächlich befriedigt werden können. Konkreter: wie die systemischen Ungleichheiten auf dem Arbeitsmarkt, in den betrieblichen Hierarchien usw. durch gesetzliche und tarifpolitische Maßnahmen zur Verhinderung sozialer Schließungsprozesse abgebaut werden können (vgl. WSI-Mitteilungen 1991); wie andererseits durch den Ausbau sozialstaatlicher Regulation zur Entlastung der Familie von der nahezu ausschließlich privaten Kinderverantwortung Spielraum geschaffen werden kann für die freien Entscheidungen der einzelnen in ihrer Lebensgestaltung. Auch wenn es uns etwas überzogen erscheint, daß die „Frauenfrage" perspektivisch sich zuspitzen lasse auf die „Kinderfrage" (Drenckhan / Güttner 1990: 224), so wird doch kaum zu bezweifeln sein, daß eine drastische Verkürzung der Normalarbeitszeit für weibliche und männliche Lohnarbeiter einerseits und die Bereitstellung von mehr und qualitativ besseren Einrichtungen zur Kinderversorgung andererseits in einem positiven Sinne zusammenwirken werden zugunsten größerer Chancen für die Individualitätsentwicklung. Das schließt ein, daß Gleichstellung nicht Gleichmacherei und Nivellierung der Geschlechter bedeutet, sondern die Vorbedingung von *gewollter* Ungleichheit, von bewußter Differenz ist.

Das schließt auch ein, daß der „Neo-Askriptivismus" (Ritsert 1988: 253), der sich in der unübersichtlich gewordenen Ungleichheitsforschung breitgemacht hat, theoretisch und politisch als ein wirkliches Problem anerkannt wird. Wenn sich nämlich unter dem legitimierenden Schutzschild von Aufklärung, Universalismus und individueller Freiheit, Gleichheit und Eigentum gesellschaftliche Ausbeutungs-

und Herrschaftsverhältnisse ebenso wie Ausgrenzung, Diskriminierung und Ungleichstellung – z. B. „der“ Frauen, „der“ Farbigen, ethnischer Minderheiten usw. – reproduzieren, dann darf es nicht wundernehmen, wenn die Auflehnung dagegen *auch* eine Emanzipationsbewegung in den Kategorien von zugeschriebenen Merkmalen werden kann. Damit solche Dialektik von Askription und Emanzipation sich nicht auflöst in reaktionäre Formen, hinter das Erreichte an Individualität und zivilen Formen der Vergesellschaftung also zurückführt, dann muß in der Tat daran erinnert werden, daß gerade auch bei größerer „Geschlechtssensibilisierung“ „die Bindung der Soziologie an die Tradition der Aufklärung nicht aufgegeben werden darf“ (Kreckel 1989: 309). Deren Programm ist praktisch erst noch einzulösen.

Literatur

Althusser, L., 1977: Ideologie und ideologische Staatsapparate, Hamburg – Berlin

Bader, V. M./Benschop, A., 1989: Ungleichheiten, Opladen

Barrett, M., 1983: Das unterstellte Geschlecht, Berlin

Beck, U., 1986: Risikogesellschaft, Frankfurt/M.

Beck-Gernsheim, E., 1983: Vom „Dasein für andere“ zum Anspruch auf ein Stück „eigenes Leben“. Individualisierung im weiblichen Lebenszusammenhang, in: Soziale Welt 34: 307–340

Beer, U., 1989a: Geschlecht, Struktur, Geschichte, Frankfurt/M. – New York

Beer, U., 1989b: Das Geschlechterverhältnis ein „Nebenwiderspruch“?, in: Klasse und Geschlecht, Frankfurt/M.: 67–71

Beer, U., 1989c: Geschlechtliche Arbeitsteilung als Strukturelement von Gesellschaft – ein theoriepolitischer Kurzschluß der Frauenforschung?, in: Müller, U./Schmidt-Waldherr, H., FrauenSozialKunde, Bielefeld: 298–316

Berger, P. A., 1987: Klassen und Klassifikationen, in: Kölner Zeitschrift für Soziologie und Sozialpsychologie 39: 59–85

Berger, P. A./Hradil, S., 1990: Die Modernisierung sozialer Ungleichheit – und die neuen Konturen ihrer Erforschung, in: Dies., Lebenslagen, Lebensläufe, Lebensstile, Soziale Welt, Sonderband 7, Göttingen: 3–24

Bischoff, J./Herkommer, S., 1990: Von der Klassentheorie zur Ungleichheitsforschung?, in: Leisewitz, A./Pickshaus, K., Gewerkschaften, Klassentheorie und Subjektfrage, Frankfurt/M.: 71–92

Bourdieu, P., 1982: Die feinen Unterschiede, Frankfurt/M.

Bourdieu, P., 1983: Ökonomisches Kapital, kulturelles Kapital, soziales Kapital, in: Kreckel, R. (Hrsg.), Soziale Ungleichheiten, Göttingen: 183–198

Drenckhan, R./Güttner, J., 1990: Geschlechterverhältnis als historisch spezifisches Element kapitalistischer Gesellschaftlichkeit, Diplomarbeit am Institut für Soziologie der FU Berlin

Eder, K., 1989: Klassenlage, Lebensstil und kulturelle Praxis, Frankfurt/M.

Heise, H., 1986: Flucht vor der Widersprüchlichkeit, Frankfurt/M. – New York

Heise, H., 1988: Ungleichheit – Andersartigkeit – Widersprüchlichkeit: Unentwirrbare Strukturen? Klassen, Geschlechter, Individuen, unveröff. Manuskript

Heise, H., 1989: Gleichstellung und Ungleichstellung von Frauen und Männern sind (im entwickelten Kapitalismus) Vor- und Rückseite „Desselben“, in: Müller, U./Schmidt-Waldherr, H., FrauenSozialKunde, Bielefeld: 261–297

Herkommer, S., 1983: Sozialstaat und Klassengesellschaft, in: Kreckel, R. (Hrsg.), Soziale Ungleichheiten, Göttingen: 75–92

Herkommer, S., 1985: Einführung Ideologie, Hamburg

Herkommer, S., 1990: Die kupierte Individualität, in: Initial, 1. Jg., Heft 7: 687–697
Herkommer, S., 1991: „Subjektivierung der Arbeit“, in: Sozialismus. Marxistische Zeitschrift, 17. Jg., Heft 4: 46–51
Herkommer, S. / Bischoff, J. / Maldaner, K., 1984: Alltag, Bewußtsein, Klassen. Aufsätze zur marxistischen Theorie, Hamburg
Hradil, S., 1987: Sozialstrukturanalyse in einer fortgeschrittenen Gesellschaft, Opladen
Kern, H. / Schumann, M., 1984: Das Ende der Arbeitsteilung?, München
Kreckel, R., 1989: Klasse und Geschlecht, in: Leviathan 17: 305–321
Lappe, L., 1991: Facharbeit zwischen Stagnation und Aufbruch (Habil.), unveröff. Manuskript
Lepsius, R. M., 1979: Soziale Ungleichheit und Klassenstrukturen in der Bundesrepublik Deutschland in historischer Perspektive, in: Wehler, H. U. (Hrsg.), Klassen in der europäischen Sozialgeschichte, Göttingen: 166–209
Marx, K., 1953: Grundrisse der Kritik der politischen Ökonomie, Berlin
Marx, K. / Engels, F., 1956ff.: Werke (MEW Band: Seite), Berlin
Mooser, J., 1984: Arbeiterleben in Deutschland 1900–1970, Frankfurt / M.
Müller, H.-P., 1989: Lebensstile – Ein neues Paradigma der Differenzierungs- und Ungleichheitsforschung?, in: Kölner Zeitschrift für Soziologie und Sozialpsychologie, 41. Jg.: 53-71
Pust, C., 1989: Die Geschlechterdifferenz ist kein Spezifikum der bürgerlichen Gesellschaft, in: Klasse und Geschlecht, Frankfurt / M.: 73–80
Ritsert, J., 1988: Der Kampf um das Surplusprodukt, Frankfurt / M – New York
Sozialistische Studiengruppen (SOST), 1984: Der soziale Ursprung des Patriarchats, Hamburg
Sozialistische Studiengruppen (SOST), 1985: Sehnsucht Mythos, in: Glotz, P. / Kunert, G. (Hrsg.), Mythos und Politik, Hamburg: 7–91
WSI-Mitteilungen, 1991: 44. Jg., Heft 3

Stefan Hradil

„Lebensführung“ im Umbruch

Zur Rekonstruktion einer soziologischen Kategorie

Die wichtigsten Aussagen des folgenden Beitrags lassen sich in drei Punkten zusammenfassen:

1. Unter den vielen Problemen, die die Bewohner der ehemaligen DDR derzeit belasten, finden „subjektive“ Probleme in der Öffentlichkeit und in der politischen Diskussion vergleichsweise wenig Aufmerksamkeit. Unter anderem das Problem, daß viele Menschen kaum in der Lage sind, ein Leben führen zu können, das ausgerichtet ist auf bestimmte Zielsetzungen, das eine bestimmte biographische Planung aufweist, das es erlaubt, bestimmte alltägliche Prinzipien durchzuhalten. Diese Problemdimension der „Lebensführung“ bedarf der soziologischen Untersuchung.

2. Die Soziologie besitzt, trotz aller Ansätze und Befunde zur Analyse alltäglicher Lebensweisen, die gerade in den letzten Jahren erarbeitet wurden, derzeit nicht die nötigen kategorialen und methodischen Instrumente, Probleme der Lebensführung zu analysieren. Dies wird gezeigt anhand der Definition, Unterscheidung und handlungstheoretischen Analyse der geläufigen soziologischen Grundbegriffe „Lebenslage“, „Lebensform“, „Milieu“ und „Lebensstil“.

3. Diese Situation stellt eine soziologische Herausforderung dar, die Kategorie der „Lebensführung“ so weiterzuentwickeln, daß sie auf moderne Gesellschaften anwendbar ist. Dies läuft darauf hinaus,

- den Weberschen Begriff der „Lebensführung“ zu pluralisieren, zu subjektivieren, zu säkularisieren und zu formalisieren,
- ihn in dieser Form als eine Ergänzung der Konzepte „Lebenslage“, „Lebensform“, „Soziales Milieu“ und „Lebensstil“ aufzufassen,
- und diese gegenseitige Ergänzung zu begründen, indem diese Begriffe gemeinsam in ein handlungstheoretisches Schema eingefügt werden.

Mit einem so weiterentwickelten Begriff der „Lebensführung“ kann soziologisch analysiert werden, wie unterschiedlich Leben in entwickelten Gesellschaften heute „geführt“ werden. Damit können auch die Probleme analysiert werden, die sich einer systematischen Lebens„führung“ in Ostdeutschland heute entgegenstellen.

Das Wort „Umbruch“ im Titel des Beitrags versteht sich also in dreifacher Bedeutung: Im Umbruch befinden sich die äußeren Verhältnisse, die reale Lebensführung der Menschen und die Begriffe, die sich Soziologen davon machen.

Was die *Gegenstände* betrifft, so meinen wir mit „Problemen" und „Herausforderungen" im Grunde das Gleiche: Abweichungen der erfahrenen Ist-Zustände von den gewünschten Soll-Zuständen. Am 20. des Monats ist die Haushaltskasse leer; auch nach 20maligem Wählen ist kein Telefongespräch von Leipzig nach München möglich, etc.

Probleme und Herausforderungen unterscheiden sich aber, was die *Wahrnehmung und Reaktion* derjenigen betrifft, die ihnen ausgesetzt sind. Fehlen Ressourcen, Fertigkeiten, Hoffnungen, dann erscheint die defizitäre Realität unter negativen Vorzeichen, als *Problem*. Besteht Hoffnung, daß sich die Verhältnisse ändern lassen, besteht Vertrauen in eigene Lösungsmöglichkeiten, zeichnen sich Auswege durch innovative Lösungen ab, so wird die unter Umständen gleiche mangelhafte Lage mit positiven Vorzeichen versehen. Sie erscheint und wirkt als *Herausforderung*, wenn sie zu neuen Anstrengungen anspornt, neue Einsichten vermittelt, neue Fertigkeiten verschafft.

Viele Menschen in Ostdeutschland können heute, im Frühjahr 1991, auf dergleichen feinsinnige Unterscheidungen verzichten. Wer nicht weiß, ob er im Juli noch einen Arbeitsplatz hat, weil er auf Wartestand gesetzt ist, wer nicht weiß, ob er im Herbst, nach Eintritt der massiven Mieterhöhungen, seine Wohnung noch bezahlen kann, für den steht der Problemcharakter des Umbruchs so weit im Vordergrund, daß die Erörterung von Herausforderungen nachgerade zynisch wirkt. Für Soziologen stellt sich der Umbruch ganz anders dar. Der Herausforderungscharakter und die Anstöße für ihr Fach, welche die Transformation der ehemaligen DDR in die „fünf neuen Bundesländer" mit sich bringt, lassen sie gelegentlich schon in euphorische Zustände geraten.

Die handfesten Probleme in Ostdeutschland sind in aller Munde:

- Ein Zehntel der Erwerbstätigen hat den Arbeitsplatz schon verloren. Ein Drittel muß befürchten, spätestens im Sommer 1991 keine Arbeit mehr zu haben. Da die ehemalige DDR ebenso wie die Bundesrepublik eine „Arbeitsgesellschaft" ist, sind damit Existenzgrundlage, Zukunftsaussichten, Ansehen und Selbstwertgefühl dieser Menschen gleichermaßen in Gefahr.
- Die Wohnsubstanz ist weithin heruntergekommen. Das Wohnumfeld bietet wenig Möglichkeiten, ist in vielen Fällen umweltgeschädigt und einfach häßlich.
- Die Bandinfrastruktur (Straßen, Fernmeldeverbindungen, Verkehrswege etc.) ist in einem verrotteten Zustand. Die soziale Infrastruktur (Gesundheitswesen, Kinderbetreuungseinrichtungen, Bildungswesen, soziale Dienste) ist demontiert und zum Teil noch nicht wieder aufgebaut.
- Rechtsunsicherheit und Verwaltungschaos verschlimmern diese Verhältnisse noch.

All diese Probleme brennen den Menschen auf den Nägeln und stehen zu Recht im Mittelpunkt der öffentlichen und politischen Diskussion. Es handelt sich dabei weitgehend um *„objektive"*, d. h. von individuellen Wahrnehmungen und Interpretationen eher unabhängig wirksame Mangellagen.

Was weniger breit diskutiert wird, aber allem Anschein nach den Bewohnern Ostdeutschlands genauso zu schaffen macht, sind *„subjektive“* Probleme. Unter anderem die Unsicherheit, nach welchen Zielen, Maximen, Programmen man das eigene Leben organisieren soll. Oft erscheint es sogar unmöglich, sein Leben überhaupt einigermaßen planvoll zu gestalten. Die Probleme hierbei beginnen schon bei der Unsicherheit über die allgemeinsten moralisch-ethischen Zielsetzungen: Weiterhin einem sozialistischen Menschen- und Gesellschaftsbild anhängen? Oder eine Ellenbogenmentalität und Bereicherungsideologie annehmen? Oder religiöse Leitlinien übernehmen? Oder auf traditionale Gemeinschafts- und Solidaritätswerte zurückgreifen? Oder sich in Hedonismus ergehen? Die Probleme gehen weiter bei den Schwierigkeiten, eine Programm- und Ablaufplanung des eigenen Lebens zu entwickeln, die den inneren und äußeren Möglichkeiten gerecht wird: Wie will und kann ich meinen Berufsweg, meinen familiären Weg usw. gestalten? Die Probleme münden bei Alltagsprinzipien und täglichen Verhaltensroutinen: Ist es möglich, ist es sinnvoll, Sparsamkeit, ökologisch bewußtes Verhalten, Lebenskunst, Gemeinsinn etc. zu entwickeln und halbwegs konsequent durchzuhalten? Verfällt man in ritualistisch gewordene Verhaltensweisen? Pendelt man haltlos zwischen unvereinbaren Alltagsprinzipien hin und her?

Das Problem, wie denn das eigene Leben gestaltet werden kann, entsteht u. a. dadurch, weil entscheidende *äußere Voraussetzungen* dafür fehlen: Wer nicht weiß, wie lange seine Arbeitsstätte noch existieren wird, und wer in Zukunft Besitzer seiner Wohnung sein wird, wer weder Publikationen und Bewerbungsregeln über zu besetzende Stellen kennt, noch Informationen über Wohngelderteilung und Wohnungsvermittlungen, kann schon dieser kruden Barrieren wegen sein Leben kaum „gestalten“.

Probleme der Lebensführung in den neuen Bundesländern entstehen aber auch dadurch, daß in der überregulierten und sicherheitsfixierten ehemaligen DDR offenbar systematisch nicht gelernt wurde, sein Leben unter nur teilweise bekannten, wechselnden Bedingungen nach selbstgewählten Zielsetzungen zu gestalten, seinen Lebensweg selbst zu planen und sein Alltagsleben eigenständig zu organisieren. *Nicht gelernt* wurde das strategische Verfolgen eigener biographischer Ziele bei gleichzeitigem flexiblem taktischem Einstellen auf Änderungen, das Ertragen oder gar das Nutzen von Ungewißheit, das Aquirieren von Kontakten und Gelegenheiten, das Vermarkten der eigenen Arbeitskraft, das „Selbst-Unternehmertum“.

Unter anderem, weil diese Fertigkeiten nicht gelernt wurden, erscheinen vielen Menschen im Umbruch Ostdeutschlands ihre Probleme noch problematischer, als sie ohnehin schon sind. Die Probleme verdoppeln sich. Wer nicht auf seine Fertigkeiten vertrauen kann, sein Leben und seine eigene Biographie selbst zu organisieren, seine Identität auch unter unsicheren und wechselnden Umständen selbst zu entwickeln und zu bewahren, den muß das Zerbrechen vertrauter Strukturen, die Verschlechterung der eigenen Lage und die Ungewißheit über Zukunftsinvestitionen doppelt bedrohen.

Solche „subjektiven“ Probleme der Menschen in den neuen Bundesländern, ihre Unsicherheiten des Sich-Zurechtfindens und des Nicht-Planen-Könnens, stellen

m. E. eine ähnlich schwerwiegende Problemseite dar wie die „objektive“ Seite drohender Arbeitslosigkeit, steigender Mieten, schließender Kinderkrippen, schlechter Luft und miserabler Straßen. Nur wird diese „subjektive“ Seite öffentlich und wissenschaftlich viel weniger beachtet.

Dergleichen „subjektive“ Probleme stauen sich heute u. a. deswegen auf, weil in der ehemaligen DDR eine „planvolle“ Strategie betrieben wurde, die man als *„objektive“ Modernisierung* bezeichnen kann.

Versteht man unter Modernisierung die zielstrebige, fortschrittsorientierte Entwicklung einer Gesellschaft hin zu individueller Optionsmehrung mittels Zweckrationalität, Naturbeherrschung, Säkularisierung und Vernunftorientierung (vgl. Hradil 1990), so war ganz sicher auch die ehemalige DDR weitgehend auf Modernisierung hin angelegt. Nur erschien in der zentralisierten, disziplinierten, sychronisierten Art der Ablaufplanung, in der Modernisierung dort betrieben wurde, Eigensinn und Eigennutz fast immer als Störfaktor. Eine funktionalistische Vorbereitung der Jugend im Hinblick auf ihren „Nutzen“ im Erwerbsleben und in der „sozialistischen Menschengemeinschaft“, „objektive“ Erkenntnisse über Prioritäten, Mitteleinsatz und Menschen, nicht aber subjektive Interessenartikulationen und die Verfolgung von Eigenzielen sollten den Weg in die Moderne ebnen. Daran ändert auch nichts, daß dieser gesellschaftliche Weg zur Moderne als Zwischenschritt gedacht war, der in ein weniger „objektiviertes“ Reich der kommunistischen Freiheit münden sollte.

Nicht zuletzt daran ist der Sozialismus gescheitert. Der Objektivismus des sozialistischen Weges zur industriegesellschaftlichen Moderne krankte an mangelnder Information, Artikulation und Motivation, an zuwenig Möglichkeiten, etwas auszuprobieren und daraus zu lernen.

Es zeigte sich, daß Fortschritt, Optionsmehrung, Zweckrationalität, Säkularisierung etc. auf Wegen, die „objektive“ Ableitungen aus diesen Modernisierungszielen zu sein und somit dekreditierbar schienen, sehr viel schlechter erreichbar waren, als auf Wegen, die über „subjektive“ Eigenziele führten, seien es auch „Umwege“ und „Irrationalitäten“.

Genau diese ungewohnten „subjektiven“ Beiträge zum Modernisierungsprozeß und zur eigenen Lebensplanung werden von den Bewohnern Ostdeutschlands aber heute verlangt. Sogar sehr viel mehr als von den Menschen in Westdeutschland. Angesichts entwerteter Qualifikationen, nicht funktionierender Bürokratien, fehlender Ressourcen, veränderter und unklarer Regeln genügen in Ostdeutschland „normale“ Beiträge zu Partizipation, Weiterbildung und Durchsetzung von Eigeninteressen nicht. Aber: Wer schon mit seiner Zulassung zum Studium seinen Abschluß, seinen Arbeitsplatz, seinen Kinderkrippenplatz und Karriereweg vor sich sah, wer im Prinzip immer wußte, wohin er gehen muß, um etwas zu bekommen (ob er es dann auch bekommen hat, ist eine andere Frage), ist nicht einmal auf die „normalen“, soziokulturell, institutionell und materiell eingebetteten Subjektivitätsanforderungen im Westen vorbereitet und schon gar nicht auf die verschärften Eigenleistungen, die im Osten Deutschlands in Zeiten des Umbruchs nötig sind. Wenn heute eine ehemalige Mitarbeiterin der „Volkssolidarität“ noch nicht einmal gesagt bekommt, daß sie sich für eine Tätigkeit in der Sozialstation, in der ihre bisherige Arbeitsstätte aufgeht, eigens bewerben muß, und wie das geht, wer mit Bewerbungen, Kontaktaufnahmen und Selbstdarstellungen nie vertraut gemacht wurde, kann weder sein Leben planen, noch sich überhaupt zurechtfinden.

Solche „subjektiven“ Probleme werden die Menschen in Ostdeutschland noch geraume Zeit belasten, ich vermute länger als schlechte Luft und fehlende Telefonverbindungen.

Deswegen erscheint es an der Zeit, daß sich die Soziologie mit ihnen befaßt.

2. *Die „subjektiven“ Probleme der Lebensplanung und die Instrumente der Soziologie*

Wer der ersten Aussage dieses Beitrags von der subjektiven Problematik des Umbruchs in Ostdeutschland zustimmt und auch zugesteht, daß hier ein Forschungsdefizit besteht, muß sich der zweiten Aussage noch lange nicht anschließen, die darauf hinausläuft, daß der heutigen Soziologie wichtige Instrumente fehlen, um die Orientierungs-, Identitäts- und Planungsschwierigkeiten der Menschen in der ehemaligen DDR zu analysieren. Wieso sollte ausgerechnet hier ein Defizit an Hilfsmitteln bestehen, wo doch die Soziologie derzeit einen wahren Boom an diesbezüglichen Forschungen erlebt.

Zur Bekräftigung der zweiten Aussage möchte ich einen kurzen Überblick über das kategoriale und empirische Rüstzeug der entsprechenden Soziologie geben und dann dessen Defizite im Hinblick auf die Analyse „subjektiver“ Probleme der Lebensführung im Umbruch Ostdeutschlands herausstellen. Diese Aufgabe wird dadurch erleichtert, daß sich auf diesem Gebiet erfreulicherweise ein wachsender Konsens unter Soziologen über Begriffsbestimmungen und Operationalisierungen abzeichnet.

Es sind vier Begriffe, die im wesentlichen diesen Forschungszweig tragen:

1. *Lebenslage*: Hierunter versteht man eine für viele Menschen typische Kombination individueller Existenzbedingungen, die insofern nachteilig oder vorteilhaft sind, als sie es Menschen relativ dauerhaft, situationsübergreifend und von der jeweiligen Wahrnehmung unabhängig, also „objektiv“, erleichtern oder erschweren, gesellschaftlich anerkannte Lebensziele (beispielsweise Wohlstand, Gesundheit, Sicherheit) zu erreichen (vgl. Hradil 1987: 145ff.). In einer solchen gemeinsamen „Lebenslage“ befinden sich beispielsweise Beamte des einfachen Dienstes mit hoher Arbeitsplatzsicherheit, geregelter und umfangreicher Freizeit, preiswerter Staatsbedienstetenwohnung, mäßig hoher Besoldung, guter sozialer Integration in der Gemeinde, gesundheitlich belastender Tätigkeit und geringem Sozialprestige.

2. Als *Lebensform* bezeichnet man eine Konstellation, in der Menschen typischerweise und relativ dauerhaft mit anderen Menschen unmittelbar zusammenleben. Die wichtigsten empirischen Manifestationen sind Haushalts- und Familienformen, gegliedert nach Alters- und Lebensphasen (vgl. Zapf 1987). Im Gegensatz

zum Begriff der Lebenslage, der auf die *Um*welt gerichtet ist, ist hiermit die soziale, aus Menschen bestehende *Mit*welt gemeint.

3. *Milieu* heißt die Art und Weise, wie Menschen ihre Lebenslage und Lebensform typischerweise wahrnehmen, wie sie mit ihr umgehen, sie nutzen und gestalten, und dadurch gemeinsam in ihrem Verhalten geprägt werden. Beispiele finden sich in Gestalt der liberalen, konservativen, aufstiegsorientierten, alternativen etc. *Makro*milieus, in Form der gewerkschaftlichen, universitären etc. *Meso*milieus, sowie in Gestalt der *Mikro*milieus der Krankenhausärzte einer bestimmten Klinik, des Netzwerks der Friedensbewegung in einer bestimmten Gemeinde usw. Milieus bestehen also stets aus *sachlichen* (z. B. Stadtvierteln, beruflichen Umwelten und Anforderungen), aus *menschlichen* (Nachbarn, Arbeitskollegen), aus *mentalen* (z. B. materialistischen oder postmaterialistischen Werten, familistischen, karrieristischen oder freizeitorientierten Einstellungen) und aus *Verhaltens*komponenten zugleich (z. B. die typischen Symbole, Sprachstile und Alltagsroutinen in einer Arbeitervorstadt).

4. *Lebensstile* nennt man typische Syndrome von beobachtbaren Verhaltensmustern im Alltag. Lebensstile beruhen per definitionem auf einem Mindestmaß an Entscheidung oder wenigstens an Kontingenz (man könnte auch anders leben). Man spricht nicht von einem Lebensstil, wenn z. B. infolge sozialen Zwangs oder fehlender Mittel jemand nie die Wahl hatte, seinen Alltag auf eine bestimmte Weise einzurichten. Lebensstile werden ausgebildet in biographischen Prozessen der Gewöhnung, Entscheidung, Anpassung etc. Lebens*stile* bilden Muster, die der Entlastung von alltäglichen Entscheidungen dienen. Häufig, aber nicht definitorisch, hat die Stilisierung einer bestimmten Lebensweise expressive Funktionen: Sie dient der Signalisierung von Unterscheidungen und Zugehörigkeiten zu bestimmten Gruppierungen. Sie dient der Identitätsbildung und -bewahrung.

Zusammenfassend lassen sich Lebenslagen, Lebensformen, Milieus und Lebensstile als *Lebensweisen* bezeichnen (vgl. Voß 1991).

Für alle genannten Lebensweisekonzepte gilt, daß sie integrative, ganzheitliche Begriffe darstellen. Sie binden unterschiedliche Verhaltensdimensionen, Lebensbereiche, Zeitpunkte, Situationen etc. im Leben von Menschen zusammen und weisen auf übergreifende Strukturen hin. Deswegen, weil sie das Leben in seiner gesamten Breite umfassen, tragen die Begriffe auch durchweg den Namen *Lebens*stile etc.

Die in Lebensweisebegriffen zum Ausdruck kommende Integrationsleistung kann durch *gesellschaftliche Instanzen* vorgegeben sein (indem diese z. B. die Lebensform der „Normalfamilie" bereitstellen oder erwarten). Die Integrationsleistung kann aber auch vom *einzelnen* vorgenommen werden (indem er seinen Lebensstil selbst komponiert oder sich zwischen verschiedenen Milieus bewegt) (Berger/Hradil 1990: 18f.). Die Integrationsleistung kann aber auch vom Sozialforscher rekonstruiert werden. Dies geschieht z. B., wenn Menschen sich, ohne dessen gewahr zu werden, zusammen mit anderen in einer gemeinsamen Lebenslage befinden, deren gesellschaftliche Ausdehnung und innerer Zusammenhang soziologisch ermittelt wird.

Alle genannten Begriffe der Lebensweise implizieren gesellschaftlichen *Pluralismus* (es gibt religiöse, lokale, landsmannschaftliche, Arbeits-Milieus etc.), zudem schließen sie zumindest die Möglichkeit der subjektiven Vergesellschaftung mit ein. Sie passen daher schlecht zum objektivistischen Bild einer Industriegesellschaft mit ihrer alles prägenden Kraft des Erwerbslebens und der Arbeitshierarchie (vgl. Hradil 1991). Deswegen blieben sie in der Wachstumsphase der Bundesrepublik Deutschland bis in die 70er Jahre, als dieses Bild vorherrschte, ebenso im Hintergrund wie in sozialistischen Industriegesellschaften, wo die Vorstellungen von der Zentralität und dem Determinismus der ökonomischen Vergesellschaftung genauso vorherrschten, wenn sie auch politisch verpflichtend waren. Erst in den letzten Jahren, mit dem Auffächern herkömmlicher Strukturen der Industriegesellschaft im Westen und dem Ende des „real existierenden Sozialismus" im Osten, kommen Lebenslagen-, Lebensform-, Milieu- und Lebensstilkonzepte wieder in den Vordergrund, freilich verglichen z. B. mit klassischen Milieu- und Lebensstilbegriffen in oft veränderter und „subjektivierter" Form (Hradil 1991).

Die eben genannten Konzepte und Indikatoren haben zunächst nur *beschreibende* Funktionen. Sie dienen dazu, typische Muster der Lebensweise aus dem Alltag von Individuen herauszupräparieren und diesbezügliche Gemeinsamkeiten und Unterschiede zwischen Gesellschaftsmitgliedern zu ermitteln. Solche beschreibenden Konzepte, die im Grunde auf das Sortieren von Phänomenen hinauslaufen, stehen derzeit in vielen Sparten der Soziologie im Vordergrund. Sie sind m. E. typisch für Übergangsphasen gesellschaftlicher Entwicklung, in denen die Bestimmungsgründe menschlichen Verhaltens einander überlagern, daher komplex, widersprüchlich und den Sozialwissenschaftlern unklar sind. Solange das Explanans im dunkeln liegt, bleibt zunächst wenig anderes, als sich einen Überblick über das Explanandum zu verschaffen. Es scheint, daß diese Strategie der Beschreibung auch im Hinblick auf die heutige Situation im Osten Deutschlands angebracht ist.

Trotz oder gerade wegen ihrer beschreibenden Funktion lassen sich die Konzepte Lebenslage, Lebensform, Milieu und Lebensstil, so wie sie in der neueren sozialwissenschaftlichen Literatur mehrheitlich gebraucht werden, in einen handlungstheoretischen Rahmen einordnen. Lebenslagen, Lebensformen, Milieus und Lebensstile stellen Sonderfälle von allgemeinen handlungstheoretischen Kategorien dar.

Lebenslagen sind auf der Ebene von *Handlungsbedingungen* einzuordnen. Denn Lebenslagen bestehen aus feststehenden Ressourcen, Restriktionen und Risiken, also aus Bedingungen für das Handeln von Menschen.

Lebensformen stellen *Netzwerke von Handelnden* dar. Sie bezeichnen jene Akteure und deren Handlungen, mit denen ein Handelnder relativ dauerhaft und über viele Einzelhandlungen hinweg in Verbindung steht.

Milieus fallen in die Kategorie der *Handlungssituationen*, d. h. der jeweils interpretierten Um- und Mitwelt. Denn der Milieubegriff zielt auf das Insgesamt der jeweils von einer sozialen Gruppe über einen längeren Zeitraum wahrgenommenen, interpretierten und genutzten Handlungsbedingungen und Mitakteure. In Milieus wandeln sich z. B. Ressourcen zu Instrumenten.

Lebensstile schließlich bewegen sich auf der Ebene der *Handlungen* selbst, genauer gesagt, da die Soziologie mit verallgemeinerungsfähigen Tatbeständen befaßt ist, auf der Ebene von Handlungsmustern.

Obwohl die genannten Konzepte zusammen mit den entsprechenden Operationalisierungen ein ansehnliches soziologisches Instrumentarium darstellen, das sich mit seiner deskriptiven Zielsetzung geradezu anbietet, in der Umbruchssituation im Osten Deutschlands eingesetzt zu werden, verfehlen sie den zentralen Punkt *der* „subjektiven" Probleme, der oben hervorgehoben wurde: sich im Chaos orientieren zu können, ein im Alltag planvolles und für die Zukunft strategisch ausgerichtetes Leben führen zu können.

Gemessen hieran wird klar, daß alle bisher genannten Forschungskonzepte weder auf die Dimension der individuellen *Zielsetzungen* und ihres *soziokulturellen Hintergrunds* noch auf die Dimension des biographischen *Zeitablaufs* hinreichend eingehen.

– Ein Problem der Menschen in den neuen Bundesländern besteht offenkundig darin, zwischen Lethargie und Warten auf „gouvernementale Wundertaten" (Offe), also Ziellosigkeit einerseits und hektischem Aktivismus, also Zielüberschuß andererseits hin- und hergerissen zu werden. Die bislang verfügbaren Forschungskonzepte gehen zuwenig auf die längerfristigen Absichten und Ziele von Aktionen ein, um hier analytisch greifen zu können.
– Viele der eingangs gezeigten „subjektiven" Probleme in Ostdeutschland werden durch den Mangel einer geeigneten Kultur und Moral noch verschärft. Auch das Verhalten in der scheinbar ausschließlich ökonomischen und zweckrationalen Marktwirtschaft, erst recht in statu nascendi, bedarf Werte und allgemeiner Normen, also kultureller und moralischer Grundlagen. Dies wurde in Deutschland nie wieder so deutlich wie in der ersten Nachkriegszeit, die ohnehin manches mit der heutigen Situation in den neuen Bundesländern gemein hat. Die folgenden Zitatauszüge von damals stammen von *Wilhelm Röpke*, einem wahren Apologeten der freien Marktwirtschaft. Sie sind enthalten in seinem Buch mit dem bezeichnenden Titel „Jenseits von Angebot und Nachfrage" (1961/3: 146ff., zit. nach Fürstenberg 1991: 9):
  „Menschen, die auf dem Markt sich miteinander im Wettbewerb messen und dort auf ihren Vorteil ausgehen, müssen um so stärker durch die sozialen und moralischen Bande der Gemeinschaft verbunden sein, andernfalls auch der Wettbewerb aufs schwerste entartet . . . Markt, Wettbewerb und das Spiel von Angebot und Nachfrage erzeugen jene sittlichen Reserven nicht. Sie setzen sie voraus und verbrauchen sie. Sie müssen sie von anderen Bereichen jenseits des Marktes beziehen, und kein Lehrbuch der Nationalökonomie kann sie ersetzen."
– Ein wesentliches Defizit der geläufigen Forschungskonzepte besteht also darin, daß in keinem von ihnen der kulturelle Hintergrund von Lebensformen, Lebensstilen etc. ausreichend berücksichtigt wird.
– Alle genannten Begriffe lenken die Aufmerksamkeit auf Momentaufnahmen, auf statische Querschnitte durch das Leben von Gesellschaftsmitgliedern. Was fehlt, ist die Verzahnung dieser Querschnittsperspektive mit einer dynamischen Längs-

schnittanalyse von biographischen Verläufen im Denken und Handeln. Die Menschen in der ehemaligen DDR wissen vielfach nicht, wie es weitergeht, und wie sie weitermachen können, sie machen dennoch weiter, freilich unsicher und unter ungewissen Bedingungen. Um dies zu erforschen, braucht man Längsschnittkonzepte.

In der folgenden Darstellung wird *Max Webers* Begriff der *Lebensführung* aufgegriffen, weiterentwickelt und an heutige Gegebenheiten angepaßt. Ziel ist, daß der Begriff Lebensführung die eben skizzierten Aufgaben erfüllen kann, die die Konzepte Lebenslage, Lebensform, Milieu und Lebensstil verfehlen, und so die „subjektiven" Probleme der Lebensgestaltung in Ostdeutschland besser als die anderen Ansätze zu erforschen hilft.

3. Der Umbruch als Herausforderung: Das Konzept der „Lebensführung" als rekonstruiertes Instrument soziologischer Forschung

Die dritte Aussage, die in diesem Beitrag getroffen wird, lautet, daß für die Soziologie – anders als für die meisten Menschen in Ostdeutschland – der Umbruch Herausforderungscharakter hat und zur Entwicklung besserer Lösungen geradezu zwingt. Dies gilt auch für das Konzept der „Lebensführung".

Der Begriff der „Lebensführung" wird in letzter Zeit immer häufiger gebraucht und für empirische Studien nutzbar gemacht. So untersuchen beispielsweise Mitglieder des Sonderforschungsbereichs 333 in München Aushandlungsprozesse der Arbeitsteilung in Beruf und Familie mit ihren Auswirkungen auf die individuelle Lebensführung (Kudera / Voß 1990; Voß 1990). Andere Untersuchungen befassen sich mit Wandlungstendenzen in der industriellen Arbeitswelt und den damit zusammenhängenden Veränderungen der Lebensführung zwischen Arbeit und Freizeit (Beck / Brock 1991; Brock 1990; Brock / Vetter 1986).

Schon hieraus geht hervor, daß die Art der „Lebensführung" in Umbruchsituationen – wie sie in der „alten" Bundesrepublik seit den 70er Jahren herrscht – ihre Selbstverständlichkeit verliert und zum Gegenstand soziologischer Untersuchungen wird. Dieser Zusammenhang läßt es einmal mehr als ratsam erscheinen, auch die Verhältnisse und Lebensweisen in den fünf neuen Bundesländern im Lichte der Kategorie „Lebensführung" zu analysieren, und umgekehrt die dortigen Probleme zum Anlaß zu nehmen, die Kategorie der Lebensführung weiterzuentwickeln.

Dies erscheint auch deshalb nötig, weil in den genannten neuen, auf „westliche" Problemstellungen bezogenen Untersuchungen das Konzept der Lebensführung zwar benutzt, aber kaum definiert und diskutiert und noch seltener in Zusammenhang mit anderen Konzepten zur Erforschung heutiger Lebensweisen gebracht wird.

Bei der Rekonstruktion und Weiterentwicklung des Konzepts der „Lebensführung" *muß* man geradezu zwangsläufig auf Max Webers Begrifflichkeit zurückgreifen, da sie bis heute die soziologische Arbeit prägt. In Max Webers Werk spielt der Begriff Lebensführung bekanntlich eine zentrale Rolle, vor allem in seinen religionssoziologischen Schriften. Erstmalig wird der Begriff wohl in seinem Aufsatz „Asketischer Protestantismus und kapitalistischer Geist“ verwendet.

Unter „Lebensführung“ versteht Weber eine Selbstorganisation des Alltags, dominiert von Arbeit, nach dem Prinzip der innerweltlichen Askese im Geiste protestantischer Ethik. „Lebensführung“ trägt somit „systematisch-methodischen Charakter“ (1964: 362). Sie beruht auf einem straffen Konzept, das die „rationale und utilitaristische Verwendung von Ressourcen“ für Lebenszwecke des einzelnen und der Gesamtheit (370) zum Ideal erhebt. „Lebensführung“ geschieht bewußt und ständig kontrolliert. Sie vermeidet „triebhaften Lebensgenuß“ (367), „Ausruhen auf dem Besitz“ (359) und „Genuß des Reichtums mit seiner Konsequenz von Müßiggang und Fleischeslust“ (359). „Zeitverlust durch Geselligkeit, faules Gerede, Luxus, selbst mehr als der durch Gesundheit nötige Schlaf 6 bis höchstens 8 Stunden ist sittlich absolut verwerflich“, ebenso „untätige Kontemplation, mindestens wenn sie auf Kosten der Berufsarbeit erfolgt“ (359).

Lebens*zweck* ist ein gottgefälliges Leben, Nebenfolge die Erlangung von Ehre im Leben (361), das *Mittel* hierzu heißt arbeitsame Lebensführung, Konsumbeschränkung und Erwerbsstreben (369). „Die innerweltliche protestantische Askese ... wirkte also mit voller Wucht gegen den unbefangenen Genuß des Besitzes, sie schnürte die Konsumption, speziell die Luxuskonsumtion ein. Dagegen entlastete sie im psychologischen Effekt den Gütererwerb von den Fesseln der traditionalistischen Ethik, sie sprengte die Fesseln des Gewinnstrebens, indem sie es nicht nur legalisierte, sondern ... direkt als gottgewollt ansah.“ (370)

Zusammengefaßt wird unter „Lebensführung“ seit Max Weber also eine rationale Ausrichtung des eigenen Lebens auf der Grundlage der Berufsidee verstanden, gespeist aus dem Geist christlicher innerweltlicher Askese. Lebensführung in diesem Sinne bildet das „Grundmotiv des bürgerlichen Lebensstils“ (378).

Für unsere Zwecke weist dieses Webersche Konzept prinzipiell in die richtige Richtung. Denn es vermeidet wichtige Defizite, die die Begriffe Lebenslage, Lebensform, Milieu und Lebensstil hinterlassen:

Es geht auf die *Ziele und Motive* ein, die einer bestimmten Lebensgestaltung zugrunde liegen.

Es nimmt explizit Bezug auf eine bestimmte Kultur als Hintergrund der Zielfindung und biographischen Ausrichtung des eigenen Lebens.

Es zielt schließlich auf eine *Längsschnittanalyse* der biographischen Entwicklung.

Dennoch erscheint Max Webers Konzept der „Lebensführung“ heute in mancher Hinsicht ausgesprochen lebensfern. Dies fällt nicht zuletzt dann auf, wenn man die Probleme der Menschen in Ostdeutschland bedenkt, ihr Leben unter den Bedingungen des Umbruchs und Zusammenbruchs zu „führen“. Hier erscheint der Verweis auf Sparsamkeit, Tüchtigkeit, Erwerbs- und Gewinnstreben als Prinzipien einer Lebensführung weder geeignet, vorfindliche Probleme in den Griff zu bekommen, noch denkbare Lösungen zu skizzieren. Das Konzept erscheint einseitig und auf eine kaum verhüllte Art normativ, gerade dann, wenn man es als Idealtypus versteht. Es hebt nur *eine* bestimmte Lebensführung hervor und läuft auf deren Idealisierung hinaus. Dies wird spätestens dann augenfällig, wenn man die höchst verschiedenartigen „Lebensführungen“ betrachtet, die heute in westlichen Gesellschaften gelebt und gelegentlich geradezu kultiviert werden. Die meisten von ihnen lassen sich vor dem Hintergrund der Weberschen „Lebensführung“ nicht verstehen und analysieren.

Wenn ein zeitnahes Konzept der „Lebensführung“ entwickelt werden soll, das, wie das Webersche, in der Lage ist, die theoretischen und empirischen Leerstellen anderer Konzepte zur Erforschung der Lebensweise aufzufüllen, das, anders als das Webersche, gleichzeitig aber dazu verhelfen kann, auch aktuelle Probleme von „Lebensführung“ empirisch zu erforschen, so wird man Webers Konzept nicht mehr ohne weiteres verwenden können, sondern es heutigen realen Gegebenheiten anpassen müssen. Unter der Hand tun dies, bei allen Verweisen auf Weber, viele, die heute „Lebensführung“ erforschen. Dies geschieht aber weitgehend implizit. Man wird sich jedoch darüber klar werden müssen, welche Leitlinien Weberscher Begrifflichkeit beizubehalten sind, schon um Neologismen zu vermeiden und die begriffliche Konsistenz der Soziologie zu stärken, und welche Veränderungen nötig sind.

Die nötigen *Veränderungen* lassen sich mit den Stichworten *Subjektivierung, Pluralisierung, Aktivierung, Segmentierung und Formalisierung* umreißen.

Das *Bleibende* kann als *bewußt selbstgesteuerte Alltagsorganisation, als strategische Zielorientierung der eigenen Biographie beschrieben werden, die straff, konsequent und rational durchgeführt wird.*

Die *Veränderungen* des Weberschen Konzeptes werden notwendig, weil heute oft keine bestimmte Kultur mehr die Lebensführung des einzelnen normativ verpflichtet, nicht in westlichen Industrieländern und schon gar nicht in der Umbruchphase in Ostdeutschland, wie bei Weber noch die ständetypische „Zumutung einer spezifisch gearteten Lebensführung“ (Weber 1972: 535). Erst recht dominiert heute keine Kultur mehr gesamtgesellschaftlich, wie zu Webers Zeiten noch der Protestantismus, der sich mit den materiellen Interessen einer bestimmten Bevölkerungsgruppe (im Wilhelminischen Deutschland: des Bürgertums) verbunden und zu einer bestimmten Lebensführung verdichtet hat, die kämpferisch gegen andere Kulturen und Lebensführungen (des Katholizismus, der Arbeiterschaft, der Bauern, des Adels) gerichtet war. Der Druck zur Vereinheitlichung und zur Normativität fehlt heute ebenso wie die kulturellen Grundlagen und materiellen Interessen, die Webers Begrifflichkeit zugrunde lagen.

Heute liegt es eher an den Zielsetzungen des einzelnen und an den jeweiligen Einflüssen, die ihn erreichen, welchen Lebenszielen, Lebensplänen und Alltagsmaximen er anhängt. Ob Karriereorientierung, Familienorientierung und/oder Freizeitorientierung, ob Hedonismus, Materialismus, Pflichtethos, Postmaterialismus und/oder Selbstverwirklichung, ob alternative und/oder konventionelle Lebenspläne, viele Optionen und Bestimmungsgründe konkurrieren.

Es ist nicht länger nur *eine* bestimmende Kultur, sondern mindestens teilweise die *subjektive* Wahl aus dem Angebot des soziokulturellen *Pluralismus*, die die

Lebensführung prägt. Es ist das *aktive* Zutun und die aktive Entwicklung von Alltagsstrategien (z. B. zwischen Beruf und Freizeit) und nicht die weitgehend passive Befolgung bürgerlich strebsamer Lebenspläne, die heute oft Lebensführung ausmacht. Lebensführung ist heute in vielen Fällen auch die Kunst der *Segmentierung*, d. h. der Kombination und der inszenierten Abfolge von Lebensgestaltungen und weniger das Durchhalten und Homogenisieren einer bestimmten Strategie.

Diese Entwicklungstendenzen sind in fortgeschrittenen Gesellschaften besonders deutlich. Empirische Belege für die Mannigfaltigkeit der Handlungssteuerungen und Zeitperspektiven finden sich u. a. in der Biographieforschung. So unterscheidet Brose (1990: 204f.) neun Muster der biographischen Entwicklung mit den Mustern „Defensive Autonomie" über „Produktivität" und „Passion" bis hin zu „Devianz" und „Trajekt" und neun biographische Zeitperspektiven von der „zukünftigen Gegenwart": „Ich möchte etwas erreichen" bis zur „vergangenen Zukunft": „Ich hatte eine Zukunft". Ähnlich pluralistische und subjektive Lebensführungsstrategien fanden beispielsweise Hörning / Michailow (1990) und Giegel (1987). Dies wirft für die Menschen eine ganze Reihe von Identitäts- und Orientierungsproblemen auf. Allerdings haben die meisten Menschen in entwickelten Industriegesellschaften auch finanzielle, informatorische etc. Ressourcen und soziokulturelle oder durch Netzwerke vermittelte Leitlinien an der Hand, um solche Probleme lösen zu können. Was das Problem der „Lebensführung" im Osten Deutschlands verschlimmert, ist das gleichzeitige Fehlen von Ressourcen und Leitbildern.

Um die ganze Spannweite der aktuellen Probleme und Lösungsversuche einfangen zu können, bedarf es einer *Formalisierung* des Weberschen Begriffes und einer inhaltlichen Lösung von jenem bestimmten Typus der Lebensführung, den Max Weber im Blick hatte.

Was in einem solchen „säkularisierten" und „modernisierten" Begriff der Lebensführung vom Weberschen Konzept bleibt, ist ein *Verständnis von Lebensführung als eine vergleichsweise bewußte, biographisch zielgerichtete und selbstgesteuerte, straff methodisch in allen Lebensbereichen und -phasen durchgehaltene* (was bewußt gelebte Brüche und Zäsuren nicht ausschließt) *Organisation des Alltags.*

Der Begriff der Lebensführung zielt also *primär* auf *normative* Modelle und Sollvorstellungen, wie mentale Lebensentwürfe und biographische Grundorientierungen und erst *sekundär* auf die *faktischen* Handlungsstrategien vor dem Hintergrund dieser Ordnungsmodelle (vgl. dagegen Voß 1991). Der Begriff „Lebensführung" geht von einem *Bestandsinteresse* der Individuen aus, denen daran gelegen ist, auf diese oder jene Weise ihre Identität zu bewahren und ihr Leben „auf die Reihe zu bekommen". Der Begriff „Lebensführung" unterstellt, daß Individuen hierzu Fähigkeiten der *Selbstkontrolle*, *Selbstdisziplinierung* und *Selbstsozialisation* entwickeln können. In diesem Sinne verstanden, können Konservative und Grüne, Protestanten und Sektenanhänger, Karrieristen und Hedonisten, Familienmenschen und Singles allesamt eine ausgeprägte Lebensführung entwickeln. Auch dieser formalisierte, subjektivierte und pluralisierte Begriff der „Lebensführung" ist normativ. Lebensführung kann gelingen oder mißlingen. Man kann Verhältnisse, sich und andere an der Möglichkeit und Fähigkeit zur Selbststeuerung messen. Maßstab ist jetzt ein Konzept der *individuellen Autonomie*, und nicht länger eine religiös fundierte innerweltliche Askese.

Auch vor dieser Art von Normativität erweisen die derzeitigen Verhältnisse in Ostdeutschland ihren Problemcharakter. Wer nicht weiß, ob er im Juli 1991, nach Auslaufen der Wartestandsregelung, noch einen Arbeitsplatz hat, ob er im Herbst, nach Vollzug der allgemeinen Mieterhöhungen, noch seine Wohnung bezahlen kann, ob Manchestertum und Ellenbogengesellschaft wirklich die einzige Alternative zu den Leitbildern der ehemaligen DDR darstellen, kann sein Leben nicht „führen". Oder besser gesagt: Er führt sein Leben nach halsstarrigen oder aber haltlos wechselnden Mustern, nach immer wieder verdrängten und aktualisierten Strategien. Er pendelt vielleicht zwischen Geiz und Konsumrausch, zwischen Solidarität und Rücksichtslosigkeit, zwischen Zielfixierung und Sich-Treiben-Lassen. Um jene Syndrome überhaupt erst erkennen und analysieren zu können, braucht man einen Begriff der methodischen, strategischen Lebensführung.

Der Gewinn, den dieser im Vergleich zu Max Webers Definition subjektivierte, pluralisierte und segmentierte und darum formalisierte Begriff der Lebensführung mit sich bringt, wird systematisch deutlich, wenn man das untenstehende handlungstheoretische Schema durch eine Kategorie ergänzt und den Begriff „Lebensführung" als Konkretisierung hier einfügt.

Kategorien der *Handlungstheorie*	*Lebensweiseforschung*
Handlungsbedingungen	Lebenslage
Netzwerke von Handelnden	Lebensform
Handlungssituation, Handlungsinstrumente	Soziales Milieu
Handlungsmuster	Lebensstil
Handlungsziele, Handlungsstrategien	*Lebensführung*

Die Übersicht macht deutlich, daß, handlungstheoretisch gesehen, der Begriff Lebensführung sowohl in der engeren Weberschen als auch in der hier vorgeschlagenen erweiterten Fassung im Grunde auf die *Ziele* individuellen Handelns ausgerichtet ist. Er thematisiert Vorsätze in den Köpfen von Menschen und mißt faktisches Verhalten im Hinblick auf deren konsequente Umsetzung. Er vermittelt nicht nur zwischen Sollen und Sein, sondern schlägt auch eine Brücke zwischen „Zielen" im Sinne abstrakter Maximen (z. B. im Einklang mit und für die Erhaltung der Natur leben) und „Zielen" in Form alltäglicher Alltagsvorsätze (z. B. den Müll trennen).

Dementsprechend kommen als empirische Indikatoren zur Feststellung der jeweiligen „Lebensführung" in erster Linie individuell ganzheitliche Syndrome von Absichten, Ziel- und Ablaufplanungen des eigenen Lebens in Betracht, dann in zweiter Linie individuelle Verhaltensweisen in allen Lebensbereichen und in zeitlicher Veränderung, insoweit sie diesen Modellen (nicht) entsprechen.

So gesehen, wurde in diesem Beitrag versucht, den Umbruch im Osten Deutschlands in zweierlei Hinsicht als Herausforderung anzunehmen und mit einer Weiterentwicklung soziologischer Instrumente auf ihn zu reagieren: Zum einen habe ich versucht, den Begriff „Lebensführung" zu modernisieren, zum andern, ihn als handlungstheoretische Kategorie einzuordnen und dadurch zu zeigen, wie sich die soziologischen Begriffe und Forschungsrichtungen „Lebenslage", „Lebensform", „Milieu" und „Lebensführung" gegenseitig ergänzen.

Literatur

Beck, U. / Brock, D., 1991: Wandel der Lebensführung. Drei Generationen niederbayerischer Arbeiter im Vergleich (Projektantrag, unveröff. Manuskript), Bamberg

Berger, P. A., 1991: Von Bewegungen in zur Beweglichkeit von Strukturen, in: Soziale Welt 42: 68–92

Berger, P. A. / Hradil, S., (Hrsg.) 1990: Lebenslagen, Lebensläufe, Lebensstile, Soziale Welt, Sonderband 7, Göttingen

Brock, D., 1990: Wie verknüpfen Männer Arbeitorientierungen mit privaten Lebensinteressen? Veränderungstendenzen biographischer Orientierungsmuster bei männlichen Arbeitern seit den fünfziger Jahren, in: Hoff, E.-H. (Hrsg.), Die doppelte Sozialisation Erwachsener, Weinheim – München: 97–124

Brock, D. / Vetter, H.-R., 1986: Technische Dynamik und soziale Beharrung. Anmerkungen zum Verhältnis von technischem und sozialem Fortschritt anhand einer Fallstudie zum Robotereinsatz im Automobilbau, in: Soziale Welt 2 / 3: 209–236

Brose, H.-G., 1990: Berufsbiographien im Umbruch. Erwerbsverlauf und Lebensführung von Zeitarbeitnehmern, in: Mayer, K. U. (Hrsg.), Lebensverläufe und sozialer Wandel, Kölner Zeitschrift für Soziologie und Sozialpsychologie, Sonderheft 31, Opladen: 179–211

Fürstenberg, F., 1991: Die Einführung der Marktwirtschaft. Ein sozialkulturelles Entwicklungsprojekt, in: Henkel, H. A. (Hrsg.), Symposium '90. Markt und Kultur. Herausforderungen der deutschen Einigung, Regensburg: 9–24

Giegel, H.-J., 1987: Individualisierung, Selbstrestriktion und soziale Ungleichheit, in: Giesen, B. / Haferkamp, H. (Hrsg.), Soziologie der sozialen Ungleichheit, Opladen: 346–368

Hörning, K.-H. / Michailow, M., 1991: Zeitpioniere, Frankfurt / M.

Hradil, S., 1987: Sozialstrukturanalyse in einer fortgeschrittenen Gesellschaft. Von Klassen und Schichten zu Lagen und Milieus, Opladen

Hradil, S., 1990: Postmoderne Sozialstruktur? Zur empirischen Relevanz einer „modernen" Theorie sozialen Wandels, in: Berger, P. A. / Hradil, S. (Hrsg.), Lebenslagen, Lebensläufe, Lebensstile, Soziale Welt, Sonderband 7, Göttingen: 125–151

Hradil, S., 1991: Milieus, Subkulturen, Lebensstile. Alte Begriffe und neue Strukturen, in: Vaskovics, L. (Hrsg.), Subkulturen und Subkulturkonzepte, Opladen

Kudera, W. / Voß, G.-G., 1990: Lebensführung zwischen Routinisierung und Aushandlung. Die Arbeitsteilung der Person unter Aushandlungsdruck, in: Hoff, E.-H. (Hrsg.), Die doppelte Sozialisation Erwachsener, Weinheim – München: 155–176

Mänicke-Gyöngyösi, K. / Rytlewski, R., (Hrsg.) 1990: Lebensstile und Kulturmuster in sozialistischen Gesellschaften, Köln
Rossade, W., 1990: Kulturmuster in der DDR. Ein Werkstattbericht, in: Mänicke-Gyöngyösi, K. / Rytlewski, R. (Hrsg.), Lebensstile und Kulturmuster in sozialistischen Gesellschaften, Köln
Rueschemeyer, M. / Lemke, Ch., (Hrsg.) 1989: The Quality of Life in the German Democratic Republic. Changes and Developments in a State Socialist Society, New York – London
Voß, G.-G., 1991: Lebensführung als Arbeit. Über die Autonomie der Person im Alltag der Gesellschaft, Stuttgart
Weber, M., 1964: Asketischer Protestantismus und kapitalistischer Geist, in: Ders., Soziologie, weltgeschichtliche Analysen, Politik, Stuttgart: 357–382
Weber, M., 1972: Wirtschaft und Gesellschaft (1921), Tübingen
Zapf, W., u. a. 1987: Individualisierung und Sicherheit. Untersuchungen zur Lebensqualität in der Bundesrepublik Deutschland, München

Teil III

Empirische Ansätze und Ergebnisse von Forschungen zum Transformationsprozeß

Rudolf Andorka

Die wirtschaftlichen, gesellschaftlichen und politischen Transformationsprozesse in Ungarn im Lichte soziologischer Forschungsergebnisse

Die Geschichte der Systemwandlungen in Ungarn

In den Jahren 1989/90 haben mit dramatischer Geschwindigkeit große Veränderungen im wirtschaftlichen, gesellschaftlichen und politischen System Ungarns stattgefunden. Ein zentral geplantes und auf staatlichem Eigentum beruhendes Wirtschaftssystem wurde in ein marktorientiertes und auf Privateigentum beruhendes umgewandelt; aus einem Einparteiensystem wurde ein demokratisches Mehrparteiensystem.

Diese Veränderungen fanden parallel zu ähnlichen in den anderen ehemals sozialistischen Ländern statt. Ungarn könnte man aber als einen besonders interessanten Fall ansehen, da in Ungarn (ähnlich wie in Polen) die Veränderungen schon früh begannen und Ungarn eine große Rolle beim Initiieren von Wandlungen auch in den anderen Ländern spielte. Zum Beispiel dadurch, daß den ostdeutschen Touristen über Ungarn die Ausreise nach Westdeutschland gestattet wurde.

Zugleich war die letztgenannte Entscheidung nicht zufällig getroffen worden. Sie war die logische Konsequenz der Wandlungsprozesse in Ungarn. Die Regierung hatte nämlich erkannt, daß sie – falls sie die Auswanderung nicht gestatten würde – selbst von der eigenen Bevölkerung gestürzt werden könnte. Diese Fähigkeit zur Einsicht war bereits eine Folge der Veränderungen, die sich seit längerer Zeit vollzogen hatten.

Die Transformationsprozesse in Ungarn und den anderen ehemaligen sozialistischen Ländern sind natürlich für die Sozialwissenschaften von besonderem Interesse. Vielfach ist vorhergesagt worden, daß die sozialistischen Länder sich niemals verändern würden, weil sie totalitäre Systeme und als solche nicht zu Reformen imstande seien. Nur wenige, unter ihnen auch der Autor dieses Beitrages, hofften demgegenüber, daß solche Veränderungen möglich seien, oder daß – wie Artur Meier es in einem privaten Gespräch im Herbst 1980, zum Höhepunkt der polnischen Solidaritätsbewegung, ausdrückte, „unser System lernfähig ist". Mit der Einführung der Militärdiktatur in Polen 1981 war wohl diese Hoffnung endgültig dahin. Und doch, die Ereignisse von 1989 und 1990 scheinen nun zu beweisen, daß das sozialistische System in Ungarn sich verändern konnte, daß es also „lernfähig" war.

Eine solche These wäre wohl zu vereinfachend, vom sozialwissenschaftlichen Standpunkt sollte man einige Vorbehalte hinzufügen: die Veränderungen begannen, zum einen, schon lange vor 1989. Eigentlich sind die Ereignisse von 1989 und 1990 nur eine beschleunigte Fortsetzung von Prozessen der vorangegangenen Jahre und

Jahrzehnte. Andererseits ist der Übergang in die Marktwirtschaft und in ein demokratisches Gesellschaftssystem längst nicht als abgeschlossen zu betrachten.

Das soll ein kurzer historischer Streifzug verdeutlichen.

Eigentlich kann das ungarische System nur etwa für die Zeit von 1947 bis 1953 als totalitär bezeichnet werden. In diesen Jahren versuchten Partei und Regierung in der Tat, jedes Element des gesellschaftlichen Lebens zu kontrollieren, nutzten sie direkte Unterdrückungsmethoden: Verhaftungen durch die politische Polizei, Verhöre, Schauprozesse.

Unmittelbar nach dem Tode Stalins versuchte der neu eingesetzte Ministerpräsident, Imre Nagy, die extremsten totalitären Elemente abzubauen. Obwohl er nach weniger als zwei Jahren von dem Stalinisten Mátyás Rákosi gestürzt wurde, konnte auch dieser das offen totalitäre System in Ungarn nicht wieder einführen. Die Revolution von 1956 schließlich hat in den wenigen Tagen, die ihr zur Verfügung standen, ein demokratisches Mehrparteiensystem geschaffen. Die Revolution wurde von der sowjetischen Armee niedergeschlagen. Es folgte die grausame Rache an ihren Teilnehmern. Doch János Kádár, der von der sowjetischen Führung eingesetzte neue Erste Sekretär der Partei, hatte begriffen, daß die ungarische Gesellschaft mit totalitären Methoden nicht zu regieren ist. Kádár versuchte, langsam und behutsam das System zu liberalisieren, mit den verschiedenen gesellschaftlichen Schichten Kompromisse zu schließen und ihre Bedürfnisse und Wünsche zu beachten. Direkte, offene Opposition war zwar nicht erlaubt, wurde jedoch auch nicht streng verfolgt; im Privatleben hatte jeder ungarische Staatsbürger die Freiheit, seine eigene Meinung zu haben und auch frei zu artikulieren. So entwickelte sich das politische System allmählich – auch mit Rückschlägen – in Richtung auf eine liberalere und tolerantere Autokratie.

Parallel – und in Wechselwirkung – mit der politischen Liberalisierung entwickelte sich das ungarische Wirtschaftssystem in Richtung einer größeren Marktorientierung. Schon in der ersten Regierungsperiode von Imre Nagy wurde die Einführung eines stärker marktorientierten Wirtschaftsmechanismus von Gy. Péter empfohlen. Vor und nach der Revolution von 1956 haben mehrere Wirtschaftswissenschaftler, u. a. János Kornai (1957), die Fehler der zentralistischen Planwirtschaft kritisiert und sie für die Probleme verantwortlich gemacht, die mit zum Ausbruch dieser Revolution beigetragen haben.

Eine erste durchgehende Reform des Planwirtschaftssystems wurde aber dennoch erst 1968 durchgeführt. Der Leiter der Reformbewegung war R. Nyers (1988), früherer Sozialdemokrat und Mitglied des Politbüros der Partei zu dieser Zeit. Diese Reform beabsichtigte, das Staatseigentum an Produktionsmitteln aufrechtzuerhalten, aber die staatseigenen Betriebe in einer Marktwirtschaft tätig werden zu lassen. Am erfolgreichsten war die Reform jedoch nicht in denjenigen Bereichen, in denen das in erster Linie beabsichtigt wurde, nämlich in der staatseigenen Industrie, sondern in der Landwirtschaft, wo in der Tat jetzt die kleinen Haushaltswirtschaften der Bauern größere Bewegungsfreiheit erhielten. Nach kurzer Zeit erreichte die Produktion dieser kleinen semi-privaten Bauernwirtschaften ein Drittel der Nettoproduktion der Landwirtschaft. Beinahe die ganze Dorfbevölkerung und ein Teil der Kleinstadtbevölkerung bewirtschafteten kleine Haushaltswirtschaften. Durch diese Veränderungen in der Landwirtschaft wurde nicht nur das Einkommen der Hälfte der ungarischen Bevölkerung bedeutend erhöht, auch die Lebensmittelversorgung der Großstadtbevölkerung wurde verbessert (Andorka 1978).

In der ersten Hälfte der 70er Jahre, als eine Nachwirkung der Invasion in der Tschechoslowakei, begann ein konservativer Gegenangriff auf die Wirtschaftsreform und die politische Liberalisierung, der schließlich 1974 für Nyers zum Verlust der Position des Wirtschaftssekretärs führte. Damit wurde der Reformprozeß gestoppt und es wurden einige Schritte zurück in Richtung einer stärker zentralisierten Wirtschaft unternommen.

Da aber diese Schritte bald zu offensichtlichen wirtschaftlichen Schwierigkeiten (z. B. zum Rückgang des Schweinebestandes der kleinen Haushaltswirtschaften und damit zur Gefahr des Fleischmangels in den Städten) führten, wurde der größte Teil der Reformansätze aufrechterhalten.

Die zentralisierte Planwirtschaft vermochte nicht, sich den neuen weltwirtschaftlichen Bedingungen in den 70er Jahren anzupassen. Die politische Führung versuchte, die dadurch entstehenden Schwierigkeiten durch westliche Kredite zu überwinden. 1978 folgte jedoch bereits die erste Schuldenkrise, Ungarn war nahezu zahlungsunfähig. Infolgedessen entschied sich die politische Führung für eine neue Wirtschaftspolitik: einerseits zur strengeren Einschränkung des Zuwachses des Lebensniveaus (nie wieder in den späteren Jahren wurde das Reallohnniveau von 1978 erreicht), andererseits zu neuen marktorientierten Reformen. Da die kleine Hauswirtschaft, die meist als „zweite Wirtschaft“ funktionierte, die in den Stunden nach der regulären Arbeit am Hauptarbeitsplatz betrieben wurde, in der Landwirtschaft so erfolgreich war, sollten ihre Möglichkeiten nun in der Industrie und im Dienstleistungsbereich erprobt werden. Es entstanden viele Formen dieser „zweiten Wirtschaft“, vom privaten Taxifahren mit dem eigenen Auto in den Nachmittagsstunden bis zu den sogenannten „wirtschaftlichen Arbeitsgemeinschaften in den Betrieben“, die eigentlich meist Gruppen von Arbeitern und Angestellten waren, die einen Vertrag mit ihrem Betrieb schlossen, um in den Überstunden im Betrieb gewisse Arbeiten durchzuführen. Die weit verbreitete „zweite Wirtschaft“ hat die ungarische Gesellschaft vor dem Absinken des Lebensniveaus in den 80er Jahren bewahrt.

Bedeutsamer war jedoch ihre Wirkung auf die Entwicklung von Unternehmergeist und den dazu erforderlichen Kenntnissen unter der ungarischen Bevölkerung (Andorka 1990a). In der zweiten Hälfte der 80er Jahre waren ungefähr 75 % der Bevölkerung im erwerbsfähigen Alter in der „zweiten Wirtschaft“ beschäftigt und wurden mindestens 20 % (in einigen Schätzungen weit mehr) des ungarischen Bruttoinlandsprodukts in der „zweiten“ und in der privaten Wirtschaft produziert.

Am langsamsten, aber gleichfalls unaufhaltsam, entwickelte sich die „zivile Gesellschaft“. Unter „ziviler Gesellschaft“ werden hier alle vom Staat unabhängigen gesellschaftlichen Institutionen – wie z. B. Kirchen, Vereine, halbinformelle Gruppen – und die dort üblichen „zivilen“ Verhaltensformen wie Toleranz,

Diskussions- und Kompromißbereitschaft verstanden. Eigentlich waren es nur die kirchlichen Gemeinden und einige ganz kleine informelle Gruppen von Intellektuellen, die als zivilgesellschaftliche Institutionen die stalinistische Periode überlebten. In den 60er Jahren konnte sich deren Tätigkeit etwas intensivieren, eine der ersten oppositionellen politischen Aktionen war die Unterschriftensammlung für eine Deklaration, die die tschechoslowakische „Charta '77" unterstützte. Danach entwickelten sich die politisch unabhängigen Gruppen schnell, es erschienen immer mehr Samisdatpublikationen, die Zusammenkünfte dieser Gruppen wurden öffentlicher und erfuhren wachsende Resonanz. 1989/90 wurden diese Prozesse im Grunde beschleunigt. Im Februar 1989 akzeptierte die Partei die Einschätzung, daß die Ereignisse von 1956 nicht eine Gegenrevolution waren, sondern ein „Volksaufstand". Unmittelbar danach wurde die Einführung des Mehrparteiensystems akzeptiert. Im März und April 1990 fanden Parlamentswahlen statt. Das Wahlsystem ist ähnlich dem (west)deutschen System. Sechs Parteien gelangten ins Parlament, drei von ihnen bildeten die Regierungskoalition. Nach der Definition von Karl R. Popper (1988), wonach Demokratie bedeutet, daß die Regierung vom Volk ohne Blutvergießen ausgetauscht werden kann, durch Wahlen, ist das ungarische politische System als Demokratie zu bezeichnen.

Natürlich gibt es viele Mängel in diesem politischen System. So war z. B. die Wahlbeteiligung recht niedrig (ungefähr 35 % blieben in der ersten Runde den Parlamentswahlen fern, in der zweiten mehr als 50 %, und bei den Gemeindewahlen im Herbst 1990 betrug der Anteil der Nichtwähler über 60 %). Die Programme und Profile der Parteien sind nicht klar. Es gibt keine Mitte-Links-Partei, die zwischen der Sozialistischen Partei und allen anderen Parteien – die sich als liberal und christlich definieren – stehen würde. Selbst der Charakter und die Wählerbasis der Sozialistischen Partei ist nicht klar.

Der wirtschaftliche Übergang zur privaten Marktwirtschaft ist selbstverständlich noch nicht abgeschlossen. Einerseits sind viele kleine Privatunternehmen entstanden, mindestens 30 % des Bruttoinlandsprodukts wurden 1990 durch die Privatwirtschaft erbracht. Aber die Privatisierung der großen staatseigenen Betriebe geht sehr langsam voran, und auch die Frage der Privatisierung von ländlichem Eigentum ist bisher nicht entschieden. Die Wirtschaft befindet sich noch im Rückgang, wenn auch in keiner tiefen Krise: das Lebensniveau ist 1990 um ungefähr 1–5 % gesunken, die Inflation wird 1991 wahrscheinlich 30–35 % erreichen, die Arbeitslosigkeit näherte sich im Frühjahr 1991 der 2 %-Marke.

Der gesellschaftliche Wandel scheint am schwierigsten voranzugehen. Obgleich eine ganze Reihe von Parteien, Vereinen und Gruppen entstanden ist, scheinen die „zivilen" und demokratischen Verhaltensweisen weder von den meisten Politikern und Journalisten noch von den einfachen Staatsbürgern internalisiert zu sein.

Zusammenfassend kann man Dahrendorf (1990) zustimmen: das politische System konnte in sechs, exakter: 13 Monaten verändert werden; die Gesundung der Wirtschaft wird sechs, hoffentlich jedoch weniger Jahre benötigen; für die

Demokratisierung der Gesellschaft werden 60, hoffentlich aber nur 20–30 Jahre benötigt. Ähnlich wie das israelitische Volk auch 40 Jahre in der Wüste wandern mußte, bevor der Herr ihnen die Gründung des neuen Staates in Kanaan ermöglichte.

Kurze Geschichte der Soziologie in Ungarn

Die Soziologie entwickelte sich in Ungarn in unmittelbarem Zusammenhang mit den politischen und gesellschaftlichen Prozessen. Man kann sogar die These formulieren, daß die Lage der Soziologie ein guter Indikator für die allgemeine Lage der Gesellschaft ist.

1949 wurde Alexander Szalai, der zum linken Flügel der Sozialdemokratischen Partei gehörte und Leiter eines Lehrstuhls für Soziologie an der Budapester Wissenschaftsuniversität gewesen ist, verhaftet und zum Tode verurteilt. (Glücklicherweise wurde er nicht hingerichtet und konnte nach seiner Freilassung 1956 eine bedeutende Rolle in der ungarischen Soziologie spielen.) Zugleich wurde die Soziologie als Wissenschaft verboten. In der ersten Hälfte der 60er Jahre, zur Zeit der großen Amnestie für die politischen Häftlinge von 1956, kam es zu einer Wiedergeburt der Soziologie in Ungarn. Von Anfang an definierte sich diese Soziologie als kritische und reformorientierte Wissenschaft. Zu den wichtigen Leistungen der ungarischen Soziologie seit den 60er Jahren gehören:

- daß, statt nur das von Stalin stammende „Zwei-Klassen-eine-Schicht-Modell" zu verwenden, ein Schichtungsmodell (Ferge 1969 und 1979) ausgearbeitet und genutzt wurde, das viel besser geeignet ist, die gesellschaftlichen Ungleichheiten zu analysieren;
- daß die Tatsache vorhandener Armut in der ungarischen Gesellschaft nicht tabuisiert, sondern gerade aufgedeckt und nachgewiesen wurde (Huszar 1981; Andorka 1989);
- daß durch internationale komparative Analysen nachgewiesen werden konnte, daß die Chancen sozialer Mobilität in Ungarn ebenso ungleich sind wie in den entwickelten kapitalistischen Ländern (Andorka 1971 und 1990);
- daß die Verschlechterung der Mortalität der Erwachsenen seit 1965 aufgezeigt (Józan 1969) und funktionale Defekte des Gesundheitswesens nachgewiesen (Losonczi 1989) werden konnten;
- daß die Ursachen der hohen und stark steigenden Selbstmordziffer untersucht wurden (Cseh-Szombathy 1963).

Obgleich diese und ähnliche Untersuchungsergebnisse von der politischen Führung keinesfalls begrüßt wurden, konnte doch die ungarische Soziologie nicht nur überleben, sondern immer neue Untersuchungen durchführen und deren Ergebnisse publizieren. Es gab zwar schwere Rückschläge und Verluste, so die Absetzung von András Hegedüs als Direktor des Soziologieinstituts der Akademie und die Emigration von Iván Szelényi. Insgesamt stehen jedoch ausreichend Daten und Analysen für die vergangenen 30 Jahre zur Verfügung, so daß man die Entwicklungstendenzen, die zu den schnellen Transformationsprozessen 1989/90 geführt haben, gut dokumentieren kann. Dies wird auf den nächsten Seiten unternommen. Die Analyse der Tendenzen der letzten 25–30 Jahre wird durch einige eher impressionistische Gedanken über die jüngsten Entwicklungen und nahe Zukunftsperspektiven ergänzt. (Hierfür liegen noch keine gründlich ausgewerteten Forschungsergebnisse vor.[1])

Gesellschaftliche Ungleichheiten und Armut

Seit 1962 führte das Statistische Zentralamt alle fünf Jahre Einkommenssurveys auf der Grundlage repräsentativer nationaler Stichproben durch. Damit können die Tendenzen der Einkommensungleichheit analysiert werden. Die Daten wurden u. a. in die sozialen Schichtungskategorien eingearbeitet (Tabelle 1). Diese Daten zeigen eindeutig, daß die soziale Schichtung in Ungarn der Schichtung in den kapitalistischen Ländern sehr ähnlich war. Die „Manager und Professionals" standen an der Spitze der Einkommenshierarchie und die Angelernten und Hilfskräfte sowie die Landarbeiter (die Arbeiter der landwirtschaftlichen Staatsgüter, die Mitglieder der landwirtschaftlichen Genossenschaften und die wenigen Privatbauern) waren im unteren Teil der Hierarchie placiert.

Es muß hinzugefügt werden, daß die Schicht der „Manager und Professionals" sehr heterogen war, aber wegen der technischen Schwierigkeiten (so der kleinen Zahl von „hohen Managern" in den Stichproben) oft nur in einem Aggregat behandelt werden konnte. Für den Survey von 1977 wurde das Pro-Kopf-Einkommen dieser Schicht in sechs Unterschichten aufgeteilt.

Prozentual bezogen auf das gesellschaftliche Durchschnittseinkommen stellte es sich für diese Unterschichten folgendermaßen dar:

Hohe Manager	170
Mittlere Manager	153
Untere Manager	137
Hohe Supervisor	129
Untere Supervisor	113
Professionals ohne Führungsposition	122

Diese Daten beweisen, daß die „obere Führungsschicht", die ungefähr 0,4 % der Bevölkerung ausmachte, weit über den anderen Schichten der Bevölkerung stand.

Zwischen 1962 und 1987 gab es keine großen Verschiebungen in der Einkommensschichtung. Die wichtigste ist vielleicht die langsame Verbesserung der Lage der Landarbeiter bis 1982, die eine Konsequenz der intensiven Arbeit in den

[1] Für umfassendere und systematisierte Daten über die gesellschaftliche Entwicklung in Ungarn siehe: Andorka / Harcsa 1990; Andorka / Kolosi / Vukovich 1990.

kleinen Haushaltswirtschaften war. In den 80er Jahren verschlechterte sie sich aber wieder, bedingt durch die überdurchschnittliche Erhöhung der Erzeugerpreise, z. B. der Futterpreise.

Eine andere bedeutende Veränderung war der Anstieg des relativen Einkommensniveaus der privaten Handwerker und Kaufleute.[2] Deren Pro-Kopf-Einkommen lag 1962 noch ungefähr im Niveau des gesamtgesellschaftlichen Durchschnitts, erreichte aber 1987 schon 170 % des Durchschnittseinkommens. Die Zahl dieser Handwerker und Kaufleute blieb jedoch gering (insgesamt bei 2,6 % der Haushalte für 1987).

Tabelle 1: Durchschnittliches Pro-Kopf-Einkommen gesellschaftlicher Schichten in Ungarn, 1962–1987, in Relation zum gesamtgesellschaftlichen Durchschnitt (= 100)

Haushaltsvorstand	1962	1967	1972	1977	1982	1987
Manager, Professionals	154	140	150	142	127	125
Mittlere Angestellte	128	122	115	108	107	111
Einfache Büroangestellte	119	111	108	97	99	93
Facharbeiter	109	103	100	99	99	102
Angelernte Arbeiter	95	92	86	86	84	88
Hilfsarbeiter	82	86	86	86	84	81
Landarbeiter	87	101	105	104	95	90
Rentner, Pensionäre	84	81	83	91	98	94

Tabelle 2: Einkommensungleichheit in Ungarn, 1962–1987, Anteile der höchsten und niedrigsten Einkommensdezile am Gesamteinkommen

Jahr	Anteil der niedrigsten Einkommensdezile (in %)	Anteil der höchsten Einkommensdezile (in %)
1962	3,9	20,2
1967	4,1	18,0
1972	4,0	19,9
1977	4,5	18,6
1982	4,9	18,6
1987	4,5	20,9

Innerhalb der Schichten begann in den 70er Jahren eine starke Differenzierung der Einkommen, die in den 80er Jahren noch zunahm. Das Einkommen der Haushalte wurde immer mehr durch ihre Teilnahme an der zweiten Wirtschaft beein-

[2] Die Schichtenklassifikation der Tabelle 1 stellt die Einkommensdaten der privaten Handwerker und Kaufleute sowie der Privatbauern nicht gesondert dar. Sie wurde hier aus anderen Tabellen der Einkommenssurveys entnommen.

flußt. 1987 stammten 20,4 % der Einkommen der Haushalte aus der zweiten Wirtschaft (Andorka 1990a). Alle die Haushalte, die an der zweiten Wirtschaft teilnehmen konnten, waren bis 1978 imstande, ihre Einkommenslage zu verbessern und konnten nach 1978 zumindest einen Rückgang des Lebensniveaus verhindern. Alle diejenigen aber, die aus unterschiedlichen Gründen (schlechte Gesundheit, fehlende Fachkenntnisse, große Zahl kleiner Kinder . . .) ihr Einkommen nicht über die zweite Wirtschaft ergänzen konnten, mußten eine Verschlechterung ihrer Einkommenslage erfahren, weil die Löhne und sozialen Dienstleistungen geringer wuchsen als die Inflation. 1989 und 1990 hat sich diese Einkommensdifferenzierung noch erhöht.

Das Stagnieren der Pro-Kopf-Einkommen seit dem Ende der 70er Jahre und die steigenden Einkommensdifferenzierungen (Tabelle 2) in den 80er Jahren, bewirkten in diesem Zeitraum höchstwahrscheinlich eine Ausbreitung der Armut. Seit 1982 kalkuliert das Statistische Zentralamt regelmäßig das Existenzminimum und ein gesellschaftlich akzeptables Minimum. Auf der Grundlage der Einkommenssurveys von 1982 und 1987 und dieser Minima läßt sich die Armut schätzen:

Tabelle 3:

Jahr	Anzahl (Mio)		Prozent der Bevölkerung	
	unter dem Existenz-minimum	zwischen dem Existenz- und dem akzeptablen Minimum	unter dem Existenz-minimum	zwischen dem Existenz- und dem akzeptablen Minimum
1982	1,2	1,3	11,1	12,1
1987	1,0	1,3	9,4	12,3

Es kann geschätzt werden, daß 1991 ungefähr 1,5 Millionen Menschen unter dem Existenzminimum und weitere 2,0 Millionen zwischen dem Existenzminimum und dem gesellschaftlich akzeptablen Minimum leben.

Diese Daten über die Stagnation des gesellschaftlichen Lebensniveaus und den Anstieg der Armut weisen auf eine der Hauptursachen der Beschleunigung der Transformationsprozesse in den Jahren 1989/90 hin. Es war ersichtlich, daß die Bevölkerung immer unzufriedener geworden ist und das sozialistische System so seine Legitimation verloren hatte.

Wenn auch in Ungarn heute eher pessimistische Stimmungen vorherrschen, so kann man doch annehmen, daß der Verarmungsprozeß spätestens 1992 aufgehalten werden und daß die private Marktwirtschaft die Wirtschaft insgesamt aus ihrer Depression herausziehen kann. Andererseits werden die Ungleichheiten wahrscheinlich weiter zunehmen.

Wohnungssituation

Die Kosten für die Wohnungsbeschaffung sind in die Minima nicht einbezogen. In diese gehen nur die laufenden Kosten (die Mieten in den staatlichen Wohnungen und die Erhaltungskosten in den Privatwohnungen) ein. Es sind aber gerade die Kosten für die Beschaffung einer Wohnung, die die jungen Familien zu zahlen haben, mit denen die größte Belastung verbunden ist. Diese Kosten sind in den 80er Jahren stark gestiegen. In den 70er Jahren wurden nämlich noch beinahe so viel staatliche Mietwohnungen gebaut wie private Wohnungen. Da die Mieten stark subventioniert waren, war es viel vorteilhafter, in einer staatseigenen Wohnung zu wohnen. In den 70er Jahren gab es die Möglichkeit für zumindest einen Teil der jungen Familien, eine Mietwohnung zu erhalten und dadurch billig zu wohnen. In den 80er Jahren ist der Bau von staatlichen Mietwohnungen ständig zurückgegangen und erreichte 1989 nur noch 9 % des gesamten Wohnungsbaus. Damit ist es für junge Familien praktisch unmöglich geworden, eine solche staatliche Mietwohnung zu erhalten. Inzwischen sind auch die Baukosten stark gestiegen, so sind z. B. die Kosten für einen Quadratmeter Wohnfläche von 1985 bis 1989 auf 160 % angestiegen.

Die zunehmende Wohnungsnot hat die finanzielle Lage der jungen Familien stark erschwert und so auch erheblich zum allgemeinen Gefühl der Verschlechterung der Lebensbedingungen beigetragen.

Sozialstruktur

Nicht nur die Einkommensunterschiede, auch die Wohnungssituation, die Wohnumgebung, die Arbeitsverhältnisse, der Anteil und die Nutzung der Freizeit, die Gesundheit usw. zeigen für die ganze Periode von den 60er bis zu den 80er Jahren starke gesellschaftliche Ungleichheiten (Andorka 1990c). Diese bleibenden und kongruenten Ungleichheiten werfen die Frage auf nach der sozialen Struktur und deren Veränderung: Welche Klassen oder Schichten stehen an der Spitze der sozialen Hierarchie? Welche sind am meisten benachteiligt?

Wie oben erwähnt, verwendet die ungarische Soziologie seit den 60er Jahren ein Schichtungsmodell, welches als Hauptkriterium der gesellschaftlichen Lage den Beruf im sogenannten sozialistischen Sektor oder in der ersten Wirtschaft benutzte. Konkreter ausgedrückt: der manuelle oder geistige Charakter des Berufs, sein landwirtschaftlicher oder nichtlandwirtschaftlicher Charakter und der Grad der Qualifikation (Diplom) und des Fachwissens, das zur gegebenen Arbeit nötig war, dienten als Kriterien der Definition der Schichten.

In den 80er Jahren wurden, parallel zu Veränderungen in der Wirtschaft und der Gesellschaft insgesamt, neue Hypothesen über die ungarische Sozialstruktur entworfen, die alle eine gewisse Zweidimensionalität oder eine parallele Doppelstruktur der ungarischen gesellschaftlichen Hierarchie postulierten. Das sind (Abbildung 1):

Abbildung 1

Strukturmodelle der ungarischen Gesellschaft 80er Jahre

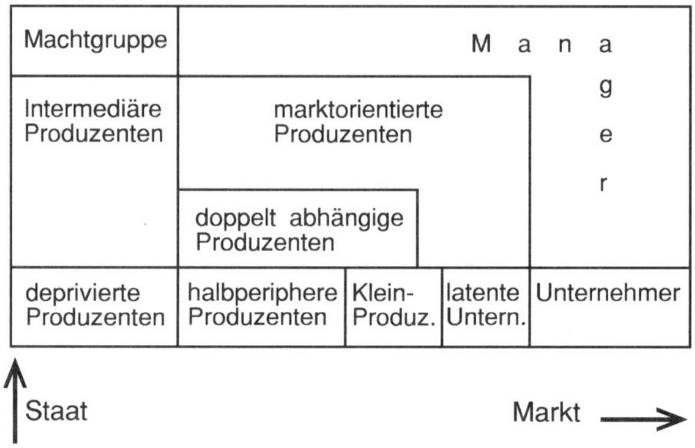

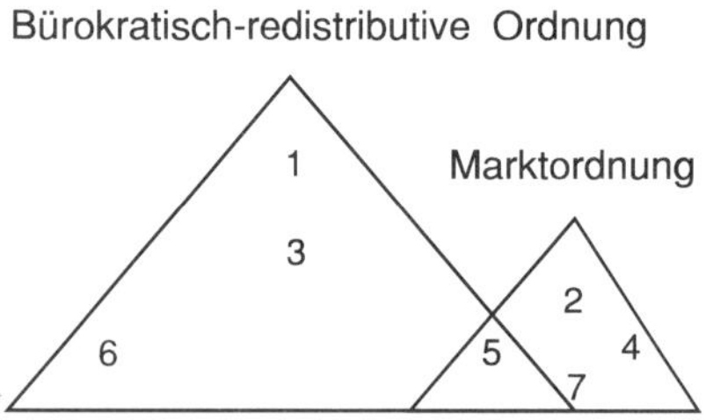

1. Kaderelite
2. Neue Unternehmer
3. Bürokratische Mittelklasse
4. Ganzzeit-Privatproduzenten
5. Halbzeit-Privatproduzenten
6. Arbeiter im redistributiven Sektor
7. Arbeiter im Privatsektor

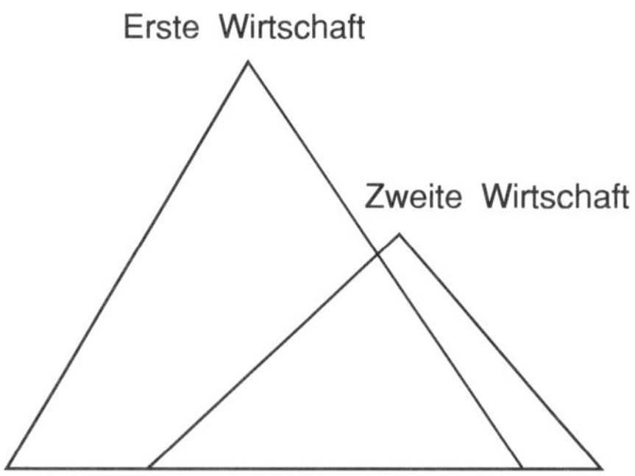

- das „zweidimensionale Modell“ von T. Kolosi (1990), in dem die verschiedenen klassenähnlichen strukturellen Gruppen in einem Zweiachsenkoordinatensystem festgelegt werden; die zwei Achsen sind: 1. das bürokratisch-redistributive System (oder einfacher: die Staatswirtschaft), und 2. das Marktsystem (etwas vereinfacht: die zweite Wirtschaft und die Privatwirtschaft);
- das „Modell der zwei Dreiecke“ von Iván Szelényi (1982), in dem das größere Dreieck die bürokratisch-redistributive Ordnung und das kleinere Dreieck die Marktordnung repräsentiert;
- der Autor dieses Beitrags benutzte ein ähnliches, aber weniger innovatives Modell, welches auf der Annahme beruht, daß die Lage in der ersten und in der zweiten Wirtschaft (d. h. im staatlichen System und im Marktsystem) ziemlich stark korrelieren, aber sich innerhalb der früher benutzten Schichten immer größere Unterschiede entwickeln, die von der Lage in der ersten und in der zweiten Wirtschaft abhängen (Andorka 1990c).

Mit diesen Modellen kann man die aktuellen Veränderungen der Sozialstruktur veranschaulichen (Abbildung 2): die Bedeutung der Privatwirtschaft und der in der Privatwirtschaft besetzten Positionen wächst. Man kann annehmen, daß heute die Spitzenpositionen in der Privatwirtschaft, d.h. die größeren Privatunternehmer, ebenso hoch in der gesellschaftlichen Hierarchie stehen, wie die Repräsentanten der Spitzenpositionen der staatlichen Bürokratie, d. h. die Minister der Regierung und die Direktoren der staatseigenen Betriebe.

Für die Zukunft sind verschiedene alternative Gesellschaftsstrukturen möglich (Abbildung 3):

a) Es ist möglich, daß sich die Staatsbürokratie verringert und die Privatwirtschaft wächst, aber die Spitzenpositionen parallel auf der gleichen Hierarchie stehen werden.

b) Es ist möglich, daß die Privatwirtschaft viel bedeutender als die Staatsbürokratie wird und demzufolge die Privatunternehmer an der Spitze der Hierarchie stehen. Diese Privatwirtschaft wird aber dann auf einer breiten Basis beruhen, es wird viele kleine und auch ziemlich viele mittlere Privatunternehmer geben.

c) Es ist auch möglich, daß es in der Privatwirtschaft wenige sehr reiche und mächtige Kapitalisten geben wird, die die Gesellschaft in jeder Hinsicht beherrschen, aber die mittleren und kleinen Privatunternehmer schwach und womöglich nicht sehr zahlreich sein werden.

Welche dieser Alternativen (oder welche andere Alternative vielleicht) in Zukunft realisiert wird, hängt weitgehend von der Art und Weise der Privatisierungsprozesse ab, die jetzt noch nicht vorhersehbar sind.

Soziale Mobilität, die Offenheit der Gesellschaft

Raymond Aron (1962) behauptete einst, daß er es sich vorstellen könne, daß die Möglichkeit sozialen Aufstiegs in den Augen der Arbeiter und Bauern der sozialistischen Gesellschaften die Mängel in den anderen Dimensionen von Freiheit und

Abbildung 2
Struktur der ungarischen Gesellschaft 1991

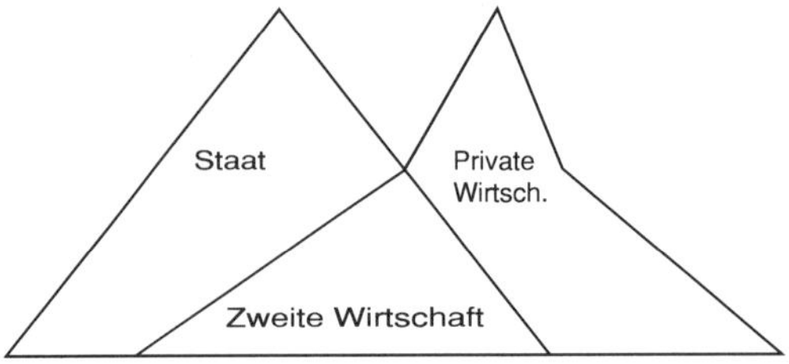

Abbildung 3
Alternative Strukturmöglichkeiten der Zukunft

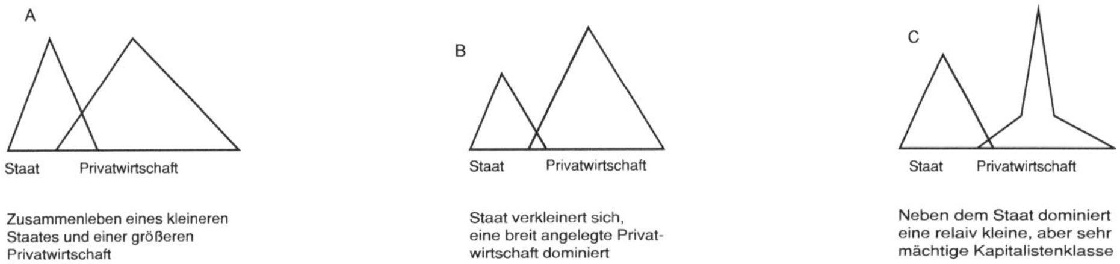

Demokratie kompensieren könne. Walter Connor (1979) glaubte, daß die hohe soziale Mobilität ein wichtiger Faktor der Legitimation der sozialistischen Gesellschaften gewesen sei, fügt aber hinzu, daß die Mobilität in den 80er Jahren sich zwangsweise vermindern werde.

Die drei ungarischen nationalen Mobilitätssurveys haben bewiesen, daß der Umfang der Mobilität in den 50er und 60er Jahren wirklich groß war. Aber diese hohen Mobilitätsraten wurden ausschließlich von den großen strukturellen Veränderungen verursacht. Das heißt, wie es S. Ossowski (1957) schon in den 50er Jahren sagte, die Mobilität war nicht durch eine größere Gleichheit der Mobilitätschancen verursacht. Anders ausgedrückt: Im sozialistischen System waren die Mobilitätschancen deshalb nicht weniger ungleich als in den kapitalistischen Gesellschaften. Das wurde später auch von der mit sehr exakten Methoden durchgeführten Vergleichsstudie des CASMIN-Projektes bewiesen (Erikson / Goldthorpe 1987a und b; Müller u. a. 1988; Kurz / Müller 1987).

Da sich nun die strukturellen Veränderungen in Ungarn in den 70er und 80er Jahren vermindert haben, weil das wirtschaftliche Wachstum sich verlangsamt hat, gab es auch auf dem Gebiet der sozialen Mobilität einige bedeutsame Veränderungen. Die globale Mobilität hat sich nicht vermindert, aber die strukturelle Mobilität, die eigentlich immer „Aufwärtsmobilität“ bedeutet, hat sich vermindert, während sich die zirkuläre Mobilität, die zur Hälfte „Abwärtsmobilität“ bedeutet, vergrößert

Tabelle 4: Globale, strukturelle und zirkuläre Mobilität bei den 25–29 Jahre alten Erwerbstätigen in Ungarn (in %)

	1962–1964	1973	1983
Globale Mobilität			
Männer	68	65	69
Frauen	74	75	76
Strukturelle Mobilität			
Männer	44	25	26
Frauen	47	34	29
Zirkuläre Mobilität			
Männer	25	40	43
Frauen	26	41	47

hat (Tabelle 4).[3] Abwärtsmobilität aber trägt nicht zur Legitimation des Systems bei. So ist es verständlich, daß die Legitimation des sozialistischen Systems auch von dieser Seite stufenweise untergraben wurde.

Vom Gesichtspunkt des Funktionierens der Gesellschaft ist die Mobilität der an der Spitze stehenden Schichten ganz besonders wichtig. Nach 1945 entstand eine neue Manager- und Professionals-Schicht in Ungarn. Da die Anzahl der zu dieser Schicht gehörenden Personen rasch anstieg, mußte zwangsweise ein großer Teil dieser Personen aus den Schichten der körperlich Arbeitenden stammen. Der Anteil der letztgenannten hat sich aber graduell mit dem langsameren Wachstum der Schicht der Manager und Professionals vermindert. Am besten sieht man diese Tendenz bei den jungen Erwachsenen, deren Mobilitätsziffern die Mobilität der letzten 5 bis 10 Jahre widerspiegeln (Tabelle 5).

Tabelle 5: Prozentualer Anteil der aus den Arbeiterschichten, der Landarbeiterschicht und der privaten Handwerker- und Kaufmannsschicht stammenden unter den 25–29 Jahre alten Managern und Professionals

	1962–1964	1973	1983
Männliche Manager und Professionals	70	45	46
Weibliche Manager und Professionals	64	52	51

[3] Die globale Mobilität ist der prozentuale Anteil der mobilen Personen in der Tabelle der Vater-Sohn- und Vater-Tochter-Mobilität (Andorka 1990b). Die strukturelle Mobilität wird aus der Differenz der Vater-Sohn(Tochter)-Randverteilung kalkuliert. Die zirkuläre Mobilität ist der Unterschied zwischen globaler und struktureller Mobilität. Diese drei Konzepte, in erster Linie das der zirkulären Mobilität, sind nicht eindeutig, sie können aber zur Veranschaulichung der Haupttendenzen genutzt werden.

Die Mobilität der Führungsschicht oder der politischen und wirtschaftlichen Elite ist eine interessante soziologische Frage, da einerseits die Ideologie behauptete, daß die sozialistischen Staaten von der Arbeiterklasse regiert würden, oder zumindest die Vertreter der Arbeiterklasse die Spitzenpositionen in der gesellschaftlichen Hierarchie besetzen würden. Andererseits behaupteten György Konrád und Iván Szelényi (1979), daß in der ungarischen sozialistischen Gesellschaft die Intelligenz auf dem Wege zur Klassenherrschaft sei. Letztere These kann u. a. auch so operationalisiert werden, daß die Führungsschicht oder Elite in zunehmendem Maße sich aus der Intelligenz rekrutieren müsse.

Obwohl Szelényi (1986/87) später seine These zumindest z. T. revidierte, beweisen die Daten über die Schulbildung der hohen Parteikader und der hohen Staatsbeamten, daß diejenigen, die ein Universitäts- oder ein ähnliches tertiäres Diplom hatten, in den 80er Jahren stark anteilmäßig zugenommen haben und 1989 die große Mehrheit dieser Eliteschicht bildeten (Tabelle 6). Das heißt, daß die meisten Mitglieder der Elite einen professionellen Hintergrund hatten und darum auch eine den Intellektuellen ähnliche Mentalität. Sie waren z. B. viel pragmatischer und weit weniger ideologisch. Andererseits hatten die Mitglieder der nichtführenden Professionals gute Chancen, in eine Führungsposition zu gelangen, falls sie das vorhatten. All dies führte zu einer langsamen Verschmelzung der Führungsschicht (Manager) und der Professionals-Schicht. (Was wahrscheinlich ein spezifisches Merkmal der ungarischen Gesellschaftsstruktur war.)

Tabelle 6: Indikatoren der Schulbildung und der Fachkenntnisse der hohen Parteikader und der hohen Staatsbeamten

Bildung und Fachkenntnisse	Parteikader 1981	Parteikader 1989	Staatsbeamte 1981	Staatsbeamte 1989
Universitäts- oder Hochschuldiplom	44 %	57 %	76 %	93 %
Universitätsdoktor	5 %	8 %	19 %	27 %
wissenschaftlicher Grad	3 %	5 %	15 %	19 %
Fremdsprachenkenntnisse	15 %	19 %	54 %	69 %

Quelle: Gazsó 1990

1990 wurde der überwiegende Teil der politischen Elite „ausgetauscht". Die neue politische Elite stammt zu einem noch größeren Teil aus der Intelligenz als die politische Elite der letzten Phase der sozialistischen Periode. Nur 2,3 % der Parlamentsabgeordneten sind Arbeiter. Sowohl die Regierung wie die Führer der größten Oppositionspartei sind zum Großteil Wissenschaftler.

Bedeutet das, daß die Intelligenz wirklich die Klassenherrschaft erreicht hat, wie es Konrád und Szelényi vorhersagten? Wie lange wird diese Lage andauern, werden die Kapitalisten später eine größere politische Rolle spielen, wird sich eine Schicht von Berufspolitikern entwickeln? Oder, mit den Konzepten von Tamas Kolosi ausgedrückt, wird das Besitzbürgertum an seine Stelle treten oder wird eine Koalition des Bildungs- und des Besitzbürgertums zustandekommen? Diese Fragen werden aufgrund künftiger soziologischer Untersuchungen zu beantworten sein.

Lebensweise, Kultur und Gesundheit

Seit der zweiten Hälfte der 60er Jahre, als es klar wurde, daß die sozialistischen Länder das Lebensniveau der entwickelten kapitalistischen Länder in der nahen Zukunft nicht erreichen werden, wurde von einigen Philosophen und Sozialwissenschaftlern behauptet, daß das Lebensniveau zwar niedrig, die Lebensweise der sozialistischen Gesellschaften aber wertvoller sei, da die Kultur und das Gemeinschaftsleben eine größere Rolle spielen.

Die ungarischen Zeitbudgetsurveys von 1963, 1976/77 (Andorka/Falussy 1982) und 1986/87 (Falussy 1990) zeigten jedoch, daß das überwiegende Merkmal der Lebensweise in Ungarn die sehr lange Arbeitszeit ist. Die Arbeit am Hauptarbeitsplatz, in der zweiten Wirtschaft, im privaten Hausbau, für Reparaturarbeiten und im Haushalt zusammen dauert viel länger als in kapitalistischen Ländern (Tabelle 7). Die Verkürzung der Arbeitszeit am Hauptarbeitsplatz wurde zum großen Teil für die Verlängerung der Arbeit in der zweiten Wirtschaft genutzt. Damit schützte sich die Bevölkerung mit großer Mühe vor dem drohenden Rückgang des Lebensniveaus.

Tabelle 7: Zeitbudget der 15–69 Jahre alten Bevölkerung, Minuten pro Tag

Aktivität	Männer		Frauen	
	1976/77	1986/87	1976/77	1986/87
Arbeit am Hauptarbeitsplatz	279	231	172	150
Arbeit in der zweiten Wirtschaft	67	96	54	58
Bauarbeiten, Reparaturen	23	28	3	4
Haushaltsarbeiten	53	58	248	236
andere Arbeiten	19	6	9	2
Kinderpflege	12	13	26	35
Fahrweg/Fahrzeit, Reisen	72	70	55	54
Lernen	18	19	16	17
Freizeittätigkeit	228	251	187	217
Physiologische Bedürfnisse	669	668	670	667
Insgesamt:	1440	1440	1440	1440

So blieb natürlich wenig Zeit für kulturelle und gemeinschaftliche Aktivitäten. Der größte Teil der Freizeit wurde durch Fernsehen ausgefüllt. (Das ist eigentlich nur natürlich, da Fernsehen die am wenigsten anstrengende Freizeittätigkeit ist, die sich eben auch eine stark ermüdete Person leicht leisten kann.)

Die großen Arbeitsanstrengungen haben höchstwahrscheinlich dazu beigetragen, daß die Lebenserwartung in Ungarn stark gefallen ist. Für die 1966 geborenen männlichen Einwohner lag die durchschnittliche Lebenserwartung bei 68 Jahren; sie sank für die 1985 Geborenen auf 65 Jahre. Die Lebenserwartung der Frauen stagnierte bei 73 Jahren (dabei fand auch bei den Frauen eine Verschlechterung vom 30. zum 64. Lebensjahr statt).

Diese Verschlechterung der Gesundheit der ungarischen Bevölkerung ist vielleicht ein noch bedeutungsvollerer Indikator für die schwierigen gesellschaftlichen Probleme als die Armut oder die graduelle Verminderung der Mobilität.

Selbstmord, Alkoholismus, psychische Krankheiten

In den 80er Jahren hatten ungarische Sozialwissenschaftler eine komplexe Untersuchung der rasch ansteigenden devianten Verhaltensformen durchgeführt (Pataki u. a. 1985; Münnich/Kolozsi 1989). Die Selbstmordrate ist von 18 pro 100 000 (1954) auf 46 (1984) gestiegen, die Mortalität von Leberzirrhose, die als Indikator der Verbreitung des Alkoholismus angesehen wird, ist von 5 pro 100 000 (1954) auf 52 (1989) gestiegen. Ein Survey auf einer nationalen Stichprobe der 16jährigen und Älteren zeigte, daß 33 % der Befragten neurotische Symptome und 24 % depressive Symptome aufweisen. 16 % hatten einen Selbstmordversuch in ihrem Leben unternommen, 56 % der Bevölkerung trinken täglich Alkohol, 15 % mehr als einmal täglich (Kopp/Skrabski 1989).

Seit den 80er Jahren ist auch Drogenkonsum in Ungarn öfter zu registrieren.

Diese devianten Verhaltensweisen haben natürlich viele Ursachen, aber es ist wahrscheinlich nicht übertrieben anzunehmen, daß sie etwas mit der Verschärfung der gesellschaftlichen Probleme zu tun haben.

Es ist bemerkenswert, daß die Selbstmordrate 1988 und 1989 ein wenig niedriger war (42 pro 100 000 für 1989), als in den Jahren davor, und der Alkoholkonsum um ungefähr 10 % gesunken ist; zur gleichen Zeit ist aber die Kriminalität stark angestiegen.

Politische Meinungen

In den letzten Jahren wurden verstärkt Forschungen zur politischen Meinung durchgeführt und publiziert. Hier werden nur einige von denjenigen analysiert, die nicht die aktuell-politischen Fragen (z. B. das Wahlverhalten), sondern die tieferen politischen Attitüden erforschten.

Im Herbst 1988 war die Ansicht, daß Veränderungen und Reformen nötig seien, sogar sehr nötig seien, weit verbreitet. 76 % der Befragten meinten, daß grundlegende Veränderungen, und 17 %, daß Veränderungen in der Wirtschaft nötig seien.

Die Reform des politischen Systems wurde von 40 % für sehr notwendig und von 44 % für notwendig erklärt; die Reform der Sozialpolitik wurde von 45 % als sehr nötig und von 43 % als nötig angesehen (Andorka 1990d). Demgemäß war der Wille zu grundlegenden Veränderungen vorhanden und man kann sich nachträglich nur freuen, daß die alte politische Elite diesen Reformwillen erkannte.

Die Unzufriedenheit mit dem sozialistischen System und der Wille zur Veränderung drückte sich sehr deutlich in der Parlamentswahl vom März 1990 aus: in der ersten Runde erhielt die Ungarische Sozialistische Arbeiterpartei, d. h. die Partei, die den Namen der alten Partei behalten hatte und deren Zentrum repräsentierte, 3,7 % der Stimmen; die Ungarische Sozialistische Partei, die aus dem Reformflügel dieser alten Partei hervorgegangen war, 10,9 % der Stimmen. Nahezu alle anderen Stimmen wurden von Parteien errungen, die sich vom bisherigen System deutlich abgrenzten. In der Reihenfolge ihrer Sitzordnung im Parlament erhielten sie folgende Stimmanteile: Christliche Demokraten 6,5 %; Ungarische Demokraten 24,7 %; Kleinbauern 11,7 %; Freie Demokraten 21,4 %; Junge Demokraten 9,0 %. (Parteien, welche die 4-Prozent-Hürde nicht überwunden haben, sind im Parlament nicht vertreten.) In der zweiten Runde der Wahlen gab es eine deutliche Verschiebung zugunsten der Ungarischen Demokraten.

Die Parteien und Wähler waren nur in einer Frage einig: sie wollten etwas anderes als das bisherige System. Die Parteiprogramme zeigen keine klaren Profile: jede Partei – auch die Sozialistische Partei – ist für ein demokratisches System, für Marktwirtschaft und für die Stützung der ärmeren Schichten gegen die Auswirkungen des wirtschaftlichen Übergangs. Da die Unterschiede der Parteiprogramme nicht klar sind, ist es schwer zu entscheiden, welche Parteien in dem traditionellen europäischen Sinn zur linken oder zu rechten Seite des politischen Spektrums gehören.

Noch unsicherer sind die Meinungen der Wählerschaft. Eine im Mai 1990 durchgeführte Untersuchung stellte vier Zukunftsalternativen auf und erfragte die Präferenz der untersuchten Personen. Die am stärksten präferierte Zukunftsvision war die der sozialen Marktwirtschaft (ca. 40 %), in dieser Hinsicht standen nur die Wähler der Sozialisten zurück. Die am wenigsten begehrte Alternative war die liberale Marktwirtschaft (8 %), mit kleinen Unterschieden nach den Parteien. Die zweitgrößte Sympathie fand der „eigene ungarische Weg“ (30 %), hier waren die Wähler der Kleinbauern und der Sozialisten(!) am stärksten vertreten. Auf dem dritten Platz der Sympathieskala stand die Alternative eines „demokratischen Sozialismus“ (22 %), überwiegend von den Wählern der Sozialisten und Christlichen Demokraten(!) gewünscht (Kolosi u. a. 1990).

Noch widersprüchlicher fielen die Antworten auf konkrete Fragen aus. 77 % der Befragten bejahten z. B. die Frage, ob die staatseigenen Betriebe privatisiert werden sollten, aber nur 54 % wollten das auch für ihren eigenen Arbeitsplatz (Szánto / Tóka 1990).

Die mangelnde Klarheit der Parteiprogramme und -profile sowie die Widersprüche in der öffentlichen Meinung sind wahrscheinlich unvermeidlich in den Anfangsjahren eines demokratischen Mehrparteiensystems, aber sie machen Prognosen über die politische Entwicklung nahezu unmöglich.

Welches sind Aufgaben der Soziologie, welches nicht?

Die vorgestellten Daten und Analysen beweisen hoffentlich, daß die ungarische Soziologie bedeutend mitgeholfen hat, die Tatbestände und die Wandlungsprozesse der ungarischen Gesellschaft zu verstehen. Man muß aber eingestehen, daß die ungarischen Soziologen – ähnlich wie die Soziologen in der ganzen Welt – die Ereignisse von 1989 und 1990 nicht vorhersahen.

Aus dieser Erfahrung sollte man den Schluß ziehen, daß es nicht Aufgabe der Soziologie sein kann, historische Ereignisse und Wandlungsprozesse vorherzusagen. Die Soziologie sollte endlich darauf verzichten. Nicht nur, weil die Soziologie nicht entwickelt genug ist und auch nicht, weil sie keine „große Theorie" besitzt, aufgrund derer die Zukunft klar zu erkennen wäre. Sondern deshalb, weil wir einsehen sollten, daß die gesellschaftlichen Prozesse nicht deterministisch sind, sie verlaufen nicht zwangsweise in der einen oder der anderen Richtung. Es hängt viel von den Aktionen der Mitglieder der Gesellschaft ab; von den Führern, wie Gorbatschow, bis zu dem einfachen Bürger, der sich für oder gegen die Gründung einer kleinen Werkstatt entscheidet. Aufgabe der Soziologie sollten das Aufzeigen und die Analyse der gesellschaftlichen Tatsachen sein.

Auf dieser Grundlage dürfte sie gegebenenfalls vorsichtig theoretische Hypothesen aufstellen und diese prüfen, sowie mittels nicht falsifizierter Hypothesen noch vorsichtiger Lösungen von konkreten Problemen empfehlen. Das könnte oder sollte die grundlegende Lehre der mehr als 40 Jahre währenden marxistischen und sozialistischen Periode für die Soziologie sein.

Literatur

Andorka, R., 1971: Social Mobility and Economic Development in Hungary, in: Acta Oeconomica 7: 25–45

Andorka, R., 1978: Population and Socio-economic Change: the Historical Record of Hungary, 1700 to the Present, Roma

Andorka, R., 1989: Poverty in Hungary. Hungary under the Reform, in: Tóth, G./Gábor, L. (eds.), Sociological Studies, Budapest: 135–148

Andorka, R., 1990a: The Importance and the Role of the Second Economy for the Hungarian Economy and Society, in: Aula Economy and Society 12/2: 19–113

Andorka, R., 1990b: Changes in Social Mobility in Hungary, 1930–1983, in: Haller, M. (eds.), Class structure in Europe, Armonk: 198–232

Andorka, R., 1990c: Die Nutzbarkeit des Schichtkonzepts für die Untersuchung der heutigen ungarischen Gesellschaft, in: Berger, P. A./Hradil, S. (Hrsg), Lebenslagen, Lebensläufe, Lebensstile. Soziale Welt, Sonderband 7, Göttingen: 271–294

Andorka, R., 1990d: 1988 utózöngéi – mit kell meghallani 1990-ben, in: Közgazdasági Szemle 32: 1194–1210

Andorka, R./Falussy, B., 1982: The Way of Life of the Hungarian Society on the Basis of the Time Budget Survey of 1976–1977, in: Social Indicators Research 11: 31–74

Andorka, R./Harcsa, I., 1990: Modernization in Hungary in the Long and Short Run Measured by Social Indicators, in: Social Indicators Research 23: 1–199

Andorka, R./Kolosi, T./Vukovich, Gy., (Hrsg.) 1990: Társadalmi riport 1990, Budapest

Aron, R., 1962: Sociologie des sociétés industrielles. Esquisse d'uns théorie des régimes politiques, Paris
Connor, W. D., 1979: Socialism, Politics and Equality. Hierarchy and Change in Eastern Europe and the USSR, New York
Cseh-Szombathy, L., 1963: Az öngyilkosságok társadalmi jellege, in: Demografia 6: 186–216
Dahrendorf, R., 1990: Reflections on the Revolution in Europe, London
Erikson, R. / Goldthorpe, J. H., 1987a: Commonality and Variation in Social Fluidity in Industrial Nations, Part I: A Model for Evaluating the ‚FJH'Hypothesis, in: European Sociological Review 3: 54–77
Erikson, R. / Goldthorpe, J. H., 1987b: Commonality and Variation in Social Fluidity in Industrial Nations, Part II: The Model of Core Social Fluidity Apllied, in: European Sociological Review 3: 145–166
Falussy, B., 1990: A magyar társadalom életmódjának változásai, Budapest
Ferge, Zs., 1969: Társadalmunk rétegzödése, Budapest
Ferge, Zs., 1979: A society in the Making. Hungarian Social and Societal Policy 1945–75, Harmondsworth
Gazsó, F., 1990: Certain Sociological Characteristics of the Cadre Bureaucracy (unveröffentl. Manuskript)
Huszár, I., 1981: A hátrányos helyzetüek Magyarországon, in: Társadalmi Szemle 36 / 6: 89–100
Józan, P., 1989: Contrasts in Mortality Trends, in: International Population Conference, New Dehli 1989, vol. 3, Liege: 231–245
Kolosi, T., 1990: Stratifikation und Lebensbedingungen in Ungarn, in: Berger, P. A. / Hradil, S. (Hrsg.), Lebenslagen, Lebensläufe, Lebensstile, Soziale Welt, Sonderband 7, Göttingen: 253–269
Kolosi, T. / Kovács, R. / Tóka, G., 1990: A választók társadalmi és politikai arculata, in: Andorka, R. / Kolosi, T. / Vukovich, Gy.(Hrsg.), Társadalmi riport 1990, Budapest: 569–590
Konrád, Gy. / Szelényi, I., 1979: The intellectuals on the Road to Class Power, New York
Kopp, M. / Skrabski, A. 1989: Munkaképesség csökkenés, a neurózis és depresszió tüneti képe, az alkoholfogyasztás, fokozott gyógyszerfogyasztás, dohányzás, magatartászavarok, öngyilkossági magatartás, Budapest
Kornai, J., 1957: A gazdasági vezetés túlzott központositása, Budapest
Kurz, K. / Müller, W., 1987: Class Mobility in the Industrial World, in: Annual Review of Sociology 13: 417–442
Losonczi, A., 1989: Artó – védö társadalom, Budapest
Müller, W. / Karle, W. / König, W. / Lüttinger, P., 1988: Education and Class Mobility. CASMIN Working Papers No. 14, Mannheim
Münnich, I. / Kolozsi, B., (Hrsg.) 1989: The Complex Analysis of Deviant Behaviour in Hungary, Budapest
Nyers, R., 1988: Utkeresés – reformok, Budapest
Ossowski, S., 1957: Social Mobility Brought abput by Social Revolution. Paper presented at the Conference on Social Stratification and Mobility, International Sociological Association, Geneva
Pataki, F. / Andorka, R. / Kolozsi, B. / Münnich, I., 1985: Social Maladjustment in Hungary, Budapest
Popper, K. R., 1988: The Open Society and its Enemies Revisted, in: Economist, April 23–29: 25–28
Szántó, J. / Tóka, G., 1990: Vélemények az államról, politikáról és privatizációról, Budapest
Szelényi, I., 1982: Socialist Entrepreneurs. Embourgeoisement in Rural Hungary, Madison
Szelényi, I., 1986/87: The prospects an Limits of the East European New Class Project: an Auto-Critical Reflection on the Intellectuals on the Road to Class Power, in: Politics and Society 15: 103–144

Lubomir Brokl

Der Übergang der tschechoslowakischen Gesellschaft vom totalitären Staat zur politischen Demokratie

(Theoretische Approximation)

Zum Begriff des Übergangs und Problemen des Vergleichs

1. Das Thema der sozialen und politischen Transformation in den einzelnen Staaten der ehemaligen sowjetischen Gemeinschaft ist häufig mit der Absicht des Vergleichs in fast allen diesen Ländern auf ähnliche Weise angegangen worden. Allgemein und scheinbar unproblematisch wurde diesbezüglich als Voraussetzung formuliert, daß es sich um eine Transformation der einzelnen Gesellschaften in Richtung der politischen Demokratie handele. In der Realität der einzelnen staatlichen Gemeinschaften muß sich die Entwicklung jedoch nicht in Übereinstimmung mit solchen Voraussetzungen vollziehen.

2. Als Ziel der Transformation wird zumeist ohne weitere Einschränkungen die pluralistische Demokratie bestimmt,[1] jedenfalls eine demokratische Gesellschaft. Diese Begriffe sind jedoch intuitiv und vage, stellen eher Parolen dar, nicht aber konkrete Begriffe. Auf der Grundlage solcher vagen Begrifflichkeiten lassen sich weder lösbare analytisch-komparative noch praktisch-politische Entscheidungsaufgaben formulieren. Man kann keine entsprechenden Teilziele formulieren und nicht die Schritte bestimmen, wie diese einzulösen sind. Ohne eine konkrete historische Bestimmung dieser Begriffe für jedes einzelne Land kann die Aufgabe komparativer Analyse nicht eingelöst werden.

3. Es ist sehr wahrscheinlich, daß für eine ganz Reihe von posttotalitären Gesellschaften, die niemals eine politische Demokratie erlebt hatten, der Übergang zur politischen Demokratie beschwerlich sein wird. Die Einschätzung des Grades der Durchsetzung der kommunistischen Herrschaft, etwa bei der Verstaatlichung der einzelnen Wirtschaftszweige, und die Berücksichtigung der Schwierigkeiten bei der Transformation zur politischen Demokratie stellen noch keine ausreichenden Erkenntnismittel dar. Die Wege und Ziele der posttotalitären Gesellschaften lassen sich weder allein ökonomisch, technisch, noch politisch oder kulturell bestimmen, nur wenn man alle diese Aspekte zusammenfassend betrachtet.

---

[1] Zum Beispiel während der Wahlkampagne in der Tschechoslowakei.

4. Den Transformationsprozeß der tschechoslowakischen Staatsgemeinschaft vom totalitären Staat zur politischen Demokratie begreifen wir als Bewegung in einem hypothetischen Kontinuum[2] unterschiedlicher Typen der angeführten grundlegenden Funktionsnotwendigkeiten dieser Staatsgemeinschaft.

Die einzelnen Typen (oder Abschnitte) dieses hypothetischen Kontinuums charakterisieren wir als rechten Totalitarismus, als linken Totalitarismus, die totalitäre Demokratie, die soziale Demokratie und die politische Demokratie. Mit jedem dieser Typen korrespondieren verschiedene innere und äußere Faktoren (auch nur latente), die in den unterschiedlichsten Zivilisationsstufen verankert sein können. Die äußeren Faktoren können manchmal entscheidend sein – wenn auch nicht ausreichend –, um Entstehung, Erhaltung und Untergang totalitärer Systeme zu erklären.

5. Das Wesen unserer theoretischen Auffassung bilden

a) das Postulat der Kontinuierlichkeit der Transformation;

b) das Postulat der Vermittlung der Transformation mit Hilfe der fünf erwähnten Typen (Intervalle) in unserem hypothetischen Kontinuum;

c) das Postulat der Definierbarkeit dieser Typen durch Imperative[3] (die Funktionsnotwendigkeiten) jedes Systems: die Integrationsweise, die Weise der Grundlegung und Erreichung der Systemzwecke, die Adaptionsweise des Systems zu den wandelnden inneren und äußeren Bedingungen, die Weise der Erhaltung, Aneignung und Übermittlung der Werte;

d) das Postulat des Grundzwecks jedes Systems als Erhaltung des Gleichgewichts und der Entwicklung.

6. Die grundlegende Charakteristik der totalitären Regime und auch des von uns eingeführten rechten und linken Totalitarianismus sehen wir in Übereinstimmung mit Zd. Mlynář (1983: 13–18) in:

a) der völligen Verschmelzung der politischen mit der wirtschaftlichen Macht. Die politische Macht übernahm die Regulationsfunktion von Kapital und Markt im wirtschaftlichen Reproduktionsprozeß. Die Wirtschaftsbeziehungen ermöglichen keiner sozialen Gruppe, außerhalb des Einflusses der direkten politischen Macht zu existieren;

b) der Abhängigkeit der sozialen Stellung der einzelnen gesellschaftlichen Gruppen und Personen von der politischen Macht (für soziale Sicherheit, Verteilungsmechanismen, das System von Vorteilen und Privilegien). Der politischen Macht ist

---

[2] Den Begriff des Übergangs der Demokratie als Kontinuitätsstufen formulierte der Autor in einer internen Studie der Gruppe für die politische Reform unter der Leitung von Zd. Mlynář, angeregt durch Talmon 1965. Die Überlegungen wurden 1968 nicht publiziert, erschienen erst 1990 (in: Sociologicky casopis, Nr. 4).

[3] System's Imperative, siehe Parsons / Smelser 1956: 19; Holt 1967: 96.

es möglich, die Situation und gesellschaftliche Stellung ganzer sozialer Gruppen zu verändern;

c) der Machtkonzentration in den Händen des Apparates der Kommunistischen Partei. Neben den formellen, rechtlich regulierten Strukturen der Machtorgane ist ein unabhängiges Machtzentrum, ausgestattet mit absoluter Macht, in Gestalt der Kommunistischen Partei (ihres Leitungsapparates) entstanden. Für dieses Zentrum gelten keinerlei Begrenzungen, die sich aus dem Prinzip der Gewaltenteilung ergeben sollten. Keine bedeutende Funktion, gleich in welchem Bereich des gesellschaftlichen Lebens, kann ohne die Zustimmung dieses Machtzentrums (Nomenklaturprinzip) übernommen werden;

d) und im Fehlen der wichtigen Rückwirkungen der Tatsache, daß das institutionalisierte politische System noch nicht behaupten kann, die objektiven Bedürfnisse im Interesse der gesamten Gesellschaft durchzusetzen. Dem dienen die Wahlprozedur und die ganze Organisationsstruktur der Gesellschaft (letztlich als System der Durchsetzung vom Zentrum angenommener Beschlüsse);

e) dem massenpolitisch ausgeübten Polizeiterror, der ein wichtiges Mittel war zur Aufrechterhaltung der ökonomischen, sozialen und politischen Beziehungen. Nicht nur in einzelnen Fällen entglitt er den Händen der Partei und wurde von bestimmten Gruppierungen oder Einzelpersonen ausgenutzt;

f) der Abschottung der Mitglieder der Gesellschaft von Informationen und damit einer höchstmöglichen Manipulierbarkeit (durch Zensurmaßnahmen, Restriktionen gegenüber bestimmten Gruppen und Einzelpersonen, die Aufhebung der Versammlungsfreiheit, der Bewegungs- und Reisefreiheit . . .) – die Durchsetzung eben von Verhältnissen, unter denen die Bevölkerung keine anderen Informationen erhalten konnte, als die staatlich kontrollierten und sanktionierten;

g) den Geltungsansprüchen einer einzigen Ideologie, die das Monopol beansprucht, über alle allgemeinen Ziele und Prinzipen der Gesellschaft (über soziale Gerechtigkeit, die Befreiung des Menschen von Armut und Ausbeutung, die Errichtung der klassenlosen Gesellschaft, das Absterben des Staates, der Gewalt . . .);

h) der Überzeugung der Alternativlosigkeit und prinzipiellen Überlegenheit des gegebenen politischen Systems.

7. Das völlige Verschmelzen der politischen mit der wirtschaftlichen Macht ist für ein solches System sowjetischen Typs das herausragende Charakteristikum. Vom Gesichtspunkt der europäischen Tradition her und offensichtlich auch durch eine unterschiedliche Zivilisationscharakteristik.

8. Der rechte und der linke Totalitarismus unterscheiden sich offensichtlich namentlich durch die ideologische Legitimation der angeführten Charakteristika und die mit ihnen verbundenen Folgen. Diese Unterschiede begründen sich aus den jeweils unterschiedlichen Auffassungen vom Menschen.

Der linke Totalitarismus proklamiert die natürliche Güte und Vollkommenheit des Menschen, welche lediglich durch die schlechten sozialen Bedingungen verhindert werde. Der rechte Totalitarismus proklamiert demgegenüber die durch die

Zugehörigkeit zu einer bestimmten Nation oder Rasse gegebene natürliche Verdorbenheit des Menschen, seine Schwäche, sein mißtrauisches Wesen. Der Linkstotalitarismus proklamiert dann abstrakte Werte wie Gleichheit, Gerechtigkeit, soziale Sicherheit, das Wohl des Menschen, schließlich ein goldenes Menschenzeitalter. Er legitimiert sich durch humanistische Werte und wurde so auch zeitweilig von bestimmten Bevölkerungsschichten akzeptiert. Die Werte des rechten Totalitarismus gehen demgegenüber auf Herrschaft, Ungleichheit, Übermenschentum, haben rassistische, nationalistische, etatistische Komponenten, sind letztlich ahuman. Der linke Totalitarismus liquidierte die politische Demokratie im Namen der Installation der sozialen Demokratie; der rechte liquidierte sie, um eben diese Installation zu verhindern. So waren die Ziele entgegengesetzte, die Resultate und die benutzten Mittel jedoch die gleichen.

9. Die politische Demokratie stellt als die äußerste Lage des Kontinuums die Liberaldemokratie dar, sie hebt politisch die Trennung der privaten von den öffentlichen Angelegenheiten hervor. Sie schätzt die Freiheit als Möglichkeit, zwischen verschiedenen Alternativen wählen zu können, legt den Akzent auf die Freiheit, mehr als auf die Gleichheit, akzeptiert laufende Veränderungen und damit verbundene Unsicherheiten, statt garantierter, vorbestimmter Sicherheit und abgesteckter Existenzpläne. Sie setzt auf individuelle Aktivität und Schöpferkraft, weniger auf Kollektivität, die Rolle von Organisationen und Institutionen.

10. Die soziale Demokratie ist die transformierte Liberaldemokratie nach der Einführung des allgemeinen Wahlrechts, dem Eintreten der Massen in die Politik. Sie bildet eine demokratische Variante der Massengesellschaft heraus, noch immer als das dynamische Gleichgewicht der Freiheit aller, von Gleichheit und Brüderlichkeit. Sie ist das politische System, gegründet auf die entsprechend respektierten sozialen Prinzien.

11. Die totalitäre Demokratie ist gestützt auf die Absolution des einen durch ein anderes Postulat: Die Gleicheit aller wird gegen die Freiheit aller gesetzt. Diese Form der Demokratie, die einen Übergang darstellt, hat ihre typisch tschechoslowakische Spezifik, die sich durch Gleichmacherei auszeichnet. In dieser Funktion ist einerseits wohl die Ursache zu sehen für den ruhigen, legalen Übergang zur kommunistischen Herrschaft, andererseits dann wohl auch ihrer schnellen Machtübergabe und des Respekts gegenüber der friedlichen Revolution vom November 1989.

12. Die hier angeführten Kontinuitätsstufen der Transformation stellen auch mögliche Modelle staatlicher Ordnung dar. Diese Konzeption ermöglicht, Begriffen vom „dritten Weg“ oder „Weg zwischen Sozialismus und Kapitalismus“ auszuweichen.

Zu einigen Hypothesen

13. Im Zusammenhang mit den oben angeführten Fakten können wir die grundlegende Hypothese formulieren, daß die Tschechoslowakische Republik innerhalb der vergangenen 72 Jahre ihrer Existenz einzelne Etappen unseres hypothetischen Kontinuums durchlebte, von der politischen Demokratie zum Rechtstotalitarismus. Diese Entwicklungen waren offensichtlich insbesondere beeinflußt durch äußere Faktoren.

14. Die Entwicklung wurde von den drei dominierenden nationalen Gruppen der tschechoslowakischen Staatsgemeinschaft geprägt: den Tschechen, den Deutschen und den Slowaken. Sie hatten historisch je unterschiedliche Einflüsse und Konstellationen, die unterschiedlich jeweils die Entwicklung zu beeinflussen vermochten, häufig aber geradezu schicksalhaft von äußeren Faktoren mitbestimmt wurden.

15. Die 40 Jahre der kommunistischen Herrschaft in der Tschechoslowakei kann man im Zusammenhang mit unserem Wertbegriff als zweimal 20 Jahre Totalitarismus von unterschiedlicher Qualität werten. Die reale Halbzeit des Zerfalls des Regimes sowjetischen Typs in der Tschechoslowakei vollzog sich innerhalb von 20 Jahren. Die steht mit dem Generationsschritt im Zusammenhang und ist verhältnismäßig unabhängig von äußeren Faktoren, während die Einführung selbst jedoch völlig von äußeren Faktoren abhängt. Davon zeugt auch die Orientierung nach außen in der Relation gegenüber den Strukturen der tschechoslowakischen Gesellschaft. Im Jahre 1967 versuchten wir, eine Gruppe von Technokraten, die nach der kommunistischen Machtübernahme 1948 stark dezimiert worden war, die Erneuerung und die Vorbereitung eines Potentials zur sozialen Veränderung in allen Bereichen des gesellschaftlichen Lebens (Brokl 1969). Nach ihrer Ausschaltung in den 70er Jahren begegneten wir denen, die bereits vor 20 Jahren in Erscheinung traten, um wiederum Ende der 80er Jahre in Erscheinung zu treten, ebenfalls als Veränderungspotential zu fungieren.

16. Im ersten Zeitraum herrschte der Linkstotalitarismus, legitimiert durch die sozialistische und demokratische Idee. Als er seinen Höhepunkt überschritten hatte, erweckte er konkrete Reformhoffnungen und ließ sie auch zu, theoretisch wie faktisch. Während der zweiten 20 Jahre überwog dann eine andere Art von Totalitarismus. Sie ließ jedwede Ideologie vermissen. Vergeblich suchte sie irgendeine gesellschaftlich akzeptierte Begründung. Diese wurde lediglich im „sozialistischen Internationalismus“ gefunden und in der negativen Selbstdefinition einer abgeschlossenen Vergangenheit. Die Werte des „sozialistischen Internationalismus“ hielten jedoch nur ein Gerüst zusammen, welches zur Familie der inhumanen abstrakten Werte gehört. Wir können die zweiten 20 Jahre der kommunistischen Herrschaft als rechten Totalitarismus begreifen.

17. Wenn etwa, um nur das eine Beispiel zu bringen, die Slowakei im Rahmen der totalitären Demokratie der Nachkriegszeit im Unterschied zu den tschechischen Ländern sich als relativ resistent erwies gegenüber dem Linkstotalitarismus sowjetischen Typs, so hat es heute paradoxerweise den Anschein, daß sie den Werten und Anschauungen der totalitären Demokratie weitaus zugänglicher ist als die tschechischen Länder. Die slowakische Realität signalisiert Entwicklungsmöglichkeiten, die eben offensichtlich offen sind und durch eine Reihe von Umständen beeinflußt werden können.

Literatur

Brokl, L., 1969: Macht und soziale Stratifikation, in: Machonin, P., u. a., Tschechoslowakische Gesellschaft 1967. Analyse einer sozialen Stratifikation, Bratislava

Holt, R. T., 1967: A Proposed Structural Functional Framework, in: Chalweworth, J. C. (ed.), Contemporary Political Analysis, Free Press

Mlynář, Zd., 1983: Die Krisen in den sowjetischen Systemen 1953–1981, Köln

Parsons, T. / Smelser, N., 1956: Economy and Society, Free Press

Talmon, J. T., 1965: The Origins of Totalitarian Democracy, New York

Jaroslav Hudeček / Zdenka Mansfeldová

Erste Schritte der tschechoslowakischen Gesellschaft im Transformationsprozeß

1. Einige Charakteristika des Übergangsjahres

Die Novembertage des Jahres 1989 in der Tschechoslowakei, bezeichnet als „sanfte Revolution" und charakterisiert durch den Massenaufruhr der Bevölkerung, leiteten umfangreiche Transformationsprozesse in den Bereichen von Politik, Ökonomie und im Sozialwesen ein. Das Schicksal der Gesellschaft insgesamt wie das der einzelnen begann sich schnell zu verändern.

Nach den Massenkundgebungen gab das kommunistische Regime, das keine Unterstützung mehr aus Moskau erhielt und dessen Vertreter bei Rundtischgesprächen mit der Opposition verhandelten, die Macht scheinbar leicht ab.

Mit der Restrukturierung der politischen Macht vollzog sich vor allem in den ersten Monaten der Revolution eine schnelle Umwandlung in den gesetzgebenden Organen. Es wurde eine ungewöhnlich große Menge von Gesetzen angenommen, die jedoch kein einheitliches System schufen, in einer ganze Reihe von Fällen novelliert werden mußten und nur langsam reale Problemlösungen brachten. Parallel dazu entstanden in den ersten Wochen nach der Revolution eine ganze Reihe neuer Parteien und Bewegungen. Die Skala des politischen Spektrums füllte jetzt sowohl die extreme Linke wie auch die extreme Rechte (eine Erscheinung, die während der letzten 40 Jahre im politischen Leben des Landes absolut unmöglich war). Höhepunkt des ersten Halbjahres waren die Wahlkampagne und im Anschluß daran die ersten freien Wahlen, die nach 40 Jahren wieder in der Tschechoslowakei stattfinden konnten.

Für die Mehrzahl der tschechoslowakischen Bevölkerung und auch die politischen Parteien bedeutete dies vor allem das Symbol der radikalen Lostrennung von der kommunistischen Vergangenheit. Über den „Weg zum Kapitalismus" sprach man damals in den Wahlprogrammen jedoch noch nicht. Die Ereignisse überstürzten sich dann förmlich.

Demgegenüber kann man für die Gegenwart (den Beginn des zweiten Jahres des Übergangs) den Eindruck haben, daß sich das Tempo verlangsamt.

Nach dem entscheidenden Wahlsieg der Parteien und Bewegungen, die die Hegemone der Novemberrevolution waren (im Unterschied zu Ungarn und der DDR gelangten die hegemonialen Kräfte auf den „Thron", Herzmann 1990), wurde das Programm der Wirtschaftsreform noch deutlicher, mit dem eine restriktive Wirtschaftspolitik vorangetrieben wird: die Liberalisierung der Preise, die Abwertung der Währung, also das Programm des möglichst schnellen Übergangs zu marktwirtschaftlichen Prinzipien. Von Anfang an wurden aber Auseinandersetzungen über die Prinzipien der Wirtschaftsreform geführt. Vor allem die slowakischen politischen Vertreter und auch ein wesentlicher Teil der slowakischen Bevölkerung nahmen den Weg eines radikalen Übergangs zur Marktwirtschaft nur mit Vorbehalten und Bedenken auf.

Langsam aber sicher beginnt die Restrukturierung der sozialen Struktur der tschechoslowakischen Gesellschaft. Trotz einer ganzen Reihe von Barrieren, die sich aus Unzulänglichkeiten der Legislative ergeben und auch bei konkreten materiellen Voraussetzungen, vergrößert sich z. B. die Gruppe der Privatunternehmer, die private Sphäre (im Unterschied zu den anderen ehemaligen sozialistischen Staaten Europas war in der ČSSR Mitte der 50er Jahre die private Unternehmersphäre völlig liquidiert worden). Die Privatisierung betraf bisher jedoch mehr oder weniger lediglich die Dienstleistungen und den Handel, was aber noch nicht zu einem Aufschwung führte.

Die restriktiven ökonomischen Maßnahmen beseitigten die uneffektive Vollbeschäftigung und führten zugleich zur Arbeitslosigkeit. (Die Arbeitslosenquote betrug in den ersten Monaten des Jahres 1991 in der gesamten Tschechoslowakai 1 % der arbeitsfähigen Bevölkerung. Sie nimmt zu, insbesondere in der Slowakei.) Dennoch waren 73 % der Bevölkerung unmittelbar nach den Juni-Wahlen mit dem Wahlergebnis zufrieden (Hartl / Cech 1990).

Offensichtlich nimmt zu Beginn des zweiten Jahres des Übergangs der Teil der Bevölkerung zu, der sich vor den Folgen der beginnenden Wirtschaftsreform und auch vor den politischen Tagesereignissen fürchtet. Es wird erwartet, daß sich verhältnismäßig schnell das soziale Ungleichgewicht und die soziale Differenzierung vertiefen werden, wenn auch nicht auf der Grundlage erbrachter Arbeitsleistungen, sondern eher durch die „Vorteile“ der angenommenen Wiedergutmachungsgesetze.

Die junge Generation, die der bewußte „Auslöser“ der Novemberrevolution war, gelangt nun in eine Entwicklungsetappe, die man folgendermaßen charakterisieren kann: die erworbenen demokratischen Freiheiten und Rechte sind mit einer notwendigen Senkung des Lebensstandards für den Großteil der Bevölkerung erkauft worden und durch ein gestiegenes Risiko der Arbeitslosigkeit, die Entstehung sozialer Spannungen und Konflikte. Die Gefahr der Arbeitslosigkeit zählt für die junge Generation, speziell die studierende Jugend, noch doppelt. Dennoch unterstützten die Jugendlichen häufiger als die anderen Bevölkerungsteile die radikalen Wirtschaftsreformen (und unterstützen sie noch immer). Sie lehnen eindeutig eine „Rückkehr zu den alten Zeiten“ ab, ebenso das Kokettieren mancher Politiker mit einem sogenannten „dritten Weg“. Der Sozialismus, gleich welcher Form, ist für die Mehrheit der heutigen Jugend erheblich diskreditiert.

Nach diesem Einstieg ist es nun das Ziel des Beitrages, zu den aufgeworfenen Fragen Erkenntnisse zu vermitteln, die auf der Grundlage von Forschungen, Beobachtungen, Gesprächen, von Presseanalysen, den Wahlprogrammen der Parteien u. a. gewonnen wurden, und mit denen es möglich sein wird, die verschiedenen Prozesse und Erscheinungen der aktuellen gesellschaftspolitischen Situation in der Tschechoslowakei zu begreifen.

2. Restrukturierung der gesetzgebenden Organe und der ausführenden Macht

Die Diskontinuität des politischen Geschehens in der Tschechoslowakei im Jahre 1989 schuf spezifische Bedingungen für das Funktionieren der politischen und staatlichen Institutionen im Übergangszeitraum. Die Veränderungen erfolgten in diesen Institutionen schrittweise, nach der Einarbeitung in die Entscheidungshierarchie. Dennoch machten diese Veränderungen (im Fall der Legislative) schon im Verlaufe des ersten Jahres den Übergang zur politischen Demokratie möglich.

Als eine der ersten Maßnahmen wurde die Rekonstruktion der föderativen Regierung unternommen. Dieser erste Versuch war erfolglos. Am 10.12.1989 wurde eine neue Regierung ernannt, die sogenannte „Regierung der nationalen Verständigung". Nur wenige Tage später folgten dann die Ernennungen der Regierungen der einzelnen Republiken. Dieser Prozeß fand am 29.12.1989 mit der Wahl von Václav Havel zum Präsidenten der Republik seinen Höhepunkt. (G. Husák hatte bereits am 10.12.1989 abgedankt.)

Erst nach den Veränderungen der Exekutive folgte dann die Rekonstruktion der gesetzgebenden Organe: der Föderalversammlung und des Tschechischen sowie des Slowakischen Nationalrates. Über die Legislative erfolgte eine Demokratisierung des politischen Lebens. Ein wichtiges Moment dafür war die Annullierung des Verfassungsartikels über die führende Rolle der Kommunistischen Partei der Tschechoslowakei, die am 29.12.1989 erfolgte. Es wurden die Novellen zum Pressegesetz angenommen, zum Vereinigungs-, Versammlungs- und Petitionsgesetz (März 1990). Die Voraussetzung für die Durchführung freier Wahlen waren die Annahme des Gesetzes über die politischen Parteien vom 23.1.1990 und das Wahlgesetz vom 27.2.1990.

Die „umwälzenden Veränderungen" schritten also von den einst mächtigsten Organen zu den weniger wichtigen voran, vom Zentralkomitee der Kommunistischen Partei der Tschechoslowakei über die höchsten Staatsorgane bis schließlich die Nationalausschüsse rekonstruiert wurden. Diese Umgestaltungen waren im April 1990 beendet (Syllová 1990).

Die Schaffung der demokratischen Grundlagen des Staates vollzog sich in mehreren Phasen. Die erste Etappe war die Demokratisierung der politischen Sphäre, die durch die Verhandlungen der Vertreter der bedeutendsten politischen Kräfte auf unterschiedlichsten Ebenen (bei den sogenannten Rundtischgesprächen) verwirklicht wurden. Die nächste Etappe war die Erneuerung der Staatsorgane, die Vereinbarung gleicher Formen auf den Foren, die immer mehr den Charakter politischer Repräsentationen annahmen. Erst in der dritten Phase der Herausbildung demokratischer Grundlagen des Staates wurde dies auch in den höchsten Staatsorganen vollzogen. Von Januar bis Mai 1990 vollzog sich in den gesetzgebenden Organen ein komplizierter Rekonstruktionsprozeß, der eigentlich erst auf der letzten Tagung vor den Parlamentswahlen beendet werden konnte. Dies erfolgte über die Abberufung oder den Rücktritt der Abgeordneten und die sich daran anschließende Kooptierung neuer Abgeordneter. Ziel dieses Vorgangs war es, die kompromittierten Funktionäre der Kommunistischen Partei der Tschechoslowakei auszuschalten und ein neues Parlament zu schaffen, das nicht nur zustimmen, sondern auch selbst Entscheidungen treffen würde. Die Abberufung von Abgeordneten politischer Parteien wurde durch ein Gesetz vom 29.1.1990 ermöglicht. Bei den Rundtischgesprächen wurden nach und nach die genauen Zahlenangaben für die Abgeordneten der einzelnen Parteien vereinbart. (Im Parlament waren 120 Sitze neu zu besetzen. Der Anteil der Kommunisten sank von 242 auf 138.)

Die unzureichende Vollmacht aller drei gesetzgebenden Organe, wie sie durch ihre Entstehung bedingt war, bildete eine komplizierte Basis für die Entscheidungsgewalt dieser Körperschaften im Übergangszeitraum, also bis zu den Parlamentswahlen. Dennoch hatten sie eine Menge an Legislativarbeit zu leisten. Allein auf der letzten Tagung billigten die Abgeordneten des Föderativparlaments 24 Gesetze.

3. Die Parteien und die Wahl 1990

Im Dezember 1989 wurde durch Parlamentsbeschluß der Artikel über die führende Rolle der Kommunistischen Partei der Tschechoslowakei aus der tschechoslowakischen Verfassung gestrichen. Es kam zu einem Gärungsprozeß des politischen Lebens, zur Gründung von politischen Parteien oder auch der Wiederaufnahme der Tätigkeit aufgelöster Parteien (von denen verschiedene eine äußerst wichtige Rolle während der ersten Republik in den Jahren 1918–1938 innehatten), zu einem Aufschwung der Bürgerbewegung und gesellschaftlichen Organisationen.

Wenn vor der Novemberrevolution des Jahres 1989 in der Tschechoslowakei sechs politische Parteien existierten, von denen lediglich die Kommunistische Partei faktisch politische Macht besaß, so kam es nach der Annahme des Gesetzes über die politischen Parteien vom 23.1.1990 in der Zeit von März bis April 1990 zu einem gewaltigen Anwachsen der Zahl registrierter politischer Parteien. Vor den Parlamentswahlen im Juni 1990 waren bereits 77 politische Parteien registriert, 27 weitere waren noch nicht registriert. In den Wahlkampf gingen die Kandidaten von 23 politischen Parteien, Bewegungen und von Wählergruppierungen (von denen eine kurz vor den Wahlen noch zurücktrat).

An den Wahlen beteiligten sich alle traditionellen politischen Parteien, die vor dem November 1989 existierten, die neuentstandenen und auch die, die nach erzwungener Pause von über 40 Jahren ihre Tätigkeit wieder aufnahmen. So waren beispielsweise von den 20 Parteien und Bewegungen, die sich in den tschechischen Ländern an den Wahlen beteiligten, allein elf Parteien im Jahre 1990 neu gegründet worden, fünf Parteien im Jahre 1989. Eine war im Jahr 1921 gegründet worden und drei dieser Parteien bereits in der zweiten Hälfte des vergangenen Jahrhunderts.

Aus unseren Gesprächen mit den führenden Vertretern dieser Parteien und Bewegungen ging hervor, daß rund ein Drittel dieser Parteien sich an politischen Partnern des Auslands orientiert, beispielsweise an der Sozialistischen Internationale, an der CDU/CSU, den britischen Konservativen, an den republikanischen Parteien der westlichen Staaten usw. Bei vier Parteien, die zu den Wahlen kandidierten, existierte vor dem November 1989 ein Exilflügel, der die Tätigkeit der Parteien fortgesetzt hatte, die mit dem Jahre 1948 aufgehört hatten in der Tschechoslowakei zu existieren.

Acht Parteien und Bewegungen gingen in den Wahlkampf als unabhängige Parteien (Bewegungen), elf dann als Teil einer Koalition. Zur Charakterisierung der Parteien, die erstmalig nach 40 Jahren in freie Wahlen gingen, gehören noch verschiedene Fakten: lediglich acht Parteien verfügten über eine Organisationsstruktur, die über die gesamte Republik reichte, 17 Parteien standen allen offen, zwei trugen rein konfessionellen Charakter; die Mehrzahl der Parteien war auf das ganze Bevölkerungsspektrum orientiert. Auf eine besondere Bevölkerungsgruppe orientierte sich lediglich eine einzige Partei, und zwar die der Landwirte. Die Mehrzahl der 13 kandidierenden Parteien wollte sich auf eine sehr breite Massenbasis stützen. Zwei Parteien lediglich auf eine ausgewählte Mitgliederschaft, vier Parteien bemühten sich nicht um eine Mitgliederbasis im traditionellen Sinn.

Die Vielzahl der kandidierenden politischen Parteien brachte für die Wähler, die bisher keine Erfahrungen mit einer Wahl unterschiedlicher Kandidaten hatten, einige Schwierigkeiten. Zudem ähnelten sich die Programme der einzelnen Parteien (wenigstens aus der Sicht des Durchschnittswählers) sehr und fehlte es den Parteien auch an dominierenden politischen Persönlichkeiten.

Die Probleme, die in den Wahlprogrammen der kandidierenden politischen Parteien und Bewegungen angesprochen wurden, stellten die Knotenpunkte der zu erwartenden und geplanten politischen, ökonomischen und wirtschaftlichen Veränderungen dar und eben die unterschiedlichen Meinungen zu ihrer Lösung. Im Wirtschaftsbereich waren dies vor allem die Fragen der Marktwirtschaft und der damit verbundenen sozialen Probleme; die Auslandskredite bzw. der ausländischen Kapitalbeteiligung, der Verkauf des nationalen Eigentums an Ausländer; die Privatisierung, die Ergänzung des Schul- und Gesundheitswesens durch private Einrichtungen.

Die Probleme der staatlichen Ordnung betreffen vor allem die Frage der Stellung Mährens und Schlesiens, der nationalen Minderheiten, der Stellung zur örtlichen Selbstverwaltung und die Forderungen der starken Slowakei. In dieser Richtung profilierten sich vor allem die Strana slobody (Partei der Freiheit), die Slovenska národni strana (Slowakische Nationalpartei) und die Hnuti za samosprávnou demokracii (Bewegung für Selbstverwaltungsdemokratie) im Sinne ihrer differenzierten Akzente zu dieser Problematik. Weitere Programmblöcke bezogen sich auf die Machtverteilung, den Umweltschutz, die Problematik des Landlebens und der Religion, auf die Beziehungen zwischen Kirche und Staat.

Obgleich die Parteiprogramme eine Differenzierung zwischen den einzelnen Parteien ermöglichten, waren Unterschiede doch vor allem in der Art und Weise der gesuchten Lösung der einzelnen Schlüsselprobleme zu sehen, nicht aber im Gesamtprofil der Parteien (bis auf einzelne Ausnahmen). Parteien sehr gegensätzlicher Orientierungen kamen sich in der Lösung bestimmter Probleme näher. Man kann insgesamt feststellen, daß für das politische Spektrum eine breitgefächerte, jedoch wenig differenzierte Mitte typisch war.

Im Zusammenhang mit den Parteiprogrammen und der Wahlkampagne macht es sich erforderlich, den Nationalismus der Parteien zu erwähnen, die sich territorial orientierten. Auf Beeinflussung und Wirkung des Nationalgefühls und -bewußtseins der Slowaken setzte das Wahlprogramm der Slowakischen Nationalpartei. Den Eintritt der Slowakei in das europäische Haus als souveränes Mitglied forderte die Christlich-demokratische Bewegung. Diese national und territorial orientierten Parteien, zu denen man auch die Bewegung für Selbstverwaltungsdemokratie – Gesellschaft für Mähren und Schlesien (HSD-SMS) zählen kann, erzielten bei den Wahlen einen überraschenden Erfolg. Die mährische Frage stand bis zu diesem Zeitpunkt im Hintergrund des tschechisch-slowakischen Dialogs. Der Erfolg von HSD-SMS in Mähren zeigte jedoch die politische Bedeutung und Kraft, die hinter der Forderung nach Erneuerung der mährischen Selbständigkeit als Land Mähren und Schlesien für die föderative Ordnung der Republik steht.

Ein selbständiges Kapitel zum Thema „Parteien und Wahlen" könnte die Problematik der Kandidaten sein, die bei den Parlamentswahlen im Juni 1990 kandidierten (Svitek 1990). Versuchen wir an dieser Stelle wenigstens deren knappe soziologische Charakteristik.

Auf der Grundlage soziologischer Untersuchungen zeigte es sich, daß sich die nachdrücklichste Unausgewogenheit im Gesamtverhältnis von Männern und Frauen (9 : 1) findet. Auch im Verhältnis der Kandidatur jüngerer Alterskohorten sowie der altersmäßigen Zusammensetzung generell. Beispielsweise waren lediglich weniger als zwei Fünftel aller Abgeordneten im Alter bis zu 34 Jahren (der ehemaligen Altersgrenze für Abgeordnete), während ein Drittel aller Abgeordneten Personen im Alter von 34–44 Jahren waren. Im Vergleich zu den vorangegangenen Wahlen kam es von diesem Gesichtspunkt aus gesehen zu einer positiven Verschiebung in Richtung der mittleren Altersgruppen auf Kosten der älteren.

Was die Bildungsstruktur der Kandidaten betrifft, so überwiegen Kandidaten mit den höchsten Bildungsgraden. Die soziale Zusammensetzung der Kandidaten war wie folgt: der geringste Teil, ungefähr ein Zehntel, war im Bereich Wissenschaft und Forschung tätig, rund zwei Fünftel aller Kandidaten arbeiteten vor den Wahlen in bestimmten Leitungsfunktionen. Diese Tatsache korrespondiert mit einem außerordentlich hohen Prozentsatz von Hochschulabsolventen und Akademikern unter den Kandidaten.

Die Meinungen und Standpunkte der Kandidaten, beispielsweise zur Stellung der Regierung bei der Lösung dringender Probleme der tschechoslowakischen Gesellschaft, zur Rolle des Präsidenten in einer demokratischen Gesellschaft und zu weiteren Fragen des gesellschaftlichen und politischen Lebens, zeigten, daß das Spektrum der Einstellungen sehr breit gefächert war. Es war nicht in jedem Fall von der Parteizugehörigkeit bestimmt. Es kam somit in überwiegenden Fällen zu überraschenden Meinungsübereinstimmungen, beispielsweise in den Standpunkten der Kandidaten der linksorientierten Parteien und bei den Meinungen der Rechtsparteien zu verschiedenen aktuellen Problemen wie der Wirtschaftsreform, der künftigen Staatsordnung usw. (Diese Ähnlichkeit korrespondierte hier auch mit der Übereinstimmung der Wahlprogramme der einzelnen Parteien.) Problemkreise, zu denen man zwischen den Kandidaten der einzelnen Parteien hätte tiefe Meinungsverschiedenheiten erwarten können, brachten somit keine nachdrücklichen Differenzierungen.

Die entscheidende politische Kraft der Novemberrevolution des Jahres 1989 war das „Bürgerforum" (OF) in der Tschechischen und „Öffentlichkeit gegen Gewalt" (VPN) in der Slowakischen Republik. Beide Bewegungen waren ziemlich heterogene Vereinigungen, die unterschiedliche Strömungen beinhalteten, ähnlich dem „Demokratischen Forum" in Ungarn oder dem „Neuen Forum" in der ehemaligen DDR. „Forum" bezeichnet hier tatsächlich treffend eine Koalition der Gemeinschaft gegen die totalitären Systeme, das Bestreben um demokratische Pluralität in der bürgerlichen Gesellschaft.

Im Zusammenhang mit den Parlamentswahlen zu Beginn des Jahres 1990 war das Vertrauen oder Mißtrauen der Wähler noch nicht mit der Entscheidung über ihr künftiges Wahlverhalten verbunden. In dieser Etappe der politischen Entwicklung ging es in der Tschechoslowakei noch weniger darum, wer die Parlamentswahlen gewinnen würde; es ging eher darum, ob es überhaupt gelingen könnte, nach über 40 Jahren die ersten freien Wahlen durchzuführen. In den Folgemonaten des ersten Halbjahres 1990 aktivierte sich der christliche Flügel der gesellschaftlichen Kräfte. Er konnte viele Anhänger vor allem in den traditionell religiösen Gebieten der Slowakei gewinnen, wo etwa der Besuch des Papstes eine große Rolle für die wachsende Popularität der Christlichen Partei spielte. Im Wahlergebnis kam diese Popularität aber nicht in dem Maße zum Ausdruck, wie es sich die Vertreter dieser Partei erhofft hatten.

Unmittelbar vor den Wahlen kam es vielmehr zu entgegengesetzten Erscheinungen, zu einem Absinken der Popularität der Christlichen Partei. Die Ursache dafür lag nicht nur in der gut durchdachten Wahlkampagne des Bürgerforums, sondern auch in der Programmerklärung der Christlichen Partei, welche diktatorische Züge trug (beispielsweise mit der Forderung nach einem Abtreibungsverbot u. ä.), was in einer Atmosphäre allgemeiner Aversionen gegenüber Diktaturen (gleich welcher Art) eher zur Ablehnung der Wähler führen mußte.

Während der Wahlkampagne griffen auch andere Parteien aktiver ins politische Leben der Tschechoslowakei ein. Ob es sich um die traditionellen Parteien (wie die Tschechoslowakische Volkspartei, die Tschechoslowakische Sozialistische Partei) handelte oder um Parteien, die ihre Tätigkeit wieder aufnahmen (beispielsweise die Tschechoslowakische Sozialdemokratische Partei) bzw. um neuentstandene Parteien.

Wie wir bereits ausführten, gingen insgesamt 23 politische Parteien und Bewegungen in den Wahlkampf. Die eigentliche Wahl wurde dann eher zu einem politischen Referendum, in dem sich die Wähler gegen die kommunistische Vergangenheit entschieden.

Dem entsprach auch die Orientierung der Wahlkampagne durch Rundfunk und Fernsehen, in welchen den kandidierenden Parteien großer Raum (je vier Stunden) zur Verfügung gestellt wurde. Die inhaltliche Analyse der Wahlprogramme in den Massenmedien zeigte, daß sich die Programme der einzelnen Parteien durch verschiedene allgemeine Züge auszeichneten, wie beispielsweise Appelle an die Gefühle der potentiellen Wähler, die Berufung auf allgemeingültige menschliche Werte und ethische Prinzipien und vor allem die Kritik der Kommunistischen Partei. Die Beiträge der kandidierenden Parteien zeigten eher die ungenutzten Möglichkeiten, suchten sie doch vor allem ihre eigene politische Identität. Die Art und Weise, wie die einzelnen Kandidaten vorgestellt und die Wahlprogramme präsentiert wurden, führte im Endeffekt eben eher zu einem Verwischen der Spezifik der Parteien. Sie beeinflußte die Wähler in ihrer Entscheidung nicht sonderlich und machte sie höchstens auf die Existenz verschiedener kleiner und wenig bekannter Parteien aufmerksam.

Die Konzentration auf die ethischen Probleme und die Bewältigung der Vergangenheit führten dazu, daß die brennenden aktuellen Probleme und notwendigen Lösungswege der bevorstehenden wirtschaftlichen Umwandlungen umgangen wurden.

Die Analyse der Wahlkampagne in der Presse zeigte, daß dort folgende drei grundlegenden Probleme dominierten: 1. Die Darstellung der rein politischen Programmatik in Verbindung mit der Gestaltung des politischen Profils dieser Parteien. 2. Äußerungen zur Ordnung und Organisation des demokratischen Staates, einschließlich der Anerkennung der Funktion der grundlegenden staatlichen Institutionen. 3. Die Einschätzung der historischen Entwicklung von moralischen Gesichtspunkten her sowie die wertende Betrachtung der Perspektiven der tschechoslowakischen Gesellschaft, insbesondere im Zusammenhang mit den grundlegenden Orientierungen beider nationaler Gemeinschaften – der tschechischen und der slowakischen.

Mit Blick auf die Wahlen selbst und die Führung der Wahlkampagne wurden durch die Presse vor allem die politischen Aktivitäten der einzelnen Parteien während des Wahlkampfes herausgestrichen. Es wurden die moralischen und politischen Prinzipien der Führungen aufgedeckt und einzelne Kandidaten entlarvt und angeprangert. Die Wahlprogramme der Parteien waren vor allem in der jeweils eigenen Parteipresse das Hauptthema.

Die Wahlkampagne zeigte eine Wende in den Positionen der führenden politischen Kräfte der Novemberrevolution und die Rückgewinnung der Hegemonie durch „Bürgerforum“ und „Öffentlichkeit gegen Gewalt“. Zum Gesamtsieg dieser Wahlkoalition beider Bewegungen trug in entscheidendem Maße auch die Stärkung der Positionen des „Bürgerforums“ in den böhmischen Ländern bei. Sie war das Resultat einer wohldurchdachten Wahlkampagne und der Popularität von Persönlichkeiten, die mit der „sanften“ Revolution in Verbindung standen. Das „Bürgerforum“ trug auch zur Stärkung der Position der „Öffentlichkeit gegen Gewalt“ in der Slowakei bei, insbesondere durch die Auseinandersetzungen mit der Christlich Demokratischen Partei und den Kommunisten. Hinter dem „Bürgerforum“ und „Öffentlichkeit gegen Gewalt“ standen die breiten Volksmassen. Ihre Entscheidung, die führenden Kräfte der Novemberrevolution in die höchsten Vertretungsorgane des Landes zu wählen, zeigt in überwiegendem Maße die definitive Trennung von der totalitären Vergangenheit.

Die Wahlergebnisse bestätigten die stärkere Position des „Bürgerforums“ gegenüber der von „Öffentlichkeit gegen Gewalt“. Für letztere Bewegung erwiesen sich die slowakische Christlich Demokratische Partei und auch die nationalistische Slowakische Nationalpartei als starke Gegner.

Zu beachten ist außerdem die hohe Wahlbeteiligung der Bevölkerung, die rund 96 % der wahlberechtigten Bevölkerung insgesamt betrug! Die Koalitionspartner „Bürgerforum“ und „Öffentlichkeit gegen Gewalt“ bildeten im Parlament die überwiegende Mehrheit. Von insgesamt 300 Sitzen in der Föderalversammlung errangen sie 170 Sitze (das sind 56,7 %). Den zweiten Platz belegte die Kommunistische Partei der Tschechoslowakei (15,7 %); die Christlich Demokratische Partei errang 40 Sitze (13,3 %).

Die Wahlniederlage der Kommunistischen Partei der Tschechoslowakei stellte keine besondere Überraschung dar. Eher schon war der zweite Platz bei den Parlamentswahlen in beiden Teilen der Republik eine solche Überraschung. (Vertreter dieser Partei rechneten mit höchsten 10 % der Wählerstimmen.) Die Wahlen selbst bestätigten zwar die Beseitigung des Machtmonopols der Kommunisten, bedeuteten aber nicht ihr Verschwinden von der politischen Bühne. Wenn sich auch aus begreiflichen Gründen kein Koalitionspartner für sie finden ließ, so ist doch die Mehrheit der führenden Politiker der anderen Parteien der Ansicht, daß eine reformorientierte kommunistische Partei ihren Platz in einem demokratischen politischen System haben sollte.

Der zweitgrößte Stimmenanteil bei den Parlamentswahlen durch die Kommunistische Partei überraschte auch deswegen, weil die Wahlkampagne vieler Parteien zum Großteil aus Angriffen auf diese Partei bestand und sie auch nicht – im Unterschied zu vielen anderen Ländern Mittel- und Osteuropas – ihren kompromittierten Namen änderte. Stimmen erhielt die KP vor allem von den eigenen Mitgliedern (rund 750 000), sicher auch von vielen Familienangehörigen dieser Mitglieder. Sie erhielt Stimmen von der älteren und alten Generation der Landbevölkerung und auch von Teilen der sie unterstützenden Intelligenz, die sich in den 70er und 80er Jahren etablieren konnten.

Im neuen Parlament stellt die Kommunistische Partei eine eigenständige, keinesfalls jedoch bedeutungslose Opposition dar. In ihrem Programm ist sie um eine Annäherung an die linke Mitte bemüht, weniger orientiert sie sich auf den linken Rand des politischen Spektrums (hierher gehören die orthodoxen, neostalinistischen Kommunisten, die jedoch keine Sitze in den höchsten Vertretungsorganen erringen konnten).

Einer Meinungsumfrage zufolge erklärten sich 73 % der Bevölkerung mit den Ergebnissen der Wahlen zufrieden. Eine bestimmte Unzufriedenheit bekundeten 19 % der wahlberechtigten Bevölkerung und absolut unzufrieden waren rund 8 % der Bürger. Die Zufriedenheit mit dem Wahlresultat war aber nicht überall gleich. Sie war in der Tschechischen Republik höher als in der Slowakischen. Ein entscheidender Unterschied in der Wertung der Wahlergebnisse existiert auch zwischen der Bevölkerung der Großstädte, die eher zufrieden ist, und der der kleineren Gemeinden, von Kleinstädten und Dörfern, wo die Unzufriedenheit stärker ausgeprägt ist.

Ein weiterer Faktor, der bei dem Maß von Zufriedenheit und Unzufriedenheit eine Rolle spielte, war das Alter. Weitaus zufriedener waren Personen um die 30. Bei den Personen über 60 Jahren zeigte sich eine größere Unzufriedenheit mit den erzielten Wahlergebnissen.

Von der beruflichen Zusammensetzung aus betrachtet, konnte bei den Landwirten und bei den unqualifizierten Arbeitern die größte Unzufriedenheit ermittelt werden. Anders bei den qualifizierten Arbeitern und den geistig tätigen Personen, die eher Zufriedenheit ausdrückten (Hartl / Cech 1990).

Mit den Parlamentswahlen deutete sich noch keine spezifische Entwicklungsrichtung der Gesellschaft an (in den Wahlprogrammen und den Erklärungen der Parteien und Bewegungen sprach man – im Unterschied zu heute – noch nicht in dem Maße von einem kapitalistischen Entwicklungsweg), aber die Veränderungen, die durch die Revolution von 1989 eingeleitet wurden, fanden ihre demokratische Bestätigung.

Die Kommunalwahlen vom 24.11.1990 stellten die Wähler wiederum vor eine etwas andere Situation. Sie mußten diesmal keine politische Partei wählen, sondern sich eher zwischen bestimmten Persönlichkeiten entscheiden. Dies galt besonders für die Landbevölkerung und die der Kleinstädte, weniger schon in den anonymen Großstädten. Das fand seinen Ausdruck auch in der Wahlbeteiligung. Während sich in der Tschechischen Republik über 73 % der registrierten Wähler beteiligten, waren es in der Slowakischen lediglich rund 64 %; in Bratislava waren es beispielsweise nicht ganz 45 %.

Die politischen Parteien, von denen jetzt 42 kandidierten, gingen – je nach den örtlichen Bedingungen – die verschiedenartigsten Koalitionen ein. Es gab außerdem auch noch unabhängige Kandidaten (unter denen viele Kommunisten antraten). Die Qualität der Einzelpersönlichkeiten war ein wichtiges Moment für die jeweilige Entscheidung. Hinzu kamen außerdem noch die bereits abflauende revolutionäre Begeisterung, die z. T. nur noch künstlich hochgehalten wurde, verstärkte Differenzen innerhalb des „Bürgerforums", bestimmte Machttendenzen der Elite, die jede Opposition dämonisieren wollte und nicht zuletzt die wachsende Nervosität der Bevölkerung, welche durch steigende Preise, beginnende Arbeitslosigkeit und das Gefühl bevorstehender chaotischer Zustände hervorgerufen wurde.

Eine andere Situation herrschte bei der Wahl der Bürgermeister. Hier unterschied sich das Wahlsystem der Tschechischen Republik von dem der Slowakischen. In der Tschechischen Republik wurden die Bürgermeister durch die Gemeindevertreter gewählt, was verschiedentlich zu dem Bestreben führte, „einfarbige" Räte zu bilden. Demgegenüber erfolgte ihre Wahl in der Slowakei direkt. Dort wurden 31 % Kommunisten, die für die Kommunistische Partei der Slowakei oder für die SDL kandidierten bzw. aber als unabhängige Kandidaten antraten, zu Bürgermeistern und Oberbürgermeistern gewählt.

Die Aufmerksamkeit der Bevölkerung, die sich im ersten Halbjahr 1990 vor allem auf die Parlamentswahlen konzentriert hatte, wandte sich in der zweiten Jahreshälfte unmittelbaren Existenzfragen zu. Auch die innenpolitischen Differenzen nahmen an Dramatik zu. Zur ersten offenen Krise kam es bereits bei der Debatte über die Bezeichnung der Republik im Zusammenhang mit dem Weglassen des Wortes „sozialistisch" im Dezember 1989, die dann in dem ernsten „Streit um den Bindestrich" mündete (die Absicht, an Stelle des ursprünglichen Namens Tschechoslowakei die gleichberechtigte Stellung der Slowakei durch den Bindestrich in der Bezeichnung auszudrücken). Ähnliche Krisen gab es dann in Intervallen, so beispielsweise um Kompetenzfragen zwischen den Republiken und der Föderation im November 1990 und um das Sprachengesetz. Bis zur Gegenwart (März 1991) vertiefen sich diese Differenzen noch und es droht der Zerfall der Föderation. Allein durch irgendein wirtschaftliches Problem, so ist die Situation, kann sofort die Nationalitätenfrage aufgeworfen werden. Mit den sozial-motivierten Nationalitätenstreitigkeiten treten auch hier Probleme auf, die für eine ganze Reihe von ehemals sozialistischen Ländern charakteristisch sind. Die Nationalitätenfrage könnte mit den sich verschärfenden Problemen noch eskalieren.

Statt einer Hinwendung zu Europa, einer Eingliederung in die hochentwickelten Länder Europas, droht die Gefahr völlig entgegengesetzter Entwicklungen.

Die Diskussion über die staatliche Rechtsordnung spielt sich überwiegend zwischen der Tschechischen und der Slowakischen Republik ab, obgleich auch diese Staaten nicht nur die Staaten der Tschechen oder Slowaken sind, auch hier jeweils zahlenmäßig starke nationale Minderheiten leben. Ernsthafte Störungen ergeben sich zunehmend im mährisch-böhmischen Zusammenleben, bzw. bisher latente Probleme gewinnen hier an Bedeutung. Dadurch wird die Koalition bedroht und die Arbeit des Tschechischen Nationalrates erschwert. Eine Lösung sollte durch die staatsrechtliche Neuordnung gefunden werden, deren vier Varianten zur Debatte stehen.

Die nationalen Differenzen verhinderten und verhindern den gesellschaftlichen Konsens, der für eine erfolgreiche Weiterführung der begonnenen gesellschaftlichen Veränderungen (im politischen wie im wirtschaftlichen Bereich) notwendig ist. Sie lassen auch die Entwicklung in den Augen möglicher ausländischer Partner als wenig zuverlässig erscheinen.

4. Die Jugend und das erste Jahr der Umwandlungen

Nach dem Ende des ersten Jahres nach der Wende stellt sich uns die Frage: Was geschah mit den Initiatoren der „sanften Revolution", mit den Jugendlichen, den Studenten?

Im November 1989 kam es bei den Jugendlichen zu Veränderungen, die in den letzten Jahren herangereift waren, zu Veränderungen von der politischen Apathie zur revolutionären Aktivität. Es kam der Augenblick der politischen Selbstverwirklichung der Jugend und ihr Eintritt in die Politik Ende 1989 und zu Beginn des Jahres 1990. Nach einigen Monaten wurden sie jedoch von ihren Positionen abgelöst. Die Studenten begannen, von einer gestohlenen Revolution zu sprechen. Es kam die Zeit, in der die Jugendlichen ihre eigenen Probleme lösen mußten.

Die Einheitsorganisation der Jugend zerfiel, deren Eigentum wurde aufgeteilt. Es entstanden eine ganze Reihe von interessenbezogenen Spezialorganisationen, von denen einige bereits in der Illegalität sich gebildet hatten. Nach Jahren erzwungener Mitgliedschaft in der offiziellen Jugendorganisation zeigte sich nun eine bestimmte Abwehrhaltung gegenüber jedweder Organisationsform, was jedoch nicht unbedingt mit dem Verlust an politischem Interesse gleichzusetzen war. Eine Umfrage im Vorwahlzeitraum des ersten Halbjahres 1990 ergab, daß die Jugendlichen die radikalen ökonomischen Umwandlungen unterstützten, eine „Schocktherapie" beim Übergang zur Marktwirtschaft, daß sie bereit waren, die Risiken des Privatunternehmertums zu tragen, usw.

Das erste Jahr des Übergangs brachte den Jugendlichen aber auch neue Probleme, die ihnen bislang unbekannt waren. So sind beispielsweise unter den Arbeitslosen (zu Beginn des Jahres 1991, wie schon gesagt, ca. 1 %) 30 % Absolventen von Hoch- und Mittelschulen.

Der derzeitige gesellschaftliche und politische Trend führt zur Radikalisierung eines Teils der Jugendlichen. Da eine Radikalisierung nach links mit den vergangenen 40 Jahren unpopulär ist (der Kommunistische Jugendverband existiert zwar noch, ist aber bedeutungslos), kommt es zur politischen Orientierung der Jugend nach rechts. Diesen Tendenzen versuchen sich einige Parteien durch jugendspezifische Angebote (Jugendklubs etc.) zu stellen.

5. Schlußfolgerungen

Abschließend muß man die Frage stellen, was eigentlich im ersten Jahr nach der Revolution erreicht werden konnte.

Es fanden Wahlen statt, mit denen die Legitimität des sich formierenden politischen Systems bestätigt wurde. Es wurden gesetzliche Normen angenommen, mit denen die grundlegenden Veränderungen in den Eigentumsbeziehungen möglich wurden. Angenommen wurde die Wirtschaftsreform, die zur Marktwirtschaft führen soll. Es wäre jedoch eine Vereinfachung und auch illusorisch zu behaupten, daß die totalitäre Herrschaft schon beendet wäre und die Demokratie bereits begonnen hätte.

Der Beginn des Übergangs der tschechoslowakischen Gesellschaft zur politischen Demokratie ist durch erbitterte Auseinandersetzungen der politischen Kräfte der Tschechischen und der Slowakischen Republik gekennzeichnet. Es kommt zu tiefen inneren Differenzen in der führenden Bewegung der Revolution – dem „Bürgerforum" und der Bewegung „Öffentlichkeit gegen Gewalt". Es beginnt sich negativ auszuwirken, daß die einzelnen Schritte der restriktiven Wirtschaftspolitik der siegreichen politischen Kräfte nicht nach und nach erfolgten. Es werden unterschiedliche Überlegungen über die Grenze der sozialen Verträglichkeit der Maßnahmen der radikalen Wirtschaftsreform angestellt.

In den böhmischen Ländern kamen noch Differenzen über die Form des „Bürgerforums" als einer rechtlich konstituierten Partei mit fester Mitgliederbasis hinzu, als deren Ergebnis auf der einen Seite eine konservative Parteigruppierung entstand, mit dem führenden Vertreter einer radikalen Wirtschaftsreform, Václav Klaus, an der Spitze; auf der anderen Seite entstand die liberal orientierte Gruppe mit der Bezeichnung „Bürgerbewegung". In der Slowakei zerfällt die „Öffentlichkeit gegen Gewalt" in einen stark nationalistisch orientierten Flügel, der auch gegen die radikale Durchführung der Wirtschaftsreform auftritt und eher populistische Parolen verkündet, und in einen Flügel, der auf einen gemeinsamen föderativen Staat setzt und die Wirtschaftsreform in ihrer radikalen Variante unterstützt.

Das Parlament nimmt gegenwärtig nach stürmischen Debatten wichtige Gesetze an, die die definitive Lostrennung von der kommunistischen Vergangenheit bedeuten (das Restitutionsgesetz, das Gesetz über außergerichtliche Rehabilitationen u. a.). Der „jakobinische Teil" des Parlaments (in der ersten Linie die Abgeordneten des „Bürgerforums", der Liberaldemokratischen Partei, der Bürgerlich-Demokratischen Allianz sowie auch Abgeordnete anderer Parteien) fordert noch weit radikalere Maßnahmen, eingeschlossen die gesetzliche Verurteilung der Entwicklung der vergangenen 40 Jahre.

Es begann die posttotalitäre Zeit, in der über das künftige Antlitz des Systems entschieden werden wird, über eine progressive oder eine regressive Entwicklung. Auf eine ganze Reihe neuer Erscheinungen ist der Staat noch nicht vorbereitet. Die Fähigkeit, die Auswirkungen bestimmter Maßnahmen vorherzusagen, ist gering.

Die Auseinandersetzungen um Einfluß und Macht in der Gesellschaft halten an.

Literatur

Brokl, L./Hudeček, J./Mansfeldová, Zd., 1990: Zusammenfassung der Angaben aus der Charakteristik der politischen Parteien. Internes Material der Arbeitsgruppe Brokl u. a., Soziologisches Institut, Prag

Hartl, J./Cech, P., 1990: Verhalten und Meinungen der Bevölkerung nach der Wahl. Internes Material der Arbeitsgruppe Brokl u. a., Soziologisches Institut, Prag

Herzmann, J., 1990: Drei posttotalitäre Parlamentswahlen in Mitteleuropa. Internes Material der Arbeitsgruppe Brokl u. a., Soziologisches Institut, Prag

Svitek, J., 1990: Untersuchungen der Kandidaten für die Abgeordneten der Föderalversammlung und der Nationalräte. Internes Material der Arbeitsgruppe Brokl u. a., Soziologisches Institut, Prag

Syllová, J., 1990: Erneuerung der demokratischen Funktion vor den Wahlen in die höchsten gesetzgebenden Organe, Soziologisches Institut, Prag

Roland Habich / Eckhard Priller

Soziale Lage und subjektives Wohlbefinden in der ehemaligen DDR

In diesem Beitrag werden wir empirische Ergebnisse zur sozialen Lage und zu einigen Elementen der Sozialstruktur der früheren DDR präsentieren sowie einige Thesen und Ideenskizzen über die weitere Entwicklung zur Diskussion stellen. Wenn man ausgehend von dem hier verwendeten Konzept der empirischen Wohlfahrtsforschung und Sozialberichterstattung dazu empirische Befunde darstellen will, muß man mit einer scheinbar sehr *trivialen* Feststellung beginnen, die dann allerdings in zwei zentrale, inhaltlich und methodologisch, Fragestellungen zu überführen ist: *Die ehemalige DDR war (und ist immer noch) – verglichen mit der Gesellschaft der Bundesrepublik – eine andere Gesellschaft.* Eine Gesellschaft mit einer anderen Wohlfahrtsstruktur für ihre Bürger: Nicht nur, was – augenscheinlich und bereits früher entsprechend dokumentiert (vgl. dazu etwa Bergman-Winberg 1987; Belwe 1989) – die objektiven Lebensbedingungen der Bürger betrifft, sondern wohl auch – und das wäre die zentrale inhaltliche Fragestellung – in den Ansprüchen, Orientierungen und Bewertungen der Betroffenen. Auch und gerade im Hinblick auf die erklärte politische Zielsetzung, gleiche Lebensverhältnisse in Ost und West zu schaffen, kommt deshalb entsprechenden Informationen eine wesentliche Bedeutung zu.

Für derartige Fragestellungen stehen inzwischen eine Reihe empirischer, repräsentativer Untersuchungen zur Verfügung. Wir werden Ergebnisse aus zwei Umfragen der empirischen Wohlfahrtsforschung vorstellen, die eine Bestandsaufnahme der objektiven Lebensbedingungen und deren subjektiven Bewertung im Osten Deutschlands erlauben sowie einen ersten Eindruck über zentrale Veränderungen während der letzten sechs Monate des Jahres 1990 vermitteln. Beide Untersuchungen sind – im Westen Deutschlands – bewährte Instrumente für die Dauerbeobachtung des sozialen Wandels und wurden a) im Juni 1990, d. h. noch vor der Währungsunion, und b) im Oktober / November 1990, d. h. nach der Einheit, auf das Gebiet der früheren DDR ausgedehnt:

a) *Basiserhebung DDR 1990* des seit 1984 in der Bundesrepublik jährlich durchgeführten *Sozio-ökonomischen Panels* – Unter der Federführung des Panel-Projektes am Deutschen Institut für Wirtschaftsforschung (DIW) wurden – in Zusammenarbeit mit dem Institut für Soziologie und Sozialpolitik der Akademie der Wissenschaften in Berlin sowie der Arbeitsgruppe Sozialberichterstattung des Wissenschaftszentrums Berlin (WZB) – im Juni 1990 mit über 4 400 Befragten in über 2000 Haushalten eine erste Erhebung durchgeführt (vgl. dazu Projektgruppe Das Sozio-ökonomische Panel 1991)

b) *Wohlfahrtssurvey 1990 Ost* – eine als Pilotstudie angelegte Untersuchung, die weitgehend als Replikation der 1988er Umfrage der in der Bundesrepublik – seit 1978 – durchgeführten Wohlfahrtssurveys im Oktober/November 1990 mit knapp 800 Befragten ins Feld ging, mit in Teilen ergänzten DDR-spezifischen Fragestellungen. Diese Befragung wurde von der Arbeitsgruppe Sozialberichterstattung des WZB inhaltlich vorbereitet und zusammen mit der Feldabteilung des Zentralinstituts für Jugendforschung (ZIJ), Leipzig, durchgeführt (zur Durchführung vgl. Habich/Landua 1991; Landua 1991).

1. Wohlfahrtsforschung und subjektives Wohlbefinden

Beide Untersuchungskonzepte haben sich als Instrumente der Sozialberichterstattung in der Bundesrepublik und in anderen fortgeschrittenen westlichen Industriegesellschaften bewährt. Die Umsetzung dieser Konzepte und darauf aufbauende Analysen zu den in der ehemaligen DDR beobachtbaren Veränderungen stellen somit aber auch besondere Herausforderungen für die Wohlfahrtsforschung dar:

- Können Konzepte und Instrumente der *westlichen* Wohlfahrtsforschung ohne weiteres auf die doch und noch andere – *zwischenmoderne* – Gesellschaft der ehemaligen DDR übertragen werden? Messen wir auch in der DDR, was wir messen wollen, wenn beispielsweise Werteinstellungen, Zufriedenheiten oder auch Parteipräferenzen erfragt werden? Gegen einige Dimensionen sprechen erhebliche theoretische Einwände (z. B. Parteipräferenzen, Dimensionen des „Postmaterialismus"), bei anderen wären etwa semantische Unterschiede (z. B. bei der hier verwendeten „subjektiven Schichteinstufung") beachtenswert.
- Welche Unterschiede zeigen sich bei einem Vergleich der Daten aus der „alten" Bundesrepublik mit denen aus der DDR, vor allem bei subjektiven Indikatoren der Wahrnehmung und Bewertung objektiver Lebensbedingungen?
- Zeigen die Veränderungen im Verlauf des Jahres 1990 in einer Vielzahl von Lebensbereichen in den neuen Bundesländern auch einen deutlichen Niederschlag in der wahrgenommenen Lebensqualität und anderen subjektiven Indikatoren?

Entsprechende Ergebnisse aus beiden Erhebungen sind inzwischen ausführlich dokumentiert worden (vgl. Habich/Landua/Priller 1991; Habich u. a. 1991; Landua/Spellerberg/Habich 1991; Landua/Zapf 1991). Die dort präsentierten Befunde verdeutlichen, daß die Konzepte und Instrumente der empirischen Wohlfahrtsforschung auf die ehemalige DDR übertragbar sind – obwohl und gerade weil sie eine andere Wohlfahrtsstruktur dokumentieren; eine andere Struktur in Niveau, Verteilung und Korrelation zentraler Indikatoren subjektiven Wohlbefindens. Gerade auch subjektive Indikatoren, die Werteinstellungen, Ansprüche oder etwa Zufriedenheit erfassen, messen, was sie messen sollen, und sie reagieren sensibel auf andere Lebensverhältnisse und auf gesellschaftliche Entwicklungen. In unseren Erhebungen steht die individuelle Wohlfahrt als Zielgröße der Sozialberichterstattung im Vordergrund. Individuelle Wohlfahrt beruht in diesem Konzept auf den objektiven Lebensbedingungen der Bürger, der subjektiv wahrgenommenen Lebensqualität und dem Zusammenhang beider Komponenten. Ein wesentliches Ziel vor allem der Wohlfahrtssurveys besteht darin, zusätzlich zu den objektiven Lebensbedingungen über eine Reihe von privaten und öffentlichen Lebensbereichen hinweg individuelle Präferenzen, Aspirationen, Wünsche und vor allem Zufriedenheiten zu erheben (vgl. Glatzer/Zapf 1984; Statistisches Bundesamt 1989; Zapf u. a. 1991). Auf diese Dimensionen verweist der zentrale Begriff des subjektiven Wohlbefindens. Dazu werden im folgenden empirische Befunde präsentiert. Die Betonung, die wir vornehmen wollen, liegt dabei weniger auf den an sich bekannten Unterschieden in den objektiven Lebensbedingungen; es geht uns vielmehr darum, die Dimension subjektiven Wohlbefindens im Hinblick auf soziale Lagen darzustellen. Die Begründung dafür ist einfach: Während politische Maßnahmen, die auf die stetige Verbesserung objektiver Lebensbedingungen (Stichwort: Schaffung gleicher Lebensverhältnisse in Bereichen wie Arbeitsmarkt, Bildung, Gesundheit, Wohnungsversorgung, Infrastruktur) abzielen, prinzipiell erfolgreich sein können, wäre eine Politik, die sich explizit auf Erhöhung des individuellen Wohlbefindens richten würde, undenkbar und zum Scheitern verurteilt. Dies kann nur mittelbar über die Verbesserung objektiver Bedingungen, d. h. über Realisierungschancen von Ansprüchen geschehen. Und in diesem Punkt, so unsere These, könnte für die weitere Entwicklung ein Dilemma auftreten: Mit der Verbesserung objektiver Lebensbedingungen im Osten Deutschlands wird eine bisher zumindest im Ausmaß nicht gekannte soziale Differenzierung einhergehen; Ansprüche und Orientierungen der Bürger im Osten Deutschlands gehen dabei in eine andere Richtung als im Westen Deutschlands. Dies wollen wir im folgenden belegen.

2. *Subjektives Wohlbefinden in Ost- und Westdeutschland*

Ergebnisse der Sozialberichterstattung zum subjektiven Wohlbefinden in der „alten" Bundesrepublik verweisen auch angesichts signifikanter Veränderungen in einigen Lebensbereichen (vgl. Statistisches Bundesamt 1989; Berger-Schmitt 1991) alles in allem darauf, daß die Wohlfahrtsstruktur in der früheren Bundesrepublik über die letzten zehn Jahre hinweg als weitgehend stabil betrachtet werden kann. Erkennbare Einbrüche zu Beginn der 80er Jahre waren – auf der Individualebene – eine Folge der ökonomischen Krise; diese sind allerdings Ende der 80er Jahre weitgehend wieder ausgeglichen worden (vgl. Habich/Riede 1989). Alles in allem waren und sind die objektive und die subjektiv wahrgenommene Lebensqualität in der „alten" Bundesrepublik auf hohem Niveau stabil geblieben.

Wie im Vergleich dazu und vor dem Hintergrund signifikant anderer objektiver Lebensverhältnisse die subjektiv wahrgenommene Lebensqualität der früheren DDR-Bürger (vgl. auch Habich/Landua/Priller 1991; Landua/Spellerberg/Habich 1991) einzustufen ist, soll im folgenden dargestellt werden. Wir werden uns dabei auf zwei Dimensionen subjektiven Wohlbefindens konzentrieren, wobei der Schwerpunkt der Darstellung nicht nur im deutsch-deutschen Vergleich liegen soll, sondern vor allem auf bisher erkennbare Trends innerhalb der ostdeutschen Bevölkerung, d. h. zwischen verschiedenen sozialen Gruppen, aufmerksam machen soll:

- Erstens die *Ansprüche der Bürger*, die über die „Wichtigkeit von Lebensbereichen für das Wohlbefinden" operationalisiert werden.
- Zweitens die *subjektiven Bewertungen* der gegebenen Lebensbedingungen, wie sie in den *Zufriedenheiten mit einzelnen Lebensbereichen* und der allgemeinen *Lebenszufriedenheit* zum Ausdruck kommen.

2. 1. Was ist wichtig für das Wohlbefinden?

Individuelle Bewertungen von objektiven Lebensbedingungen setzen Bewertungskriterien voraus, die im Konzept der Sozialberichterstattung über die Frage nach der „Wichtigkeit von Lebensbereichen für das Wohlbefinden" erfaßt werden. Solche Ansprüche sind in der „alten" Bundesrepublik seit 1978 erhoben worden und verweisen auf einen relativ stabilen Bezugsrahmen für die Beurteilung des subjektiven Wohlbefindens. An der Spitze der Wichtigkeits-Rangordnung stehen die privaten Lebensbereiche *Gesundheit* und *Familie* sowie als erster öffentlicher Bereich der *Umweltschutz*. Danach folgen, allerdings mit deutlichem Abstand, die Bereiche *Einkommen* und *Arbeit*, wobei der *Freizeit* je nach Lebensalter inzwischen eine etwa gleich hohe Bedeutung zugewiesen wird. Dies macht deutlich, daß für die Bundesbürger materieller Wohlstand und immaterielle Bedürfnisbefriedigung keine konkurrierenden, sondern sich ergänzende Ansprüche darstellen.

Vor dem Hintergrund der unterschiedlichen sozialen Entwicklung und des offenkundigen objektiven Wohlfahrtsgefälles in bzw. zwischen beiden Teilen Deutschlands hätten nun in der früheren DDR deutlich verschiedene Bedeutungszuweisungen im Vergleich zum Westen erwartet werden können. Aus den Daten wird jedoch ersichtlich, daß die Rangfolge der Wichtigkeiten alles in allem in West- und Ostdeutschland eine erstaunliche Ähnlichkeit aufweist – auf allerdings deutlich höherem Niveau in der ehemaligen DDR. An der Spitze der Rangfolge (vgl. Abbildung 1) stehen private Lebensbereiche wie *Gesundheit* und *Familie*, der *Freizeitbereich* nimmt auch hier eine mittlere Position ein, am unteren Ende der Rangreihe stehen der *berufliche Erfolg* und – angesichts der vermuteten nach wie vor hohen Politisierung in der ehemaligen DDR eher unerwartet – die *Möglichkeit, politischen Einfluß auszuüben*.

Diese Ergebnisse machen deutlich, daß auch im Osten Deutschlands die Befriedigung privater immaterieller Bedürfnisse Priorität genießt. Als der wichtigste öffentliche Bereich erweist sich auch in der früheren DDR der Bereich des Umweltschutzes. Überraschenderweise zeigt sich im Juni 1990 bei der Wichtigkeitseinstufung des Umweltschutzes jedoch ein vom Westen abweichendes Bild, das sich dann im Herbst den westdeutschen Befunden annähert: Während in der „alten" Bundesrepublik vor allem jüngere, besser ausgebildete, in Städten wohnende Personen dem Umweltschutz eine hohe Bedeutung zugewiesen haben, sind es im Juni 1990 in der damaligen DDR im Gegensatz dazu in erster Linie ältere Befragte,

Abbildung 1: Wichtigkeit von Lebensbereichen in verschiedenen Altersgruppen

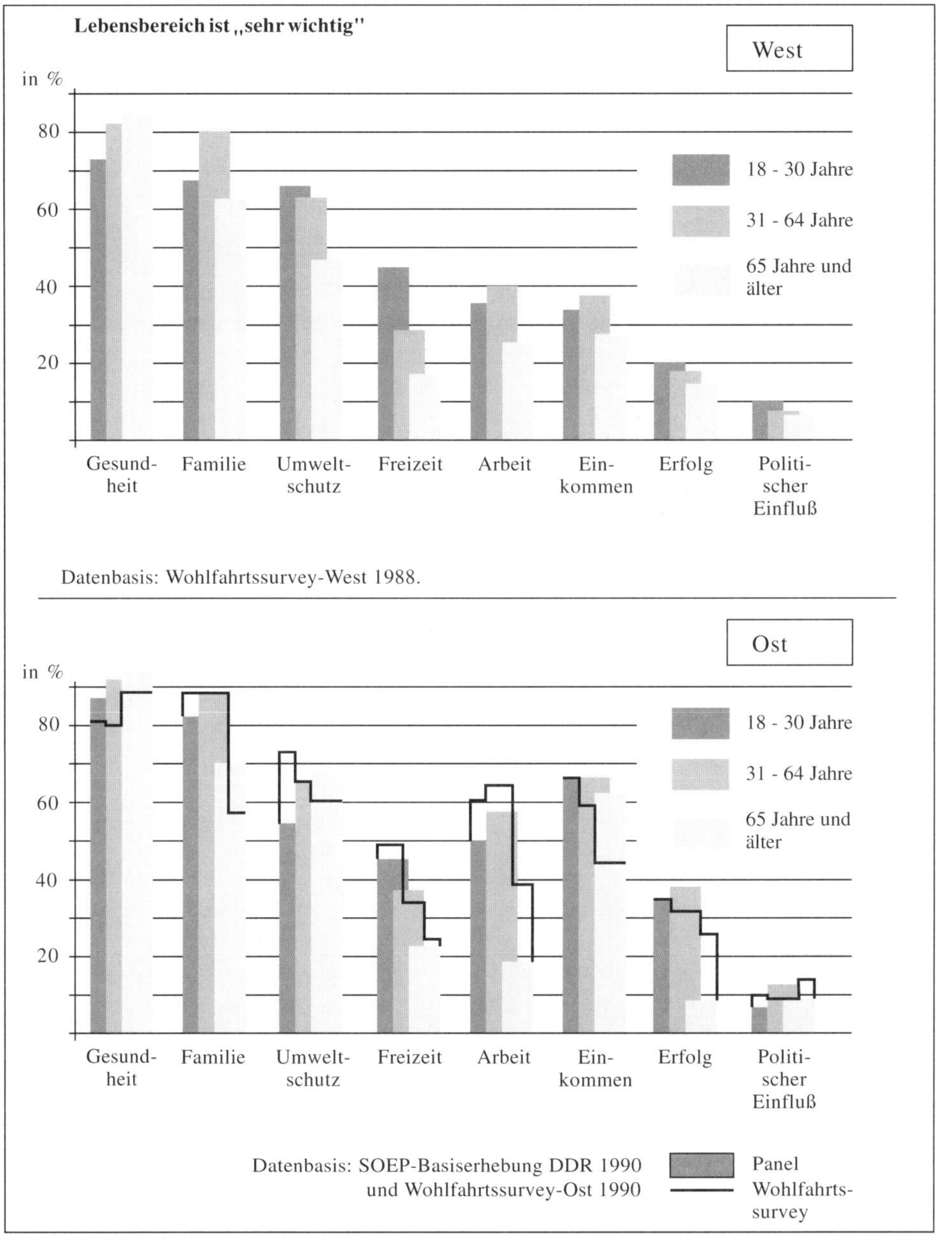

Personen mit niedrigeren Bildungsabschlüssen und auf dem Lande wohnende Personen, die dem Umweltschutz die höchste Bedeutung zuweisen. Inwieweit damit eine unmittelbare Bewertung der lokalen und regionalen Umwelt zum Ausdruck kommt, kann auch deshalb nicht abschließend beurteilt werden, da im Herbst 1990 die im Westen bekannten Zusammenhänge nun auch im Osten in ähnlicher Weise beobachtet werden.

Neben dem ähnlichen Grundmuster der Wichtigkeitseinstufungen fallen jedoch auch wesentliche Unterschiede auf. So werden den Bereichen Arbeit und Einkommen im Osten Deutschlands jeweils stärkere Bedeutungen zugewiesen. Während im Juni 1990 nahezu zwei Drittel der ehemaligen DDR-Bürger Einkommen als „sehr wichtig" einstufen, lag der entsprechende Anteil im Westen seit zehn Jahren nahezu stabil bei etwa einem Drittel. Auch die *Arbeit* wird im Osten häufiger als „sehr wichtig" befunden.

Tabelle 1: Wichtigkeit von Arbeit, Einkommen und Freizeit im Juni und Herbst 1990

	Wichtigkeit von („sehr wichtig")					
	Arbeit		Einkommen		Freizeit	
	Juni	Herbst	Juni	Herbst	Juni	Herbst
	in %					
Insgesamt	45	60	65	58	36	35
Geschlecht						
Männer	51	67	66	61	39	37
Frauen	41	53	64	55	34	34
Altersgruppen						
18 – 34 Jahre	50	63	65	63	44	46
35 – 59 Jahre	56	66	65	58	38	32
60 J. u.ä.	19	37	63	47	22	28
Schulabschluß						
Abitur	54	64	37	34	32	24
10. Klasse	49	61	66	62	41	39
8. Klasse	40	56	70	64	33	37
And. Abschluß	40	61	68	58	37	31
Berufl. Bildung						
Lehre	44	61	69	64	38	39
Meister	45	61	73	57	37	34
Ing. / Fachschule	47	53	57	42	34	34
Hochschule	54	65	38	35	24	19
Haushaltseink.						
unterstes Quin.	30	54	69	66	27	40
oberstes Quin.	56	63	57	54	41	37

Datenbasis: SOEP-Basiserhebung 1990 DDR und Wohlfahrtssurvey-Ost 1990

Dieser Bereich gewinnt insgesamt sogar noch an Bedeutung, auch in der Einschätzung von Personen, die durch Arbeitsmarktunsicherheiten nicht (mehr) unmittelbar betroffen sind (vgl. Tabelle 1). Auffallend ist allerdings, daß der Bereich

Einkommen von einer vermuteten generellen stärkeren Betonung materieller Ressourcen nicht betroffen ist – die Bewertungen von *Einkommen* sind demgegenüber sogar in praktisch allen betrachteten Gruppen leicht rückläufig. Die stärkere Betonung der Arbeit geht andererseits auch nicht generell zu Lasten der Bewertung der Freizeit, kann somit auch nicht im Sinne einer zunehmenden Arbeitsorientierung bei Abnahme einer entsprechenden Freizeitorientierung interpretiert werden, wie dies in der alten Bundesrepublik in Teilen zu beobachten war. Hervorzuheben sind hier auch die Verschiebungen, die bei den in der Tabelle ausgewiesenen sozialen Lagen (Bildungs- und Einkommensgruppen) erkennbar sind – hier findet eher eine Annäherung denn eine Differenzierung statt. Was dabei zum Ausdruck kommt, dürfte daher zum einen unmittelbar als Reaktion auf die wachsenden Arbeitsmarktprobleme verstanden werden, zum anderen aber auch als sensible und schnelle Reaktion sozialer Gruppen auf wahrgenommene Defizite. Dafür sprechen auch die Ergebnisse, daß neben *Arbeit* und *Freundeskreis* die Lebensbereiche *Erfolg im Beruf* und *Umweltschutz* an Bedeutung zugenommen haben. Relativ stabil hingegen werden die Bereiche *Familie*, *Einfluß auf politische Entscheidungen* und – wie berichtet – *Freizeit* bewertet.

2. 2. Bewertungen der Lebensbedingungen: Zufriedenheit

Subjektives Wohlbefinden und wahrgenommene Lebensqualität werden in der Wohlfahrtsforschung in erster Linie über die Frage zur allgemeinen Lebenszufriedenheit und Fragen zu Zufriedenheiten in einzelnen Lebensbereichen operationalisiert. Die allgemeine Lebenszufriedenheit verstehen wir dabei als globales Maß individuellen Wohlbefindens, als bilanzierende Bewertung der persönlichen Lebensbedingungen vor dem Hintergrund eigener Erwartungen und Ansprüche. Für alle Zufriedenheitsangaben benutzen wir eine Skala, die von 0 bis 10 (0: völlig unzufrieden, bis 10: ganz und gar zufrieden) reicht. In der „alten" Bundesrepublik konnte anhand dieses Indikators eine insgesamt stabile, hohe Zufriedenheit in den letzten zehn Jahren festgestellt werden, leichte Einbrüche durch die ökonomischen Krisenjahre (1984) sind 1988 wieder ausgeglichen. So lag 1988 der Durchschnittswert bei 7,9; lediglich etwa jeder dreißigste (3 %) war völlig unzufrieden (0 bis 4 auf der Skala) und knapp jeder fünfte (17 %) hoch zufrieden (Wert 10 auf der Skala).

In der ehemaligen DDR liegt das Niveau mit einem Durchschnitt von 6,6 im Juni bzw. 6,5 im Herbst nicht nur auf einem deutlich niedrigeren Niveau, der Anteil der Hochzufriedenen (8 % im Juni und 6 % im Herbst) und der Unzufriedenen (von 9 % auf 13 % steigend) kehrt sich im Vergleich zu den Werten aus dem Westen nahezu um. Insgesamt erreicht damit die Gesamtbevölkerung im Osten Deutschlands in der Bilanzierung ihrer Lebensumstände ein Zufriedenheitsniveau, wie es im Westen lediglich bei typischen Problemgruppen (Arbeitslose / alleinlebende, einsame Ältere / dauerhaft gesundheitlich Beeinträchtigte) anzutreffen ist. Dabei wird (vgl. Schaubild) deutlich, daß alle sozialen Gruppen in Ostdeutschland wesentlich

Tabelle 2: Allgemeine Lebenszufriedenheit in Ost und West

	Eher unzufrieden		Eher zufrieden	Hochzufrieden	Durchschnitt
	Werte 0–4	Wert 5	Werte 6–9 in %	Wert 10	
West:					
1978	4,2	5,6	72,7	17,9	7,8
1980	4,2	8,4	68,8	18,4	7,7
1984	6,0	6,6	69,9	17,4	7,7
1988	3,4	4,6	75,1	16,8	7,9
Ost:					
1990					
Juni	9,4	22,7	59,7	7,5	6,6
Herbst	12,8	16,9	64,7	5,6	6,5

Datenbasis: Wohlfahrtssurvey 1978, 1980, 1984, 1988. SOEP-Basiserhebung 1990 DDR und Wohlfahrtssurvey-Ost 1990

Allgemeine Lebenszufriedenheit nach sozialen Gruppen in Ost- und Westdeutschland

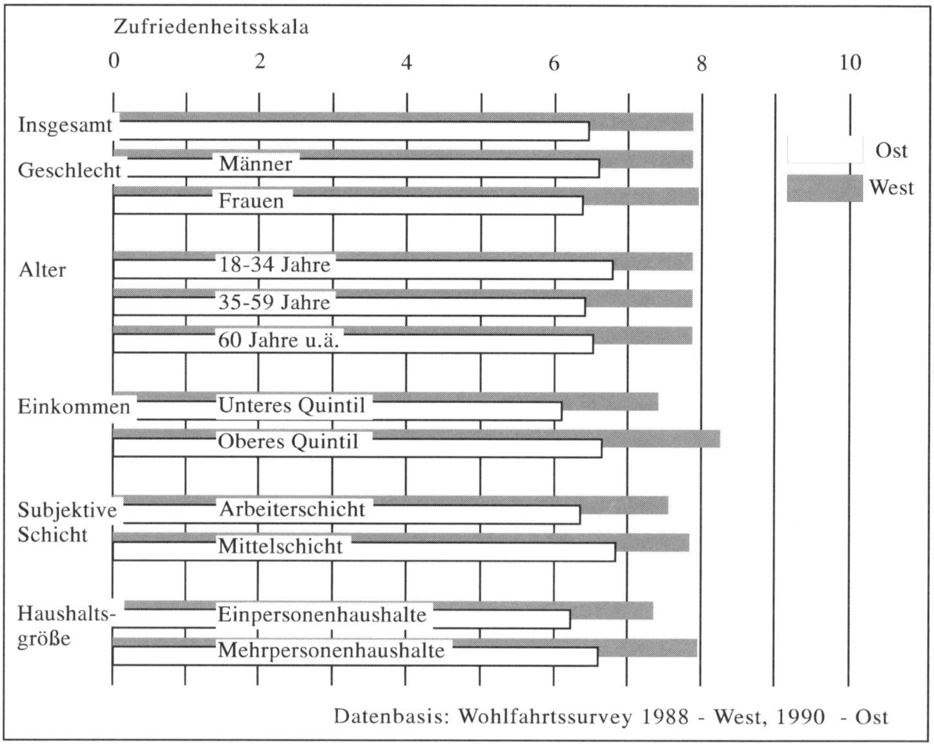

unter dem entsprechenden westdeutschen Niveau liegen, wobei die bekannten Unterschiede zwischen einzelnen sozialen Gruppen, etwa zwischen Personen im untersten und obersten Einkommensquintil oder auch zwischen verschiedenen sozialen Schichten, ähnlich sind.

Insgesamt weist die allgemeine Lebenszufriedenheit im Niveau eine erstaunlich geringe Veränderung zwischen Juni und Herbst 1990 auf – die Mittelwerte sind nahezu identisch, lediglich bei einigen Gruppen – und hier vor allem in eher unterprivilegierten sozialen Lagen – verschieben sich die Anteilswerte leicht zwischen den Kategorien der eher Unzufriedenen und der Hochzufriedenen. Tendenziell steigt der Anteil der Unzufriedenen etwas an und der Anteil an Hochzufriedenen nimmt dabei etwas ab. Das zum Teil drastische Absinken der Zufriedenheit in einzelnen Lebensbereichen scheint sich demnach (noch) nicht (wieder) auf die allgemeine Lebenszufriedenheit ausgewirkt zu haben.

Tabelle 3: Allgemeine Lebenszufriedenheit im Juni und Herbst 1990 nach ausgewählten Gruppen

	Allgemeine Lebenszufriedenheit					
	Eher unzufrieden in %		Hochzufrieden in %		Mittelwert ∅	
	Juni	Herbst	Juni	Herbst	Juni	Herbst
Insgesamt	9	13	8	6	6,6	6,5
Männer	9	10	7	5	6,6	6,6
Frauen	9	15	8	6	6,5	6,4
18–34jährige	8	11	5	7	6,6	6,8
35–59jährige	10	15	7	4	6,5	6,4
über 60jährige	10	11	13	8	6,6	6,5
Einkommen im untersten Quintil	12	14	10	7	6,3	6,1
Einkommen im obersten Quintil	8	9	7	5	6,7	6,6
Abitur	12	10	2	2	6,5	6,5
10. Klasse	7	13	5	7	6,6	6,7
8. Klasse	11	14	11	5	6,5	6,4
And. Abschluß	8	15	13	6	6,5	6,5
Arbeiterschicht	–	14	–	6	–	6,4
Mittelschicht	–	9	–	5	–	6,8

Datenbasis: SOEP-Basiserhebung 1990 DDR und Wohlfahrtssurvey-Ost 1990

Globales subjektives Wohlbefinden in West- und Ostdeutschland nach ausgewählten sozialen Lagen

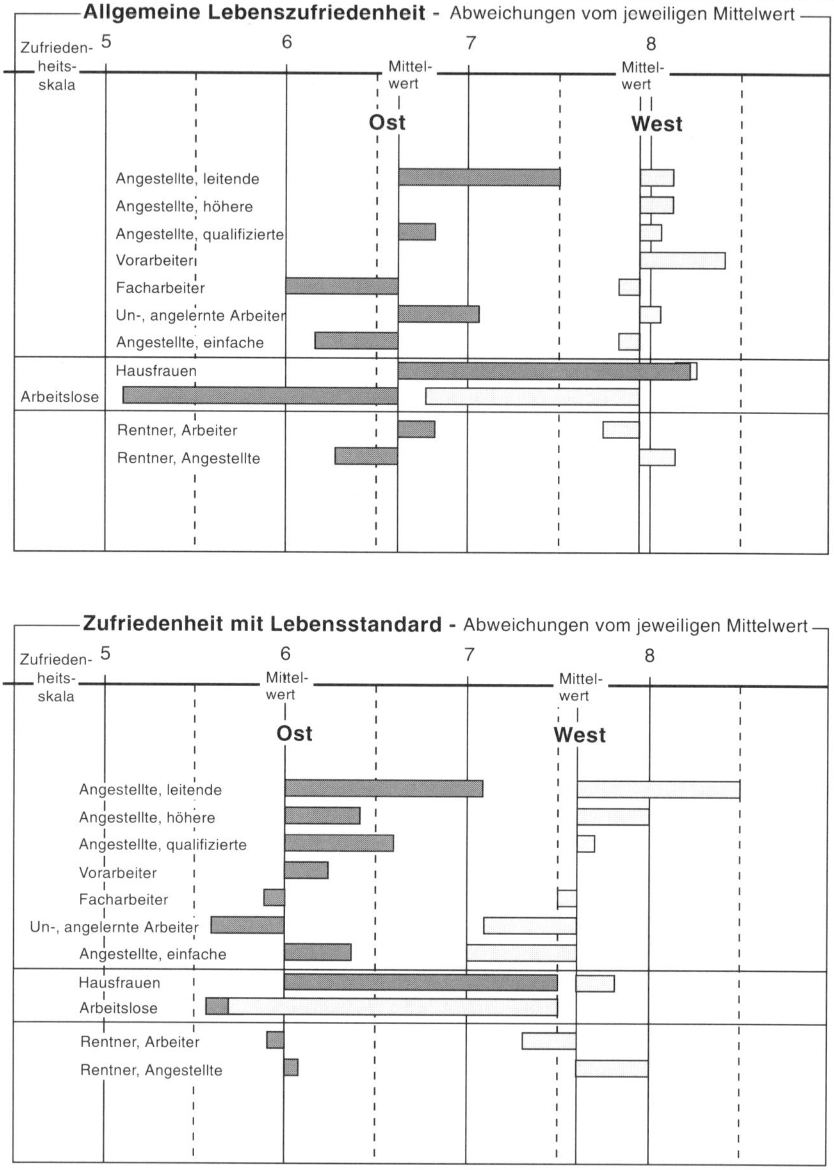

Datenbasis: Wohlfahrtssurvey 1988 (West), Wohlfahrtssurvey-Ost 1990

Betrachtet man die globalen Indikatoren des subjektiven Wohlbefindens (allgemeine Lebenszufriedenheit und Zufriedenheit mit dem Lebensstandard) nach typischen sozialen Lagen zwischen Ost- und Westdeutschland, dann treten – im Herbst 1990 eindrucksvoller als im Juni – nicht nur deutlich stärkere Zusammenhänge zwischen Ost- und Westdeutschland hervor, sondern auch beachtliche Unterschiede zwischen sozialen Lagen in Ostdeutschland (vgl. Schaubild).

In diesem Schaubild werden für verschiedene, nach Erwerbsstatus und Berufsgruppen gebildete Soziallagen (vgl. dazu Zapf 1989; Landua/Zapf 1991) die Abweichungen vom jeweiligen Durchschnitt in der allgemeinen Lebenszufriedenheit und bei der Zufriedenheit mit dem Lebensstandard ausgewiesen. Hier ist nicht nur das Wohlfahrtsgefälle zwischen Ost und West erkennbar, wobei im Bereich der allgemeinen Lebenszufriedenheit der niedrigste Wert in Westdeutschland (Arbeitslose) noch über dem Durchschnitt im Osten liegt und lediglich von wenigen Gruppen – darunter von der zahlenmäßig kleinen Gruppe der Hausfrauen – nennenswert überschritten wird; deutlich wird auch, daß in Ostdeutschland mit diesen Soziallagen stärkere interne Differenzierungen verbunden sind. Dies ist ein nicht unwesentliches Indiz für beginnende, wahrgenommene soziale Ungleichheit, zunächst (noch) auf niedrigem Niveau.

Diese These wird darüber hinaus durch einen weiteren Befund gestützt. Obwohl in diesen Indikatoren nur wenig bedeutsame Veränderungen im Verlauf des Jahres 1990 erkennbar sind, wollen wir auf eine Tendenz aufmerksam machen, die wir als beginnende Polarisierung interpretieren. Während zu Beginn des Jahres 1990 (vgl. dazu Habich u. a. 1991) die allgemeine Lebenszufriedenheit zunächst und vor allem durch Alterseffekte bestimmt war, treten zu späteren Zeitpunkten weitere Einflußfaktoren, beispielsweise subjektive Dimensionen wie Einsamkeit und daneben vor allem materielle Aspekte wie die Einkommenshöhe, in den Vordergrund. Es spricht vieles dafür, daß nun in erster Linie die unterschiedliche soziale Lage der Bürger in der ehemaligen DDR und die damit verbundenen Realisierungschancen artikulierter Ansprüche die allgemeine Lebenszufriedenheit determiniert. Diese Realisierungsmöglichkeiten im Osten Deutschlands halten dem subjektiven Vergleich bislang (noch) nicht stand.

Einen Eindruck nicht nur über das insgesamt niedrigere Niveau subjektiven Wohlbefindens, sondern auch über die in der früheren DDR im Gegensatz zur alten Bundesrepublik vorfindbaren ausgeprägten Bandbreiten von Unzufriedenheit und Zufriedenheit vermitteln die Schaubilder der Box Plots ausgewählter Zufriedenheitsbereiche. In diesen Box Plots decken die Kästchen den 25 bis 75 %-Bereich der Verteilung ab, wobei zusätzlich der Median ausgewiesen wird; die außerhalb liegenden Markierungen verweisen auf die 10 %- und 90 %-Bandbreite der Zufriedenheitsverteilungen.

Insgesamt ergibt sich bei den Zufriedenheiten in einzelnen Lebensbereichen eine Bewertungshierarchie, die – wie schon bei den Wichtigkeiten – der Rangfolge im Westen überraschend ähnlich ist; die Zufriedenheitswerte liegen jedoch fast durchweg auf einem deutlich niedrigeren Niveau (vgl. dazu genauer Habich u. a. 1991). In beiden Teilen Deutschlands stehen die privaten Lebensbereiche *Familie* und *Ehe/*

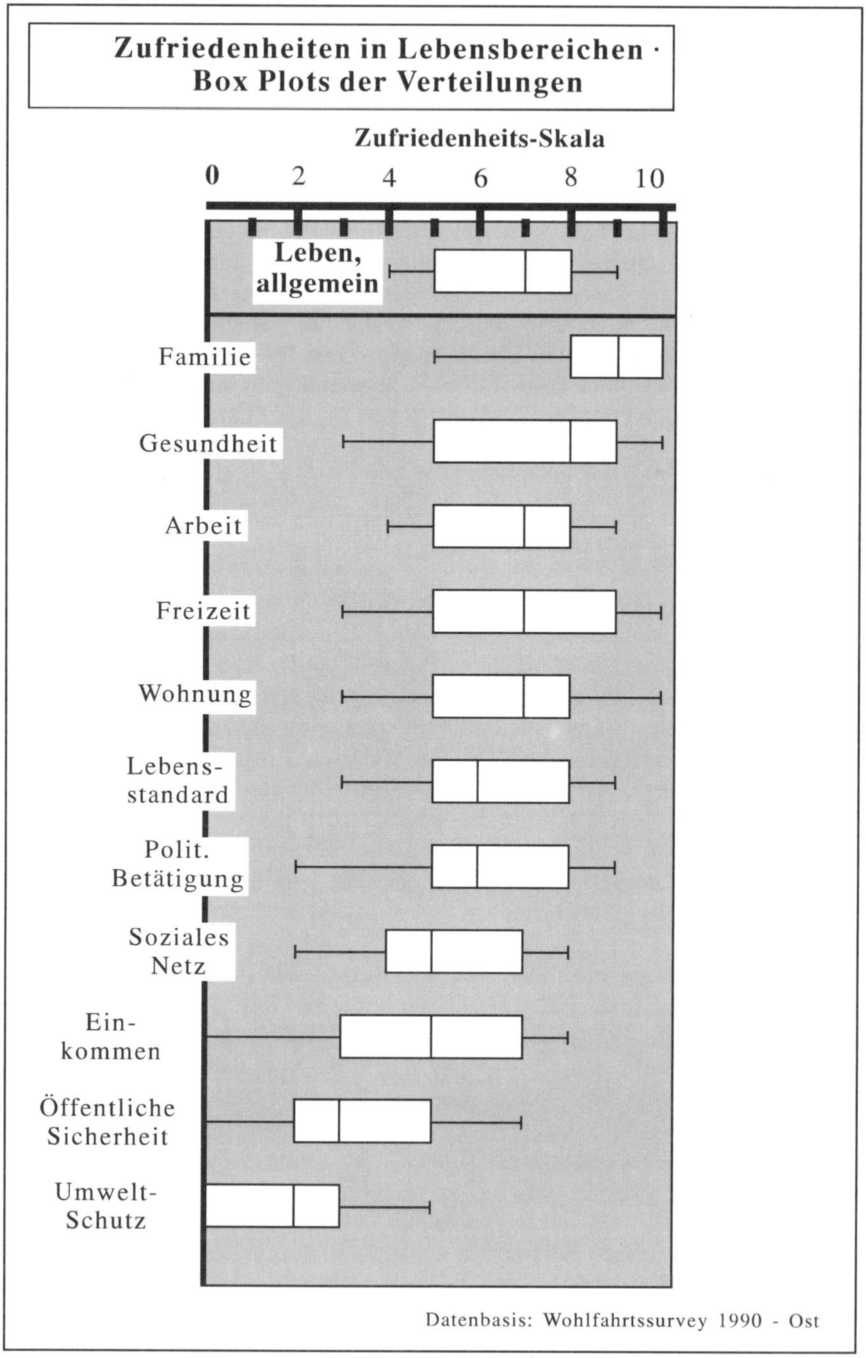
Zufriedenheiten in Lebensbereichen ·
Box Plots der Verteilungen
Zufriedenheits-Skala
0
2
4
6
8
10
Leben, allgemein
Familie
Gesundheit
Arbeit
Freizeit
Wohnung
Lebens-standard
Polit. Betätigung
Soziales Netz
Ein-kommen
Öffentliche Sicherheit
Umwelt-Schutz
Datenbasis: Wohlfahrtssurvey 1990 - Ost

Partnerschaft an der Spitze einer Rangordnung der Zufriedenheiten, während die Bereiche *Gesundheit*, *Lebensstandard* und *Einkommen* eine mittlere Position, die sich bereits durch erhebliche Unzufriedenheitsanteile auszeichnet, einnehmen und die öffentlichen Bereiche *Umweltschutz* und *öffentliche Sicherheit* mit extrem hoher Unzufriedenheit bewertet werden. Die erheblichen Differenzen bei den materiellen Lebensbedingungen verdeutlichen auf der subjektiven Ebene noch einmal das Wohlfahrtsgefälle zwischen Ost und West. Daß dabei auch die Beurteilung des *Angebots an Waren und Dienstleistungen*, das lediglich im Juni in der DDR erfragt wurde, sehr negativ ausfällt, ist ein zusätzlicher Hinweis auf die maßgebliche Bedeutung materieller Lebensbedingungen. Aber auch bei der *öffentlichen Sicherheit*, dem *Netz der Sozialen Sicherung* und dem *Arbeitsplatz* zeigen sich erhebliche Diskrepanzen zwischen Ost und West (vgl. dazu genauer Landua / Spellerberg / Habich 1991).

Tabelle 4: Zufriedenheit in ausgewählten Lebensbereichen nach sozial relevanten Merkmalen*

	Zufriedenheit mit . . .											
	Arbeitsplatz		Wohnung		Gesundheit		Lebens-standard		Haushalts-einkommen		Umwelt-schutz	
	Juni	Herbst	Juni	Herbst	Juni	Herbst	Juni	Herbst	Juni	Herbst	Juni	Herbst
	Mittelwerte											
Insgesamt	7,2	6,7	6,9	6,5	6,6	6,9	6,3	6,0	5,5	4,7	3,1	2,2
Geschlecht												
Männer	7,2	6,6	6,8	6,5	6,8	7,2	6,4	6,0	5,6	4,8	3,1	2,1
Frauen	7,2	6,9	7,0	6,5	6,4	6,7	6,3	5,9	5,5	4,6	3,1	2,3
Alter in Jahren												
18–34 Jahre	7,0	6,3	6,0	5,9	7,8	8,2	6,2	5,9	5,3	4,6	2,9	1,8
35–59 Jahre	7,3	6,9	7,3	6,7	6,3	6,6	6,4	6,0	5,7	4,8	2,9	2,3
60 Jahre u. älter	7,6	–	7,6	6,9	5,4	5,4	6,3	6,0	5,4	4,7	3,8	2,4
Bildungsabschluß												
8. Klasse	7,6	6,8	7,4	6,5	5,9	6,0	6,3	5,7	5,4	4,4	3,4	2,3
10. Klasse	7,1	6,7	6,5	6,4	7,2	7,6	6,3	6,1	5,5	4,9	2,9	2,1
Abitur	6,7	6,6	6,5	6,4	7,1	7,4	6,4	6,3	5,9	5,0	2,6	2,1
Stadt-Land-Kontinuum												
Dorf	7,2	6,4	7,4	7,0	6,3	6,8	6,5	5,9	5,4	4,6	3,7	2,3
Großstadt	7,1	6,6	6,7	6,4	6,5	7,0	6,	6,0	5,6	4,6	2,6	2,1
Einkommen												
Oberstes Quintil	7,4	7,0	6,7	6,5	6,8	7,0	6,6	6,5	6,2	5,6	3,1	2,0
Unterstes Quintil	7,1	6,1	7,0	6,1	6,1	6,5	5,9	5,0	4,5	3,2	3,5	2,2

* Zufriedenheitsskala von 0 bis 10: 0 = „ganz und gar unzufrieden"; 10 = „ganz und gar zufrieden".
Datenbasis: Basiserhebung DDR und Wohlfahrtssurvey-Ost

Für die hier zu diskutierende Fragestellung ist das erhebliche Wohlfahrtsgefälle zwischen beiden Teilen Deutschlands zwar von besonderem Interesse, der Schwerpunkt liegt jedoch eher auf beobachtbaren Trends innerhalb der ostdeutschen Gesellschaft. Solche Veränderungen innerhalb des letzten Halbjahres 1990 gehen in die Richtung einer eher noch ausgeprägteren Unzufriedenheit, wobei soziale Differenzierungen zwischen Bevölkerungsgruppen nun auch deutlicher hervortreten. Obwohl die Erhebungen nur einen kurzen Zeitraum erfassen, dokumentieren die vergleichbaren Indikatoren (siehe Tabelle) bereits zu diesen Zeitpunkten wesentliche Veränderungsprozesse in negativer Hinsicht. Dies ist für nahezu alle Lebensbereiche zu konstatieren: Am ausgeprägtesten sind dabei die Verschiebungen zu (noch) mehr Unzufriedenheit in den Bereichen *Umwelt* (im Durchschnitt von 3,1 auf 2,2) und *Einkommen* (von 5,5 auf 4,7). Bei einigen Bevölkerungsgruppen werden derartig niedrige Zufriedenheitsniveaus angegeben, wie sie im Westen zu keinem Zeitpunkt beobachtet wurden. Ähnliche Veränderungen sind in den Bereichen *Arbeit* und *Wohnen* festzustellen. Auch wenn die Verschiebungen – etwa im Bereich Wohnen oder im Umweltbereich – nicht unmittelbar auf entsprechende Verschlechterungen der objektiven Lebensverhältnisse zurückzuführen sind, sind sie von erheblicher politischer Bedeutung. Sie verweisen u. a. darauf, daß gerade angesichts einer realen oder vermeintlichen Unbeweglichkeit bei erhofften Verbesserungen der Lebensbedingungen Unzufriedenheit verstärkt wird. Mit dieser Entwicklung korrespondieren Veränderungen der Bedeutsamkeit einzelner Lebensbereiche, wobei Diskrepanzen zwischen den hohen Bedeutungszuweisungen einzelner Lebensbereiche und den bestehenden Unzufriedenheiten sich gegenseitig verstärken könnten: Viele der hohen Ansprüche können bei den (noch) gegebenen objektiven Lebensbedingungen nicht unmittelbar realisiert werden, was sich in (zusätzlicher) Unzufriedenheit ausdrückt, die wiederum eine weitere Akzentuierung der Ansprüche zur Folge haben kann. Zugleich, so meinen wir, verstärken sich zunächst eher noch geringe Unterschiede zwischen einzelnen sozialen Gruppen.

Da bislang lediglich auf der Ebene von Einzelindikatoren argumentiert wurde, soll nun eine allgemeinere Antwort nach der behaupteten *anderen* Wohlfahrtsstruktur gegeben werden. Wir wissen aus unseren Erhebungen der Wohlfahrtssurveys 1978 bis 1988, daß wir es in der Bundesrepublik mit einer über die letzten zehn Jahre relativ stabilen Wohlfahrtsstruktur zu tun haben (vgl. vor allem Berger-Schmitt 1991). Diese läßt sich, etwas vereinfacht formuliert, auf zwei Dimensionen zurückführen: Einer öffentlichen Wohlfahrtsdimension steht eine private Wohlfahrtsdimension gegenüber, die sich wiederum in eine materielle und eine nichtmaterielle Unterdimension aufsplitten läßt. Das Gegensatzpaar öffentlich – privat bleibt über alle Surveys, d. h. über insgesamt zehn Jahre, bestehen, der öffentliche Bereich ist deutlich stabiler als der private Bereich, und innerhalb des privaten finden einige theoretisch spannende Verschiebungen statt.

Betrachten wir analog dazu Ergebnisse mit den Zufriedenheitsindikatoren in Ostdeutschland (Panel und Wohlfahrtssurvey), dann kann bisher offenbar weder eine deutliche Trennung zwischen öffentlich – privat vorgenommen werden, noch erkennen wir eine systematische Differenzierung zwischen einzelnen privaten, materiellen und nicht-materiellen Lebensbereichen. Die Schlußfolgerung liegt nahe, daß – anders als in der früheren Bundesrepublik – die Zufriedenheitsbewertungen und somit die einzelnen Lebensbereiche relativ unabhängig voneinander sind, sich also nicht unmittelbar auf dahinterliegende Dimensionen reduzieren lassen. Jedem in unserem Konzept operationalisierten Lebensbereich kommt eine eigene Bedeutung zu.

Für eine solche Schlußfolgerung sprechen auch weitere Befunde. Analysen, in denen der jeweilige Einfluß einzelner Lebensbereiche auf das bilanzierende Maß der allgemeinen Lebenszufriedenheit geschätzt wurde, führen mit den Ost-Daten zu zunächst überraschenden Ergebnissen. Das wichtigste Ergebnis dabei ist, daß von elf Lebensbereichen lediglich sechs einen signifikanten Beitrag auf die allgemeine Lebenszufriedenheit haben und dabei die Zufriedenheit mit dem Lebensstandard praktisch im Alleingang das globale Wohlbefinden „erklärt"; die anderen fünf Bereiche tragen jeweils minimal zur Erklärung bei. Zugleich ist der Anteil an erklärter Varianz (um 25 %) etwa halb so groß wie in vergleichbaren Analysen der West-Erhebungen, schwankt allerdings erheblich in einzelnen Altersgruppen. Aber auch bei der Betrachtung einzelner Alters- und sozialer Gruppen ist die Dominanz der Zufriedenheit mit dem Lebensstandard überragend. So gesehen ist – was natürlich nicht mehr so überraschend ist – die frühere Gesellschaft der DDR in der Tat eine *zwischenmoderne* Gesellschaft, in der nach unseren Daten und ersten Analysen zunächst und vor allem materielle Lebensbedingungen bzw. deren Verbesserung einen wahrnehmbaren Anstieg an Lebensqualität erbringen.

3. Thesen zur weiteren Entwicklung

Wenn man aus diesen Analysen empirisch begründbare Thesen über oder gar Erklärungsskizzen für den weiteren Transformationsprozeß der früheren DDR-Gesellschaft im Zuge des Vereinigungsprozesses beider deutscher Gesellschaften präsentieren möchte, steht man zunächst vor dem bekannten Prognoseproblem, ausgehend von der Ebene der Mikroanalyse von Individuen und Haushalten Aussagen über die Entwicklung auf der Makroebene treffen zu wollen. Unsere Absicht ist deshalb vielmehr, aus einem (noch) vorläufigen empirischen Vergleich zweier Sozialstrukturen auf Entwicklungspotentiale und -konflikte der entstehenden gemeinsamen Sozialstruktur aufmerksam zu machen.

Die Konzepte, die wir für diesen Vergleich anwenden möchten, bestehen in ausgewählten zentralen Kategorien der empirisch orientierten Wohlfahrtsforschung und Sozialberichterstattung, mit denen – auch im internationalen Vergleich – sozialer Wandel gemessen wird und darüber hinaus Entwicklungstendenzen der Sozialstruktur und der sozialen Lage der Bevölkerung aufgezeigt werden können.

Für unsere Art der empirischen Wohlfahrtsforschung, d. h. der Wohlfahrtsmessung sowie der Beschreibung des sozialen Wandels bzw. der Wohlfahrtsentwicklung, hatte Erik Allardt (1973; 1975; zu neueren Entwicklungen auch: 1989) ein klar umrissenes Konzept von geeigneten objektiven und subjektiven Sozialindikatoren vorgeschlagen:

- Sozialer Wandel sollte gemessen werden im Hinblick auf gesellschaftspolitische Maßnahmen, die auf die Verbesserung der sozialen Lage der Bevölkerung zielen;
- Sozialer Wandel sollte deshalb über Output- und nicht Input-Indikatoren gemessen werden;
- Auf der Analysebene des zu beobachtenden sozialen Wandels wäre die gesellschaftliche Entwicklung zu unterscheiden in 1) der Erhöhung von Mittelwerten, in 2) der Reduzierung von Streuung und schließlich in 3) der Verringerung von Korrelation, wobei auf der Analyseebene zunächst keine generellen systematischen Beziehungen zwischen den drei Kriterien unterstellt werden.

Die Anhebung von Mittelwerten zielt dabei auf die stetige Verbesserung der *Versorgungslage* der Bevölkerung ab, etwa in der Wohnungsversorgung oder im Einkommensbereich; Reduzierung von Streuung meint die *Verringerung von Ungleichheit* etwa im Falle der Einkommens- und Vermögensungleichheit; Minimierung von Korrelationen, etwa zwischen sozialer Herkunft und eigenem Status, zwischen Ausbildung und Erwerbsstatus sowie sozialer Lage, dient dem wohlfahrtsstaatlichen Ziel der *Vermeidung von Ungerechtigkeiten* und dem *Ziel gleicher Zugangschancen.*

Scheinbar paradoxerweise hatte die frühere DDR-Gesellschaft bereits zwei dieser drei Kriterien – allerdings auf bekanntlich deutlich niedrigerem Niveau – im Vergleich zur alten Bundesrepublik „erfüllt“. Wir finden in praktisch allen (privaten) Lebensbereichen eine insgesamt niedrigere Varianz in objektiven Indikatoren der Versorgungslagen und darüber hinaus geringere Korrelationen zwischen den Merkmalen der klassischen Sozialstrukturanalyse oder anders gesagt den Variablen des Statuszuweisungsprozesses Bildung, berufliche Ausbildung, Erwerbsstatus, Einkommen, Lebensstandard, soziale Lage. Für die weitere Entwicklung der östlichen Sozialstruktur sind daraus unschwer Entwicklungslinien ableitbar. Unter der Prämisse der Einbindung der früheren DDR-Gesellschaft in das westliche Muster („gemäß Modernisierungtheorie werden die meisten Entwicklungen der DDR in westdeutsche Richtung gehen“, Zapf 1991: 44) heißt dies: Neben der weiteren Erhöhung der Versorgungslagen *auch* Erhöhung der sozialen Ungleichheit, Verringerung bisher bestehender Chancengleichheiten. Das heißt auch, daß auf der individuellen Ebene Friktionen und Brüche etwa in Erwerbsbiographien und darauf bezogenen bislang relativ klar strukturierten Lebensplänen auftreten werden, die über die Probleme der gegenwärtig beginnenden Massenarbeitslosigkeit hinausgehen.

Zusammenfassend gesagt: Wir gehen davon aus, daß in der näheren Zukunft mindestens zwei, in ihrer wohlfahrtsstaatlichen Zielrichtung gegenläufige Prozesse gleichzeitig stattfinden werden. Auf der einen Seite stetige Erhöhung von Mittelwerten in praktisch allen Lebensbereichen, d. h. die Verbesserung von Versorgungslagen bei gleichzeitiger Erhöhung von sozialer Ungleichheit oder positiv formuliert durch gleichzeitig verstärkte soziale Differenzierung.

Das kann durch wenige Beispiele illustriert werden:
- Massive Erhöhung des Bildungsniveaus, aber auch der Verlust der bisher erfahrenen (mehr oder weniger) unmittelbaren Umsetzung erworbener Qualifikationen in Erwerbsarbeit und Einkommen. Hier wird ein „neuer" Zwang der Verwertbarkeit auf dem Arbeitsmarkt entstehen.
- Erhöhung von Einkommen, aber auch mehr Streuung und damit mehr Ungleichheit in der Einkommens- und Vermögensverteilung.

Wo bleibt in diesen möglichen Prozessen der „Schuß Ostfarbe", den Wolfgang Zapf (1991) durch die Einbindung „weniger, aber sozialstrukturell sehr bedeutsamer Bereiche" sieht. Wir vermuten, daß dies – um im Bild zu bleiben – nur einzelne Kleckse sein werden, die weder in der bunten Vielfalt westdeutscher pluralisierter Lebensstile auffallen werden, noch das monotone Grau der westlichen Leistungsgesellschaft wesentlich erhellen werden. Konkreter: vielleicht ein leicht „protestantischeres" Deutschland mit Verstärkung des laizistischen Elements, aber mit nur wenig Wirkung im Hinblick auf bereits ablaufende Prozesse der Pluralisierung und Individualisierung; vielleicht auch mehr Diskussion um das „Modell der weiblichen Vollzeitproduktionskraft" und der „Vereinbarkeit von Beruf und Familie", aber wir sehen wenig Erfolg für Reformkurse im Westen.

Für eine solche Überlegung sprechen mindestens zwei empirische (Hilfs-)Argumente. Das erste zielt darauf ab, daß bei der Betrachtung des konstruierbaren maßstabsgerechten Bildes der gesamtdeutschen Sozialstruktur spezifische soziale Lagen der früheren DDR – bis auf wenige, aber nicht unbedeutende Ausnahmen – praktisch untergehen und auch augenscheinlich in einer entsprechenden Grafik kaum identifiziert werden können (vgl. Landua/Zapf 1991). Das entscheidende Argument baut auf solchen Analysen auf, in denen wir gezeigt haben, daß – um dies überspitzt zu formulieren – die Gesamtbevölkerung im Osten Deutschlands in praktisch allen sozialen Lagen und in praktisch allen gemessenen objektiven Lebensbedingungen und in praktisch allen gemessenen Dimensionen subjektiven Wohlbefindens die „Unterschicht" im vereinten Deutschland bildet. Dies wird sich in der unmittelbaren Zukunft, nicht zuletzt dank der politischen Maßnahmen, ändern, wobei mit dieser beobachtbaren Konzentration auf die stetige Verbesserung von Versorgungslagen (Mittelwerte) eine vom Westen deutlich verschiedene Entwicklung im Wertebereich nicht auszuschließen ist.

Die Frage, auf die wir abschließend eher kursorisch eingehen wollen, ist fast als naiv zu bezeichnen: Entspricht dieser Prozeß der Verbesserung der Lebensbedingungen auch den Vorstellungen, den Einstelllungen, den Werten und den Ansprüchen der ostdeutschen Bevölkerung im allgemeinen? Die Antwort ist genau so einfach wie eindeutig: Ja. Dies soll anhand einer weiteren, ebenfalls von Allardt vorgeschlagenen Kategorisierung kurz skizziert.

Allardt stellt der gesellschaftlichen Wohlfahrtsentwicklung eine (innere) Logik auf der individuellen Ebene gegenüber, die verkürzt durch die Begriffe *Having, Loving, Being* dargestellt werden. *Having* meint die Realisierung materieller Bedürfnisse und Interessen, *Loving* zielt auf Bedürfnisse der sozialen Zugehörigkeit und Partizipation ab, mit *Being* schließlich treten Bedürfnisse der Selbstverwirklichung hinzu. Hradil (1991; siehe auch den Beitrag von Hradil in diesem Band) geht von ähnlichen Entwicklungen aus, wenn er die westdeutsche Wohlfahrtsentwicklung sinngemäß charakterisiert: das *Wohlstandsparadigma* der 50er und 60er Jahre wurde Mitte der 70er Jahre durch das *Wohlfahrtsparadigma* (Stichwort Lebensqualität) abgelöst; dieses wiederum scheint inzwischen durch das *Lebensstilparadigma* weitgehend verdrängt worden sein. Auch wenn Zweifel an der umfassenden Gültigkeit der Lebensstilthese (für alle Bevölkerungsgruppen) berechtigt sind (vgl. dazu etwa Diewald 1990), so stützen die Daten der Sozialberichterstattung (vgl. Zapf u. a. 1987) in der alten Bundesrepublik den theoretischen Ansatz – im Westen werden zunehmend Prozesse der Pluralisierung der Lebensstile beobachtet.

Bezogen auf diese Kategorien können entscheidende Unterschiede im gegenwärtigen Modernisierungsprozeß im Osten Deutschlands gegenüber der westdeutschen Entwicklung herausgearbeitet werden. Unsere *These*, die sich auf die empirischen Befunde von Werteinstellungen, Orientierungen und Ansprüchen und deren bisher erkennbare Veränderungen im zeitlichen Verlauf stützt, wäre folgende:

Während in Westdeutschland nach wie vor und vermutlich stärker als bisher Lebensstilelemente auch sozialstrukturell prägend werden (Being), geht in der früheren DDR die Entwicklung in umgekehrter Richtung: weg von Being über Loving zurück zu Having. Unsere Daten können dahingehend interpretiert werden, daß eine stärker werdende Betonung von Ansprüchen und Orientierungen im Bereich des materiellen *Wohlstands* erkennbar wird, gewissermaßen auf einen umfassenden, gesellschaftlichen Nachholprozeß aufmerksam macht. Dies jedoch bei gleichzeitigem Versuch des Aufrechterhaltens bestimmter Elemente der individuellen und gesellschaftlichen *Wohlfahrt* und zugleich unter Ausschluß und Abbau bisher aufgebauter *Lebensstilaspekte*. Verallgemeinernd sind Indizien erkennbar, die auf die Rücknahme immaterieller Ansprüche, die Rücknahme von Selbstverwirklichungszielen und auf die Erhöhung materieller Ansprüche verweisen.

Entspricht dieser mögliche Prozeß einem sozialer Wandel entgegen der behaupteten Entwicklungslogik? Ja und Nein. Ja, wenn man lediglich die Ansprüche und Einstellungen der Bürger in Ost- mit denen in Westdeutschland vergleicht. Nein, wenn darüber hinaus die oben beschriebene zunächst im Vordergrund stehende Anhebung der materiellen Versorgungslagen berücksichtigt wird. Über den notwendigen Umweg der Verbesserung der Wohlstandspositionen könnte hier ein Angleichungsprozeß an diese Entwicklungslogik stattfinden, der allerdings beträchtliche sozialstrukturelle Konfliktpotentiale in der Gesamtgesellschaft freisetzen könnte: Erhebliche Bevölkerungsteile, zudem regional konzentriert, könnten Gefahr laufen, gesamtgesellschaftlich marginalisiert und ausgegrenzt zu werden. Dies weniger im Hinblick auf objektive Lebensbedingungen, sondern auch und gerade im Hinblick auf signifikant andere Ansprüche und Einstellungen. Ob diese – pointiert formuliert – „rückwärts gerichtete Modernisierung“ – Hettlage (1991) befürchtet im Hinblick auf das Aufeinanderprallen zweier „Kulturen“ einen „Modernisierungsschock“ – im Osten Deutschlands zu einer „echten“ Zwei-Drittel-Gesellschaft führt, eben weil der weite Weg zur Einheit auf Modernisierungs-Umwegen zurückgelegt werden muß, ist nicht auszuschließen. Die dadurch entstehenden Probleme könnten im beginnenden Transformationsprozeß zu einem nicht unbedeutenden Risiko für die Integration führen.

Literatur

Allardt, E., 1973: Dimensions of Welfare in a Comparative Scandinavian Study. Research Group for Comparative Sociology, Research Report No. 9, University of Helsinki

Allardt, E., 1975: About Dimensions of Welfare. Research Group for Comparative Sociology, Research Report No. 1, University of Helsinki

Allardt, E., 1989: Recent Developments in Scandinavian Sociology, in: Annual Review of Sociology, vol. 15: 31–45

Belwe, K., 1989: Sozialstruktur und gesellschaftlicher Wandel in der DDR, in: Weidenfeld, W. / Zimmermann, H. (Hrsg.), Deutschland-Handbuch, Bonn: 125–143

Berger-Schmitt, R., 1991: Niveau und Struktur der Zufriedenheit in der Bundesrepublik – Stabilität und Wandel 1978-1988, in: Hauser, R. u. a. (Hrsg.), Mikroanalytische Grundlagen der Gesellschaftspolitik. Ausgewählte Probleme und Lösungsansätze, Weinheim

Bergman-Winberg, M.-L., 1987: Wohlfahrt, Lebensniveau und Lebensweise im deutsch-deutschen Vergleich. Swedish School of Economics and Business Administration, Bd. 38, Helsingfors

Diewald, M., 1990: Von Klassen und Schichten zu Lebensstilen – Ein neues Paradigma für die empirische Sozialforschung?, Paper P 90-105, AG Sozialberichterstattung, Wissenschaftszentrum Berlin für Sozialforschung, Berlin

Glatzer, W. / Zapf, W., (Hrsg.) 1984: Lebensqualität in der Bundesrepublik. Objektive Lebensbedingungen und subjektives Wohlbefinden, Frankfurt / M.

Habich, R. / Landua, D., 1991: Der Wohlfahrtssurvey im Herbst 1990 in Ostdeutschland – Konzeption und Methode, in: Projektgruppe Das Sozio-ökonomische Panel (Hrsg.), Lebenslagen im Wandel – Basisdaten und -analyen zur Entwicklung in Ostdeutschland, Lebenslagen im Wandel, Bd. 5, Frankfurt / M.: 81–96

Habich, R. / Landua, D. / Priller, E., 1991: Geringere Lebenszufriedenheit in der ehemaligen DDR, in: Informationsdienst Soziale Indikatoren (ISI), Nr. 5, Januar 1991, Mannheim: 1–4

Habich, R. / Häder, M. / Krause, P. / Priller, E., 1991: Die Entwicklung des subjektiven Wohlbefindens vom Januar bis zum Herbst 1990 in der DDR und Ostdeutschland, in: Projektgruppe Das Sozio-ökonomische Panel (Hrsg.), Lebenslagen im Wandel – Basisdaten und -analyen zur Entwicklung in Ostdeutschland, Lebenslagen im Wandel, Bd. 5, Frankfurt / M.: 332–356

Habich, R. / Riede, Th., 1989: Satisfaction in Germany 1978-1988. No general dip but more inequality, in: Veenhoven, R. (ed.), Did the crisis really hurt? Effects of the 1980–1982 economic recession on satisfaction, mental health and mortalitym, Rotterdam: 94–107

Hettlage, R., 1990: Die deutsche Integration: Probleme bei der Konstruktion des „gemeinsamen Hauses", in: Hettlage, R. (Hrsg.), Die Bundesrepublik. Eine historische Bilanz, München: 297–324

Hradil, S., 1990: Individualisierung, Pluralisierung, Polarisierung: Was ist von den Schichten und Klassen geblieben?, in: Hettlage, R. (Hrsg.), Die Bundesrepublik. Eine historische Bilanz, München: 111–138

Landua, D. / Zapf, W., 1991: Soziale Lagen und Wohlfahrtspositionen in Deutschland nach der Wiedervereinigung, in: Informationsdienst Soziale Indikatoren (ISI), Nr. 6, Mannheim

Landua, D., 1991: Methodenbericht zum Wohlfahrtssurvey 1990 Ost, Paper, AG Sozialberichterstattung, Wissenschaftszentrum Berlin für Sozialforschung, Berlin

Landua, D./Spellerberg, A./Habich, R., 1991: Der lange Weg zur Einheit. Unterschiedliche Lebensqualität in den „alten“ und „neuen“ Bundesländern, Paper P 91–101, AG Sozialberichterstattung, Wissenschaftszentrum Berlin für Sozialforschung, Berlin

Projektgruppe Das Sozio-ökonomische Panel (Hrsg.) 1991: Lebenslagen im Wandel – Basisdaten und -analyen zur Entwicklung in Ostdeutschland, Lebenslagen im Wandel, Bd. 5, Frankfurt/M.

Statistisches Bundesamt (Hrsg.) in Zusammenarbeit mit dem Sonderforschungsbericht 3 der Universitäten Frankfurt und Mannheim 1989: Datenreport 1989, Bonn

Zapf, W., u. a. 1987: Individualisierung und Sicherheit, München

Zapf, W., 1989: Die Sozialstruktur der Bundesrepublik in den 1980er Jahren, Paper P 89–101, AG Sozialberichterstattung, Wissenschaftszentrum Berlin für Sozialforschung, Berlin

Zapf, W., 1991: Der Untergang der DDR und die soziologiche Theorie der Modernisierung, in: Giesen, B./Leggewie, C. (Hrsg.), Experiment Vereinigung. Ein sozialer Großversuch, Berlin: 38–51

Zapf, W., u. a. 1991: Die Wohlfahrtssurveys 1978, 1980, 1984 und 1988. Tabellenband zur Wohlfahrtsentwicklung in der Bundesrepublik Deutschland (Manuskript), Berlin

Dieter Bögenhold

Wandlungen und Beharrungen in der Sozial- und Wirtschaftsstruktur: Die „Petite Bourgeoisie“ vom Restposten zum vermeintlichen Motor der Gesellschaft

I.

Was die in der Überschrift gebrauchten Formulierungen vom Restposten und Motor der Gesellschaft anbelangt, so bedürfen sie eingangs vielleicht keiner expliziten Übersetzungshilfe, weil ihr semantischer Gehalt zumindest greifbar ist und naheliegt. Anders dagegen ist es mit der „Petite Bourgeoisie“, denn dieser Terminus gehört nicht zum festen soziologischen Begriffskanon der deutschsprachigen Literatur und ist gleichwohl auch nicht umgangssprachlich. Mit „petite“ oder auch „petty Bourgeoisie“ wird in weiten Teilen der angelsächsischen soziologischen Literatur die Erwerbskategorie der selbständig Erwerbstreibenden in den sogenannten fortgeschritten kapitalistisch verfaßten Gesellschaften bezeichnet (vgl. Bechhofer/ Elliott 1981; Cuneo 1984; Steinmetz/Wright 1989). In gewisser Weise drückt sich in dieser Semantik bereits das kognitive Muster der sozialstrukturellen und gesellschaftstheoretischen Perzeption aus: Die Inkarnation von Macht und Herrschaft in der Gesellschaft liegt hiernach bei der Bourgeoisie, der die große Masse abhängig beschäftigter Personen gegenübersteht. Weil ein solch schlichtes zweipoliges Gesellschaftsbild dann doch offensichtlich zu grobrastrig ist und die Majorität der kleineren selbständigen Erwerbstreibenden in Landwirtschaft, Handel und Handwerk auch nicht unbedingt mit dem gesellschaftlichen Monopol der Macht identifiziert werden kann, wurde quasi als Hilfskonstruktion dann die Unterscheidung zwischen der „grande“ bzw. „richtigen“ und der „Petite Bourgeoisie“ eingefügt. Das war letztlich nicht von theoretisch-analytischen Überlegungen gesellschaftstheoretischer Art geleitet, sondern eher eine begrifflich-illustrative „ad-hoc-Differenzierung“, die symptomatisch für die Gleichgültigkeiten oder Borniertheiten steht, mit der in der Wissenschaft über die Kategorie der (kleinen) selbständigen Erwerbsarbeit hinweggegangen wurde, von der sich sagen läßt, daß bei ihr nun nicht unbedingt die Fäden der gesellschaftlichen Herrschaft zusammenlaufen, sie aber auch nicht – qua definitionem – aus abhängig Beschäftigten besteht.

Heute müssen wir unsere Wahrnehmungsmuster hingegen neu ausrichten. War es in der wissenschaftlichen und politischen Diskussion jahrzehntelang Konsens gewesen, daß die sozialstrukturelle Entwicklung unaufhörlich in gleichem Tempo in dieselbe Richtung gehe, so meinte man demzufolge, daß die Gleise für den Zug der Geschichte in Richtung kontinuierlicher Modernisierung gelegt seien. Modernisierung war der Sammelbegriff für den Siegeszug der mit dem Begriff des Kapitalismus identifizierten Rationalität und der Steigerung der gesellschaftlichen Arbeitsteilung (vgl. weitergehend Berger 1986). Die Ausdifferenzierung der Gesellschaft im Zuge der weiteren Entwicklung des „Hochkapitalismus“ (Sombart 1987) gehe gleichzeitig – so die einhellige Meinung – mit dem Entstehen von wachsenden Organisationen in Wirtschaft, Politik und Verwaltung einher. Dieser fortschreitende gesellschaftliche Rationalisierungsprozeß finde im Bereich der Erwerbsarbeit eben in der säkular zunehmenden Ausweitung der abhängigen Beschäftigung seine Entsprechung.

Unabhängig vom jeweiligen politischen Standpunkt waren sich fast alle Zeitgenossen spätestens seit dem Beginn dieses Jahrhunderts darin einig, daß sich das „Regime der Lohnarbeit“ in den westlichen kapitalistischen Ländern in einem unaufhaltsamen Vormarsch befindet. Dieser hat tatsächlich in den letzten hundert Jahren in den meisten Gesellschaften auch stattgefunden, und zwar in teilweise beeindruckender Deutlichkeit. Aber in unseren gegenwärtigen Zeiten scheint er nun gestoppt zu sein, denn der viele Jahrzehnte vertraute Gleichklang der Ausdehnung der Lohnarbeit auf Kosten der selbständigen Erwerbsarbeit ist offensichtlich gestört. Denn wir erleben in eigentlich fast allen Ländern der OECD in den letzten eineinhalb Jahrzehnten eine deutliche Renaissance, zumindest aber eine Stabilisierung der bis dahin rückläufigen selbständigen Erwerbsarbeit. Diese Blüte des sogenannten traditionalen Sektors in der Moderne ist in den meisten soziologischen Fahrplänen nicht verzeichnet bzw. vorgesehen, weil die Wahrnehmung zu sehr auf den Prozeß der zunehmenden Proletarisierung fixiert war.

Anders war hingegen die Situation im ostdeutschen Sozialismus der Nachkriegszeit. Wie in den meisten staatssozialistischen Volkswirtschaften hat sich auch in der ehemaligen DDR das Kontingent an selbständiger Erwerbsarbeit kontinuierlich bis auf einen Restbestand minimiert. In einer Studie des „Instituts der deutschen Wirtschaft“ heißt es folgendermaßen: „Zuletzt gab es in der DDR-Industrie nur noch rund 2 000 klein- und mitteldimensionierte Betriebe, auf die lediglich 11 Prozent der Industrieproduktion entfallen. Zur schwindenden Bedeutung des Mittelstandes passen die sinkenden Selbständigenzahlen. Die Selbständigenquote ging von 28,3 (1946) auf zuletzt 2,1 zurück. Der dürftige Restbestand an selbständigen Unternehmen konzentriert sich auf das Handwerk und einige Spezialbereiche des Handels. Die Industrie und die Landwirtschaft sind nahezu völlig entprivatisiert.“ [1] Wenn wir uns die berühmte Passage aus dem Kommunistischen Manifest vor Augen halten, in der Marx und Engels recht apodiktisch ihre Vorstellungen von der zunehmenden gesellschaftlichen Dichotomisierung und Polarisierung formulierten,[2] dann liegt in

---

1 Institut der deutschen Wirtschaft 1990. Differenziert zeichnet M. Kaiser in ihrer Dokumentation die Bedingungs- und Verlaufsformen der letzten großen Sozialisierungswelle in der (ehemaligen) DDR nach, vgl. Kaiser 1990.

2 „Unsere Epoche, die Epoche der Bourgeoisie, zeichnet sich jedoch dadurch aus, daß sie die Klassengegensätze vereinfacht hat. Die ganze Gesellschaft spaltet sich mehr und mehr in zwei große feindliche Lager, in zwei große einander direkt gegenüberstehende Klassen: Bourgeoisie und Proletariat . . . Die bisherigen kleinen Mittelstände, die kleinen Industriellen, Kaufleute und

der realen historischen Entwicklung sicherlich ein gewisser anachronistischer Zug. Die geschichtliche Entwicklung wird gar „auf den Kopf gestellt", wenn man bedenkt, in welch starkem Maße sich die Perzeption der Rolle des selbständigen Unternehmertums geändert hat. Galt dieses in der offiziellen Ideologie im sozialistischen Ostdeutschland als „Inkarnation des Bösen", so wird es nun geradezu zum (positiven) Allheilmittel sozialer und wirtschaftlicher Defizite hochstilisiert.

Der Blick auf die tagespolitischen Diskussionen zeigt schnell, daß plötzlich von ganz unterschiedlichen Seiten politische „Patenschaften" für die „neuen" Selbständigen angemeldet werden, die sie auch als Objekt verschiedener politischer Kalküle und Interessen erscheinen lassen. Im selben Zuge, in dem sich die Zahl der Selbständigen in den meisten westlichen Ländern stabilisiert hat und sich hier und dort auch (auf allerdings vergleichsweise niedrigem Niveau) deutliche Anzeichen einer Zunahme der selbständigen Erwerbsarbeit finden, sind die Selbständigen auch in der Diskussion in den Mittelpunkt gerückt. So läßt sich heute eine eigentümliche, politisch farbenreiche Allianz für den Bereich der selbständigen Erwerbsarbeit beobachten, in der die Selbständigen sowohl als „Wert-an-sich" wie auch als „Wert-für-sich" fungieren. Der instrumentelle Wert-für-sich liegt in der vermuteten und erhofften Rolle begründet, die die Selbständigen und die Menschen, die sich neu in die Selbständigkeit begeben, spielen (sollen). Gerade in Zeiten, in denen die Arbeitslosigkeit so stark gestiegen war, daß sie nicht mehr nur als individuelles, sondern auch als politisches Problem angesehen wurde, auf das es entsprechender Antworten bedürfe, und sich außerdem gleichzeitig in einigen Märkten für Massenprodukte Stagnationssymptome zeigten, war das blinde Vertrauen in die Omnipotenz der großen Wirtschaftseinheiten teilweise auch bei denen ein Stück weit gewichen, die bis dahin ihre größten Befürworter waren. Gelegentlich schwenkten nun gar die vorher stärksten Anhänger der „Groß=Stark=Fortschritt"-Formel auf einen neuen Kurs ein und sie erblickten nun den Schlüssel zum Abbau der Arbeitslosigkeit und weiterer Defizite (wie beispielsweise diagnostizierten Innovationsdefiziten) bei den kleinen Firmen. Das wurde durch die Ergebnisse verschiedener wissenschaftlicher Arbeiten unterstützt, die gewissermaßen die wissenschaftliche „argumentative Währung" bereitstellten. Vor allem die Befunde der Arbeiten von D. L. Birch (1979 und 1987), die aufbauend auf empirischen Ergebnissen auf die komparativen Vorteile von kleinen und jungen Firmen gegenüber großen Unternehmen bei der Beschaffung neuer Arbeitsplätze hinwiesen, wurden in Nordamerika ebenso wie in Europa anfangs in breitem Maße zitiert. Angesichts der zu beobachtenden relativen politischen Hilflosigkeit gegenüber der Arbeitslosigkeit

Rentiers, die Handwerker und Bauern, alle diese Klassen fallen ins Proletariat hinab, teils dadurch, daß ihr kleines Kapital für den Betrieb der großen Industrie nicht ausreicht und der Konkurrenz mit den größeren Kapitalisten erliegt, teils dadurch, daß ihre Geschicklichkeit von neuen Produktionsweisen entwertet wird." (MEW 4: 463, 469.)

wurden diese auf einzelne US-amerikanische Regionen bezogenen Ergebnisse (meistens dazu noch ungeprüft) geradezu zu einer Art neuem politischen „Sinnschlüssel". Da kleine Firmen zum größten Teil in der Hand von Selbständigen sind und letztere – vice versa – ihre Wirtschaftsunternehmungen weitestgehend in dem Feld der kleinen und mittleren Unternehmen haben, waren demzufolge ebenso die Selbständigen als Objekt politischer Maßnahmen erkannt und ausgemacht. Sie sollten als vermeintliche Multiplikatoren wirken. So liegt dem wirtschaftspolitischen Handeln einer Reihe verschiedener Länder das stillschweigende Vertrauen in diesen instrumentellen Wert-für-sich zugrunde, bei dem die Selbständigen als die (personellen) Transporteure der kleinen Firmen zugedachten volkswirtschaftlichen Funktionen fungieren. Das bundesdeutsche Wirtschaftsministerium drückt das schlicht in der plakativen Formel aus: „Existenzgründungen schaffen Arbeitsplätze"[3]. Parallel dazu fungiert die Selbständigkeit auch als Wert-an-sich, und zwar in unterschiedlichen politischen Zusammenhängen gleichermaßen, nämlich ebenso in der konservativen politischen Rhetorik wie auch in kulturkritischen „Small is beautiful"-Vorstellungen (Schumacher 1973). In erstem Sinne steht der selbständig betriebene (Familien-)Betrieb geradezu als Synomym für gesellschaftliche Werte, die mit den Begriffen der Leistungsgesellschaft[4] positiv identifiziert werden. Insofern galten selbständige Kleinbetriebe zu den Zeiten der wesentlich präsenteren Konkurrenz der Wirtschaftssysteme geradezu als (ideologisches) Bollwerk gegenüber allen sozialistischen Erscheinungsbildern, Entwicklungen und Unterstellungen. Eingeschlossen in diese Perzeption war ferner eine eher diffuse Bürokratiekritik mit einem Unbehagen gegenüber Großorganisationen. Diesbezüglich war dann auch eine Brücke geschlagen zu der eher unter kulturkritischen „Small-is-beautiful"-Perspektiven übernommenen Patenschaft für Kleinbetriebe, die freilich nicht erst in den 80er Jahren neu entstand, sondern stets – wenn auch am Rande und eher leise – in Kommentaren zur gesellschaftlichen Entwicklung zu vernehmen gewesen war. Beispielsweise hieß es bereits im Jahre 1950 bei dem Zivilisationskritiker Alexander von Rüstow: „In Wahrheit ist es die Organisationsform der Arbeit, die Betriebsform, die frei oder unfrei macht: Kleinbetrieb macht frei – Großbetrieb macht unfrei! Alle Nachteile und Schäden, die herkömmlicherweise der Maschinentechnik zur Last gelegt werden, kommen in Wahrheit nur auf das Schuldkonto des Großbetriebes. Was den Menschen knechtet und zum Sklaven macht, ist mitnichten die Maschine, sondern ausschließlich der – allerdings durch gewisse Formen der Maschinenverwendung vorwärtsgetriebene – Großbetrieb." (Rüstow 1950: 176.)

---

[3] Daß man diesbezüglich auch sehr schnell von Illusionen genarrt werden kann, läßt sich mit Blick auf die empirischen Befunde in verschiedenen Ländern der OECD zeigen, vgl. diesbezüglich Bögenhold / Staber 1990; dies. 1991.

[4] Für eine vorbildliche soziologische Ideologiekritik der „Leistung" in ihrer gesellschaftlichen und individuellen Dimension vgl. die Studie von Claus Offe (1970: insbes. Kap. 3 und 4).

II.

Die Marxsche Prognose von der Polarisierung und Verhärtung der beiden großen gesellschaftlichen Gruppierungen Bourgeoisie und Proletariat und deren inneren Nivellierungen stellte im marxistischen Denken das Korsett der Geschichtstheorie und ihrer politischen Gehalte und Konsequenzen dar. Die sogenannte bürgerliche Soziologie stimmte viele Jahrzehnte in manchen Aspekten mit dieser eher düsteren Prognose überein, denn auch hier hatten die kleinen Unternehmer ebenfalls ihre besten Zeiten bereits hinter sich, und ihnen schien kaum eine positive Zukunft beschieden. Das Axiom dieses Denkens lag in der Annahme der technischen Überlegenheit größerer Wirtschaftseinheiten gegenüber kleineren. Die Inferiorität der letzteren führe zu einer solchen Benachteiligung, daß sie sich auf längere Sicht in der Konkurrenz nicht würden behaupten können. Selbst bei dem mit absoluten Aussagen stets eher vorsichtigen Max Weber finden sich ungeachtet seiner sonstigen kultur- und zivilisationskritischen Töne Formulierungen von der höheren Effizienz größerer Einheiten: „Der entscheidende Grund für das Vordringen der bürokratischen Organisation war von jeher ihre rein technische Überlegenheit über jede andere Form. Ein voll entwickelter bürokratischer Mechanismus verhält sich zu diesen genau wie eine Maschine zu den nicht mechanischen Arten der Gütererzeugung."(Weber 1972: 561.)[5] Lassen wir einmal die Entwicklung nur dieses Jahrhunderts Revue passieren, so zeigt sich, daß der Trend zu größeren Einheiten tatsächlich stattgefunden hat, und zwar in einer beeindruckenden Art und Weise. Der mit den Produktivitätsfortschritten der Landwirtschaft einhergehende Exodus an Beschäftigten und Firmen im Bereich der Agrarwirtschaft und die gleichzeitig zunehmende Industrialisierung der Volkswirtschaften führten u. a. zum Aufkommen der Aktiengesellschaften als der modernen Betriebsform unseres Jahrhunderts und brachte außerdem eine beträchtliche Konzentration, Verflechtung und Internationalisierung der großen Wirtschaftsbetriebe mit sich. Die kühne Prognose von Marx richtete sich ja gleichermaßen auf das weitestgehende Verschwinden der „kleinen" wie der „großen" Selbständigen: Erstere würden in der Konkurrenz „zerrieben" und letztere im Prozeß des Aufkommens der Aktiengesellschaften mit der einsetzenden Trennung von Eigentum und Kontrolle historisch ebenfalls gewissermaßen überflüssig.[6]

---

[5] Weber faßte mit seinem Begriff von der „bürokratischen Behörde" gleichermaßen öffentliche Verwaltungen wie privatwirtschaftliche Unternehmen, sofern sie eine entsprechend formalisierte Organisationsstruktur mit der planmäßigen, schriftlichen Festlegung von strukturellen und prozessuralen Regelungen aufweisen. An einer Stelle weist Weber explizit auf den Zusammenhang von wirtschaftlicher Konzentration und zunehmender „Verbürokratisierung" hin: „Die bürokratische Struktur geht Hand in Hand mit der Konzentration der sachlichen Betriebsmittel in der Hand des Herrn. So in bekannter typischer Art in der Entwicklung der privatkapitalistischen Großbetriebe, die darin ihr wesentliches Merkmal finden." (1972: 566.)

[6] Nach Marx war die Aktiengesellschaft, in der die Funktion vom Kapitaleigentum getrennt ist, ein „Resultat der höchsten Entwicklung der kapitalistischen Produktion" und zugleich „die Aufhebung der kapitalistischen Produktionsweise innerhalb der kapitalistischen Produktionsweise selbst". (MEW 25: 453f.)

Zu den wenigen Autoren, die gewissermaßen gegen den zeitgeschichtlichen Mainstream des unbedingten Siegeszuges der „Größe“ argumentierten, der sich ja vor allem in der zweiten Hälfte des letzten Jahrhunderts und fortgesetzt in den Anfängen dieses Jahrhunderts in beeindruckendem Tempo tatsächlich vollzog und dabei auch eine ganze Reihe handwerklicher Gewerbezweige ausradierte, gehörten beispielsweise Gustav Schmoller (1838–1917) und Rosa Luxemburg (1870–1919). Beide hatten sich frühzeitig (und insofern zu ihrer Zeit „unmodern“) Gedanken über das relative Beharrungsvermögen und die Funktion der Wirtschafts- und Erwerbskategorien „Kleingewerbe“ und „Selbständige“ gemacht. In ihrer Sicht fungierten diese als eine Art funktionales Äquivalent zum „modernen“, großbetrieblich strukturierten Teil der Ökonomie.

Luxemburgs Argumentation in ihrer Studie „Die Akkumulation des Kapitals“ (1913) orientiert sich an Marx, richtet sich in der Konsequenz dann aber gegen diesen. Ähnlich wie Marx unterscheidet Luxemburg zwischen einem „modernen“, d. h. kapitalistisch-industriell-marktwirtschaftlichen Sektor der Volkswirtschaft und einem diesem gegenüberstehenden traditionalen Bereich, in dem entweder Naturalwirtschaft oder einfache Warenproduktion betrieben wird. Letzterer hat im Hinblick auf die (Fort-)Entwicklung des Kapitalismus eine doppelte Funktion, und zwar dient er als Arbeitskraft- wie Absatzmarktreserve für die moderne „kapitalistische Produktionsweise“. Diese Konzeption ist bei Marx und Engels in ihrer Abhandlung der „ursprünglichen Akkumulation“ (vgl. MEW 23: 741ff.) breit ausgearbeitet. In einem Satz: „Die Expropriation und Verjagung eines Teils des Landvolkes setzt mit den Arbeitern nicht nur ihre Lebensmittel und ihr Arbeitsmaterial für das industrielle Kapital frei, sie schafft den inneren Markt“ (MEW 23: 775).

Während Marx den Abschluß dieser Entwicklung jedoch als prozessurale Voraussetzung für seine Modelle der erweiterten kapitalistischen Reproduktionsschemata ansah, erblickte Luxemburg im sogenannten traditionalen Sektor gewissermaßen einen integralen Bestandteil des gesamtgesellschaftlichen Produktionsprozesses, der in einer funktionalen Verklammerung mit dem „modernen“ Sektor steht. Ihr Theorem der „inneren Landnahme“ stützt sich gerade darauf, daß der „traditionale Sektor“ wie ein Fettpolster angezapft und aufgezehrt und im Sinne eines nach innen gewandten Imperialismus urbar gemacht werden kann. Luxemburg stellt Marx' Konzeptionen, die sie als „theoretischen Notbehelf“ bezeichnet (1923: 270), ihre These entgegen, „daß der Kapitalismus auch in seiner vollen Reife in jeder Beziehung auf die gleichzeitige Existenz nichtkapitalistischer Schichten und Gesellschaften angewiesen ist“ (ebenda: 286). Ohne hier auf ihre vielleicht nicht ganz unproblematischen werttheoretischen Begründungen einzugehen, führt sie diese These an anderer Stelle etwas weiter aus:

„Wenn der Kapitalismus also von nichtkapitalistischen Formationen lebt, so lebt er, genauer gesprochen, von dem Ruin dieser Formationen, und wenn er des nichtkapitalistischen Milieus zur Akkumulation unbedingt bedarf, so braucht er es als Nährboden, auf dessen Kosten, durch dessen Aufsaugung die Akkumulation sich vollzieht. Historisch aufgefaßt, ist die Kapitalakkumulation ein Prozeß des

Stoffwechsels, der sich zwischen der kapitalistischen und den vorkapitalistischen Produktionsweisen vollzieht. Ohne sie kann die Akkumulation des Kapitals nicht vor sich gehen, die Akkumulation besteht aber, von dieser Seite genommen, im Zernagen und Assimilieren jener. Die Kapitalakkumulation kann demnach so wenig ohne die nichtkapitalistischen Formationen existieren, wie jene neben ihr zu existieren vermögen. Nur im ständigen Zerbröckeln jener sind die Daseinsbedingungen der Kapitalakkumulation gegeben." (Ebenda: 334f.)

In seinem Buch „Der kurze Traum immerwährender Prosperität" (1984) hat B. Lutz unlängst auf die Luxemburgsche Perspektive wieder aufmerksam gemacht und argumentativ entsprechend angeknüpft. Dabei wurde in einer wirtschafts- und sozialhistorischen Generalsperspektive der Versuch unternommen, die Entwicklung volkswirtschaftlicher Prosperität in einen analytisch engen Zusammenhang mit der Situation des Arbeitsmarktes und der Beschaffenheit des sogenannten traditionalen Sektors zu stellen. Die eingenommene zeitgeschichtlich breite Untersuchungsanlage von Lutz, die die soziologische Analyse nicht durch „tagespolitische Aufgeregtheiten" verwässert sehen will und inhaltlich gegen „Normalitäts"-Vorstellungen im Zusammenhang mit der gesellschaftlichen Arbeitslosigkeit opponiert, konnte so auf eine eigentümlich stabile „Balance" zwischen sogenanntem traditionalem und modernem Sektor verweisen. Darüber hinaus – und das ist für den vorliegenden Zusammenhang besonders interessant – wurde auch auf die Möglichkeit von „Rückkoppelungsmechanismen" für den Fall des Ablösens von Prosperitäts- durch Depressionsspiralen hingewiesen (Lutz 1984: 112f., 173f.). Dieser Rückstau, den wir ja empirisch bereits in den 30er Jahren beobachten konnten, und zwar ohne daß dabei irgendwelche Wertewandlungen eine Rolle spielten, ist ein Phänomen, welches gesellschaftstheoretisch interessant ist, wenngleich es freilich insgesamt kaum beachtet wurde.

Diese von Luxemburg vorgegebene und beispielsweise von Lutz wieder aufgenommene Sichtweise verweist uns auf das organische Ganze der Volkswirtschaft und betont die Interdependenz der unterschiedlichen volkswirtschaftlichen und gesellschaftlichen Segmente. Zudem verweist die der volkswirtschaftlichen Dualismus-Diskussion entsprechende terminologische Unterscheidung zwischen einem „traditionalen" und einem „modern-kapitalistischen" Sektor der Wirtschaft auf die volkswirtschaftliche Heterogenität, die sich zumindest in mehr als nur einer Logik der gesellschaftlichen Produktion von Gütern und Leistungen ausdrückt. Allerdings kann die Begrifflichkeit des „traditionalen" Sektors nicht vollends befriedigen: Es würde erstens Sinn machen, dort von einem traditionalen Sektor zu sprechen, wo hauptsächlich nicht für den Markt, sondern für den eigenen Bedarf produziert wird, wie es für den Typus der Subsistenzproduktion kennzeichnend ist. Dieser Produktionstypus spielt in den westlichen Gesellschaften als aktiv-dominante Wirtschaftsform (abgesehen von flankierend-substitutiven Funktionen) eigentlich keine Rolle mehr: Die Marktvergesellschaftung ist entsprechend fortgeschritten. Produziert wird für den Markt, der Gelderlös dient zu erweiterten Investitionen und/oder wird zu konsumptiven und reproduktiven Zwecken verwandt, die über den Markt realisiert werden. Ein zweiter Einwand gegen die Formulierung vom

„traditionalen" Sektor liegt darin, daß hier ein Bereich sehr statisch betrachtet und abgegrenzt wird. Zwar wird eingeräumt, daß zwischen beiden volkswirtschaftlichen Sektoren Austauschprozesse stattfinden und es – wie in der Konzeption von Lutz (1984) – nicht nur irreversible Ausblutungsprozesse gibt, sondern daß eben auch Rückkoppelungen stattfinden. Aber letztlich scheint implizit doch eine gewisse Art „Zwei-Fronten-Denken" längs der „Modern-Traditional-Achse" zu bestehen.

Der oben bereits erwähnte Gustav Schmoller hatte sich noch vor Rosa Luxemburg Gedanken über die Entwicklung der Unternehmensgrößenstruktur gemacht. In seinem Artikel „Über die Entwicklung des Großbetriebes und die soziale Klassenbildung" – erschienen im Jahre 1892 in den Preußischen Jahrbüchern (Bd. 69: 458–462, 467–480) – wies er darauf hin, daß der Typus der kleinen Firmen nicht irgendeinen marginalen Randbereich des Wirtschaftslebens darstelle, sondern ganz im Gegenteil der Zahl nach eindeutig dominiere. Einen gravierenden Wandel dieses Verhältnisses sah Schmoller auch für die Zukunft nicht bevorstehen. So formulierte er: „Jedenfalls kann für den nüchternen Beobachter darüber kein Zweifel sein, daß der größere Teil aller Landwirtschaft, ein erheblicher Teil des Handwerks, die Kunst- und Beherbergungsgewerbe, der Kleinhandel die alte Form mittlerer und kleinerer Betriebe nicht oder nur teilweise abstreifen werden" (hier: 1959: 234). Doch Schmoller ging in seinen analytischen Folgerungen noch weiter und sah bereits 1892 Grenzen der „Massenproduktion" (Originalformulierung bei Schmoller 1959: 235). So heißt es beispielsweise: „Es kommt hinzu, daß alle diese Dinge im Flusse begriffen sind, daß eine unzweifelhafte Tendenz auf zunehmenden Großbetrieb vorhanden ist, daß aber andererseits die Vorstellung, als ob unser ganzes Geschäftsleben in allen Teilen binnen kurzem dem Großbetrieb verfallen würde, doch eine gänzlich falsche ist. Es will mir vorkommen, als wenn wir in mancher Beziehung bald an der Grenze dieser Tendenz angekommen wären, als ob bald an vielen Stellen der Punkt erreicht wäre, von dem an die Schwerfälligkeit und die Kosten des Großbetriebs der Verbilligung und technischen Verbesserung die Waage halten würden." (Ebenda: 234.)

Wer diese Fragen nun nicht auf einer rein spekulativen Ebene belassen möchte, der sieht sich auf die Notwendigkeit der Empirie und ihrer Deckung verwiesen. Schmoller orientierte sich beispielsweise an der deutschen Berufszählung und den mit ihr verbundenen Betriebszählungen von 1882, die er als „das beste statistische Material, das irgendein Land in dieser Beziehung hat" (ebenda: 234), ansah. Aufgrund der mit diesem Material angestellten Untersuchungen kam er zu „dem Resultat, daß von 7–8 Mill. Gewerbetätigen in Deutschland erst 2,5–3 den Geschäften mit über 50 Personen und jenen Großbetrieben mit über 1 000 Personen wahrscheinlich noch keine Million Menschen angehören" (235). Und Schmoller folgert: „Gewiß verschiebt sich all das nun von Tag zu Tag, aber in welchem Tempo und mit welcher Begrenzung, darüber ist heute noch keine Klarheit vorhanden. Nur das scheint festzustehen, daß der eigentliche Großbetrieb nur in einer bestimmten Anzahl Verkehrsgewerbe, in der Montanindustrie, sowie in einzelnen Branchen der Massenproduktion, aber nicht in allen übrigen Zweigen der Volkswirtschaft siegen wird. Die Konsequenz ist einfach: wir haben es in den nächsten Jahrzehnten unter allen Umständen zu tun mit einem Nebeneinanderbestehen von einer Anzahl riesenhafter Großbetriebe, von vielen zahlreichen Mittelbetrieben und einer Majorität von Kleinbetrieben." (Ebenda.)

III.

Aufgrund der in der Bundesrepublik in Verbindung mit der Volkszählung erstmalig nach 1970 wieder im Jahre 1987 durchgeführten Arbeitsstättenzählung, deren Ergebnisse jetzt allmählich verfügbar werden, lassen sich relativ aktuelle Auskünfte über das Bild und die Veränderung der westdeutschen Unternehmensstruktur geben. Damit kann fast genau 100 Jahre nachdem Schmoller seine Prognosen aufstellte, eine Bilanz gezogen werden. Um die Antwort freilich schon vorwegzunehmen: Schmollers Formulierungen zeigen sich auch nach einem Jahrhundert derart präzise, als handele es sich um eine gegenwärtige Zustandsbeschreibung. Bei den hier präsentierten Befunden steht stärker die deskriptive Skizzierung der Entwicklungskonturen als eine (daran anzuschließende) differenzierende Betrachtung von Einzelfragen im Vordergrund. Die Daten zeigen, daß sich bis zum Jahre 1970 ein fortgesetzter Trend zur zunehmenden Größe vollzog, der sich in dem anschließenden Zeitraum von 1970 bis 1987 dann nicht weiter fortsetzte, sondern umkehrte. Vieles deutet darauf hin, als ob in gewissem Sinne die von Schmoller (s. o.) vermutete Grenze der „Tendenz zum Großbetrieb" zwischenzeitlich erreicht worden ist. Bis 1970 hat sich die Durchschnittszahl der Beschäftigten pro Arbeitsstätte kontinuierlich erhöht: Einem Anstieg von 5,8 (1939), über 6,0 (1950), 9,0 (1961) folgte der bisherige Höchststand von 10,7 (1970). Im Jahre 1987 war dann ein – wenngleich leichter – durchschnittlicher Rückgang auf 10,4 Beschäftigte pro Arbeitsstätte zu verzeichnen.

In Tabelle 1 verdeutlicht sich der überragende Anteil der relativ kleinen Arbeitsstätten in der bundesdeutschen Wirtschaft. Mehr als 97 % aller Arbeitsstätten

Tabelle 1

	Arbeitsstätten mit ... Beschäftigten in der Bundesrepublik Deutschland (in %)				
Jahr	1–49	50–499	500 +	insg. in v. H.	insg. in 1 000
1950	98,8	1,2	0,07	100	2 220,8
1961	97,6	2,2	0,2	100	2 584,1
1970	97,0	2,8	0,2	100	2 285,3
1987	97,2	2,6	0,2	100	2 581,2

Quelle: Eigene Berechnungen nach Statistisches Bundesamt, Arbeitsstättenzählungen, verschiedene Jahrgänge entfallen in die Größenordnung von 1 bis 49 Beschäftigten. Es zeigt sich ferner, daß dieser Anteil bis 1970 leicht rückläufig war und sich seitdem wieder etwas erhöht hat.

Tabelle 2

Jahr	Unternehmen mit . . . Beschäftigten in der Bundesrepublik Deutschland* 1–49	50–499	500 +	insg.
		abs. (in 1 000)		
1950	–	–	–	1 923,6
1961	2 148,8	39,0	3,3	2 191,2
1970	1 861,7	39,8	3,6	1 905,1
1987	2 056,9	37,6	3,3	2 097,9
		v.H.		
1950	–	–	–	100
1961	98,0	1,8	0,2	100
1970	97,0	2,8	0,2	100
1987	97,2	2,6	0,2	100

* 1961, 1970 und 1987 einschließl. Berlin(West)

Quelle: Eigene Berechnungen nach Statistisches Bundesamt, Arbeitsstättenzählungen, verschiedene Jahrgänge

Im Vergleich zur Arbeitsstättenbetrachtung, die sich lediglich an örtlichen Gegebenheiten orientiert, zeigt der Blick auf die (an juristischen Gegebenheiten fixierte) Unternehmensgrößenstruktur ein prinzipiell ähnliches Bild. Neben der auch hier sichtbar werdenden „Umkehr" der Richtung zeigt sich, daß die Wirtschaft zum weitaus größten Teil aus Kleinunternehmen besteht. Allein zwischen 1970 und 1987 kamen fast 200 000 Unternehmen in der Größenklassen 1 bis 49 Beschäftigte zahlenmäßig neu hinzu. Umgekehrt ergibt sich, daß lediglich 0,2 % aller Unternehmen in die Größenordnung von mehr als 500 Beschäftigten fallen. Das ist vor allem auch interessant und wichtig zu registrieren, wenn man bedenkt, in welcher pauschalisierender Verkürzung sowohl in der ost- wie auch westdeutschen (Industrie-)Soziologie der Nachkriegszeit (teils implizit, teils auch explizit) nur von der Ein-Betrieb-Industrie bzw. -Wirtschaft die Rede war, so als gäbe es, wenn der Betrieb gemeint war, nur den auf fordistischer Massenproduktion basierenden Industriebetrieb. Tatsächlich macht dieser Betriebs- bzw. Unternehmenstypus jedoch nur einen eher verschwindenden Teil im Gesamtbild der Unternehmensmorphologie aus.

Tabelle 3

Jahr	Beschäftigte in Unternehmen mit . . . Beschäftigten in der BRD* 1–49	50–499	500 +	insg.
		abs. (in 1 000)		
1950	–	–	–	12 157,4
1961	8 360,8	4 958,1	7 387,6	20 706,5
1970	8 066,5	5 154,1	8 035,0	21 255,5
1987	9 591,1	4 800,3	7 525,1	21 916,6
		v.H.		
1950	–	–	–	100
1961	40,4	23,9	35,7	100
1970	37,9	24,3	37,8	100
1987	43,8	22,0	34,4	100

* 1961, 1970 und 1987 einschließl. Berlin (West)

Quelle: Eigene Berechnungen nach Statistisches Bundesamt, Arbeitsstättenzählungen, verschiedene Jahrgänge

Anders erscheint das Bild, wenn man sich der Verteilung der Beschäftigten auf die Unternehmen (nach Beschäftigtengrößenklassen) zuwendet: Hier ergibt sich eine weitaus gleichmäßigere Verteilung über kleine und große Unternehmen, wobei es sich hier insofern natürlich teils um ein statistisches Artefakt handelt, als „kleine“ bzw. „große“ Unternehmen schließlich gerade über ihre Beschäftigtenanteile definiert sind. Auch in dieser Betrachtung wird der zwischenzeitlich nicht abnehmende, sondern zunehmende Teil der Kleinunternehmen deutlich. Zwischen 1970 und 1987 nahm das Beschäftigungsvolumen lediglich um 660 000 Personen zu, während die kleinen Unternehmen einen Beschäftigungsgewinn von über 1,5 Millionen Beschäftigten verzeichnen konnten. Umgekehrt sank der Anteil der Beschäftigten in den Unternehmen mit mehr als 500 Beschäftigten um etwa 500 000 in demselben Zeitraum. Es kann hier nicht der Ort sein, diese Globalentwicklungen nun im einzelnen Detail differenzierter zu analysieren. Selbstverständlich „verstekken“ sich hinter den skizzierten Befunden auch verschiedene Einzelentwicklungen.

Der nach wie vor große bis sehr große Anteil, den kleine Unternehmenseinheiten in der (kapitalistischen) bundesdeutschen Volkswirtschaft innehaben, mag für manche Zeitgenossen überraschend sein, vor allem für jene, die den Bereich des Kleingewerbes stets in toto mit dem Begriff des „traditionalen Sektors“ belegt hatten. Denn in diesem Begriff steckt zumeist noch die Konnotation des „Restpostens“ im Sinne von „alt“, „antiquiert“ und „noch nicht entwickelt“. Was aus der bisherigen Betrachtung nicht ersichtlich wurde, das ist, daß sich gewissermaßen „hinter“ den Bestandsdaten vielfältige Umschichtungen vollziehen, die das Kontingent der kleinen Wirtschaftseinheiten als solches in seinem Umfang relativ unberührt lassen, aber die konkreten Firmen und Personen teilweise austauschen.

So ist das Beharrungsvermögen der kleinen Wirtschaftseinheiten und der selbständigen Erwerbsarbeit als Kategorie eine Sache, die jeweilige Zusammensetzung dieser Kategorie mit konkreten Firmen und Personen hingegen eine andere: Es wird übersehen, daß in dem vermeintlich traditionalen Sektor durchaus „Blutaustausch" stattfindet und stets auch neue Personen und Firmen wieder hinzukommen, die Produkte heutiger (moderner) Entwicklungen sind.

Was früher der selbständige Landwirt, Krämer oder Schuhmacher war, kann heute der selbständige Boutiqueinhaber, Betreiber einer Autowaschstraße oder Peepshow oder ein selbständiger Steuerberater sein. Viele Unternehmungen des sogenannten alten oder traditionalen Sektors sind Produkte *neuerer* Entwicklungen. Der sogenannte traditionale Sektor umfaßt eben nicht nur rückständige und marode, sondern durchaus auch neue und teilweise sehr effiziente Bereiche. Tatsächlich ist dort, wo von einem traditionalen Sektor gesprochen wird, in erster Linie denn auch nur der Bereich der Kleinbetriebe und der der selbständigen Erwerbsarbeit angesprochen bzw. gemeint. Statt um „traditional" im Sinne von „rückständig an spezifischer Entwicklung" und um „modern" im Sinne von „entwicklungsweisend" handelt es sich zumeist lediglich um die Unterscheidung von klein- und großgewerblichen Bereichen.

IV.

Der mit dem Kommen und Gehen von Firmen und ihren selbständigen Betreibern verbundene „Blutaustausch" bei den Selbständigen ist soziologisch besonders auch deshalb interessant, als sich hier ständig soziale, kulturelle und wirtschaftliche Aufmischungen des Unternehmertums vollziehen, welche völlig übersehen werden, wenn man eine „statische" Betrachtungsweise einnimmt und nur die Entwicklung der absoluten Bestandszahlen verfolgt. „Hinter" den Saldozahlen, wie sie sich in der Statistik finden und die sich in ihrem zeitlichen Verlauf entsprechend als Niedergang oder Renaissance interpretieren lassen, vollziehen sich also permanent in wesentlich größerem Ausmaße personelle Austauschprozesse, in deren Dynamik sich auch vielfältige Muster „sozialen Auftriebs" und „sozialer Deklassierung"[7] für die einzelnen beteiligten Menschen ergeben.

Die Umschichtungen in der Wirtschaftskategorie der Selbständigen verweisen dabei auf unterschiedliche Rekrutierungspfade, denen ebenso divergente soziale Logiken entsprechen, die die berufliche Mobilität initiieren und begleiten. Sie reflektieren damit auch die enorme Heterogenität der sozialen und materiellen Lebenslagen der Selbständigen, die von gesellschaftlich privilegiertesten bis zu

---

[7] Die Formulierungen werden in einem anderen Zusammenhang verwandt bei Schumpeter 1964: 101.

marginalen Positionen reichen und sich schon auf Grund dieser vielfältigen sozioökonomischen Lebenslagen gegen eine allen gemeinsame sozialstrukturelle Verortung und Subsumtion unter eine schematische Begrifflichkeit, wie sie die der „petite“ Bourgeoisie darstellt, sperren. Das gilt ebenso für den in der deutschen Sprache populären Begriff des Mittelstandes in seiner problematischen Zusammensetzung der Metapher der „Mitte“ mit dem gesellschafts- und sozialstrukturtheoretisch argumentativ nicht begründeten „-stand“. Um beispielsweise zu verdeutlichen, daß es mehr als nur eine Logik für den Weg in die berufliche Selbständigkeit gibt, wurden aus dem breiten Spektrum von Motiven, Motivüberschneidungen und hinzukommenden „objektiven“ Bedingungskonstellationen zu heuristischen Zwecken die beiden Extrema eines fließenden Kontinuums benannt, nämlich einmal eine berufliche Logik, die einer „Ökonomie der Not“ folgt, und zum anderen eine, die sich als „Ökonomie der Selbstverwirklichung“ bezeichnen läßt (vgl. Bögenhold 1985). Realiter waren die unterschiedlichen Rationalitäten auf der Ebene der Akteure dabei seit eh und je „gemischt“. Hieran anknüpfend lassen sich eine Reihe weiterer Fragen und Anschlußfragen stellen, von denen ich hier lediglich die folgende in aller Kürze aufgreifen möchte:

Generell läßt sich zunächst sagen, daß die berufliche Mobilität in die (und umgekehrt *aus* der) Selbständigkeit als sozialstatistische Größe als solche bereits von Belang ist, weil sie in den „frühen“ soziologischen Entwürfen nicht recht vorgesehen war. „Besitz und Besitzlosigkeit sind daher die Grundkategorien aller Klassenlagen“, hatte Max Weber (1972: 532) formuliert. Der Übergang in die selbständige Erwerbstätigkeit war weder bei Marx noch bei Weber oder schließlich Theodor Geiger empirisch registriert und gesellschaftstheoretisch berücksichtigt. In diesen Konzeptionen fand sich statt dessen nur die Betonung der gesamtgesellschaftlich-säkularen Entwicklung in umgekehrter Richtung, nämlich der Minimierung der selbständigen Erwerbsarbeit und der sich parallel ausdehnenden Lohnarbeit. Geiger beschrieb noch im Jahre 1930 diese Einbahnstraße folgendermaßen: „Verhältnismäßig leicht ist es heute, von einer Besitzschicht zur anderen überzugehen. Die Austauschbewegungen zwischen Besitzern und Lohnempfängern aber sind nicht allzu lebhaft und scheinen sogar eher mit Konsolidierung der Klassengesellschaft ab- als zugenommen zu haben . . . Im Verlauf der wirtschaftlichen Entwicklung wachsen die Dimensionen des Einzelbetriebes und dessen festes Anlagekapital. Damit verschärft sich die Grenze zwischen besitzender und besitzloser Klasse. Diese Schichtgrenze ist relativ geschlossen.“ (Geiger 1962.) Offensichtlich ist es nun so, daß hier entgegen den frühen Annahmen in bestimmtem Ausmaß doch Mobilitätsprozesse – und zwar in beiden Richtungen – stattfinden. Zwar ist der Weg in das (Klein-)Unternehmertum (und ebenso aus ihm heraus) keine Hauptverkehrsstraße beruflicher Fluktuation, aber immerhin eine passabel frequentierte Nebenverkehrsstrecke.

Die makrosoziologische Tatsache, daß hier nun Menschen bestimmte berufliche Passagen passieren, bedeutet nun im Umkehrschluß nicht, daß diese Passagen jederfrau/-mann offenstehen bzw. daß sie von jeder Person realisiert werden können oder realisiert werden wollen. In einer anderen, nämlich mikrosoziologischen

Perspektive läßt sich fragen, wie die vollzogenen (oder nicht vollzogenen) Schritte auf individueller Ebene im Einzelfall realisiert werden. Genau das ist die Frage nach dem modus operandi des Sich-Selbständig-Machens. Für ein adäquates soziologisches Verständnis von Sozialstrukturen und deren Veränderung dürfen wir uns nicht damit begnügen, der Rolle der Akteure und ihrer individuellen Strategien einen Platz zuzuweisen, der bestenfalls noch in den Kulissen der Diskussion angesiedelt ist. Gefordert sind mithin auch soziologisch-mikroanalytische Untersuchungen, die nicht gegen makrosoziologische Strukturuntersuchungen ausgespielt werden sollen, sondern geradezu deren basale Grundlagen sind. Mit einem solchen „Hintergrundverständnis" erscheint die Verfolgung soziologischer Forschungen interessant, in denen die Kombinationen von Motiven und strategischen Konzeptionen in Verbindung mit den jeweiligen Ressourcenallokationen, welche in dem sozialen Prozeß von Firmengründungen eingesetzt werden, tiefergehend analysiert werden. Denn der Wechsel von einer abhängigen zu einer selbständigen Erwerbstätigkeit erscheint nur aus der Perspektive der amtlichen Statistik als Akt eines Momentes, als unmittelbarer Wechsel von dieser zu jener Kategorie, aber für die einzelnen schwingen hierbei sehr vielfältig gelagerte und insgesamt sich verändernde Sinngehalte und -konstellationen mit, die auf der Handlungsebene nur in strategisch-prozessuraler Perspektive aufgefaßt werden können und mit neuen Konstruktionsprozessen individueller biographischer Entwürfe einhergehen.

In der Einleitung einer eigenen empirischen Pilotstudie (Bögenhold 1989) zu diesem Forschungsthema wurde auf eine Formulierung von Joseph Schumpeter rekurriert, in der es vor mehr als 50 Jahren hieß, daß „es erstaunlich, aber eine Tatsache (ist), daß die Art, wie man Unternehmer wird, bisher so wenig untersucht wurde" (1985: 168). Auch heute gilt weitestgehend noch, daß es kaum Informationen darüber gibt, unter welchen Umständen, mit welchen Zielen und unter Mobilisierung welcher Instrumente (Geld, Wissen, soziale Netzwerke etc.) einzelne Menschen selbständige Unternehmer werden. Diese soziologisch gesehen grundsätzliche terra incognita stellt sich mit Blick auf die aktuelle politische Situation im neu geeinten Deutschland zusätzlich interessant, weil es sich in Ostdeutschland darüber hinaus gegenwärtig auch um eine terra nova (Thomas 1991) handelt.

Anders als in Westdeutschland, wo sich Gründungen und Abgänge stets zu einem Gutteil gegeneinander aufrechnen und die Mobilität damit gewissermaßen „hinter" dem Saldo stattfindet, ist es in Ostdeutschland bekanntlich derzeit so, daß sich die selbständige Erwerbsarbeit als Population weitestgehend erst wieder neu konstituiert. Gerade das schafft zahlreiche sozialstrukturell interessante Umbrüche, die aktuell wie im „historischen Zeitraffer" (Offe) beobachtet werden können. Solche Konstitutionsprozesse sind vor allem auch unter dem Gesichtspunkt spannend, als hier eine quasi-experimentelle Untersuchungskonstellation vorliegt, in der auch die sogenannte Strukturebene im Charakter eines Prozesses begriffen ist. Dem klassischen soziologischen Kompositionsproblem, daß Handeln einerseits durch (gesellschaftliche) Strukturen determiniert und qua Sozialisation inkorporiert ist, daß aber andererseits Handeln stets Strukturen auch neu konstituiert und rekonstituiert, diesem Dilemma der Zirkularität mithin, wonach die „innere Natur zugleich Systemumwelt und Systemelement“ (Habermas 1973) ist und sich die „Dialektik von objektiven und einverleibten Strukturen“ (Bourdieu 1976) stets aufs neue abbildet, läßt sich methodologisch ein Stück weit begegnen, wenn Untersuchungsfelder gewählt werden, die im offenen Prozeß begriffen sind. Mit der Wahl von „Strukturebenen“, die sich im Umbruch befinden, stellt sich mit anderen Worten der Vorteil ein, eher zwei „Variablen“ in der empirischen Untersuchung zur Verfügung zu haben. Stellt, wie gewöhnlich, die „Strukturebene“ die Konstante in der Untersuchung dar und ist die „Handlungsebene“ der Akteure somit die einzige Variable, fehlt ein Korrektiv, um zwischen „innerer“ und „äußerer Natur“ zu unterscheiden. Die Wahl von zwei Variablen bietet dagegen den Vorteil, zeitliche Entwicklungsreihen konstruieren zu können, die dann zueinander in Beziehung gesetzt werden müssen und Möglichkeiten für weitere Aufschlüsse erwarten lassen. Im „Prozeßcharakter“ lassen sich mithin mehrere Beziehungen zwischen sozialer Handlung und Struktur gewinnen, die Punkt zu Punkt abgebildet werden können. Damit dürften sich Interdependenzen, Konstitutionen und Rekonstitutionen reichhaltiger und feiner analysieren lassen. Die vielfältige soziale Etablierung eines selbständigen Unternehmertums als eine Achse in der sich dramatisch verändernden Landschaft der Berufe in der ehemaligen DDR stellt insofern nicht nur unter sozialstrukturellen wie auch arbeitsmarkt- und wirtschaftssoziologischen Gesichtspunkten, sondern vor allem auch unter solchermaßen eher genuin soziologischen Fragestellungen einen reizvollen Untersuchungsgegenstand dar, der – wie ich u. a. zu zeigen bemüht war – vor allem auch sozialhistorische Bezugsgrößen in der Diskussion hat, welche aufzunehmen und stärker zu konturieren wären.

Literatur

Bechofer, F. / Elliott, B., (eds.) 1981: The Petite Bourgeoisie. Comparative Studies of the Uneasy Stratum, New York

Berger, J., 1986: Gibt es ein nachmodernes Gesellschaftsstadium? Marxismus und Modernierungstheorie im Widerstreit, in: Ders. (Hrsg.), Die Moderne – Kontinuitäten und Zäsuren, Soziale Welt, Sonderband 4, Göttingen: 79–96

Birch, D. L., 1979: The Job Generation Process. M.I.T. Program on Neighbourhood and Regional Change, mimeo, Cambrigde / Mass.

Birch, D. L., 1987: Job Creation in America. How our smallest campanies put the most people to work, New York

Bögenhold, D., 1985: Die Selbständigen. Zur Soziologie dezentraler Produktion, Frankfurt / M. – New York

Bögenhold, D., 1989: Die Berufspassage in das Unternehmertum. Theoretische und empirische Befunde zum sozialen Prozeß von Firmengründungen, in: Zeitschrift für Soziologie, Heft 4, 18. Jg.: 263–282

Bögenhold, D. / Staber, U., 1990: Selbständigkeit als ein Reflex auf Arbeitslosigkeit? Makrosoziologische Befunde einer international-komparativen Studie, in: Kölner Zeitschrift für Soziologie und Sozialpsychologie, Heft 2: 265–280

Bögenhold, D. / Staber, U., 1991: The Decline and Rise of Self-Employment, in: Work, Employment and Society, Vol. 5, No. 2: 223–239

Bourdieu, P., 1976: Entwurf einer Theorie der Praxis, Frankfurt / M.
Cuneo, C. J. 1984: Has the traditional petite Bourgeoisie persisted?, in: Canadian Journal of Sociology: 269–301
Geiger, Th., 1962: Typologie und Mechanik der gesellschaftlichen Fluktuation (1955), in: Ders., Arbeiten zur Soziologie, Neuwied: 114–170
Habermas, J., 1973: Legitimationsprobleme im Spätkapitalismus, Frankfurt/M.
Institut der deutschen Wirtschaft 1990: Schwerpunkt DDR: Unternehmensstruktur, in: IW-trends, Heft 2: II-1
Kaiser, M., 1990: 1972 – Knockout für den Mittelstand. Zum Wirken von SED, CDU, LDPD und NDPD für die Verstaatlichung der Klein- und Mittelbetriebe, Berlin
Lutz, B., 1984: Der kurze Traum immerwährender Prosperität, Frankfurt / M. – New York
Luxemburg, R., 1923: Die Akkumulation des Kapitals (1913), Berlin
Marx, K. / Engels, F., 1956ff.: Werke (MEW), Berlin
Offe, C., 1970: Leistungsprinzip und industrielle Arbeit. Mechanismen der Statusverteilung in Arbeitsorganisationen der industriellen „Leistungsgesellschaft", Frankfurt / M.
Rüstow, A. v., 1950: Ortsbestimmung der Gegenwart. Eine universalgeschichtliche Kulturkritik, Bd. 1: Ursprung der Herrschaft, Erlenbach – Zürich
Schmoller, G., 1959: Großbetrieb und Gesellschaftsintegration, in: Fürstenberg, F. (Hrsg.), Industriesoziologie, Bd. 1, Neuwied: 229–245
Schumacher, E. F., 1973: Small is beautiful. Economics as if People Mattered, New York
Schumpeter, J. A., 1964: Theorie der wirtschaftlichen Entwicklung, Berlin
Schumpeter, J. A., 1985: Unternehmerfunktion und Arbeiterinteresse (1927), in: Ders., Aufsätze zur Wirtschaftspolitik, Tübingen
Sombart, W., 1987: Der moderne Kapitalismus, Bd. 3: Das Wirtschaftsleben im Zeitalter des Hochkapitalismus (1927), München
Steinmetz, G. / Wright, E. O., 1989: The Fall and Rise of the Petty Bourgeoisie, in: Changing Patterns of Self-Employment in the Postwar United States, in: American Journal of Sociology: 973-1018
Thomas, M., 1991: Konzeption zu einem Forschungsprojekt „Neue Selbständige", mimeo, Berlin
Weber, M., 1972: Wirtschaft und Gesellschaft (1921), Tübingen

Wolfgang Liebernickel / Anna Schwarz

Neue Gründerzeiten?

Die beginnende Konstituierung neuer Selbständiger in Ostdeutschland

Erste sozialökonomische Analyseergebnisse zu einer offenen soziologischen Frage

Der gegenwärtige Transformationsprozeß Ostdeutschlands ist eine historische Ausnahmesituation, die keines der gängigen großen gesellschaftstheoretischen Modelle so recht befriedigend zu erklären vermag. Es fand bestenfalls eine halbe Revolution statt, denn: Die „revolutionären Subjekte“ vom Herbst 1989 lösten zwar die Implosion, den kartenhausartigen Zusammensturz des alten, maroden Systems aus, aber die prägenden Gestalter des Neuen sind sie nicht. Im Zusammenhang damit weist Jürgen Habermas auf einen weiteren „revolutions-untypischen“ Zug dieses Bruchs hin, nämlich auf „den fast vollständigen Mangel an innovativen, zukunftsweisenden Ideen“ (Habermas 1990: 181). Eben die Orientierung nicht auf eine gesellschaftliche Vision oder Utopie, sondern lediglich auf ein Einholen oder Nachholen heute üblicher (oder üblich geglaubter) Modernitätsstandards in Wirtschaft, Demokratie und individueller Freiheit schränkt auch ein anderes Erklärungsmuster ein: Es handelt sich eben auch nicht schlechthin um eine „Kolonialisierung“ oder „Assimilierung“, die einem „unterlegenen Volk“ gegen dessen Willen aufgezwungen wird, denn dieses Volk wünschte ja nichts sehnlicher, als baldmöglichst assimiliert zu werden. Und wir erleben eben auch nicht (wie offenbar vielfach vermutet) ein Pendant zum Neuaufbau einer kriegszerstörten Wirtschaft mit äußeren Hilfestellungen, wobei aus der tabula rasa heraus sich im zeitlichen Gleichklang von oben und unten her ein organisches Wirtschafts- und Gesellschaftssystem – begleitet von stetig wahrnehmbaren Fortschritten an Lebensqualität – herausbilden kann.

In unserem Falle müssen erst gesellschaftliche Kreisläufe und Netzwerke durchtrennt, zerschlagen werden, deren politischer Kopf zwar rasch abgeschnitten war, die aber die Alltagsroutinen und elementaren Lebenszusammenhänge der Menschen prägten und deren Verlust nicht spontan als Fortschritt empfunden wird, zumal das verhießene Neue auf sich warten läßt und im Dschungel der ungewohnten, unübersichtlichen Freiheit schwer auszumachen und zu ergreifen ist.

So findet sich auch der Sozialwissenschaftler in einer paradoxen Situation: Er ahnt oder vermutet relativ begründet, was da im großen und ganzen kommen wird und muß, aber er sieht die Bäume im Wald noch nicht. So gerade auch bei der Frage nach den neuen gesellschaftlichen Subjekten, Akteuren, die die Transformation in ostdeutschen Landen von der Basis her tragen und vollbringen werden, nach den Konturen der zu erwartenden sozialstrukturellen Gliederung, nach Gewinnern und

Verlierern des Transformationsprozesses, nach neuen sozialen Ungleichheitsstrukturen und Mobilitätsprozessen.

Nichts leichter als beispielsweise zu behaupten, ohne einen Gründerboom, ohne die massenhafte Konstituierung neuer Selbständiger, von Unternehmensgründern[1] kann von der Herausbildung moderner marktwirtschaftlicher Strukturen keine Rede sein. Aber diesen Prozeß der Konstituierung einer solchen neuen sozialen Gruppe in den ostdeutschen Bundesländern tatsächlich konkret nachzuweisen, seine ersten heißen Spuren zu verfolgen – dies stellt sich schon viel schwieriger dar.

Und zwar nicht allein, daß die statistischen Quellen hierfür ein Problembündel für sich ausmachen. Nein, auch der Realprozeß des Gründungsgeschehens neuer Klein- und Mittelbetriebe, der Formierung neuer Selbständiger als soziale Gruppe ist von vielen Hemmnissen und Konflikten begleitet und hat noch längst nicht jenes Ausmaß erreicht, das man ihm anfangs euphorisch prophezeite. Angenommen wurde noch im Sommer 1990, daß relativ rasch mindestens 500 000 neue, zusätzliche Arbeitsplätze in neuen Klein- und Mittelbetrieben geschaffen werden könnten. Die tatsächlich im gesamten Jahr 1990 neugegründeten ca. 280 000 Betriebe des gewerblichen Mittelstandes wirkten mit ihrem relativ begrenzten Arbeitskräftepotential aber eher wie ein Tropfen auf den heißen Stein angesichts umsichgreifender Massenarbeitslosigkeit. Auch der eigentliche Schub der Privatisierungen ehemaliger Staatsbetriebe durch die Treuhandanstalt setzte erst Anfang 1991 ein (ca. 400 privatisierte Betriebe verzeichnete man zum Jahresende 1990, Ende März 1991 bereits insgesamt 1 200).

Im Rahmen der außerordentlich tiefen, strukturellen, alle Wirtschafts- und Gesellschaftsbereiche erfassenden Anpassungskrise in den neuen Bundesländern, die gegenwärtig eher von destruktiven denn von konstruktiven Prozessen geprägt ist, stellen aber gerade die Gründungen von Klein- und Mittelbetrieben wichtige

---

[1] Mit unserem Begriff der „neuen Selbständigen" zielen wir nicht auf die in der soziologischen Literatur verbreitete Unterscheidung zwischen „alten" und „neuen" Selbständigen, „alten" und „neuen" Mittelschichten etc. ab. Mit „neu" kennzeichnen wir lediglich den Prozeß der Herausbildung einer auf dem ostdeutschen Territorium neuartigen sozialen Gruppe bzw. Existenzform unter (gleichfalls neuartig) entstehenden marktwirtschaftlichen Bedingungen (also im Unterschied zu den „alten" Selbständigen in der ehemaligen DDR). Ob diese Gruppe dann eher – und inwieweit – den im westeuropäischen Sprachgebrauch „alten" oder „neuen" Selbständigen zuzurechnen ist, dies ist schon eine weitere, hier und heute noch nicht zu klärende soziologische Frage. „Neue Selbständige" und „neue Unternehmer" verwenden wir (im Schumpeterschen Sinne) weitgehend synonym und binden sie an kleine und mittlere Betriebsgrößen (gemessen nicht nach dem Umsatz, sondern nach der Beschäftigtenzahl), um die Gruppe der Topmanager von Großunternehmen – für die zweifellos andere soziale Charakteristika prägend sind – nicht mit den uns interessierenden Selbständigen unzulässig zu vermischen. Desgleichen schließen wir die traditionellen freiberuflichen Existenzen (Ärzte, Rechtsanwälte etc.) aus unserem Untersuchungsfeld ebenso aus wie die Selbständigen in der Landwirtschaft. Der zumeist in der Literatur anzutreffenden Grenzziehung für den Bereich der Klein- und Mittelbetriebe bei max. 500 Beschäftigten folgen auch wir, wenngleich der größte Zuwachs neuer Selbständiger in Ostdeutschland offenbar in Betriebsgrößenklassen von unter 50 Beschäftigten liegen wird.

Keime, Formen, Impulse des Neuen dar. Auch wir teilen insgesamt die Auffassung, daß die Neugründung von Klein- und Mittelbetrieben, die Konstituierung neuer Selbständiger als einer der ökonomischen und sozialen Schlüsselprozesse bei der Transformation Ostdeutschlands anzusehen ist, von dem – bei allen schwierigen Startbedingungen und Instabilitäten im einzelnen – wesentliche innovative Impulse, ein spürbarer Beitrag für den wirtschaftlichen Aufschwung, für die Beschäftigung und den notwendigen Strukturwandel sowie für die soziale Mobilität und den Mentalitäts- und Verhaltenswandel der Menschen in den östlichen Bundesländern zu erwarten ist.

Uns interessiert dabei – im Rahmen eines größeren Forschungsprojektes[2] –, inwiefern dies mit der Konstituierung einer *relativ* eigenständigen („ostdeutschen"), stabilen und homogenen sozialen Gruppe einhergeht, mit welchen sozialen, insbesondere intragenerationellen Mobilitätsprozessen dies verbunden ist. Es dürfte eine höchst seltene Chance sein, die Geburt einer sozialen Gruppe von Anfang an begleitend erforschen zu können, zu verfolgen, ob und wie Menschen unterschiedlichster Herkunft und Erfahrungswelten in eine für sie völlig neue soziale Position hineinwachsen, ein mehr oder weniger spezifisches Gruppenverhalten entwickeln, kurzum ob bzw. inwieweit die erwartete Gruppenkonstituierung gelingt, welche Besonderheiten, Diskontinuitäten, Brüche, Abschottungen etc. dabei zutage treten.

Im Sinne der Vorstellung erster, vorläufiger, partieller Analyseergebnisse innerhalb dieses Problemfeldes wollen wir im folgenden skizzenhaft auf einige wesentliche sozialökonomische Ausgangsbedingungen und sich bereits abzeichnende Merkmale dieses Konstituierungsprozesses neuer Selbständiger in den ostdeutschen Bundesländern aufmerksam machen.

Die Ausgangsbedingungen in der Stunde Null

Zum Erbe der DDR-Geschichte gehört – trotz einiger anfänglicher, gerade im bündnispolitischen Bereich im Vergleich zu anderen „realsozialistischen" Staaten etwas nuancierterer Politikansätze – die Bilanz einer nahezu vollständigen Liquidierung der Selbständigen als soziale Gruppe.

---

[2] Dieser Artikel entstand im Rahmen einer Projektgruppe am Berliner Institut für Sozialwissenschaftliche Studien (BISS), die sich von einem komplexen, interdisziplinären methodologischen Zugriff her (der soziologische, volks- und betriebswirtschaftliche, politik- und kulturwissenschaftliche Fragestellungen zusammenführt) der empirisch fundierten, sozialwissenschaftlichen Erforschung des Prozesses der Konstituierung neuer Selbständiger widmet, und zwar insbesondere im Raum (Ost)Berlin-Brandenburg. Langfristig geht es uns damit um Beiträge zur regionalsoziologischen Analyse des Raumes Berlin-Brandenburg, zur Gründungsforschung zu Klein- und Mittelbetrieben – insbesondere technologieorientierten –, zu konstitutionstheoretischen soziologischen Fragestellungen, zur Erforschung von innerbetrieblicher Kultur, Lebenswelt und Interessenhandeln, des Mentalitäts- und Verhaltenswandels von Ostdeutschen.

Nach Kriegsende, 1946, gab es auf dem Gebiet der damaligen sowjetischen Besatzungszone noch 2,3 Millionen Selbständige (Quote von 28,3 %), deren Zahl sich bis 1971 auf etwa 258 000 (Quote 3,1 % – ohne mithelfende Familienangehörige) reduzierte. Lag bereits diesem Rückgang eine systematische sozialpolitische Verdrängung dieser Gruppe (durch restriktive fiskalische, juristische und ökonomische Maßnahmen, durch politisch-ideologische Kampagnen etc.) zugrunde, so kulminierte dies im Jahre 1972 mit der Welle der massenweisen Verstaatlichung der noch existierenden Privatbetriebe, Betriebe mit staatlicher Beteiligung und Produktionsgenossenschaften des Handwerks, wovon insgesamt mehr als 11 000 Betriebe betroffen waren (siehe Tabelle 1).

Tabelle 1:
Veränderungen in der Eigentumsstruktur der Industriebetriebe der DDR (in %)

Betriebe nach Eigentumsform	1971	1972
– private	24,9	1,0
– mit staatlicher Beteiligung	47,5	0
– genossenschaftliche	8,2	2,0
– volkseigene	19,4	97,0

Quelle: Kaiser 1990: 272.

Während damit in Industrie und Landwirtschaft die Selbständigen fast völlig eliminiert waren, verblieben vor allem in traditionellen Bereichen des Handwerks, des Einzelhandels und der Gastronomie die wichtigsten Nischen für selbständige Existenzen. Diese Differenzierung innerhalb der einzelnen Tätigkeitsbereiche und deren Entwicklung bis zum Ende der DDR verdeutlicht Tabelle 2:

Tabelle 2:
Entwicklung der selbständig Erwerbstätigen (einschließlich mithelfender Familienangehöriger) in der DDR nach Wirtschaftsbereichen (in 1 000)

Wirtschaftsbereich	1955	1960	1970	1975	1980	1985	1989
Insgesamt:	1 579	424	268	196	180	177	185
Industrie	16	13	9	0	0,2	0,3	0,4
Prod. Handwerk	245	177	122	93	85	81	83
Bauwirtschaft	44	27	19	15	15	16	19
Land- u. Forstw.	1 030	35	9	7	6	6	6
Verw./Post/Fernm.	20	17	11	9	8	8	8
Handel	148	100	59	43	38	38	40
Sonst. prod. Zwg.	–	4	3	2	2	1	1
Nichtprod. Ber.	76	51	35	27	25	26	28

Quelle: Statistisches Amt der DDR 1990: 31 und 39 f.; Statistisches Jahrbuch der DDR 1990: 128.

Die Expansion und Modernisierung des Tertiärsektors durch die Entstehung neuer Berufe, neuer Infrastrukturen, neuer personen- und unternehmensbezogener Dienstleistungen, die Neugründungen flexibler, bedürfnisorientierter Klein- und Mittelbetriebe gerade in derartigen Bereichen und im Kontext technologischer Modernisierungen, wie sie sich in den westeuropäischen Ländern seit dem Ende der 70er Jahre vollzogen und zur gesamtgesellschaftlichen Modernisierung beitrugen – dies alles ging fast spurlos an der DDR vorüber, die damit in einen immer größeren wirtschaftlichen und sozialen Entwicklungsrückstand fiel, innovative Potentiale, soziale Mobilität und individuelle Kreativität immer weniger freizusetzen vermochte.

Diese strukturellen Defizite als Erbe der DDR-Geschichte, die für den gegenwärtigen Transformationsprozeß als Hemmnisse fortwirken und zugleich den gravierenden Nachholebedarf signalisieren, widerspiegeln sich auch in der regionalen Disproportionalität, die die folgende Tabelle 3 sichtbar macht:

Tabelle 3:
Selbständige (einschließlich mithelfender Familienangehöriger) in den ostdeutschen Bundesländern 1946 und 1989, in 1 000 und in %

	Selbständige		Selbständigenquote	
Land	1946	1989	1946	1989
Mecklenburg/Vorpomm.	376,5	15,5	39,6	1,5
Brandenburg	426,2	28,0	34,8	2,1
Sachsen-Anhalt	498,8	28,0	26,5	1,8
Thüringen	410,8	29,7	29,8	2,2
Sachsen	592,3	69,0	21,9	2,7
Berlin (Ost)	–	14,4	–	2,1

Quelle: Deutsche Wirtschaftskommission 1949: XX; Statistisches Amt der DDR 1990: 1.

Das Land Mecklenburg / Vorpommern rutschte von seinem Spitzenplatz in puncto Selbständigenquote nach Kriegsende zum Schlußlicht im Jahre 1989 herab, was zweifellos mit dessen quasi monokultureller, stark agrarisch geprägter Wirtschaftsstruktur zusammenhängt, aber um so mehr auf die enormen Defizite in anderen, modernen Wirtschaftszweigen aufmerksam macht. Das Land Sachsen hingegen wurde zum absoluten und relativen Spitzenreiter in bezug auf die selbständig Erwerbstätigen: Knapp 40 % der privaten Handwerksbetriebe in der ehemaligen DDR waren hier angesiedelt. Diese vergleichsweise günstigen Voraussetzungen Sachsens werden sich unmittelbar auf die Gründungsdynamik neuer Betriebe, neuer selbständiger Existenzen auswirken: Auf Sachsen entfällt der größte Anteil, nämlich 28 %, aller Gewerbeanmeldungen in den neuen Ländern des Jahres 1990, auf Mecklenburg / Vorpommern hingegen mit nur knapp 11 % der geringste Anteil (siehe Anlage 1).

Daß sich regionale Disproportionen gerade in Phasen beschleunigter wirtschaftlicher Modernisierung nicht automatisch verringern, sondern durchaus auf neue Weise vertiefen können, könnte somit nicht nur zu einer italienischen oder portugiesischen, sondern auch zu einer (ost)deutschen Erfahrung werden.

Die konkreten Ausgangsbedingungen für die Konstituierung neuer Selbständiger in Ostdeutschland Ende 1989 sind insgesamt in nahezu jeder Hinsicht als ungünstig zu betrachten: regionale und branchenspezifische Strukturdefizite, weitgehende Eliminierung von Klein- und Mittelbetrieben als flexible Wirtschaftseinheiten, Abkopplung und Isolierung von der internationalen Modernisierung und ökonomischen Konkurrenz, verschlissene Infrastruktur und Technik, bürokratisch-administrative bzw. juristische Unklarheiten, Hemmnisse oder Engpässe, geringe private Kapitalausstattung durch weitgehende Einkommensnivellierung, minimale marktwirtschaftliche Kenntnisse, wenn überhaupt, dann jahrzehntelang zurückliegende und marktwirtschaftsuntypische Erfahrungen der Unternehmertätigkeit, mangelnde Erfahrungen und Anreize bezüglich sozialen Interessenhandelns überhaupt, das Fehlen öffentlicher Interessenartikulierung und institutionell verankerter Gruppenformierung der Selbständigen, jahrzehntelang beeinträchtigtes Sozialprestige dieser Gruppe, allgemeine sozialpolitische Nivellierung und mangelnde Honorierung bzw. direkte Behinderung von Risikobereitschaft, Individualität und Kreativität, relative Wertlosigkeit des Geldes (gegenüber Beziehungen) und der Zeit, eingeübtes Anspruchsdenken an einen patriarchalischen, paternalistischen Staat usw. usf. – all dies mit tiefen mentalen Spuren.

Die Überwindung dieser Defizite wird dementsprechend nur als längerfristiger und hochkomplexer Prozeß ökonomischer, sozialer, politischer, administrativer, sozialpsychologischer und mentaler Wandlungen realisierbar und begreifbar sein.

Hochrechnungen zum bevorstehenden Strukturwandel

Die Dimension des hier bevorstehenden gesellschaftlichen Wandels wird noch anschaulicher, wenn man einmal wirtschaftliche Strukturdaten der BRD mit jenen aus den letzten Jahren der DDR vergleicht. Dies scheint im großen und ganzen legitim, da eine grundsätzliche, tendenzielle Annäherung an die BRD-Wirtschaftsstrukturen als langfristiger Zielpunkt der Transformation in den ostdeutschen Ländern wohl zu vermuten ist – nicht allerdings die konkreten Schritte, Proportionen, Zeithorizonte und Konflikte auf diesem Weg.

Während beispielsweise noch Mitte der 70er Jahre im Bereich der Kleinbetriebe (mit bis zu 20 Beschäftigten) in Ost- und Westdeutschland ähnliche Proportionen vorherrschten (12 % Anteil dieser Betriebsgrößenklasse an allen Betrieben in der BRD und 10 % in der DDR), so hat sich mit Beginn der 80er Jahre der einseitige Trend zu Großbetrieben im Zusammenhang mit der Kombinatsbildung erheblich verstärkt.

Die folgende Tabelle 4 zeigt das Ergebnis dieser Veränderungen für alle Betriebsgrößenklassen:

Tabelle 4:
Industrie im West- und Ostteil Deutschlands nach Betriebsgrößenklassen (Stand 1987; in %)

Betriebe mit ... Beschäftigten	Westteil	Ostteil
1-100	17,7	1,1
100-200	11,5	2,4
200-500	18,2	8,6
500-1 000	13,2	12,6
1 000 und mehr	39,4	75,7

Berechnet nach: Institut der deutschen Wirtschaft Köln 1990: 63;
Statistisches Jahrbuch der DDR 1989: 139.

Gemessen an der Gesamtzahl der Beschäftigten gab es in Ostdeutschland 1989 etwa viermal weniger selbständige private Unternehmer und Gewerbetreibende als in Westdeutschland. Am größten ist diese Diskrepanz im Dienstleistungssektor: hier ist die Quote der selbständigen Unternehmer im Bereich der unternehmens- und personenbezogenen Dienstleistungen in Ostdeutschland sogar 30mal geringer als in Westdeutschland.

Die Tabelle 5 zeigt einmal detaillierter, welch enormer Mobilitätsbedarf sich in den neuen Ländern gerade für entscheidende Bereiche des Tertiärsektors hochrechnen ließe, wenn man die vergleichbaren BRD-Strukturen zugrunde legte:

Tabelle 5:
Strukturelle Beschäftigungsdefizite in den neuen Bundesländern

Bereich	Anteil an der Beschäftigung (1988; in %)		Mobilitätsbedarf der neuen Länder
	BRD	Ex-DDR	in 1 000
Handel / Transport	18,0	13,9	+ 352
Verwaltung / Büro	16,6	12,6	+ 343
Dienstleistungen	9,8	6,6	+ 275
Maschinelle Fertigung	15,7	12,9	+ 240
Heilberufe	5,9	4,4	+ 129
Kultur / Kunst	0,7	0,4	+ 26

Berechnet nach: Institut für Arbeitsmarkt- und Berufsforschung Nürnberg.

Bei „Hochrechnungen“ über die zu erwartende Konstituierung neuer Selbständiger ist natürlich nicht schlechthin von den generellen, in der bundesdeutschen und westeuropäischen Entwicklung bestätigten Trends auszugehen, sondern dies zu kombinieren mit einer Analyse der spezifischen Entwicklungserfordernisse und -bedingungen in den neuen Bundesländern „vor Ort“, die eine rasche, schablonenhafte Angleichung an westdeutsche Muster wenig wahrscheinlich machen.

Generelle Chancen für Selbständige im Feld der Klein- und Mittelbetriebe liegen offenkundig insbesondere im produzierenden Handwerk, im Bauwesen, in Industrieunternehmen des Konsumgütersektors, im Zulieferbereich für die „Großen", im Transportwesen, im Einzelhandel, in der Gastronomie und im Tourismus. Hinzu kommen neuartige unternehmensbezogene Dienstleistungen, technologieorientierte Unternehmen, deren Beschäftigungspotential zwar durchschnittlich kaum die 10-Personen-Grenze überschreitet, die aber gerade in den innovativen, technologisch fortgeschrittenen Bereichen eine bedeutende Stütze der industriellen Forschung und Entwicklung, der Invention und Diffusion neuer technischer und technologischer Lösungen darstellen.

Insbesondere in all diesen Bereichen wäre also in den ostdeutschen Bundesländern mit der Etablierung neuer selbständiger Existenzen als wichtiger Träger bzw. Akteure der erforderlichen tendenziellen Angleichung an die für moderne marktwirtschaftliche Systeme typische Wirtschaftsstrukturen zu rechnen.

Eine einfache und rasche Kopie dieser Muster, Proportionen und Wachstumstrends ist allerdings wenig wahrscheinlich und wäre längerfristig kaum effektiv und tragfähig, besteht doch in den ostdeutschen Ländern die Notwendigkeit – und damit für die Selbständigen ihre Gründungschance –, parallel zur Ausbildung und Weiterentwicklung moderner marktwirtschaftlicher Strukturen zunächst die gravierendsten Entwicklungsrückstände und Disproportionen zu überwinden, also zunächst Felder oder Bereiche überproportional zu favorisieren, die in den alten Bundesländern gegenwärtig bereits einen Sättigungsgrad erreicht haben. Aber selbst dies konkreter zu prognostizieren, bliebe eine Milchmädchenrechnung, denn den größten Einfluß auf die tatsächliche Gründungsdynamik haben – wie wir partiell im letzten Teil dieses Artikels andeuten werden – nicht die objektiv bestehenden oder die subjektiv reflektierten und initiativreich genutzten Entwicklungserfordernisse, sondern noch immer die vielfältigen hemmenden Rahmenbedingungen (insbesondere im Hinblick auf mangelnde infrastrukturelle und Markt-Voraussetzungen, drastische Veränderungen von Preisstrukturen und Zuliefer- und Absatznetzen, juristische Unklarheiten und administrative Hemmnisse beim Zugang zu Gewerberäumen, zu Grund und Boden, Kreditbedingungen etc.) für die Existenzgründer.

Diese widersprüchlichen Faktoren mit dem Ziel begründeter Prognosen zu quantifizieren, scheint gegenwärtig kaum möglich. Begrenzt aussagefähige, vorsichtige Hochrechnungen werden gegenwärtig vorwiegend ausgehend von einigen rein ökonomischen Eckdaten angestellt.

In den alten Bundesländern beträgt der Selbständigen-Anteil an den Erwerbstätigen ca. 11 %. Überträgt man diese Relation auf die neuen Länder, würde dies einer Zahl von rund 900 000 Selbständigen im gewerblichen Mittelstand entsprechen. Berücksichtigt man den realen Ausgangsbestand von etwa 180 000, so bedeutet dies einen Gründungsbedarf von 720 000 selbständigen Existenzen. Dabei ist anfänglich durchaus ein Umfang von bis zu 1,5 Millionen Selbständigen[3] zu-

[3] Das Institut der Deutschen Wirtschaft Köln schätzt die Zahl der sich in den nächsten zwei Jahren in Ostdeutschland neu herausbildenden Selbständigen auf 1,1 Million.

mindest für die erste Phase der Wirtschaftsumstrukturierung, also bis etwa 1994/95, wahrscheinlich, denn – wie die Entwicklung in der BRD Anfang der 50er Jahre zeigte – ist die Überlebensfähigkeit einer Vielzahl von Klein- und Mittelbetrieben in einer Anfangsphase mit überdurchschnittlich wachsenden Märkten möglich.

Bezogen auf die Selbständigen in der Industrie setzt das Erreichen ähnlicher Strukturen wie in den alten Bundesländern voraus, daß mindestens 15 000 Unternehmen zu schaffen sind. Dies muß vorrangig über die gezielte Entflechtung und privatwirtschaftliche Revitalisierung der Großkombinate geschehen (eingeschlossen die Reprivatisierung der ehemaligen privaten und halbstaatlichen Betriebe). In der Gesamtzahl der ca. 12 000 sogenannten 72er Betriebe – mit im Durchschnitt jeweils 40 Beschäftigten – steckt ein wesentlicher Kern für einen künftigen industriellen Mittelstand in den neuen Ländern. Von allen 72er Betrieben werden ca. 8 600 der Industrie zugerechnet, weitere 1 600 dem Bauwesen. Mittelfristig könnte daher ein erheblicher Teil der Neukonstituierung von Selbständigen allein schon dadurch erreicht werden, daß die 1972 eingeleitete Zwangskonzentration kurzfristig rückgängig gemacht wird. Die Zahl der Selbständigen und der mithelfenden Familienangehörigen ließe sich nach Berechnungen des Bundesverbandes der Selbständigen in diesem Falle um rund 100 000 Personen erhöhen, die Anzahl der Industriebetriebe fast verdreifachen, die der Erwerbstätigen in Privatbetrieben um wenigstens 240 000 steigern (Der Selbständige 1990). Dieser Weg wäre auch deshalb chancenreich, weil etliche alte Betriebsgebäude und -strukturen noch existieren und viele der ehemaligen geschäftsführenden Eigentümer oder deren Nachkommen bereit sind, einen Wiederanfang zu wagen.

Sollen die ostdeutschen Länder nicht nur zu einem Absatzmarkt auf tönernen Füßen werden, sondern organische, in sich funktionstüchtige Wirtschaftsstrukturen ausprägen, so erachten wir einen – im Vergleich zur alten Bundesrepublik – überproportionalen Zuwachs der Selbständigen gerade im industriellen Bereich als eine wichtige Voraussetzung. Dies ist ausschlaggebend für die Überwindung ökonomischer, infrastruktureller und technologisch-technischer Entwicklungsrückstände, dies macht dann auch erst eine reiche Ausdifferenzierung und Modernisierung des Tertiärsektors langfristig tragfähig.

Gegenwärtig beobachten wir jedoch eher die Favorisierung von Existenzgründungen im Bereich personenbezogener Dienstleistungen, was eigentlich eine moderne, ausdifferenzierte Wirtschaftsstruktur und vor allem eine ausreichende und tendenziell wachsende Kaufkraft der potentiellen Kunden voraussetzt – Faktoren, die in Ostdeutschland eben noch nicht gegeben sind, weshalb die Überlebenschancen derartiger neuer selbständiger Existenzen schon jetzt zunehmend in Frage gestellt sind. Zweifellos liegt ein wesentlicher Grund ihres Booms in den geringeren Einstiegshürden, in den tatsächlich oder vermeintlich überschaubareren finanziellen, qualifikatorischen, kaufmännischen und „technologischen" Voraussetzungen, die man für eine Würstchenbude oder eine Videothek im Unterschied zu einem Industriebetrieb benötigt. Angesichts gravierender Massenarbeitslosigkeit scheint dies zudem eine greifbare Perspektive quasi „für jedermann" zu sein.

Wenn wir im folgenden die tatsächlichen Proportionen, die Dynamik, die Erfolgs- und Mißerfolgsbilanz innerhalb des Gründungsgeschehens des ersten Jahres des Umbruchs in Ostdeutschland kurz aufzeigen, so bildet dies für uns auch einen kleinen Baustein auf dem Wege der noch ausstehenden Analyse der Motive und Rekrutierungswege der neuen Selbständigen. Gerade hierbei erwarten wir signifikante Besonderheiten gegenüber der westeuropäischen Entwicklung der letzten eineinhalb Jahrzehnte: eben einen extrem hohen Anteil von Existenzgründungen „aus Not“[4] oder befürchteter Not oder Arbeitslosigkeit, teilweise getragen nicht von Randgruppen, sondern von Eliten der alten Gesellschaft; aber auch deutliche Akte der Selbstbefreiung von Ingenieuren, Technikern, ehemaligen Privatunternehmern, um nun endlich Initiative und Risikobereitschaft zur Verwirklichung eigener Ideen entfalten zu können. Möglicherweise rekrutiert sich die Gruppe der neuen Selbständigen spiegelbild- oder querschnittsartig aus allen Schichten der alten, untergehenden DDR-Gesellschaft, aber eben entlang einer anderen Achse, nämlich aktiver Verhaltensdispositonen und hoher Mobilitätsbereitschaft. Inwiefern die beiden letztgenannten Charakteristika günstigere Ausgangspositionen für einen erfolgreichen Start in die Selbständigkeit darstellen als beispielsweise soziale und kulturelle Kapitale (im Bourdieuschen Sinne) aus der alten Gesellschaft, die nun einer raschen Erosion und Entwertung unterliegen – dies ist schon wieder eine weitere interessante Frage, die hier aber nur genannt werden kann.

Charakteristika des Gründungsgeschehens

Der bisherige Verlauf der gewerblichen Existenzgründungen bietet ein deutliches Abbild der komplizierten und widerspruchsvollen Umbruchsituation: Gründerboom bei gleichzeitig hoher Zahl der Gewerbeabmeldungen; gewaltiger Aufbau- und Reparaturbedarf, doch spärliche Auftragslage, da die Kommunen ihre finanzielle Schwäche und Unkenntnis erst langsam überwinden und die privaten Haushalte aufgrund ihrer vielfach stagnierenden oder sinkenden Realeinkommen nur in begrenztem Umfang zahlungsfähig sind. Auch die traditionellen Auftraggeber aus der Großindustrie fallen weitgehend aus, sind zumeist mit Abwicklung oder Sanierungskonzeptionen befaßt.

Gemessen an dem schwierigen gesamtwirtschaftlichen Hintergrund ist der Umfang und die Dynamik der Existenzgründungen beachtlich. Im Gesamtverlauf des Jahres 1990 wurden 281 076 Betriebe aus Handwerk und Gewerbe neu angemeldet. Zweifellos haben die Gewerbefreiheit, die Vertrags-, Niederlassungs- und Berufsfreiheit, die freie Preisbildung, ein stabiles Geld- und Währungssystem, ein für Selbständige günstiges Steuersystem und andere grundlegend veränderte Rahmen-

[4] Auf die große Heterogenität der sozialen Lagen und auch der Rekrutierungswege innerhalb der Selbständigen der alten Bundesrepublik und auch auf den durchaus verbreiteten Typ der „Gründungen aus Not“, auf den Zusammenhang zwischen steigender Arbeitslosigkeit und wachsendem Selbständigen-Anteil macht vor allem D. Bögenhold aufmerksam (Bögenhold 1987; Bögenhold / Staber 1990).

bedingungen zahlreiche Gründungswillige dazu ermutigt, den Aufbruch in die berufliche Selbständigkeit zu wagen. Zugleich sehen viele Menschen aufgrund des Verlustes oder der Unsicherheit ihrer bisherigen Arbeitsplätze in der Selbständigkeit die einzige berufliche Perspektive für sich. Dies muß allerdings nicht von vornherein die Überlebenschancen dieser Neugründungen beeinträchtigen, denn oftmals stehen gerade hinter diesem Rekrutierungsweg relativ hoch qualifizierte und initiativreiche Personen. Auch dürfte gerade in jenem Personenkreis der – selbst in der internationalen Abschottung der alten DDR-Gesellschaft nicht gänzlich verhinderte – partielle Mitvollzug des arbeits- und industriegesellschaftskritischen Wertwandels gewisse Spuren hinterlassen haben, so daß gerade die neuen ostdeutschen Selbständigen dieses Typs bzw. Rekrutierungsweges eine eigentümliche Kombination der in Westeuropa eher alternativ begriffenen „Gründungen aus Not" und „Gründungen aus Bedürfnis" (nach Selbstverwirklichung)[5] verkörpern. Eine empirisch fundierte Antwort auf die interessante Frage nach dem spezifischen Anteil und den Überlebenschancen all der unterschiedlichen Rekrutierungswege bzw. -typen der neuen Selbständigen kann zum jetzigen Zeitpunkt noch nicht gegeben werden.

Auch die Dynamik und die branchenstrukturellen Proportionen des Gründungsgeschehens verweisen auf den engen Zusammenhang zu den komplexen ökonomischen Rahmenbedingungen und Umbrüchen.

Innerhalb der hohen Gründungsdynamik des Jahres 1990 springt deutlich der Einschnitt am 1.7.1990 mit dem Vollzug der Währungsunion ins Auge, der für viele, gewissermaßen „in den Startlöchern sitzende" Gründungswillige den letzten Ausschlag, die endgültige Gewißheit, die nötigen Startbedingungen brachte. Mit rund 1 200 Gewerbeanzeigen täglich wurde in den Monaten Juli und August 1990 bisher der Höhepunkt des Gründungsgeschehens überhaupt erreicht. Im zweiten Halbjahr 1990 lag die Durchschnittszahl der monatlichen Gewerbeanzeigen bei 29 000, und damit noch deutlich höher als im ersten Halbjahr (17 000 Anzeigen im Monatsdurchschnitt), dennoch fällt auf: Bereits zum Jahresende 1990 flacht die Gründungsdynamik spürbar ab, scheint die erste Welle der Neugründungen abzuebben. Dies sollte jedoch nicht als Erreichen eines gewissen Sättigungsgrades an Neugründungen, als vorläufige Überwindung der gravierendsten Defizite in diesem Bereich fehlinterpretiert werden. Vielmehr widerspiegeln sich darin die anhaltend schlechte bzw. sogar noch verschärfte wirtschaftliche Gesamtsituation in den neuen Ländern, die generellen Startschwierigkeiten bei Existenzgründungen und ein zunehmender Ernüchterungsprozeß bei potentiell Gründungswilligen über die realen Entwicklungschancen ihrer eventuellen selbständigen Tätigkeit in einem umbrechenden, ökonomisch noch schwachen und labilen gesellschaftlichem Gebilde.

Auch die branchenstrukturellen Proportionen innerhalb des Gründungsgeschehens lassen sich nur aus einem Bündel von Ursachen und Faktoren heraus bewerten. Hier mischen sich wirtschafts- und strukturpolitische Konzeptionslosigkeit, vermutlich

---

[5] Die Existenzgründungen aus Bedürfnis (nach Selbstverwirklichung), aus einem arbeits- und industriegesellschaftskritischen Wertwandel heraus wurden für die BRD erstmals von G. Vonderach (1980) als neuartiger sozialer Typus, eben als „neue Selbständige" im Unterschied zu tradionellen Handwerkern, Gewerbetreibenden etc. dargestellt.

auch unausgesprochene „Gesundschrumpfungsstrategien“ für ganze Zweige, Strukturen oder Territorien mit subjektiven, illusorischen Wunschvorstellungen von ostdeutschen Unternehmensgründern nach einer einträglichen Existenzgrundlage.

Auf den Bereich Handel und Gaststätten entfällt so etwa die Hälfte aller Neugründungen, wodurch der Ausgangsbestand des Jahres 1989 mehr als verfünffacht wurde. Wie Pilze aus dem Boden schießen vor allem Videotheken, Imbißstände, Autohandlungen, Zeitungsläden etc., „selbständige“ Vertreter von Versandfirmen beeilen sich, den neuen Markt zu erschließen – kurzum es boomen insbesondere personenbezogene Dienstleistungen mit nur geringen innovativen Impulsen, mit sekundärer Bedeutung für den nötigen wirtschaftlichen Strukturwandel und längerfristig kaum gesicherten Perspektiven.

Den zweiten Platz der Neugründungen nimmt das Handwerk ein, und zwar mit einem Anteil von 14 % aller Gewerbeanzeigen. Dies bedeutet eine Neugründung von 38 000 Handwerksbetrieben, gegenüber einem Ausgangsbestand von 81 000 privaten und 2 700 genossenschaftlichen Handwerksbetrieben im Jahre 1989 (die insgesamt immerhin ca. 328 000 Beschäftigte aufwiesen). Die Neugründungen des Jahres 1990 konzentrieren sich hierbei vor allem auf das Bauhandwerk, die Elektroinstallation, Kfz-Handwerker, Zahntechniker und Orthopädieschuhmacher.

Die für den bevorstehenden Strukturwandel wichtigsten Typen selbständiger Existenzen, neuer Klein- und Mittelbetriebe, wie das produzierende Handwerk und unternehmensbezogene Dienstleistungen oder technologieorientierte Betriebe, bleiben demgegenüber in ihrer Gründungsintensität weit hinter diesen beiden oben genannten Bereichen zurück. Das Kreisdiagramm in der Anlage und die folgende Tabelle 6 zeigt diese Branchenstrukturen der Neugründungen detaillierter und bereits auch in der regionalen Differenzierung:

Tabelle 6:
Gewerbeanzeigen nach Branchen in den neuen Bundesländern (1.1.1990–31.12.1990)

Land:	Meckl./Vp.	Sachs.Anh.	Brandbg.	Thürg.	Sachs.	Ostberlin	Gesamt
Handwerk							
– absolut:	4 663	6 642	7 302	7 403	10 148	1 629	37 787
– in %:	15,3	13,8	14,9	14,1	13,1	6,9	13,4
Handel/Gastst.							
– absolut:	13 281	25 160	25 168	27 002	37 771	6 098	134 480
– in %:	43,7	52,5	51,6	51,5	48,6	25,7	47,9
Erholungswesen							
– absolut:	757	286	467	373	153	152	2 188
– in %:	2,5	0,6	0,9	0,7	0,2	0,6	0,8
Sonstiges:							
– absolut:	11 701	15 903	15 928	17 702	29 596	15 811	106 641
– in %:	38,5	33,1	32,6	33,7	38,1	66,8	37,9

Quelle: Eigene Berechnungen nach Angaben des Gemeinsamen Statistischen Amtes der Länder Mecklenburg / Vorpommern, Brandenburg, Sachsen-Anhalt, Thüringen und Sachsen.

Die Abhängigkeit des Gründungsgeschehens vom gesamten gesellschaftlichen Umfeld, insbesondere von den jeweiligen infrastrukturellen Voraussetzungen und im engen Zusammenhang damit von längerfristigen regionalspezifischen Traditionen bilden auch den Hintergrund für die regionalen Unterschiede bei Umfang und Intensität des Gründungsprozesses neuer selbständiger Existenzen in den neuen Bundesländern. Das bereits traditionell überkommene Süd-Nord-Gefälle des ostdeutschen Wirtschaftsgebietes findet seine direkte Fortsetzung und sogar weitere Ausprägung gerade durch die sehr ungleichmäßigen Existenzneugründungen (siehe Bild 1).

Die insgesamt relativ beträchtliche Gründungsdynamik ist aber zugleich von einer extrem hohen und gegenwärtig weiter steigenden Fluktuationsrate begleitet. Die Hürden für den Start in eine erfolgreiche unternehmerische Existenz erweisen sich unter den komplizierten Bedingungen der Systemtransformation als sehr zahlreich. Für viele Selbständige bedeutete bereits die Halbierung ihres Geschäftskapitals mit dem Eintritt in die Wirtschafts- und Währungsunion das vorzeitige Aus. Beginnende Entlassungen und Kurzarbeit in Handwerk und Gewerbe waren vielfach die Folge.

Den 281 096 Gewerbeanzeigen standen per Jahresende 1990 genau 26 694 Gewerbeabmeldungen gegenüber. Das entspricht einer jahresdurchschnittlichen Insol-

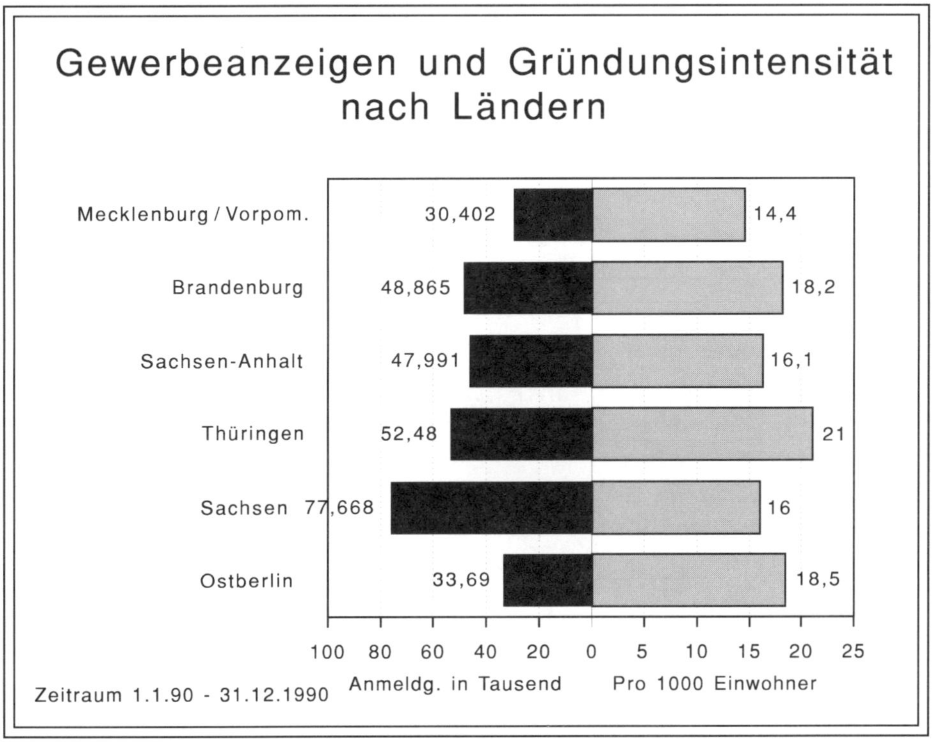

venzrate von 9,5 %. Auffällig und alarmierend ist hier das zunehmende Tempo der Abmeldungen. Den 2 307 Abmeldungen des Monats Juli standen im Dezember schon 5 515 gegenüber, was eine Verdreifachung der Insolvenzrate innerhalb des Jahres 1990 signalisiert (siehe Bild 2).

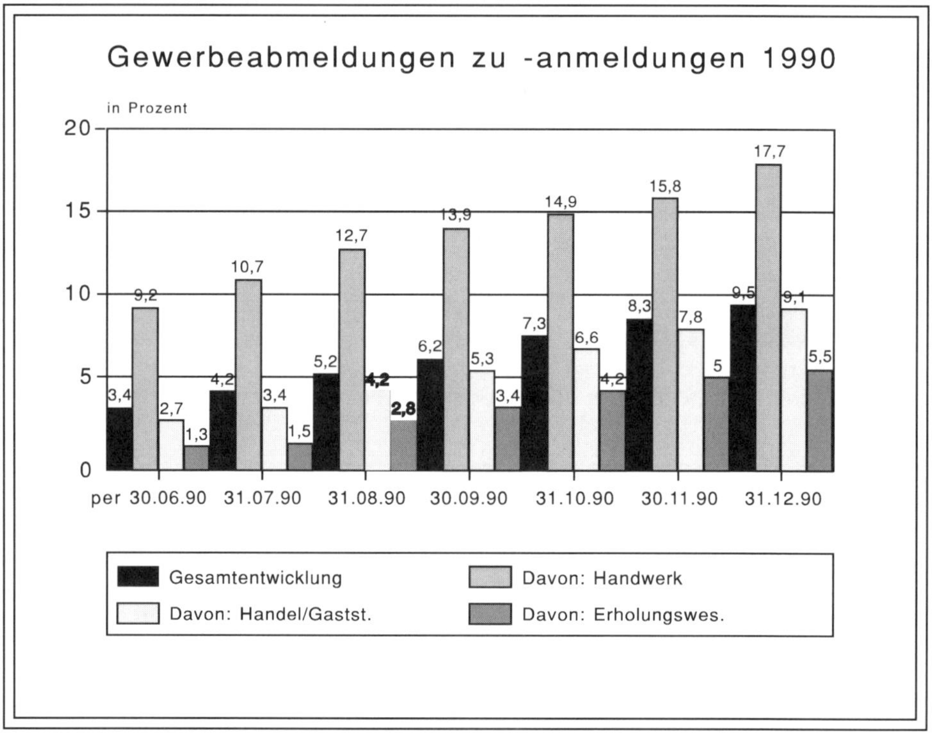

Tabelle 7:
Quote der Gewerbeabmeldungen (auf 100 Gewerbeanmeldungen) im zweiten Halbjahr 1990

je per 31.d.M. / 1990:	Jun	Jul	Aug	Sept	Okt	Nov	Dez
alle Bereiche:	3,4	4,2	5,2	6,2	7,3	8,3	9,5
– Handwerk	9,2	10,7	12,7	13,9	14,9	15,9	17,7
– Handel / Gaststätten	2,7	3,4	4,2	5,3	6,6	7,8	9,1
– Erholungswesen	1,3	1,5	2,8	3,4	4,2	5,0	5,5

Quelle: Eigene Berechnungen nach Angaben des Gemeinsamen Statistischen Amtes der Länder Mecklenburg / Vorpommern, Brandenburg, Sachsen-Anhalt, Thüringen und Sachsen.

In jedem Falle nicht auf der Gewinnerseite stehen Bereiche des Handwerks, in denen die Industrie als unmittelbarer Konkurrent auftritt. Schwierigkeiten werden besonders dort spürbar, wo die im Preis stark angestiegenen Reparaturleistungen einen hohen Anteil am Umsatz ausmachen, wie z. B. bei Schneidern, Schuhmachern oder Tapezierern, also bei typischen Vertretern des dienstleistenden Handwerks. Auch Bäcker und Fleischer sind stark von Preiserhöhungen betroffen. Empfindliche Umsatzrückgänge entstanden zumindest im ersten Jahr des Umbruchs auch durch das konsumtive Verhalten vieler Ostdeutscher, nun West- vor Ostprodukten der Vorrang zu geben. Die Kunden frequentierten vorzugsweise die neuen Großmärkte. Der Verdrängungswettbewerb schaltet kleinere Handwerksbetriebe zugunsten von Großhandelsfirmen als Zulieferer von Krankenhäusern, Kaufhallen, Gemeinschaftsküchen etc. zum Teil völlig aus. Die Zahl der Gewerbeabmeldungen ist daher im Handwerk mit 6 755 im Jahr 1990 besonders hoch. Dies entspricht einer Abmeldequote von ca. 18 %, während sie im Bereich Handel/Gaststätten und Erholungswesen mit 9 bzw. 6 % deutlich geringer ausfiel.

Unternehmensinsolvenzen bzw. Gewerbeabmeldungen gehören zweifellos zum marktwirtschaftlichen Alltag, erst recht im Bereich der Klein- und Mittelbetriebe. Aber hier handelt es sich um eine neuartige und massenhafte Erscheinung bzw. Erfahrung für die ostdeutschen Selbständigen, deren Konsequenzen für die potentielle Gründungsbereitschaft in der Folgezeit heute schwer kalkuliert werden können.

Ob, wann und in welchem Umfang also tatsächlich von der gelungenen Konstituierung neuer Selbständiger als soziale Gruppe in den ostdeutschen Ländern gesprochen werden kann, ja, ob es überhaupt zu einer relativ eigenständigen „ostdeutschen“ Gruppe von Selbständigen kommt oder ob die personelle Durchmischung zwischen Ost- und Westdeutschen gerade in dieser sozialen Gruppe besonders rasch verläuft, welches die prägenden Mobilitäts- und Rekrutierungswege neuer Selbständiger sein werden, welcher Grad an Homogenität in dieser Gruppe erreicht wird – all diese Fragen bleiben weiter offen und spannend. Sie zu beantworten, schließt eine Vielzahl anderer Fragen ein, etwa die nach der Entwicklung eines gruppenspezifischen Verhaltens, eines Selbst- und Fremdbildes als soziale Gruppe, einer institutionell verankerten, sozialpolitischen Gruppenformierung usw. usf., die ihrerseits interessante Forschungsfelder ausmachen.

Trotz aller Vorläufigkeit und Begrenztheit der hier gezeigten sozialökonomischen Entwicklungstrends dürfte sich aber vielleicht die Vermutung erhärten, daß wir es auch in der sozialen bzw. sozialstrukturellen Dimension der ostdeutschen Transformationsprozesse tatsächlich mit einer historisch einmaligen Überlagerung von gesellschaftlichen Wandlungsprozessen zu tun haben, die teilweise unterschiedlichen historischen Phasen der Prämoderne, Moderne und Postmoderne angehören, daß selbst mit ein und demselben Konstitutionsprozeß einer neuen sozialen Gruppe sowohl historische Strukturdefizite auf dem Wege zu einer modernen, offenen, marktwirtschaftlich und pluralistisch verfaßten Gesellschaft ausgeglichen werden müssen, als auch ganze Schübe des Werte- und Mentalitätswandels auf dem Wege zur industriellen und zeitgleich dazu zur postindustriellen Gesellschaft induziert und materialisiert werden. Die These von der „doppelten Beschleunigung" oder „doppelten Modernisierung" (Berger 1991) ist es also vielleicht, die dem am nächsten kommt, was sich hier so überraschend, so spannend, so dramatisch vollzieht.

Literatur

Berger, P. A., 1991: Von Bewegungen in zu Beweglichkeit von Strukturen. Provisorische Überlegungen zur Sozialstrukturanalyse im vereinten Deutschland, in: Soziale Welt, 42. Jg., Heft 1

Bögenhold, D., 1987: Der Gründerboom. Realität und Mythos der neuen Selbständigkeit, Frankfurt / M.

Bögenhold, D. / Staber, U., 1990: Selbständigkeit als ein Reflex auf Arbeitslosigkeit?, in: Kölner Zeitschrift für Soziologie und Sozialpsychologie, 42. Jg., Heft 2: 268–282

Der Selbständige, Bonn – Berlin, April 1990

Deutsche Wirtschaftskommission für die sowjetische Besatzungszone 1949. Statistisches Zentralamt. Volks- und Berufszählung vom 29.10.1946 in der sowjetischen Besatzungszone Deutschlands, Bd. III. Landes- und Kreisstatistik, Heft 1, Berlin

Habermas, J., 1990: Die nachholende Revolution, Frankfurt / M.

Institut der deutschen Wirtschaft Köln, 1990: Zahlen zur wirtschaftlichen Entwicklung der Bundesrepublik Deutschland

Kaiser, M., 1990: Knockout für den Mittelstand, Berlin

Statistisches Amt der DDR, 1990: Statistische Daten über die Länder der DDR in den Grenzen ihrer Bezirke sowie über Berlin. Teil II. Berufstätige, Berlin

Statistisches Jahrbuch der DDR 1989, Berlin

Statistisches Jahrbuch der DDR 1990, Berlin

Vonderach, G., 1980: Die „neuen Selbständigen". 10 Thesen zur Soziologie eines unvermuteten Phänomens, in: Mitteilungen der Arbeitsmarkt- und Berufsforschung, Stuttgart, Heft 2: 153–169

Anlage:

Gewerbeanzeigen und -abmeldungen nach Ländern und ausgewählten Bereichen (1.1.90–31.12.90)

Land:	Berlin*	Meckl./Vp.	Brandbg.*	Sachs.Anh.	Thürg.	Sachs.	Gesamt
Gewerbeanzeigen insgesamt:	23 690	30 402	48 865	47 991	52 480	77 668	281 096
darunter:							
– Handwerk	1 629	4 663	7 302	6 642	7 403	10 148	37 787
– Handel/Gast.	6 098	13 281	25 168	25 160	27 002	37 771	134 480
– Erholungswesen	152	757	467	286	373	153	2 188
Gewerbeabmeldungen insgesamt:	1 841	2 833	4 593	4 862	4 987	7 578	26 694
darunter:							
– Handwerk	214	562	984	1 228	1 321	2 446	6 755
– Handel/Gast.	347	1 304	2 265	2 439	2 518	3 264	12 137
– Erholungswesen	8	42	23	11	31	9	124

* Angaben unvollständig durch fehlende Kreise bzw. Stadtbezirke.

Quelle: Gemeinsames Statistisches Amt der Länder Brandenburg, Mecklenburg/Vorpommern, Sachsen, Sachsen-Anhalt, Thüringen.

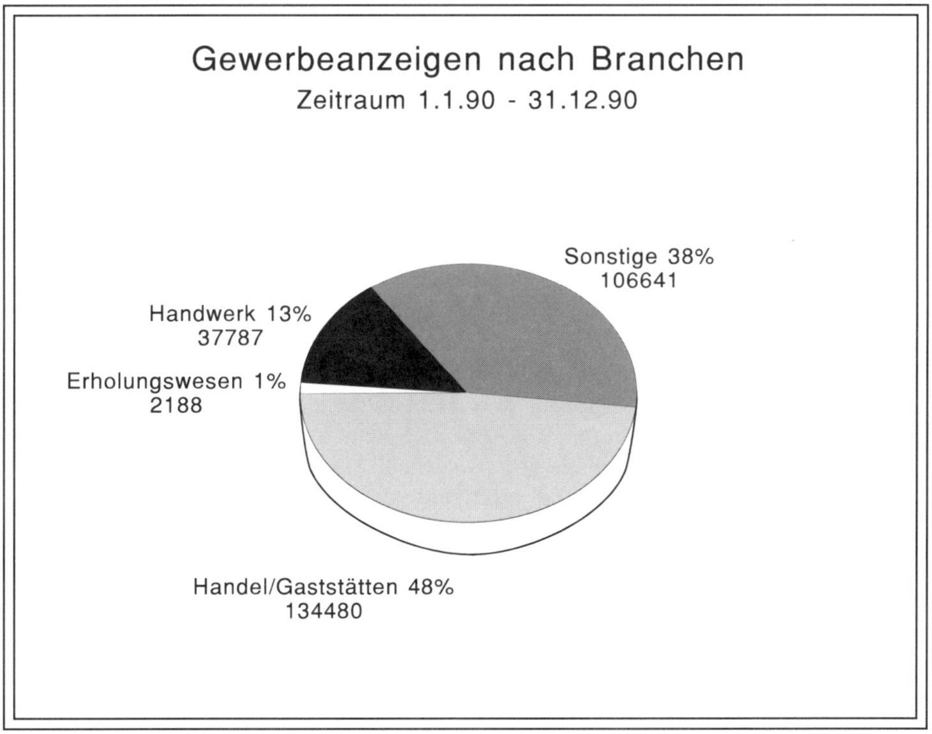

Doris Ritschel

Soziale Milieus in der ehemaligen DDR

Ein neuer Forschungsansatz

Spätestens seit Oktober 1989 beschäftigen sich Sozialwissenschaftler der ehemaligen DDR sehr eingehend mit den Ursachen für das Scheitern des „real existierenden" Sozialismus. Dieses Stück Vergangenheitsbewältigung und Selbstverständigung über eigenes Tun und Unterlassen, über Fehlleistungen, Defizite und ideologischen Doktrinarismus in der sozialwissenschaftlichen Forschung ist unerläßlich. Bei aller Notwendigkeit dieser Retrospektive darf dabei jedoch nicht stehengeblieben werden.

Wollen ostdeutsche Sozialwissenschaftler nicht in völlige Bedeutungslosigkeit versinken, muß mit der Reflexion über Vergangenes zugleich das Gegenwärtige und Zukünftige begleitet werden. Daß das allein mit den herkömmlichen Theorien und Forschungsmethoden nicht machbar ist, darüber besteht allenthalben Einigkeit. Dennoch überwiegen derzeit auch in der soziologischen Forschung insgesamt und Sozialstrukturforschung im engeren Sinne noch Diskussionen zu den Grenzen und Mängeln bisheriger Forschungen. Meist bewegen sich die Dispute um die traditionellen Erklärungsmuster (Schichtenmodelle, Elite- und Kastenkonzeptionen sowie Klassenanalysen) auf der makrosoziologischen Ebene und münden in der Favorisierung einer der Varianten gegenüber den anderen (vgl. z. B. Maier 1990).

Neue Ansätze sind vielfach im Gespräch, werden allerdings bisher erst in bescheidenem Umfang und nur zaghaft praktiziert.

CONCRET – Gesellschaft für angewandte Wirtschafts- und Sozialforschung mbH hat seit Mai 1990 versucht, beidem – der Retrospektive und gleichzeitig dem Neuansatz – in stärkerem Maße gerecht zu werden.

In dem Bestreben, den Wandel von Lebenslagen, Wertorientierungen, Denk- und Verhaltensweisen der DDR-Bürger im deutsch-deutschen Vereinigungsprozeß mitzuverfolgen, schien es uns ratsam, dies nicht mehr allein und ausschließlich auf der Basis der bislang gängigen Klassen- und Schichtenmodelle zu tun. Unseren Intensionen am nächsten kamen von Bourdieu, Hradil und speziell im SINUS-Institut Heidelberg entwickelte und praktizierte milieutheoretische Ansätze, die darauf gerichtet sind, den komplexen Lebenszusammenhang der Menschen, den „sozialen Raum" (Bourdieu) auszuloten und die mannigfaltigen verhaltensrelevanten Faktoren in angemessener Wichtung in die Analyse sozialen Verhaltens einzubeziehen.

In Kooperation und in Anlehnung sowie schöpferischer Anwendung des Forschungsansatzes von SINUS hat CONCRET schon vor der Währungsunion mit der Lebenswelt- und Milieuforschung in der DDR begonnen. Die diesbezügliche

Kooperation von SINUS und CONCRET verfolgt kurzfristige und längerfristige Forschungsziele. Kurzfristig galt es folgendes zu prüfen und zu analysieren:

- *Gibt* es in der ehemaligen DDR analog zur bisherigen BRD verschiedene soziale Milieus, d. h. Menschen, die sich in ihren Lebensauffassungen, -werten und ihrem Lebensstil ähneln, die also in gewisser Hinsicht subkulturelle Einheiten innerhalb der Gesellschaft bilden?
- Wenn das der Fall ist, *welche* sozialen Milieus bzw. welche verschiedenartigen Lebensstile haben sich in Ostdeutschland herausgebildet?
- Sind die entstandenen Milieus mit den von SINUS für die BRD seit einem Jahrzehnt fixierten Lebenswelten in irgendeiner Weise *vergleichbar oder gar identisch*? Welche Gemeinsamkeiten, Ähnlichkeiten, aber auch Unterschiede sind im Hinblick auf die sozialen Milieus in der Alt-BRD und den neuen Bundesländern zu konstatieren?
- *Welche völlig anderen sozialen Milieus* sind unter den konkreten Bedingungen einer vierzigjährigen eigenständigen Entwicklung in der DDR gewachsen?

Längerfristig zielt das Forschungsvorhaben darauf, die erkundeten sozialen Milieus zu quantifizieren, um aussagefähig darüber zu sein, wieviel Prozent der Bevölkerung in etwa zu diesem oder jenem Milieu gehören. Darüber hinaus richtet sich unser Interesse natürlich vorwiegend darauf, mitzuverfolgen, *welche* Veränderungen und in welchem Tempo sich Wandlungen in den Lebensstilen, den Wertorientierungen etc. der ehemaligen DDR-Bevölkerung im Zuge des zwar politisch relativ schnell vollzogenen, aber insgesamt, was die Lebenslagen betrifft, doch zeitlich beträchtlich längeren deutsch-deutschen Vereinigungsprozesses, abzeichnen.

Wie konsistent sind die Milieus, die sich unter DDR-Bedingungen konstituiert hatten? Welche Auflösungs- und Ausdifferenzierungsprozesse werden über kurz oder lang beginnen? Wohin bewegen sich diese sozialen Milieus? Werden am Ende – nur mit einer Verzögerung um ein/einige Jahrzehnt(e) – die Milieus anzutreffen sein, die heute bereits in den Altbundesländern existieren? Wird sich in den neuen Bundesländern, lediglich zeitlich verlagert, das wiederholen, was sich in Westdeutschland nach 1945 vollzogen hat? Oder entsteht hier etwas Originäres, das langfristig auch nicht ohne Einfluß auf die Altbundesländer sein wird? – Diesen und anderen Fragen gilt perspektivisch unsere Aufmerksamkeit.

Der Einstieg in die Milieuforschung in der ehemaligen DDR war und ist zum jetzigen Zeitpunkt kein leichtes Unterfangen. Zwar gab es in der Vergangenheit verschiedene Versuche von Soziologen, Philosophen, Psychologen etc. – an dieser Stelle sei nur auf die Hinwendung zu den individuellen Lebenslagen, zur Individualität und Subjektivität seit Beginn der 80er Jahre verwiesen –, sich der Milieutheorie zu nähern, es fehlte jedoch die nötige letzte Konsequenz.

Hinzu kommt, daß die Forschung einsetzt in einem Moment, wo der Wandlungsprozeß schon im Gange ist und z. T. in einem rasanten Tempo verläuft, so daß die Zeit knapp ist, Gewesenes so einzufangen, wie es tatsächlich war.

Die Anwendung des lebensweltlichen Forschungsansatzes auf DDR-Verhältnisse stellt insgesamt ein *Novum* dar.

Wenngleich es im Verlaufe der 40 Jahre DDR mehr oder minder wahrnehmbare Veränderungen, Modifizierungen und Differenzierungen in den Konzepten und Forschungsmethoden zur Sozialstruktur (Lötsch, Bahro u. a.) gegeben hat, so blieben doch bestimmte Prämissen unangetastet bzw. wurde ihre Durchbrechung nicht geduldet.

Dazu gehört unbedingt das Ausgehen von dem herkömmlichen Klassen- und Schichtenmodell, das in dieser oder jener Weise stets entsprechend den „neuen" Bedingungen des Sozialismus „modernisiert" wurde, in das jedoch letztlich sämtliche sozialstrukturellen, philosophischen, psychologischen u. a. Forschungen, die in verstärktem Maße auf Unterschiede, Besonderheiten, soziale Ungleichheit und Differenziertheit eingingen und diese beleuchteten, wieder eingepaßt wurden.

Ausgehend von diesem Ansatz wurden zwar auch die Lebenslagen, die Bedürfnisse, Interessen, Wertvorstellungen, Motive und Verhaltensweisen der Angehörigen verschiedenen Klassen, Schichten, Gruppen und der Individuen in zunehmendem Maße erforscht und dargestellt. Bei allen im Detail interessanten und z.T. richtigen Erkenntnissen und Problemen, auf die diese Forschungen stießen, wurden dennoch bestimmte Grenzen und Mängel makrosoziologischer Forschung nicht überwunden.

Mit der Milieuforschung bieten sich Möglichkeiten, einige der bisherigen Schranken zu sprengen.

Der milieutheoretische Ansatz ersetzt gewiß nicht die traditionelle Klassenanalyse und macht sie keineswegs überflüssig. Er ist auch nicht die einzige Alternative zu den herkömmlichen sozialstrukturellen Herangehensweisen. Einen solchen Anspruch zu erheben, wäre generell und beim Stand der gegenwärtigen Forschungen erst recht in der Tat vermessen.

Wie jeder theoretische Ansatz vermag er nur Bestimmtes zu leisten und hat zugleich Grenzen. Worin sehen wir in erster Linie seinen Wert?

Meines Erachtens liefert der Milieuansatz einen *völlig anderen Schnitt durch die Gesellschaft* als die bislang gängigen Erklärungsmuster oder theoretischen Modelle. Dieser Ansatz liegt in gewisser Hinsicht *quer* dazu und birgt zumindest folgende Vorzüge in sich im Vergleich zu den traditionellen Vorgehensweisen:

– In der Milieuforschung werden Individuen nicht mehr primär nach ihrer objektiven Stellung in der Gesellschaft, nach ihrer Funktion in der gesellschaftlichen Organisation der Arbeit oder nach demographischen Merkmalen (Geschlecht, Alter, Qualifikation, Einkommen etc.) gruppiert. Es werden all jene Individuen als eine Gruppe (ein Milieu) zusammengefaßt und analysiert, die gleiche oder annähernd übereinstimmende Einstellungen, Wertorientierungen und Lebensstile entwickeln. Nicht „äußere", objektive Kriterien sind ausschlaggebend für die soziale Strukturierung der Gesellschaftsmitglieder, sondern „innere", subjektive bzw. inhaltliche Momente. Damit wird zudem die Subjektivität der Individuen, die doch bislang häufig unterbelichtet blieb, in stärkerem Maße als in der Vergangenheit eingefangen und berücksichtigt. Die tatsächlichen Bedürfnisse, Interessen, Motive, Erwartungen und Befindlichkeiten der Persönlichkeiten werden aufgespürt und zum Ausgangspunkt genommen für eine soziale Strukturierung. Die Lebenswelten der Mitglieder einer Gesellschaft werden somit weniger idealisierend, d. h. ausgehend von einer postulierten objektiven Stellung in der Gesellschaft erfaßt, sondern in der Verbindung von objektiver Lage und ihrer subjektiven Reflexion durch den einzelnen.

Manches, was mit den herkömmlichen Erklärungsmustern nicht ausreichend zu deuten war, wird jetzt erklärbar.

Durchschaubarer wird, warum Individuen mit gleichen demographischen Merkmalen (Alter, Geschlecht, Qualifikation, Einkommen) und gleicher Stellung in der gesellschaftlichen Organisation der Arbeit dennoch völlig verschiedene Lebenshaltungen und -stile ausprägen können, da ihre Denk- und Verhaltensweisen nicht einfach aus der objektiven Stellung deduziert werden, sondern in Verbindung mit dem soziokulturellen Hintergrund, aus dem sie erwachsen, betrachtet werden.

– Mit der Milieuforschung wird zudem praktisch ein Schritt zur *ganzheitlichen Betrachtung* der Persönlichkeit getan. Sie ist darauf gerichtet, den Menschen in all seinen Lebens- und Erfahrungsbereichen im Alltag (Arbeit und Beruf, Familie / Partnerschaft, Freizeit / Urlaub, Konsum, persönlicher Geschmack etc.) zu erfassen, wovon in der philosophischen Literatur in der ehemaligen DDR zwar vielfach die Rede war, was jedoch nur ansatzweise realisiert wurde. Wenngleich das Bestreben da war, das Alltagsleben der Bürger in seiner ganzen Vielfalt und Komplexität zu beleuchten, dominierte doch eine *arbeitszentrierte Sichtweise*. Die Mehrzahl der Forschungen konzentrierten sich auf die Thematik Arbeit, Beruf und Leistung der Persönlichkeit. Des weiteren wurden Arbeit und Beruf, Familie / Partnerschaft, Freizeit / Urlaub, Konsum etc. meist separat (oft auch durch unterschiedliche Institute und Einrichtungen) untersucht und selten zu einem Ganzen zusammengebracht.

Hinzu kommt, daß so wesentliche Seiten des Alltagslebens der Menschen, wie ihre Konsumeinstellungen und -verhaltensweisen, ihre ästhetischen Vorstellungen, ihr individueller Lebensstil und persönlicher Geschmack ziemlich stiefmütterlich behandelt und in der sozialwissenschaftlichen Forschung bzw. Literatur fast total ausgeblendet wurden. Damit fehlten jedoch immer einige nicht unwesentliche Teile des Ganzen.

Bekanntlich waren es auch gerade jene Momente, in denen bereits seit längerem die Unzufriedenheit der DDR-Bürger zutage trat und sich die Probleme dieser Gesellschaft am nachhaltigsten offenbarten.

– Die Milieuforschung, wie sie von SINUS u. a. betrieben und auch von uns praktiziert wird, ist zudem von ihrer ganzen Methodik näher an den *wirklichen*, lebendigen Individuen dran.

Es wird nicht von irgendwelchen imaginären Modellen oder konstruierten Bedürfnissen, Einstellungen und Wertorientierungen der Menschen ausgegangen. Die Denk- und Verhaltensweisen von Persönlichkeiten werden nicht einfach aus der Zugehörigkeit zu einer Klasse, sozialen Schicht oder Gruppe deduziert.

Die Individuen artikulieren *selbst* in mehrstündigen Interviews ihre Einstellungen zu Arbeit, Beruf, Leistung, Familie / Partnerschaft etc. und geben Auskunft über ihre Motive, Bedürfnisse und Interessen. Sie erläutern, warum ihnen gerade dies wichtig, bedeutsam und erstrebenswert im Leben ist und nicht etwas anderes. Es entsteht ein Bild ihrer selbst, das zugleich einen Eindruck von der ganzen sozialen, kulturellen, politischen und psychischen Befindlichkeit der Individuen und ihrem Gewordensein vermittelt. Wenngleich diese Methodik die theoretische Verallgemeinerung und Verdichtung des vielfältigen Materials nicht gerade vereinfacht, sondern eher kompliziert, so liefert sie letztlich jedoch einen realitätsnäheren Einblick in die differenzierten Lebenslagen, Wertstrukturen, sozialen und psychischen Befindlichkeiten in den verschiedenen Milieus. Von daher wird es zudem eher möglich sein, den Wertewandel und die Verhaltensstrategien von Vertretern der verschiedenen Milieus in den gesellschaftlichen Umbrüchen zu erkennen, zu begreifen und typische Verhaltensmuster zu erklären.

Ergebnis der bisherigen gemeinsamen qualitativen SINUS/CONCRET-Lebensweltforschung in den neuen Bundesländern ist die *Abgrenzung und Beschreibung von neun sozialen Milieus* mit jeweils charakteristischen Einstellungen und Lebensorientierungen.

Wenngleich man sicherlich über die Namen oder Bezeichnungen der einzelnen Milieus noch lange streiten kann, auch inhaltlich manches zu ergänzen und zu verfeinern ist, so lassen sich u. E. folgende soziale Milieus auf der Basis der vorliegenden qualitativen Befunde (realisierte Tiefeninterviews) fixieren:
- Bürgerlich-humanistisches Milieu,
- Traditionsloses Arbeitermilieu,
- Kleinbürgerlich-materialistisches Milieu,
- Hedonistisches Arbeitermilieu,
- Technokratisches Milieu,
- Status- und karriereorientiertes Milieu,
- Subkulturelles Jugendmilieu,
- Linksintellektuell-alternatives Milieu.

In der Diskussion steht darüber hinaus, ob es ein eigenständiges Ländlich-bäuerliches Milieu neben dem Traditionellen Arbeitermilieu gibt oder, ob nicht vielmehr ein gemeinsames Traditonsverwurzeltes Arbeiter- und Bauernmilieu existiert. Dahinter verbirgt sich die Frage danach, wie ähnlich die Grundeinstellungen von jenen Arbeitern, die mit der industriellen Produktion gewachsen sind und deren Denk- und Verhaltensweisen dadurch mehr oder weniger mitgeprägt wurden, mit denen der Menschen sind, die unmittelbar auf dem Lande aufgewachsen und dem ganzen Lebensrhythmus und -stil dort verbunden sind. Stimmen sie im Grundsätzlichen überein oder charakterisieren sie doch nicht ein gemeinsames Milieu? Kann auf ein spezifisch Ländlich-bäuerliches Milieu wie in den Altbundesländern verzichtet werden, da es keine speziellen durch die ländlichen Bedingungen geprägten Lebensorientierungen und -stile gibt? Dies und vieles andere bedarf noch weitergehender Forschungen.

Vergleicht man die fixierten Milieus in den neuen Bundesländern mit jenen, die SINUS für die Altbundesländer eingehend beschrieben hat, so ist in jedem Falle folgendes nach derzeitigem Erkenntnisstand unumstritten:

– Es handelt sich bei *allen* Milieus in den Neubundesländern – trotz mancher ähnlicher oder gar gleicher Milieubezeichnung – um unter den konkreten Bedingungen der *DDR* gewachsene und durch sie geprägte soziale *Milieus*, die nicht einfach eine Kopie oder nur eine geringfügige Modifizierung vorhandener BRD-Milieus darstellen.

– Unter den beschriebenen und voneinander abgegrenzten Milieus der einstigen DDR gibt es *einige, die sehr viele Gemeinsamkeiten*, mehr oder weniger große Ähnlichkeiten mit den von SINUS für die Alt-BRD umrissenen haben und in vielem identisch sind. Das betrifft z. B. das Kleinbürgerlich-materialistische Milieu und das Traditionslose Arbeitermilieu.

– Zugleich haben sich in der DDR unter dem Einfluß der ganz spezifischen materiellen, politischen Entwicklung ganz unverwechselbare soziale Milieus („spezifische DDR-Milieus") herausgebildet, die es in dieser Gestalt weder in der alten Bundesrepublik noch in den anderen westeuropäischen Ländern bislang gab oder gibt.

Dazu gehören insbesondere
- Bürgerlich-humanistisches Milieu und
- Hedonistisches Arbeitermilieu.

Da sich die Bedingungen, unter denen sich die Lebensauffassungen, -einstellungen und -verhaltensweisen gerade der Menschen, die diese Milieus konstituieren, gebildet haben, gegenwärtig grundlegend, z. T. radikal verändern, ist es in bezug auf diese Milieus besonders wichtig und notwendig mitzuverfolgen, was aus ihren Milieuvertretern wird, welche Milieus trotzdem relativ konsistent sind bzw. welche sich möglicherweise über kurz oder lang in andere Milieus ausdifferenzieren.

– Eine *soziale Positionierung und Verortung der erkundeten sozialen Milieus in der ehemaligen DDR nach ihrer Lage im sozialen Raum* gemäß BRD-Muster – nachzulesen in den SINUS-Veröffentlichungen – birgt gewisse Probleme in sich und ist so ohne weiteres nicht möglich.

Die für die Altbundesländer vorgenommene Schichtung der Gesellschaft (Unterschicht, untere Mittelschicht, mittlere Mittelschicht, obere Mittelschicht, Oberschicht) ist nicht einfach auf die alte DDR übertragbar. Zumindest ist zu berücksichtigen, daß einige bei der Schichtung von SINUS zugrundegelegte Kriterien (Einkommen, beruflicher Status, Bildungs- und Qualifikationsniveau) bei den „DDR-Milieus" nicht in gleicher Weise differenzierend wirken. Das betrifft vor allem das Einkommen und den beruflichen Status. Durch die bis auf wenige Ausnahmen doch vorhandene Nivellierung der Einkommen von Arbeitern, Angestellten, Bauern, einschließlich der sich darunter befindenden Angehörigen der Intelligenz, unter DDR-Verhältnissen und eine Politik, die den beruflichen Status ignorierte, zumindest herunterspielte oder ein Statusdenken in der öffentlichen Meinung scheinheilig verurteilte, sind diese Kriterien bezogen auf die Vergangenheit kaum oder gar nicht geeignet, die Milieus voneinander abzugrenzen.

Ein wirklich milieudifferenzierendes Kriterium wäre in diesem Falle eher nach Bourdieu (1982) das kulturelle Kapital im weitesten Sinne.

Mit dem gesellschaftlichen Umbruch in den neuen Bundesländern gewinnen, wie erste Anzeichen andeuten, allerdings die anderen Kriterien sehr schnell an Bedeutung. Wenn bislang die Einkommensunterschiede innerhalb *eines* Milieus oftmals größer als zwischen *verschiedenen* Milieus waren, so wird sich das ziemlich schnell und gravierend ändern.

Analoges läßt sich im Hinblick auf Status- und Prestigefragen sowie -symbole sagen. In einigen Milieus (z. B. Status- und Karriereorientiertem, Kleinbürgerlich-materialisitschem) orientiert man sich bereits jetzt ziemlich stark am westlichen Lifestyle, paßt sich bestimmten Normen und Konsumstandards bewußt oder noch unbewußt an.

Das trifft jedoch nicht auf alle Milieus in den neuen Bundesländern zu.

Betrachtet man die verschiedenen Milieus im Detail, so werden die Spezifika der „DDR- oder Ost-Milieus" doch offensichtlich. Auch wenn dies in dem Beitrag hier nicht für jedes Milieu und die Grundeinstellungen in jedem Lebensbereich aufzeigbar ist, soll das zumindest an einigen ausgewählten Milieus angedeutet werden.

So ist beispielsweise für das Konservativ-gehobene Milieu in den Altbundesländern keine Entsprechung in der ehemaligen DDR zu finden. Die nach 1945 sich in der sowjetischen Besatzungszone und dem späteren Territorium der DDR entwickelnden Bedingungen ließen die Fortexistenz bzw. Ausprägung eines solchen Milieus gar nicht zu.

Das hier entstandene *Bürgerlich-humanistische Milieu* ist nur bedingt vergleichbar mit dem Konservativ-gehobenen Milieu der Alt-BRD. Parallelen gibt es in gewisser Hinsicht in einigen Fragen des Lebensstils, z. B. im Traditionsbezug (Wertschätzung von Antiquitäten, Erbstücken, Pflege von Familientraditionen) und in der bewußt gewählten Distanz zu materiellen Werten, ansonsten überwiegen jedoch die unverkennbaren Unterschiede.

Die Vertreter des Bürgerlich-humanistischen Milieus fühlen sich der Pflege und Weitergabe solcher humanistischen Werte und Traditionen wie Achtung und Schutz der Würde des Menschen, Toleranz, Solidarität mit den Mitmenschen, soziale Gleichheit und Gerechtigkeit verpflichtet. Sie haben diese Werte in ihrem eigenen Denken und Verhalten verinnerlicht und sind bestrebt, danach zu leben. Die typischen Milieuvertreter stammen vor allem aus Pädagogen-, Ärzte-, Juristen-, Theologen- und Wissenschaftlerfamilien, die eine entsprechende Tradition über mehrere Generationen aufweisen. Aber auch Kinder aus Arbeiter- und Bauernfamilien, die die Chancengleichheit des Zugangs zu Bildung und Kultur in der 40jährigen Entwicklung der DDR genutzt haben, gehören heute zu diesem Milieu. Eine Spezifik dieses Milieus besteht demzufolge darin, daß es sich nicht nur aus sich selbst reproduzierte, sondern auch aus Vertretern anderer Herkunftsmilieus, z.B. dem Traditionellen Arbeitermilieu, dem Ländlich-bäuerlichen oder Kleinbürgerlich-materialistischen Milieu. Die ursprünglich aus anderen Milieus Stammenden eigneten sich über spezielle persönliche Entwicklungswege (Weg über die Arbeiter-und-Bauern-Fakultät, Auslandsstudium, Universitätsstudium bei alten bürgerlich-humanistisch geprägten Wissenschaftlern) und bedingt durch ihre Tätigkeit die humanistischen Werte und Ideale des alten Bildungsbürgertums an und verinnerlichten sie. Für viele war dies z. T. ein mühevoller, mit zahlreichen Brüchen vollzogener Prozeß. Zentrale Lebensziele der Vertreter des Bürgerlich-humanistischen Milieus sind

Selbstverwirklichung und Selbstbestätigung im Beruf, ein Wirken für den Menschen und gesellschaftlichen Fortschritt. Obgleich sie in der Regel weder materiell noch moralisch die gesellschaftliche Achtung und Anerkennung für ihre Tätigkeit und Leistungen erfuhren, die sie sich wünschten und die ihnen eigentlich gebührte, entwickelten sie ein überdurchschnittliches Engagement und Pflichtbewußtsein in ihrer Arbeit. Charakteristisch für sie ist eine starke Identifizierung mit dem Beruf, der nicht als irgendeine Tätigkeit verstanden, sondern in der Regel als Berufung und Hobby angesehen wird. Zwischen Beruf und Freizeit besteht selten eine strenge Trennung.

Auch in ihrer Freizeit setzen sich diese Milieuvertreter in hohem Maße inhaltlich mit fachlichen, politischen, kulturellen u. a. Fragen auseinander und sind bestrebt, ihren geistig-kulturellen Horizont ständig zu erweitern. Im Vergleich zu anderen DDR-Milieus existieren hier stark ausgeprägte Bildungs- und Kulturbedürfnisse. Die Bewältigung von Vergangenheit, Gegenwart und Zukunft beschäftigt die Angehörigen dieses Milieus in höherem Maße als andere. In der Vergangenheit gehörten viele von ihnen zu jenen, die stets ihre eigene Meinung zu den Entwicklungsprozessen in der DDR äußerten, von daher oftmals in kritischer Distanz bzw. sogar in Opposition zum alten System standen oder zu jenen, die versuchten, sich aus der Politik herauszuhalten, um nicht in Konflikte zu geraten. Ein anderer Teil stand zur „sozialistischen Gesellschaft", in der Annahme oder dem festen Glauben, daß dort die humanistischen Ideale und Werte, die man selbst vertrat, verwirklicht würden.

Den Angehörigen dieses Milieus wurden allerdings die Widersprüche zwischen Ideal und Wirklichkeit, Theorie und Praxis ebenso wie andere Widersprüche zunehmend bewußter. Dies wurde kritisch, z. T. offen oder zumindest im persönlichen Umfeld reflektiert, aber individuell doch oftmals verdrängt, meist indem man Zuflucht im Beruf und den Möglichkeiten, sich dort zu verwirklichen, suchte. In welchem Umfang und Maße in dem alten System humanistische Werte und Ideale mit Füßen getreten wurden, offenbarte sich vielen Vertretern des Bürgerlich-humanistischen Milieus erst im nachhinein, war mit großen Enttäuschungen und Verbitterungen verbunden. Von einer Veränderung der Gesellschaftsverhältnisse in Ostdeutschland versprechen sie sich viel. Da diese Milieuvertreter nach wie vor ihren Idealen und Werten anhängen, messen sie auch die jetzt bestehende Ordnung daran, in welchem Maße sie diesen gegenwärtig und perspektivisch gerecht wird. Eine freiheitlich-demokratische Grundordnung halten sie für erstrebenswert. Derzeit sammelt jedoch ein beträchtlicher Teil dieses Milieus – da sie als Ärzte, Wissenschaftler, Juristen, Pädagogen etc. in hohem Maße selbst betroffen sind von den Auflösungs-, Abwicklungs- und Umstellungsprozessen auf die Marktwirtschaft – Erfahrungen mit inhumanen Praktiken, die zu erneuten Enttäuschungen und Desillusionierungen führen.

Von daher dürfte es interessant sein zu verfolgen, ob und inwiefern sich ein Wertewandel vollzieht, welche Verhaltensstrategien gerade in diesem Milieu entwickelt werden, was aus den Milieuvertretern künftig unter marktwirtschaftlichen Bedingungen wird, welche Konsistenz dieses Milieu aufweist und wie es sich in der Zukunft rekrutieren wird.

Nicht weniger Interesse verdient das ebenfalls bereits erwähnte *Hedonistische Arbeitermilieu*, das sich deutlich von den anderen in den Altbundesländern bekannten und mit bestimmten Modifikationen auch bei uns anzutreffenden Arbeitermilieus (dem Traditionellen und dem Traditionslosen) abhebt.

Zu diesem Milieu gehören vorrangig Arbeiter und Angestellte jener Generationen, die in der DDR geboren sowie aufgewachsen sind und durch die Entwicklung und Politik in diesem Lande in ihrer ganzen Widersprüchlichkeit in besonders markanter Weise geprägt wurden. Charakteristisch für die Vertreter dieses Milieus ist die Lebensposition, angenehm und schön zu leben, einen hohen Lebensstandard zu haben, sich alles leisten zu können, was man möchte. Und all dies sollte mit nicht zu großen Anstrengungen oder Mühen erreicht werden. Die Milieuvertreter wollen arbeiten, um möglichst viel Geld zu verdienen, die Arbeitsinhalte und -bedingungen sind ihnen eher zweitrangig.

Wenn es um ihren eigenen Vorteil geht, lassen sie keine Chancen ungenutzt.

Angehörige dieses Milieus sind von sich und ihren Fähigkeiten überzeugt und treten im Vergleich zu den Vertretern anderer Milieus sehr selbstbewußt auf. Ihr überzogenes Selbstbewußtsein paart sich dabei häufig mit einem Verlust an alten Arbeitertugenden. In der Vergangenheit nahmen nicht wenige aus diesem Milieu es mit der Arbeit nicht ganz so genau, rissen sich dafür kein Bein aus und sparten ihre Kräfte für anderes auf. Ihre Bindung an Beruf, Arbeit und Betrieb ist lockerer als im Traditionellen Arbeitermilieu. Daraus resultiert auch eine größere Bereitschaft zu einem beruflichen Wechsel. Die mit der Umstellung auf die Marktwirtschaft auftauchenden wirtschaftlichen und sozialen Probleme, z. B. die Arbeitslosigkeit, beängstigen diese Milieuvertreter angesichts ihrer Grundeinstellungen weniger als die Vertreter anderer Milieus. Es dominiert eher ein optimistischer Blick in die Zukunft. Gegebenenfalls sucht man sich seine individuelle Lösung angesichts drohender oder bereits vorhandener Arbeitslosigkeit und wandert oder pendelt in die Altbundesländer, um zu arbeiten. Ein beträchtlicher Teil aus diesem Milieu ist diesen Weg schon vor der „Wende“ oder kurz danach gegangen, um nicht länger auf eine Angleichung der Lebensverhältnisse und die gewünschte Befriedigung persönlicher Konsumwünsche warten zu müssen.

Vertreter gerade dieses Milieus waren es auch, die in gewisser Weise dem alten Herrschaftssystem zum endgültigen Zusammenbruch verhalfen, was nicht heißt, daß sie die Initiatoren der „Wende“ waren. Sie waren vielmehr einerseits ureigenstes Produkt dieser Gesellschaft und zugleich andererseits ihr Sprengsatz, indem sie die ihnen über Jahre propagierten und suggerierten Vorstellungen von einem höheren Lebensstandard, von Freiheit und Demokratie u. a. m. immer massiver einklagten.

Abzuwarten bleibt, ob und wie sich die Einstellungen insbesondere zu Arbeit, Beruf und Leistung der Vertreter dieses Milieus unter den Zwängen der Marktwirtschaft verändern werden, und wie diese in Einklang gebracht werden mit dem genußorientierten Lebensstil. Interessant wird, wohin möglicherweise ein Teil der Milieuvertreter sich unter den neuen Bedingungen bewegt und von welchem Bestand dieses Milieu überhaupt sein wird.

Neben dem Hedonistischen Arbeitermilieu hatte noch ein anderes Milieu insbesondere im letzten Jahrzehnt die Grenzen und Mängel des „sozialistischen" Systems immer stärker sichtbar gemacht. Wir haben es *Subkulturelles Jugendmilieu* genannt.

Die Vertreter dieses Milieus waren und sind bestrebt, sich konventionellen Vorschriften, Normen und Zwängen zu entziehen und dem ihren ganz individuellen Lebensstil, ihre Originalität und Individualität entgegenzusetzen. Sie wollen sich bewußt abgrenzen und abheben von dem „braven", sich anpassenden Normalbürger (Stino) und auch dem Karrieristen. Oftmals kommen diese Milieuvertreter aus Familien, in denen gerade diese Verhaltensmuster und Einstellungen typisch sind und mit Nachdruck versucht wurde, sie an die Kinder weiterzugeben. Meist haben sich die zu diesem Milieu Gehörenden in Opposition zur „sozialistischen" Erziehung in der Familie, der Schule sowie der FDJ entwickelt. Allerdings waren die individuellen und gesellschaftlichen Spielräume, tatsächlich einen originären Lebensstil (z. B. als Punk, Grufti etc.) auszuprägen und auszuleben, unter DDR-Bedingungen ziemlich eingeengt. Andere oder andersartige Lebensstile wurden kaum toleriert. Deshalb bewegten sich die meisten Vertreter dieses Milieus immer im Zwiespalt zwischen dem objektiven Zwang zur Anpassung und dem Andersseinwollen. Mit dem Zerfall des alten Herrschaftssystems sind eine Reihe alter Zwänge weggefallen, aber für die Jugendlichen in diesem Milieu auch neue, bislang ungewohnte Probleme und Unsicherheiten im Hinblick auf die Realisierung ihrer Lebensvorstellungen hinzugekommen.

Die Mehrzahl der Vertreter dieses Milieus steht auch zur neuen Ordnung in Opposition. Sie lehnen nicht nur das bisherige „sozialistische" System, sondern auch den bestehenden Kapitalismus als perspektivische Gesellschaft ab, da in beiden wenig Platz für ihren Lebensstil existiert. In ihrer Ablehnung gegenüber dem Neuen greifen sie sogar jetzt auf alte DDR-Symbolik zurück und demonstrieren eine DDR-Identität, die sie vorher nie gehabt haben. Fraglich ist allerdings, inwieweit diesbezüglich Grundeinstellungen ausgeprägt sind. Noch nicht voll, jedoch ansatzweise absehbar und in jedem Falle beachtenswert sind die Einflüsse, die von westlichen Jugendmilieus auf bestehende Wertestrukturen und ihren Wandel ausgehen.

Schon jetzt in einem gravierenden Umbruch und in einer Neukonstituierung befindet sich das *Status- und Karriereorientierte Milieu*. Das entscheidende Lebensziel und die alles prägende Wertorientierung der Vertreter dieses Milieus ist beruflicher und sozialer Aufstieg, mehr zu leisten als der Durchschnitt und sich auch mehr leisten zu können. Daran ist das gesamte Denken und Verhalten ausgerichtet. In der Vergangenheit vollzog sich dies jedoch über Mechanismen, die an das „sozialistische" Herrschaftssystem gebunden waren. Für einen Teil der zu diesem Milieu zählenden, die Führungs- oder Leitungspositionen innehatten, sind mit dem Fall des Systems die Entwicklungskarrieren und sozialen Aufstiegsmöglichkeiten zumindest in bestimmten Bereichen abgeschnitten, wenn es ihnen nicht gelingt, sich umzuorientieren und in z. T. völlig anderen oder sogar für sie artfremden Branchen ihre Lebensziele zu realisieren. Nicht alle der bislang Status- und Karriereorientierten werden es möglicherweise schaffen, auch perspektivisch zu diesem

Milieu zu gehören. Hinzu kommen jene, die in der Vergangenheit in ihrem Streben aufzusteigen, durch die bestehenden Machtstrukturen behindert wurden (z. B. Selbständige, Unternehmer etc.) und neue Führungseliten in den Parteien, Verwaltungen und Einrichtungen.

In den Grundorientierungen dieser Milieuvertreter gewinnen neben solchen in der Vergangenheit für sie wichtigen Dingen wie: Macht und Einfluß zu besitzen, Privilegien genießen, solche Motive wie: viel Geld zu verdienen, den erreichten Status angemessen nach außen zu dokumentieren, immer zentralere Bedeutung. Für einen Teil wird es sogar das Leitmotiv ihres Denken und Handelns.

In Anbetracht dieser bereits jetzt zu beobachtenden Tendenzen ist es schon interessant zu verfolgen, welche Umschichtungsprozesse sich in diesem Milieu vollziehen und Wertestrukturen hier letztlich entstehen.

Von theoretischer und praktischer Relevanz ist auch die weitere Erforschung und Begleitung des Wertewandels jener Gesellschaftsmitglieder, die lange Jahre das DDR-System aktiver als die Masse getragen und sich in hohem Maße mit ihm identifiziert hatten. Mitunter wird dies auch mit der Hypothese verbunden, ob es sich dabei nicht um ein eigenständiges Milieu handelt, in dem sich ganz spezifische Wert- und Lebensvorstellungen manifestiert haben.

Näher liegt allerdings nach bisherigen Ergebnissen der Forschung der Schluß, daß sie aus mehreren (und zwar ganz bestimmten) Milieus stammen und die in diesen Milieus typischen Wertorientierungen, Lebensziele und -maximen dafür entsprechende Spielräume und Entfaltungsmöglichkeiten boten.

Literatur

Becker, U./Nowak, H., 1982: Lebensweltanalyse als neue Perspektive der Meinungs- und Marktforschung, in: E. S. O. M. A. R. Kongreß 1982, Bd. 2: 247–267

Bourdieu, P., 1982: Die feinen Unterschiede. Zur Kritik der gesellschaftlichen Urteilskraft, Frankfurt/M.

Hradil, S., 1987: Sozialstrukturanalyse in einer fortgeschrittenen Gesellschaft. Von Klassen und Schichten zur Lagen und Milieus, Opladen

Life Style Research 1985. Eine Konsumenten-Typologie von Lürzer, Conrad & Burnett in Zusammenarbeit mit SINUS Heidelberg, Frankfurt/M.

Meier, A., 1990: Abschied von der sozialistischen Ständegesellschaft, in: Aus Politik und Zeitgeschichte. Beilage zur Wochenzeitschrift Das Parlament, B 16–17, 13. April: 2–14

Kerstin Schweigel / Astrid Segert / Irene Zierke

Alter Wein in neuen Schläuchen? Lebensstil- und Milieuforschung in Ostdeutschland

Sozialwissenschaftliche Erforschung des Transformationsprozesses

Das Ende des 20. Jahrhunderts wird wesentlich durch den Systemzusammenbruch des Sozialismus und die aus ihm erwachsenden Transformationsprozesse geprägt. Dabei ist zu beachten, daß ersterer zwar mit der Wende in der DDR und ČSFR 1989/90 einen wichtigen Höhepunkt durchlaufen hat, aber bei weitem noch nicht abgeschlossen ist. Sichtbar sind bereits neue, nationale Krisen der Vielvölkerstaaten UdSSR und Jugoslawien. Mit dem Ausbruch der Krise solcher lokalen Arabesken des „sozialistischen Weltsystems" wie Albanien lassen sich darüber hinaus deren internationale Dimensionen erahnen.

In diesem Kontext tun sich eine Vielzahl politischer, ökonomischer, kultureller Problemfelder auf. Ihr sozialer Kernprozeß, der einer hinreichenden theoretischen Rekonstruktion bedarf, liegt in der Transformation der Gesamtheit gesellschaftlicher Strukturen und der Lebenswelt aller sozialen Akteure in Richtung auf wechselseitig integrierte offene Gesellschaften. Sie wird durch den begonnenen politischen Wandel zwar herausgefordert, ihre sozialen Formen und historischen Phasen sind damit aber noch nicht zwingend vorgegeben. Sie werden in entscheidendem Maße durch die noch auszuarbeitenden nationalen, regionalen und internationalen Transformationsmodelle geprägt.

In der sozialwissenschaftlichen Diskussion setzt sich bereits der Gedanke durch, daß die für die westliche Welt entwickelten Modernisierungsmodelle unter den neuen Bedingungen nicht mehr hinreichend greifen.

Eine wesentliche Ursache liegt gerade darin, daß sie vom Standpunkt eines sich schrittweise reformierenden Systems entworfen wurden. Spätestens mit dem Systemverfall in Osteuropa (wenn nicht schon mit der ökologischen Krise) sind die dafür gültigen Prämissen in Frage gestellt. Notwendig wird die Ausarbeitung von Modernisierungsmodellen, die den Transformations- und den Integrationsgedanken in den Mittelpunkt stellen.

In diesem Kontext läßt sich die Bewältigung des deutschen Einigungsprozesses als Maßstab für die Ausarbeitung tragfähiger Transformationsmodelle betrachten. Hier entfalten sich unter dem besonderen „Schutz" der nationalstaatlichen Einheit im Vorgriff auf die gesamten osteuropäischen Veränderungen mögliche Problemfelder gesellschaftlicher Transformation, aber auch alternative Möglichkeiten der Zusammenführung unterschiedlicher Modernisierungsprozesse. Hier zeigen sich zuerst Vorzüge und Grenzen, wird die Notwendigkeit komplexer Modellbildungen und differenzierter begleitender Analysen wie in einem Brennspiegel sichtbar.

In diesem Sinne spricht R. Lepsius (1991) für die Situation in Deutschland zugespitzt von einer einzigartigen experimentellen Situation, in der gewissermaßen das gesamte Institutionen- und Rechtssystem schlagartig ausgetauscht wird und die Mentalitäten und subjektiven Befindlichkeiten weiterbestehen. Das Wechselspiel mikro- und makrosozialer Prozesse erfährt hier aufgrund der bisher blockierten Modernisierung eine spezifische Ausprägung. Als soziologisches Problem kristallisiert sich in dieser einmaligen historischen Situation die Frage nach der Rolle von Individualität – gelebter Normalität und gelebter Brüche – in sich anbahnenden Modernisierungsprozessen heraus.

Einen wesentlichen Zugang zu einer solchen Problemstellung bietet die Erkundung sich verändernder und ausdifferenzierender Lebensstile – konkret bei der Bevölkerung in den ostdeutschen Ländern.

Forschungsfeld „Lebensstile"

Forschungen unter der Rubrik „Lebensstile" sind in der westlichen Sozialforschung keineswegs unumstritten. Das betrifft nicht allein begriffliche Unbestimmtheiten (Tokarski 1989: 21) oder Formen der Operationalisierung dieses Konzeptes (Diewald 1990). Auch die Konsequenzen sich ausbreitender Lebensstilforschung für sozialstrukturelle Prozesse sind zusammenzuführen in einem Sozialstrukturmodell. Sie auf den ostdeutschen Raum auszudehnen hätte die Vorzüge, sowohl lebensweltliche Vorgänge im Kontext sozialer Transformation zu erfassen, „Lebensstilkonflikte" (Zapf u. a. 1987) abzubilden, als auch entsprechende Forschungskonzepte selbst in einer zugespitzten historischen Situation auszubauen.

In der westlichen Sozialforschung entwickelten sich Lebensstilkonzepte im Kontext von Modernisierungsprozessen verstärkt in den 80er Jahren. Genannt seien hier insbesondere die von U. Beck (1986) diskutierten Tendenzen hin zur Diversifizierung und Individualisierung von Lebenslagen. Sie wurden hervorgerufen durch gewachsenen materiellen und kulturellen Reichtum und unterstützt durch den Ausbau wohlfahrtsstaatlicher Einrichtungen, was bedeutete, daß traditionelle soziale Strukturen an Einfluß auf Lebenschancen und -arten verloren. Damit einhergehend konnten Verschiebungen in den Wertestrukturen und -präferenzen beobachtet werden.

Die Erforschung von Lebensstilen erweist sich bei der Analyse dieser Prozesse als geeignetes methodisches Vorgehen für die Bearbeitung der oben aufgeworfenen Fragestellungen. Sie entspricht gewachsenen Individualisierungstendenzen, der gleichzeitigen bzw. veränderten Priorität verschiedener Lebensbereiche (Arbeit, Familie, Freizeit) in den Wertestrukturen der Menschen, sich neu formenden und ausdifferenzierenden Verhaltensoptionen und -reaktionen, sie erfaßt neue soziale Ungleichheiten im Schnittpunkt mikro- und makrosozialer Prozesse. Lebensstilforschung verweist auf die strukturgestaltende Kompetenz individueller Akteure und kompensiert zugleich eine isolierte Sicht auf den einzelnen, indem milieuspezifische Lebensstile konglomeriert werden.

Impulse hat die Lebensstilforschung auch durch die Ungleichheitsforschung erfahren. Diese stieß in den 70er Jahren nicht nur auf neue horizontale Ungleichheiten, die aus der Mehrdimensionalität sozialer Strukturen erwachsen, sondern auch auf das Phänomen der Verstärkung bzw. Paralysierung sozialer Ungleichheiten durch die subjektive Gestaltung eines Stils der Lebensführung (Berger/Hradil 1990). Mit unterschiedlichen Konzepten wurde daher versucht, neu entstandene, insbesondere vertikale Verschiebungen im sozialen Raum zu erfassen, die auch mit weiterentwickelten Klassen- und Schichtenkonzepten nicht mehr ausreichend analysiert werden konnten. In diesem Sinne schreibt H. Lüdtke: „In hochindustrialisierten Konsumgesellschaften ist zumindest eine wachsende Minderheit der Bevölkerung in der Lage, in der Praxis ihrer Lebensorganisation bewußt Präferenzen zu verfolgen. Lebensstile werden daher zu einer bedeutsamen Dimension sozialer Ungleichheit." (Lüdtke 1988: 39.)

Ihre Analyse wurde dementsprechend auch in Distanz zu vereinfachenden Ergebnissen der Werteforschung, sofern diese zu undifferenziert und zu wenig auf die Akteure als Werteträger orientiert war, vorangetrieben. In kritischer Weiterführung Inglehartscher Kennzeichnung materieller und postmaterieller Wertestrukturen bezeichnet beispielsweise Klages die Zeit zwischen Anfang der 60er und Mitte der 70er Jahre in der BRD als „Phase eines deutlichen Abbaus der Pflicht- und Akzeptanzwerte bei gleichzeitiger Expansion von Selbstentfaltungswerten" (Klages 1985: 21). Auch solche Aussagen bedürfen einer sozial differenzierenden Konkretion im Kontext der Lebenschancen und Verhaltensmuster, wenn soziale Ungleichheiten benannt werden sollen.

In der DDR-Sozialwissenschaft hatte Lebensstilforschung keinen Platz. Das war wohl zum einen dadurch verursacht, daß eine soziale Ausdifferenzierung deutlich begrenzt war. Auch beschränkten politische Vorbehalte gegenüber einer Analyse lebensweltlicher Entwicklungskonflikte die Formierung entsprechender Forschungskonzepte.

Nur partiell konnten erforderliche Wege beschritten werden. In der Erforschung von Wertorientierungen bzw. Bedürfnissen beispielsweise wurden seit Mitte der 80er Jahre Fortschritte erreicht, indem eine isolierte Sicht auf einzelne Bedürfnisarten, ihre Ausprägungen und Befriedigung überwunden wurde. Der neu gewählte theoretische Ansatz bestand im wesentlichen darin, die Bedürfnisse der Menschen als eine Gesamtheit unumgänglicher, individuell modifizierter Reproduktionserfordernisse auf einem konkreten Ausprägungsniveau zu erfassen und dabei auftretende strukturelle Aspekte festzustellen.

Anknüpfend an den von Hondrich und Vollmer (1983) entwickelten Forschungsansatz wurden z. B. am Institut für Soziologie und Sozialpolitik Berlin subjektive Reflexionen der Bedürfnisausprägung und -befriedigung (Wertorientierungen, Selbsteinschätzung des Maßes eigener Befriedigungsaktivitäten, Befriedigungsniveaus, Ansprüche an die Befriedigungsbedingungen) in vier Dimensionen abgebildet. Damit sollten längerfristig strukturelle Veränderungen in den Bedürfnissystemen von sozialen Gruppen erfaßt werden (Engels u. a. 1990).

Mit diesem Vorgehen wurden wesentliche Interdependenzen zwischen Bedeutungszuweisungen und dem subjektiv reflektierten Maß individueller Befriedigungsaktivitäten sowie intervenierende sozialstrukturelle Faktoren herausgestellt. Es wurden Ansätze für die Typisierung verschiedenartiger Gruppen entwickelt, innerhalb derer vergleichbare Bedürfnisstrukturen reflektiert wurden. Im Resultat entsprechender Forschungen wurden Prioritäten und Defizite in den Lebenszielen und der Bedürfnisbefriedigung von ausgewählten sozialen Gruppen aufgezeigt.

Die damit vorliegenden Ansätze zur Bedürfniserforschung in der DDR-Sozialwissenschaft, sind in ihren Effekten zugleich kritisch aufzuarbeiten. Zahlreiche methodische und methodologische Fehler beschränkten letztlich den Aussagewert der Analyseergebnisse (Segert / Zierke 1990 und 1991).

Versuche einer Differenzierung in den Bedürfnis- und Verhaltensstrukturen liegen aus der sozialwissenschaftlichen DDR-Forschung mit der Bezeichnung unterschiedlicher Reproduktions- oder Kulturtypen vor (Strützel 1988). Ausgangspunkt war die Erkenntnis, daß der individuelle Reproduktionsprozeß nicht einfach auf soziale Bedingungen rückführbar ist, sondern nur als kompliziertes Geflecht verschiedenartiger sozialer Interdependenzen zu begreifen ist. „Reproduktion des unmittelbaren Lebens der Gesellschaft ist ‚naturgemäß' etwas ganz anderes als die individuelle Reproduktion unmittelbaren Lebens. Dabei bestehen immer historisch-konkrete vielfältige Integrations- und Differenzierungsbeziehungen zwischen den einzelnen Subjektebenen. Sie bestimmen ganz wesentlich den gesellschaftlichen Organismus und sein Funktionieren." (Strützel 1988: 3.)

Basierend auf diesem Anspruch wurden Typen bzw. Profile unterschiedlicher individueller Reproduktionsweisen (der Jenaer Bevölkerung) gebildet, die sich nicht eindeutig auf klassenstrukturelle oder demographische Determinanten zurückführen ließen. Vielmehr zeigten sich unterscheidbare Handlungsmuster der Ostdeutschen im Lebensalltag, die quer zu sozialstrukturellen und -demographischen Differenzierungen gingen und auf eine sich in Lebensstilen ausdifferenzierende typische Aneignung lebensweltlicher Bedingungen hinwiesen.

Eine Kennzeichnung unterschiedlicher Lebensstilgruppen, eine komplexe Sichtweise auf die Lebensführung konnte letztlich mit den in der DDR-Werte- und Bedürfnisforschung erarbeiteten Ansätzen nicht erreicht werden.

Auch die Vorgehensweisen der DDR-Sozialstrukturforschung waren in charakteristischer Weise beschränkt. Bei der Betrachtung ihres Vor-Wende-Standes lassen sich erste differenzierende Sichten auf die sozialistische Gesellschaft in den 80er Jahren festmachen. Das vereinfachte Klassenschema (Arbeiterklasse mit führender „Trägerrolle" gesellschaftlicher Entwicklungsprozesse im Verbund mit befreundeten Klassen und Schichten) und die Annahme von Unterschiedslosigkeit als Beleg für hochentwickelte soziale Strukturen hatten ihre Erklärungskraft für strukturelle Veränderungen im Prozeß der intensiv erweiterten Reproduktion verloren. Mit zusammenfassenden Kategorien wie „Arbeiter und Angestellte" konnten ablaufende Prozesse nicht mehr erfaßt werden, denn darunter können eine Verkäuferin im Lebensmittelhandel oder auch ein Generaldirektor eines Außenhandelsunternehmens fallen. Potenziert durch eine generell fehlende Berufsstatistik wurden im alten Klassen- und Schichtmodell soziale Differenzierungen verschwiegen. Dementsprechend erfolgten in den 80er Jahren erste Orientierungen auf differenziertere Modelle. Sie gelangten bis zur Analyse von Lebenslagen und konkreten Lebensbedingungen einzelner Gruppen, um generell die Lebensweise stärker in die Strukturanalyse einzubeziehen.

Bei einer solchen Betrachtungsweise traten also traditionelle Sozialstrukturanalysen, die sich lediglich auf die Achse Eigentum und Klassen beziehen, gegenüber einer neuen Differenzierungsdominante, die sich an der Achse „Arbeitsteilung, körperliche und geistige Arbeit, geistiges Niveau der Arbeit, Qualifikation und Bildung" orientiert, in den Hintergrund (Lötsch / Lötsch 1985: 174).

Soziale Ungleichheiten und Differenzen wurden konstatiert und in ihrer „Triebkraft"-Funktion untersucht, wobei tendenziell auf ihre stabilen Ausprägungen und ein gestiegenes Niveau in der Qualifikationsstruktur hingewiesen und gleichzeitig die jeweilige Subjektebene ansatzweise einbezogen wurde.

Ungeachtet dieser differenzierteren Betrachtung sozialstruktureller Prozesse in der DDR blieb eine subjektintegrierte Sicht bei solchem Vorgehen ausgeschlossen.

Die DDR-Forschungen zur Bedürfnis- und Sozialstruktur waren letztlich in ihrer methodischen Anlage und den nachgewiesenen empirischen Differenzierungen deutlich begrenzt. Lebensstilkonzepte auf die Erkundung des ostdeutschen sozialen Raumes anzuwenden, scheint daher vorteilhaft.

Zum einen ermöglicht ihre Umsetzung eine Konkretion vermuteter Modernisierungspotentiale. Kulturelle, ökonomische und soziale Kapitale zeigten sich in der DDR im Kontext relativ gleichartiger Lebenschancen weniger distinkt als in der alten BRD, der soziale Raum erschien in sich geschlossener. Solche Annahmen sind für verschiedene Milieus und Lebensstilgruppen zu differenzieren, um kulturelle Potentiale und soziale Konflikte im Transformationsprozeß zu erörtern.

Zum anderen sind die ablaufenden sozialen Umbrüche mit spezifischen Veränderungen in den individuellen Lebensprozessen verbunden, die sich als Einschnitte bzw. Modifizierungen in den Lebenszielen, in den Lebensbedingungen wie in den Verhaltenszumutungen darstellen. Es stellt sich forschungsmethodisch die Frage nach Verschiebungen bzw. Wandlungen in den Milieus und Lebensstilen, in den Verhaltensäußerungen und zugleich nach dem Einfluß askriptiver Merkmale auf die Lebensart. Welche Folgen hat der Fakt, eine ostdeutsche Frau, ein ostdeutscher Mann zu sein, mit mehreren Kindern zu leben, eine SED-Vergangenheit zu haben auf zukünftige Lebenschancen?

In den nächsten Jahren geht es nicht nur um eine deskriptive Erkundung sich ausdifferenzierender und verändernder Lebensstile, sondern gleichermaßen um die Modifizierung und genauere Formulierung von Lebensstilkonzepten selbst. Ein konsequenter Rückgriff auf sozialtheoretische Ursprünge erscheint dabei sinnvoll. „Bei der Berufung auf Simmel und Weber (wird) . . . häufig übersehen, daß bei Simmel Lebensstil kurz gesagt zur Beschreibung und Erklärung bestimmter Tendenzen im Übergang von der traditionellen zur modernen Gesellschaft und bei Weber zur Beschreibung und Erklärung von Stabilität und Wahlmöglichkeiten innerhalb bestimmter ständisch definierter Grenzen verwendet wird, bei beiden also mehr oder weniger Entwicklungen bzw. sozialer Wandel mit ihren jeweiligen Auswirkungen auf die Lebensführung der Mitglieder einer Gesellschaft Thema sind." (Tokarski 1989: 29f.)

Bei der Analyse von Lebensstilen im Transformationsprozeß scheint es z. B. angemessen, die Dimension der sozialen Zeit in besonderer Weise einzubeziehen. Die Kennzeichnung verschiedener Lebensstile hängt eng mit distinkter Planung und Realisierung von Phasen und Dimensionen der Lebenszeiten und -läufe zusammen. Lebensverläufe waren in der DDR planbar und keiner Diversifizierung unterworfen, wie sie für die BRD in soziologischer Lebenslaufforschung der letzten Jahre nachgewiesen wurde. Die Neusetzung gesellschaftlicher Institutionen, Normen, Gesetze, Lebensverhältnisse bewirkt für soziale Gruppen und Individuen verschiedenartige Einschnitte in bisherige Lebensplanung und -gestaltung. Sie eröffnet neue Spielräume für sich ausdifferenzierendes Zeitbewußtsein und Zeitverhalten, die unter den eingeengten Lebensverhältnissen der DDR nur ansatzweise vorhanden waren. Eine besondere Beachtung sozialer Zeit im Kontext verschiedener Lebensstilgruppen erscheint daher unerläßlich, will man individuelle Aneignung gesellschaftlicher Umbrüche erkunden.

Solch ein Anspruch erfordert zunächst, genauer nach vorhandenen konzeptionellen und empirischen Ergebnissen bisheriger Lebensstilforschung zu fragen.

„Lebensstile" – unterschiedliche Ansätze

Verschiedene soziale Gruppen produzieren unterscheidbare Lebensstile je nach ihrer Lage im sozialen Raum, ihrem Habitus und ihrem Milieu. Der Vorzug dieses Ansatzes gegenüber den in der DDR-Sozialwissenschaft angewendeten Lebensweise-Differenzierungen (nach Qualifikation, Alter, Geschlecht etc.) besteht in der Erklärung sozialer Ungleichheiten durch die Bündelung verschiedenster objektiver und subjektiver Merkmale.

Das heißt, soziale Ungleichheiten werden durch die Äußerung von Lebensarten im Spannungsfeld zwischen individuell bestimmten und gruppenspezifischen Konstellationen erkennbar und erklärbar. In den verschiedenen Lebensstilen werden ähnliche objektive und subjektive Faktoren des Lebenszusammenhanges bewußt und unbewußt verarbeitet.

Wir definieren Lebensstile als durch den sozialen Habitus generierte Praxisformen individuellen Daseins. Die Analyse ihrer Veränderungsprozesse – vermittelt über den Prozeß der Umdeutung bzw. Umstrukturierung historisch gewachsener Habitusmuster – ermöglicht die Erklärung von Milieukonstellationen (Bewegungen) im sozialen Raum.

In diesem Sinne bilden „Lebensstile" und „Milieus" für uns zwei aufeinander bezogene Ebenen eines theoretischen Konzeptes. „Milieus" verstehen wir als Schnittpunkte sozialer Positionen und Lebensstile. Sie werden nicht als historisch-soziale Positionen parallelgehend aufgefaßt, sondern über das Scharnier des Habitus um eine konstitutive Dimension erweitert. Milieus erscheinen in diesem Sinne nicht als in sich geschlossene Lebensstilräume. „Lebensstile" betrachten wir – in Anlehnung an Hradil – als „beobachtbare Verhaltenssyndrome“, mit denen ein hoher „Grad an Selbstreflexivität und expressiver Symbolik“ einhergeht und die sich daher als aktive Stilisierung des eigenen Lebens“ erkennen lassen. Sie umfassen „empirisch nachweisbare Komplexe von Verhaltensregelmäßigkeiten, die vielleicht durch die im Milieu-Konzept erfaßten ‚objektiven‘“ (d. h. die über Schichtungskriterien allein hinausreichende soziale Lage) und „‚latent-subjektive‘ Faktoren mitbestimmt sein mögen, sich aber zumindest teilweise hiervon unabhängig auch durch Entscheidungs-, Wahl- und Routinisierungsprozesse herausbilden“ (Hradil 1990: 11, 19).

Vertreter der Lebensstilforschung berufen sich zum einen wesentlich auf Max Weber und Georg Simmel, die bereits „die Formen der Lebensführung bzw. Stilisierung des Lebens als eigendynamische Ungleichheitsebene sui generis erkannten“. Sie greift zum anderen auf Bourdieus Milieuansatz zurück. Mit der Hinwendung zu den Lebensstilen werden individuelle und gruppentypische Möglichkeiten aufgezeigt, „Umweltanforderungen, Chancen, Restriktionen mit Lebenszielen und Einstellungen zu koordinieren, sozial zu verankern und damit zu stabilisieren ... Lebensstile sind deshalb nicht nur Produkte des gesellschaftlichen Wandels, sondern ihrerseits auch selbst wieder Motoren des sozialen Wandels, d. h. gesellschaftliche Innovationspotentiale“ (Diewald 1990: 18).

Der aktuelle Zugang zur Lebensstilforschung ist vielgestaltig. Insbesondere die Konsum-/Marktforschung, die Freizeitforschung und die Wahlforschung gaben ihr Impulse mit dem Ziel, die sich verändernde soziale Basis der je interessierenden Verhaltensweisen (Kauf-, Konsum-, Freizeit-, Wahlverhalten) beurteilen und prognostizieren zu können. Der spezielle Blickwinkel der Konsumforschung z. B. stellt ein bestimmtes milieuspezifisches Verhalten und Wertmuster sowie deren symbolische Umsetzung in den Vordergrund. Die mehr von der Ungleichheitsforschung inspirierten Untersuchungen bemühen sich darüber hinaus um ein systematischeres Bild vom „Raum“ der „Lebensstile“ und seines Zusammenhanges mit dem in sich differenzierten „sozialen Raum“. Für die von uns angestrebte Analyse lebensweltlicher Transformationsprozesse im sozialen Umbruch am Beispiel der ostdeutschen Bevölkerung, scheint dieser von Bourdieu u. a. thematisierte Kontext unverzichtbar.

Er baut ein komplexes Bedingungs- und Reproduktionsgefüge sozialer, ökonomischer und kultureller Ressourcen auf, in dem der Unterschied der Geschlechter ebenfalls ständig neu thematisiert wird sowie eindimensionale Ableitungsmodelle sozialer Strukturen abgelehnt werden (Bourdieu 1987: 17ff.).

Bourdieu geht davon aus, daß distinkte Existenzbedingungen, also ein unterschiedlicher Umfang und eine unterschiedliche Struktur von ökonomischem, kulturellem und sozialem Kapital, die Klassen moderner Gesellschaften konstituieren. Sie verfügen über verschiedenartige Habitusformen, die ihrerseits „kraft einfacher Übertragungen auf die unterschiedlichen Bereiche der Praxis anwendbar sind“ (Bourdieu 1987: 278). Im Habitus vereinen sich die Prinzipien, nach denen Gruppen von Individuen Gegenständen und Handlungen in ihrem Leben einen Sinn geben. Es ist das von den Menschen benutzte Kriterium zur wechselseitigen Abgrenzung, das sich die Wissenschaft zur Analyse der Wirklichkeit zunutze machen kann. Indem die Akteure ihren Habitus praktizieren, realisieren sie unterschiedliche Lebensstile.

Die solcherart durch den Habitus erzeugten Praxisformen erweisen sich dabei als „systematische Konfigurationen von Eigenschaften und Merkmalen und darin als Ausdruck der Unterschiede, die, den Existenzbedingungen in Form von Systemen differenzieller Abstände eingegraben und von den Akteuren mit den erforderlichen Wahrnehmungs- und Beurteilungsschemata zum Erkennen, Interpretieren und Bewerten der relevanten Merkmale wahrgenommen, als Lebensstile fungieren" (Bourdieu 1987: 278f.). Anhand ihrer Analyse und der Beschreibung des Geschmacks, der als Unterscheidung und Bewertung der distinkten Lebensstile versus Praxisformen und Produkte fungiert, gelingt Bourdieu damit ein facettenreiches Porträt der französischen Gesellschaft (Müller 1986: 61ff.).

Interessant ist dabei, daß er Klassen und deren Gruppen ganz bewußt nicht nur mit Hilfe immer komplexerer Indikatorensets, sondern wesentlich über deren innere Beziehungen verortet. Damit wird es möglich, die Beziehungen dieser verschiedenen Merkmale in ihrer Bedeutung für die Gewichtung unterschiedlicher Lebensarten und -stile zu erfassen (Bourdieu 1987: 182).

Als methodologisches Problem seines Habituskonzeptes erweist sich, daß „Bourdieu den Habitus wesentlich affirmativ begreift, als Instanz, die einmal etablierte gesellschaftliche Konstellationen reproduziert" (Vester u. a. 1989: 35). Daraus erwächst bei verschiedenen Autoren die Ansicht, daß er letztlich den von ihm kritisierten Objektivismus nicht wirklich überwindet (Dölling 1986: 18). Soziale Milieus aber sind „nicht einfach durch Merkmalsähnlichkeiten, sondern durch reale Interaktionen ihrer Angehörigen gekennzeichnet. Diese Interaktionen können nur dann dauerhaft Sinn stiften, wenn es Kohäsionsmuster gibt, die einigermaßen konstant verläßlich sind." (Vester u. a. 1989: 35.) Gerade solches Herangehen ermöglicht es letztlich, Individuen und soziale Gruppen als wirkliche Akteure ihrer Lebensart zu akzeptieren.

Lebensstile differenzierende Arbeiten entstanden in den 80er Jahren auch in der Bundesrepublik. 1984 realisierte das SINUS-Institut Heidelberg systematische Beschreibungen von acht bundesdeutschen Milieus (SINUS 1984). In ihr wurden die sozialen Stamm- und Randmilieus von Wählergruppen unterschiedlicher politischer Parteien analysiert. Daran anknüpfende Untersuchungen gelangten zu einer weiteren Differenzierung der beschriebenen Milieus im sozialen Raum (Vester u. a. 1989; 1990). Der Anspruch der systematischen Erfassung bundesdeutscher gesellschaftlicher Milieus wurde dabei ganz bewußt mit der Analyse regionaler sozialstruktureller und lebensweltlicher Besonderheiten verbunden. Berking/Neckel (1990) suchen in der Ausdifferenzierung nachtraditionaler Milieus und ihrer urbanen Koexistenz sozial-kulturelle Ressourcen politischer Demokratisierungseffekte.

Andere Forschungsansätze, die auch von den „Klassikern der Lebensstilforschung" ausgehen, fragen insbesondere nach dem Einsatz von Zeit für die Realisierung verschiedener Lebensziele, -arten. Sie gehen von der Erkenntnis aus, daß Raum und Zeit als wesentliche Merkmale distinkter Lebensstile zu charakterisieren sind (Hörnig u. a. 1990; Tokarski 1989). „Unter dieser Vorgabe könnte man Lebensstile als raum-zeitlich strukturierte Muster der Lebensführung fassen, die von Ressourcen (materiellen und kulturellen), der Familien- und Haushaltform und den Wertehaltungen abhängen." (Müller 1989: 66.)

Letztlich geht es um verschiedene methodische und partiell auch konzeptionelle Vorgehensweisen, damit soziale Ungleichheiten in ihren Ursachen und Folgen analysiert werden können. Sie sind zu nutzen, um Kontinuität und Dynamik verschiedenartiger Lebensstile im sozialen Umbruch zu kennzeichnen. Dabei kann es nicht allein – wie in westlicher Lebensstilforschung bisher vorrangig praktiziert – darum gehen, distinkte Lebensführungen zu erkunden. Ins Zentrum solcher Forschungen muß die Suche nach sich verändernder personaler und sozialer Identität rücken. Der Systemzusammenbruch des Sozialismus, die ökologische Krise, die Neuordnung des Weltwirtschaftssystems bewirken eine in ihren Konsequenzen noch nicht abzusehende Destabilisierung von Modernisierungsbedingungen und -prozessen. In diesem Kontext erhalten Fragen nach Umverteilungen sozialer Existenzbedingungen, nach Brüchen in den Lebensläufen, nach Umschichtungen im sozialen Raum, nach Wirkungen veränderter Verhaltenszumutungen auf die Lebensführung und nach deren stabilisierenden und/oder destabilisierenden Wirkungen auf gesellschaftliche Kontexte zentrale Bedeutung.

Als ein wesentliches Problem im Kontext bisheriger Lebensstilforschung ist die empirische Umsetzung ihrer Konzepte zu sehen. Verschiedene Lebensstilkonzepte lassen sich nur mit qualitativen Methoden realisieren, andere streben nach quantitativer Umsetzung. Als wesentlichen Mangel empfindet Diewald auf dem gegenwärtigen Stand von Lebensstilforschung ihre ungenügende Operationalisierung (im Sinne quantitativer Sozialforschung). Es „kann wohl gerade für das Feld der Sozialstrukturanalyse behauptet werden, daß mit der Propagierung von Lebensstilkonzepten zwar mögliche Unzulänglichkeiten klassischer Forschungsansätze thematisiert werden – als auch empirisch eingelöste Alternativen haben sich Lebensstil-Untersuchungen jedoch noch nicht etablieren können". Unterschiedlichste Aspekte der Lebensart werden zur „Typisierung von Lebensstilen verwendet, ohne daß immer klar wird, auf welcher Basis solche ‚Mixturen' jeweils zusammengesetzt werden" (Diewald 1990: 1).

Aktuelle Verhaltenszumutungen und Habitusmetamorphosen Hypothesen für die empirische Arbeit

In Näherung an empirische Fragestellungen für Lebensstil- und Milieuforschungen verweisen wir darauf, daß in der DDR auch eigenständige, gruppenspezifische Strukturen, Mentalitäten, Sozialbeziehungen entstanden sind, die nicht ohne weiteres im neuen Gesellschaftsgefüge aufgehen, sondern sich als prägend für ablaufende Transformationsprozesse erweisen.

Wir gehen davon aus, daß die DDR-Gesellschaft seit den 70er Jahren durch eine sich schließende Sozialstruktur gekennzeichnet war, die ein wichtiges Moment der latenten Krise darstellte. Indikatoren dafür ließen sich in allen Bereichen des gesellschaftlichen Lebens finden, besonders aber in der rigorosen Beschneidung des privaten Wirtschaftssektors, in der quantitativen Beschränkung der Studentenzahlen und in bevölkerungspolitisch ungesunden demographischen Prozessen wie den stark eingeschränkten Mobilitätsmöglichkeiten, einer im Vergleich mit westlichen Industrienationen geringeren Lebenserwartung oder aber den Schwankungen der Geburtenzahlen. Es vollzog sich eine tendenzielle Schließung des sozialen Raums (Niethammer 1989; Thomas 1989; Kühnel 1990; Hanf 1991). Sie erlebte in den 80er Jahren aufgrund nichtbewältigter Modernisierungsprozesse eine krisenhafte Zuspitzung.

Seit 1989 sind diese strukturellen „Einbahnstraßen" aufgebrochen, von ihrem vorherigen politischen Diktat befreit. Allerdings zeigen sich die „neue Öffnung" und die „gewonnene Freiheit" in einem nun sehr widersprüchlichen Prozeß. Er wird gegenwärtig wesentlich durch ungeklärte Eigentums- und Rechtslage bestimmt. Dies bewirkt Probleme bei der ökonomischen Kapitalbildung in den neuen Bundesländern. Die damit begrenzten ökonomischen Öffnungen können aufgrund des historisch entstandenen Kapitalmangels von der ostdeutschen Bevölkerung nicht bzw. nur erschwert umgesetzt werden. Deswegen reproduziert sie sich im Unterschied zur alten Bundesrepublik vornehmlich als Arbeitnehmerschaft und die Potenzen einer territorial gewachsenen Oberschicht entfalten sich kaum. Die sozialstrukturelle Transformation der Gesellschaft erlebt also gegenwärtig einen krisenhaften Druck, der die einzelnen sozialen Gruppen unterschiedlich tangiert, von ihnen unterschiedlich erlebt wird und spezifisch ausgetragen werden muß. Für große Teile der Arbeitnehmerschaft sind zwiespältige Lebenshaltungen zutreffend. Sie hoffen einerseits auf die Verbesserungen ihrer Lebensbedingungen, die aus der staatlichen Einheit und einem starken Deutschland resultieren, und sie erleben widersprüchliche, auch enttäuschende Realitäten. Die Freude über das „echte" Geld wurde durch die lawinenartig einbrechende Kurzarbeit und Arbeitslosigkeit getrübt. Das Sicherheitsbedürfnis großer sozialer Arbeitnehmergruppen wurde substantiell gefährdet. Hinzu kommen starke Verunsicherungen aufgrund ausbleibender Investitionen, durch alte betriebliche Leitungsstrukturen, durch fremde Leitungsstile westlicher Manager, durch neuartige soziale Belastungen wie Miet- und Tarifsteigerungen sowie die problematische Umstrukturierung des Gesundheits- und Bildungssektors.

Mit diesem Wechselbad der Bedingungen muß jeder einzelne praktisch und psychisch fertig werden. Nur bei Aktivierung des sozialen Netzes wird es gelingen, neuartige und widersprüchliche Verhaltenszumutungen auszubalancieren. In der DDR wurden den Berufstätigen viele Unwägbarkeiten von staatswegen abgenommen. Infolgedessen wirkt die bereits seit Herbst 1989 währende mehrdimensionale soziale Schwebe für viele Menschen existentiell verunsichernd.

Die Neugewinnung eigener Identität dürfte daher – sicher auch altersbedingt – in vielen Fällen mit der Suche nach neuen Ruhepunkten für das persönliche Leben verbunden sein. Ein entsprechendes Verhaltensmuster ist z. B. vor allem bei älteren Akteuren unterschiedlicher Milieus absehbar. Bei jüngeren sind je nach kulturellem und sozialem Kapital flexiblere Verhaltensmuster, wie Übersiedlung, Pendeln, politisches Engagement u. a. absehbar und sie werden schon praktiziert.

Wir wollen damit betonen, daß sich der mit der politischen Wende begonnene sozialökonomische Transformationsprozeß zunächst einmal in einer Reihe krisenhafter Erscheinungen niederschlägt, deren Kern in einem (noch zunehmenden) Ost-West-Gefälle besteht. Der rapide Rückgang der Industrieproduktion im Osten bei boomender Wirtschaft in den Altländern und die hohen Arbeitslosen- und Kurzarbeiterquoten belegen das deutlich. Durch die anhaltend hohe Zahl der Übersiedler verschlechtern sich das Generationenverhältnis und die Verteilung beruflicher Qualifikationen weiter zuungunsten des Ostens.

Es wird also deutlich, daß soziale Forschung z. B. zu Lebensstil- und Milieuveränderungen nicht auf der Vorstellung eindeutig bestimmbarer Strukturveränderungen aufbauen kann. Die strukturelle Modernisierung in den neuen Bundesländern wird sich in Abhängigkeit von sehr unterschiedlichen Prozessen vollziehen, die einerseits von der Politik des Bundes und der regionalen Politik der Kommunen, Länder zu Fragen der Eigentums- und Steuerregelungen, zu Umschulungskonzepten und zu internationalen Einbindungen tangiert und andererseits milieu- und geschlechtsspezifisch gebrochen und bewältigt werden.

In diesem Sinne gehen Marz und Pawlowsky (1990) von vier idealtypischen Modernisierungsszenarios aus, die dem zukünftigen deutschen Transformationsprozeß Konturen verleihen werden:

1. Das Null-Modell: in dem die „Konflikte bis zu einem Generationswechsel ausgesessen" werden;
2. das spanische Modell: das die neuen Bundesländer zu einer verlängerten Werkbank der alten Bundesländer degradiert;
3. das Transfer-Modell: mit dem westliche Produktionsstrategien in absehbaren Zeithorizonten im Osten adaptiert werden sollen;
4. das Modell einer innovationsorientierten regionalen Revitalisierung: das verschüttete Qualifikations-, Identifikations- und Motivationspotentiale zu kultivieren sucht und durch gezielte Strukturpolitik eine flexible Spezialisierung sowie anpassungsfähige Kooperationsnetzwerke fördert.

In der aktuellen Politik überlagern sich z. Z. Momente aller vier Modelle in einer Weise, die die Schließung des sozialen Raumes im Arbeitsbereich, die sich in der DDR in den 80er Jahren bei (punktueller) Öffnung des Konsumraumes vollzog, für einige soziale Gruppen unter anderen Prämissen fortschreibt. Es kommt zu einer spezifischen Überlagerung alter (realsozialistischer) und neuer politisch und ökonomisch induzierter Ungleichheiten.

Gegenwärtig sind solche realsozialistischen Ungleichheiten wie die zwischen Erwerbstätigen und Rentnern, zwischen den Geschlechtern, der kleinen Selbständigen im Vergleich mit abhängig Beschäftigten oder der Angehörigen der Intelligenz gegenüber Arbeitern, zwischen Mitarbeitern bestimmter Apparate, Parteien, Berufe und allen anderen z. T. als Erbe wirksam. Ohne daß die alten Ungleichheiten im wesentlichen beseitigt sind, erwachsen aus der aktuellen Situation bereits neue Ungleichheiten zwischen West- und Ostdeutschen, zwischen bestimmten Regionen im Osten, zwischen den Generationen, erneut zwischen den Geschlechtern, zwischen früher politisch Engagierten und allen anderen, zwischen dem einfachen Volk und den Mitarbeitern neuer politischer Parteien, Apparate, Berufe.

Dadurch entsteht für verschiedene soziale Gruppen und Individuen ein Feld unterschiedlicher Lebenschancen und -risiken, überlagern und potenzieren sich bestimmte alte und neue Ungleichheiten. Dabei gehen wir von Besonderheiten in den Bewältigungsstrategien je nach Alter, Milieu, Geschlecht und Region aus. Wenn wir z. B. annehmen, daß die große Gruppe der ostdeutschen Arbeitnehmer im geschlossenen sozialen Raum der DDR kaum alternative Möglichkeiten der Lebensgestaltung und zum Ausleben von spezifischen Bedürfnissen hatte, so sind die schon erwähnten Differenzierungen um so genauer zu analysieren. Sie sind konsequent als empirisch offene Fragen zu betrachten, da die aktualen Brüche, Öffnungen, Neuschließungen ein breites Spektrum von Verhaltensmustern ermöglichen. Dabei sind Bewegungen im sozialen Raum sowohl als sozialer Aufstieg, als Abstieg wie auch Stagnationen zu erwarten. Unter den Arbeitern vermuten wir verschiedene Milieus: 1. eine traditionell gewachsene, kultivierte Arbeitermentalität, 2. eine DDR-geborene, selbstbewußte Arbeitergeneration und 3. an den Rand gedrängte, sozial losgelöste Gruppen.

Wenn wir unsere Hypothesen zu den verschiedenen Arbeiter-Milieus weiter fortführen, so läßt sich jeweils folgendes formulieren: Die *erste Gruppe* kennzeichnete bislang eine traditionell gewachsene, kultivierte Arbeitermentalität, die geprägt wurde durch sichere, feste Verhältnisse, durch disziplinierte Arbeit und sorgsamen Umgang mit hart verdienten Gütern. Vermutlich Ältere und Facharbeiter aus traditionellen Handwerksberufen zählen dazu.

Bei Bruch dieser Verhältnisse ist weiterhin mit einem „Abbröckeln" der jüngeren Kohorten zu rechnen, die hedonistische und bildungsbeflissene Wege gehen. Dagegen kann die berufliche Perspektivlosigkeit, die Trennung von gewachsenen Kollektiven bei älteren ArbeiterInnen zur Einengung bisher offener, kommunikativer und solidarischer Verhaltensmuster und zur resignativen Verarbeitung führen.

Die starke Bedrohung des Arbeitsplatzes, die Zerschlagung alter Arbeitnehmer-Organisationsstrukturen und ihr verzögerter Neuaufbau lassen eine Verunsicherung bei der Reproduktion traditioneller Meinungsäußerung und Solidarisierung ahnen, deren Alltagskraft sicher in Wechselwirkung mit gewerkschaftlichen und anderen selbstbestimmten Organisationsstrukturen wieder deutlicher wirksam wird. Zeitweiliges Zurückdrängen entsprechender Verhaltensmuster darf nicht von vornherein mit seiner Auflösung identifiziert werden, wobei auch hier Formveränderungen bedingt durch hedonistische Strömungen Beachtung finden müssen.

Unterschiedliche Entfaltungsmöglichkeiten und die Überlagerung alter und neuer Ungleichheiten bedingen eine stärkere Ausdifferenzierung entlang der Geschlechterlinie. Der mehrfache Druck auf Frauen und Mütter, ihr tendenzielles Zurückdrängen in altes Rollenverhalten stellt darüber hinaus eine besondere Belastung der betroffenen Familien dar.

Die neuen Freiheiten im Konsum- und Freizeitbereich, die im Rahmen des zur Verfügung Stehenden erschlossen werden können, sind ein wesentlicher Stimulus für die innere Differenzierung von Lebensstilen, ihren ästhetischen Symbolen und Vergesellschaftungsformen. Dies um so mehr, als Öffnungen in der Arbeitssphäre noch auf sich warten lassen. Ihre Nutzung im Rahmen der selbstgestellten Lebensziele wird voraussichtlich nicht zu größeren Problemen führen, da man hier sparen gelernt hat. Eine ähnliche Rolle können erweiterte Qualifizierungs- und Bildungsmöglichkeiten spielen, soweit sie beruflich nicht ins Leere laufen.

Die unter den Arbeitern zu suchenden ehemaligen SED-Mitglieder und Gewerkschaftsfunktionäre sind mit hoher Wahrscheinlichkeit im traditionsverwurzelten Arbeitermilieu angesiedelt. Die Abkehr von dieser Partei und ihrer Nachfolgeorganisation PDS dürfte besonders nachhaltig sein. Viele Arbeiter fühlen sich betrogen um die ihnen versprochene und von ihnen z. T. auch angestrebte Zukunft. Beachtenswert scheint aus dieser Sichtweise die Entwicklung der kleinen Gruppe von Arbeitern bzw. Basisfunktionären, die sich in der DDR im Betrieb, im Wohngebiet politisch und / oder sozial engagiert hatte.

Wie verhalten sie sich gegenüber ihren Idealen und ihrer politischen Vergangenheit? Welches Verhältnis entwickelt sich unter den Kollegen? Wenn das öffentliche Klima, in dem vor allem nach Schuldigen und Opfern gesucht wird, anhält, ist die Herausbildung eines neuerlichen Generationskonfliktes in doppelter Hinsicht möglich: Die Jüngsten („Gnade der späten Geburt") halten den Älteren ihre „Schuld" an der gesellschaftlichen Krise vor. Und umgekehrt: Die Älteren fühlen sich durch die sie im sozialen Raum „überholenden" Jungen erneut um ihre Lebenschancen und das Ideal einer gerechten Gesellschaft betrogen. Beide isolieren sich dadurch tendenziell wechselseitig. Möglicherweise wird gerade im traditionellen Arbeitermilieu, wenn sich die verstärkten „Wendeemotionen" gelegt haben, durch den traditionellen direkten kommunikativen Austausch tatsächlich „aufgearbeitet".

In der *zweiten Gruppe* finden sich die in die DDR hineingeborenen und von deren Verhältnissen materiell sowie ideologisch geprägten Arbeiter und Angestellten. Ihre vor allem sozialpolitischen und finanziellen Ansprüche brachten eine besondere Mentalität hervor, die auf staatliche und familiäre Sicherheiten, Absicherungen gestützt war. Letztendlich wurde personifiziert durch diese Angehörigen das gesamte System in Frage gestellt. Sie machen nun eine entscheidende Leistungsreserve der neuen Bundesländer aus, vorausgesetzt, die Arbeits- und Lebensbedingungen entwickeln sich in überschaubaren Zeiten in Richtung auf das von ihnen als gerecht empfundene Maß zwischen Arbeitsleistung und Lebensstandard, zwischen Ost und West. Unter ihnen dürfte eine überdurchschnittliche Bereitschaft zur territorialen Mobilität bestehen, um durch Anwendung ihres kulturellen Kapitals die langfristig gewachsenen Lebenspläne verwirklichen zu können. Neben individueller Aktivität, um möglichst schnell wieder Tritt zu fassen, sind aber auch Verhaltensmuster denkbar, die die „Vorteile" des neuen sozialen Netzes erst einmal ausschreiten (z. B. Kurzarbeit erst einmal annehmen, dann qualifizieren). Eine wichtige Rolle spielt in diesem Zusammenhang das in Jahrzehnten sozialistischer Ideologie und Sozialpolitik gewachsene Selbstbewußtsein der Arbeiter, das sicherlich durch die Krise nur partiell zurückzudrängen ist und durch die Öffnung des sozialen Raumes eher modifiziert reproduziert als degeneriert wird.

Denkbar sind aus diesem Milieu bei neuem Wirtschaftswachstum auch Ausdifferenzierungen in Richtung auf das Randmilieu, wenn Diskrepanzen zwischen den neuen Leistungsanforderungen einerseits und den gewachsenen Arbeits- und Lebensgewohnheiten andererseits auftreten.

Eine nicht zu unterschätzende Bedeutung dürfte neben der Verbesserung des Lohnniveaus und der Arbeitsbedingungen gerade in diesem Milieu der Ausbau der (territorialen) Freizeit-, Versorgungs- und Dienstleistungsbedingungen haben. Sollen diese Arbeiter an ihren Orten gehalten werden, müssen mittelfristig nicht nur ansprechende Arbeitsplätze, sondern auch attraktive Freizeit- und Konsumbedingungen entstehen. Insgesamt ist gerade aus diesem Milieu heraus eine zunehmende territoriale Mobilität zu erwarten, aus der insbesondere für Männer ein sozialer Aufstieg erwachsen kann.

Die *dritte Arbeitergruppe* (an den Rand gedrängt und sozial losgelöst) ist aufgrund objektiver Belastungen und subjektiver Vorbedingungen und Lebensvorstellungen in mehrfacher Weise durch die neue Situation belastet. Sie verfügt über das vergleichsweise wenigste Kapital, um ihre Probleme individuell sinnstiftend und gesellschaftlich produktiv zu lösen.

Ihre Angehörigen sind in besonderer Weise durch Arbeitsplatzunsicherheit und -verlust gefährdet. Hier spielen ungenügende, nicht paßgerechte oder abgebrochene Ausbildungen eine Rolle, aber auch lockere Arbeitshaltungen, ein geringeres Arbeitsethos, familiäre Belastungen und ähnliches. Gleichzeitig werden verschiedene Lebensbedingungen in besonderer Weise als ungerecht empfunden. Die in diesem Milieu entwickelten Hoffnungen auf Freizügigkeit im Freizeit- und Arbeitsbereich gleichermaßen dürften durch die aktualen Entwicklungen stark enttäuscht werden. Sie bauen auf starken psychologischen Verdrängungsmechanismen auf. Denkbar ist die Ausprägung unterschiedlicher Arten einer zumindest zeitweiligen Paralysierung individueller Aktivitäten und eine Kompensation auftretender Konflikte durch die Suche nach alten / neuen Feindbildern. Zu vermuten ist darüber hinaus die Differenzierung dieses Milieus durch einen raschen sozialen und psychischen Abstieg eines Teils der Betroffenen, ihre Resignation und Isolierung auf der einen Seite und verschiedenartige Anpassungshaltungen auf der anderen (Nutzung des sozialen Netzes, aber auch Veränderung des Leistungsverhaltens, Wanderungsbewegungen von Ledigen etc.). Denkbar ist auch ein zumindest zeitweiliges Wachstum des traditionslosen Arbeitermilieus durch den sozialen Absturz bestimmter Gruppen, Individuen (Funktionäre, Leiter, Mitarbeiter der Staatssicherheit) aus anderen Milieus, wie er durch die politische und ökonomische Wende bedingt wird.

Mehrdimensional betroffen sind in diesem Milieu die älteren ab 40 und die Frauen, besonders die alleinstehenden mit Kind(ern).

Einen wesentlichen Ursprung haben Probleme in diesem Milieu in der historisch gewachsenen Diskrepanz zwischen Konsumansprüchen einerseits und den Möglichkeiten ihrer selbsterarbeiteten Finanzierung andererseits. Daraus erwachsen gerade hier zusätzliche selbstproduzierte Schwierigkeiten, indem beispielsweise die neuen

Konsumangebote über Kreditaufnahme und Verschuldung beansprucht werden. Dies alles führt zu starken Belastungen der Familien und der in ihnen lebenden Kinder, deren Folgen durch die Eltern sicher vielfach nicht allein zu bewältigen sind (Problemfamilien). Hier können soziale Schwierigkeiten z. B. potenziert über die Generationskonflikte in unterschiedlichen Formen bis hin zur Kriminalität eskalieren.

Um diese Hypothesen über Milieuentwicklungen verifizieren und damit verbundene soziale Potentiale und Konfliktfelder bestimmen zu können, müssen Milieu- und Lebensstilforschungen in Ostdeutschland etabliert werden. Die ablaufenden sozialen Umbrüche erfordern es aus Sicht der Autorinnen, bei solcher Forschung das dynamische Moment von Lebensstilen konzeptionell stärker zu betonen. Darüber hinaus sind Potenzen und Grenzen von Individualisierung und Pluralisierung der Lebensarten, wie sie sich in gesellschaftlichen Transformationsprozessen abzeichnen, deutlicher in globale Entwicklungen einzuordnen.

Literatur

Beck, U., 1986: Risikogesellschaft. Auf dem Weg in eine andere Moderne, Frankfurt / M.

Berger, P. A. / Hradil, S., 1990: Die Modernisierung sozialer Ungleichheit und die neuen Konturen ihrer Erforschung, in: Dies. (Hrsg.), Lebenslagen, Lebensläufe, Lebensstile, Soziale Welt, Sonderband 7, Göttingen: 3–24

Berking, H./Neckel, S., 1990: Die Politik der Lebensstile in einem Berliner Stadtbezirk, in: Berger, P. A. / Hradil, S. (Hrsg.), Lebenslagen, Lebensläufe, Lebensstile, Soziale Welt, Sonderband 7, Göttingen: 481–500

Bourdieu, P., 1987: Die feinen Unterschiede. Kritik der gesellschaftlichen Urteilskraft, Frankfurt / M.

Clemens, B. / v. Oertzen, P. / Vester, M., 1989: Der Wandel der Sozialstruktur und die Entstehung neuer gesellschaftspolitischer Milieus in der Bundesrepublik Deutschland, Universität Hannover

Diewald, M., 1990: Von Klassen und Schichten zu Lebensstilen. Ein neues Paradigma für die empirische Sozialforschung?, WZB Berlin

Dölling, I., 1986: Individuum und Kultur. Ein Beitrag zur Diskussion, Berlin

Engels, H., u. a., 1990: Strukturelle Aspekte der Bedürfnisentwicklung in der ehemaligen DDR, ISS Berlin

Hanf, Th., 1991: Modernisierung der Gesellschaft als sozialstrukturelles Problem, in: Berliner Journal für Soziologie, 1. Jg., Sonderheft: 73–82

Hörnig, K. H. / Gerhard, A. / Michailow, M., 1990: Zeitpioniere. Flexible Arbeitszeiten – neuer Lebensstil, Frankfurt / M.

Hradil, S., 1987: Sozialstrukturanalyse in einer fortgeschrittenen Gesellschaft, Opladen

Hradil, S., 1990: Postmoderne Sozialstruktur? Zur empirischen Relevanz einer „modernen“ Theorie sozialen Wandels, in: Berger, P. A. / Hradil, S. (Hrsg.), Lebenslagen, Lebensläufe, Lebensstile, Soziale Welt, Sonderband 7, Göttingen: 125–151

Hondrich, K. O. / Vollmer R., 1983: Bedürfnisse im Wandel. Theorie, Zeitdiagnose, Forschungsergebnisse, Opladen

Klages, H., 1985: Wertorientierungen im Wandel. Rückblicke. Gegenwartsanalysen. Prognosen, Frankfurt / M. – New York

Kühnel, W., 1990: Scheinbar konfliktfrei aneinander vorbei. Eine Retrospektive auf die Generationsbeziehungen in den 80er Jahren in der DDR, in: Prokla 80
Lepsius, R., 1991: Ein unbekanntes Land. Plädoyer für soziologische Neugierde, in: Leggewie, C. / Giesen, B. (Hrsg.), Experiment Vereinigung. Ein sozialer Großversuch, Berlin: 71–76
Lötsch, I. / Lötsch, M., 1985: Soziale Strukturen und Triebkräfte, in: Jahrbuch für Soziologie und Sozialpolitik, Berlin: 159–178
Lüdtke, H., 1988: Veränderte Lebensläufe und -stile als Hintergrund für neue Methoden und Ansätze der Freizeitforschung, in: Fromm, J. / Nahrstedt, W. (Hrsg.), Freizeit im Lebensverlauf. IFKA / DGFF, Bielefeld: 362–374
Marz, L. / Pawlowsky, 1990: Moderne (De-)Modernisierung? Über die Unmöglichkeit einer sozialmarktwirtschaftlichen Reorganisation der neuen Bundesländer, Journal für Sozialforschung 4
Müller, H.-P., 1986: Klassen, Klassifikation und Lebensstile. Pierre Bourdieus Theorie soziokultureller Ungleichheit, München
Müller, H. P., 1989: Lebensstile. Ein neues Paradigma der Differenzierungs- und Ungleichheitsforschung, in: Kölner Zeitschrift für Soziologie und Sozialpsychologie 41: 53–71
Niethammer, L., 1989: Annäherung an den Wandel, in: Lüdtke, A., Alltagsgeschichte, Reinbek: 19–66
Segert, A. / Zierke, I., 1990: Thesen zur Neuorientierung der Bedürfnisforschung, Manuskript
Segert, A. / Zierke, I., 1991: Warum sind die Ostdeutschen plötzlich so kompliziert? Diskussionsangebot zum Wertewandel in der DDR / den neuen Bundesländern, in: Initial, 2. Jg, Heft 3
Segert, A. / Zierke, I. / Lindner, H., 1990: Standortbestimmung zu Problemen der Bedürfnis- und Lebensstilforschung. Thesen zum V. Internationalen Bedürfniskolloquium, ISS Berlin
SINUS Heidelberg, 1984: Planungsdaten für die Mehrheitsfähigkeit der SPD. Ein Forschungsprojekt des Vorstandes der SPD, Zusammenfassender Bericht, Bonn
Strützel, D., 1988: Reproduktion sozialer Subjekte. Theoretische Überlegungen und empirische Befunde. Thesen, Universität Jena
Thomas, M., 1989: Soziale Struktur – soziale Subjekte. Marxistische Sozialstrukturtheorie in der aktuellen Diskussion, in: Deutsche Zeitschrift für Philosophie, 37. Jg., Heft 8: 759–770
Tokarski, W., 1989: Freizeit- und Lebensstile älterer Menschen. Kasseler Gerontologische Schriften 10, Kassel
Vester, M. / Clemens, B., u. a. 1989: Sozialstrukturwandel und neue soziale Mileus, Arbeitshefte Nr. 1, Universität Hannover, Institut für Politische Wissenschaft
Vester, M. / v. Oertzen, P. / Clemens, B. / Geiling, H. / Müller, D. / Herrmann, T., 1990: Der Wandel der Sozialstruktur und die Entstehung neuer gesellschaftspolitischer Milieus in der BRD. 2. Zwischenbericht über das Forschungsprojekt, Universität Hannover
Zapf, W. / Breuer, S. / Hampel, J. / Krause, P. / Mohr, H.-M. / Wiegand, E., 1987: Individualisierung und Sicherheit. Untersuchungen zur Lebensqualität in der Bundesrepublik Deutschland, München

Thomas Koch

„Hier ändert sich nie was!"

Kontinuitäten, Krisen und Brüche ostdeutscher Identität(en) im Spannungsfeld zwischen „schöpferischer Zerstörung" und nationaler Re-Integration

Doppelter Zusammenbruch

Die Ostdeutschen sind Akteure und Betroffene eines zweifachen Zusammenbruchs, nämlich des „realsozialistischen" Systems und ihres Gemeinwesens. Die deutsche Einheit bot sich schließlich als naheliegendster Ausweg aus der allumfassenden Krise an.

Dies unterscheidet Krise und Krisenmanagement in der ehemaligen DDR von der der osteuropäischen Gesellschaften.

Die besondere Chance der ehemaligen DDR liegt darin, durch den Zusammenschluß mit der Alt-Bundesrepublik, ohne Aufschub die Qualitäten einer modernen Gesellschaft nachzuentwickeln, Strukturen, Institutionen, Mechanismen zu übernehmen, die die notwendige Modernisierung stabilisieren und beschleunigen, die unvermeidlichen sozialen Gestehungskosten abfedern.

Die deutsche Einheit als Ausweg aus der Krise, noch dazu in Form des Beitritts, hält indes auch besondere Gefahren bereit: „Alle ... Orientierungsrahmen und Sicherheiten gelten plötzlich nichts mehr. Unsere ganze Lebensart und die Gestaltung unserer Beziehungen, alle unsere Abwehrmechanismen sind plötzlich in Frage gestellt." (Maaz 1990: 181.)

Der Zusammenbruch des Systems, der Untergang und die Transformation der bisherigen DDR erschüttern nicht nur die kollektiven, sondern auch die Ich-Identitäten der Ostdeutschen.

Mein Beitrag versucht, Aspekte der dramatischen Erosion, aber auch der Resistenz, ja Rekonstitution von Identitätsankern der Ostdeutschen zu thematisieren. Es geht um empirische Befunde und theoretische Verallgemeinerungen zu der Frage: Wie schlagen der Untergang der DDR und die „schöpferische Zerstörung" von Strukturen, Verhältnissen und Verhaltensweisen auf die Individuen durch? Mit welchen Strategien wird der Verlust bisheriger Bindungen und Orientierungen bewältigt, auf welche Weisen versuchen kollektive und individuelle Subjekte sich neu zu verorten?

Dies verlangt, die Sicht der sozialen Akteure mit sozialwissenschaftlichen Einsichten zu verschränken, ja selbst zum Gegenstand der Analyse zu erheben.

Manche Sozialwissenschaftler verbinden den Übergang der einstigen DDR zu einer modernen Gesellschaft mit der Vorstellung einer „radikalen Zerstörung sämtlicher sozialer Beziehungen, sämtlicher symbolischer Generalisierungen und normativen Orientierungspunkte im Handeln der Menschen". Danach würden die „notwendigen Lernprozesse weniger kollektive Praxis, denn individuelles Einüben importierter Programme. Die Menschen (hätten) ... Mühe, sich in ihren Lebensbeziehungen noch Restorierungen zu bewahren, um sich nicht auch physisch aus dieser Situation verabschieden zu müssen“ (Hanf 1991: 74). Ohne Zweifel geraten bisherige Bindungen und Orientierungen vielfach in eine Krise, doch lösen sie sich spurlos auf? Die Menschen in den neuen Bundesländern bewältigen die Herausforderungen und Verhaltenszumutungen der Transformationsperiode nicht als solche und auch nicht als vereinzelte einzelne, sondern mit Hilfe der soziokulturellen und psychischen Ressourcen, über die sie verfügen. Sie reagieren auf die Veränderungen mit Vorstellungs- und Verhaltensweisen, die sie kennen. Und sie nehmen jene Veränderungen auch im Kontext dieser kollektiven Vorstellungs- und Verhaltensmuster, in der Auseinandersetzung mit ihnen wahr. So unübersehbar die Veränderungen des Alltags gegenüber dem Zeitraum vor der Währungsunion auch sind, aus der Sicht der Akteure hält er zugleich erhebliche Kontinuitäten bereit – von der Arroganz der Macht über Warteschlangen, Versorgungslücken, die Präsenz der einstigen Leiter (sogenannter Seilschaften) bis hin zum Anpassungsdruck, Erfahrungen der Ohnmacht, schleichenden zivilisatorischen Verfalls, der Ineffizienz, der Frustration. Eben die erfahrene und übermächtig gedeutete Kontinuität verdichtet sich – vor dem Hintergrund übergroßer Hoffnung auf raschen Wandel – vielfach für den einzelnen zu dem Befund: „Hier ändert sich nie was!“ Und sind nicht im Horizont der DDR-Gesellschaft zudem spezifische Verhaltensstrategien ausgebildet worden – „des Heraustretens aus der Anonymität“ wie des Understatements oder sozialen Mimikry, des Bluffs, der symbolischen Teilhabe usw. –, die unter der Bedingung ihrer Modifikation(!) tatsächlich oder nur vermeintlich auch künftig sozial erfolgreiches Verhalten verheißen?

Wenn wir uns auf die Sicht der Akteure einlassen, erschließt sich, daß die Dreieinheit von Systemzusammenbruch, Untergang und Transformation der DDR zwar für die Ostdeutschen als Kollektivgesamtheit höchst folgenreich ist, sich jedoch für die einen tatsächlich als ihr Schicksal bestimmende Einheit sich zu einem Knäuel verdichtet, von anderen hingegen in höchst unterschiedlich gewichteten Bestandteilen aufgelöst wird.

Von der Zufalls- zur Schicksalsgemeinschaft?

Die Frage nach Kontinuitäten, Krisen und Brüchen ostdeutscher Identitäten unterstellt deren Existenz, mithin eine Position, die der Erläuterung bedarf.

„Über die DDR waren bis vor nicht allzu langer Zeit noch die merkwürdigsten Gerüchte im Umlauf. Von einer sich allmählich herausbildenden DDR-spezifischen Identität war beispielsweise die Rede, und es galt als sicher, daß das zähe Bemühen dieses Staates, mit den Kontinuitäten deutscher Geschichte zu brechen und seinen Bürgern ein solides antifaschistisches Bewußtsein angedeihen zu lassen, Früchte getragen haben müsse ...“ Tatsächlich habe es eine DDR-Identität nicht gegeben, „wohl aber wurde in der DDR ein traditionsreiches deutsches Wesen konserviert“, so Schmid (1991: 22). Als Indikator für DDR-Identität fungieren hier mithin Bausteine des offiziellen Selbstverständnisses.

Friedrich (1990), gestützt auf die Intervallstudien der Jugendforschung, belegt eine zunächst wachsende Akzeptanz des Systems, für wesentliche ideologische Postulate der DDR-Gesellschaft und dann das Auslaufen ihres Grundkonsensus.

Im Grunde aber bleibt auch er einem ähnlichen Denkmodell verpflichtet: DDR-Identität (im weiteren Sinne kollektive Identitäten der Ostdeutschen) wird an diesen oder jenen Elementen des offiziellen Selbstverständnisses der DDR-Gesellschaft, am Grad der Übereinstimmung mit ideologischen Positionen festgemacht. Deren Schwinden oder Verlöschen wird als Fehlen kollektiver Identität(en) interpretiert.

Folglich werden den Ostdeutschen häufig mentale Eigenheiten zugebilligt (Noelle-Neumann 1990a und b; SPIEGEL SPEZIAL 1/1991; Peche 1991; Kern/Land 1991), hingegen kollektive Identitäten abgesprochen. Die Modi und Grade der Identifikation mit System, Ideologie und Lebenswelten der einstigen DDR sind indes nur ein, noch dazu ein vergängliches Moment kollektiver Identitätsanker der Ostdeutschen.

Eine weitere Denkfigur führt K. Sontheimer (1990) ein. Er spricht vom „völligen Fehlen einer eigenen politischen und kulturellen Substanz in der ehemaligen DDR ... Sie (habe) in diesen Einigungsprozeß nichts Eigenes eingebracht, das sie mit Erfolg verteidigen und erhalten könnte ..." Das vermißte Eigene wird offenbar mit der Vorstellung vom ganz Anderen ver- und an die Existenz eines Gesamtwillens gebunden. Und in der Tat hat die politische Polarisierung der Ostdeutschen vorerst die Ausbildung eines Gesamtwillens verhindert, der auf die Übernahme bestimmter Regelungen in das gesamtdeutsche Rechts- und Institutionensystem hätte drängen können. Von Uwe Grüning (1991: 3) wird die Idee von einer Zufalls- und Leidensgemeinschaft[1] mit Blick auf die DDR vertreten. Die Lesart von der Zufalls- und Leidensgemeinschaft hat gegenwärtig als kollektiv anerkannte wie auferlegte Deutung Konjunktur. In den Sozialwissenschaften wird teils die Konsistenz einer entdifferenzierten, teils die völlige und zunehmende Inkonsistenz der untergegangenen DDR-Gesellschaft beschworen (Hanf 1991). Politische Polarisierung, ferner die Labilisierung des Denkens, Fühlens und Verhaltens der Ostdeutschen im Gefolge des Umbruchs erschweren es offensichtlich, sie als Kollektivgesamtheit zu identifizieren. Gleichwohl werden sie als solche wahrgenommen und klassifiziert. Sie sind Gegenstand einer Vielzahl interessengeleiteter Zuschreibungen, darunter auch von

[1] Als Zufallsgemeinschaft(en) wurden die Bevölkerungen der beiden deutschen Staaten insofern bezeichnet, als die Grenzen zwischen ihnen ohne Rücksicht auf Geschichts- und Kulturtraditionen erfolgte. Die Deutung von der Leidensgemeinschaft hört sich bei Uwe Grüning (1991) so an: „Durch die vierzig gemeinsam erlittenen DDR-Jahre wurden wir zwar geprägt, dennoch ist das kein Grund, die von den Alliierten gestiftete Zwangsehe (der Ostdeutschen – T. K.) aufrechtzuerhalten und mögliche Liebesheiraten zwischen anderen Bundesländern zu verhindern." „Liebesheirat" meint Mehrländeranstalten, die von alten und neuen Bundesländern getragen werden könnten.

Selbstzuschreibungen, die nicht frei sind von Momenten der Distanzierung, von der Akzeptanz des fremden Blickwinkels, ja des Selbsthasses.

Wenn *hier* von der Erosion oder Resistenz kollektiver Identitäten der Ostdeutschen die Rede ist, dann liegt dem eine bestimmte Auffassung von Identität zugrunde, eine Auffassung, die die verschiedenen Komponenten bündelt, insbesondere aber die schroffe Gegenüberstellung von Mentalitäten und Identitäten vermeidet. Unter „Identität" wird mit R. Vierhaus (1985: 12) „eine auf (relativer) Konstanz von Verhaltensweisen, Mentalitäten und ideellen Orientierungen beruhende, geschichtlichen Wandel (relativ) überdauernde Einheitlichkeit des Selbst- und Weltverständnisses" sozialer Subjekte verstanden.

Kollektive Identitäten der Ostdeutschen in diesem definierten Sinne unterliegen gegenwärtig nicht nur kräftigen Erosionen, sie werden zugleich gefestigt und neu konstituiert. Beide Tendenzen liegen im Widerstreit.

Ein Ende partieller kollektiver Identitäten, gruppiert um verschiedene Anker, ist vorerst in Deutschland nicht in Sicht. Liegt der Akzent im Westen auf „Wirtschaftsstolz" und „Verfassungspatriotismus" (Habermas 1990), so im Osten auf der Vorstellung, einer Schicksalsgemeinschaft anzugehören plus einem gemeinsamen Stamm „kleinbürgerlicher" Wahrnehmungs- und Klassifikationsschemata. Eine Schicksalsgemeinschaft bilden die Ostdeutschen nicht nur an, sondern auch für sich insofern, als sie – unabhängig von ihrer heutigen Haltung zum gescheiterten sozialistischen Experiment, ihren politischen Sympathien und sehr unterschiedlichen sozialen Perspektiven – allesamt Verhaltenszumutungen und Herausforderungen der Systemtransformation unterliegen, einer tendenziellen Ab- und Entwertung all dessen ausgesetzt sind, was ihr bisheriges Wirken und Dasein ausgemacht hat und sie sich überwiegend als „Bürger zweiter Klasse" in Deutschland wahrnehmen oder/und behandelt fühlen (Zwietracht im einig Vaterland 1991: 46).

Allerdings ist das den Akteuren sich aufdrängende Deutungsmuster von der Schicksalsgemeinschaft nur eine übergreifende Matrix, die Anlaß wie Raum für sehr verschiedene, darunter auch polare Verhaltensstrategien bietet.

Wahrnehmungs- und Klassifikationsschemata

In der bisherigen DDR- und Deutschlandforschung des Ostens und des Westens wie in der Publizistik ist die DDR als eine Art „Teilnation" untersucht worden, die stets objektiv wie subjektiv auf die Alt-Bundesrepublik fixiert blieb. Die vergleichenden Befunde kündeten von der Verschiedenheit, Andersartigkeit der Koordinatensysteme der Menschen, der Muster sozialer Wahrnehmung und Klassifikation, des historisch-kulturellen Selbstverständnisses, mentaler Strukturen . . .

Das Erkenntnisinteresse richtete sich so auf die Frage, inwieweit subjektive Konditionierungen durch das sozialistische System (Maaz 1990; Henrich 1990; Meuschel 1991; Lebensstile und Kulturmuster in sozialistischen Gesellschaften 1990) vom Verhaltenserbe der Deutschen (Elias 1990) sowie von sozialgeschichtlichen Prägungen einstiger „Unterschichten" (Gaus 1986 und 1988; Mühlberg 1983;

Hanke / Koch 1985 und 1989; Kunstreich 1991) gestützt, ausgeformt oder aber unterlaufen wurden.

Elias (1990), der nach dem Einfluß von Mustern der deutschen Langfristenentwicklung auf den nationalen Habitus der Deutschen fragte, hielt u. a. dreierlei fest:

- eine Kontinuität obrigkeitsstaatlicher Traditionen und autoritätsabhängiger Persönlichkeitsstrukturen;
- die Instabilität, Gebrochenheit der zivilisatorischen und kulturellen Entwicklung infolge der Diskontinuität der Staatlichkeit;
- massive Unsicherheiten über Wert und Sinn, Konturen des Deutsch-Seins, ein Schwanken zwischen Minderwertigkeitsgefühlen und Selbstüberschätzung.

Diese Komponenten im Habitus der Deutschen wurden im Verlaufe der Nachkriegsentwicklung in beiden Teilstaaten, wenn auch in unterschiedlicher Weise, prolongiert, modifiziert und aufgehoben (Gaus 1986; Habermas 1990; Niethammer 1988).

Ein weitgehender Elitenaustausch im Osten sowie die Flucht oder Vertreibung großer Teile der ehemaligen Mittel- und Oberschichten hatte die staatliche Teilung zu einer sozialen werden lassen (Gaus 1986 und 1988). Die DDR ist als Bündel von Lebens- und Verhaltensformen mit klarer lebensweltlicher Dominante charakterisiert worden, und zwar entweder als „kleinbürgerlich", „kleinbürgerlich-subaltern" geprägt oder „proletarisch" (Gaus 1986 und 1988; Kunstreich 1991; Mühlberg 1983; Hanke / Koch 1989). Sozialpsychologisch ist die deutsche Teilung als „kollusives Zusammenspiel" (Maaz 1990: 177) ausgewiesen worden, bei dem eine gemeinsame belastende Vergangenheit auf polare Weise kollektiv abgewehrt, kompensiert wurde, verbunden mit wechselseitigen Abspaltungen und Projektionen.

Die Ostdeutschen gelten als die „deutscheren" und „konservativeren" Deutschen, die nicht oder nur bedingt am zeitgenössischen Wertewandel teilhatten, aber dennoch „überraschende Gemeinsamkeiten" mit den Westdeutschen erkennen lassen (Noelle-Neumann 1990a). Klassifizierbar sind und klassifiziert werden die Ostdeutschen als Kollektivgesamtheit nicht zuletzt an den Modi, sich zu geben, bis hin zur Körpersprache. In den Sozialwissenschaften, der Publizistik und auf der Ebene des Alltagsbewußtseins sind die Ostdeutschen – für sich wie für andere – immer wieder auf der Basis zweier Oppositionen klassifiziert worden – an ihrer „Gehemmtheit" (contra Lockerheit, Ungezwungenheit) sowie an einem vielfach praktizierten „Notwendigkeitsgeschmack". Dessen Gegenüber wurde von Bourdieu (vielleicht etwas irreführend) als „Luxusgeschmack" bezeichnet. Gemeint ist ein „Gegensatz zwischen dem aus Luxus (und Freizügigkeit) und dem aus Not(-wendigkeit) geborenen Geschmack: ersterer eignet jenen Individuen, die unter materiellen Existenzbedingungen aufgewachsen sind, deren Kennzeichen die durch Kapitalbesitz abgesicherte *Distanz zur Not(-wendigkeit)*, Freiheit und Freizügigkeit . . . sind; letztere bringen gerade in ihrem Angepaßtsein die Notlagen und Zwänge zum Ausdruck, aus denen sie hervorgegangen sind" (Bourdieu 1987: 289f.).

Ungezwungenheit sowie „Luxusgeschmack" sind der sichtbare Ausdruck (tatsächlicher oder auch nur ausgestellter) Freiheit von sozialen Zwängen. Das die gemeinhin den Westdeutschen zugeschriebene Lockerheit, Ungezwungenheit, innere Sicherheit nicht allein als spontaner Effekt des Lebens unter der „freiheitlich-demokratischen Grundordnung" zu fassen, sondern auch das Ergebnis einer abverlangten Eigeninszenierung, eines Bluffs sind, erschließt sich jedem, der sich erfolgreich um eine Stelle bewerben will und entsprechende Ratgeber studiert: Der Westmensch *muß* einfach sicher, drahtig erscheinen. Umgekehrt ist das Defizit an Lockerheit bei den Ostdeutschen nicht allein ein Effekt der unheiligen Allianz von staatlichen und familialen Repressionen in der „realsozialistischen" DDR-Gesellschaft, Folge des von Maaz (1990) analysierten „Gefühlsstaus"; in den Lebens- und Verhaltensformen der Ostdeutschen (bis in die Modi, sich zu geben) sind zugleich Momente der Sozialgeschichte von Arbeitern, Bauern und aus diesen hervorgegangener Intelligenz, der sogenannten kleinen und einfachen Leute sedimentiert. Lockerheit, Ungezwungenheit, innere Sicherheit, Distanz zu oder Freiheit von sozialen und materiellen Zwängen gehörten nicht zu ihrem Verhaltenserbe. Rückblikkend wird von den sozialen Akteuren allerdings zunehmend registriert, daß die DDR-Gesellschaft indes auch beachtliche Möglichkeiten bot, sich so zu geben, wie einem zu Mute war. Anlaß solcher Reflexionen ist zum einen die spürbare Zunahme jener Arbeits- und Lebensbereiche, in denen der einzelne „Kleiderordnungen" unterworfen wird (Bank- und Versicherungswesen, größere Bereiche des öffentlichen Dienstes und der freien Wirtschaft); zum anderen wird nunmehr dem Verkaufspersonal zugemutet, den Kunden als König erscheinen zu lassen und freundlich zu sein. Die Ostdeutschen gingen – ungeachtet aller binnengesellschaftlichen Differenzierungen – mit einem Stamm gemeinsamer Wahrnehmungs- und Klassifikationsschemata in die deutsche Einheit. In dieser Hinsicht waren auch die Unterschiede in der alten DDR-Gesellschaft zwischen oben und unten, zwischen Macht ausübenden und den machtschwachen oder auch -losen Gruppen nicht allzu tief. Elias (1990: 222) verdanken wir Aufschlüsse darüber, was der massenhafte soziale Aufstieg von Angehörigen einstiger „Unterschichten" in Führungspositionen, wie er auch im Osten Deutschlands nach 1945 stattfand, in soziokultureller Hinsicht bedeutet: die Aufsteiger verbleiben im wesentlichen im Banne ihrer jeweiligen kulturellen Traditionen. Und ihnen eignet eine eigene, nachhaltige Wirksamkeit auch dann noch, wenn sich ihre Voraussetzungen völlig oder auch teilweise überlebten.

In diesem Sinne sind die „Haltung der Risikoabweisung" mittels Staatsfürsorge und das „Gleichheitssyndrom" (Peche 1991) in vierzig Jahren DDR nicht geschaffen, sondern das Streben „kleiner Leute" nach Absicherungen vor den Unwägbarkeiten des Arbeitsmarktes wurde in spezifischer Weise aufgegriffen und ausgeformt. Die den Ostdeutschen eigenen Vorstellungen von sozialer Gerechtigkeit, ungerechtfertigten Privilegien, angemessener Höhe von Diäten usw. sind offenbar so allgemein akzeptiert und zwingend, daß sich ihnen noch kaum einer der Abgeordneten des Ostens offen zu entziehen wagt.

Können sich die „kleinen und einfachen Leute" des Westens in den Lebensformen, Verhaltensmustern, Anpassungsleistungen der Ostdeutschen wiedererkennen und umgekehrt? Grundsätzlich ist das sehr wohl möglich, allein das Wohlstands- wie Modernitätsgefälle, Interessenlagen, Unkenntnis und Mangel an sozialer Phantasie, Einfühlungsvermögen erschweren dies erheblich. So dienen die jeweiligen Wahrnehmungs- und Klassifikationsschemata eher als Folie der Abgrenzung nach dem „Modell ‚Wir'–‚Sie'" (Bromlej 1977: 31) denn als Brücke (Koch 1991a).

Soziale Akteure machen ihre Identität und Differenz nicht allein in offener Konfrontation ihrer Deutungen und Interpretationen geltend, sie bringen sie auch in die Gemeinbegriffe und in entsprechende Praxisformen ein. Folglich sind nominell übereinstimmende Urteile und Wertungen im gesamtdeutschen Maßstab ebenso zu hinterfragen wie die allein von den Ostdeutschen kollektiv geteilten Deutungen. Wenn 86 von 100 Ostdeutschen meinen: „Wir sind Bürger zweiter Klasse", so bündeln sich in dieser Zustimmung unterschiedliche, ja gegensätzliche Positionen und Haltungen: akzeptierte soziokulturelle und zivilisatorische Überlegenheit der Altbundesrepublik(aner); nicht oder nur bedingt hingenommene Regelungen und Gegebenheiten, die für die Ostdeutschen ungünstiger ausfallen als für die Bürger der Altbundesrepublik; die Auffassung, als „weiße Neger" behandelt, ungerechtfertigten Demütigungen ausgesetzt zu werden; die Überzeugung eigener Gleichrangigkeit, wenn nicht gar Überlegenheit gepaart mit der subjektiven Gewißheit, man solle zu Bürgern zweiter Klasse gemacht werden . . .

Aufschlüsse über die Auflösung oder Reproduktion von Gegenüberstellungen nach dem Modell „Wir – Sie" in Deutschland vermitteln zudem die Bezeichnungen, die die Deutschen füreinander wählen und die damit verbundenen Zuschreibungen sowie die Selbstzuordnungen zu verschiedenen Wir-Gruppen (Europäer, Deutscher, „bald als normaler Bundesbürger", „nie als Bundesbürger", Verortung in bestimmten Regionen).

Gestalten der Sinnkrise

Da den Bestandteilen der eingangs erwähnte Trias von Systemzusammenbruch, Untergang und Systemtransformation der bisherigen DDR von den Akteuren eine höchst unterschiedliche subjektive Bedeutsamkeit zugemessen wird und auch aus darstellungstechnischen Erwägungen heraus, soll das, was eigentlich zusammengehört, nacheinander entwickelt werden.

Bevor die DDR-Gesellschaft für Mehrheiten die Attribute einer angemessenen sozialen Ordnung verlor, stützte sie sich auf Massenloyalität und eine relativ breite Akzeptanz für das sozialistische Experiment (Friedrich 1990).

Der doppelte Zusammenbruch löste daher bei nicht wenigen Menschen eine tiefe *Sinnkrise* aus, brachte *Richtungs-, Orientierungs- und Utopieverlust*, bedeutet für manchen den Zusammenbruch des Lebenskonzepts wie des -werkes. Wenngleich sich für diese Tendenz unschwer empirische Befunde beibringen lassen (SPIEGEL SPEZIAL 1/1991: 71), so weist die Umfrage- und Meinungsforschung für Mehrheiten eher das *Ausbleiben einer Sinnkrise*[2] aus. Zwar kann keinesfalls ausgeschlossen werden, daß die Sonde nicht tief genug ansetzte oder die befragten Akteure ihre tatsächliche Befindlichkeit verdrängen, ausblenden. Doch Korrekturen dieser Art würden zwar Relationen, nicht aber Grundproportionen verschieben. Von daher öffnete sich der Blick dafür, daß die sogenannte Sinnkrise auch als *reduzierter Bedarf an Gestaltungsideologie seitens der Akteure* erscheint (Furth 1991: 69), teils weil sie sich auf Angebote aus der Altbundesrepublik orientierten, teils weil sie als Produzenten *eigenen* Sinns erkennbar wurden.

Im Unterschied zu beträchtlichen Teilen der Intelligenz, insbesondere der Sinnproduzenten und -deuter, verband sich für Arbeiter mehr und mehr Sozialismus mit wirtschaftlicher Unvernunft, Marktwirtschaft mit Vernunft. „Politik im Sinne der ‚großen‘ Politik . . . war im Selbstverständnis vieler DDR-Arbeiter/innen . . . schlicht kein relevanter Faktor . . ., (sie) gewann geradezu den Charakter eines Abgrenzungskriteriums nach oben.“ (Kern/Land 1991: 16.) Solche Zeugnisse eigenen Sinns der Ostdeutschen untereinander (wie auch gegenüber den Westdeutschen) erhellen, warum eine ausgesprochene Sinnkrise zunächst nicht in ihrer Unmittelbarkeit empirisch belegt werden kann. Weiter führen offenbar indirekte Indikatoren. Auffällig ist zunächst die Labilität des Denkens, Fühlens und Verhaltens der Ostdeutschen, darunter auch der Einstellungen und Meinungen. Sie erschließt sich zum einen im innerdeutschen Vergleich und zum anderen über die Umfrage- und Meinungsforschung seit 1989 in Hinsicht auf die Ostdeutschen selbst.

So kippte innerhalb weniger Wochen zwischen Ende 1989 und Anfang 1990 die Haltung von Mehrheiten zum sozialistischen Experiment und zur Eigenstaatlichkeit einer Nachwende-DDR (Noelle-Neumann 1990c). Im Umfeld der ersten gesamt-

---

[2] Im gesamtdeutschen Vergleich erschließen sich Ausmaße erfahrener wie ausbleibender Sinnkrisen der Ostdeutschen (SPIEGEL SPEZIAL 1/1991: 71):

	Ostdeutsche	Westdeutsche
- „Ich fühle mich oft niedergeschlagen und mutlos.“		
Nein:	63 %	79 %
Ja, neuerdings:	29 %	12 %
Ja, schon lange:	7 %	7 %
- „Manchmal weiß ich nicht, was der Sinn meines Lebens ist.“		
Nein:	84 %	85 %
Ja, neuerdings:	11 %	8 %
Ja, schon lange:	4 %	5 %
- „Ich bin oft ratlos und verstehe die Welt nicht mehr.“		
Nein:	70 %	85 %
Ja, neuerdings:	26 %	10 %
Ja, schon lange:	4 %	5 %
- „Ich habe Angst vor der Zukunft.“		
Nein:	67 %	79 %
Ja, neuerdings:	30 %	14 %
Ja, schon lange:	3 %	7 %

deutschen Wahlen signalisierten bereits 46 % der Wähler (in Ostberlin 70 %, in Thüringen 67 %, in Sachsen 32 %) ihre Bereitschaft, bei künftigen Wahlen anders zu votieren, 10 % wußten das noch nicht, 15 % machten keine Angaben (FORSA 1991). In knapp zwei Monaten nach der Bundestagswahl vom 02.12.1990 registrierten die Wickert-Institute unter den Ostdeutschen eine „quantensprungartige Meinungsänderung". Sie sei seit Gründung dieser Institute (1951) ohne Parallele: 81,3 % aller Befragten sind von der Bundesregierung enttäuscht, nur 18,7 % sind mit ihr zufrieden – zwei Monate zuvor wurden noch 62,4 % Zufriedene, 37,6 % Unzufriedene ermittelt (Enttäuschung über Bonn in den neuen Bundesländern 1991).

Neben der Labilisierung verweisen massive Tendenzen der *Abkehr von der Um- und Mitwelt* auf eine Krise des Orientierungs„wissens". Sie stellt sich zunächst als Identifikationsscheu aus Enttäuschung oder/und Unsicherheit dar, auch als „Ratlosigkeit nach dem Verlust gesicherter Anpassung" (G. Gaus).

Charakteristisches hält die Reflexion von Lebenszielen mathematisch-naturwissenschaftlicher Talente nach dem Umbruch in der DDR bereit. So bemerkt Kerstin P.: „Gesellschaftlich habe ich mich nicht mehr engagiert. Warum? . . . Es spielen viele Faktoren mit hinein. Es ist die große ideelle und ideologische Enttäuschung, die Wut, das Gefühl, ausgenutzt worden zu sein, die Angst, sich wieder falsch zu entscheiden. Früher war es für mich wichtig, mich aktiv in das gesellschaftliche Geschehen einzubringen, jetzt habe ich Angst davor. Ich hoffe, daß ich diese Lähmung wieder überwinden kann . . ." (Groß/Haenschke 1990).

In weiten Teilen der jungen Generation scheint politisches und soziales Engagement „out" zu sein (Infratest Kommunikationsforschung 1991). Bemerkenswerten Zulauf hat die Partei der „Nichtwähler". Die Zahl der in politischen Parteien organisierten und engagierten Menschen ist recht gering (so kann beispielsweise die SPD in Berlin-Ost lediglich auf noch nicht einmal 2000 Mitglieder verweisen). Eine spezifische Form der Abkehr von der Um- und Mitwelt liegt in einer rückwärtsgewandten, die Herausforderungen der Gegenwart ausblendenden DDR-Nostalgie. Als Haupt-, weil massenhaft praktizierte Form ist jedoch die Orientierung auf einen dezidiert apolitischen Konsumismus und Hedonismus anzusehen. Daneben wird der Weg in die Selbstvernichtung, -zerstörung in Gestalt von Alkohol- und Drogenabhängigkeit, Selbstmord als Variante der Abkehr beschritten. Beide Modi gehen zudem mit einer „nomadischen", destruktiven Nutzung sozialer Räume einher.

Wege aus der Orientierungskrise

Die Krise hat viele Gesichter. Sie bedeutet in mehrfacher Hinsicht eine Freisetzung, den Verlust von Lebenszusammenhängen, die tatsächlich oder nur vermeintlich Verortung gegeben haben. Dabei sind zwei Phasen zu unterscheiden:

a) die Arten und Weisen der Abkopplung von den Organisationsformen und Sinngehalten der untergegangenen Gesellschaft;

b) Versuche der Neuverortung.

Um zu ermessen, was der Zusammenbruch des Systems, der Untergang und die Transformation der bisherigen DDR für die Ostdeutschen bedeutet, ist es zunächst nötig, auf Zusammenhänge zwischen der Ich- und Wir-Erfahrung zu verweisen.

In den Selbstbildern der Menschen sind jeweils die Ich- und die Wir-Erfahrungen, d. h. das „Bild von sich als Mitglied von Menschengruppen", zu denen der einzelne „‚Wir' sagen kann", verschränkt. „Eine Störung . . . des in das Selbstbild eingegangenen nationalen Bildes . . . läuft immer auf eine Umorientierung des Verhaltens und Empfindens hinaus. Sie verlangt eine Neueinschätzung der eigenen Werte . . . und eine Neuorganisation der Wahrnehmung von sich und anderen . . . Erst im Licht von Überlegungen wie diesen erschließt sich die volle Bedeutung, die der Geschichte, dem Selbstbild einer Nation" (in unserem Falle einer Teilnation) „für Geschichte und Selbstbild ihrer einzelnen Angehörigen zukommt." (Elias 1990: 460.) Zu den bereits an anderer Stelle (Koch 1991b) unter Rückgriff auf theoretische Modelle von Bühl (1987) beschriebenen Versuchen der Neuverortung gehören:

- Konversionen, der Übergang zu einem anderen Wertsystem, in der Regel verbunden mit dem bewußten und reflektierten Ausstieg aus Lebens- und Wertewelten der einstigen DDR-Gesellschaft;
- Narzißmus im Sinne der Anlehnung an starke Gewalten, Institutionen, Ideen und Gestalten. Wenn man einmal davon absieht, daß im politischen Feld die Autoritäten sowohl Helmut Kohl als auch etwa Gregor Gysi heißen können, so verbindet sich mit diesem Weg häufig die zwanghafte Anpassung an Altbundesrepublikanisches, die Übernahme des „fremden Blicks" auf Ostdeutsches. Man flieht aus ihm oder sucht es zu verbergen. „Konvertiten" wie jene, die die narzißtische Option „wählten", gehören zu jenen, die sich schon bald als „normale" (gleichberechtigte und voll integrierte) Bundesbürger fühlen. Das sind etwa 23 % der Ostdeutschen (in Sachsen 38 %); in fünf Jahren können sich das 37 % der Befragten vorstellen (FORSA 1991);
- der Weg aus einer „DDR-Sub- und Gegenkultur" in eine gesamtdeutsche Sub- und Gegenkultur mit einer dezidiert gesellschaftskritischen Identität, favorisiert von Minderheiten;
- Neuverortung durch demonstratives Ausstellen und Neugewinnen ostdeutscher Identität. Die freilich fließende Grenze zur eher regressiven DDR-Nostalgie liegt darin, daß der selektive positive Bezug auf Ostdeutsches mit Blick auf die Herausforderungen und Möglichkeiten der Gegenwart erfolgt, in einer aktiven Lebensposition.

Die Träger eines potentiell gesamtdeutschen Alternativbewußtseins wie auch jene, die einen produktiv-kritischen Rückzug auf Ostdeutsches praktizieren, finden sich sowohl unter denen, die „sich nie als Bundesbürger fühlen" – immerhin 13 % (in Mecklenburg-Vorpommern 19 %) (FORSA 1991) – als auch in der Gruppe derer, die dies keineswegs ausschließen.

In der Literatur mangelt es nicht an Urteilen (Furth 1991: 69), wonach die Verteidigung von Identität und Nachlässen des ‚Arbeiter-und-Bauernstaates' nicht die Angelegenheit von Arbeitern und Bauern sei. Angesichts der oben ausgewiesenen

Disparitäten und in zurückliegenden Monaten öffentlich ausgestellter Befindlichkeiten mag einiges dafür sprechen. Doch die Befunde der Umfrage- und Meinungsforschung belegen eine erstaunliche Resistenz und Stabilität der Einschätzungen von Mehrheiten über die Leistungen und Grenzen von vierzig Jahren DDR: So meinten fast 80 von 100 Befragten im unmittelbaren Vorfeld der Währungsunion, daß in vierzig Jahren so manches entstand, daß auch im vereinten Deutschland erhalten werden sollte (Adler/Kretzschmar 1990: 992). Im Oktober 1990 wurden West- und Ostdeutschen jeweils elf Gebiete vorgegeben und danach gefragt, auf welchen von ihnen die (Alt-)Bundesrepublik oder die Vorwende-DDR überlegen war. Während die Westdeutschen für alle Felder ihrer Gesellschaft die Überlegenheit zuerkannten, hielten die Ostdeutschen die Regelungen und Praxen der Vorwende-DDR in drei von ihnen für günstiger (SPIEGEL SPEZIAL 1/1991: 46). In einer von EMMAG im Auftrage von ZUMA unmittelbar nach der Bundestagswahl vom Dezember 1990 erfolgten Befragung gaben 70 % der Ostdeutschen an, „daß sie auf etwas stolz seien, wenn sie an die DDR zurückdenken", in der Regel waren das sozialpolitische Maßnahmen (Soziologen 1991).

Diese bemerkenswerte Stabilität besagt, daß die allgemeine Abwertung, Demontage, das Reden von der „maroden DDR" von Mehrheiten in ihrer flächendeckenden Allgemeinheit nicht mitgetragen wird, schon aus sozialpsychologischen Sperren heraus nicht mitgetragen werden kann. Die Resistenz gegenüber kollektiv auferlegten Deutungen und tendenzielle Neubewertung von Nachlässen der untergegangenen DDR-Gesellschaft erfolgt zudem immer mehr mit Blick auf die sozialen Gestehungskosten der Systemtransformation. Waren der Systemzusammenbruch und der Untergang der DDR für viele Arbeiter und Bauern ein notwendiger Vorgang, der keine Sinnkrisen auslöste; die „schöpferische Zerstörung" von Produktionsstätten, Strukturen, Verhältnissen und Verhaltensweisen, die zwar sozial abgefederte, doch allgemeine Statusunsicherheit tangiert auch sie.

Erosion sozialer Identitäten, Verlust der Routinen

Die Systemtransformation im Osten Deutschlands schließt notwendig eine Phase der „schöpferischen Zerstörung" ein. Mit dieser Peter Schumpeter entlehnten Formel haben dann auch Vertreter der politischen Klassen in der Alt-Bundesrepublik ein treffendes wie tragisches Deutungs- und Handlungsmuster gefunden.

Die „schöpferische Zerstörung" kommt indes nicht als Strategie, sondern als politischer Gestaltung entglittene Elementargewalt über die Ostdeutschen. Die politische (der Logik bundesdeutscher Wahlkämpfe untergeordnete) Rationalität gewann gegenüber ökonomischer Rationalität die Dominanz (Hoffmann 1991). Folglich bricht im Osten mehr zusammen, als eigentlich zusammenbrechen muß.

Wenn wir für einen Augenblick einmal von handfesten Interessenlagen der Sprecher sowie blanker Unkenntnis absehen, muß die „Mär vom maroden Osten" (Maier 1991) einfach herhalten, um den Ostdeutschen die für sie fatalen Folgen irgendwie plausibel zu machen. Ein solches, eher ideologisches als konzeptionsgestütztes praktisches Krisenmanagement ist jedoch in mehrfacher Hinsicht kontraprodukiv. Die Rede vom „maroden" Staat, „maroder" Wirtschaft, Infrastruktur, Ökologie, „Kulturschrott" gilt doch keinen von den Ostdeutschen unabhängigen Wesenheiten, sie gilt letztlich ihnen selbst. Mithin geht die Ent- und Abwertung all dessen, was bisher ihr Wirken und Dasein bestimmte, über das unvermeidliche Maß hinaus. Schon aus psychologischen Gründen sperren sich die Menschen, auch die Anhänger und Sympathisanten der in den Ländern und Kommunen politische Verantwortung tragenden Parteien, einer solchen Logik und Argumentation. Letztere können – gemessen an den übergroßen, um nicht zu sagen illusionären Erwartungen und Hoffnungen, die Mehrheiten mit der deutschen Einheit verbinden – nur auf bescheidene Erfolge verweisen: „Alles wird besser, doch nichts wird gut."

Erleben große Teile der Bevölkerung Massenarbeitslosigkeit, Kurzarbeit, den teilweise erzwungenen Vorruhestand, den sozialen Abstieg von im DDR-Maßstab eigentlich gut qualifizierten Arbeitskräften als *Erosion ihrer sozialen Identitäten*, so ist dies für manchen Arbeiter die Stunde, in der sich die in der DDR genährten Träume – „lieber arbeitslos im Westen als vollbeschäftigt im Osten" – zu erfüllen scheinen: Herrschaft über größere Quanten eigener Lebenszeit bei zunächst als hinreichend empfundener Finanzausstattung. Die gewachsenen Wahl- und Entscheidungsmöglichkeiten verschränken sich mit der Erfahrung der Ersetzbarkeit, Schutzlosigkeit und Abhängigkeit von den Unwägbarkeiten des Arbeitsmarktes bis hin zu den Entscheidungen der Treuhand. An die Stelle der früheren Berechenbarkeit der Lebensbahnen des einzelnen, die teils akzeptiert, teils als entmündigend empfunden wurde, ist eine allgemeine Unsicherheit und Offenheit der Perspektiven getreten, die mehrere Generationen nicht kannten.

Die Migration in die prosperierenden alten Bundesländer hält unvermindert an; in den neuen sorgt sie (weiterhin) für die Ausbreitung einer Art „Restraummentalität".

Die Transformationsperiode ist Zeit großer Hoffnungen und großer Ängste. Die übergroßen Hoffnungen auf raschen Wandel, die vielfach auf irrealen Vorstellungen beruhten, sind massiver Enttäuschung gewichen. Vieles, was den Ostdeutschen jeweils selbstverständlich schien, „rechnet sich einfach nicht". Noch tragen indes die subjektiven Gewißheiten, nach einer zu durchschreitenden Talsohle, sie doch noch einzulösen. Sie basieren indes auf der stillschweigenden Voraussetzung, daß die inneren und äußeren Existenz- und Entwicklungsbedingungen der Bundesrepublik stabil und kalkulierbar bleiben. Dies ist jedoch ganz ungewiß. (Wer hat schon mit dem Golfkrieg gerechnet?) Jeder Bürger der neuen Bundesländer hat zumindest registriert, daß Bananen billiger als Äpfel sind. Mancher fragt sich, ob denn solche Austauschverhältnisse auf Dauer halten, zukunftsfähig sind.

Über eine ganze Palette alter und neuer sozialer Ängste weiß Maaz (1990: 160f.) zu berichten. Auch unter jenen, denen die „Gnade der späten Geburt" zuteil wurde, befürchten immerhin 30 %, den Anforderungen der Marktwirtschaft nicht gerecht zu werden (Infratest Kommunikationsforschung 1991). Während bei früheren Erhebungen unter der Jugend die Zahl derer, die keinen Kinderwunsch anmeldeten, nie die 5 %-Marke überschritt, sind es nun 22 % (Resch-Treuwerth 1991)!

Das soziale Klima wird rauher. In dem Maße, wie sich Fragen der Existenzsicherung in den Vordergrund drängen, kommt es zu Entsolidarisierungen (Kern/Land 1991).

Zur allgemeinen Statusunsicherheit gesellt sich der Verlust der Routinen infolge der Übernahme des bundesdeutschen Rechts- und Institutionensystems. Dies kommt einer Abwertung des sozialen und kulturellen Kapitals der Ostdeutschen gleich und rückt sie in die Nähe eines funktionalen Analphabetismus. Die für sozial erfolgreiches Handeln nötige „Kenntnis" der Kontexte, „Sprachen" und Spielregeln muß von ihnen neu erworben werden. All das verlangt dem einzelnen viel Zeit und Kraft ab. Das Zurechtfinden im Dschungel des Steuerrechts oder der Krankenkassen, das Beantragen der „Stütze", von Wohn- und Kindergeld, ERP-Krediten oder Forschungsförderung, die erfolgreiche Bewerbung und die Sorge um das nötige Outfit binden erhebliche Energien. Doch ist es keineswegs so, daß die Menschen ihre bisherigen Erfahrungen, Vorstellungs- und Wahrnehmungsweisen, Verhaltensstrategien vergessen und aus ihnen gleichsam aussteigen könnten; sie mobilisieren und modifizieren sie vielmehr.[3]

Aber das übernommene bundesdeutsche Rechts- und Institutionensystem, die importierten Modelle und Mechanismen, die an sich – zumindest für die nachholende Modernisierung – ein Korsett beschleunigender und stabilisierender Formen bieten, setzt nicht nur bloße Kenntnis, sondern ein Verhaltensrepertoire der sozialen Akteure voraus, um zu funktionieren. Weil es daran naturgemäß gebricht, scheint sich ein Ausweg aufzudrängen, der letztlich keiner ist – die Zahl der altbundesrepublikanischen Leihbeamten, Spezialisten, Berater stetig auszudehnen, schrittweise mit ihnen Leitungspositionen aller Art und Ebenen zu besetzen. Diese Praxis kann sich noch dazu auf Volkes Stimme berufen, die mit großer Mehrheit das Ersetzen der einstigen Leiter fordert (SPIEGEL SPEZIAL 1/1991: 30-38). Die Angestellten-Vorgesetzten gelten als „Repräsentanten des Verlierersystems". „‚Alte Seilschaften' und unproduktive ‚Wasserköpfe' sollen die Anpassungsleistungen tragen. Die unzureichende personelle Ersetzung der Leitungen durch ‚Westmanager' wird als Hauptursache des wirtschaftlichen Niedergangs der Betriebe gesehen . . ." (Kern/Land 1991: 16). Für den Entzug des Vertrauens gibt es in vielen Fällen sicher handfeste Gründe. Doch die Ausschließlichkeit mit der das geschieht, läuft darauf hinaus, die ohnehin nicht ausreichenden einheimischen subjektiven Potenzen künstlich zu verringern. Sollte es nicht gelingen, die Eigendynamik der angedeuteten Entwicklung zu kanalisieren, so tritt eine „Helotisierung" der Ostdeutschen nahezu zwangsläufig ein. Vor diesem Weg ist nicht nur deshalb zu warnen, weil er erhebliche Konfliktpotentiale bereit hält: die importierten Eliten lösen überdies die Diskrepanz zwischen übernommenen Formen, Mechanismen, Institutionen und Verhaltensstandards der sozialen Akteure nicht auf, sondern verschieben sie auf eine an-

[3] Mit dieser Sicht befinde ich mich auch im Dissens zu Lesarten von W. Templin (1991). Erstens sind DDR-Verhaltensmuster weit breiter und vielfältiger als er in seinem Artikel reflektiert. Zweitens werden Muster nicht über Bord geworfen oder herangelassen. Diese Freiheit haben soziale Subjekte nicht; sie können freilich modifiziert werden.

dere Ebene. Sie können nämlich zur Verringerung der Kluft nur dann beitragen, wenn sie imstande sind, an die Erfahrungen der Menschen, an die in ihren Verhaltensstrategien angelegten Brücken für Verhaltensmodifikation produktiv-kritisch anzuknüpfen.

Dazu sind offensichtlich nur wenige „Entwicklungshelfer" in der Lage. Weit häufiger sind die notorischen „Besserwessis", geleitet von der Mission, den Osten und die Ostdeutschen bundesdeutscher Normalität anzupassen und einer geradezu barbarischen Unkenntnis von Lebenswelten und System der versinkenden DDR-Gesellschaft, mit deren Sedimenten sie allenthalben konfrontiert werden.

„Verschwinden soll nicht nur, was ideologisch verbogen war, ökonomisch gescheitert ist und politisch verheerend gewirkt hat – auch Bewährtes, Gewünschtes und Diskutables erhält nur die Frist einer Übergangsregelung" (Bender 1991).

Hinzu kommt noch eine besondere Form der Kolonisierung der Lebenswelten, von der Günter Gaus (1990) in seinem jüngsten Text Zeugnis ablegt: „Früher hatte das Regime euer Leben eingeengt. Ihr hattet euch eingerichtet. Jetzt wird eure Erinnerung an euer Leben in Zweifel gezogen, widerlegt, ausgetauscht. Wer sich korrekt erinnert, der irrt: ‚Ihr habt nicht so gelebt, wie ihr empfunden habt zu leben. Wir belegen euch jetzt, was euer Leben war: eine einzige Qual' ".

Solche Konstellationen tragen dazu bei, daß sich auf beiden Seiten die Gegenüberstellungen nach dem Modell „Wir" – „Sie" eher verfestigen als auflösen. Nur wenige Monate reichten aus, um 69 von 100 Ostdeutschen dazu zu bringen, zu meinen, daß „die Westdeutschen . . . in der ehemaligen DDR alles an sich (reißen), alles soll nach ihrer Pfeife tanzen" (SPIEGEL-Umfrage im Januar (II) 1991: 46). Die Welt der Westdeutschen ist keineswegs ein monolither Block. Und oft waren und sind es Einsprüche und Proteste von jenseits der Elbe, die diesseits Schlimmeres verhindern.

Und dennoch gelten die Ostdeutschen in den alten Bundesländern vielfach als die „deutscheren", „konservativeren", „peinlichen" Deutschen, als Träger einer unangemessenen Anspruchsmentalität, die resignativ, abwartend, überempfindlich „die Freiheit" und ihre Chancen nicht recht zu nutzen wüßten, das soziale Netz und die zivilgesellschaftliche Qualität der Altbundesrepublik kippen könnten. Die Situation enthält in der Tat etwas von dem Stoff, aus dem Bürgerzwist, ja Bürgerkrieg hervorgehen könnten. Viele meiner Landleute im engeren Sinne lassen eine merkwürdige Kombination von tiefem Mißtrauen gegenüber jeglicher Autorität und einem inneren Verlangen nach Leitung durch starke Autoritäten erkennen. Aber, möchte man gegenüber Horrorszenarien einwenden, sind nicht die „konservativeren" Deutschen am Ende vielleicht die lernfähigeren Deutschen?

Der Zusammenbruch des Systems, der Untergang und die Systemtransformation der ehemaligen DDR labilisieren das Denken, Fühlen und Verhalten der Ostdeutschen. Labilität ist aber die entscheidende subjektive Voraussetzung kollektiver und individueller Lernfähigkeit, die sich auf längere Sicht als Entwicklungsvorteil erweisen könnte. Im Vergleich dazu bietet der westliche Sieg im kalten Krieg und der Beitritt der DDR dafür weit weniger Anlässe, ja er könnte den Nährboden für eine

Geisteshaltung abgeben und stärken, die psychosozialer Immobilismus (Mitscherlich / Mitscherlich 1967: 11) heißt. Doch die Lernfähigeren, sofern sie es denn sind, werden Immobilismen nicht dulden. Die Geschichte bleibt offen.

Literatur

Adler, F. / Kretzschmar, A., 1990: Der gewendete Alltag. DDR-Lebenslagen und Sozialstrukturen im Umbruch, in: Blätter für deutsche und internationale Politik, Heft 8: 985–993

Bender, P., 1991: Die geeinte Nation – zutiefst geteilt, in: Die Zeit vom 15. Februar: 3

Bourdieu, P., 1987: Die feinen Unterschiede. Kritik der gesellschaftlichen Urteilskraft, Frankfurt / M.

Bromlej, J. V., 1977: Ethnos und Ethnographie, Berlin

Bühl, W. L., 1987: Kultureller Wandel. Für eine dynamische Kultursoziologie, Darmstadt

Elias, N., 1990: Studien über die Deutschen. Machtkämpfe und Habitusentwicklung im 19. und 20. Jahrhundert, Frankfurt / M.

Enttäuschung über Bonn in den neuen Bundesländern, 1991: in: Berliner Zeitung vom 22. Februar: 5

FORSA 1991: Ostdeutschland 1995: Das erwarten die neuen Bundesbürger (im Auftrag von NBI), in: Neue Berliner Illustrierte, Nr. 1: 40

Friedrich, W., 1990: Mentalitätswandlungen der Jugend in der DDR, in: Aus Politik und Zeitgeschehen. Beilage der Wochenschrift Das Parlament: 16f.

Furth, P., 1991: Zum ideologischen Nachlaß des Realsozialismus, in: Initial, 2. Jg., Heft 1: 65–73

Gaus, G., 1986: Wo Deutschland liegt. Eine Ortsbestimmung, München

Gaus, G., 1988: Die Welt der Westdeutschen. Kritische Betrachtungen, Berlin

Gaus, G., 1990: Wendewut, Hamburg

Groß, G. / Haenschke, B., 1990: Lebensziele, in: Freitag, Nr. 51, vom 14. Dezember: 15

Grüning, U., 1991: Vorstellungen zur Medienlandschaft, in: FF dabei, Nr. 3: 3

Habermas, J., 1990: Der DM-Nationalismus, in: Initial, 1. Jg., Heft 4: 347–354

Hanf, Th., 1991: Modernisierung der Gesellschaft als strukturelles Problem, in: Berliner Journal für Soziologie, 1. Jg., Sonderheft: 73–82

Hanke, H. / Koch, Th., 1985: Zum Problem der kulturellen Identität, in: Weimarer Beiträge, 31. Jg., Heft 8: 1237-1264

Hanke, H. / Koch, Th., 1989: Identifikation und / oder Emanzipation? Nochmals zur Frage der kulturellen Identität, in: Weimarer Beiträge, 35. Jg., Heft 10: 1589–1608

Henrich, R., 1990: Der vormundschaftliche Staat, Leipzig – Weimar

Hoffmann, L., 1991: Viel Zeit für die Sanierung der ostdeutschen Wirtschaft verloren, in: Berliner Zeitung vom 8. Februar: 9

Infratest Kommunikationsforschung, 1991: Mit gleichen Lebenszielen (Umfrage unter Jugendlichen in Ost und West vom Herbst 1990 des Münchner Institutes Infratest Kommunikationsforschung), in: Junge Welt vom 2. Januar: 2

Kern, H. / Land, R., 1991: Der „Wasserkopf" oben und die „Taugenichtse" unten. Zur Mentalität von Arbeitern und Arbeiterinnen in der ehemaligen DDR / Im Mittelpunkt des Alltagslebens: Der Betrieb, in: Frankfurter Rundschau vom 13. Februar: 16f.

Koch, Th., 1991a: Deutsch-deutsche Einigung als Kulturproblem. Konfliktpotentiale nationaler Re-Integration, in: Deutschland Archiv, Heft 1: 16–24

Koch, Th., 1991b: Statusunsicherheit und Identitätssuche im Spannungsfeld zwischen „schöpferischer Zerstörung" und nationaler Re-Integration, BISS-Public 2

Kunstreich, T., 1991: Demokratische Revolution und nationale Konterrevolution. Die Fortsetzung des deutschen Sonderweges, in: Utopie kreativ, Heft 5: 10–24

Lebensstile und Kulturmuster in sozialistischen Gesellschaften, 1990, Köln

Maaz, H.-J., 1990: Der Gefühlsstau. Ein Psychogramm der DDR, Berlin
Maier, H., 1991: Die Mär vom maroden Osten, in: Die Zeit, Nr. 8, vom 15. Februar: 23
Meuschel, S., 1991: Wandel durch Auflehnung – Thesen zum Verfall bürokratischer Herrschaft, in: Berliner Journal für Soziologie, 1. Jg., Sonderheft: 29–36
Mitscherlich, A. / Mitscherlich, M., 1967: Über die Unfähigkeit zu trauern, München
Mühlberg, D., 1983: Woher wir wissen, was Kultur ist, Berlin
Niethammer, L., 1988: Annäherung an den Wandel. Auf der Suche nach der volkseigenen Erfahrung in der Industrieprovinz der DDR, in: BIOS 1: 19–66
Noelle-Neumann, E., 1990a: Die Deutschen: überraschende Gemeinsamkeiten nach 45 Jahren Trennung, in: Capital 11: 254–257
Noelle-Neumann, E., 1990b: Auf welche Unterschiede man sich einstellen muß, in: Allensbacher Archiv. IFD Umfragen 9002, 5025
Noelle-Neumann, E., 1990c: Ein demokratischer Wahlkampf gab den Ausschlag, in: Frankfurter Allgemeine Zeitung vom 23.03.1991: Dokumentation, Tabelle 2
Peche, N., 1991: Kulturelle Identität und Marktwirtschaft. Sozialpsychologische Faktoren können den schnellen wirtschaftlichen Aufschwung in den neuen Ländern beeinträchtigen, in: Handelsblatt, Nr. 8, vom 15. / 16. Februar: 3
Resch-Treuwerth, J., 1991: Kinderwunsch ade. Ergebnisse aus der letzten großen Partnerstudie des ZIJ, in: Junge Welt vom 2. Januar: 7
Schmid, T., 1991: Neue Blicke auf die Geschichte, in: Freitag, Nr. 7, vom 8. Februar: 22
Sontheimer, K., 1990 (Rheinischer Merkur vom 30.11.1990), zitiert nach Harmsen, T.: Verdammt, da war doch mal was?, in: Berliner Zeitung vom 14.12.1990: 9
Soziologen: Eine Nation mit zwei politischen Kulturen, 1991: in: Neues Deutschland vom 13. Februar: 1
SPIEGEL SPEZIAL 1 / 1991: Das Profil der Deutschen. Was sie vereint, was sie trennt
SPIEGEL-Umfrage (II), 1991: Zwietracht im einig Vaterland, in: DER SPIEGEL, Nr. 6: 40–47
Templin, W., 1991: Die Quittung für vierzig Jahre. Alte DDR-Verhaltensmuster helfen nicht, in: Freitag, Nr. 10, vom 1. März: 1
Vierhaus, R., 1985: Historische Entwicklungslinien deutscher Identität, in: Die Frage nach der deutschen Identität. Ergebnisse einer Fachtagung der Bundeszentrale für politische Bildung, Bonn: 11–22

Autorenverzeichnis

Adler, Frank (Dr. sc.); Berliner Institut für Sozialwissenschaftliche Studien

Andorka, Rudolf (Prof. Dr.); Budapester Universität der Wirtschaftswissenschaften, Fachbereich Soziologie

Berger, Peter A. (Dr.); Universität Bamberg, Fakultät Sozial- und Wirtschaftswissenschaften

Bögenhold, Dieter (Dr.); Universität Bielefeld, Fakultät für Soziologie

Brokl, Lubomir (Dr.); Akademie der Wissenschaften der ČSFR, Institut für Soziologie

Habich, Roland (Dipl.-Soz.); Wissenschaftszentrum Berlin für Sozialforschung

Hanf, Thomas (Dr.); Institut für Soziologie und Sozialpolitik, Berlin

Herkommer, Sebastian (Prof. Dr.); Freie Universität Berlin, Institut für Soziologie

Hradil, Stefan (Prof. Dr.); Universität Bamberg, Fakultät Sozial- und Wirtschaftswissenschaften

Hudeček, Jaroslaw (Dr.); Akademie der Wissenschaften der ČSFR, Institut für Soziologie

Koch, Thomas (Dr. sc.); Berliner Institut für Sozialwissenschaftliche Studien

Kreckel, Reinhard (Prof. Dr.); Universität Erlangen-Nürnberg, Institut für Soziologie

Liebernickel, Wolfgang (Dr. sc.); Berliner Institut für Sozialwissenschaftliche Studien

Lötsch, Ingrid (Dr. sc.); Institut für Soziologie und Sozialpolitik, Berlin

Lötsch, Manfred (Prof. Dr.); Berlin

Mansfeldová, Zdenka (Dr.); Akademie der Wissenschaften der ČSFR, Institut für Soziologie

Mühlhaus, Michael; studiert an der Freien Universität Berlin, Institut für Soziologie

Priller, Eckard (Dr. sc.); Institut für Soziologie und Sozialpolitik, Berlin

Ritschel, Doris (Dr.); CONCRET Gesellschaft für angewandte Wirtschafts- und Sozialforschung mbH, Berlin

Schmidt, Hartwig (Dr. sc.); Berliner Institut für Sozialwissenschaftliche Studien

Schwarz, Anna (Dr. sc.); Berliner Institut für Sozialwissenschaftliche Studien

Schweigel, Kerstin (Dipl.-Soz.); Institut für Soziologie und Sozialpolitik, Berlin

Segert, Astrid (Dr.); Institut für Soziologie und Sozialpolitik, Berlin

Thomas, Michael (Dr.); Berliner Institut für Sozialwissenschaftliche Studien

Woderich, Rudolf (Dr. sc.); Berliner Institut für Sozialwissenschaftliche Studien

Zierke, Irene (Dr. sc.); Institut für Soziologie und Sozialpolitik, Berlin